KB123153

SPAIN

IN

OUR

HEARTS

Adam Hochschild

스페인 내전
우리가 그곳에 있었다

애덤 호크실드 지음 | 이순호 옮김

갈라파고스

로자와 소니아에게 이 책을 바친다.

우리는 모두 마음속에 스페인을 품고 있다

1938년 4월 4일 새벽, 피레네 산맥의 눈이 녹아 수량이 불어난 스페인의 에브로 강둑 위로, 물에 흠뻑 젖은 두 남자가 차가운 물속에서 나와 기어 올라온다. 둘 다 미국인이다.

스페인은 불길에 휩싸여 있었다. 삐거덕거리기는 했으나 민주적으로 선출된 공화국 정부가 프란시스코 프랑코 장군이 주도하고 나치 독일과 파시스트 이탈리아의 지원을 받는 반군 세력으로부터 스스로를 지키기 위해 2년째 전투를 벌이고 있는 탓이다. 자칭 반군의 대원수인 프랑코는 아돌프 히틀러의 사진을 끼운 액자를 책상 위에 놓아두고, 독일이야말로 "우리가 언제까지고 기억해야 될, 본보기로 삼아야 할 나라"[1]라고 이야기했다. 이날 새벽 에브로강 위의 하늘도 그 총통이 대원수에게 보내준 독일 조종사들이 모는 군용기, 최첨단 전투기, 폭격기들로 어두컴컴하다. 지상에도 이탈리아의 독재자 베니토 무솔리니가 내전 기간 동안 프랑코에게 8만 명에 가까운 병력과 탱크 여러 대를 보내, 이 스페인 내전 중에서는 규모가 가장 큰 공격을 지원해주었다. 스페인 영토의 3분의 2에 해당하는, 프랑코가 장악한 이 서쪽 지역에서 반군이 퍼붓는 대공세의 목적은 지중해에 도달해 공화국의 영토를 두 동강 내는 데 있었다.

프랑코가 권력을 잡기 위해 장기간 끌어가고 있는 이 전쟁은 1차 세계대전 이래 유럽에서 일어난 것으로는 가장 참혹한, 당시에도 볼 수 없던 야만적인 복수 행위로 점철되어 있었다. 프랑코의 반군은 도시들을 폭격해 초토화시키고, 정적들을 고문하며, 노조원들을 살해하고, 부상병들이 가득 찬 병동에 기관총을 난사하며, 공화파 여자들의 가슴에도 국가주의자 운동의 상징을 찍고, 쇠고리에 목을 끼운 뒤 나사를 조여 교살하는 방식의, 중세에나 행해지던 극형을 자행하기도 했다.

공화파군 병사들은 프랑코군의 낯선 공격에 만신창이가 된 채 동쪽으로 지리멸렬 퇴각을 계속하고 있었다. 몇몇 지역에서는 신속하게 진격 중인 반군이 공화파군을 이미 앞지른 상태였다. 퇴각 중인 공화파군 병력에는 다른 나라에서 온 의용병도 수천 명이나 포함돼 있었는데, 그중 다수가 미국인이었다. 일부 미국인들은 이미 다른 전투에서 전사했다. 게다가 포로로 잡힌 외국 의용병들을 전원 총살할 것이라는 프랑코의 발표도 막 나온 참이었다.

퇴각 중인 병사들에게는 스페인 북동부의 험준한 산악 지역을 가로질러 물살이 빠르게 흐르는 스페인 최장의 강인 에브로강이 죽음과 삶을 가르는 경계선이었다. 강의 동안이 아직은 공화국의 수중에 있었기 때문이다. 지난밤에는 전선 뒤에 갇혀있던 소규모 미국 의용병 무리가 북극성을 길잡이 삼아, 프랑코군의 눈을 피해 몰래 도주하는 데 성공했다. 상공을 선회하는 정찰기의 안내를 받으며 뒤를 쫓는 반군 병사들, 탱크, 기병대의 추격 속에 사흘 간 거의 한숨도 못잔 채, 지도에 표시된 다리가 있는 지점과 가까운 에브로강변에 동트기 전 간신히 도착한 것이다. 하지만 와 보니 다리는 폭파돼 없어졌고, 배도 없었다. 헤엄을 칠 줄 모르는 몇몇 병사들은 급한 김에 농가의 문짝을 뜯어 뗏목을 만들었고, 또 다른 무리는 통나무를 끌어안고 물속으로 들어갔다. 이들 중 최소한 여섯 명—네 명은 부상당한 몸이었다—이 물살에 휩쓸렸다. 아마도 이들은 나중에 익사했을 것이다.

헤엄을 칠 줄 알았던 나머지 세 명의 미국인은 신고 있던 부츠와 입고 있던 옷을 모두 벗고 차가운 물속으로 뛰어들었다. 이들 중 한 사람만 멀리 떨어진 강 하류에 상륙하고, 발목이 삐고 손에도 유산탄 상처를 입은 조지 와트와 존 게이츠—둘 다 젊은 뉴요커들이었다—는 걸어서 힘겹게 강을 건너 반대편 육지에 올라섰다. 날이 밝자 이들은 다시 그들 부대의 잔존 병력이 있는 곳을 말해줄 사람을 만나기를 고대하며 동쪽을 향해 걸어갔다. 와트는 그때를 이렇게 회상했다. "우리는 벌거벗은 채 맨발로 날카로운 돌이 있고 가시 돋친 식물이 끝도 없이 펼쳐진 곳을 걸어갔다. 그렇게 걷다가 큰길에 다다르니 온 몸은 사시나무처럼 떨렸고 발에서는 피가 나고 있었다…. 그때 길 아래로 트럭이 내려오는 모습이 보였다. 큰길 가에 벌거벗은 남자가 둘이나 서 있는 모습을 보고 운전사가 무슨 생각을 했을지 궁금했다. 트럭 운전사는 우리에게 담요를 두 장 건네주고는 사라졌다."[2]

이후에 벌어진 일은 게이트가 말해주었다. "나는 허기와 피곤에 지쳐 한 발짝도 내디딜 힘이 없었다. 우리는 길가에 그대로 누워버렸다. 누가 나타날 수 있다는 생각조차 못할 정도로 완전히 지친 상태였다…. 그때 갑자기 자동차 한 대가 다가와 우리 앞에 멈춰서더니 차 밖으로 두 사람이 나오는 것이었다. 내 평생 그렇게 멋져 보인 사람은 처음이었다…. 우리는 서로 부둥켜안았다."

검은색의 2인승 맷포드 자동차에 타고 있던 두 사람은《뉴욕 타임스》특파원 허버트 L. 매슈스와 북미신문연맹(NANA)의 스페인 내전 종군기자 어니스트 헤밍웨이였다. 게이츠는 그때의 일을 이렇게 적었다. "두 사람이 우리에게 많은 동료들이 무사하다는 기쁜 소식을 전해주었다. 반면에 우리는 일부 전우들은 그렇지 못하다는 나쁜 소식을 들려주었다."[3] 헤밍웨이와 매슈스는 스페인에 온 미국 의용병들에 대한 기사를 자주 썼기 때문에, 일부 의용병들에 대해서는 잘 알고 있었다. 그런데 그들 중 다수가 실종된 것이고, 캘리포니아 출신의 제15국제여단 참모장 로버트 헤일 메리먼도 그중 하나였다. 프랑코군 병력에게 포위되기 직전 그곳에서 16킬로미터 정도 떨어진 곳에서 그가 대대 병사들을 지휘하는 모습을 본 것이 마지막이었다. 이후 그의 운명이 어떻게 되었는지는 강가에 있던 네 사람 모두 알지 못했다.

와트는 그때의 일을 이렇게 썼다. "에브로강 건너편에는 아직 수백 명의 병사들이 있었다. 많은 병사들이 죽고 일부는 물에 빠져 죽었다. 그럼 포로로 잡힌 사람은? 알 수 없었다. 매슈스는 내가 말해주는 것을 받아 적기에 바쁘고, 헤밍웨이는 파시스트 욕하기에 바빴다."[4] 담요 한 장으로 젖은 몸을 가린 채 오들오들 떨고 있는 두 사람이 청중의 전부였는데도 소설가의 악명 높은 사자후는 그칠 줄을 몰랐다. 게이츠는 그때를 이렇게 회상했다. "헤밍웨이가 강 건너편을 향해 그 큰 주먹을 휘두르며 '너희 파시스트 놈들, 아직 승리를 말하기는 일러. 네놈들에게 본때를 보여주고 말리라!'고 고함을 쳤다."

　머나먼 타국의 강변에서 네 명의 미국인이 조우한 전쟁은 스페인의 역사를 바꿔놓은 주요 사건이었다. 급부상하는 파시즘의 그늘이 드리워져 있던 유럽에서는 이 전쟁이 도덕과 정치의 시금석, 다가올 세계대전의 서막으로도 인식되었다. 이 전쟁에 참가한 미국인도 대략 2,800명이었으며, 이 중 750여 명이 전사했다.[5] 20세기에 미군이 참전한 그 어느 전쟁들보다 사망률이 높았다. 스페인 내전은 다수의 퇴역병과 일부 미국 특파원들에게도 그들 삶을 결정지은 주요한 경험이었다. 매슈스가 "이 세상 어디든, 남자든 여자든, 나는 스페인의 자유를 위해 싸운 사람들을 만난다. 동종의 사람들을 만나는 것이다"[6]라고 쓴 대로였다. 내전을 취재한 기자들은 미국 저널리즘의 관례마저 무너뜨리며, 참전한 사람들과 다를 바 없는 동지애를 느꼈다. 스페인 내전 앞에서는 일체의 허식을 떨쳐버린 것이다. 1938년 봄 공화파군이 프랑코군의 맹공을 피해 도망칠 때 《뉴욕 타임스》 특파원 매슈스와 《뉴욕 헤럴드 트리뷴》의 특파원이, 기자이면서도 개인 자격으로 프랭클린 D. 루스벨트 대통령에게 공화국에 무기를 지원해주도록 간청하는 전문을 보낸 것도 그래서였다.[7]

　스페인 내전은 그 뒤에 일어난 2차 세계대전에 묻혀 우리의 집단 기억 속에서는 대체로 사라졌다. 그러나 내전이 일어났을 당시에는 미국인 수천만 명이 그 소식에 열심히 귀를 기울였다. 《뉴욕 타임스》만 해도 1936년 중엽부터 1939년 초까지 계속된 내전 기간 동안 그와 관련된 기사를 1,000번 이상이나 1면 헤드라인으로 실었다.[8] 이는 루스벨트 대통령, 나치 독일의 부상, 대공황으로 초래된 재앙을 포함해 다른 모든 기사들을 실은 횟수보다 많은 것이었다. 스페인 내전에 개입하는 것을 단호하게 거부한 미국 정부와 달리, 일반 미국인들은 공화파와 국가주의자 양쪽 모두에 깊숙이 관여했다. 미국 의용병들에게 폭격을 가하고 기총소사를 퍼부은 나치 전투기와 폭격기에 연료를 대준 사람도 다름 아닌, 우익 독재자들을 좋아하고 허세가 심했던 텍사스의 오일맨이었다.

내가 스페인 내전을 처음 접한 것은 1960년대 중엽《샌프란시스코 크로니클》에서 수습기자로 일하고 있을 때였다. 신문사의 선배 기자 두 명이 미국 지원병들을 비공식적으로 부르는 호칭이던 에이브러햄 링컨 연대의 퇴역병이었던 것이 내가 스페인 내전에 관심을 갖게 된 계기였다. 지금 기억하기로, 그때 나는 내전 때 구급차를 운전한 선배 기자에게 스페인 내전을 어떻게 회상하느냐고 물었다.[9] 그러자 수동 타자기와 전신기의 자판 두드리는 소리, 식자공에게 기사를 보낼 때 기송관에서 나는 휙 소리 너머로 그가 뉴스룸에서 흔히 오가는 농담과는 확연히 다른 진지한 어조로 "이겼으면 좋았겠지"라고 말하는 것이었다.

물론 그의 바람과 달리 공화국은 패했고, 그 후에도 내전에는 얼마간 패배의 그림자가 드리워져 있었다. 내전이 프랑코 반군의 승리로 끝난 이듬해에 발간되어 스페인 내전을 주제로 한 소설들 중에서는 가장 유명한 작품이 된 헤밍웨이의 『누구를 위하여 종은 울리나』만 해도, 모든 상황을 이해하고 나면 내전은 패할 수밖에 없었다는 것을 알게 된다는 분위기로 충만하다. 스페인 내전은 당대에 일어난 그 어느 사건보다 "만일의 문제"를 많이 야기시키기도 했다. 만일 서방의 민주주의 국가들이 그토록 절박하게 구매를 원했던 공화파에 무기를 팔았다면? 그랬다면 그 무기들은 히틀러와 무솔리니가 보내준 비행기, 잠수함, 군대를 쳐부술 수 있었을까? 그런데도 히틀러는 오스트리아와 체코슬로바키아를 침공하고, 끝내는 다른 십 수 개 나라들도 침략했을까? 만일 공화파에 무기를 팔았다면 수백만 명의 사망자와 이루 형언할 수 없는 고통을 야기한 2차 세계대전이 유럽에서 일어나는 것을 막을 수 있었을까? 아니, 그것까지는 아니더라도 최소한 그보다는 규모가 작은 다른 방식의 전쟁이 일어나게 할 수 있었을까? 이런 문제들 말이다.

미국 의용병들도 대부분 자신들이 세계대전의 전초전에 참여하고 있다고 믿었고, 그들의 판단은 옳았다. 미국이 독일과 일본에 선전포고를 하기 4년 전에 그들은 이미 스페인에서 나치 전투기의 폭격을 받고 있으니 말이다. 스페인 내전을 그 시대의 시험대로 생각한 사람들은 다른 나라에도 많았다. 프랑스의 소설가 알베르 카뮈도 이런 글을 썼다. "우리 세대의 사람들이라면 가슴 속에 모두 스페인을 간직하고 있다. … 옳은데도 패할 수 있고, 무력이 정신을 이길 수 있으며, 용기가 보상받지 못한 시대가 있다는 것을 체득한 곳이 바로 스페인이었다."[10]

스페인의 위기에 대해 사람들이 도덕적이고 선명한 시각을 갖고 있었던 것은 분명해 보인다. 파시즘이 급속히 확산되자 격렬한 저항이 일어난 것만 봐도 알 수 있다. 그것은 마치 여기서 저항하지 않으면 어디서 저항하겠느냐는 것과도 같았다. 전 세계의 수많은 사람들이 스페인 내전에 지원한 것도 이 때문이었다. 그리고 수십 년 뒤 인권운동 시위, 1960년대의 베트남전 반대 시위, 1980년대의 중앙아메리카 내전에 미국이 개입하는 것을 반대하는 시위가 일어났을 때 에이브러햄 링컨 연대 퇴역병들이 나타나자 사람들이 환호하는 모습을 내가 보게 된 것도 그래서이다. 이후 시간이 지나면서 나는 내전에 참가한 의용병들도 여럿 만나고, 그중 두 사람과는 몇 년 간 친구로도 지냈다(그러고 보니 책에는 짧게 언급되었지만, 어릴 때 내가 사고를 당했을 때 상처를 꿰매준 외과의사 자크 그룬블랏 박사도 스페인 내전의 퇴역병이었다). 어느 날에는 이 책의 1장에 등장하는 부부의 남편이 버클리대학교의 대학원생이던 1930년대에 내가 지금 사는 곳에서 고작 몇 블록 떨어진 곳에 살았다는 것을 알게 되었다. 골백번도 더 지나쳤을 건물에 그가 살았다는 사실을 알게 되니, 그들의 관점에서 생각하는 것이 한층 용이해지는 느낌이었다. 사회적 정의에 관심을 가진 우리 모두는 정치적 조상의 필요성을 느끼게 된다. 그렇다면 이 남녀들—여자 의용병들은 대개 간호사로 지원했는데 대략 75명 정도였다—이야말로 정치적 조상이 아니겠는가.

나는 1960년대 세대의 사람들 못지않게 그것을 강하게 느꼈다. 시공간에 대한 관심은 대체로 나라면 그 상황에서 어떻게 행동했을까와 같은 물음에서 출발하기 마련이다. 그런데 나 역시 그 시대에 살았다면 스페인으로 갔을 것이라고 믿고 싶은 마음이 컸던 것이다. 물론 스페인 내전과 관련된 이야기에는 알려진 것보다 어둡고 그리 낭만적이지 못한 면이 있다는 것은 알고 있었다. 세계의 주요 국가들 중에서는 유일하게 소련만 공화파에 무기를 팔았으나, 나중에 스페인이 그 대가를 혹독하게 치른 것만 해도 그렇다. 실제로나 상상으로나 일부 스페인 사람들은 이오시프 스탈린 독재의 특징이던, 적에 대한 잔혹함의 희생양이 되었다.

언젠가 나는 전혀 예기치 않은 장소에서 스탈린의 광기가 스페인인들에게 초래한 피해를 생생하게 느낄 수 있는 장면을 마주친 적이 있다. 1991년이었던 그 무렵 나는 러시아인들이 스탈린의 유산을 어떻게 받아들이는지를 다룬 책을 연구하고 있었다. 그런데 마침 그 해에 소련이 급속히 해체되면서 수십 년 간 시행되고 있던 일부 지역에 대한 외국 기자들의 여행 제한이 풀렸다. 그래서 나도 서구인들이 가본 적 없는 카자흐스탄의 카라칸다를 방문할 수 있었다. 회갈색 콘크리트 건물 일색인 황량하고 우중충한 도시 카라칸다는 한때 수감자들에게 석탄 채굴을 시킨 소련의 강제노동수용소 제도, 곧 굴라크의 중심이었던 곳이다. 그리고 그곳에서 수 킬로미터 떨어진 외곽 지역에는 수십 년 간 진행된 혹한과 해빙이 남긴 흔적인, 황폐한 시골 묘지가 있었다. 손으로 만든 금속 십자가들이 비스듬히 꽂혀있거나 쓰러져있는 묘지 위로 전선들이 가로지르고, 공중에는 중앙아시아 스텝 지역에서 불어오는 황풍에 비닐봉지와 쓰레기 조각들이 흩날리고 있었다. 그런데 놀랍게도 묘지의 많은 무덤들에 스페인인들의 이름이 적혀있었다.

알고 보니 소련은 스페인 내전 기간에 어린이도 다수 포함된 공화파 난민 수천 명을 자국으로 데려간 것이었다. 소련 항구들에 정박해 있던 배들의 스페인인 선원과, 훈련 중이던 수백 명의 비행기 조종사도 내전이 끝난 뒤 본국으로 돌아가지 못했다. 이들 중 일부는 소련인 수백만 명과 함께 스탈린이 씌운 범죄의 희생양이 되었다. 굴라크로 보내진 공화파 난민만 270여명으로 추정되었고[11] 이들의 다수가 굶주림, 탈진, 저체온증으로 숨졌다. 묘지 부근에는 촘촘한 삼중 철책 울타리로 둘러싸인 강제노동수용소가 있었는데, 이곳에 갇힌 스페인인도 최소 60명이었다.

스페인 내전의 이 두 얼굴을 우리는 어떻게 조화시켜야 할까? 히틀러와 무솔리니의 지원을 받은 프랑코의 군사반란에 저항한 스페인인들의 행위는 물론 옳았다. 하지만 그렇다고 해서 프랑코 정부만큼이나 잔혹했던 소련과의 얽히고설킨 관계만으로 공화파가 패한 것이었을까? 공화국 수호자들은 가장 비열한 동맹국의 하나를 위해서도 싸웠지만 가장 훌륭한 대의 가운데 하나를 위해서도 싸웠기에 묻는 말이다. 그렇다면 그들은 그 일을 어떻게 받아들였을까? 그 점을 조금이라도 인식하기는 했을까? 아니 생존을 위한 절박한 전쟁이었던 만큼 피아를 구분할 여유조차 없지 않았을까? 이런 문제들도 나로 하여금 오랫동안 이 시대의 역사를 연구하게 만들었다.

스페인 내전에 참가한 미국인들 대다수는 스스로를 공산주의자라고 여겼다. 따라서 우리가 그들을 이해하기 위해서는 당대의 공산주의가 왜 그처럼 강한 호소력을 가졌고, 소련이 왜 다수의 사람들에게 희망의 등불로 비쳐졌는지 이해할 필요가 있다. 내가 〈인터내셔널 가The Internationale〉를 처음 들은 것은 에이브러햄 링컨 연대의 의용병 가운데 한 명의 장례식 때였다. 에이브러햄 링컨 연대가 스페인을 떠난 지 65년이 지나고 미국 공산당과 결별한 지는 45년이 지난 뒤에 치러진 장례식이었다. 하지만 전 세계 공산주의 운동의 찬가였던 〈인터내셔널 가〉가 그 무렵에는 젊은 시절의 꿈을 되살리려고 노력하는 몇몇 노인들에 의해서만 불리고 있었다.

오늘날에는 공산주의, 트로츠키주의, 무정부주의도 대개는 기반을 상실하고, 그 이념의 추종자들이 주장한 옛 논거들도 중세의 종교 분쟁만큼이나 아득하고 멀게 느껴진다. 자본주의 체제가 위기에 봉착해 더는 지속될 수 없다는 신념과 누구의 청사진이 옳은가에 대한 논쟁은 있을지언정, 미래의 청사진은 분명히 존재한다고 믿었던 광범위한 신념은 자취를 감추었다. 그러나 비록 그 신념은 낯설게 느껴질지라도, 1930년대의 스페인에 만연한 다른 양상들은 현재의 많은 나라들에서 벌어지는 양상과 크게 다르지 않다. 빈부격차가 존재하는 것도 그렇고, 전체주의적 독재정권과 토지, 교육, 그 밖의 여러 분야에서 오랫동안 공정한 분배를 거부당한 수백만 명의 힘없는 사람들이 투쟁을 벌이고 있는 것도 그렇다. 1930년대의 스페인이 그 시대의 주요 전역이 되고, 우리 가슴을 뜨겁게 만드는 전역이 된 것도 그래서였다.

　나의 궁금증을 불러일으킨 것은 그 밖에도 또 있었다. 정치에 관심이 있는 우리 세대의 많은 사람들은 전쟁, 특히 베트남, 니카라과, 엘살바도르, 이라크 혹은 여타 나라들에서 일어난 내전이나, 혹은 다른 나라 내정에 미국 정부가 간섭하는 것에 50년 가까이 맹렬하게 저항해왔다. 그런데 유독 스페인 내전에는 그때 미국이 관여했더라면 세계가 한층 좋아지지 않았을까 하는 생각을 오랫동안 해온 것이다. 같은 맥락에서 우리는 스페인 내전에서 싸운 전 세대 미국인들도 영웅으로 간주해왔다. 그러다 보니 먼 타국에서 일어나는 전쟁에 군사적으로 개입하는 것이 정당화되는 때는 따로 있는 것인가라는 의문이 생겨난 것이다.

　스페인 내전은 다수의 미국인들이 다른 나라의 내전에 참여한 유일한 전쟁이었다. 그것도 미국 정부의 끈질긴 방해를 물리치고 행한 일이었다. 참여자들의 출신 성분도 미국의 거의 모든 주에서 온 빈자와 부자, 아이비리그 졸업생, 화물열차를 타고 일자리를 찾아다닌 사람들 등 다양했다. 그렇다면 무엇이 그들을 그렇게 만들었을까? 그들은 그곳에 감으로써 자신들, 전쟁, 자신들이 지켜주려고 한 나라, 자신들이 떠나온 나라에 대해 무엇을 배웠을까? 혹시 나중에 그 일을 후회한 사람은 있었을까?

　이 시기를 연구하기 시작하면서 나는 일부 미국인들은 에이브러햄 링컨 대대가 행하는 전투에 이끌려 스페인에 간 것이 아니라, 대중들에게는 많이 알려지지 않은 전선 뒤에서 벌어진 사회혁명에 이끌려 갔다는 사실을 알게 되었다. 의용병들이 스페인에 오기 몇 달 전에 이미 신혼여행

차 스페인 땅을 밟은 정열적인 켄터키 여성이 바로 그런 사람이었다.

다른 무리의 사람들도 나의 흥미를 자극했다. 나 자신이 해외에서 자주 취재를 하고 때로는 분쟁 지역에서 취재 활동을 해온 저널리스트이다 보니, 이제는 다분히 신화적 존재가 된, 스페인 내전을 취재한 미국 기자들의 면면에 대해서도 알아보고 싶은 욕구가 생긴 것이다. 매슈스, 헤밍웨이, 그들의 동료 기자들은 기사를 정직하게 썼을까? 열정—앞에서도 언급했듯이 현장에서 취재하는 특파원이 백악관에 전문을 보냈다는 이야기는 금시초문이었기에 하는 말이다—이 지나쳐 기사를 왜곡하지는 않았을까? 그들이 놓친 것은 무엇일까? 이런 문제를 파헤쳐보고 싶어졌다.

그래서 결정한 것이 스페인 내전에 참가한 미국인들의 삶을 조사해보자는 것이었다. 그러자면 범위를 조금 넓히는 것이 좋겠다 싶어 영국인 세 명—미국인들 편에서 싸운 사람, 미국인들에 맞서 싸운 사람, 모든 미국 독자들이 알만한 사람—도 조사대상에 포함시켰다. 그러므로 앞으로 전개될 이야기도 스페인 내전의 역사만은 아니며, 내전에 참가한 미국인들만의 이야기는 더더욱 아니다. 그보다는 격동의 시대에 고향을 떠나 바다를 건너 삶의 진로를 택한 일군의 사람들에 대한 이야기다. 하지만 물론 역사는 말끔하게 포장된 형태로 나오지 않는다. 따라서 당시 스페인에 간 남녀들 중에는 아무리 용기 있게 행동했다 해도 지금 시각으로는 환상과 같은 신념을 지닌 사람들도 있었다. 이상주의와 용기가 지혜와 언제나 같을 수는 없기에. 하지만 그럼에도 그들을 알아가고, 그들이 속한 시기와 장소에서 나라면 무엇을 하고, 무엇을 하지 않았을까를 다시 한 번 생각해보는 것은 가슴 뭉클한 경험이었다. 내가 그들의 삶을 알기 위해 그들의 후손을 만나고, 도서관과 기록 보관소를 찾아다니며, 벽장이나 서랍

속에 오랫동안 쑤셔 박혀있던 문서들을 끄집어내고, 마지막에는 에브로 강가를 찾은 것도 그래서였다.

차례

지도 목록

1 부

새 하늘과 새 땅

1. 모스크바로 떠난 미국인 부부

　　갈색 사막이 대부분인 주에서 네바다대학교
의 너른 잔디는 푸른 오아시스처럼 두드러져 보였다. 리노 시가 내려다보
이는 절벽 위에도 덩굴식물들에 둘러싸이고 돔 형 지붕을 얹고 흰색 창들
이 점점이 찍힌, 나무 그늘진 붉은 벽돌 건물들이 있었다. 조그만 호수 변
에 자리한 네바다대학교는 아이비리그를 방불케 하는 외관을 지니고 있
어 할리우드 영화사들이 캠퍼스 로케이션 장소로도 선호하는 곳이다.

　　190센티미터의 장신에 연한 갈색머리를 가진 미남 청년 로버트 헤일
메리먼도 이 대학을 고학으로 다녔다. 장례식장 점원, 남학생 클럽하우스
관리자, J.C. 페니 판매원 등 안 해본 일이 없었다. J.C 페니에서 일할 때는
직원 할인용으로 의복을 싸게 구입해 입기도 했다. 캘리포니아에서 자란
그는 고등학교를 졸업하고 대학에 입학하기 전 몇 년 동안에도 제지공장
에서 일했고 아버지의 직업이던 벌목 일도 했으며, 시멘트공장과 소목장
에서도 일했다. 네바다대학교에 입학해서는 다달이 8.5달러의 돈을 받은
것을 알고 학생군사훈련단(ROTC)에 입단했다. ROTC 생도들이 승마부

츠와 승마바지 같은 기병대 시대의 제복을 착용하던 때였다. 뿐만 아니라 메리먼은 대학 축구팀의 선수로도 활동했고, 부상 때문에 경기에 나갈 수 없게 되자 응원단장이 되었다. 앞으로의 그의 인생에도 응원단장 역할이 남아있었으니 기막힌 우연이었던 셈이다.

로버트가 미래의 아내 메리언 스톤을 만난 곳은 두 사람이 대학 1학년을 시작하기 바로 직전의 무도회였다. 입학 첫날 소형 닷지 컨버터블을 타고 가던 그가 메리언을 발견하고는 차를 세우고 "올라타요! 우리 한번 놀아봅시다"라고 고함을 친 것이 계기였다. 로버트보다 머리 절반 정도 키가 작고 호리호리한 체격에 매력이 넘쳤던 메리언은 알코올 중독에 걸린 요리사의 딸이었다. 또한 로버트와 흡사하게 메리언도 고등학교 졸업 뒤 2년 동안은 일을 했고, 수백만 명의 다른 미국인들과 마찬가지로 은행 파산의 여파로 저축한 돈을 몽땅 잃기도 했다. 그 후에는 비서로도 일하고, 로버트가 일한 장례식장 주인 가족의 요리와 청소를 해주며 생계를 이어갔다.

메리언은 대학 시절 대부분을 여학생 클럽하우스에서 살았다. 그래서인지 춤, 키스, 술이 법적으로 금지되던 시대에 무허가 술집을 종종 드나드는 등의 캠퍼스 일탈행위는 봐줄만 하다고 여겼다. 로버트가 ROTC 친구들과 함께 주최한 군사훈련단 무도회에서는 "명예 소령"으로도 뽑혔다. 로버트는 그런 그녀에게 실내화와 태피터 드레스를 사주며 힘들게 번 돈을 아낌없이 썼다. 1932년 5월 졸업식 날 아침에는 두 사람이 나란히 학사학위를 받았고, 로버트는 예비군 소위로도 임관되었다. 그리고 당일 오후에 두 사람은 결혼했다. 예식을 마친 뒤에는 차를 몰고 시에라네바다 산맥을 가로질러 타호 호수 변에 얻어놓은 작은 셋집에 가서 첫날밤을 보냈다. 그녀의 말에 따르면 두 사람이 잠자리를 함께 한 것은 그때가 처음이었다.

그해 가을 로버트는 그의 재능을 알아본 한 네바다대학교 교수의 권유를 받아 캘리포니아에 위치한 버클리대학교의 경제학과 대학원 과정에 등록했다. 전체 인구의 4분의 1이 실직 상태에 있었을 만큼 사상 최악의 경제 공황에 허덕이는 나라에서 경제학보다 더 중요한 과목은 없었다. 게다가 버클리는 좌파에 기운 학교였지만, 집 없는 수백만 명의 미국인들이 골함석, 타르지, 콘크리트 블록, 낡은 포장 상자들로 얼기설기 지은, 일명 "후버빌"로 불리던 판자촌—뉴욕에도 월스트리트 근처에 하나, 센트럴파크에 하나 이렇게 두 개의 후버빌이 있었다—에 사는 형편이었으니, 더 좋은 방안이 있는지를 알기 위해 굳이 좌파가 될 필요도 없었다.

대통령이 된 프랭클린 D. 루스벨트가 취임사에서 미국 대통령으로서는 전무후무한, 거의 성서에 가까운 급진주의를 표명한 것도 로버트가 버클리 대학원생 1학년 때였다. "파렴치한 환전업자들의 관행은 여론이라는 법정에 기소되어 있습니다. … 환전업자들은 우리 문명의 신전의 높은 자리에서 도망쳤습니다. 그리하여 이제 우리는 그 신전을 고대의 진정한 형태로 복원할 수 있게 되었습니다. 단순한 금전적 이윤보다 숭고한 사회적 가치를 얼마나 적용하느냐에 따라 복원의 정도는 달라질 것입니다." 일부 환전업자들이 불안을 느낄 만한 내용이었다. 거대 금융회사의 상속자였던 존 피어폰트 모건 주니어(J. P. 모건 주니어)마저 애용하던 요트를 창고에 집어넣고는 친구에게 이렇게 썼으니 말이다. "수많은 사람들이 실직의 어려움뿐 아니라 굶주림의 고통까지 당하는 판에 호화로운 요트 놀이는 즐기지 않는 편이 현명하고 사려 깊은 행동이겠지."[1]

신혼부부도 물론 돈이 달렸다. 메리언이 결혼을 하고도 네바다주에 얻어놓은 새 직장을 몇 달째 떠나지 못한 것도 그래서였다. 로버트는 그런 처지에 놓인 "나의 가장 사랑하는 여인"[2]에게 편지와 사랑의 시를 연달아 보내며 애틋한 마음을 전했다. "자기, 부디 서둘러줘. 혼자 사는 데 지쳤다구. 내게 필요한 것은 자기뿐이야." 한편으로 그는 자신의 재정상태에 대한 불안감도 드러냈다. "가능하면 휴가 때 오는 게 좋겠지만, 그렇더라도 휴가에 많은 돈을 쓸 생각은 하지 않는 것이 좋겠어."

　　로버트는 네바다대학교보다 한층 세련된 캠퍼스에서 지내는 것에 대한 기쁨도 아내와 함께 나누었다. "푹신한 안락의자와 그 모든 부대시설을 갖춘 것이, 도서관의 방 하나가 마치 클럽 룸 같다니까." 학부생을 가르치는 강사가 되고, 젊은 캐나다인 존 케네스 갤브레이스를 포함해 먼 곳에서 와 그의 과에서 함께 공부하는 대학원생들과 알게 된 것도 그로서는 흥분되는 일이었다. 갤브레이스도 나중에 로버트를 "버클리에서 가장 인기 좋은 우리 세대의 대학원생"[3]으로 기억했다. "나중에 그는 가장 용기 있는 사람인 것으로도 밝혀졌다."

　　로버트는 하숙집에 기거하면서, 두 사람의 경제력으로 감당이 될 만한 집을 물색하고 다녔다. 메리언에게는 이렇게 썼다. "이곳에 온 뒤 둘러본 아파트가 최소 50군데야. 어제 저녁에도 도서관을 일찍 나와서… 몇 군데 둘러보았는데, 마음에 쏙 드는 집이 하나 눈에 띄더군. 그래서 계약금 5달러를 걸고 이튿날 오후에 이사하기로 했어. … 월세 20달러 집이니 궁궐은 못 되지만 그렇다고 판잣집도 아니야. … 먹고 사는 것도 그동안은 입에 풀칠하기 바빴지만 이제는 그 모든 책들이 벌어주는 돈으로 잘 먹고 지내고 있어. 지금은 마치 내가 백만장자가 된 기분이라니까. 그래서 자기와 한시바삐 합치고 싶어."

그 후 오래지 않아 메리언은 버클리 캠퍼스에서 북쪽으로 도보 5분 거리에 있고 접이식 벽장 침대가 딸린, 로버트가 얻어둔 원룸으로 이사했다. 대공황기였는데도 수소문을 해 일자리를 얻는 데는 일가견이 있었던 듯 그녀는 처음에는 은행 비서로 취직을 하고, 그 다음에는 샌프란시스코에 있는 가정용품 상점의 사무원이 되었다. 시가 전차와 배를 타고 출퇴근하는 곳이었다. 돈은 없었지만 로버트와의 결혼 생활은 즐거웠다. "한 번은 로버트가 노브 힐 호텔과 마크 홉킨스 호텔(두 곳 모두 최고급 호텔이었다―옮긴이)의 바에 약속이 있는 것처럼 슬쩍 들어가 놀아보자는 장난기 어린 제안을 했다. 그렇게 들어가서는 술 한 잔을 시켜놓고 몇 시간이고 춤을 추며 놀았다. 나중에는 요령이 생겨 주문을 하지 않고 놀 때도 있었다."⁴ 당시 두 사람이 즐겨 들은 음악들 중에는 〈스타더스트Stardust〉와 〈티 포 투Tea for Two〉도 있었다.

머지않아 부부의 작은 아파트는 더 많은 사람들로 북적였다. 부엌의 간이침대에서는 오갈 데 없는 대학원생을 로버트가 측은하게 여겨 데려온 학생이 잤고 또 다른 간이침대에서도 누군가가 잠을 잤으며, 거실의 소파는 메리언의 여덟 살, 일곱 살 난 여동생들이 차지했다. 메리언의 친정어머니가 죽고 아버지도 술주정이 심해 아이들을 건사할 사람이 없어 데려온 동생들이었다. 메리언은 당시를 이렇게 회고했다. "문을 열고 들어가면 침대를 밟고 넘어서야 어디든 갈 수 있었다. 그러나 로버트는 그런 생활을 귀찮아하지 않았다. 내 동생들이든 대학원생이든 다른 누구든 그들은 도움이 필요한 사람들이고, 우리에게는 방이 있으니 함께 쓰는 것이 옳다고만 여겼다."⁵ 전염력 강한 그의 착한 심성은 메리언에게도 옮겨가, 그녀는 "마치 스스로가 '지도자를 따르라'는 게임을 하며 웃고 뛰노는 아이처럼" 느껴졌다고 말했다.

한편 그들을 둘러싸고 있는 나라는 고통으로 몸부림쳤다. 미국인 3,400만 명이 임금 생활자 없는 가정에서 살고 있었다. 모든 도시들의 무료 급식소 밖에는 (노동자 계급을 상징하는) 천 모자나 중절모의 일종인 홈버그 모자를 눌러 쓴 실직자들의 기다란 줄이 늘어서 있었다. 심지어 급식소를 운영하는 교회와 자선단체들마저 기금이 바닥나, 무료 급식마저 여의치 않을 때가 있었다. 음식물 쓰레기통을 뒤져 먹을 것을 찾고, 추운 겨울날 보도의 창살에서 나오는 뜨거운 바람에 몸을 덥히는 가족들도 있었다. 펜실베이니아주에서는 실직한 홈리스 철강 노동자와 그들의 처자식들이, 사용이 중단된 코크스 제조 가마 안에서 살기도 했다. 역대 최고의 가뭄까지 겹쳐 경제위기가 심화되자 수백만 명의 사람들은 지표가 먼지가 되어 거대한 구름을 이룬 대평원(그레이트플레인스)을 떠나 서쪽으로 밀려들어 왔다. 어렵게 농작물을 수확한 중서부 지역의 농부들도 양곡기를 구하는 데 애를 먹었다. 디트로이트 시에서는 동물원의 동물을 잡아 굶주린 사람들에게 고기를 제공했다. 화려하게 개장한 엠파이어스테이트 빌딩도 전체의 20퍼센트만 찼을 뿐 공실투성이였다. 실직자들에게는 전화를 갖는 것도 사치여서, 1930년부터 1933년까지 전화를 보유한 미국 가정의 수는 300만 건이나 감소했다.

국가적 절망의 분위기는 사지에 내몰린 사람들이 생존 물품을 강탈하려 한 사건들로 더욱 두드러졌다. 아칸소주의 잉글랜드 시에서는 주민 300여 명이 주 도로에 모여 상점주들이 빵과 식료품을 분배해줄 때까지 움직이지 않으려 했다. 오클라호마시티에서도 식료품점에 사람들이 난입해 선반에 진열해놓은 식품을 탈취해 갔으며, 미니애폴리스에서도 같은 일이 벌어져 경관 100명이 출동해 군중을 해산시켰다.

노동자들도 호전적으로 변했다. 1934년에는 30만 명 이상의 섬유 노동자들이 작업을 중단하고 미국 역사상 최대의 파업을 일으켰다. 메인주에서 조지아주에 이르는 지역의 직물공장 노동자들도 경찰, 파업 파괴자, 주 방위군과 폭력적으로 충돌해 수십 명이 죽어나갔다. 조지아 주지사는 주 전역에 계엄령을 선포했다. 다른 곳에서도 토지와 집을 차압당한 수십만 명의 소규모 농장주와 집주인들이, 때로는 이웃한 사람들과 합세해 산탄총으로 무장한 채 나가지 않겠다고 버텼다.

로버트 메리먼도 대학원 1년을 마치고 난 여름에, 인근에 위치한 공업도시 리치먼드에서 포드 자동차 회사의 조립 라인 직공으로 일했는데, 이때 화장실 갈 틈도 없이, 배터리 산이 튀는 것을 맞아가며 일하는 노동자들의 모습을 보고 충격을 받았다. 이듬해인 1934년 여름에는 네바다주에서 알았던 것보다 한층 정치색이 짙은 세계에도 발을 들여놓았다. 태평양 연안의 항만 노동자들이 그해에 결성한 노동조합을 선박회사들이 인정해주지 않자 일터를 떠났는데, 선원, 항구의 도선사, 부두로 갈 화물을 적재한 트럭 운전사들이 동참한 파업을 그도 지지하고 나선 것이다. 파업자와—흑인, 백인, 중국인, 필리핀인, 라틴아메리카인인으로 구성된—동조자들은 그 시대에는 볼 수 없던 결속을 과시하며, 노조 깃발 아래 여덟 줄로 열을 지어 샌프란시스코의 마켓 스트리트까지 행진을 벌였다.

해운회사들도 대체 인력을 고용하고 필요하면 그들을 배 안에 기거시키기도 하면서 성난 항만 노동자들의 주먹과 발길질을 피했다. 이에 대한 버클리의 반응이 엇갈려 로버트 같은 교수와 학생 수백 명은 파업자들을 열렬히 지지한 반면, 아나폴리스 미 해군사관학교의 미식축구팀 코치를 거쳐 당시에는 버클리의 미식축구팀 코치를 맡고 있던, "해군 빌"로 알려진 윌리엄 잉그램은 선수들로 파업 파괴단을 조직했다.

태평양 연안의 모든 주요 항구들이 폐쇄되었다. 그러나 투쟁의 중심지는 당시만 해도 거친 블루칼라 도시이자 미국 최대의 노조 거점이던 샌프란시스코였다. 한 번에 수천 명의 노동자들이 12시간 교대로 부두를 봉쇄했고, 긴장이 고조되어 피켓을 든 노동자들의 줄을 돌파하려 하는 트럭들은 돌멩이와 벽돌 세례를 받기 마련이었다. 부두가 내려다보이는 산 위에서도 샌프란시스코 주민 수천 명이 계속되는 가두 투쟁을 구경하고 경찰의 발포 소리를 들었다. 최루탄이 발사되어 산허리의 마른 풀에 불이 붙자 도시는 더욱더 전쟁터처럼 보였다. 며칠 동안의 투쟁에 파업 노동자 두 명이 숨지고, 100명 이상이 부상을 입어 병원에 실려 갔다. 1만 5천 명의 군중이 죽은 자들의 시신을 말없이 엄숙하게 마켓 스트리트까지 호위했다. 샌프란시스코 노동위원회가 미국 역사상 두 번째로 총파업을 선언하자, 베이에어리어 일대의 노동자 13만 여명이 조업을 중단했다.

새로 투입된 특수경찰과 자경단원들이 노조 사무실 그리고 파업자들에게 식사를 제공해주던 취사장을 쳐부쉈다. 가구도 박살내고, 타이프라이터도 창문 밖으로 던졌으며, 노조원과 다른 급진주의자들도 구타했다. 《샌프란시스코 크로니클》에는 "멍이 시퍼렇게 든 빨갱이들"이라는 제목으로 특수경찰과 자경단의 승리를 기뻐하는 머리기사가 실렸다. 이 사건으로 체포된 노조원과 동조자들만 250명이 넘었고, 주지사가 동원한 방위군도 4,500명이나 되었다. 부둣가에서는 헬멧 쓴 군인들이 모래주머니로 바리케이드를 쌓고 기관총 진지를 구축했다.

결과적으로 노동자들의 파업 투쟁은 많은 사람들이 바라던 변혁을 이끌어내지는 못했다. 그래도 어느 정도의 요구사항은 관철시켰다. 항만 노동자들의 노조가 견고하게 뿌리를 내림으로써, 몇십 년 뒤 선박용 하역 훅hook이 컨테이너 크레인으로 대체될 때까지는 미국에서 가장 강력한 노조 가운데 하나로 자리매김한 것이다. 파업 홍보실에서 자원봉사를 한 로버트 메리먼도 노동자들이 거둔 이 역사적 승리에서 맨 앞자리를 차지했다.

노동자 파업이 로버트로 하여금 그 시대의 정치적 갈등에 눈을 뜨게 만든 하나의 계기였다면, 버클리의 주변 상황은 그것을 알게 해준 또 다른 계기였다. 다큐멘터리 사진작가 도로시아 랭의 남편이자 경제학자였던 폴 테일러가 버클리 경제학과에서 강의를 한 것만 해도 그랬다. 이 부부로 말하면 뙤약볕이 내리쬐는 들판으로 직접 들어가 당시 미국의 최빈민층을 형성하고 있던 캘리포니아 농장에서 일하는 이주 노동자들의 열악한 노동환경을 조사해 그 사실을 널리 알린 사람들이었다. 버클리가 다수 좌파의 본거지인 것도 로버트에게 영향을 미쳤다. 뉴딜 정책의 영향이 보다 광범위하게 미치기를 바란 민주당원들, 산업 국유화가 평화롭게 이행되기를 지지한 사회주의자, 공산주의자, 그 밖의 소소한 운동의 동조자들이 그들이었다.

이렇게 보면 메리먼 부부가 소련에 관심을 갖게 된 것도 놀랄 일은 아니다. 하지만 소련을 호의적으로 바라본 사람은 그들만이 아니었다. 노동자들이 조직화를 꾀하면 구타당할 위험을 무릅써야 하고, 잘못된 경제체제 때문에 수많은 사람들이 절망의 늪에 빠져드는 미국의 대안이 될 만한 나라가 있을 것이라고 믿는 미국인들이 적지 않았기 때문이다. 국가가 위기에 처했음을 경고하는 신문의 헤드라인 수 또한 나날이 늘어만 갔다. 펜실베이니아주에서는 가석방된 죄수 10명이 일자리를 찾지 못해 교도소에 재수감시켜줄 것을 요청했고, 시카고 시는 돈이 바닥나 교사들의 봉급을 지급하지 못했다. 애팔래치아 지방에서는 남녀노소가 초근목피와 민들레로 연명을 했다. 자본주의가 마침내 카를 마르크스가 예언한 최후의 몸부림을 치고 있는 듯했다. 그런데 계획경제는 어떤가? 국가가 주택, 학교, 병원 짓는 사업을 벌여 실직자들에게 일자리를 제공해주고 있지 않는가? 그렇다고 그것이 소련이 행한 일의 전부였을까?

지금이야 물론 미국 공산당이 종국에는 실패로 끝난 무자비한 소비에트 독재정의 시녀로만 기억되고 있다. 그러나 역사가 엘런 슈레커가 쓴 것처럼 "1930년대와 40년대에는" 미국 공산당이 "미국 좌파 내의 가장 역동적인 조직"[6]이기도 했다. 샌프란시스코 부두 파업과 같은 대규모 노동투쟁이 행한 주요 역할과, 그것(샌프란시스코 부두 파업)이 농장 노동자들의 조직화에 기울인 선구적 노력에 힘입어 미국 공산당은 하찮은 당원수를 훌쩍 뛰어넘어 많은 사람들의 관심을 끌었다. 미국 공산당은 인종차별과 성차별이 심했던 시대에 미국 흑인들에게 배심원 자격과 투표권을 주기 위한 운동을 벌였고 여권 신장을 위해서도 힘썼다. 훗날 스페인에서 로버트와 우연히 마주친 뉴욕의 한 노동 조합원도, 공산당 청년연맹의 당원들이 그즈음 아파트에서 쫓겨난 사람들의 물건과 가구를 그들의 아파트 위층에 다시 옮겨놓는 모습을 보고 공산당에 입당했다. "말로 그치지 않고 행동으로 옮기는 조직이 있다"[7]는 것을 알았기 때문이다.

당시 미국의 국가적 위기감이 얼마나 컸는지는 1932년의 대통령 선거 때 셔우드 앤더슨, 시어도어 드라이저, 존 더스패서스, 랭스턴 휴스, 에드먼드 윌슨과 같은 미국의 저명한 작가들까지 공산당 후보에 지지 표명을 한 것으로도 알 수 있다. 상류사회를 배경으로 하는 소설을 썼던 비공산주의 작가 F. 스콧 피츠제럴드도 대학에 다니는 딸에게 마르크스의 작품을 읽어볼 것을 촉구할 정도였다. "『자본론』에 나오는 그 끔찍한 '노동시간The Working Day' 단원을 읽어보고 공감이 가는지 보렴."[8]

1930년대가 진행될수록 대공황의 늪에 빠진 나라를 구하는데 뉴딜 정책이 별 효과가 없음은 점점 뚜렷해지고 있었다. 다른 나라들의 상황도 악화되는 듯했다. 독일에서는 갈색 셔츠단으로도 불리는 돌격대가 자행한 끔찍한 가두 폭력의 파도를 타고 권력을 잡은 아돌프 히틀러가 서적을 불태우고, 유대인 교수들을 해고하며, 독일을 국제연맹에서 탈퇴시키고, 5만 명 이상의 독일인들을 감옥과 집단수용소에 "보호감호" 조치했다. 1934년에는 히틀러가 친위대(SS)를 직접 지휘해 나치 운동 안팎의 반히틀러 세력 100명 이상을 제거한 "장검의 밤Night of the Long Knives" 사건을 일으켰다. 희생자 중에는 전직 수상도 있었으며 그중 한 사람은 곡괭이로 살해되었다. 이듬해에는 독일이 대규모 군비 증강을 했으며, 독일 내 유대인들의 시민권과 민권도 박탈했다. 나치 독일의 선전장관 요제프 괴벨스는 유대인을 전 유럽인을 감염시키는 "매독"이라 칭했다. 이탈리아에서도 베니토 무솔리니가 이끄는 준군사조직 검은 셔츠단이 파시스트 독재에 맞서는 사람들에게 테러를 자행했다. 유럽의 반대편에서는 군국화된 일본 제국이 중국의 만주 지역을 무력으로 점령했다.

대공황의 직격탄을 맞은 세계 여러 나라의 좌우익 세력 간의 폭력 충돌에서도 우익이 승리를 거두는 듯했다. 스페인 북서부 아스투리아스 지방에서는 1934년 가을 혁명을 꿈꾼 광부들이 다이너마이트로 무장한 채 광산, 공장, 은행, 여타 사업장들을 장악했다가, 그중 최소한 1,000명이 정부군의 발포로 살해되었다. 진압군에 포함된 무시무시한 스페인 외인부대는 희생자의 귀를 잘라 쇠목걸이에 걸고 다니고, 광부들의 손, 혀, 생식기를 자르는 만행도 서슴지 않았다. 광부의 아내들도 진압군에게 강간당하고, 광부 수천 명은 투옥되었다. 이때 진압군을 지휘한 인물이 바로 유럽에서 최연소 장군이 된 강경 발언자 프란시스코 프랑코였다. 미국연합통신(AP 통신)은 프랑코를 "스페인의 '영광된 주인공'"[9]이라고 불렀다.

반면에 소련의 상황은 전도양양해 보였다. 소련은 묵시록적 시대에 수백만 명의 사람들이 희망을 거는 곳이 되었다. 그곳은 최소한 미국에서 들리는 것과 같은 파업은 없었으며, 소련의 다른 문제들도 새로운 사회에서는 충분히 있을 수 있는 일이었고, 게다가 실직은 그 문제들에 포함되지도 않았다. 이오시프 스탈린이 포드 자동차에 A형 세단을 7만 5천 대나 주문한 것으로 볼 때, 소련은 경제적으로도 호황을 누리는 듯했다.

그보다 중요한 것은 소련에는 일자리가 있다는 것이었다. 소련 정부가 미국의 기술자와 전문가들에게도 취업 기회를 개방하자 여덟 달 사이에 무려 10만 명 이상이 응모했다. 일자리를 얻으려는 희망으로 관광 비자를 받아 러시아로 향한 사람도 수천 명이었다. 미국인과 영국인이 쇄도하자 영어 잡지 《모스크바 뉴스Moscow News》도 주간지에서 일간지로 바뀌었다. 러시아에 취업해 고르키의 자동차 공장에서 일한 외국인 수만 명 중에는 훗날 미국의 주요 노동운동 지도자가 된 월터 루서와 빅터 루서 형제도 포함돼 있었다. 소련 학생용으로 쓰인 『새 러시아 입문서: 5개

년 계획 이야기 New Russia's Primer: The Story of the Five-Year Plan』도 미국에서 7개월 동안이나 베스트셀러 목록에 올랐다. 아일랜드의 극작가 조지 버나드 쇼도 소련 방문을 마치고 돌아와 미국의 라디오 청취자들에게 이렇게 말했다. "우리에게 불어 닥친 거대한 금융 폭풍에 여러분의 배는 침몰하고 있습니다. 이렇듯 세찬 폭풍에 마구 흔들리는데도 무선 조난 신호를 보내지 않는 배는 러시아라는 큰 배뿐입니다."[10]

로버트 메리먼도 비록 버클리의 경제학과에서 강의하는 수석 조교였지만 속으로는 행동주의자였다. 경제 불황에 신음하는 세계와는 별 관련이 없어 보이는 수요-공급 곡선이 적힌 책들보다는, 스스로 개조 중에 있던 사회에 더 관심이 많았던 것이다. 로버트는 공산당원은 아니었지만 공산당 사회로 진입도 했다. 보수주의자였던 학과장도 그에게 새로운 소비에트 체제를 이해하는 것도 중요하리라는 말을 해주었다. 로버트는 거기서 더 나아가 자신의 박사학위 논문 주제를 소비에트 체제로 정하는 것도 괜찮겠다고 생각했다. 1934년 말 박사과정을 수료한 뒤에는 갤브레이스의 책에도 나오듯 "드물게 찾아오는 연구 여행 장학생 가운데 한 명으로도 선발되었다."[11] 아내 메리언에게는 물론 남편을 따라간다는 것이 힘든 결정이었다. 하지만 결국 그 무렵에는 각각 열 살과 열세 살이 된 동생들을 로버트의 교수 한 명이 이사로 있는 가장 진보적인 보육원에 맡기고 남편을 따라가기로 결심했다. 해외 연구비로 나온 돈은 900달러였으나 부부의 저금을 합치면 모스크바에서 두 사람이 지내기에는 그 정도로도 충분했다.

2. 오늘은 우리 차례지만, 내일은 당신들 차례다

　　1, 2차 세계대전 기간에 야심에 찬 미국 젊은 이들이 가장 선망한 직업들 가운데 하나는 신문사의 해외 특파원이었다. 그러므로 선택받은 일군의 저널리스트들만이 광대한 세계를 분석해 작성한 기사를 수중 케이블을 통해 본국의 독자들에게 보내줄 수 있었다. 필라델피아 슬럼가 출신의 루이스 피셔에게도 그 엘리트 그룹의 일원이 된다는 것은 개천에서 용 나는 것을 의미했다.

　　피셔는 훗날 이렇게 썼다. "아버지는 처음에는 공장 직공으로 일하셨고, 그 다음에는 손수레를 끌며 생선과 과일 행상을 하셨다. 지금도 내 귀에는 아버지가 '복숭아요, 신선한 복숭아 왔어요'라고 외치는 소리가 들리는 듯하다. 나도 이따금씩 빈 손수레를 손수레 보관소에 끌어다 놓을 때가 있었다. 어머니는 세탁 일을 하셨다. 방세를 내지 못해 식구들이 이사 다닌 것도 여러 차례였다. 열여섯 살 때까지는 전기, 수도, 실내 화장실이 있는 곳에서 살아보지 못했다. 난방도 부엌 겸 거실의 석탄 난로 하나로 해결했다."[1] 식량도 떨어지기 일쑤였다.

그런 현실을 벗어나고 싶었던 피셔에게 저널리즘은 화려한 삶으로 향할 수 있는 길이었다. 1차 세계대전 직후에 그는 천문학적 인플레이션으로 신음하는 독일에서는 달러 가치가 높을 것으로 예상하고《뉴욕 이브닝 포스트》를 설득해 베를린에 가서 기고문을 써 보내는 방식으로 돈을 벌었다. 그로부터 머지않아서는 편집자들을 구워삶는 재간과 단기간에 외국어를 습득하는 능력을 이용해 모스크바로 근거지를 옮겼다. 그곳에서 프리랜서 기자로 활동하며 뉴욕의 유서 깊은 주간 여론지《네이션》,《뉴욕 타임스》,《볼티모어 선》과 같은 신문들을 위해 수백 편의 기사를 쓰고 책도 집필했다. 1920년 말엽에는 국제관계 전문가의 말을 듣고 싶어 하는 미국인들의 열망에 힘입어 1년에 한번 증기선을 타고 본국 나들이도 했다. 이렇게 강연 활동을 하고 책을 저술하자 얼마간 이름도 얻어, 본국을 여행할 때는 다른 기자들의 인터뷰 대상이 되기도 했다.

1922년 피셔는 러시아 여성과 결혼했다. 그리고 오래지 않아 두 아들을 얻었다. 아이들은 모스크바에서 키웠다. 피셔는 여행 못지않게 여성 편력도 심해서 여러 대륙에서 다수의 불륜을 저질렀으며 최소한 한 명의 혼외자식을 두었다. 그래도 아내에 대한 애정은 변함이 없어, 심지어 말년에는 결별한지 오래 되었는데도 헤어진 아내와 따뜻한 편지를 정례적으로 주고받았다. 피셔는 1930년대 중엽에는 본업 외의 부업도 가졌는데, 여름 몇 주 동안 소련에 오는 미국 여행단의 안내원 노릇을 한 것이다. 러시아 농부의 작업복과 신발을 착용할 만큼 노동자 계급과 연대를 과시한 그였지만, 부업에서 들어오는 가욋돈에는 구미가 당긴 것이다. "백만장자 투자 은행가" 모리스 베르트하임이 자신의 "스타 여행객"이 된 해에 그는 특히 만족스러워했다. 모리스 베르트하임은 뉴욕에 펜트하우스, 코네티

컷 주에 토지, 캐나다에 개인 소유의 연어 낚시터를 소유하고, 피카소의 그림들도 소장한 거부였다(베르트하임의 딸 바바라 터크먼도 나중에 역사가로 크게 이름을 떨쳤다).

피셔는 전쟁과 경기 불황으로 상처 입은 그 시대의 다른 수많은 사람들과 마찬가지로, 세상사가 돌아가는 방식을 이해할 수 있고 보다 나은 미래를 기대할 수 있는 신념을 가지려고 했다. 그가 쓴 글에 그러한 생각이 나타난다. "내면에 신념을 가질 수 있는 나 자신이야말로 고결한 존재고, 신념이 없는 삶을 나는 상상할 수도 없다."[2] 그리하여 피셔는 젊은 시절 한때 시온주의에도 빠져 지냈으나, 그 뒤로는 소련에서 그 신념을 찾았다. "나 역시 다른 사람들과 마찬가지로 소련에 경도되었다. … 소련은 나라 전체가 비전을 가지고 행진했다. … 평평한 러시아 땅을 가로지르는 열차의 차창 가에서 나는 불면의 밤을 보낸 때가 있었다. 당시에는 불빛 하나 없이 수백 킬로미터가 암흑천지였다. 사람들은 그 안에서 그 모든 삶을 영위했다. 나도 고등학교 때는 등유 램프 아래서 공부했다. 그것이라도 있는 게 다행이었지만 그래도 더 밝았으면 했다. 그래서 지금도 불 끄는 것에는 질색을 한다. … 그런데 지금 러시아에는 외지고 컴컴한 마을들에도 전구가 보급되고 있다. … 러시아는 고대의 늪에서 벗어나려 애쓰고 있었다."

공산주의는 마치 마술을 부리듯 후진국을 산업화 시대로 이끌어가는 듯했다. 그리고 대부분의 신조가 그렇듯 공산주의 신조에도 살아있는 예언자가 있었다. 1927년 피셔는 소련을 찾은 미국 대표단과 동행해, 이오시프 스탈린과 하루 대부분을 함께 보냈다. 상냥한 말씨, 단순한 군인 스타일로 많은 외국인을 매료시켰던 그 스탈린과 하루를 보낸 것이다. "그의 이야기를 몇 시간이나 듣는 동안 그의 힘, 의지, 신념에 대한 나의 존경심은 커져만 갔다. … 온화한 그의 목소리에는 내면의 힘이 담겨 있었다."[3]

사진 속의 피셔는 웃는 법이 없었다. 넓지만 경직된 어깨, 헝클어진 검은 머리, 짙은 눈썹을 가진 것이 사람들이 좋아할 만한 용모를 지니고 있지도 않았다. 모스크바에서 특파원으로 활동한 젊은 영국 작가 맬컴 머거리지는 피셔의 인상을 "안색이 창백하고 무뚝뚝하며 터무니없이 진지했다"[4]고 하면서, "수년 동안 당 노선을 우직하게 따를 뿐 단 한 번도 그 노선을 벗어난 적이 없었다"고 썼다. 댐 건설 현장에서 두 사람이 기술자와 대화를 나눌 때, 기술자가 실수로 건설 노동자들이 사실상 죄수들이라는 말을 흘렸을 때에도 피셔는 황급히 대화의 주제를 바꾸었다.

그렇다고 피셔가 모스크바에서 그런 행동을 한 것이 순진한 이상주의 때문만은 아니었다. 인정받고 싶고, 성장기에 누려보지 못한 권력자와 유대를 맺고 싶은 갈망도 그러한 요인으로 작용했다. 그가 갈무리해둔 많은 사진들에 수상, 장군, 장관과 같은 사람들이 자주 등장하는 것도 그래서다. 기자들은 누군가의 의견을 듣기 위해 인터뷰를 요청하는 게 보통이지만, 피셔는 서유럽 여행을 한 차례 다녀온 뒤 모스크바에 돌아와 이런 이유를 대며 스탈린에게 만남을 요청하는 편지를 썼다. "서유럽 여행에서 받은 저의 인상을 말씀드리고 … 국제관계에 대해서도 함께 대화를 나누고 싶습니다."[5] 스탈린이 그의 편지에 답장을 했는지 여부는 기록이 남아 있지 않아 알 수 없다. 그러나 소련 관리들이 피셔의 자존심을 지켜줄 방법을 알고 있었던 것은 분명하다. 1932년 소련 외교인민위원회가 주최한 연회에서 그가 외국 특파원 두 명과 함께 "편견 없이 공정하게 뉴스를 보도한" 공로상을 수상한 것을 보면 말이다. 소련도 물론 그의 자존심을 세

위준 것에 대한 보상을 받았다. 《워싱턴 포스트》가 몇 년 뒤 피셔의 저서들 중 하나를 소개하며 기사 제목은 "크렘린을 비추는 태양: 루이스 피셔 씨, 러시아를 분주하고 행복한 나라로 보다"라고 달았으니 말이다.

피셔는 소련과 여타 지역으로 취재 여행을 다닐 때면 러시아어, 프랑스어, 독일어에 능통한 자신의 유창한 외국어 실력을 바탕으로 정치인들과의 교제를 교묘히 모색했다. 그들과 뉴스와 가십을 주고받으며 자신의 검은색 가죽 수첩을 그들의 견해로 가득 채워, 국제정치라는 거대한 게임의 내막에 정통해 있는 듯한 기사를 썼다. 피셔는 국제정치의 무대에서 영향력이 있는 인물, 그들에게 언제까지고 조언해주는 사람이 되고 싶어 했다. 회고록에서도 그와 비슷한 논조로 이렇게 썼다. "수상이 … 나를 바라보더니 어휘의 선택에 신중을 기하며 이렇게 말했다. … '허심탄회한 대화 즐거웠소. … 더 비판할 게 있으면 편지를 보내거나 나를 다시 찾아주시오.'"[6] 피셔는 저명한 소련의 한 장군이 그가 해준 제언을 속기사에게 받아 적게 했다는 것도 자랑스럽게 이야기했다. 인터뷰 대상자들도 물론 피셔의 기사에 호의적으로 나오려면 그의 말을 경청해야 한다는 것쯤은 알고 있었다.

소련에서 실현 가능한 미래를 찾으려 한 외국인들은, 언론인 링컨 스테펀스(1866~1936)가 말한 유명한 구절에 따르면 대부분 그 목적을 달성했다. 피셔도 예외는 아니었다. 1935년에 발간된 책에서도 그는 이렇게 썼다. 소련의 비밀경찰(NKVD)은 "단순히 정보기관과 민병대로 그치는 것이 아니라, 거대한 산업조직이자 큰 교육기관이기도 하다."[7] 이렇게 말한 뒤 그는 특히 비밀경찰이 모스크바의 다이나모 스포츠클럽을 운영하면서 외부 세계로의 폭넓은 접근성을 부여해준 점을 그 예로 들었다. 비밀경찰이 소련 전역의 수용소들을 관리하는 행위도, 건전한 옥외 작업을 통해 범죄자들을 개조시키려는 노력으로 해석했다. 모스크바 인근에는 겉만 번지르르한 전시용 유형지인 볼셰보가 있었는데, 이는 소련 범죄자들이 체육시설, 극장, 예술 작업장이 갖춰지고 다양한 강의도 받을 수 있는 곳에 수용돼 있음을 외국인 관광객 수백 명에게 보여주기 위함이었다. 피셔는 책의 한 단원을 기꺼이 할애해 볼셰보에 대해 설명했다. 피셔는 수감자들이 좋은 대우를 받고 있고, "그들 다수가 수용소가 너무나 마음에 들어 떠날 마음이 들지 않는다는 말을 해주었다"고도 썼다.

외국에서는 동포들 사이의 우정이 빠르게 형성된다. 피셔도 크렘린에서 북쪽으로 몇 블록 떨어진 테니스장에서 이윽고 버클리에서 온지 얼마 안 되는, 운동 잘하는 젊은 경제학자의 규칙적인 경기 상대가 되었다. 피셔는 이렇게 썼다. "명랑하지만 숫기 없고 장대같이 키가 큰 이 인물은 경기에서 이길 때면 늘 나의 테니스 실력이 자기보다 월등하다는 점을 열심히 확인시키려고 했다."[8]

1935년 1월 로버트와 메리언은 캘리포니아를 떠나 난생 처음 네바다 주의 동쪽으로 향했다. 요금을 아끼기 위해 로버트가 운전을 돕기도 하면서 대절한 고물 지트니를 타고 미 대륙 횡단 길에 나선 것이었다. 차를 타고 가니 길가에는 온통 배고프고, 집 없고, 일자리가 없어 고통받는 수백만 미국인들을 상기시키는 풍경뿐이었다. 공장들에는 셔터가 내려져 있고, 보도에는 구직 신청의 차례가 오기를 기다리거나 수프 한 사발을 얻어먹으려고 기다리는 사람들의 행렬이 길게 늘어서 있었다. 필라델피아와 뉴욕에서는 후버빌의 노상에 피워놓은 불에 몸을 덥히는 사람들을 보왔다. 그렇게 미국 동부에 도착하여 부부는 밤마다 무도회 음악이 흐르고 런던과 코펜하겐을 거쳐 유빙을 피해 헬싱키까지 항해하는 대서양 횡단 정기선을 탔다. 정기선에서 내린 뒤에는 다시 기차를 타고 마침내 약속의 땅의 수도 모스크바에 도착했다.

모스크바에 도착한 두 사람은 버클리의 한 친구가 소개해준 러시아 여성을 찾아갔다. 소련 농부들이 보는 관영신문의 편집자였던 그녀는 로 버트가 소련 농업을 주제로 박사 논문을 쓸 계획인 것을 알자, 러시아의 집단농장들을 둘러보고 쓴 글들을 자신에게도 보내달라고 요청했다. 로 버트는 논문 작성 외에 러시아어도 공부하고, 모스크바의 경제연구소에 서 강의도 들었다. 메리언도 영국과 미국 사업가들의 비서로 일했다.

용모 준수하고 친화력 좋은 젊은 부부는 곧 현지에 체류하는 미국인 사회의 인기 있는 커플이 되었다. 로버트는 브리지와 포커 실력도 인정받 았다. 그를 상대로 미국 대사관 친구들은 외교관들에게는 출입이 금지된 소련 지역들의 정보를 캐냈다. 영사관의 한 관리가 워싱턴에 보고한 내용 에 따르면 로버트는 "미국의 대 소련 정책을 바꾸기 위한 여론 선동 목적 으로 소련을 방문한 미국인들의 대화에도 끼어들"9 만큼 소련에 대한 열 정이 대단했다. "그것도 모자라 일부 여행자 무리에게 강연도 했다." 모르 면 몰라도 이들은 루이스 피셔의 인솔을 받은 여행자 무리였을 것이다.

로버트는 캘리포니아의 소규모 좌익 신문사 《퍼시픽 위클리》에도 낙 관적 기사들을 연신 써 보냈다. 모스크바에 학교 72곳이 신축되고 지하철 이 개통했다는 둥, 소련 지도부는 "세계의 다른 어느 정부보다 국민의 대 폭적인 지지를" 받고 있다는 둥, 노동자용 요양소도 널찍하고 깨끗하다는 둥, 새 트랙터 9만 9천 대와 새 콤바인 2만 5천 대를 들여와 "농부들로서는 꿈도 꾸지 못했을 노동조건 개선과 기회를 제공해주고 있다"는 등의 기사였다.

그러나 실상은 달라, 역사상 가장 파멸적이고 인위적인 기근이야말로 소련 농부들이 결코 일어나지 않을 것으로 본 것의 실체였다. 급작스런 농업 집단화로 촉발된 이 기근은 메리먼 부부가 도착하기 2년 전이던 1932년에서 1933년으로 넘어가는 겨울에 발생했다. 부유한 농부들은 농지를 몰수당한 것도 모자라 기관총으로 무장한 군대의 감시 속에 화물차에 실려 그 거대한 나라의 머나먼 곳으로 강제이송되었다. 강제이송되지 않은 농부들도 적으나마 갖고 있던 토지를 내놓고 대규모 집단농장으로 옮겨갔다. 당국은 급속히 성장하는 도시들에 필요한 식량을 고속으로 생산할 수 있을 것이라 확신하고 이러한 조치를 취했으나 결과는 그렇지 못했다. 농부들은 기르던 가축이 집단농장으로 끌려가는 꼴을 보느니 차라리 잡아먹는 편을 택했고, 그런 식으로 죽어나간 소, 양이 무려 7천만 마리 이상이었다.

그해 겨울과 봄 사이 최소 500만 명의 소련인들이 굶어죽었다. 거리나 시골길에 쓰러져 굶어죽은 사람들의 시체 위로 눈발이 흩날렸다. 기근이 들면 으레 있는 일이듯 출생율도 급락했다. 나중에 실시한 사전 인구조사 통계치에 소련 인구가 예상보다 1,500만 명 적을 것이라는 전망이 나오자 스탈린은 일부 인구조사 요원들을 총살시키라고 명령했다. 그 다음에 실시한 예상 인구 통계치의 전망은 물론 훨씬 낙관적으로 나타났다.

로버트 메리먼이 이 기근의 참상을 알았는지 모르겠지만 자신이 쓴 글에는 그런 징후를 보이지 않았다. 그가 기근에 대해 언급한 글은 징고이즘 성격이 강한 허스트 계열 신문들(윌리엄 랜돌프 허스트가 설립한 신문들—옮긴이)에 실린, 소련의 기근을 "고의적으로 날조"[10]했다고 비난한 기사가 유일했다. 어두운 비밀을 가진 소련인들이 다 그렇듯 기근 생존자들도 외국인에게 비판적인 말을 했다가는 생명이 위험하리라는 것을 알고 거짓말을 한 것이 분명했다. 루이스 피셔도 친구 로버트가 기근에 대한 소문을 물을 때면, 자신이 쓴 기사를 근거로 소문이 심하게 부풀려졌고 집단화야말로 1861년의 농노해방령 이래 러시아가 취한 가장 훌륭한 조치라고 젊은 경제학자를 안심시키는 말을 했다. 버클리의 스타 대학원생이 자신이 행하는 연구 분야에서 벌어진 엄청난 인재人災에 그처럼 무지할 수 있었다는 것은 지금 생각하면 기이해 보일 수 있다. 그러나 당시 많은 사람들은 흑백의 세계를 살고 있었다. 서구의 기아, 실직, 불평등에 격분한 사람들은 러시아를 그보다 나은 방향으로 이끌어가는 밝은 길로 보았던 것이다.

메리먼 부부는 모스크바에서 사귄 또 다른 친구 때문에도 왜곡된 시각을 지니게 되었다. 부부의 다음 인생 노정도 함께 나눌 운명이었던 서른일곱 살의 밀리 베넷은 샌프란시스코 태생으로 열아홉 살의 나이에 당시 여성으로서는 드물게 신문기자가 되었다. 그로부터 머지않아서는 "밀리, 새 일터에서 수프 사발을 뒤엎다", "밀리, 버클리 가정에서 주인에게 대들다", "밀리, 일을 그만두다"로 이어지는, 가정부 체험에 대한 연재 기사를 써서 주목을 받았다. "밀리 베넷, 공장 여공들과 사귀다"와 같은 다른 직종에 대한 연재 기사도 실었다.[11] 그 다음에는 하와이로 가서 호놀룰루의 한 신문사 기자로 일하고, 그곳에서 결혼하고 이혼도 했다. 이후에는 당시 혁명의 소용돌이에 있던 중국으로 건너가 몇 년 간 저널리스트로 일했다. 1931년에는 러시아로 건너가 관영 영어 신문《모스크바 데일리》

에서 기자 생활을 시작하고 곧이어 러시아의 발레 무용수와 결혼도 했다. 그러다 한번은 미국의 한 잡지사를 위해 쓴 기고문이 모스크바에 온 미국인 순례자들의 고지식함을 지나치게 희화화했다고 본 소련 관리들의 눈 밖에 나, 오만불손하다는 이유로 직장을 잃기도 했다. 하지만 그래도 용케 다시 복직하는 데 성공했다.

"우리는 처음 본 순간부터 친해졌다."[12] 베넷의 도움으로 신문사 교정직원으로 일하게 된 메리언이 나중에 회상한 말이다. 그녀는 이렇게 썼다. 밀리는 "얼굴은 못생겼으나 … 많은 남자들이 곁눈질로 흘끗거리며 돌아볼 만큼 균형 잡힌 몸매를 지니고 있었다. … 얼굴에는 여행의 편력이 드러나 있었고 용모는 우락부락하고 투박해 보였다. 신문사 사무실 그리고 여자들은 거의 끼지 않았던 저널리스트들의 아지트 술집에서도 그녀는 '한 명의 사내'로 취급받았다."

그러나 이렇게 모험적 삶을 살았음에도 당시에 쓴 베넷의 편지—대문자를 쓰지 않고, 기자들이 쓰는 수동 타자기의 타자지로 사용된 신문용지에 쓴 것이 대부분이었다—에는 손에 닿을 수 없는 무언가를 동경했던 면이 자주 드러난다. 막 출산한 친구에게 쓴 편지에 "아팠어?"라고 물은 것에도 드러나듯 개중에는 가정생활과 관련된 것도 있고, 시대가 요구하는 듯했던 마르크스 이론의 기초지식을 자기 삶에 결핍된 요소로 볼 때도 있었다. "지금 나는 레닌주의와 변증법적 유물론 강의를 듣고 있다. … 어젯밤에는 엥겔스 단원을 이해하려고 스터디 그룹에도 참여했다. 그 내용의 극히 일부라도 말해보고 싶다. 미세한 부분도 내게는 의미가 있어 보인다."[13] 그녀는 저널리즘 업계에서 안정된 자리를 얻었으면 하는 소망도 드러냈다. 이따금씩 잡지사의 기사를 쓰는 일만 할 수 있었을 뿐 정식 일

자리는 퇴짜 통보를 받는 일이 더 많았고, 미국 신문사들에서 주는 일감도 고정 특파원이 도움을 필요로 할 때나 그 특파원이 휴가를 나갔을 때뿐인 듯했다.

그러나 세계 속에서 그 위치가 얼마나 미미했든 베넷이 남긴 인상은 강렬했다. 한 신문기자는 그녀를 "(아프리카) 코이코이족 같은 머리에 도수 높은 안경을 쓰고 뚱한 용모의"[14] 여자로 묘사했다. 그러면서 이렇게 말했다. 베넷은 "어떤 종류의 글도 쓸 수 있고, 자신의 과격한 견해에 동조하지 않는 사람과 싸울 수도 있으며, 총탄에 맞설 수 있고, 심한 악담을 퍼부을 수도 있으며, 거친 우아함으로 누구든 사로잡을 수도 있다. 벽처럼 두꺼운 안경 렌즈 너머로 상대방을 뚫어져라 쳐다보며, 칭찬인지 모욕인지 헷갈릴 때까지 '나는 잘생긴 남자들이 싫어'라고 줄기차게 말함으로써 상대 남자를 안절부절 못하게도 만들었다."

모스크바에서 그런 삶을 이어가는 베넷이 가장 충격을 받았던 일은 러시아인 남편 예브게니 "젠야" 콘스탄티노프가 동성애 죄목으로 그녀가 보는 앞에서 체포돼 시베리아의 강제노동수용소로 끌려간 사건이었다. 베넷이 남편의 그런 성정체성을 모르고 있었는지, 아니면 알면서도 남편을 보호할 목적으로 결혼을 했는지는 모를 일이다. 그러나 분명한 것은 남편에 대한 그녀의 애정이 깊었다는 사실이다. 베넷은 1934년에 쓴 편지에서도 이렇게 말했다. "젠야와 시어머니만 아니라면 내일이라도 당장 배를 타고 (집으로) 돌아갈 텐데. 하지만 나는 내 젊은 남편과 사랑에 빠졌으니 어쩌면 좋단 말인가. … 강제노동수용소에서 방금 남편을 만나고 오는 길인데, 이 만남으로 머리가 멍해졌어."[15] 두 사람의 결혼은 결국 깨졌다. 하지만 이후에도 그녀는 수년 간 전 남편의 가족에게 돈을 보냈다.

이런 경험은 베넷으로 하여금 로버트보다 소련에 대해 더 암울한 시각을 갖게 만들었다. 메리언에 따르면 두 사람은 "미국 대사관의 술집에서 전설적인 논쟁까지 벌였다."[16] 몇 년 뒤 메리언은 두 사람 사이에 오간 대화의 한 토막을 이렇게 재구성했다.

보통 때의 신랄하고 무례한 어투로 베넷이 말했다. "맙소사, 밥. 현장에서 소련 농부들을 보고도 그런 평가를 내리나요? 소비에트 체제하의 농부들은 차르 시대의 농부들보다 형편이 나을 게 없다고요…."

이에 밥도 격분한 기색으로 맞받아쳤다. "밀리, 이 나라는 지금 지구상의 모든 국가들 가운데 가장 큰 변화를 겪고 있어요. 말하건대, 내가 관찰한 바로는 러시아 농부들은 확실히 새롭고 개선된 삶을 살기 시작했어요…."

그러자 밀리가 다시 스카치위스키를 홀짝이며 대꾸했다. "아유, 말도 안 되는 소리. 농부들이 나무 쟁기 대신 쇠 쟁기 쓰는 것은 나도 봤어요. 그래서 그게 어쨌다는 거죠?"

베넷은 순례자보다는 방랑자로서 소련을 찾았다. 그러나 순례자적인 면도 아주 없지는 않았다. 그런데 기자로서 강제노동수용소를 다녀오는 전례 없는 경험을 한 뒤로는 그마저 완전히 사라진 듯했다. 베넷은 친구에게도 이렇게 썼다. 공산주의 체제 하의 삶은 "비참하고 … 암울하며 납득하기 어려울 때가 있어. 그래도 러시아에서는 다른 '신념'에 보이는 것과 같은 태도를 보여야만 해. 무조건 그들이 옳다고 생각하라는 거지. … 오금이 저리도록 떨리는 일을 보더라도 두 눈 질끈 감고 … '그런 건 사실 중요하지 않아'라고 말하라는 거야."[17]

신념을 가진 사람들은 소련에 문제점이 있다고 느끼다가도 다른 유럽 국가들을 보면 그 생각이 싹 사라졌다. 메리먼 부부도 1936년 여름 서유럽을 여행했을 때 실직하거나 먹을 것이 없는 남녀들을 보았다. 빈에서는 오스트리아가 히틀러의 손아귀에 떨어질지 모른다고 걱정하는 사람들의 모습을 보았다. 이름난 사회주의 복합주택 단지인 카를 마르크스 호프의 벽에, 그 2년 전 우파 사람들, 경찰, 준군사조직이 쏜 총탄과 포탄이 남긴 자국도 발견했다. 샌프란시스코의 부두 파업보다 한층 폭력적이고 처참한 계급투쟁이었음을 보여주는 장면이었다.

메리먼 부부는 프랑스 작가 앙드레 말로가 나중에 한 말, "파시즘이 유럽 전역에 거대한 검은 날개를 펼쳤다"[18]는 착잡함을 가슴에 안고 모스크바로 돌아왔다. 아닌 게 아니라 1차 세계대전을 종결짓는 베르사유 조약에 라인강 양안에 있는 조그만 독일 지역, 곧 라인란트에 군사시설 설치 행위를 금지하는 조항이 들어 있는데도 히틀러는 1936년에 보란 듯이 그 규정을 위반하고 강 너머로 군대를 진군시켜 군 기지를 세웠다. 민주주의 국가들은 히틀러의 이런 도발을 보고도 소극적으로 항의하는 데 그쳤다. 게다가 영국 엘리트 사회와 북아메리카에는 히틀러의 강력한 지지자들도 있었다. 히틀러에게 매료된 것이 분명한 캐나다 총리 윌리엄 라이언 매켄지 킹만 해도 이듬해에 베를린을 국빈 방문한 뒤 일기에 이렇게 적었다. 독일 총통은 "미래에 잔 다르크와 나란히 그의 민족의 구원자들 축에 끼게 될 것이다."[19] 상황이 이랬으니 메리먼 부부, 루이스 피셔, 밀리 베넷, 그리고 수백만 명의 다른 사람들이 소련에 어떤 결점이 있든 간에, 그 나라를 당시 전 세계에서 벌어지고 있던 가장 위험한 사태, 곧 파시즘에 강경하게 맞설 수 있는 유일한 강대국으로 본 것도 무리는 아니었다.

파시즘 운동은 미국에서도 존재감을 과시했다. 독일계 미국인 2만 명이 독일-미국 연합German-American Bund에 입회하고 여름 캠프에 참가해 돌격대의 제복인 갈색 셔츠 차림으로 군사훈련을 한 것이다. 이들은 뉴욕 시의 매디슨 스퀘어 가든과 여타 지역에서 나치 집회를 본 뜬 대규모 집회도 열었다. 대다수 이탈리아계 미국인 신문과 단체들도 무솔리니를 열광적으로 지지했으며, 수백 명의 젊은 이탈리아계 미국인들은 그의 군대에 자원하기 위해 고국으로 가는 항해 길에 올랐다. 애틀랜타주에서만 백인 2만 명이, 유색인종들에게 테러를 자행한 검은 셔츠단(일명 미국 파시스트단)에 가입했다. 또한 비 가톨릭계 미국인 1,600만 명은 미성으로 열변을 토하는 반유대주의자인 찰스 에드워드 코글린 신부의 "라디오 설교"를 들었다. 그가 제복과 각반을 착용한 청년 추종자들에게 둘러싸여 수많은 청중을 상대로 연설하는 모습을 지켜본 기자는 이렇게 썼다. "신부는 청중을 사로잡고, 그들의 감정을 무장해제시키며, 그들을 쥐락펴락할 수 있는 능력을 지니고 있었다. 연극조로 울리는 낭랑한 고음의 목소리에, 단검을 내리꽂는 듯한 팔 동작으로 강조된 각각의 문장들에는 억눌린 야만성이 내포돼 있었다." 코글린은 원래 좌파 인물이었다. 그런데 1930년대 들어 히틀러와 무솔리니를 찬양하는 쪽으로 기울더니 프랭클린 루스벨트 대통령을 유대계 공산주의자와 유대인 금융업자들의 노예라고 공격하기 시작했다.

대서양 양쪽에서 그런 불길한 세력들이 진군해오는 듯하던 때에, 스페인에서 온 한 토막의 희소식이 예기치 않게 사람들을 들뜨게 만들었다.

1936년 2월 자유주의파, 사회주의당, 스페인 공산당 등이 연합한 인민전선이, 의회의 다수당이 되기 위해 돈을 물 쓰듯이 쓴 우익 정당을 꺾고 총선에서 승리한 것이었다. 경제와 부의 분배가 대다수 다른 유럽 국가들보다 한참 뒤졌던, 따라서 봉건주의에 가장 가까웠던 서유럽 국가로서는 예상하지 못한 의외의 승리였다. 이로써 부유한 실업가, 때에 따라서는 7만 5천 에이커 이상의 토지를 보유했던 대지주, 신도들에게 우익 정당에 투표할 것을 권유한 가톨릭교회가 주요 세력이던 나라에서도 마침내 커다란 변혁이 일어날 수 있는 것처럼 보였다. 뉴욕의《네이션》도 인민전선의 총선 승리에 환호하는 기사를 썼다. "실로 몇 달 만에 유럽은 스페인 총선 결과처럼 민주주의에 고무가 되는 뉴스를 제공해주었다."[20]

1920년대와 1930년대의 유럽에 소용돌이친 극심한 긴장 상태가 스페인보다 더 심하게 끓어오른 곳은 없었다. 스페인에서는 총파업과 농민 봉기, 좌우익이 함께 자행한 수백 명에 대한 정치적 살해, 혁명분자들의 약탈 행위, 당국의 고문, 대량 체포, 탈옥, 거리 싸움이 벌어졌다. 준군사조직과 검은 외투 차림의 기마경찰은 돼지 먹이통에서 훔친 도토리와 함께 발견된 굶주린 농장 노동자들을 구타했고, 반항하는 도시 노동자들과 충돌했다. 스페인 총선 몇 달 뒤에도 파업과 소요는 계속되었으며, 그 과정에서 수백 명의 사람들이 정치적 폭력에 희생되었다.

그리하여 총선에서 승리함으로써 아슬아슬하게 호랑이 등에 올라탄 인민전선 세력이 극적 변화를 약속하면서 군 예산의 일부를 빈곤층 지원 계획에 전용하려 하자, 군 장교들 사이에서는 불만이 들끓었다. 대담해진 좌파 세력이 공장을 점유하고 그 건물들에 적색 혹은 흑색 기들을 늘어뜨리자 주식시장도 붕괴했다. 토지 없는 농부들은 입법 조치를 기다리지 못하고 성급하게 광대한 토지 일부를 점유한 채 밭을 갈기 시작했으며, 기쁨에 겨운 군중은 (과거에 일어난 민란의 특징적 행위로) 교회를 불태우고 우익 신문사들을 부수었다. 운동가들은 운동가들대로 정부의 특별사면을 기다리지도 않고 교도소로 진입해 1934년 광부 폭동 때 수감되었던 정치범 수천 명을 풀어주었다.

루이스 피셔는 총선 직후인 이즈음 취재차 스페인을 찾았다. 그런 그에게 노조 지도자가 말했다. "반동주의자들은 쿠데타를 통해서나 정권을 다시 잡을 수 있을 겁니다."[21] 피셔도 극우파 장군들이 지방이나 식민지의 한직으로 밀려나는 것을 보았다. 1934년 광부 폭동을 진압했던 프란시스코 프랑코도 총사령관직에서 해임돼 아프리카 연안의 카나리아 제도에 있는 군 기지 사령관으로 좌천되었다.

스페인 본토에는 2,400만 명의 많은 인구가 살고 있었다. 하지만 대부분이 손바닥만 한 토지만 보유하고 있었고, 수백만 명의 사람들은 그마저도 없었다. 몇 년 전 온건한 토지개혁이 시행되기 전까지는 인구의 2퍼센트가 스페인 전체 토지의 65퍼센트를 보유하고 있었다. 피셔와 또 다른 미국 특파원은 스페인의 이런 농촌 실태를 알아보기 위해 1,930킬로미터를 도는 전국 일주 자동차 여행길에 올랐다. 그리고 그 과정에서 초가에 사는 소작농들과, 인민전선 정부에 압류당할지 모른다는 두려움 속에 기를 쓰고 토지를 부여잡으려 하는 지주들 간에 대결 국면이 펼쳐지고 있다는 것을 알게 되었다. 가죽 빛의 여윈 얼굴에 머릿수건을 쓰고 다 헤진 긴 치마를 입은 여자들은 수백 년 동안 그랬듯 손으로 밭을 갈고, 허리 구부정한 남자들은 큼지막한 땔감용 나뭇가지 단을 등에 둘러메고 있었다. 정치적 분열도 뚜렷이 보였다. "큰길가를 지나 마을들을 지나치는 우리를 보고 일부 사람들은 팔을 내뻗는 파시스트식 경례를 하고 … 다른 곳에서는 (인민전선파가 하듯) 어른과 아이들이 우리를 보고 주먹 쥔 손을 들어보였다."[22] 한 정치 집회에 도착했을 때는 예정된 연사가 나타나지 않아 피셔가 생뚱맞게 모임의 사회를 보기도 했다. 농부 일색인 청중에게 그가 일주일에 한 번 고기를 먹는 사람이 있는지 묻자 손드는 사람이 아무도 없었다. 새로 얻은 토지를 우파가 빼앗으려 한다면 어떻게 할 것인지 묻자 그들은 "우리를 죽이기 전에는 그렇게 못할 거요!"라고 말했다.

그러나 스페인 밖에서는 파시즘이 진군하고 있었다. 베니토 무솔리니도 자신이 꿈꾸는 새로운 로마제국을 건설하는 데 필요한 영토를 얻기 위해 에티오피아를 침공했다. 아프리카에서 식민지로 전락하지 않은 극소수 지역들 중 하나였던 에티오피아는 무솔리니에게 정복의 기회가 무르익은 곳으로 보였다. 탱크, 폭격기, 독가스의 지원을 받는 50만 명에 가까운 이탈리아군은 무기가 부실했던 에티오피아군을 쳐부수며 착실하게 지반을 넓혀갔다. 희생자가 아프리카인뿐이다 보니 유럽과 북아메리카의 반응 또한 미적지근하여, 에티오피아 침공 사건은 인가받지 않은 신문 사설들에만 실렸다. 반면 미국 흑인들의 반응은 강렬했다. 3,000여 명이 할렘의 교회에 운집해 저항 집회를 갖고, 흑인 공동체들도 기금을 조성하여 75개 병상을 갖춘 야전병원에 붕대와 의료품을 보내주었다. 남자들도 지원병으로 구성된 "흑인 부대"에 입대해 에티오피아에서 싸우기 위한 군사 훈련을 시작했다. 그러나 병참 문제와 미국 정부의 반대로 이 일은 성사되지 못했다. 미국 여러 도시들에서도 흑인과 이탈리아계 주민들 간에 거리 싸움이 벌어지고, 할렘의 성난 군중은 이탈리아 이름을 가진 상점과 술집을 부수거나 불매운동을 벌였다.

1936년 중엽에는 에티오피아 전역이 이탈리아 독재자의 검은 셔츠 단군에 점령되었고 그로써 전쟁은 종료되었다. 민간인과 군인을 합쳐 27

만 5천 명으로 추산된 엄청난 사망자를 낸 전쟁이었다.[23] 무솔리니마저 자신은 에티오피아인이 있든 없든 에티오피아를 원한다고 말했을 정도다. 자그마한 체구에 턱수염을 기른 하일레 셀라시에 에티오피아 황제의 설득력 있는 탄원에도 불구하고 강대국들은 아무런 조치도 취하지 않았다. 셀라시에 황제는 국제연맹 연설에서 이렇게 말했다. "오늘은 우리 차례지만, 내일은 당신들 차례일 겁니다."

3. 우리와 생각이 다르다면 총살하라

셀라시에 황제가 말한 내일은 예상보다 일찍 왔고, 소름끼치는 폭력도 수반되었다.

1936년 7월 17일 런던의 합동통신사(UP, UPI의 전신) 사무실로 마드리드 지국의 전문이 도착했다. 어머니의 오랜 지병이 후두염인 듯 플로라 이모 돌아오는 게 좋겠음 야음을 틈탈 수 있다면 나중에 북부 지역으로 가도 괜찮을 듯(MOTHERS EVERLASTINGLY LINGERING ILLNESS LIKELY LARYNGITIS AUNT FLORA OUGHT RETURN EVEN IF GOES NORTH LATER EQUALLY GOOD IF ONLY NIGHT…)이라고 쓰인 전문이었다. 알 수 없는 말들이 조합된 것으로 볼 때 갑자기 시행된 검열을 피하기 위한 묘책인 것이 분명했다. 런던의 합동통신사 직원들이 각 단어의 첫 자를 조합해보니 전문의 내용은 이랬다. 멜리야 주둔 외인부대 반란 일으킴 계엄령 선포(MELILLA FOREIGN LEGION REVOLTED MARTIAL LAW DECLARED)

멜리야는 북아프리카에 위치한 스페인령 모로코의 도시였다. 그런데

군 장교 수백 명이 병력 수만 명을 이끌고 멜리야와 스페인 본토를 장악하기 위해 치밀하고 조직적인 반란을 일으킨 것이었다. 장군들이 비정상적으로 많아 역삼각형 구조를 가진 스페인 군부에서 쿠데타를 일으키는 것은 이상할 게 없었으나, 이번에는 상부 명령이 민간인 복장을 한 전령들의 네트워크를 통해 스페인 전역에 차질 없이 하달된, 유례없이 철저하게 계획된 쿠데타였다는 점에서 다른 때와 달랐다. 이 반군은 앞으로 유럽인들이 식민지 전쟁들에서 종종 사용한 적은 있지만 유럽 본토에서는 중세 이후로 결코 사용한 적 없는 잔혹한 초토 전술로 권력을 탈취하고자 시도할 터였다. 반군 장교들이 반란의 시작을 알리는 암호로 사용한 말도 스페인에서 이슬람교도들을 축출하고 영토를 되찾기 위해 벌인 국토 회복 운동을 일컫는 말, 곧 레콩키스타의 시초로 간주되는 8세기 초의 전투인 "코바동가Covadonga"였다. 반란의 주동자들은 스페인의 새로운 지배자들을 이슬람교도 못지않게 이질적인 존재로 보고, 자신들에게는 8세기 때와 유사하게 그들을 타도하고 나라를 회복시킬 역사적 사명이 있다고 믿은 것이 분명했다. 즉 인민전선의 좌익 정부를 타도하려는 것이었다.

　유럽에는 나치 독일과 파시스트 이탈리아 외에도 포르투갈, 폴란드, 그리스, 리투아니아, 루마니아, 헝가리 등 대부분 반유대주의 성향이 뚜렷한 독재자, 군 지도자, 극우 정권의 지배를 받는 나라들이 많았다. 반면에 스페인은 불안정하기는 하지만 이 나라도 마침내 현대에 진입하는구나 하는, 국내외의 기대를 한 몸에 받으며 5년 전에 탄생한 민주주의 국가였다. 19세기 말에도 (제1) 공화국이 수립되었지만 단명했다. 그러다 1931년 가두시위와 동상들이 거꾸러지는 정국의 혼란 속에 국왕이 도주하고 수백 년 동안 지속된 군주제와 군부독재가 막을 내리면서 스페인에도 마침내 선출된 정부, 새로운 헌법, 원대한 개혁의 약속이 수반된 (제2) 공화국이 수립되었다.

그러나 반란을 주도한 장군들에게는 민주주의 자체가 심각한 위협이었다. 지난 총선에서 인민전선이 승리한 것도 그들에게는 저주였다. 장군들은 인민전선의 총선 승리를 스페인판 러시아 혁명에 이르는 길이라고 믿었다. 그들은 또 스스로를 역사가 폴 프레스턴(1946~)이 "'유일하게 참된 스페인인들'이라는 의미가 함축돼 있다는 점에서 영어의 민족주의자Nationalists보다는 의미가 다소 강한 용어라고 정의한 국가주의자Nacionales로도 칭했다."[1]

반란의 주모자는, 그 무렵에는 아직 지도자가 아니었지만 프란시스코 프랑코 장군이었다. 신중했던 그는 반란의 성공이 명백해 보일 때까지는 쿠데타 음모에 가담하지 않았다. 162센티미터의 단신을 보완하듯 군인답지 않은 올챙이배에 이중 턱과 고음의 목소리를 지닌 그는 이른 시기부터 매우 세심하고 규율에 철저한 인물로 정평이 나 있었다. 명령에 불복종하는 병사들에게 총살 명령을 내리는 것도 불사했다.

프랑코는 스페인의 가장 유능한 장군으로 널리 알려져 있었다. 공화파 정부가 나중에 군부의 반발을 무릅쓰고 폐쇄한 국립육군사관학교의 초대 교장으로 부임했을 때도 학교의 젊은 장교들 사이에서 그는 이미 유명인사였다. 야심차고 금욕적이며 엘리트 외인부대의 설계자이기도 했던 프랑코는 또 자신이 볼셰비키, 프리메이슨, 유대인들이 꾸미는 치명적인 음모로부터 스페인을 구할 운명을 지녔다는 치열한 신념에 경도되어 있었다(이 중 유대인은 페르난도와 이사벨 두 군주에 의해 종교재판이 시행되던 1492년에 추방된 뒤로 극소수만 스페인으로 돌아왔는데도 이런 생각을 갖고 있었다). 프랑코를 저 먼 대서양의 카나리아 제도로 보내고, 여타 우파 장군들을 또 다른 먼 지역들로 전출시킨 인민전선 정부의 조치 또한 그들이 남몰래 반란 음모를 꾸밀 수 있는 여지를 주었다는 점에서 치명적인 실책이었다.

한편 반란의 조직책이었던 이들의 대부분은 군 생활의 많은 기간을 식민지에서 보냈다. 1920년대에 스페인령 모로코의 리프 산악 지대에서 베르베르족과 치열한 전투(리프 전쟁 혹은 모로코 전쟁—옮긴이)를 벌인 고참 군인, 즉 아프리카인들Africanistas이었던 것이다. 몇몇은 본토가 아닌 식민지의 군인 가정에서 태어나기도 했다. 그래서 스스로를 식민지의 모반자들과 현대 세계의 부패 양쪽에 맞서 싸우는, 강인하고 전투로 단련된 스페인의 전통적인 가치를 지키는 수호자로 여겼다. 프랑코도 "아프리카를 빼고 나 자신을 설명할 수 없다"[2]고 말했다.

그런데 이들은 이런 식민주의자의 사고방식을 스페인에도 가지고 온 것이었다. 한 저명한 장군만 해도 힘없고 곤궁한 스페인 농부들을 경멸적으로 (베르베르족의 일파인) "리프족"[3]이라고 불렀다. 프랑코도 모로코에서 10여 년을 지내는 동안 게릴라전 때 얻은 적군의 머리 12개를 가지고 의기양양하게 귀국한 적이 있었다. 다른 아프리카인들도 모로코 반군과 싸울 때 폭탄과 1차 세계대전 종전 뒤 독일에서 구입한 겨자탄이 가득 든 포탄을 종종 사용한 적이 있었다. 그러니 프랑코와 다른 반란 음모자들이 스페인의 지배권을 탈취하기 위해 그 못지않게 잔인한 전쟁에 뛰어든 지금, 그들 휘하의 부대들 가운데 최강의 병력은 단연 악명 높은 외인부대가 포함된 아프리카군일 수밖에 없었다. 아프리카군 중에서 특히 외인부대는 이름과 달리 대다수가 스페인인으로 구성되어 있었고, 그 가운데 많은 사람이 입대함으로써 형이 감면된 범죄자들이었다.

그 외에 아랍인 혹은 베르베르인 혹은 스페인에서 모로스moros로 불린 무어인들이 아프리카군의 많은 부분을 차지했다. 즉, 이들 모두 자신들을 지휘하는 스페인 장교들에게 알라 신을 파괴하려 드는 이교도와 유대인들에 맞서 싸우겠다고 공언한 무슬림이었다. 그런데 얄궂게도 이들은 앞으로 "그리스도 왕 만세Viva Cristo Rey!"를 전쟁 구호로 외치는, 붉은 베레모를 쓴 왕당파 스페인 민병대 곁에서 싸우게 된다.

카나리아 제도에 있던 프랑코는 쿠데타 지도자들이 런던에 있는 동조자들의 도움으로 빌린 영국 항공기편을 이용해 비밀리에 스페인령 모로코로 날아왔다. 아프리카군을 지휘하기 위해서였다. 4만 명이 넘는 노련한 아프리카군은 반군의 최강 병력이었다. 그러나 문제는 이들이 모로코에 발이 묶여있는 것이었다. 국가주의자들이 이 병력을 스페인 본토로 신속히 진입시켜 권력을 탈취하는 데 핵심적인 역할을 하게 하려던 계획은 스페인 해군 함정의 선원들이 반란에 합세하기를 거부하고, 몇몇 반군 장교들을 살해하면서까지 공화국에 대한 충성을 꺾지 않는 바람에 좌절되었다. 이리하여 스페인의 통제권을 장악하려던 시도가 예상치 못한 벽에 부딪히고, 그들의 정예 병력이 지중해 저편에서 빈둥거리게 되었으니 쿠데타 음모자들의 실망은 이만저만 크지 않았다. 공화국의 공군 대부분이 쿠데타에 가담하기를 거부해 비행기를 마련하지 못함으로써, 병력을 항공편으로 실어 나르는 것도 불가능했다. 그렇다면 프랑코의 선택은?

도움을 줄 것으로 확신한 유럽의 두 지도자 베니토 무솔리니와 아돌프 히틀러에게 즉각 사절단을 파견하는 것이었다. 음악 축제가 열린 바이로이트에서 바그너의 오페라 〈지크프리트〉를 관람하고 있던 히틀러는 공연이 끝난 직후 프랑코 사절단을 접견했다. 돌격대의 갈색 제복 차림이었던 히틀러가 사절단을 면담하는 동안 이브닝드레스 차림의 그의 수행원들은 저녁도 먹지 않고 내내 그를 기다렸다. 사절단이 히틀러에게 프랑코의 육필 편지와 지도를 건네고, 이어 1차 세계대전 때 스페인이 중립을 지킨 것에 여전히 골이 나 있던 히틀러의 독백이 대부분을 차지한 회담이 몇 시간 진행된 뒤, 총통은 마침내 사절단에게 프랑코가 원하는 것은 무엇이든 조달해주기로 합의했다. 그러고는 즉시 공군 원수 헤르만 괴링을 불러 프랑코가 요청한 것보다 더 많은 비행기를 보내주라고 명령했다.

그로부터 불과 며칠 뒤 히틀러가 약속한 비행기들의 첫 편대는 이미 스페인령 모로코로 날아갔고, 이윽고 병력도 이동하기 시작했다. 그로부터 머지않아서는 프랑코 장군이 지브롤터 해협을 넘어 스페인으로 날아갔다. 이 작전은 마법의 불 작전Operation Magic Fire으로 명명되었다. 용감한 지크프리트가 깊은 잠에 빠진 브륀힐드를 깨우기 위해 불길을 뚫고 나가는 장면이 등장하는, 나치 고관들이 바로 얼마 전에 관람한 오페라에 바치는 경의의 표시였다. 집권한지 3년 반이 지났는데도 여전히 자신을 무시하는 서구 민주주의 국가에게 화가 나 있던 히틀러에게는 타국의 군사원조 요청이 그만큼 반가웠던 것이다.

무솔리니도 반란군의 요청을 들어주기로 합의했다. 합의로도 모자라 히틀러보다 더 중요한 국가주의자의 원조자가 되려고 안달을 했다. 반란군의 요청을 그가 고대 로마인들 흉내를 내며 종종 "우리 바다"라고 부른 지중해에서의 이탈리아의 영향력을 넓힐 수 있는 기회로 본 것이었다. 무솔리니는 12대로 편성된 삼발의 사보이아 마르체티 폭격기 대대를 반란군에 급파했다. 프랑코 사절단으로 갔던 한 명도 그에 편승해 폭격기의 기관총 사수석에 앉아 본국으로 돌아왔다.

하지만 히틀러는 더 많은 비행기를 반란군에 보냈다. 폭격과 수송 기능을 겸한 삼발의 융커스 Ju-52 20대(스페인인들은 이를 "세 마리아 비행대대Three Marias"라고 불렀다)를 독일 조종사 및 정비사들과 함께 보내준 것이다. 각 비행기의 공칭 수용 능력이 각각 17명밖에 되지 않는 문제점은 좌석을 떼어낸 뒤 앉는 사람으로 하여금 무릎을 턱밑까지 세우게 하고 그들을 바닥에 줄지어 쭈그려 앉히는 방법으로 해결했다. 그렇게 하니 문신투성이 외인부대원들과 치렁치렁한 장옷을 입고 터번 혹은 붉은 페즈모를 쓴 무어인 40명 정도는 너끈히 쟁여 넣을 만했다. 무어인들 중에는 그때 처음으로 비행기를 구경해본 사람도 많았고, 비행기를 타본 사람은 그보다 더 적었다. 이리하여 불과 며칠 사이에 반란군 병력 1만 5천 명은 북진을 위한 출발지였던 스페인 남부의 세비야로 공수되었다. 역사상 최초의 대규모 군사적 공수였던 이 도움이 없었다면 국가주의자의 반란은 신속히 진압되었을 것이다.

나치의 고위급 인사들은 7월에 스페인에서 반란이 일어나기 전부터 이미 스페인 장군들과 만난 적이 있었다. 스페인어를 구사하는 히틀러의 군사 정보국 책임자 빌헬름 카나리스만 해도 몇 년 전 프랑코가 독일로 군사시설 탐방을 왔을 때 그와 안면을 텄고 그를 좋아하기도 했다. 이번 쿠데타 음모의 주동자인 호세 산후르호도 1936년 초 소규모 수행원을 데리고 독일에 와 격조 높은 호텔 카이저호프에 머문 적이 있었다. 다만 그의 행적과 만난 사람이 누군지에 대해서는 알려진 것이 없다. 히틀러도 쿠데타에 대한 사전 정보는 갖고 있지 않았다지만, 결과적으로 보면 이 쿠데타는 히틀러에게 굉장한 기회가 되었다.

편리하게도 스페인과 이웃해 있는 데다 우익 정권이 독재를 하고 있던 포르투갈 역시 반군에 대한 지원 의사를 보이며 국가주의자 공격의 또 다른 발사대를 제공해주었다. 포르투갈인 8,000여 명이 프랑코의 외인부대에 지원하고, 포르투갈 정부는 반군으로 하여금 리스본 항에서 스페인 국경까지 병력과 물자를 수송할 수 있게 해주었다. 또한 무전기와 탄약 그리고 전투기를 띄울 수 있는 항공기지도 제공해주었다. 그것도 모자라 공화파 난민들을 반란군에게 넘겨주어 총살을 당하게도 만들었다.

테러의 공포가 스페인을 휩쓸었다. 국가주의자의 모든 군사행동은 학살을 극대화하는 것에 초점이 맞추어져 있었다. 반군 지휘관들은 향후 수년 동안 유럽이 겪게 될 일을 미리 예고라도 하듯 손을 위로 쳐든 채 줄지어 끌려가는 평상복 차림의 칙칙한 포로들에게 명령을 내리며, 청소 limpieza를 이야기했다. 일부 사격대는 야간에 죄수들을 자동차 헤드라이트 불빛 앞에 일렬로 세워놓고 총살을 집행했다. 노조간부, 인민전선 의원 40명이 포함된 공화파 정치인들도 총검에 찔려죽거나 총살당했다. 반란 음모에 가담하기를 거부한 군 장교들도 마찬가지였다. 반체제 군 인사들에게는 계급도 보호막이 되지 못해, 장성 일곱 명과 제독 한 명은 쿠데타에 가담하는 것을 주저했다는 이유로 총살당했다. 친족 관계도 고려 대상이 되지 못했다. 그 예로 반군에게 군 비행장의 인계를 거부한 장교 한 명은 어릴 적 소꿉친구였던 사촌 프랑코의 승인 하에 처형되었다.

스페인 북동부의 도시 우에스카에서 벌어진 일이 보여주듯 살해 대상자도 어처구니없이 정해졌다. 프리메이슨으로 추정된 그곳 주민 100명을 총살시킨 뒤에 보니 그중 진짜 프리메이슨은 10여 명도 되지 않았던 것이다. 하지만 반란군은 그런 사실도 개의치 않았다. 오히려 이 사건으로

야기된 공포가 두려움으로 이어질 것으로 보았다(스페인의 프리메이슨들은 오랫동안 반교권주의자였던 탓에 반란군의 표적이 되었다). 그런 학살이 도처에서 일어났다. 진군하는 국가주의자 군대에 저항을 하고 안 하고는 문제 삼지도 않았다.

쿠데타 초기에 반군을 지휘한 아프리카인 장군 에밀리오 몰라도 이렇게 선언했다. "테러를 확산시킬 필요가 있다. 양심의 가책이나 주저함 없이, 우리와 생각이 다른 사람은 모조리 죽이는 데 달통해있다는 인상을 주어야 한다. … 공산주의자나 인민전선의 지지자들을 돕거나 숨겨주는 사람들은 모두 총살시켜야 한다."[4] 다만 그가 말하는 공산주의자는 우익 프로파간다가 과장한 것에 비해서는 수효가 많지 않았다. 반면에 인민전선의 지지자들은 수백만 명에 달했다. 몰라의 명령은 물샐틈없이 철저하게 수행되었다. 스페인 북부의 나바라 지방에서는 인민전선 유권자 10명 가운데 1명이 즉결 처형되었다. 살해에 저항한 원로 성직자도 머리가 잘렸다. 자유주의 혹은 좌익 성향의 신문사들도 폐쇄되었다. 파업에 들어간 노동자들도 사형선고를 받았다. 희생자의 신분에 따라 테러의 성격이 사디스트적으로 바뀌기도 했다. 코르도바에서는 국가주의자 교도관들이 당뇨병에 걸린 사회주의당 의원에게 죽을 때까지 설탕을 먹였다.

"우리와 생각이 다른 사람들" 중 가장 저명한 축에 속한 인사도 총살당했다. "나는 언제나 가진 것 없는 사람들 편에 설 것이다"라고 선언하고 농촌의 최극빈 마을들로 순회공연을 다닌 시인 겸 극작가 페데리코 가르시아 로르카가 모두 합해 5,000여 명이 죽어나간 자신의 고향 그라나다에서 총살을 당한 것이다. 현지의 묘지 관리인이 넘치는 송장 더미에 압도되다 못해 신경쇠약에 걸려 정신병원에 들어갔을 정도로 상황이 심각했다.

채식주의자가 됐든, 에스페란토어 학습자가 됐든, 몬테소리 학교의 교사가 됐든, 로터리클럽의 회원이 됐든, 순수하게 스페인 풍이 아닌 운동에 참여하는 사람도 운동에 참여하는 즉시 요주의 인물이 되었다. 붉은색 넥타이를 매는 것만으로도 공산주의 성향이 있는 사람으로 간주되어 체포될 수 있었다. 스페인 북부의 도시 레온에서는 다윈의 진화론 강의를 듣다가 지적으로 오해할 수 있는 질문을 한 사람이 스파이에게 고발당해 총살을 당했다.[5] 스페인 남서부의 도시 메리다에서도 반군 장교가 죄수들 중에 공화파였던 의사를 도시 주변으로 끌고 다니며 그에게 인사하는 사람을 기록하는 방식으로 체포 대상자들을 색출해냈다. 그 일이 끝난 뒤 장교는 의사를 총으로 쏴 죽였다.[6]

국가주의자는 독일과 이탈리아가 넉넉히 보내준 무기와 군수품 덕택에 반란을 일으킨 지 불과 몇 주 만에, 대부분이 남서부 지역인 스페인 영토의 3분의 1가량을 장악했다. 그 과정에서 학살된 사람만도 히틀러나 무솔리니가 집권할 때 자행한 학살의 규모를 훨씬 뛰어넘는 수만 명에 달했다. 거리, 광장, 교차로에는 도륙된 공화파 사람들의 시신이 그대로 널려 있었다. 반군이 섬뜩한 경고의 표시로 치우지 않고 남겨둔 것이었다. 하지만 그렇다고 해서 국가주의자들만 살인을 자행한 것은 아니었다. 이러한 살해는 수백 년 동안 억눌려 있던 사회적 긴장이 살인까지 행하는 광포함으로 분출된 것이기도 했다.

메리먼 부부도 전 세계 다른 수백만 명의 사람들과 마찬가지로 스페인에서 군사반란이 일어났다는 소식에, 그리고 도시들이 잇따라 국가주의자군에 함락되고 있다는 소식에 경악했다. 메리언이 교정 직원으로 일하고 있던 《모스크바 데일리 뉴스》에서는 직원들이 스페인 공화국의 민간인들에게 보내줄 식량구호기금을 모았다. 로버트는 그들 부부가 할 수 있는 일이 없다는 사실에 조바심을 냈다. 반면에 친구 루이스 피셔는 공화파가 장악하고 있는 스페인 지역으로 곧장 떠났다. 피셔와 같은 저널리스트들에게 스페인의 내전은 신속히 유럽 대륙 최고의 기삿거리가 되었다. 그리하여 반란이 일어난 지 두 달 뒤에는 피셔도 러시아나 다른 지역들에서 알았던 것보다 한층 "중요하고, 스릴 넘치며, 흥미진진한"7 투쟁을 보도하는 일에 뛰어들었던 것이다. 그가 바르셀로나에 도착하니 소총을 어깨에 걸쳐 맨 노동자들이 공항으로 달려가는 모습이 보였고, 다음 목적지인 발렌시아에서는 공항 매점에서 영수증을 달라는 그를 보고 사람들이 웃음을 터뜨렸다. (공산당) 동무들에게는 식품을 무료로 제공했기 때문이다. 발렌시아에서 기차를 타고 마드리드로 이동할 때는, 독일 폭격기의 공습이 있은 뒤 대형 휘발유 저장고에서 검은 연기가 치솟아 오르는 것도 보였다.

하지만 그런 피해에도 불구하고 《네이션》 및 유럽과 미국의 각종 일간지들에 기사를 송고하는 피셔가 보기에 공화파에는 아직 고무적인 면이 많았다. 공화파 전투기들만 해도 시대에 뒤진 복엽기이기는 했지만 반란군의 거점에 공습을 가했고, 프랑스 소설가 앙드레 말로가 각 나라에서 지원한 조종사들로 조직한 비행대대 또한 공화파를 지원했다. 스페인 전역의 통제권을 잡으려던 반군의 계획에도 차질이 빚어져 내전이 장기화됨에 따라 반군이 자나 깨나 걱정했던 군수품 문제가 불거져 나왔다. 군대의 연료로 쓰는 석유만 해도 반군으로서는 구할 길이 막막했다. 그들의 지원국인 독일과 이탈리아가 석유 수출국이 아닌 석유 수입국이었기 때문이다.

피셔도 이번에는 다른 때보다 더 정치인에게 조언하는 일에만 집중하기 위해 기사 쓰기를 그만두었다. 공화국 총리에게는 비군사적 건설사업을 중단하고 마드리드 외곽 30킬로미터 지점에 난공불락의 방어벽을 쌓고, 빨치산 부대를 조직해 적진 뒤에서 싸우라는 등의 조언이 담긴 장문의 편지를 보냈다. 그는 외무장관을 만났을 때도 국가주의자가 스페인령 모로코를 장악하고 있으니 공화파도 "모로코의 독립을 선언할 수 있다"[8]고 제언했다. 피셔는 스페인 주재 소련 대사에게도 끊임없이 조언을 했다. 견디다 못한 대사가 아마도 그를 떼어놓을 심산으로 이렇게 말했을 정도다. "메모를 써 보내세요. 그럼 모스크바에 전달해줄 테니."

하지만 이런 곤란한 상황들과 마주쳤음에도, 스페인에서 쓴 피셔의 일기에는 소련 특파원일 때 거드름을 피우던 태도와는 사뭇 다른 모습도 엿보인다. 이상주의로 가득 찬 광경, 프로파간다의 산물이 아닌 진정한 열정, 생명의 위험까지 무릅쓰면서 나라의 미숙한 민주주의를 구하려는 사람들에게 감동한 인간의 모습이 보이는 것이다. 피셔는 전 세계 신문들에 대서특필된 알카사르 공방전을 취재할 때는 난생 처음 전투하는 경험을 느껴보기도 했다.

알카사르 공방전은 반군 부대가 공화파군 부대와 싸워 알카사르 요새로 쳐들어간 끝에 68일 간의 포위공격을 해제하고 프랑코가 기세 좋게 승리를 거머쥔 전투였다. 그러나 피셔에게는 그 전투가 엄청난 포화의 세례로도 느껴졌다. 그는 군화도 아닌 테니스화를 신고 탱크 뒷좌석에 올라타 공화파군 부대의 알카사르 요새 점령 작전에 동행했던 당시의 경험을 이렇게 썼다. "나는 병사들이 어떻게 그렇게 동물 같은 열정으로 참호의 벽을 죽어라고 넘어 돌격하는지 그때서야 이해했다. 위험과 전력투구가 결합된 그들의 행위에서는 모종의 희열마저 느껴졌다."[9] 피셔는 총격전이 치열하게 전개돼 대기가 연기와 탄알로 가득 찼을 때는 두 병사를 도와 출혈이 심한 동료를 들것에 실어주고, 나중에는 응급처치소의 수술대로 그를 옮기는 작업도 도와주었다. "그의 가슴을 덮은 천 조각에서 피로 물든 부위는 갈수록 넓어졌다. … (그가) 신음 소리를 내며 물을 찾았다. 그러나 줄 게 없었다. 병사는 무릎 일부가 총에 맞아 날아가고, 갈비뼈를 쇠 조각에 관통당하는 부상을 입었다." 피셔의 옷도 피로 얼룩졌다. 이렇게 그는 스페인 내전에서 관찰자와 참가자의 경계를 넘어본 최초의 외신 기자들 중 하나가 되었다. 그러나 마지막은 아니었다.

다수의 다른 미국 특파원들도 내전을 취재하기 위해 서둘러 스페인으로 향했다.《뉴욕 헤럴드 트리뷴》의 존 톰슨 휘태커 기자만 해도 전선을 오갈 때 베이스캠프로 쓰기 위해, 국가주의자 점령 지역인 톨레도주의 도시 탈라베라데라레이나에 두 달 동안 방을 세냈다. 누가 부르면 들릴 정도로 군 막사와 지척거리에 있는 곳이었다. "그곳에서 지낼 때 나는 새벽에 총살을 집행하는 일제사격 소리를 하루도 듣지 않은 적이 없었다. 총살은 하루 평균 30차례 집행되는 것 같았다."[10] "요새로 끌려오는 사람들도 보았는데, 죄 없는 농부와 노동자들이었다." 더 많은 처형이 도처에서 집행되는 징후도 보였다. "늙은 촌부 네 명이 구덩이에 버려지는 모습도 보았고, 민병대원 30~40명이 뒤로 손이 묶인 채 사거리에서 총에 맞아 모두 한꺼번에 쓰러지는 것도 목격했다. 생각해보니 도시 광장에서 죽어간

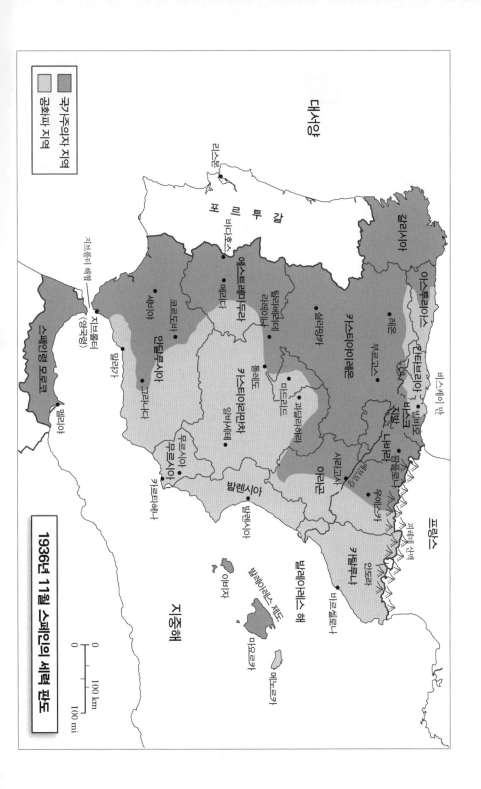

1936년 11월 스페인의 세력 판도

국가주의자 지역
공화파 지역

대서양

포 르 투 갈

리스본

지브롤터 해협

지브롤터
(영국령)

스페인령 모로코

멜리야

알제리

비스케이 만

프랑스

피레네 산맥

지중해

발레아레스 해

발레아레스 제도

이비자

마요르카

메노르카

0   100 km
0   100 mi

갈리시아

아스투리아스

칸타브리아

레온

부르고스

바스크

나바라

우에스카

레리다

헤로나

바르셀로나

카탈루냐

아라곤

카스티야이레온

살라망카

에스트레마두라

바다호스

메리다

카세레스

세비야

코르도바

말라가

그라나다

안달루시아

하엔

시우다드

마드리드

톨레도

카스티야라만차

알바세테

무르시아

무르시아

카르타헤나

발렌시아

발렌시아

테루엘

사라고사

로그로뇨

빌바오

산탄데르

한 무리의 사람들도 있었다. 공화파의 젊은 돌격대원 두 명이 서로 등을 맞대게 묶인 채 휘발유를 뒤집어쓰고 불에 타죽는 모습도 보았다."

《시카고 트리뷴》의 제이 앨런 기자도, 무어인 병사가 자신에게 1페세타에 사람 귀 하나를 팔려고 했다는 기사를 보도해 미국 독자들의 지대한 관심을 끌었다.[11] 이 기사는 포르투갈과의 국경에서 가까운 바다호스주의 주도 바다호스 시에서 나온 것이었다. 공화국 지배 아래 있을 때 노동자 수만 명이 대규모 토지를 점유했던 그곳이 이제는 국가주의자군에 점령된 것이 사건의 발단이었다. 도시를 점령한 국가주의자군은 다양한 정파로 구성된 공화파 민병대원과 민간인들을 도시의 투우장으로 밀어 넣었다. 제이 앨런의 기사에는 이렇게 적혀있다. "손을 위로 치켜든 사람들의 줄. 이 젊은이들은 대부분 푸른 작업복 차림의 농부와 점퍼 차림의 직공들이었다. … 새벽 4시, 투우의 첫 행렬이 입장하는 문을 통해 그들이 투우장으로 들어왔다. 그들을 기다리는 것은 기관총이었다. … 12시간 사이에 무려 1,800명의 사람들이 기관총에 맞아 쓰러졌다. 그중에는 여자들도 있었다. 시신 1,800구에서 나올 법한 것보다도 더 많은 피가 흘러나왔다."[12] 사흘이 지난 뒤에도 투우장에는 여전히 두께가 몇 인치나 되는 검은 피 떡이 덮여있었다. 스페인 내전은 세계 도처에 정치적 분열도 적나라하게 노출시켰다. 극보수주의자였던 《시카고 트리뷴》의 사주, 로버트 매코믹 "대령"은 바다호스 학살 사건을 보도한 앨런의 기사에 분개하다 못해 그를 파면하기까지 했다.

스페인의 국가주의자군도 외국 기자들을 대할 때 홍보용 허식 따위는 떨지 않았다. 바다호스 학살을 지휘한 장군도 존 톰슨 휘태커 기자에게 이렇게 말했다. "그래요, 그들을 총살했습니다. 그게 어쨌다는 거요?

우리 부대가 서둘러 진군할 때 공산주의자 4천 명도 함께 데리고 갔어야 하나요?"[13] (살라망카주의 도시) 알바데엘테스의 백작으로 카이저수염을 기른 프랑코 장군의 홍보담당관 곤살로 데 아길레라 이 문로 대위도 그와 흡사한 말을 했다. "스페인의 나쁜 점이 뭔지 아십니까? 현대적 배관공사예요! 건강한 시대, 요컨대 정신적으로 건강했던 시대에는 역병과 페스트가 스페인의 대중 수를 크게 줄여주었어요. … 그런데 현대적 하수처리인가 무언가가 도입된 지금은 대중의 수가 급속도로 불어나고 있지요. 대중은 동물과 다를 바 없습니다. 볼셰비즘의 바이러스에 감염되지 않으리라는 보장이 없어요. 어쨌거나 역병을 옮기는 것은 이와 쥐들이잖아요." 광적인 폴로 경기자이자 기병이었던 이 백작은 쿠데타가 시작되자 자신의 영지에 노동자들을 일렬로 세워놓고, 누가 주인인지 본때를 보여주기 위해 그중 여섯 명을 총으로 쏴 죽였다고도 주장했다.

군사반란의 배후가 어떤 계급인지는 분명했다. 스페인 국기에 입 맞추며 대의를 지킬 것을 맹세하는 국가주의자군 병사들에게 주교들은 축복을 내리고, 검은 레이스 베일을 쓴 여자들은 우아한 갈채를 보냈다. 바다호스 부근에서는 군중이 보는 앞에서 또 다른 집단 처형이 집행될 때, 총이 발사되기 전 악대가 음악을 연주하고 사제는 미사를 올렸다. 군사 역사가 앤터니 비버가 쓴 글에는 이런 내용도 나온다. "지주의 아들들이 말 탄 농부 수렵대를 조직했는데, 이런 류의 행동은 흔히 토지 없는 농장 노동자들이 결국에는 한 뙈기의 땅이라도 얻게 된다는 뜻에서 우스갯소리로 '농지 개혁reforma agraria'이라 불렸다."[14]

쿠데타가 10주째로 접어들고 잠재적 경쟁자들이 제거됨에 따라—한 유명한 우파 정치인은 반란이 일어나기 전 좌파에게 살해되었고, 또 다른 정치인은 공화파군 감옥에 갇혔으며, 마드리드 행진이 예정돼 있던 호세 산후르호 장군은 비행기 추락으로 숨졌다—마흔세 살의 프랑코는 반란 군의 최고 지도자가 되었다. 조그만 체구에 매력이라고는 털끝만큼도 없는 외모와 달리 그의 야망은 하늘을 찔렀다. 그는 경쟁자들의 허를 찌르는 은밀한 관료적 수완도 갖추고 있었다. 프랑코는 금술 달린 제복을 입고, 국가주의자군의 대원수Generalissimo 직함을 달아 독일, 이탈리아, 포르투갈 외교관들이 내빈으로 참석한 정교한 의식에서는 국가원수로도 행동했다(대다수 유럽 국가들에서는 국가원수와 행정수반이 별개의 직책이었기 때문에 프랑코를 정부수반으로만 선출했던 몇몇 동료 장군들은 그의 행동에 당혹스러워했다). 엄격히 통제된 그의 선전기구도 프랑코를 "신의 은총을 입은 지도자(카우디요Caudillo)"로 부르기 시작했다. 나중에는 프랑코 본인도 스스로를 예전의 군주들만 사용했던 계급인 총사령관이라 칭했다. 국가주의자군의 구성원들은 너 나 할 것 없이 모두 계급과 지위의 표징을 번쩍이고 다녔다. 프랑코도 특별 행사가 있을 때면 폭넓은 진홍색과 금색의 현장을 걸치고 나왔으며, 참모장교들도 청색과 금색의 현장을 착용했다. 투박한 아프리카인이었던 선임 장군 호세 바렐라는 심지어 파자마 위에 걸쳐 입는 실내복에도 군대 메달을 박아넣었다.

파시스트 국가들도 프랑코 정부를 인정했다. 그러자 프랑코는 기쁨에 겨워 "이 순간이야말로 세계인들 삶의 정점이다"라고 요란스레 선언했다. 이 동맹국들과 함께 하는 한 프랑코의 입지는 유리했다. 히틀러만 해도 프랑코와만 협상을 했으니 차후로는 해외에서 들어오는 무기와 탄약의 흐름을 자신이 통제하여, 자신이 원하는 장군들에게만 시혜를 베풀 수 있었다. 그렇게 되면 정예 병력인 아프리카군의 지휘권을 보유한 것과 더불어, 다른 정적들을 신속히 물리치는 것 또한 가능했다. 유일하게 그의 잠재적 정적으로 남아있던 쿠데타의 초기 지도자 모라 장군도 프랑코에게는 우연하게도 이듬해에 또 다른 비행기 추락 사고로 죽었다.

국가주의자는 다수의 근본주의 운동이 그렇듯, 여자는 여자의 도리를 지켜야 한다는 여성관을 고수했다. 여성의 바지 착용을 금지하고, 치마와 소매도 긴 것만 입도록 했다. 여성들에게 보통 교육을 실시했던 공화국의 학교 시책 또한, 바느질과 종교 교육을 중시한 예전의 교회 소관으로 넘겼다. 남녀공학도 금지시켰다. 한 저명한 국가주의자는 심지어 남녀공학을 유대인의 음모라고까지 말했다. 공화파 지지 여성들에 대한 국가주의자의 만행은 끝이 없었다. 예복, 메달, 말 탄 호위대를 좋아한 또 다른 아프리카인 고참 군인이자 남부 지역 사령관이던 곤살로 케이포 데 야노 장군만 해도 라디오 방송에서 무어인 병사들에게 마드리드 여자들을 제공하겠다는 약속을 되풀이했다. "여자들의 다리만 걷어차면, 제아무리 용을 써도 도망치지 못할 것이다."[15] 톨레도의 한 산부인과 병원에서는 공화파 지지자로 간주된 임산부 20명이 지방의 한 묘지로 끌려가 총살당했다. 세비야 부근에서도 국가주의자군 병사들이 트럭 한 대분의 여성 포로들을 강간한 뒤 총으로 쏴 죽이고 시신을 강물에 던졌다. 그런 다음 죽은 여성들의 속옷을 걸어 맨 소총을 들고 근처 도시를 행진하는 짓까지 벌였다.

《뉴욕 헤럴드 트리뷴》의 존 톰슨 휘태커 기자도 국가주의자 군대와 함께 있다가, 마드리드 쪽 대로의 교차로에서 십대 소녀 두 명이 소령 앞으로 끌려오는 것을 보았다. 직물공장 여공이었던 한 명이 노조 카드를 소지하고 있었다는 것이 그들의 유일한 죄목이었다. 심문을 마친 소령이

"무어인 병사 40여 명이 쉬고 있는 조그만 교사校舍에 소녀들을 집어넣었다. 그들이 문간에 이르자 건물 안에서는 울부짖는 듯한 괴성이 터져 나왔다. 나는 무력한 분노감에 휩싸인 채 경악하여 그 자리에 서있었다."[16] 항의하는 휘태커에게 소령이 말했다. "어차피 쟤들은 4시간 정도밖에 못 살 거요."

이런 강간이 일상적으로 벌어졌다. 국가주의자군 장교들은 정치 스펙트럼의 전반에 걸쳐진, 수백 년 동안 쌓이고 쌓인 민족적 감정을 이용해 무어인 군대로 하여금 강간을 자행하게 함으로써 테러의 강도를 의도적으로 높였다. 영국 조간지 《데일리 익스프레스》의 노엘 몽크스 기자도 국가주의자군 병사들이 여성 포로들에게 자행한 일을 자랑하듯 이야기한 것을 이렇게 적었다. "그렇다고 잔혹한 행위를 한 것은 아닙니다요, 기자님. 아뇨, 절대 안했습죠. 무어인 스무 명이 들어있는 방에 민병대의 여자 포로 하나만 두었을 때도 그런 일은 일어나지 않았습니다. 그것은 오락이었을 뿐이에요."[17]

《뉴욕 헤럴드 트리뷴》의 휘태커 기자는 또 이렇게 썼다. "나도 한 자리 끼었던 여섯 명 정도 되는 회식 모임에서는 스페인 장교들 사이에 그것이 현명한 조치였는지 아닌지에 대한 토론이 벌어졌다. 그것이 프랑코의 방침이라는 데에는 누구도 이의를 제기하지 않았다. 하지만 그런 가운데서도 일부 장교들은 여자 공산주의자도 스페인인이고 여성이라고 주장했다."[18] 그렇다고 그런 이성적 논리가 그곳의 전반적 분위기는 아니었다. 국가주의자군 병사들은 진격하는 과정에서 벽에 이런 낙서도 갈겨놓았다. "너희들의 여자는 파시스트를 낳을 것이다." 그러고는 강간도 모자라 이 마을 저 마을 돌아다니며 인민전선을 지지한 죄밖에 없는 여자들의 머리를 빡빡 밀기까지 했다. 이탈리아 파시스트들에게 배운 수법으로 강한 설사약인 피마자유를 여자들에게 억지로 먹이고 거리를 행진하게도 했으며, 오물로 더러워진 몸을 완전히 발가벗기거나 절반만 발가벗겨 사람들의 야유를 받게 할 때도 있었다.

군대를 동원하여 반란에 저항해야 하는 공화국 정부의 움직임은 더디기만 했다. 각 정파로 구성된 인민전선 내부의 긴장 상태가 정부의 발목을 잡은 것이다. 군 장교들 태반이 국가주의자 편으로 돌아서는 바람에 공화국에는 제대로 된 군대도 없었다. 공화파에 충성하는 병사들에, 좌익 정당 및 노동조합들이 불과 몇 년 전에 조직되기 시작한 탓에 훈련도 제대로 안 된 민병대 부대가 뒤섞인 잡탕 군대만 남아있었다. 민병대 병사들은 공화파의 열정과 난맥상을 함께 보여주듯 제복도 없었고, 대부분이 부츠도 없었으며, 모자도 작업모, 베레모, 챙 달린 모자, 술 달린 모자, 1차 세계대전 때 쓰던 잉여 헬멧 등 뒤죽박죽이었다.

스페인이 오랫동안 노사분규를 겪은 나라다 보니, 정부 관리들이 민병대를 무장시키기를 처음에 꺼려한 것도 일을 지연시켰다. 그러다 겨우 민병대를 무장시키기로 결정하고 육군성이 소총 6만 5천 정 중 6만 정을 마드리드의 노조원들에게 제공했으나, 이번에는 또 노리쇠가 없어 총이 발사되지 않았다. 노동자들에게 병기고를 습격당할까봐 우려한 당국이 노리쇠를 다른 곳에 별도로 보관하여 벌어진 일인데, 노리쇠를 보관한 그 막사가 지금은 또 국가주의자군에게 점령돼 있었다. 민병대원들이 막사를 공격하기 위해 어렵사리 찾아낸 대포 세 문도 차량이 없어 맥주 트럭으로 끌어와야 했다.

그래도 스페인의 소식이 마냥 어둡지만은 않았다. 쿠데타를 신속히 끝내려 한 국가주의자군의 희망에도 불구하고 내전 초의 첫 몇 달 간 대중이 맹렬하게 저항한 덕에 형태가 들쭉날쭉한 스페인 영토의 절반 이상이 아직은 공화파의 수중에 있었기 때문이다. 마드리드, 바르셀로나, 발렌시아도 그 안에 포함돼 있었다. 루이스 피셔도 급조된 민병대원들이 수도를 지키고 있는 모습에 감동받았다. 어느 날인가는 투우사, 복서(링에서는 타잔이라는 별명으로 불린 복서였다), 스페인의 5천 미터 트랙 우승권자였던 스키 선수, 선수 전원이 참가한 축구팀 등 운동선수들로 구성된 대대를 마주치기도 했다. 이발사 1,300명으로 구성된 부대도 있었다. 로시니의 오페라 〈세비야의 이발사〉의 주인공 이름을 따서 피가로 대대라고 명명된 부대였다.

스페인 공산당도 당의 규모는 작았지만, 당 산하의 민병대 연대는 상명하복식 훈련을 받아 그런 류의 군대로는 가장 효과적이라는 평판을 신속히 얻었다. 무정부주의자 민병대도, 소수의 미국인이 포함된 외국인 동조자 수천 명이 그 부대에 합류하기 위해 스페인으로 향하면서 세가 불어나기 시작했고, 일부 여자와 남자 10만 명 정도로 규모가 커졌다. 노동자들도 다른 방식으로 공화국 수호에 일조했다. 내전의 와중에 국영 전화시스템이 마비되자 사회주의자 철도원들이 철도 네트워크의 전화선을 이용해 프랑코 군대의 동향에 대한 정보를 캐낸 것이다. 내전 후 첫 몇 달 동안 국가주의자군에 맞선 공화국의 주력군은 이렇게 전문 군대가 아닌 자력으로 무장한 시민군이었다.

그런데도 그들은 시민군 이상의 일을 해냈다. 노동자들만 해도 공화국이 장악하고 있는 지역들의 공장 수백 곳을 접수한 뒤 그중 일부를 즉시 공화파 군대가 급히 필요로 하는 탄약공장으로 개조했다. 립스틱 통을 만들던 한 공장은 탄약통 제조소로 바뀌었다. '노동자들이여, 이 땅은 여러분의 것이다'라고 쓰인 기치도 등장했으며, 농부들은 예전에 머슴으로 일했던 광대한 농장의 토지를 잘게 분할했다. 해외의 급진주의자들도 스페인에서 벌어지는 사태에 흥분했다. 이것이야말로 그들이 오랫동안 꿈꿔온 일 아니던가? 민중이 마침내 생산수단을 탈취하지 않았는가? 단명으로 끝난 파리 코뮌을 제외하면 서유럽에서 이런 일이 벌어지는 것은 거의 처음이었다. 러시아처럼 단일 정당이 모든 권력을 독점한 채 지휘하는 혁명이 아닌, 밑바닥에서 시작된 혁명이었던 것이다. 스페인 내전은 놀랍게도 우익 쿠데타인 동시에 좌익 사회혁명이었다.

수백만 명의 사람들이 스페인에서 들려온 소식에 주목했다. 그리고 그중에는 신기하게도 메리먼 부부와 놀랍도록 유사하게 남편이 대학의 경제학과 강사였던 미국인 커플도 있었다. 바로 로이스 오르와 찰스 오르 부부였다. 이들은 신혼여행 차 유럽에 와있다가 스페인의 소식을 들었다. 167센티미터의 키에 연갈색 머리칼을 지니고 느릿느릿한 켄터키 사투리를 썼던 로이스는 고향의 루이빌대학교 2학년일 때 캠퍼스의 한 정치 모임에서 10년 연상의 찰스를 만나 그 해 초에 결혼했다.

로이스는 건축 도급업자 아버지를 두었다. 하지만 아버지보다는 자유주의 성향이 짙은 잡지 《뉴 리퍼블릭》을 구독하며 딸에게 사회정의감을 심어준 어머니를 신뢰했다. 그녀는 또 남편과 마찬가지로 사회당 지지자였다. 대공황 시대의 다른 수많은 사람들이 그랬듯이, 미국 사회주의자들은 기존 정치체제가 실패했다는 확신을 갖고 있었다. 그러면서도 새로운 사회는 소련과 같은 독재정권을 통해서가 아니라 민주적 방식으로 건설되어야 한다고 믿었다. 갓 결혼한 부부는 바로 이런 생각을 가지고 세상을 둘러보기 위한 여정에 올랐다. 당시 두 사람이 신혼여행을 심각한 일로 받아들였음은, 꽃무늬 블라우스를 입은 로이스와 넥타이를 맨 양복 차림의 찰스가 카메라를 진지하게 응시하는 모습으로 찍힌 부부의 공동 여권 사진에도 그대로 드러나있다.

오르 부부가 스페인 사태의 진전 과정에 점점 매료되기 시작한 것은 독일과 프랑스를 여행할 때였다. 그들이 보기에 스페인 사회혁명의 중심에는 세계의 다른 어느 곳보다도 스페인에서 꽃피었던 신념의 추종자들, 곧 무정부주의자들이 있었다. 자유주의적 공산주의, 혹은 국가 없는 공산주의를 믿는 무정부주의자들이었다. 이들은 경찰, 왕실, 돈, 세금, 정당, 가톨릭교회, 사유재산을 사라져야 할 것들로 보았다. 무정부주의자들은 상호부조에 대한 자연스러운 인간 본능이 우리 모두에게 잠재되어 있다고 믿었고, 이러한 본능을 자유롭게 펼침으로써 공동체와 작업장을 민중이 직접 운영하면 된다고 믿었다. 물론 이것은 오르 부부가 마음속에 그리던 사회주의 유토피아가 아니었다. 하지만 그 정신에는 상당히 부합하는 듯했다.

무정부주의는 산업화 이전 시대의 이데올로기였다. 따라서 복잡한 현대 경제 속에서도 그것이 정확히 실현될 수 있는지 여부는 여전히 알 수 없었다. 그런데 그 꿈이 스페인의 수백만 사람들을 고취시킨 것이고, 무정부주의자들은 신속히 그것을 실행에 옮기고 있었다. 무정부주의자들의 다수가 수감된 감옥을 맹렬히 증오한 나머지, 그들 통제 하에 있는 여러 도시들의 감옥 문을 활짝 열어젖히고는 정치범과 일반 형사범을 함께 풀어준 것만 해도 그랬다. 그들은 프랑스 혁명 때 파리 군중이 바스티유 감옥을 공격한 것을 흉내 내며 바르셀로나의 특별히 악명 높은 감옥을 부수기도 했다. 한 교도소에 수감돼 있던 죄수 수백 명은 심지어 철저한 혁명은 인간도 변모시킬 수 있음을 입증하기라도 하듯 철 부대Iron Column로 알려진 무정부주의 민병대 부대에서 복무하기도 했다.

그러나 오르 부부를 가장 들뜨게 한 소식은 뭐니 뭐니 해도 역시 스페인 북동부의 카탈루냐 지방, 특히 카탈루냐의 중심 도시인 바르셀로나에서 일어난 일이었다. 그곳에서는 유럽 최대의 공연예술 극장들 중 하나인 리세우 오페라하우스가 대중극장으로 바뀌고, 도시 건물들의 외면도 여러 층 높이의 정치 벽화로 덮였다. 전당포들도 저당 잡고 있던 물건을 가난한 고객들에게 되돌려주었다. 부자들에게 몰수한 대저택도 집 없는 사람들의 주택으로 개조되었으며, 공장들에서는 문맹자들을 위한 읽고 쓰기 강좌가 개설되었다. 호텔 리츠 레스토랑의 노조에 가입된 조리사와 웨이터들도 정교한 샹들리에, 흰색의 리넨 테이블 보, 모노그램 자기와 함께, 테이블들을 길게 이어 붙여 노동자 계층 가족과 도시 빈곤층을 위한 대중식당을 만들었다.

오르 부부는 소식을 듣는 것만으로는 부족하다고 느껴 1936년 9월 결국 프랑스에서 보내려 했던 남은 일정을 중단한 채, 그들과 같은 부류의 사람들이 흥분해서 스페인 혁명이라고 부른 곳의 진원지인 바르셀로나를 향해 히치하이킹을 시작했다. 두 사람 중 그 여행을 고집한 것은 남편이 아니라 모험심에 불탄 열아홉 살의 로이스였다.

한편 내전의 소식이 지구를 뜨겁게 달구고 있는 동안 스페인 공화국은 세계 각국에 도움을 구걸했다. 여름의 무더위 속에 소매를 걷어 올리고 둥글게 만 담요를 걸머진 채 처참하게 낡은 신발을 끌며 소총을 들고 행진하는 노조원 부대 혹은 당의 민병대원들을 향해 군중은 주먹 쥔 손 경례를 붙이며 열렬한 환호를 보냈다. 하지만 이들은 훈련도 돼 있지 않았고, 중화기도 보유하고 있지 않았으며, 노련한 군대를 상대로 전술을 어떻게 펴야 되는지에 대한 개념도 없었다. 바르셀로나의 한 부대를 전선으로 보냈더니 몇 시간 뒤 식량 가져오는 것을 잊었다며 병사 한 명이 되돌아왔을 정도로 규율이 엉망이었다.

그러나 공화국 정부가 급히 필요로 했던 것은 원조가 아닌 무기를 살 수 있는 권리였다. 스페인은 세계 4위의 금 보유국이었다. 따라서 무기를 살 돈은 충분했다. 게다가 그 금은 아직 공화국 수중에 있었다. 유럽의 각 국들이 1차 세계대전을 치르느라 부채와 궁핍에 허덕일 때 스페인은 중립을 지키며 수출 호조의 재미를 톡톡히 보았다. 식량, 의복, 군사장비 등을 협상국과 동맹국 양쪽 모두에 팔고, 참전하지 않은 세계의 다른 지역과도 교전국들은 할 수 없던 방식으로 수지맞는 교역을 하여 금 비축량을 세 배로 늘린 것이다. 1936년 스페인 공화국은 현 구매력으로 환산해도 112억 달러 이상의 가치를 지닌 635톤의 금을 보유하여 자국 통화를 든든히 받치고 있었다.

공화국 지도자들은 자신들이 선출된 정부이니, 나치의 무기를 지원받아 쿠데타를 일으킨 국가주의자를 분쇄하려 하는 자신들에게 미국, 영국, 프랑스와 같은 민주주의 국가들이 당연히 무기를 팔 것으로 기대했다. 프랑스만 해도 자유주의적 좌파 인민전선 정부의 지배를 받는 데다, 파시스트 국가들인 이탈리아 및 독일과도 국경을 접하고 있었으므로 또다른 파시스트 국가와 이웃하고 싶지는 않았을 것이기 때문이다. 호세 히

랄 공화국 총리가 프랑스 총리에게, 위험한 군사 쿠데타에 놀람 구두점 무기
와 비행기 즉시 지원해주기를 요망함 구두점 그럼 이만이라 쓰인 전문을 서둘
러 보낸 것도 그런 기대감이 있었기 때문이었다. 파리의 좌파 시민 수천
명도 집회를 열고 "스페인으로 비행기를!"을 연호했다.

　문제는 프랑스에서는 우파가 강하고, 일부 선임 장군들도 프랑코를
은밀히 좋아했다는 데 있었다. 게다가 프랑스는 스페인 내전으로 문제가
복잡해지기 전부터 이미 정치적 열정이 넘치다 못해 국회 밖에서는 군중
끼리 싸우고 국회 내에서는 의원들끼리 주먹다짐을 벌이는 등 파업으로
갈기갈기 찢어져 국론이 심하게 분열돼 있었다. 한 번은 파리에서 불거진
시가전으로 정부 청사가 불에 타 2천 명이 화상을 입고 15명이 사망하는
일까지 벌어졌다. 그러니 우익 신문들의 맹렬한 공격을 받는 데다 본국
의 내전까지 걱정해야 하는 프랑스 내각으로서는 다른 나라 내정에 끼어
드는 것을 망설일 수밖에 없었다. 그러다 기껏 비무장 비행기 혹은 시대
에 뒤진 비행기 수십 대와 소량의 탄약을 인심 쓰듯 팔았으나, 그것도 일
부는 터무니없이 비싼 가격에 팔았고, 한동안은 더 이상의 판매 계획조차
세우지 않았다.

　영국은 프랑스보다도 지원에 더 소극적이었다. 영국 기업들이 스페
인의 구리, 황, 철을 다량 채굴해가면서 공화국의 호전적 노조와 심한 분
규를 겪었던 탓에, 공화국보다는 프랑코를 상대하는 것이 한층 수월할 것
으로 본 것이다. 영국의 우익 군 장교들 또한 프랑코군에 의도적으로 편
의를 제공했다. 스페인과 접한 영국령 지브롤터의 요새 사령관이 국가주
의자군으로 하여금 자신의 통신장비를 이용해 그들의 동맹인 로마, 리스
본, 베를린과 연락을 주고받을 수 있게 해준 것이다. 어느 때인가는 또 국

가주의자군에게 탄약도 공급해주었다.[19] 다수의 영국 엘리트들도 스페인 공화국을 소련과 거의 동급으로 간주했다. 스탠리 볼드윈 총리도 이런 말을 했다. "어딘가에 파시스트와 볼셰비키들이 서로를 절멸시킬 곳이 있다면 더할 나위가 없겠지."[20]

스페인에 신속히 도움을 제공한 유일한 나라는 지리적으로 멀고 가난하기도 했던 멕시코뿐이었다. 멕시코의 좌파 정부가 소총 2만 정, 탄약, 식량을 보내온 것이다. 공화국이 대금을 지불하려 하자 라사로 카르데나스 대통령은 본값에도 훨씬 못 미치는 금액만을 받았다. 결과적으로 이 소총은 내전이 6주째로 접어들어 쓸 만한 무기가 병사 세 명당 하나밖에 없을 때 도착하여 공화파군에 매우 요긴하게 쓰였다.

공화국이 절실히 필요로 한 가장 유망한 무기 공급원은 사실 막강한 경제력과 현대적 항공산업을 보유한 미국이었다.[21] 하지만 일부 미국인들이 노조원 민병대에 무기를 배포한 공화파군의 행위에 심한 반감을 갖고 있다는 것이 문제였다. 그들은 '그것이 선례가 될 수 있다!'고 믿었다. 국무장관 코델 헐도 루스벨트 대통령에게 그런 움직임(노조원들에게 무기 배포)은 "중우정치와 무정부 상태"로 이어질 수 있다는 경고의 말을 했다. 미국-스페인의 유대가 견고하지 못한 것도 일부 요인으로 작용해 루스벨트 대통령은 결국 당분간은 경제대공황의 참화에 맞서 싸우는 일에만 전념하기로 했다. 루스벨트는 유권자들의 생각이 자신과 같으리라는 점도 정확히 파악하고 있었다. 그래서 스페인 내전이 일어난 지 2주 후에는 1차 세계대전 중 자신이 해군 차관보일 때 전선을 직접 오가며 목격했던 종류의 살육 현장에는 미국인들이 다가가지 않도록 하겠다고 약속하는 연설도 했다. "나는 지상전도 보고 해전도 보았습니다. 부상자들에게서 흘러나오는 피도 보았습니다. … 진흙탕 속의 시체도 보았습니다. … 나는 이 나라에 전쟁이 발을 붙이지 못하게 할 방법을 생각하고 계획을 세우는 일에 무수한 시간을 보낼 것입니다."

하지만 정작 그가 한 일은 연설의 내용이 아닌, 공화파와 국가주의자 양쪽에 무기를 팔지 말자고 전 세계에 "도덕적 금수조치"를 요청한 것이었다. 그러자 루스벨트 대통령의 오랜 친구였던 스페인 주재 미국 대사 클로드 바워스가 딴죽을 걸고 나왔다.[22] 인디애나주 출신의 말 많은 언론인이자 대중역사 저술가, 그리고 루이스 피셔의 기록에 따르면 "시가의 절반은 씹어 먹고 나머지 부분에만 불을 붙여 흡연을 하는" 괴짜이기도 했던 그가 독수리 타법으로 오자투성이(프로파간다를 "propognda", 파시스트를 "facists", 사회주의자를 "socilolist"라고 쓰는 식이었다)의 장황한 공문을 작성해 루스벨트를 공격한 것이다. 하지만 공화파를 도와야한다고 보채는 그의 채근에도 루스벨트는 명확한 입장을 밝히지 않고 "지난번과 같은 멋진 편지나 써 보내게나"라는 말로 얼버무렸다. 1936년 11월에 있을 미국 대선에서 자신의 첫 재선을 위한 유세를 앞두고 있던 그로서는 그런 반응밖에 보일 수 없었을 것이다. 그렇다면 공화국 지지자들도 대선이 끝난 뒤에는 그가 좀 더 홀가분한 마음으로 파시즘에 대해 갖고 있던 뿌리 깊은 반감을 행동으로 옮길 것이라는 기대를 해볼 만했다.

그러나 지금 당장은 공화파가 아무리 금 보따리를 싸 짊어지고 가도 미국, 프랑스, 영국이 자국의 빗장을 열지 않았고 그들 세력 하에 있던 작은 나라들도 그 점에서는 마찬가지였다. 그리하여 1936년 무렵 스페인의 더 많은 영토가 프랑코의 세력권으로 넘어가자—신문의 지도에는 그것이 국가주의자의 잉크 얼룩이 마드리드를 사방에서 옥죄어 오는 것으로 표시되었다—반란군에 포위된 공화국 정부는 결국 터무니없는 역설에 맞닥뜨리게 되었다. 강대국 중 유일하게 공화파에 무기와 탄약을 팔겠다고 나선 나라가 민주주의 국가가 아닌 이오시프 스탈린의 소련이었던 것이다.

카탈루냐에서 무정부주의자들이 주도한 혁명은 오르 부부와 같은 사람들을 고취시킨 것에 비하면 세계 언론의 이목을 별로 끌지 못했다. 하지만 소련 언론만은 유독 신문의 많은 지면을 할애하며 그 일을 비중 있게 다루었다. 공산당 기관지 《프라우다》만 해도 여섯 면 중 한 면을 카탈루냐에서 벌어진 전투 소식으로 채울 때가 있었다. 메리먼 부부의 귀에는 공화파 군대에서 싸우려는 지원자들이 스페인으로 향하고 있다는 소문도 들렸다. 그리하여 로버트가 그 대열에 끼는 것에 대해 말하기 시작하자 메리언은 난감해했다. 그 일에 위험이 따르고 부부가 떨어져 있어야 하는 걱정 때문이 아니라, 집 구하기가 하늘의 별 따기보다 어려웠던 모스크바에서 이제야 겨우 번듯하게 살 집을 마련했기 때문이었다. 본국으로 장기 휴가를 떠나게 된 미국인 사업가 친구 부부가 그들이 살던 널찍한 펜트하우스를 메리먼 부부에게 빌려준 것이었다.

로버트와 메리언이 스페인에 갈지 말지를 두고 옥신각신하는 동안 크렘린 지도부는 무기 구매를 절박하게 원하는 공화파의 간청을 두고 토론을 벌였다. 스탈린에게는 그것이 딜레마였다. 스페인이 프랑코의 지배하에 들어가면, 재무장을 시작한 데다 동쪽으로 세력을 확대하겠다고도 공공연하게 말하는 히틀러의 동맹국이 되어 소련을 위협할 것이 분명했다. 게다가 만일 소련이 스페인 공화파를 돕는 데 실패하면 전 세계 진보주의 세력의 지도자를 자처한 스탈린이 웃음거리가 될 수 있었다. 당시 스탈린은 러시아에서 추방된 공산주의 이단자이자 그의 최대 정적인 레프 트로츠키와 진보주의 세력의 지도자 역할을 두고 치열한 주도권 경쟁을 벌이고 있다고 여기는 상황이라 그럴 공산이 더욱 컸다. 한편으로는 카탈루냐와 스페인의 다른 지역에서 일어난, 파급력이 큰 사회혁명을 그가 지지하는 것으로 비쳐지면 독일과 전쟁을 하게 되었을 때 소련의 동맹이 될 수도 있는 영국과 프랑스의 반감을 살 수도 있었다. 소련으로서는 당연히 공화국의 생존을 돕는 것이 이득이었다. 하지만 그렇게 하려면 스페인 총리에게 보낸 서신에서 스탈린이 말한 것처럼 "스페인의 적이 스페인을 공산주의 공화국으로 보지 않도록 연막을 칠"[23] 필요가 있었다. 미묘한 줄타기를 하려는 것이었다.

스탈린은 그런 생각으로 공화국에 대한 무기 판매를 지연시켜 놓고, 다른 한편으로는 붉은 광장에 10만 명 이상의 모스크바 시민을 결집시켜 스페인 공화국에 대한 공개 지지 시위를 벌이게 했다. 영국, 프랑스, 그리고 여타 20개국이 공화파와 국가주의자 양쪽에 군수 물자를 제공하거나 팔지 않겠다고 약속하는 협정문에도 조인해, 영국과 프랑스의 비위도 맞춰주었다. 하지만 중산모와 중절모를 쓴 외교관들이 런던에 도착해 엄숙하고 장시간 진행된 불간섭 위원회 회의에 참석하기는 했지만, 독일과 이탈리아도 조인한 그 협정문은 알고 보면 가짜였다. 오죽하면 요아힘 폰 리벤트로프 독일 외무장관이 불간섭 위원회의 명칭을 간섭 위원회로 바꾸는 게 좋겠다는 냉소적인 농담을 했을까. 그런데도 각 나라들이 협정문에 이름을 올린 것은, 유럽 대륙 전체로 확전될 수 있는 또 다른 전쟁을 방지하려는 노력을 하고 있다는 주장을 펴기 위해서였다. 요컨대 그들은 불간섭 위원회를 외교적 배수로 삼았고, 최소한 그중의 한 명은 딴 생각도 하고 있었던 것 같다. 스웨덴 대표 에리크 팔룸스티에르나가 "다른 세계에서 온 사절들"과 나눈 대담을 주제로 『불멸의 수평선 Horizons of Immortality』이라는 책을 분주히 집필하고 있었으니 말이다.

스탠리 볼드윈 영국 총리의 마음도 딴 곳에 가 있었다. 스페인 내전이 터진 직후에 그는 앤서니 이든 외무장관에게 이런 당부의 말을 했다. "당분간은 외교 문제로 나를 성가시게 하지 말아주셨으면 해요."²⁴ 스페인 내전보다도 그를 더 골치 아프게 했던 문제는 다름 아닌, 첫 남편과 이혼하고 두 번째 남편과도 이혼을 앞두고 있는 듯했던 미국 사교계의 명사 월리스 심프슨 부인과 에드워드 8세 국왕의 충격적 염문이 신문에 대서특필된 사건이었다.

한편 프랑코에 대한 히틀러의 지원은 점점 늘어만 갔다. 독일인들도 이탈리아인들과 마찬가지로 동맹을 얻게 된 것과 미래의 유럽 전쟁에 대비해 독일군이 전투 경험을 쌓을 기회를 갖게 된 것에 기뻐했다. 게다가 독일에 우호적인 스페인 정권이 들어서면 전쟁이 발발했을 때—히틀러는 이미 그 날을 꿈꾸고 있었다—나치에는 없는 대서양 연안의 U-보트 기지를 제공받을 수도 있었다.

하지만 히틀러는 프랑코와 무기 거래를 할 때는 이런 속셈을 철저히 숨긴 채 무솔리니보다 한층 까다로운 조건을 내걸었다. 스페인을 주요 원자재 공급원으로 보고 독일에서는 거의 나지 않는 구리, 철광석, 그리고 황과 여타 광물이 나오는 황철광으로 무기 대금을 지불해달라고 요구한 것이다. 이 물자를 이용해 국방군(베어마흐트Wehrmacht)을 강화하는 것이 히틀러의 목적이었다. 그러므로 프랑코의 아프리카군을 공수할 때 이용된 비행기들의 정비사와 부품을 싣고 스페인으로 갔던 독일의 첫 배도 당연히 동광석을 싣고 되돌아왔다. 3년 가까이 지속된 스페인 내전 기간에 히틀러와 무솔리니가 프랑코에게 지원한 군사원조의 양은 어마어마했다. 그런데 히틀러는 이 중 일부만 외상 거래를 했을 뿐 나머지 대부분은 스페인 광물로 대가를 지급받았다. 그 무기들의 가격을 지금 정확히 매길 수는 없다. 고도로 훈련된 조종사까지 갖춘 최신식 전투기 100대를 공개 시장에서 찾기는 거의 불가능하기 때문이다. 다만 스페인 역사가 앙헬 비냐스의 신뢰할 만한 최근 연구서에는, 프랑코에게 제공한 독일과 이탈리아의 군사원조가 당시 화폐로 4억3,200만 달러 내지 6억9,200만 달러의 중간쯤은 되었을 것으로 나와 있다.[25] 이를 환율의 등락을 고려해 현재 화폐로 환산하면 70억 달러 내지 110억 달러는 될 것으로 추산된다.[26] 프랑코는 독일 한 곳에서만 선박 170척 분의 물자를 공급받았다. 이와 별도로 화물 비행기 4대도 그에게 매주 무기를 실어 날랐다.

한편 독일과 이탈리아가 스페인 내전에 뛰어들고 있는 동안 스탈린은 영국 혹은 프랑스가 공화파에게 무기를 제공해주기만을 헛되이 기다렸다. 하지만 그런 일은 일어나지 않았다. 결국 내전이 시작되고 몇 달이 지나서야 스탈린은 배 한 척 분의 무기를 스페인에 처음으로 급송했다. 이 대가로 그가 바란 것이 무엇인지는 알려져 있지 않다. 하지만 그보다는 세계 최강의 군사 강국들 가운데 하나였던 소련이 마침내 원조를 제공했다는 사실이 중요했다. 그에 따라 공화국의 정치 스펙트럼에 속한 사람들도 이제는 전쟁의 승리에 필요한 수단이 생기리라는 희망을 가질 수 있게 되었다.

1936년 가을 무렵에는 소련이 공화파에 무기만 파는 데 그치지 않고 군사 고문관, 비행기 조종사, 탱크부대도 보내는 상황이 되었다. 스탈린이 다른 나라들의 공산당을 통제하는 수단으로 이용한 공산주의 인터내셔널, 곧 코민테른도 전 세계 좌파 세력들이 스페인 공화국을 열광적으로 지지하는 상황을 이용해, 각국의 공산당들에게 프랑코에 맞서 싸울 자원자들을 모집해 의용군 여단을 조직하라는 명령을 하달했다. 로버트 메리먼 같은 사람들이 고대하던 소식이 이것이었다. 공화국을 지지하는 일부 외국인들은 심지어 누군가의 명령이 떨어지기도 전에 이미 스페인에 도착해 있었다.

4. 새 하늘과 새 땅, 카탈루냐의 사회혁명

　　스페인에서 국가주의자 반란이 일어난 지 두 달 후였던 1936년 9월 14일의 비 내리는 아침, 갓 결혼한 신혼부부인 젊고 발랄한 로이스와 그녀보다 키가 크고 안경을 쓴 연상의 찰스가 도보로 프랑스 국경을 넘어 스페인에서도 혁명의 열기가 가장 뜨거운 고장으로 들어서고 있었다. 로이스 오르의 글에는 당시의 상황이 이렇게 적혀있다. "금발에 뺨이 붉은 프랑스 세관 직원이 청색의 모자 테두리를 손으로 만지며 프랑스 땅을 떠나는 우리를 위해 백색의 도로 장애물을 들어올렸다."[1] 그리하여 스페인 땅에 들어서니 "주름진 청색 내리받이 작업복 차림에 적흑색의 스카프를 목에 두르고 면도도 안 한 거무죽죽한 얼굴의 민병대 무리가 우리를 에워쌌다. … 검은 소총을 어깨에 메고 허리춤에는 권총을 찬 무정부주의자들이었다. '스페인에 온 이유가 뭡니까? … 여권에 찍힌 독일 비자는 뭐죠? 당신들이 나치 스파이가 아니라는 걸 무엇으로 증명하겠소?'"

　　찰스 오르가 켄터키주 사회당원임을 입증해주는 서류도 사태 해결에 도움이 되지 못했다. 결국 오르 부부는 추가 조사를 받기 위해 CNT-FAI(전국 노동자 연합Confederacion Natcional del Trabajo과 이베리아 무정부주의자 연합Federacion Anarquista Iberica)라는 글자가 쓰인 차에 태워졌다. 로이스는 당시를 이렇게 회상했다. "입국 심사 위원회의 젊은 동지들도 대부분 우리 차에 동승했다. 차 안에 사람이 미어터져 소총을 창밖으로 내놓은 채 전속력으로 차를 달렸다. 내게는 너무도 익숙한 켄터키주 할런 카운티의 도로들을 방불케 하는 좁은 도로가 U자형 곡선 주위로 이리저리 구부러져 있었다. 도로 저 아래 계곡에는 적색의 CNT-FAI가 그려진 박살난 자동차들이 있었다. 고무적인 광경은 아니었다."

찰스가 멕시코에서 몇 달 살아본 적이 있어, 부부가 스페인어를 알아들을 수 있었던 것도 문제 해결에 큰 도움이 되지 못했다. 로이스의 말을 빌리면 "쉿 소리 나는 마찰음과 x와 t로 끝나는 말의 끝 발음이 생략된 언어" 곧 카탈루냐어를 쓰는 사람들에게 둘러싸여 있었기 때문이다. 두 사람은 이런 식으로 장시간 의문투성이인 조사를 받고 벼룩이 들끓는 여관방에서 하룻밤을 보냈다. 그리하여 이제는 풀어주려나 했는데 웬걸, 두 사람은 다시 체포되어 새로운 심문을 받기 위해 또 다른 차에 태워졌다. 그들은 현지의 무정부주의자 영어 선생이 로이스의 일기를 살펴본 뒤 오르 부부가 나치 스파이가 아님을 동지들에게 확인시켜준 뒤에야 겨우 풀려날 수 있었다.

이어 시작된 바르셀로나로의 여정 때는 감격스럽게도 버스를 얻어 탔다. 찰스는 그때를 이렇게 회상했다. "요금을 내려고 페세타를 꺼냈더니 … 운전기사가 보란 듯이 나의 더러운 돈을 물리쳤다. 그러고는 '대중의 편의를 위해' 운행하는 버스라고 으쓱대며 말하는 것이었다."[2] 두 번째 여행 구간에서는 열차를 이용했다. 기차의 1등 칸과 2등 칸이 없어지고 딱딱한 의자로 된 3등 칸만 남아있는 것도 부부를 기쁘게 했다.

바르셀로나에 도착하니 '외국인 동지 환영'이라고 쓰인 커다란 현수막이 철도역에 걸려있었다. 대각선으로 분리된 적흑색의 무정부주의 깃발도 발코니 혹은 거리들에 엇갈리게 묶어놓은 밧줄들에 걸린 채 휘날렸다. 자동차에 부착된 조그만 막대에서도 무정부주의 깃발이 펄럭였고, 객차에서 구두닦이 통에 이르기까지 상상할 수 있는 온갖 것들에서도 깃발이 나부꼈다. 도시민들도 너 나 할 것 없이 모두 셔츠에 배지를 달고 있는 듯했다. 택시와 시가전차도 적흑색으로 페인트칠 되어 있었고, 거리의 청소 트럭들 또한 19세기에 무정부주의를 주창한 러시아 사상가 미하일 바쿠닌이 말한 인용구로 장식돼 있었다. 두 달 전 바르셀로나 노동자들이 그 지역 주둔지의 국가주의자 군대가 도시를 접수하지 못하도록 막는 과정에서 시가전이 벌어졌을 때 사람들이 죽은 지점을 기려, 그 일대의 나무들에 못 박아 놓은 꽃다발과 리본 다발들도 보였다. 하다못해 도로의 손풍금 연주자들도 〈인터내셔널 가〉를 연주했다.

오르 부부는 도시가 변해가는 모습에 큰 감명을 받았다. 스페인은 인구의 4분의 1이 문맹일 정도로 유럽에서 문맹율이 가장 높은 축에 속했다. 하지만 이제는 성인을 상대로 야간 무료 학습을 실시하고 도처에 새로운 학교들이 생겨서 굵은 글씨체의 정치 포스터 정도는 누구나 읽을 수 있게 되었다. 혁명 첫 해에는 바르셀로나 학교들의 학생 수가 세 배 이상이나 늘어났다.[3] 도시에 신설된 몇몇 집단화된 직물공장들에서도 스페인 여성들이 오래 전부터 꿈꾸던 탁아소와 유치원을 운영했다. 플라타너스가 늘어선 널찍한 보행자 도로를 갖춘 중앙로, 곧 람블라스 대로—스페인

시인 페데리코 가르시아 로르카도 이 대로를 "바라건대 결코 끝나지 않았으면 하는 세계 유일의 거리"로 극찬했다—에서도 모자가 거의 자취를 감추고 없었다. 무정부주의 신문들은 "해적, 악덕 정치가, 귀공자, 젊은 신사들, 사제들을 역사 속의 모자 쓴 인물들"[4]로 선포했다. 그러고는 이렇게 썼다. "부르주아의 오만을 상징하는 그런 케케묵은 요소들이 자유로운 노동자들과 무슨 관련이 있을 손가. 동지들이여 람블라스 거리에는 모자가 없다. 미래는 여러분의 것이다." (그러나 모자 제조공장의 무정부주의 노조는 이 상황을 전혀 달가워하지 않았다)

카탈루냐에는 러시아의 마을 공동체를 이상화한 바쿠닌 같은 무정부주의 사상가를 지지하는 사람들이 오래 전부터 있었다. 카탈루냐 지방 노동자들의 증대하는 호전성과 마드리드의 통치에 반대하는 지역민들의 반감도 알고 보면 정부에 반대하는 무정부주의 이념에서 비롯된 것이었다. 목초지, 그물, 배를 공동으로 소유했던 스페인 북부의 농촌 마을과 지중해 연안의 어업 협동조합에 면면히 이어져온 강력한 공동체적 전통 역시 사유재산을 멸시한 무정부주의 이념과 맥을 같이 했다. 바르셀로나의 공장 노동자들은 바로 이런 생활방식에서 한 세대밖에 떨어져 있지 않았다. 스페인의 무정부주의자들은 그것도 모자라, 가령 미겔 데 세르반테스의 17세기 소설 속 주인공인 돈키호테가 하인 산초 판사에게 "모든 물건을 공동으로 소유했던, 고대인들이 황금기로 부른 시대"[5]에 대해 말해주는 대목을 가리키며, 무정부주의 역사는 그보다 더 오래되었다는 주장을 자랑스럽게 펼치기도 했다. 지난날의 허황된 기사가 현실을 대변한다고 보기에는 무리가 있었지만, 무정부주의자들로서는 그런 꿈을 이야기하기에 스페인의 국민 소설만 한 것이 없었던 것이다.

무정부주의자들은 스페인의 여느 좌파들과 마찬가지로 가톨릭교회를 증오했다. 증오하다 못해 "당신을 신에게 맡기겠습니다"라는 뜻을 가진 "아디오스adios" 대신 "건강히"를 뜻하는 "살루드salud"로 작별 인사를 했다. 하지만 아이러니한 것은 사제, 자본주의자 관료들이 없어지는 심판의 날이 오고 탐욕과 착취가 없어진 대신 사랑과 협동이 들어서리라는, 그들이 그리는 거룩한 미래의 환상에는 기독교 정신이 반영되었다는 것이다. 그들이 말하는 이른바 "무정부주의 지복천년"이었다. 아닌 게 아니라 그 몇십 년 뒤 로이스 오르가 스페인에서 몇 달 지내며 인생이 바뀌는 체험을 한 것을 주제로, 골백번도 넘게 고쳐 썼으나 결국 발간되지 못한 원고의 최종 제목도 "무정부주의 지복천년"이었다.

로이스의 미공개 원고에는 이런 말이 적혀있다. "바르셀로나의 람블라스 거리는 눈이 부셨다. 발걸음을 옮길 때마다 적색, 노란색, 녹색, 분홍색 전단들이 날아다녔다. 조명이 켜지자 카페, 레스토랑, 호텔, 극장들에 붙어있던 몰수, 집단화, CNT-FAI, 대중공연 노동조합이라 적힌 적색 기치, 적흑색의 기치들이 환하게 빛을 발했다."[6] 당시 스페인의 공화파 통제 지역에서는 100만 명 이상의 도시 노동자와 75만 명가량의 농부들이 새로운 근로자들의 통제를 받으며 노동 혹은 농장 일에 종사했다. 대도시와 소도시에는 공장뿐 아니라 창고업과 꽃가게에 이르기까지 온갖 직종을 포괄하는 2천 개의 연관 기업이 가동되고 있었다. 대지주와 도시 기업인 수천 명도 프랑스로 도주했다. 그러나 구질서가 가장 철저히 붕괴된 곳은 역시 70퍼센트 이상의 사업장을 노동자들이 접수한 카탈루냐 지방이었다. 물론 카탈루냐 지방정부는 존재하고 있었다. 하지만 실권은 수천명의 노동자 집단이 쥐고 있었다. 찰스 오르가 보기에도 카탈루냐의 모든 것은 그들에 의해 돌아가는 것 같았다. "호화로운 대저택들에는 노동자들의 진료소와 병원이 들어서고, 거리의 자동차들에는 노동자 단체를 나타내는 이니셜과 색깔이 칠해져 있었다. 자가용도 없었다."

카탈루냐 지방에서는 눈에 띄는 모든 것들이 오르 부부를 즐겁게 했다. 민병대 돕기 기금 조성을 위해 개최된 투우 경기—투우사들도 인민전선의 상징인 주먹 쥔 손을 들어 보이며 경기장에 입장했다—도 그랬고 그들이 식사를 한 집단화된 레스토랑도 그랬다. 웨이터에 따르면 그 식당의 소유주는 본래 형제였으나 그중 한 명은 도망쳤다고 했다. 웨이터가 손으로 가리킨 사람이 남은 사람이었는데, 회계 지식이 있던 그는 노동자들에 의해 출납원으로 선출되었다는 것이었다. 불합리함과 부조리함조차 매혹적으로 보였는지 로이스는 자신이 지닌 맹렬한 급진주의에도 불구하고 사소한 일에까지 예리한 눈썰미를 발휘했다. "무정부주의 노조는 포파이를 행운의 부적으로 택했다. … 그러고는 도처에서 포파이 브로치, 포파이 스카프, 포파이 마스코트를 팔았다. 애니메이션 캐릭터 베티 붑Betty Boop의 인기도 좋았다. 그러나 최고의 인기는 단연 대중의 우상인 미키마우스가 차지했다. 인기가 얼마나 높았는지 당파마저 초월할 정도였다. 무정부주의자들은 또 넥타이를 매는 대신 적색과 흑색 바탕에 승리의 화환, 죽은 동료 사진, 주먹 쥔 손, 여자의 나신 등 갖가지 문양이 그려진 비단 재질의 조그만 삼각 스카프를 맸다. 이 중 가장 인기 있는 문양은 여자의 나신이었다."[7]

물론 오르 부부처럼 스페인에 막 도착해 급진적 유토피아처럼 보이는 삶을 체험한 사람들에게는 바르셀로나와 그 주변 지역을 통제하는 세력이 무정부주의자로 보일 수도 있었다. 그러나 알고 보면 무정부주의는 통제를 믿지 않는 운동이었다. "쓸모없는 위원회!"가 그들의 슬로건이었던 것에도 나타나듯 무정부주의자들은 모든 종류의 관료주의에 반대했다. 무정부주의자들로 이뤄진 몇몇 강성 노조가 파업을 일으켜 성공했을 때도 노동자 측과 경영자 측 간에는 분규가 상존할 수밖에 없다는 생각에 그들은 노사 계약을 체결하지 않았다. 200만 명의 회원을 보유한 CNT의 무정부주의자 지부에도 직원이라고는 유급 관리 한 명과 사무원 한 명만 있을 뿐이었다.[8] 무정부주의자들은 또 관리자들도 노동자들과 다를 바 없이 작업에 계속 종사해야 한다는 관념에 매몰돼 있었다. 그러다 보니 저녁마다 정치 모임이 열리지 않는 때가 없었다. CNT 전국 위원회 회의 또한 회원들의 투표에 따라 시도 때도 없이 열렸고, 임원의 임기를 1년으로 제한하고 권력의 지속적인 행사를 막기 위해 도시와 지역을 옮겨가며 매년 선거를 실시했다.

스페인 무정부주의자들이 새롭게 부상하는 소련의 폭정을 비난한 것도 그 안에 내포된 일당독재적 성격 때문이 아니라 정부가 존재한다는 사실 때문이었다. 한 무정부주의 신문에는 이런 기사가 실렸다. "모든 정부는 혐오스러운 존재다. 따라서 그것을 파괴하는 것이 무정부주의자들의 사명이다."[9] 하지만 카탈루냐에서는 무정부주의자들이 지배 세력이었고, 그리하여 카탈루냐 지방정부의 유이스 콤파니스 대통령이 그 점을 인정하여 권력 배분 협정을 제안하자 그들은 또 못 이기는 척 그 제안을 받아들였다. 그러나 공화국의 중앙정부에는 참여하지 않았고, 의회에도 무정부주의 후보를 내지 않았다. 하지만 전통적 권력의 지렛대에 손을 대지 않고도 과연 이들의 스페인 혁명은 지속될 수 있을까.

스페인의 국내 사정만 하더라도 그 나라에 막 도착한 미국인들이 기대했던 것보다 한층 혼란스러웠다. 찰스는 그에게는 정치적 고향으로 느껴졌을 만한 카탈루냐의 연합사회당 당사에 갔던 때를 이렇게 기억했다. 사무실에 들어서니 "영어를 쓰는 여자가 나를 맞았다. … 내가 사회주의자이기는 해도 봉사를 하고 싶어 온 혁명주의자이기도 하다는 점을 열심히 부각시키자 그녀가 이렇게 쏘아붙였다. '이것은 혁명이 아니에요. 파시즘에 맞서 싸우는 민중 전쟁입니다.' 그제야 나는 이들이 공산주의자임을 깨달았다."[10]

찰스는 중요한 정치적 단층선상에서 비틀거렸다. 물론 카탈루냐와 다른 소규모 지역들은 유례없는 사회혁명의 와중에 있었다. 그러나 이 혁명은 모스크바를 지향하는 공산주의자, 다수의 사회주의자, 중산층 자유주의파 등, 공화국 정치 스펙트럼의 많은 부분을 차지하는 사람들의 반대에 직면해있었다. 주류 당파들은 혁명에 무관심했고, 공산주의자들은 카탈루냐의 혁명이 당의 지휘를 받는 소비에트 방식이 아닌 아래로부터 분출된 자생적 혁명인 것에 경계심을 드러냈다. 양 집단 모두 지나치게 급진적인 듯한 공화국에는 영국, 프랑스, 미국이 무기를 팔지 않을 것이라고도 확신했다.

그 우려에는 근거가 없지 않았다. 서방 국가들이 스페인 주재 자국 대사관들을 통해, 공장을 현지 종업원들에게 탈취당했다는 우려스러운 소식을 이미 전해 들었기 때문이다. 미국만 하더라도 무정부주의 무장대원들에게 바르셀로나에 있는 포드와 제너럴모터스 공장을 빼앗긴 마당에 공화국과 거래를 할 리 만무했다. 공장을 접수한 포드 자동차 공장 노동자들은 심지어 자체적으로 조직한 민병대원 30명을 전선으로 보내고, 몰수한 회사 은행 구좌의 돈으로 그들의 봉급도 계속 지급했다. 제너럴모터

스사의 노동자들도 미국 본사의 폐쇄 명령을 거부하고 공장을 전투용 트럭 제조소로 개조했다.

　무정부주의자들은 자본주의 정부나 혹은 법인 회사들이 그들의 행동을 어떻게 볼 것인가에 대한 문제는 신경 쓰지 않았다. 혁명 없는 전쟁은 어차피 패할 수밖에 없다는 것이 그들의 생각이었기 때문이다. 무정부주의 깃발이 휘날리는 공장 굴뚝과 대포의 포신이 엇갈리게 그려진 그림 밑에 "혁명과 전쟁은 불가분의 관계에 있다"는 모토가 적힌 포스터야말로 그것을 말해주는 확실한 징표였다. 노동자 계층 남녀들로서는 새로운 평등사회를 쟁취하지 못할 바에야 생명을 위험에 빠뜨리면서까지 싸울 이유가 없었다. 단 며칠 만에 카탈루냐 전역에서 국가주의자 쿠데타를 분쇄하고, 그 음모를 꾸민 장군들에게 가장 치욕적인 좌절을 맛보게 한 것도 결국은 그들, 무정부주의 노동자들이 아니었던가.

　바르셀로나의 무정부주의자들은 카탈루냐 지방정부가 1936년 7월 군부 반란이 일어났을 때 신중을 기하느라 처음에 무장하기를 거부하자 병기고에 침입하고, 항구의 감옥선에 난입해 교도관들의 무기를 탈취하며, 도시의 총포상들을 거덜 냈다. 카탈루냐의 금속세공인들도 트럭과 자동차 구조물에 강판을 용접해 붙여, 바퀴 달린 거대한 상자 모양의 장갑차를 만들었다. 또 다른 사람들은 수제 폭탄과 수류탄을 만들었고, 주민 수천 명도 길가에 줄지어 서서 죽은 말에서부터 두툼하게 만 신문 두루마리, 보도블록에 이르기까지 온갖 잡동사니를 손에서 손으로 전달해 거리의 바리케이드를 구축하는 데 힘을 보탰다. 흰 와이셔츠와 넥타이 차림의 사무원들도 바리케이드 뒤에서 소총을 들었다. 노조원들도 공장의 사이렌으로 경고음을 울려 마음의 갈피를 못 잡는 병사들을 향해 자신들에게 합류할 것을 권유했다. 영국의 군사 역사가 앤터니 비버가 쓴 스페인 내전기에는 이런 내용도 나온다. "7월 군부 반란이 일어나 바르셀로나에서 전투가 한창 진행 중일 때였다. 일군의 소규모 노동자 무리가 일순간 … 75mm포를 쏘는 (국가주의자) 포병대로 돌진하는 것이었다. 갑작스런 돌진에 놀라는 병사들에게 그들을 공격하는 것이 아니라는 것을 보여주기 위해 소총을 머리 위에 올린 채였다. 그렇게 다가가서는 숨을 헐떡이며 장교들에게 속은 것이라고 하면서, 형제들에게 발포하지 말아야 될 이유를 병사들에게 열정적으로 설명했다. 그러자 병사들도 대포의 방향을 돌려 (국가주의자) 군대를 향해 포화를 퍼부었다."[11]

무정부주의자들의 마지막 공격을 몸소 이끌어 바르셀로나 항구 부근의 몇몇 국가주의자군 병영을 점령함으로써 가장 신망 높은 무정부주의 지도자가 된 인물은 철도 노동자와 기계공 출신인 부에나벤투라 두루티였다(당대의 체 게바라 같은 인물이었다). 땅딸막한 체구에 검은 머리를 지니고 카리스마가 넘쳐흘렀던 두루티는 봉기, 투옥, 은행 강도, 대주교 암살 사건에의 연루, 탈출, 망명, 3개 대륙에서 분쟁 야기 등 20년 동안 갖은 신산을 겪으면서도 살아남은 전설적 인물이었다. 하지만 이번 병영을 공격하는 과정에서는 가장 절친한 동지가 총에 맞는 것을 곁에서 지켜보아야 했다. 그래도 승리는 결국 그의 것이 되어, 그가 했던 유명한 말 "우리 마음속에는 새로운 세계가 있다"를 예고해주는 듯했다. 그 점에서 오르 부부와 같은 동조자들이 새로운 세계를 열망하는 꿈만이 사람들을 결집시켜 프랑코를 쳐부술 수 있다고 믿은 것도 놀랄 일은 아니다.

"그들이 다른 언어로도 혁명을 할 수 있으면 좋으련만."[12] 로이스가 아쉽게 토로한 말이었다. 오르 부부도 곧 깨닫게 되듯이 공화국을 지키는 일은 격렬한 지역감정으로 양상이 복잡해졌다. 경제적으로 부유한 카탈루냐 지방과, 철이 풍부하고 스페인어가 아닌 다른 언어들을 사용하면서 오래 전부터 자치 혹은 독립을 시켜줄 것을 요구해온 스페인 북부 연안의 바스크 지방이 특히 그랬다. 두 지역이 스페인에서 가장 산업화된 곳들이 되고, 바스크인들과 카탈루냐인들이 중앙정부의 과세 할당이 불공평하다며 불만을 갖게 된 것도 그런 감정을 심화시켰다.

스페인은 처음 100년 동안에는 군주에 의해, 그 다음 19세기와 20세기에는 군주와 권력을 나눠 가진 군부 및 보수주의 정치인들에 의해 카스티야 방언을 정부와 학교의 공용어로 정한 중앙집중적 권위주의 국가의 형태를 유지했다. 하지만 이후에 들어선 공화국은 자치 요구에 한층 호의적이었고, 그에 따라 카탈루냐도 현대에 들어 처음으로 지방의회를 갖게 되었다.

그런데도 다수의 카탈루냐인들은 계급보다 지역을 중시해 진정한 국제파 급진주의자였던 로이스를 아연실색케 했다. 스페인어를 할 줄 알면서 사용하지 않는 그들의 행태 또한 그녀를 좌절시켰다. 로이스는 고향의 가족에게 쓴 편지에서 이렇게 말했다. "이곳 사람들은 카탈루냐주의 맹신자예요. 그러니 노동자들 세계에도 국가주의 정신이라는 게 들어설 여지가 없지요."[13] 현지의 관습에 대해 묻는 어머니의 답장을 받았을 때는 이렇게 썼다. "지금 이 순간 카탈루냐 노동자들에게 가장 중요한 일은 붉은 모자를 쓰고 기묘한 모양의 병에 든 포도주를 마시는 것이 아니라, 자신들이 세계 노동자 계급의 전위라는 사실이랍니다."

로이스도 종국에는 스페인어와 카탈루냐어를 모두 이해하게 되었다.

하지만 처음 몇 달 동안은 스페인어도 간단한 말밖에 하지 못하고 카탈루냐어는 전혀 몰랐기 때문에 부부의 대화 상대는 자연히 다른 외국인들로 좁혀졌다. 그리하여 이윽고 부부의 친구들에는 소수의 미국인들뿐 아니라 영국, 프랑스, 캐나다, 독일, 벨기에, 쿠바에서 온 사람들도 포함되었다. 이들 모두 스페인에 온지 얼마 안 되었다는 점이 그들을 돈독한 관계로 빠르게 맺어주었다. 로이스는 그때의 경험을 이렇게 적었다. "카페 람블라스에서 모여 밤새 이야기를 나눈 것이 유럽 강제수용소 세계에 대한 정치적 현실에 눈 뜨게 된 나의 첫 경험이었다."[14]

오래지 않아 오르 부부는 보수가 있는 일자리도 얻었다. 로이스는 카탈루냐 지방정부에서 영문으로 보도자료 쓰는 일을 시작했다. 그리하여 하루 12페세타(지금 가치로 25달러 정도)의 급여를 받게 되자 기쁨에 겨운 나머지 "생전 처음 받아보는 보수"[15]라면서 집에 편지까지 보냈다. 찰스도 영어로 진행하는 단파 라디오 방송 제작 일과, 마르크스주의 통일 노동자당(POUM: partido Obrero de Unificacion Marxista)이 발행하는 신문 《스페인 혁명Spanish Revolution》의 편집 일을 했다.[16] 이름에도 나타나듯 좌파 계열인데도 반 스탈린 성격이 강했던 소규모 단체 POUM은 오르 부부가 바르셀로나에 도착한 직후 카탈루냐 지방정부의 인민전선 연합에 흡수되었고, 전쟁에서 이기려면 혁명이 필수라는 무정부주의자들의 신념도 공유했다. 로이스는 보도자료 쓰는 일 외에 하루 15분 내지 20분 동안 POUM의 라디오 영어 방송도 가끔 진행했다. 그러나 송신기가 너무 약해 해외의 청취자들에게도 그녀의 목소리가 도달했는지 여부는 알지 못했다.

오르 부부의 첫 주거는 노동자들에게 압류당한 뒤 혁명을 위해 일하는 노동자들에게 공짜 식사를 제공한 호텔이었다.[17] 로이스는 그곳에서 살던 때를 이렇게 기억했다. "매일 같이 트럭이 와서 관리자 사무실에 둥그렇게 생긴 큰 빵 덩어리들을 쌓아놓았다. 옆에는 100킬로그램짜리 감자 포대들이 놓여있었다." 신기했던 것은 그곳에서는 농부들이 채소, 토끼, 닭을 공급해주고 바르셀로나의 공장들에서 생산되는 물품을 그 대가로 받아가는 물물교환제도가 시행된 것이었다. 가을 수확기여서 그 방식은 확실히 유용했을 것이다. "아침 식사로는 정어리 통조림이 질리도록 나왔고, 중식 때는 다량의 고급 포도주가 곁들여져 식사 내용이 한결 양호했다. 전해지기로 이 포도주는 부자들의 와인 저장고에서 '해방된' 것들이라고 한다." 더 많은 물품들이 마치 마술처럼 나타났다. 카탈루냐의 정당들에서 발간하는 여섯 종의 일간 신문과 셀 수도 없이 많은 주간지들에 들어가는 신문용지만 해도, 하염없이 흘러나오는 듯한 종이의 공급원이 어디인지 로이스는 결코 알지 못했다.

다른 좌파 외국인들과 주거를 공유했던 오르 부부는 또 머지않아 도시 위쪽 언덕에 있는, 나치 영사관에서 압류한 호화 아파트의 방을 하나 제공받았다. 발코니에 서면 항구가 내려다보이는 그 아파트에는 그 무렵까지도 여전히 명화와 가구가 그득했지만 의자와 안락의자는 병원으로 옮겨지고 없었다. 찰스는 영사관의 서류들도 간혹 화장실용 휴지로 유용하게 쓰였다고 하면서 이렇게 썼다 "우리가 살던 방 10칸짜리 아파트는 환상적이었다! … 온수에 전기에, 무엇하나 부족할 게 없었다. 게다가 요금도 받지 않았으니 금상첨화였다. 하지만 이 상태가 얼마나 오래 갈지는 모를 일이다."[18]

도시에서는 퍼레이드와 집회가 거의 날마다 열렸다. 로이스는 노조원들이 상공회의소에서 압류한 CNT 본부 건물에서 공채 증서를 메모 용지로 사용하는 것도 보았다고 하면서 이렇게 썼다. "우리는 개인적인 삶을 살지 않는 대신 의식이 무한대로 확장되는 혁명의 삶을 살았다. … 모든 것이 새롭고, 모든 것이 달랐으며, 모든 것이 가능했다. 새 하늘과 새 땅이 만들어지고 있었다."[19]

로이스는 그녀가 보는 모든 것에서 새 하늘과 새 땅을 상상했다. "높다란 발코니 창 난간에 기대 선 채 나는 혁명의 삶에 대해 하염없는 생각에 빠져들었다. … 난간 아래쪽에는 검은 옷을 입은 여인네들이 요리를 하기 위해 광장의 우물에서 물을 긷고, 남정네들은 가로등 기둥 아래 서서 글을 아는 동지가 (CNT 일간지인) 《노동자 연대Solidaridad Obrera》의 기사를 큰 소리로 읽어주는 것을 듣는 모습이 보였다. 동일한 카페, 마을 공터, 이곳과 같은 지구 광장 등에서 그날 벌어진 일, 10년 새에 일어난 일, 한 세대 동안 벌어진 일, 그때까지의 인생 전반을 되돌아보기 위한 행사로 수년째 계속 이어지는 그 지역의 정례적 친목모임tertulia이었다."

아니, 어쩌면 그 모임에서는 켄터키에서 온 사람은 단 한 마디도 알아들을 수 없는 언어로 다른 이야기를 나누었을 수도 있다. 바르셀로나의 모든 사람들이 로이스와 같은 흥분을 느끼지 않은 것으로 볼 때, 삶의 의미에 대한 대화보다는 빵 가격이라든가 사방에서 끊임없이 들려오는 번지르르한 정치적 수사에 짜증내는 대화를 나누었을 가능성도 있는 것이다. 민병대 복무를 기피하려 한 노동자 수도 수천 명에 달했다. CNT 회원들이 급증한 것도 새로운 지복천년을 기대해서가 아니라, 어느 학자가 지적한 것처럼 "노조 회원증 없이는 혁명적 바르셀로나에서 살아가기가 매우 힘들다"[20]는 사실 때문일 공산이 컸다. 실제로 노조 회원증 없이는 주택, 복지, 의료 혜택, 식량을 구하는데 애를 많이 먹었다. 모임 참가나 회비 납부를 꺼려한 노조원들이 많았던 사실도 기록에 나타나 있다.

그래도 로이스의 삶은 당장은 즐겁기만 했다. "지금 저는 여기서 인생의 가장 값진 시간을 보내고 있어요."[21] 그녀가 미국의 가족에게 보낸 편지 내용이었다. 로이스는 주변에서 목격한 일이 종래에는 보편적 삶이 될 것이라는 점을 믿어 의심치 않았다. 자신의 말에 동의하지 않는 듯한 아버지에게도 그녀는 이렇게 말했다. "진정한 혁명가들에게 … 스페인은 세상에서 가장 소중한 곳이랍니다. … 미국에서도 때가 되면 누군가가 혁명을 일으켜야 할 터인데, 그렇게 되면 그에 대해 아는 사람이 절실해지겠죠."

1936년 가을의 바르셀로나에서는 충분히 그런 확신이 들 만했다. 로이스가 사는 아파트에서 직장이 있는 카탈루냐 지방정부의 사무실까지 걸어가는 길목만 해도 협동조합 작업장, 문화센터, 난민 쉼터, 대중식당 등으로 개조된 교회들이 널려있었으니 말이다. 도시의 다른 곳에서도 주류 제조장은 병원으로, 수도원은 아동 결핵 환자 요양원으로 개조되고 있었다. 농촌 지역에서는 그보다 더 큰 변화의 소식이 들려왔다. 공화국 농지의 40퍼센트 이상이 자기 땅이 거의 없었거나 혹은 전혀 없었던 농부들에게 돌아갔고, 그중의 절반 이상이 집단농장이 되어 지난날 대단위 토지였던 곳이 이제는 공동 경작지로 바뀌었다는 것이었다. 또 집단농장 수백 곳에서는 사람들이 토지 문서와 지폐를 태우는 방식으로 정치적 의사도 표현했다고 했다.

무정부주의 신문에도 카탈루냐 서쪽 우에스카 지방의 주요 도시를 자랑하는 기사가 실렸다. "이곳 프라가에서는 길거리에 지폐를 버려도 누구 하나 거들떠보지 않는다. 록펠러가 그의 은행 계좌에 있는 돈을 몽땅 찾아와도 이곳에서는 커피 한 잔 살 수 없을 것이다. 프라가에서는 그의 신이자 하인인 돈이 사라졌기 때문이다. 이곳 사람들은 행복하다."22 집단농장들은 돈 대신 노동시간을 일정 수의 가치로 표시한 쿠폰을 이따금 발행했다. 자녀 수가 많은 가정에는 더 많은 쿠폰을 지급했다(그러나 이 쿠폰 정책은 옆 동네에서는 받아주지 않아 실패로 끝났다). 립스틱과 같은 부르주아 상품도 판매를 금지하고, 때로는 알코올과 담배도 판매를 금지했다. 심지어 커피도 금지 품목에 오를 때가 있었다. 일부 집단농장들에서는 대규모 토지였을 때보다 식량 소출이 좋게 나타났다. 카탈루냐 못지않게 혁명의 열기가 뜨거웠고, 집단농장 비율이 카탈루냐보다도 오히려 높았던 아라곤 지방의 식량 수확은 무려 20퍼센트나 늘어났다.23

신생아들의 이름에도 무정부주의 신념이 반영되었는데, 일례로 한 무정부주의 행동대원은 딸의 이름을 리베르타리아로 지었다. 관료주의를 혐오하는 무정부주의 운동은 결혼에까지 영향을 미쳐, 한 관찰자에 따르면 무정부주의 위원회가 운영하는 바르셀로나 남부의 해안가 마을에서는 결혼식이 이런 식으로 진행되었고 한다.

"혁명이 시작된 이후 이곳에서는 네 쌍의 커플이 결혼했다. 예식은 이런 순서로 진행되었다. 신랑 신부가 가족과 친지를 대동하고 무정부주의 위원회 앞에 선다. 그런 다음 성명, 나이, 결혼하고 싶은 욕망을 등기부에 기록한다. 관습도 존중되고 잔치도 벌인다. 그런 한편으로 서기는 자유주의 원리를 존중하는 의미로 신랑 신부가 계단을 내려갈 동안 자유주의 원리가 자세히 적힌 종이를 잘게 찢어, 색종이를 뿌리듯 그 종잇조각들을 발코니 아래를 지나는 신랑 신부에게 던진다. 모든 사람들이 이 광경에 행복해한다."[24]

중상류층 급진주의자 로이스에게는 자기 자신을 프롤레타리아 운동의 일부로 상상하는 것이 말할 수 없도록 감격스러웠다. 시누이에게 쓴 편지에서도 그녀는 이렇게 말했다. "내가 바르셀로나를 좋아하는 주된 이유는 이 도시가 '빛의 홍수를 이루는' 곳이라거나, 절제된 예민한 정신이 느껴지는 곳이어서가 아니에요. 이곳을 좋아하는 진짜 이유는 노동자들의 도시이기 때문이랍니다. 바르셀로나에 정신이 있다면 그것은 패자의 정신, 어둡고 위험하며 난생 처음 번듯하게 살 수 있는 기회를 얻기 위해서라면 목숨이 다할 때까지, 돌멩이가 떨어질 때까지 싸울 의지를 지닌 무정부주의자의 정신뿐이에요. 고상하고 과묵하게 예민한 사람이 아닌, 노동자처럼 강인하고 투박한 사람의 정신 말입니다."[25]

그러나 로이스가 아무리 바르셀로나의 노동자들을 낭만화해도 도시의 정상적인 사회질서는 이미 뒤집어져 있었다. 그 이례적 상태가 얼마나 오래 지속될지도 알 수 없었다. 그런데도 그 상태가 지속되는 동안은 자주적 사고를 지닌 유럽 전역의 좌파들이 그곳으로 꼬여들었다. 오르 부부와 공동식당에서 함께 식사를 하고, 찰스와 같은 건물에서 일을 한 스물 세 살의 정치적 망명자 빌리 브란트도 그런 정치적 순례자들 중 한 명이었다. 수십 년 뒤 서독 수상이 될 그 빌리 브란트다. 그보다 더 유명해질 인물도 그곳에 곧 도착할 예정이었다.

찰스 오르는 아내보다 나이가 많았으니 당연히 세상 구경도 더 많이 했다. 그런데도 부부는 자신들이 사는 역사의 혼란스러운 면에는 별 관심을 기울이지 않는 듯했다.

무정부주의의 전통에는 기묘하게 자가당착적 요소가 있었다. 무정부주의 운동의 제창자들은 착취에서 벗어난 사람들이 종국에는 협심해 함께 살아가게 된다는, 고무적이고 편견 없는 지복천년의 비전을 제시했다. 몇몇 무정부주의자들은 본인들의 삶 속에서 그 정신을 구현하기도 했다. 러시아의 무정부주의자 사상가 표트르 크로포트킨(1842~1921)만 해도 그런 삶을 살았으며, 노동자와 농부에서 의심 많은 기업인과 자선가에 이르기까지 거의 모든 부류의 사람들에게 사랑을 받았다(5개 국어를 구사하는 달변가에 피아노를 연주하고 귀족 가문에서 태어난 것도 인기를 얻는데 한 몫 했다). 그러나 크로포트킨과 다른 저명한 대다수의 무정부주의자 사상가들은 사람들의 봉기를 유발하고 그들의 힘을 느끼게 해 군대, 교회, 기업, 정부와 같은 기생적 관료제도를 깨끗이 사라지게 함으로써 지복천년을 가까이 다가오게 하기 위해서는 고도의 충격적 행동, 다시 말해 "행동을 통한 선전the propaganda of the deed"이 필요하다는 개념에도 매몰돼 있었던 것이다. 그렇다면 그들이 말하는 행동이란? 대개의 경우 암살이었다.

1894년에서 1914년 사이 무정부주의자들에게 암살된 정부수반만 해도 윌리엄 매킨리 미국 대통령과 두 스페인 총리를 포함해 총 여섯 명이었다. 이 중 개혁가였던 스페인 총리 한 명은 1912년 마드리드에 있는 서점의 창문을 들여다보던 중, 뒤에서 쏜 총탄에 맞아 숨졌다. 다수의 기업인과 정치 지도자, 그리고 폭탄이 터질 때 우연히 현장에 있었던 보행자들도 무정부주의자들의 희생양이 되었다. 1920년대에는 경찰이 노조 지도자들은 살해한 것에 대한 반격으로 스페인 무정부주의자들이 또 다른 총리, 대주교, 다수의 관리들을 암살했다. 국왕 살해도 시도했으나 실패했다.

그런데 스페인이 내전에 휘말린 지금 살해에 대한 그런 이상화는 종말론적 규모에 달해 있었다. 무정부주의 신문도 쿠데타 발발 약 2주 후 이런 선언을 했다. "모든 것을 정화하기 위해서는 많은 것들을 불태워야 한다."[26] 그렇다고 스페인 전역에서 살해극을 벌인 주체가 오르 부부가 정치적 친밀감을 느낀 무정부주의자들과 POUM만은 아니었다. 그 살해에는 오르 부부가 증오한 공산주의자들도 많은 책임이 있었다. 또 살해의 대부분은 부부가 도착하기 전에 일어났으나, 그들이 온 뒤에도 살해가 계속되었음을 보여주는 단서도 포착되었다. 찰스는 이렇게 썼다. "훤칠하게 잘생긴 POUM 소속의 이탈리아 동지들이 있었다. 그런데 이들은 딱히 할 일이 없으면서도 우리 사무실을 곧잘 들락거렸다. 허리춤에는 권총을 차고 있었다. 사무실 동료들은 이들이 암살자라고 말했다. … 그밖에도 할 말이 많은 눈치였다."

　　찰스는 근래에 일어난 또 다른 폭력의 징후도 발견했다. "교회들이 폐쇄되고, 그중의 다수는 불태워졌다. 벽이나 혹은 지붕만 온전할 뿐 실내는 시커멓게 타고, 입구에는 판자가 세워져 있었다. 내전 발발 후 첫 며칠 동안 바르셀로나에서 아라곤 지방으로 진격해가던 노동자 연대가 도중에 멈춰서 교회들을 파괴한 것이었다."[27] 그러나 폭력의 실상은 이보다 훨씬 심했다. 바르셀로나의 한 미국 특파원도 내전 후 첫 몇 달 동안 "아침마다 도시 외곽에 시신들이 널려있는 것을 보았다"는 기사를 썼다. 국가주의자의 강간과 살해에 대한 말들이 공화파 통제 지역으로 퍼져나간 뒤에는 보복에 따른 학살이 더 많이 일어났다. 히틀러가 보낸 독일 비행기들이 공화파 도시들에 폭격을 시작한 것도 학살을 촉진시킨 요인이었다. 국가주의자군의 무차별 공습에 대한 앙갚음으로 공화파군이 우파 죄수들을 감옥에서 끌어내 총살한 것이다.

내전 발발 후 첫 몇 달 동안은 지주, 상점주, 기업인 등 국가주의자를 지지한 모든 부류의 사람들이 공화파의 표적이 되었다. 특히 빈곤층에게 가혹 행위를 했다고 알려진 사람들이 그들의 표적이었다. 가톨릭 성직자들도 프랑스 혁명 때처럼 공화파의 주요 표적이 되었다. 과격한 노동자들은 사제들을 살해하고, 주교복을 입고 장난을 치며, 사격부대를 집합시켜 유명한 그리스도 상을 "처형"하고, 성직자의 무덤을 파헤쳐 해골이 가득 든 관들을 전시해 영생을 약속한 교회를 조롱했다. 그들에게 교회는 이승에서 노동자들에게 공정한 몫을 주기를 거부하고 저승에서 부를 얻을 것이라고 약속한 거대 고용주와 지주들의 시녀일 뿐이었다. 이런 식으로 죽은 성직자가 모두 합해 7천여 명으로, 현대에 일어난 그런 류의 학살들 가운데 최대 규모를 기록했다.[28]

교도소 문을 열어 젖힌 무정부주의자들의 행위도 사태를 악화시켰다. 의견이 다양하고 원칙을 중시하는 골수 좌파들이, 함께 풀려난 일반 형사범과 훈련 덜 된 동지들만 뒤에 남겨둔 채 전선으로 싸우러 나가, 국가주의자에게 보복할 기회를 제공해주었기 때문이다. 현대의 학자들은 내전 기간에 공화파 지역에서 살해된 민간인이 4만 9천 명 이상이고, 그들의 다수가 내전이 발발한 첫 네 달 동안에 죽었을 것으로 추정했다.[29]

국가주의자 통제 지역에서는 그보다 훨씬 많은 15만 명이 살해되었다. 이 중 2만 여명은 내전이 끝난 뒤에 처형되었다. 그런데도 유럽과 미국 신문들은 프랑코를 열렬히 지지한 허스트 계열 신문들에서 보이듯 보수주의 언론 귀족들에게 지배된 나머지, 공화파 지역에서 일어난 살해, 특히 사제들이 살해된 사건만 신문 1면에 대문짝만하게 실었다. 1936년 말엽에는 공화파 정부의 노력으로 그런 종류의 살해가 대부분 멈추었다. 하지만 해외 원조의 기회를 가져다주기에는 그로 인한 손상이 이미 돌이킬 수 없을 만큼 컸다.

"1936년 12월 아침, 그러니까 스페인의 업무 시간인 오전 10시 경"[30] 이었을 것으로 찰스는 기억했다. "바르셀로나의 람블라스 거리에 위치한 POUM 행정 건물 내의 내 사무실에서 일을 하고 있는데, 청색 내리받이 작업복 차림에 붉은 스카프를 맨 조그만 민병대원이 4층까지 터벅터벅 계단을 걸어 올라와 내 방으로 들어오는 것이었다. 승강기에는 언제나 그렇듯 '작동 안 됨'이라는 팻말이 붙어 있었다…."

"방에 들어온 민병대원이 카탈루냐어도 못하고 스페인어도 못하는 영국인이 밑에 와있다고 알려주었다. … 나는 그가 누구인지, 그리고 용무가 무엇인지 알아보기 위해 밑으로 내려갔다."

"내려가 보니 런던에서 막 도착해 피곤에 지치고 키가 껑충하게 큰 에릭 아서 블레어라는 영국인이 있었다. … 나는 그를 안내해 4층까지 긴 계단을 다시 걸어 올라갔다."

"기차에서 꼬박 하루 낮밤을 보낸 그는 지쳐있었다. 그런데도 파시즘에 맞서 싸우러 왔는데 어떤 민병대에 들어가야 할지 모르겠다며 흥분해서 말했다. … 나는 이 영국인 지원자를 처음에는 대수롭지 않게 여겼다. 정치에 문외한인 또 한 명의 외국인이 공화파에 도움을 주러 온 정도로만 생각했다." 그런 찰스에게 코르덴 상의 차림의 방문객이 영국에서 도보 여행을 한 체험과 파리에서 식당의 접시닦이로 일했던 경험을 소재로 책을 냈다고 말했다. 하지만 찰스와 로이스 모두 들어보지 못한 책이었다.

"우리에게 그는 그저 에릭, … 아라곤 전선에서 싸우는, 대다수가 영국인인 소규모 외국인 무리 가운데 한 명에 지나지 않았다." 에릭 블레어도 찰스와 그의 동료 직원인 또 한 명의 영국인[31]과 이야기를 나눠보더니 세계 전역의 공산당들이 모집한 국제여단에 들어가려던 계획을 접고 프랑코에 맞서 싸울 병력을 전선에 배치 중이던 아라곤 부근의 POUM 민병대에 합류하기로 결정했다.

찰스는 또 이렇게 썼다. "에릭은 보기 안쓰러울 정도로 키가 크고 빼빼 마른 체격의 소유자였다. … 말수가 적고 더듬거리는 것이 사람들을 두려워하는 것도 같았다."[32] 그러나 사실 그는 입은 무거웠지만, 글자를 다룰 때는 달라, 조지 오웰이라는 필명으로 책을 낸 엄연한 작가였다.

그러나 나이 서른세 살이던 그 무렵에는 오웰이 아직 영국에서조차 무명에 가까운 작가여서 오르 부부가 그의 이름을 몰랐던 것도 무리는 아니었다. 오웰은 서점에서 시간제 일을 하거나 집에서 조그만 식료품점을 운영해 근근이 생계를 꾸려나갔다(POUM의 민병대 입대 서류에도 자신의 직업을 "식료품상"이라고 적었다). 영국 북부 공업지대의 가난한 사람들의 실상을 파헤친 작품으로, 처음으로 그의 대중적 인지도를 올려준 『위건 부두로 가는 길The Road to Wigan Pier』도 스페인으로 오기 전에 집필만 끝냈을 뿐, 아직 발간되지 않은 상태였다. 스페인 내전 중에 겪은 경험을 보도 형식으로 기록해 종래에는 스페인 내전을 다룬 책으로는 모든 언어를 통틀어 가장 폭넓게 읽히게 될 『카탈루냐 찬가Homage to Catalonia』도 그 무렵에는 아직 먼 이야기였다.

오웰은 겉으로는 불안정하고 내성적인 인물로 보였다. 하지만 그는 자신이 관찰한 모든 것을 신속하게 파악해 몇 자 끼적거리는 것만으로도 관찰한 내용에 생명력을 불어넣을 수 있는 능력을 지니고 있었다. 그는 또 오르 부부처럼 변모하는 바르셀로나에도 매료되어, 그 감상을 이렇게 적었다.

식당이나 상점에 들어가면 웨이터와 판매원들은 손님의 얼굴을 똑바로 쳐다보며 손님과 대등하게 굴었다. 비굴하고 공손한 말투도 일시에 사라지고 없었다. 누구도 '세뇨르Senor'라든가 '돈Don'이라는 경칭을 쓰지 않았다. 심지어 (2인칭 존칭 대명사인) '우스테드Usted'라는 호칭을 사용하는 사람도 없었다(스페인어로 2인칭 평칭 대명사는 '투tú'—옮긴이). '동지Comrade'와 '당신Thou'이라는 호칭이 모든 사람들 사이에 통용되었다. … 승강기 운전사에게 팁을 주려고 했다가 호텔 매니저의 핀잔을 들은 것이 내가 바르셀로나에서 겪은 첫 경험이라 해도 무방했다. … 혁명 포스터들도 도처에 붙어 있었다. 불타듯 이글거리는 적색과 청색의 그 포스터들 옆에서 몇 안 남은 광고지들은 초라해 보이기까지 했다. … 이 모든 것이 야릇하게도 내게 감동을 주었다. 물론 그것들에는 이해 못할 요소도 많았고, 어떤 면에서는 마음에 들지 않기도 했다. 하지만 그런 생각이 들기 무섭게 그것은 또 싸울 가치가 있는 것으로 여겨졌다.[33]

오웰은 애처로울 만큼 순진해 보이는 것들에까지 감동을 받았다.

이발소에 가니, 이발사는 이제 노예가 아님을 진지하게 설명해놓은 무정부주의자 공고문(이발사들은 거의 다 무정부주의자였다)이 붙어있었다. 거리에도 매춘 행위를 그만두라고 창녀들에게 호소하는 채색 포스터가 붙어 있었다. … 프롤레타리아 형제애와 무솔리니의 사악함을 노래한 소박한 혁명 가요도 길거리에서 단돈 몇 푼에 팔리고 있었다. 글 모르는 민병대원이 혁명 가요를 구입해 가사 읽는 연습을 열심히 한 뒤 발음이 익숙해지자, 곡조에 맞춰 노래 부르는 모습도 종종 보았다.

그 무렵에는 로이스 오르도 공화국 내에 한편으로는 POUM과 무정부주의자, 다른 한편으로는 혁명의 진압을 원하는 정파들 간에 팽팽한 긴장이 존재한다는 것을 알게 되었다. 그래서 신참 지원자들에게도 그 점을 환기시키려고 노력했다. "우리는 새로 온 지원자들에게 전쟁은 개인적 용기로 결정되는 것이 아니라 정치로 판가름 나는 문제라는 점을 납득시키려고 했다. 그렇게 볼 만한 요소는 차고 넘쳤다. … 그러나 에릭 블레어에게는 그런 말이 소 귀에 경 읽기였다. … 에릭은 스페인을 선과 악의 극명한 도덕적 대결이 펼쳐지는 장소로 보았고, 그러다 보니 정치적 문제로 마음이 산란해지기를 원치 않았다. 그는 그저 자신의 이상과 감정을 행동으로 옮길 수 있기만을 바랐을 뿐이었다. 그러다 이윽고 그는 바르셀로나를 떠났다."[34] 그에게 있어 스페인 공화국의 정치적 균열을 이해하는 것은 나중 일이었다. 그래서 일단은 열심히 싸우려고 했다. 에릭은 고작 일주일 간 훈련을 받고 전선에 투입되었다.

그러나 오르 부부는 혁명이 진행 중인 도시에 그대로 남았다. 로이스는 가족에게 쓴 편지에서 "이곳이야말로 진정 흥미진진한 곳"[35]이라고 하면서 바르셀로나를 "지금 이 순간 세계에서 가장 스릴 넘치는 곳"으로 이야기했다. 실제로 간헐적 공습 훈련과 나날이 심해지는 식량 부족 현상만 없었다면 바르셀로나는 전쟁 중인 도시라는 사실마저 잊을 만했다.

5. 마르크스주의자들에게 내주느니 마드리드를 파괴하겠다

반란군이 남부에서 북부로 진격해 올라가고, 다른 한편으로는 포르투갈 국경에서 동진하면서 꾸준히 발판을 굳혀가자, 대원수 프랑코는 스페인을 군사 독재국으로 만드는 것이 자신의 목표임을 분명히 했다.[1] 그로부터 머지않아서는 스페인 파시스트, 다수의 가톨릭 정당과 우익 정당들, 그리고 왕실의 경쟁 분파들을 지지하는 두 왕당파 등 자신을 지지하는 모든 세력을 하나의 운동 조직(국민운동)으로 통합하라는 지시를 내렸다. 그 이후부터 국가주의자 스페인에는 하나의 정당(팔랑헤당)만 존재하게 된다. 프랑코는 또 처남을 당의 최고 책임자 자리에 앉히고, 자신의 결정에 공개적으로 반발하는 사람은 즉각 체포하여 응징했다. 운동 조직의 역할도 자신의 독재정권 지지에 맞추도록 지시했다. 프랑코는 자신의 사익을 채우는 일에 그 운동을 노골적으로 이용했다. 히틀러가 표방한 하나의 민족, 하나의 제국, 하나의 총통을 모방해 "하나의 조국, 하나의 국가, 하나의 지도자"를 공포하는 포스터도 신속히 만드는 등, 히틀러와 무솔리니를 그대로 표방한 시스템도 구축했다. 현대의 학자들은 파시스트가 종래에는 프랑코 운동에 흡수되고 만 파시즘 정당, 다시 말해 푸른 셔츠를 입은 스페인 팔랑헤당 지지자들에게만 적용되는 용어라는 이유로, 프랑코에게도 파시스트라는 호칭을 붙이는 것이 적절한지에 대해 논쟁을 벌였다. 그러나 쿠데타가 발발하기 전 팔랑헤당 대원과 다른 우파 스페인인들이 이탈리아에서 군사훈련을 받을 때, 수년간 그 비용을 남몰래 대준 무솔리니가 스페인 "파시스트들이 칼을 뽑았다"[2]는 말을 주저 없이 한 것으로도 알 수 있듯 학자들의 논쟁은 무의미했다.

프랑코는 현대식 무기인 독일 최신 전투기들로 반군이 지나는 길목의 도시들에 폭격을 퍼부었다. 하지만 그러면서도 미래가 아닌 과거를 지향했다. 그의 눈길은 현대성에 맞서 싸운 이전 세기의 전쟁, 세속적 세계에 맞서 싸운 전통 가톨릭교회의 전쟁, 도시적이고 산업적 문화에 맞서 싸운 고대 농촌 질서의 전쟁에 맞춰져 있었다. 오래된 스페인의 영광, 그리고 군대, 교회, 대지주, 지난날 한때 각 대륙들에 퍼져있던 스페인의 해외 제국 등 권위주의 국가를 떠받쳐준 든든한 기둥들을 되찾는 것이 그의 목표였다. 어떻게 되찾을지는 아직 오리무중이었지만 말이다. 따라서 이제 스페인에는 선거도, 독립된 노동조합도, 모든 종류의 민주적 장치도 없어질 터였다. 소 멍에에 화살들을 열십자 모양으로 겹쳐놓은 문양의 국가주의자 상징도 페르난도와 이사벨의 통치 시대에서 따온 것이었다. 이때 멍에는 멍에 하나를 같이 멘 두 마리 황소처럼 두 군주 아래 통합된 카스티야-아라곤 연합 왕국, 다시 말해 전능한 왕국을 의미했으며, 화살은 이교도 사냥을 상징했다. 반군은 포로로 잡힌 공화파 여자들에게도 굴욕감을 주기 위해 그 상징을 가슴에 찍어 새기곤 했다.[3]

프랑코와 그의 지지자들이 이단을 염두에 두고 있었음은, 스페인 가톨릭교회에 이례적 지위를 부여한 것이 프랑코 정부의 두드러진 하나의 양상이었던 것으로도 확인된다. 유럽에서 가장 반동적 계서제를 운영한 스페인 가톨릭교회에 프랑코 정부가 특별한 지위를 부여해준 것이다. 스페인 가톨릭 소속의 예수회만 하더라도 악명 높은 반유대주의 위조문서였던 『시온학자들의 외교의례The Protocols of the Elders of Zion』(20세기 초 반유대인주의의 구실과 논거 역할을 한 위조문서—옮긴이)를 번역해 출간했을 뿐 아니라 예수회에서 발행하는 잡지에도 이 문서를 연재했다. 유대인과 프리메이슨을 악랄하게 공격한 인물로 유명한 후안 투스케 테라 신부도 1933년, 죄수를 다루는 방식을 알아보기 위해 그 해에 새로 지어진 독일의 다하우 집단수용소를 방문했다.

스페인의 가톨릭 주교들도 대부분 프랑코를 전폭적으로 지지했고, 거기에는 보상이 뒤따랐다. 이혼을 허용하는 법률을 비롯해 공화국 아래 제정되었던 다수의 개혁적 법률이 프랑코 정부 아래서는 폐기되었다. 또한 기독교 윤리에 반하는 내용이 포함된 교과서들은 학교에서 퇴출되었으며, 교사들에게도 아이들을 인솔해 국가주의자의 승리를 기원하는 기도를 매일 드리라는 지시가 내려졌다. 주교들은 프랑코 및 그의 장군들이 하듯 팔을 일직선으로 내뻗는 파시스트식 경례도 했다. 서적 수천 권도 교회에 의해 불태워졌다. 톨레도 대주교이자 스페인의 수석 사제였던 추기경 이시드로 고마는 스페인 내전을 "문명과 야만성의 충돌"이라 칭했으며, 국가주의자군을 "유대인 국제조직의 통제를 받는 어두운 집단"에 용감하게 맞서 싸우는 존재로 보았다. 한 가톨릭 사제는 심지어 스페인 북동부의 도시 팜플로나 부근에서 공화파 65명이 국가주의자 사격부대에 의해 총살될 때, 그들 각각에게 온정의 일격을 가하기도 했다. 또 다른 신부 후안 갈란 베르메호도 한 장교에게 "마르크스주의자를 백 명 넘게 죽인" 것이라며 자신의 "소형 권총"을 자랑했다. 그가 죽인 사람들 가운데 한 명은 프랑코군을 피해 달아나 성당 고해실에서 그의 옆에 무릎을 꿇었다가 총에 맞았고, 또 다른 다섯 명은 상처만 입고 숨이 붙어있는 상태에서 그에게 생매장당했다.

전쟁은 오르 부부가 일을 계속하고 있던 스페인 북동쪽의 바르셀로나에는 아직 도달하지 않았으나, 1936년 말 무렵에는 루이스 피셔가 취재 중이던 수도 마드리드로는 빠르게 다가오고 있었다. 그 무렵 스페인의 서쪽 절반은 이미 국가주의자의 수중에 들어가 있었다. 공화국의 신임 총리 프란시스코 라르고 카바예로가 마드리드에서 남서쪽으로 고작 32킬로미터밖에 떨어지지 않은 이예스카스의 공화파군 지휘관에게 전화를 걸었을 때도 그 전화를 받은 사람은 지휘관이 아닌 그 도시를 점령한 국가주의자군 장군이었다. 이제 프랑코의 마드리드 점령은 거의 기정사실화되어 스페인의 통신 독점기업 텔레포니카사에도 프랑코에게 보내는 축전이 몰리기 시작했다. 반군의 에밀리오 몰라 장군도 라디오 방송에서 감격에 겨운 목소리로 스페인의 신세계 정복이 시작된 것을 기념하는 날인 10월 12일, 다시 말해 콜럼버스의 날 이전에는 마시게 될 거라고 호언장담하면서, 마드리드 최고의 번화가 그란 비아에 있던 카페 몰리네로에 커피를 미리 주문해 놓았다. 국가주의자가 그리도 꿈꾸던 위대한 승리를 스페인의 신대륙 발견에 견준 것이었다.

피셔도 뉴욕의《네이션》에, 무장 상태도 엉망이고 훈련도 안 된 일부 공화파군 병사들이 프랑코군의 포격을 받고 혼비백산하여 도망치자 지휘관들이 연발권총을 빼들고 그들의 도주를 막으려 했던 것 등, 공화파 군대의 실상을 가감 없이 묘사한 기사를 송고했다.[4] 그런데 그 직후 그는 충실한 공산당원인 영국인 저널리스트 클로드 코번과 함께 길을 걷고 있던 《프라우다》 특파원 겸 스탈린의 측근이던 미하일 콜초프를 길에서 우연히 마주쳤다. 하지만 콜초프는 피셔가 쓴 기사의 내용을 알고 있던 터라 그와 악수도 하지 않으려고 했다. 피셔가 사실을 사실대로 썼을 뿐이라고 항변하는데도 콜초프는 막무가내로 화를 냈다.

"그래요." 콜초프가 비꼬듯 말했다. "그 기사 사실입니다. 참 예리한 관찰력과 진실성을 가진 기자네요. … 하지만 당신은 프랑코를 위해 일하는 영국 하원의원 30명이 한 짓보다 더 심한 피해를 공화국에 입혔어요. 그런데도 당신과 악수하기를 바라다니요."[5] 콜초프는 공화국의 대의보다 명성을 얻는 것이 피셔의 유일한 관심사라고 하면서 또 이렇게 말했다. "프랑스인 말대로 당신은 입 다물 수 있는 절호의 기회를 놓친 거예요." 콜초프와 코번은 공화파의 승리에 필요한 기사를 쓰는 것이야말로 의식 있는 기자가 할 일이라고 한목소리로 역설했다.

(그로부터 1년 반 뒤 코번은 당의 지시에 따라 정확히 그 일을 했다. 스페인령 모로코의 무어인들이 대대적인 반 프랑코 폭동을 일으켰다는, 일어나지도 않은 전투를 목격했다고 주장하는 기사를 쓴 것이다. 모로코에는 외국 특파원의 진입이 허용되지 않아 진위를 가릴 수 없는 점을 노려, 기사의 내용은 여행 책자에 나오는 거리와 광장 이름으로 빼곡히 채웠다. 그가 기사를 쓴 목적은 무기의 국경 이동을 차단시켜, 공화파로 가야 될 다량의 대포를 국경지대에서 오도 가도 못하게 만든 프랑스 총리에게 영향력을 행사하기 위함이었다. 아니나 다를까, 국가주

의자군의 역량을 실제보다 형편없이 깎아내린 코번의 날조된 기사는, 스페인 공화국 인사가 프랑스 총리를 상대로 대포들이 국경을 통과할 수 있도록 힘써 달라는 로비를 막 벌이려던 참에 신문에 실려 소기의 목적을 달성했다.)

그 무렵에는 수도 외곽이 새로운 전선이 되고, 마드리드의 많은 지역도 포격을 받았다. 1936년 11월 초에는 탄약과 물자마저 떨어져 수도를 잃게 될까 우려한 공화국이 전선에서 멀리 떨어진 스페인 서단의 발렌시아로 정부를 이전했다. 얼마나 서둘렀는지, 긴 트럭 행렬이 떠나고 난 뒤 청사 사무실 수십 곳에는 전등이 그대로 켜져있었고 책상 위에는 서류더미가 수북이 쌓여있었다. 하지만 정부만 이전했을 뿐 공화파 군대는 마드리드의 방어를 위해 수도에 남아있었다. 난민 50만 명도 도시에 넘쳐흘러, 사람들은 공원에서 야영하는가 하면 길가에 모닥불을 피워 음식을 조리해 먹었다. 당나귀를 안전한 곳으로 몰아가는 사람들도 있었다.

시영 버스들도 신속한 병력 수송을 위해 군대에 징발되었다. 도시에는 폐허가 되거나 유산탄을 맞아 마맛자국처럼 얽은 건물이 어느 때보다 많았다. 스페인의 가장 비옥한 농장들이 하나둘씩 반군 수중으로 넘어감에 따라 식량도 바닥을 보여, 말과 당나귀들은 반군의 포탄이나 폭탄에 맞아 죽기 무섭게 사람들의 식탁에 올랐다. 마드리드 방어를 책임진 공화파 군대 역시 물자가 부족하다 보니 철도역의 휴대품 보관소에 버려진 여행가방 등, 눈에 띄는 온갖 잡동사니를 그러모아 바리케이드를 구축했다. 피셔는 당시의 상황을 이렇게 적었다. "화강암으로 만들어진 가로들을 잘게 부숴 그 조각들로 거리와 큰 건물들 앞에 차단벽을 쌓았다. 탱크 진입을 막기 위해 가로수 길도 파헤쳤다. 마드리드인들의 대다수는 도시를 떠나지 않으려 했다. 보다 못한 정부가 저명한 예술인과 교수들을 체포해

해안가로 데려간 뒤 그곳에서 풀어주었을 정도다. 그들이 다치거나 살해되는 것을 막기 위해서였다. 프라도 미술관과 여타 박물관의 귀중한 예술품들도 다른 곳으로 이전 조치했다."[6] 『돈키호테』의 초판본도 발렌시아로 급히 보내졌다.

공포는 사방으로 번져나갔다. 어느 날 공화파군 비행기가 비상 상황에서 반군 전선의 배후에 불시착했다. 그러기 무섭게 마드리드 인근의 공화파군 공군기지 위에 반군의 비행기가 나타나더니 상자를 매단 낙하산을 밑으로 투하했다. 상자에는 이탈리아어로 휘갈겨 쓴 모욕적인 글이 부착된 난자된 시신이 담겨있었다. 반란군 장군 곤살로 케이포 데 야노도 라디오 방송에서 "무어인 한 명 당 민병대 여자 셋이라, 호시절이 따로 없네!"[7]를 연신 읊어댔다. "이 전쟁은 단순히 스페인인들끼리 싸우는 내전이 아니다. 전 세계 유대인과 서구 문명 간의 전쟁이기도 하다"고 말하며 공화파 여자들을 유린하는 것 이상의 복수를 할 것이라고도 다짐했다. 케이포는 지독한 술꾼으로도 알려진 인물답게 한 라디오 방송에서 마무리를 하던 중 마이크가 켜진 줄 모른 채 부관에게 "아 젠장, 술 가져와"라고 고함치는 추태를 부리기도 했다.

난민의 물결이 더 많이 밀려들어옴에 따라 소름끼치는 소식도 유입되었다. 반란군 점령 지역에서 사형수들을 처형할 때 목에 철 형구를 끼워 목을 죄는 방식으로 사형을 집행한다는 것이었다. 집행인의 기분에 따라 형구를 서서히 죄어 죽인다는 소식도 들려왔다. 코르도바주의 팔마델리오에서는 농부들이 부유한 지주 겸 투우 사육자였던 펠릭스 모레노 아르다누이의 토지를 집단농장으로 만들고 소 몇 마리를 잡아먹었다가 치도곤을 당했다. 영국 역사가 폴 프레스턴에 따르면 "그 소식을 듣고 모레

노는 격노했다. 국가주의자군이 그 도시를 다시 점령하자 모레노는 검은 캐딜락을 몰고 농장에 돌아와 아직 도망치지 못한 농부들을 대형 외양간에 몰아넣었다. 그러고는 도살된 소의 수만큼 열 명을 골라 총으로 쏴 죽였다. 농부들이 그의 대자代子니 사촌이니 온갖 연줄을 주어 섬기며 살려 달라고 애걸하는데도 그는 먼 산만 바라보며, '나는 아무도 모른다'는 말만 되풀이했다. 그날 하루 동안 총에 맞아 죽은 사람만 최소한 87명이었고, 이후 며칠 동안에는 죽은 사람이 그 수의 두 배에 달했다."[8]

공화파도 마드리드 한 곳에서만 수천 명을 학살하며 공포정치를 시행했다. 반군의 에밀리오 몰라 장군이 4개 부대를 지휘해 마드리드를 공격하면서, "제5열"이라는 비밀단체가 그 안에 숨어있다고 주장하자 스파이에 대한 편집증이 도시 전체를 휩쓴 탓이었다. 몰라가 실제로 그러한 허풍을 떨었는지는 확실치 않지만, 긴장감이 팽배해 있다 보니 사람들은 이 소문을 사실로 믿은 것이다. 스페인의 유명 영화감독 루이스 부뉴엘은 당시의 분위기를 이렇게 적었다. 운전을 할 때 "회전을 한다고 손을 내뻗어 신호를 주는 행위도 위험했다. 파시스트식 경례로 오인돼 그 즉시 총탄 세례를 받을 수 있었기 때문이다."[9] 독일 비행기에서 투하된 폭탄이 제5열의 소행으로 비난받기도 했다. 스페인인들이 1차 세계대전에 참전한 경험이 없다 보니 처음에는 주변에서 폭탄이 터지면 잘 보이지도 않는 하늘에서 떨어졌을 리 만무하다고 여긴 것이었다.

피셔도 "도시가 신경과민에 빠졌다"[10]고 하면서 이렇게 썼다. "저녁마다 실시되는 등화관제가 모든 것을 소름끼치게 만들었다. 거리에서 발사된 민병대 총탄이 불빛 비치는 가정집 창문으로 날아든 것이 한두 번이 아니었다. 이곳에는 열정과 어리석음만 존재할 뿐." 비행기 엔진 소리만

나도 사람들은 불안스레 하늘을 쳐다보았다. 공화파는 국가주의 동조자들이 도시 외곽의 국가주의자군에 정보를 누설하는 것을 막기 위해 개인 전화선도 차단시켰다. 이것은 타당한 조치로 확인되었다. 11월 14일 아토차 철도역 옆 광장에서 오전 8시에 노동자 시위가 열릴 예정이었는데, 노조 관리들이 공습의 표적이 될 수 있다는 것을 깨닫고 취소했더니 실제로 독일 융커스 폭격기들이 정시에 광장에 나타났기 때문이다.

공화국 정부가 마드리드를 빠져 나간지 정확히 이틀 뒤 국제여단의 첫 병력이 마드리드역에 도착했다. 둘둘 만 담요를 어깨에 메고 그란 비아를 따라 도시 서쪽 지구에 조성된 전선으로 행군하는 이들의 모습에 시민들도 마음을 다잡았다. 하지만 의용병들은 대부분 헬멧도 쓰지 않고 있었다. 또한 열렬한 환호로 맞아준 군중은 몰랐겠지만 이들은 훈련도 안 된 초짜들이었고, 손에 든 소총과 기관총도 1914년 이전에 생산된 고물이었다. "러시아 만세! 러시아인들 만세!"를 목이 터져라 외쳤지만, 이 첫 의용병들은 또 러시아인들이 아니라 국제여단 형성에 가장 많이 기여한 폴란드, 영국, 프랑스인이거나 혹은 이탈리아와 독일의 좌파 난민들이 대부분이었다. 그러나 이 행렬에는 포함되지 않았지만 소련의 군사 고문단도 비밀리에 마드리드로 향하고 있었다.

그보다 중요했던 것은 소련이 탱크, 전투기 그리고 이 무기들을 다룰 수 있는 인력을 공화국에 제공하기 시작한 것이었다. 특히 전투기들은 독일 및 이탈리아 전투기들과 겨뤄 눈부신 존재감을 과시했다. 날개 끝이 붉은 공화파군 전투기가, 꼬리에 검은색 X자가 그려진 프랑코 공군의 비행기를 격추시키는 것을 볼 때마다 군중은 환호성을 질렀다. 한동안은 속도가 빠른 이 최신식 소련제 I-16 단엽기가 히틀러나 무솔리니가 제공한 비행기들보다 우수한 성능을 나타내면서 공화파군 공군에는 갑작스런 우세를, 지상군에는 뜻밖의 기대감을 안겨주었다. 스페인인들이 "파리"를 뜻하는 모스카Mosca로 부른 이 전투기가 없었다면 마드리드는 이미 국가주의자군에 점령되었을 것이다.

그 결과 마드리드에는 열렬한 친 러시아 분위기가 조성되어 시내 영화관들에서는 세르게이 예이젠시테인 감독의 〈전함 포템킨〉 같은 소련 고전영화들이 상영되었다. 하다못해 마드리드 매춘부의 응접실에까지 마르크스, 레닌, 스탈린의 대형 사진들이 걸렸다. 공화국이 소련 무기에 의존하게 만든 서구의 무기 금수조치는 스페인 공산당의 당원 수를 크게 늘리는 효과도 가져왔다.

공산당의 세가 급속히 확장된 데에는 그밖에 공화국 의회의 공산당 의원이자 "시계꽃"을 뜻하는 라 파시오나리아La Pasionaria라는 예명으로 불린 스페인의 가장 열정적인 웅변가 돌로레스 이바루리의 공이 컸다. 바스크 지방 광부의 딸이자, 광부의 자매, 광부의 아내였던 그녀는 재봉사로 일하다 정계에 투신해 여러 차례 투옥되는 고난을 겪었다. 또 라디오 방송과 가두집회에서 열변을 토하는, 공화국이 필요로 하는 불굴의 이미지도 지니고 있었다. "노 파사란No pasaran"("그들은 통과할 수 없다")이나, "무릎 꿇고 사느니 서서 죽는 것이 낫다"와 같은 그녀의 슬로건 대부분이 다른 전쟁들에서 차용한 것이고, 그녀 연설의 일부도 공산당 관리들이 대신 써준 것이라는 사실은 문제되지 않았다. 듣기 좋은 목소리에 반짝이는 검은 눈을 지니고 화장도 안 하며 노동자 계층 여성들이 입는 검은 옷차림에 장신구 하나 걸치지 않고 로프창 구두를 신은 당당하고 당찬 모습의 그녀는 곧 전설이 되었다.

라 파시오나리아가 뒤로 빗어 넘겨 쪽진 검은 머리에 헬멧을 쓰고 전선의 참호나 바리케이드를 누비고 다닐 때면 기자들도 그녀의 뒤꽁무니를 쫓아다니기에 바빴다. 어느 때인가는 그녀가 〈인터내셔널 가〉를 울리고 다니는 트럭 스피커를 이용해 퇴각하는 병사 수백 명을 불러 모은 뒤, 도시로 통하는 세고비아 다리가 국가주의자군에 함락되는 것을 막기도 했다. 하지만 기실 "노 파사란!"을 외친 이 열정적인 인물의 힘은 어느 정도 그녀 앞에 나섰다가는 겁쟁이로 보일 것을 우려한 스페인 남자들의 소심함에서 비롯된 것이었다.

한편 피셔를 비롯한 외국 특파원들은 마드리드에서 가장 높은 14층의 텔레포니카 빌딩 상층에서 도시로 점점 가까이 다가오고 있는 반군과 공화파군 간의 전투 상황을 지켜보고 있었다. 기자들은 창턱에 올라서거나 테라스 난간에 발을 딛고 서서 쌍안경에 눈을 바짝 갖다 댄 채, 거의 눈높이에서 벌어지는 치열한 공중전을 관전했다. 지하실에는 난민들이 가득 차 있고 일층은 모래 부대로 둘러싸인 텔레포니카 빌딩 자체도 반군 대포의 주요 표적이었다. 그런데도 기자들은 저녁이면 그들이 "다트 판"이라고 부른 텔레포니카 빌딩으로 와서, 다양한 언어로 왁자지껄 본국에 기사를 전송하고, 피로에 지친 검열관과 전화 교환수들이 잠에서 깨어나기를 기다리며 보조 침대에서 잠시 눈을 붙이기도 했다.

피셔의 동료였던 AP통신 기자는 전투가 마치 "기자들의 편의를 위해 대형 야외극장에서 연극이 상연되는 것처럼 전개되었다"[11]고 하면서 이렇게 썼다. 그곳에서 보병부대는 "포탄의 엄호 속에 전진과 후퇴를 반복했고, 퀼트의 지그재그 문양처럼 펼쳐진 참호들 속에서 양각처럼 도드라져 보인 탱크와 무어인 기병대는 차폐물을 찾아 나무 우거진 곳으로 쑤시고 들어갔다. 포탄을 발사하면 밝은 햇빛 아래서도 섬광이 비쳤기 때문에 적군의 대포를 식별할 수 있었다. 나지막한 언덕에 포탄이 터져 작은 뭉게구름이 만들어지는 것도 보였다." 물론 기자들은 이전에도 전쟁을 보도하고 사진을 찍어본 적이 있었다. 하지만 전선 바로 앞에서 취재하고 사진을 찍어, 새로 발명된 유선 전송 사진 기술을 이용해 몇 분 내로 그것을 다른 대륙들에 보내기는 이때가 처음이었다.

프랑코는 "마르크스주의자들에게 내주느니 차라리 마드리드를 파괴하겠다"[12]고 선언했다. 하지만 격조 높은 살라망카 행정구는 대포와 전투기의 피격 대상에서 제외했다. 그곳에 다수의 상류층 국가주의자 지지자들이 살고, 또 다른 사람들 수천 명도 각 나라 대사관 건물과 공화국의 외교적 보호의 손길이 미치는 대사관의 다른 부속 건물들에 피신해 있었기 때문이다. 프랑코는 그곳 대신 극장에서 영화를 보고 나와 사람들로 붐비는 시간대의 그란 비아—그 무렵에는 "포탄 길"이라는 별칭으로 불렸다—를 집중 표적으로 삼았다. 찰리 채플린의 〈모던 타임스〉가 상영되고 있던 카피톨 극장의 천장에 걸쳐져 있던 방수포에도 이때 포탄 구멍이 뚫렸다. 피셔는 이렇게 썼다. "매일 저녁 도시의 교통 소음이 잦아들고 나면 기다렸다는 듯 쾅쾅 대포 터지는 소리와 날카로운 기관총 발사 소리가 내 호텔 방의 창문을 때렸다. 그것은 마치 기병대가 자갈길을 질주하는 것과 같은 소리였다."[13] 하지만 그럼에도 시가전차는 여전히 운행했고, 사람들은 우스갯소리로 지하철이야말로 전선에 가장 안전하게 닿을 수 있는 수단이라고 말했다. 그것을 타면 반대편에 가있기 십상이었기 때문이다.

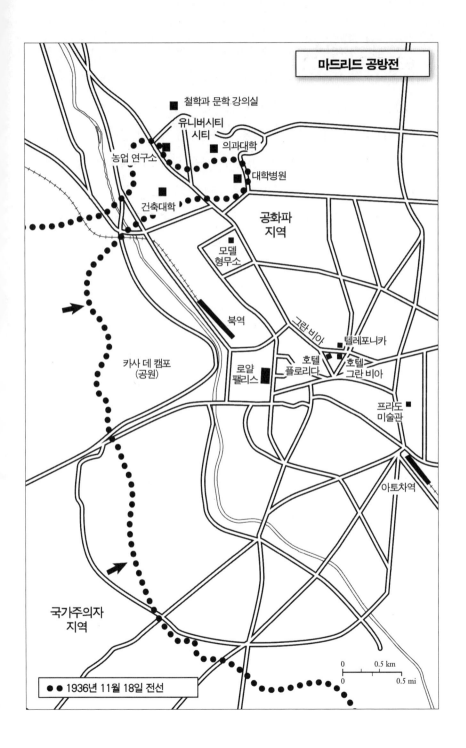

마드리드 공방전

철학과 문학 강의실

유니버시티 시티

의과대학

농업 연구소

대학병원

건축대학

공화파 지역

모델 형무소

북역

그란 비아

텔레포니카

호텔 플로리다

호텔 그란 비아

카사 데 캠포 (공원)

로얄 팰리스

프라도 미술관

아토차역

국가주의자 지역

0   0.5 km
0   0.5 mi

● 1936년 11월 18일 전선

피셔는 스페인에서도 제 버릇 남 주지 못했다. 그는 공화국 내각의 소위원회에도 참석했다고 주장하며 고위급 인사들과의 친분을 과시하고 다녔다. 하지만 그가 정작 전력을 기울인 부분은 맹폭을 받는 유럽의 첫 수도 마드리드에서 지내는 경험을 독자들에게 생생히 전해주는 것이었다. 오토바이 부대가 거리를 달리며 사이렌을 울려 공습이 임박했음을 알리면 사람들은 붐비는 지하철역으로 냅다 뛰었지만 그중의 일부만 들어갈 수 있었다는 것, 자신도 한번은 독일 융커스 폭격기 스물여덟 대와 이탈리아 카프로니 폭격기 두 대가 퍼붓는 공습에 걸린 적이 있다고 쓴 것이 좋은 예였다. 피셔는 공습에 걸렸을 때의 상황을 이렇게 적었다.

온 세상을 통틀어 그보다 더 악질적이고 범죄적인 행위는 없다. 오후 2시 직전 자동차를 타고 가는데 사람들이 뛰어가는 모습이 보였다. … 그때 갑자기 요란한 포성이 울리더니 길 아래 5층 건물 위에서 거대한 연기구름이 피어올랐다. 생각할 틈도 없이 벌어진 일이었다. 모퉁이를 돌자 귀청이 떨어져나갈 듯 또 다른 포성이 울렸다. 동시에 대규모 아파트가 무너져 내렸고 코니스 벽돌이 나무 및 유리조각과 뒤섞여 쏟아지면서 우리가 가는 길목을 막았다. … 오토바이를 탄 군인이 내게 부상자 수송을 도와달라고 요청했다. 부상자 수송을 위해 거리의 모든 자동차를 징발하는 중이었던 그는 그 말을 하기 무섭게 팔다리를 잃었거나 안면의 일부가 사라진 부상자들을 싣고 되돌아왔다. …

폭격당한 아파트 저층들에서도 여자와 노인 그리고 어린아이들이 기어나오기 시작했다. 하나같이 모두 횟가루를 뒤집어써 머리, 얼굴, 옷 할 것 없이 온통 새하얘졌다. … 안면의 모든 근육이 씰룩이는 주름진 노파가 담요로 몸을 감싼 채 보도에 멍하니 서있다가 "어디로 가야 돼요?"라고 되풀이해서 물었다.

상황은 절망적으로 보였다. "사람들로 미어터지고 매트리스와 여행 가방이 산더미처럼 쌓인 자동차들이 도시의 출구로 몰려들었다."[14] 피셔가 머문 호텔에도 식량이 떨어졌고, 프랑코의 군대는 도시에서 45분도 채 안 걸리는 행군 거리에 있었다. 고참 소련 고문관은 피셔에게 "가능한 한 빨리 도시를 떠나라"고 재촉했다.

전 세계의 공화국 동조자들도 마드리드의 운명을 불안스레 지켜보았다. 멕시코에는 상점 유리창, 파리에는 노조 사무실, 미국에는 샌프란시스코의 미국 공중보건병원 병동에 지도들이 나붙었다. 이 병동에서 하루 동안 의식불명 상태에 있던 중환자가 혼수상태에서 깨어나 물은 첫마디가 "마드리드는 함락되었나요?"[15]였다.

아닌 게 아니라 마드리드는 박살난 콘크리트, 침대 틀, 냄비, 프라이팬, 부서진 옷장, 파괴된 발코니의 뒤틀린 쇠 격자 등, 폭격당한 건물들의 잔해가 거리를 가득 메우고 있었다. 공화파의 패배는 너무도 확실해보여 어느 날인가는 외국 특파원 19명이 저녁 식사를 하면서 도시가 언제 함락될 것인지 내기를 했다. 무려 18명이 앞으로 몇 주 내의 어느 날 마드리드가 함락되리라고 보았다. "절대로" 함락되지 않을 것으로 예상한 사람은 합동통신사 특파원 한 명뿐이었다. 한 미국인 기자는 심지어 내기에서 이길 것을 자신하며 마드리드가 함락되었다는 기사를 송고하기도 했다. 그러나 공화파군의 검열에 걸려 전송되지는 못했다.

한편 루이스 피셔는 취재가 아닌 다른 일로 진로를 바꿨다. 그의 인생을 통틀어 가장 중요한 사건을 보도하는 일을 하는 한편으로 노르웨이 저널리스트와 밀애를 즐기고, 두 사람이 헤어질 때는 그녀에게 독일어로 쓴 열정적인 편지까지 받은 그였다. 게다가 본인의 수익성과 경력에 관해서라면 언제나 눈에 불을 켜던 그가 이번에는 지극히 평범한 일을 택했다. 몇 년 뒤에 쓴 회고록에서 피셔는 그 이유를 이렇게 밝혔다. "(특파원만으로는) 성에 차지 않았다. … 15년 동안 다른 사람 뒤꽁무니만 쫓아다니며 글을 쓰고 말을 하다 보니 그 한계가 느껴졌고, 그 때문에 늘 괴로웠다. … 그래서 사람들이 죽어가는 지금, 다른 일을 하자고 마음먹은 것이다." 피셔는 마드리드에서 남동쪽으로 240킬로미터 떨어진, 돈키호테가 여행을 떠난 출발지였던 라만차 지방의 알바세테로 길을 떠났다. 그곳에는 국제여단 조직자들이 보다 생산적인 노력이 될 것이라 기대하며 만든 국제여단 기지가 있었다. 이로써 피셔는 국제여단에 입대한 첫 번째 미국인이 되었다.

국제여단에는 총 50개 이상의 국가들에서 3만 5천 명 내지 4만 명의 의용병들이 참가했다. 그러나 훈련도 안 되었고 장비도 부족했으며 그들이 말하는 언어들의 불협화음만큼이나 배급 체계도 부실했다. 피셔는 이런 곳에 와서 코민테른의 국제여단 조직 담당자이자, 강인한 턱과 바다코끼리 뿔 모양의 회색 콧수염을 기른 프랑스 공산주의 지도자 앙드레 마르티를 만났다. 피셔가 무슨 일을 하면 좋을지 묻자 그는 "병참장교가 필요하다"[16]고 말했다. 피셔도 그 제안을 받아들였다. 이윽고 검은 머리의 땅딸막한 인물은 국제여단의 소령 제복을 입게 되었다.

"국제여단 병사들을 먹이는 것이 나의 임무였다. … 나는 신병들이 들어오면 머리끝부터 발끝까지 입히고, 병영을 깨끗이 관리하며, 무기를 배급했다. 어느 것 하나 악몽이 아닌 일이 없었다. … 설상가상으로 전선으로 파견된 부대들까지 조리기구, 의복, 침낭을 잃어버렸다며 전령을 보내와 나를 힘들게 했다. 그러나 줄 게 없었다. 한번은 무장 군인을 보내, 요구하는 장비를 주지 않으면 체포하겠다는 대대 사령관의 협박까지 받았다. 그래서 어떻게 했을까? 사방에 통사정을 해 장비를 보냈다."

피셔는 마르티 및 다른 고위 관리들과 함께 호텔에서 지냈다. 하지만 유럽 전역에서 흘러들어온 의용병들은 오래된 병영에서 콩나물시루처럼 끼어 지냈다. 철로 만든 난간에 서면 정원이 내려다보이던 그곳은 스페인 병사들이 버리고 간 쓰레기와 구덩이 변소 때문에 악취가 끊이지 않았다. 일층 방들에는 지난 7월 반군과 공화파군 간의 전투 때 튄 핏자국까지 묻어있었다. 알바세테 자체도 황량한 도시였다. 비포장도로들은 겨울비가 내려 진흙탕 길이 되었고, 길가 하수도에는 역한 냄새가 진동하는 도살장 피가 흘러들었다. 시장의 광장 근처에는 매음굴도 여럿 있었다. 상점의 유리창에도 물건 없음을 알리는 쪽지가 붙어있었다. 하다못해 '건초 담배 없음'이라는 푯말까지 나붙자 나중에 그것을 본 미국인 의용병이 이렇게 말했다. "있거나 말거나. 건초 담배를 누가 피운담."[17]

하지만 이런 너저분한 주위 환경에도 불구하고 피셔는 불과 20년 전만 해도 서로에게 총부리를 겨눴던 나라들에서 온 의용병들 간에 연대감이 조성되는 것에 감명을 받았다. 알바세테로 몰려든 골수 공산주의자들에게 새로운 하늘과 땅은 공산당이 그리도 못마땅해하던 스페인에서 행해지는 사회혁명의 실험장이 아니라, 국가 간 장벽을 뛰어넘는 동료의식이 존재하는 곳이었다. 프랑스인 소령과 최근 나치 교도소에서 풀려난 독일인만 해도 20년 전 솜강 전투 때 적으로 싸운 사람들이었으며, 이탈리아 의용병과 헝가리 의용병도 1차 세계대전 기간에 북부 이탈리아 전선에서 적병으로 마주친 사람들이었다. 골수 공산주의자들에게는 병영에서 사용되는 갖가지 언어야말로 공산주의자의 꿈은 국가마저 초월하는 그 무엇임을 말해주는 증거였다. 이런 분위기는 계급의 장벽마저 넘어서리라는 기대감을 갖게 했다. 피셔도 어느 날 국제여단 부대가 있는 전선을 방문했다가, 스페인 제화공 노동조합 대표가 원하는 병사들에게 부츠를 만들어주겠다며 커다란 가죽 두루마리를 들고 나타난 것을 보았다. 마드리드의 택시 기사들도 반군과 싸우는데 쓰라고 택시 3천 대를 공화국 정부에 제공했다.

하지만 부츠와 택시를 제공받는 것과 적절한 무기를 구하는 것은 별개의 문제였다. 약속한 소련 무기들의 도착은 더디기만 했고 그러다 보니 국제여단 병사들에게 줄 수 있는 것도 비축돼 있던 소량의 소총뿐이었다. 그마저도 1896년도에 만들어진 구식이어서 독일제 망원 조준기가 부착된 반군의 현대식 저격 소총과는 상대도 되지 않았다. 그러나 무기를 팔지 않으려 한 서방 민주주의 국가들의 무기도 소량이나마 은밀히 유입되고 있었다. 피셔와 그의 조력자들도 프랑스 공산당이 보낸 의복 꾸러미를 풀다가 아기 옷 보따리와 비단 블라우스만 들어있는 것을 보고 처음에는 화를 냈으나, 기관총과 권총 여러 정이 그 옷들로 둘둘 말려있는 것을 알게 되었다. 피셔는 이렇게 썼다. "(공화국 정부는) 출처에 관계없이 모든 곳에서 무기를 구매했다. … 안트베르펜이나 아테네에 친구가 있다고 말하는 사람, 암스테르담이나 스톡홀름에서 무기상을 위해 일했던 사람과 안면이 있다고 말하는 사람에게는 무조건 돈을 주고 가능한 한 모든 무기를 사달라고 요청했다. 그러다 간혹 스페인 협잡꾼들에게 거액의 돈만 뜯기는 사기를 당하기도 했다."[18]

　　머지않아 피셔는 규율에 엄하고 괴이쩍었던 앙드레 마르티와 불화를 빚었다. 마르티를 미워한 사람은 피셔뿐만이 아니었다. 스페인에서 만난 거의 모든 사람들이 그를 증오했다. 전직 프랑스 해군 수병 출신인 마르티는 러시아 내전의 두 세력 가운데 백군을 지원하라는 상부의 명령을 받고 작전을 수행 중이던 전함에서 폭동을 주도해, 그 죄목으로 4년간 복역하여 일약 공산주의자들의 영웅이 된 인물이었다. 전해지기로 그가 스탈린이 신뢰하는 소수의 외국인들 중 한 명이 된 것도 그 때문이었다고 한다. 그런데 기자인 피셔가 상관인 자기보다 저명한 소련인들을 더 많이 알고, 스페인에 파견돼 일부는 지휘관이 되기도 한 소련 장교들과도 러시아어로 능숙하게 대화하는 모습을 보고 그의 심사가 뒤틀린 것이었다. 피셔의 글에는 그때의 상황이 이렇게 적혀있다. "마르티는 해변가의 유일한 돌이 되고 싶어 했다." 사정이 이렇다 보니 피셔에 대한 평가도 매우 야박해 마르티는 모스크바에도 이런 보고서를 냈다. "그는 사소한 일도 혼동해 엉망으로 만들고, 물자 비축분도 거덜 내 2천 명이 머무는 국제여단 기지의 식량을 간당간당하게 해놓았으며, 모든 참모들을 자신의 적으로 돌려놓았습니다."

　　두 사람의 관계는 나아지기는커녕 악화일로를 걸었다. 어느 때인가는 피셔의 폴란드인 보좌역을 비롯해 국제여단 의용병 다섯 명이 레프 트로츠키를 추종한다는 혐의로 밤중에 무장 군인들에게 끌려간 일도 있었다. 이후 그 다섯 명을 본 사람은 아무도 없었다. 피셔는 러시아에서 지낼 때는 인정하지 않으려 했던 소련의 억압을 정작 그곳에서 멀리 떨어진 스페인에서 마주치고 있었다. 이 일이 있은 직후 마르티는 피셔에게 본업인 저널리즘으로 복귀해 공화파의 대의를 위해 더 큰 일을 하는 게 어떠냐는 뜻을 은근히 내비쳤다. 피셔도 그의 말귀를 알아듣고 국제여단에 갖고 있던 보직을 사임했다.

스페인의 고대 수도(마드리드)가 국가주의자군에 함락될 수도 있다는 개연성 있는 우려는 너무도 큰 잠재적 재앙이어서, 혁명을 꿈꾸는 무정부주의자, 사회주의자, 공산주의자, 주류 자유주의자들 등 공화파의 인민전선을 구성하고 있던 다양한 세력들 간에 흐르던 긴장마저 잠시 누그러뜨렸다. 1936년 11월에는 무정부주의 지도자 네 명이 화합의 제스처로 모든 정부에 반대하는 그들의 기존 입장을 접고 공화국의 내각에도 합류했다. 스페인 여성으로는 처음으로 내각에 합류해 복지부 장관이 됨으로써 성교육, 합법적 낙태, 산아제한의 확대로 이어지는 개혁 입법을 추진한 페미니스트 작가 겸 출판인 페데리카 몬트세니(1905~1994)도 그중 한 사람이었다. 또 다른 무정부주의 지도자 역시 공화국 정부의 법무부 장관이 되어 모든 범죄기록을 폐기하는 조치를 취함으로써 전통적 무정부주의자들을 당황시켰다.

마드리드 공방전도 계속되었다. 반군의 선봉이 유니버시티 시티(일명 몽클로아 캠퍼스―옮긴이) 구역으로 침투해 이 도시 북서쪽에서 가장 치열한 전투가 벌어졌다. 언덕 중턱에 퍼져 있던 붉은 벽돌의 기숙사 건물과 웅대한 바우하우스 교실들이 양측의 요새로 사용되는가 하면, 어느 순간에는 의과대학 건물이 공화파군에 점거되고, 농업경제 연구소는 반란군에 점거되었다. 전투가 몇 주간 이어짐에 따라 단층도 간간이 섞여있던 건물들은 점거의 주체가 수시로 바뀌었다. 대리석 복도와 화려한 문 그리고 패널로 지어진 철학과 문학 강의실이 몰려있는 건물도 처음에는 영국 의용병 부대의 숙영지로 쓰였으나, 그들이 부근의 전투지역으로 보내진 뒤에는 반군 차지가 되었다가 다시 총검으로 돌격해온 프랑스 의용병 부대 차지가 되었다.

지난 7월 바르셀로나를 구하는 데 결정적 역할을 한 무정부주의 지도자 부에나벤투라 두루티도 아라곤 지방에 있다가 휘하의 민병대 병력 3천 명과 함께 마드리드로 소환되었다. 이들은 유니버시티 시티의 국가주의자군 구역에 희생이 큰 네 차례의 대규모 공격을 감행했으나 반군의 포탄과 기관총 공격에 번번이 막히고 말았다. 건축대학이 반란군에 점령되자 두루티에게는 대학병원을 점거하라는 명령이 떨어졌다. 그리하여 건물의 모든 층에서는 치열한 전투가 벌어졌고, 혼전의 와중에 두루티는 지친 병사들의 사기를 북돋기 위해 권총을 휘두르며 현장으로 돌진했다. 그 순간 총탄이 그의 가슴에 박혔다. 추측컨대 한 병사가 들고 있던 총의 장전 레버가 창문에 닿으면서 오발이 된 것 같았다. 두루티는 출혈이 심해 의식이 가물가물한 상태에서 으레 무정부주의자들이 한탄하듯 읊조린 "위원회가 너무 많아!"를 중얼거리다 이튿날 새벽 숨을 거뒀다.

이틀 뒤 바르셀로나의 묘지로 그의 시신을 운구해가는 거대한 장례 행렬이 펼쳐졌다. 당시 현장에 있던 로이스 오르는 그 광경을 이렇게 묘사했다. "헤아릴 수 없이 많은 군중, 사람들의 무리가 무려 다섯 시간 동안이나 두루티의 영구차 곁을 지나갔다. 검정 베레모에 검정 옷차림을 하고 검정색 자유주의자 깃발을 든 바르셀로나의 프롤레타리아 30만 명도 두루티의 영구 행렬에 동참했다. 적흑색 기도 이곳저곳에서 밝은 빛을 발했다. 자유로운 영혼들이 하나 둘씩 두루티와, 형제애 시대의 도래를 꿈꾸며 소총과 장미꽃을 든 자신들을 이끌고 파시스트들과 싸웠던 1936년 7월 19일의 저 순수했던, 그러나 지금은 사라지고 없는 혁명의 정신에 작별을 고했다."[19]

한편 전투가 진행 중이던 마드리드의 대학 캠퍼스에서는 병원 탈취 임무를 맡은 영국 의용병들이 실험실 동물들 덕을 톡톡히 보았다. 병원을 점거하고 있던 무어인들이 의료 실험을 위해 바이러스를 주입해놓은 토끼와 기니피그 등을 잡아먹어 독에 감염된 것이었다. 실험실에는 부서진 실험 장비들이 어지럽게 널려있었다. 국제여단의 또 다른 의용병 부대도 다른 캠퍼스 건물에서 엘리베이터를 이용해 국가주의자군이 점거하고 있던 층들에 시한폭탄을 던졌다. 캐나다 외과의사 헨리 노먼 베순이 이동 수혈부대를 운영하면서 처음으로 수혈을 실시해 군사 의료 역사의 새 지평을 연 것도 이 대학 캠퍼스 전투 때였다.

병원 탈취 임무를 끝낸 영국 의용병 부대는 철학과 문학 강의실이 있는 본거지 건물로 돌아와 형이상학 이론서, 19세기의 독일 철학서적, 『브리태니커 백과사전』 등 세상에서 가장 두꺼운 서적들도 포함된 책들의 장벽 뒤, 강의실 창문에서 저격 자세를 취했다. 이 영국 부대에는 찰스 다윈의 종손 존 콘포드도 포함돼 있었다(프랑스 의용병 부대도 또 다른 건물에서 칸트, 괴테, 볼테르, 파스칼이 쓴 저서들의 장벽 뒤로 몸을 숨겼다). 총알이 책의 350페이지까지만 뚫고 들어갈 수 있다는 것을 알게 된 영국인들은 건물 지하에서도 다수의 영어책을 찾아내, 토머스 드 퀸시와 샬럿 브론테의 소설책 및 여타 책들을 장벽으로도 이용하고, 전투가 소강상태일 때 읽기 위해 4층 계단 높이까지 그것들을 낑낑 끌어올렸다. 존 콘포드도 그 무렵에 이미 케임브리지 대학교를 수석 졸업하고, 시집을 출간했으며, 공산당에 입당했다. 한 아이의 아버지가 되어, 그 아이의 어머니와 결별하고 또 다른 여성과 사귀었던 콘포드는 스페인 내전이 터지자 바르셀로나에 와서 POUM(마르크스 통일 노동자당)에 지원해 민병대원으로 전투에 참가한 뒤 이후 다시 국제여단에 들어왔을 만큼 올된 삶을 살았다. 하지만 1936년 12월 스물한 살 생일이 다 지나기도 전에 그는 숨을 거뒀다.

마드리드 공방전은 전선보다도 오히려 도시 내에서 더 많은 학살을 유발했다. 도시 교도소에 우파 죄수들이 가득 차 있었기 때문이다. 전선에서 고작 180미터 떨어진 곳에도 국가주의자 지지자 수천 명이 수감된, 그리고 그중의 다수가 육군 장교들이었던 최대 규모의 모델 교도소가 있었다. 공화파군은 이들을 상대로 엄청난 규모의 학살을 자행했다.[20] 2,200명 내지 2,500명의 죄수들을 쌍으로 묶어 붉은색 2층 버스에 태워 어딘가로 끌고 간 뒤 총살한 것이다. 공산주의자와 무정부주의자들은 이 천인공노할 학살을 몇 주 동안 함께 자행하면서도 그것을 숨기려는 시도조차 하지 않았다. 그밖에도 수천 명이 의문투성이의 광란적 분위기 속에, 옳고 그름을 가려보지도 못한 채 국가주의자 첩자라거나 혹은 동조자라는 혐의로 목숨을 잃었다. 그중에는 임시 재판소에 끌려와 죽은 사람도 있고, 벽에 세워진 채 그대로 총살당한 사람도 있었다. 많은 사람들이 체포를 알리는 소리에 전전긍긍하며 살았다. 차가 끽하며 급정거하는 소리가 나고, 이어 남자들이 주택이나 아파트 문을 쾅쾅 두드리는 소리가 나고 나서 다시 차가 출발하는 소리였다.

그런 반면 공화국의 일부 고위 관리들은 생명의 위협까지 무릅쓰면서 무모한 살해의 광풍을 막으려고 했다.[21] 이듬해에 총리가 된 각료 후안 네그린만 해도 밤에 마드리드 거리를 거닐다 불필요해보이는 체포를 하는 민병대원들에게 맞서기도 했다. 카탈루냐 지방정부의 대통령이자 독실한 가톨릭교도였던 유이스 콤파니스도 한 추기경의 목숨을 구해주고, 카탈루냐 지방정부로 하여금 우파 시민 1만 1천여 명과 성직자들이 그 고장을 떠날 수 있게 주선해주도록 했다. 투우사 출신이었던 멜초르 로드리게스도 인간과 관련된 폭력에 저항한 소규모 무정부주의자 집단의 일원답게 행동했다. 마드리드 외곽에서 성난 군중이 우파 죄수 1,500명이 갇힌 교도소로 행진을 벌이며 국가주의자군의 공습에 대한 피의 복수를 부르짖을 때, 간수들까지 도망치는 급박한 상황에서도 군중을 막아서고 교도소로 들어가려거든 자신을 먼저 죽이라고 하면서 그들을 후퇴시킨 것이다.

11월 말 무렵에는 마드리드가 반군의 점령으로부터 확실히 안전해졌다. 인명 손실을 많이 입기는 했지만 급조된 국제여단에는 통쾌한 승리, 프랑코에게 심각한 타격을 입힌 결과였다. 에밀리오 몰라 장군이 라디오 방송에서 마드리드가 점령되면 마시겠다며 카페 몰리네로에 미리 주문해놓은 커피도 그의 이름으로 된 "예약석" 팻말이 놓인 테이블 위에 입도 닿지 않은 채 차갑게 식어있었다. 남아프리카의 한 프랑코 동조자가 텔레포니카사로 보낸, 프랑코의 마드리드 정복을 축하하는 전문도 '위 주소에는 없는 사람'이라는 메시지와 함께 반송되었다. 마드리드가 함락되지 않을 것으로 본 합동통신사 특파원도 내기에서 이겼다. 루이스 피셔도 "주사위는 아직 던져지지 않았다. 내전은 사람들이 믿는 것보다 오래 지속될 것이다"[22]라는 기사를 미국에 송고했다.

피셔는 1936년 12월 아내와 아이들이 있는 모스크바로 돌아왔다. 그는 자신을 러시아로 이끈 모든 요소들에 의문을 갖기 시작했다. 물론 지난 몇 년 동안에도 소련의 정체는 의심의 여지없는 독재정이었다. 그런데 1936년에는 소련이 자애로운 국가가 아니라는 것이 누가 봐도 한층 더 자명해졌다. 나중에도 썼듯이 피셔는 이때 처음으로 "다가오는 밤을 감지"[23]했다. 대숙청으로 알려진 숙청 재판이 처음 시작되자 스탈린의 억압 정치의 실상은 더욱 드라마틱하게 드러났다. 수년 간 진행된 이 공포의 대숙청으로 죽거나 투옥된 사람이 수백만 명에 달했다.

1936년 8월에는 이미 구속돼 있던 전직 고위 관리 그리고리 지노비예프와 레프 카메네프가 모스크바의 귀족 클럽이었던 곳에 설치된 법정의 크리스털 샹들리에 밑에서 재판을 받았다.[24] 트로츠키 및 나치와 결탁해 소련 정부를 해하려는 음모를 꾸몄다는 것이 이 두 사람과 14명의 다른 사람들에게 씌워진 죄명이었다. 법정 벽에는 '미친개들에게, 비참한 죽음을'이라 쓰인 기치가 걸려있었다. 16명의 죄수들은 일주일 동안 재판을 받고 모두 총살되었다. 이제는 누구나 다 아는 사실이 되었듯, 이런 사건의 피고인들은 잠을 못 자게 하는 등의 고문을 받고 죄를 자백하기 마련이었다. 명망있는 공산주의 지도자들이 비참한 몰골로 반혁명 음모에 가담한 죄를 시인하는 광경에 전 세계 공산주의자들은 경악했다. 평생을 혁명가로 산 카메네프와 유대인인 지노비예프가 히틀러의 대리인들과 음모를 꾸미는 것이 과연 가능한 일인가? 전 세계의 공산주의자들이 혼란스러워 할 만했다. 실제로 일부 당원들은 공산주의에 대한 믿음을 상실했고, 또 다른 당원들은 스탈린의 편집광적 행동을 모방했다.

피셔도 스페인으로 오기 전부터 이미 대숙청으로 인해 심적으로 동요하고 있었다. 그런데 스페인에 와서도 그는 스탈린의 머슴 앙드레 마르티가 상상이 빚어낸 내부의 적들에게 만행을 저지르는 꼴을 보았다. 바다코끼리 콧수염을 기른 이 프랑스인은 트로츠키파 혐의자거나 혹은 반체제 인사를 제거하는 행위로 악명을 떨치고 있었다. 시간이 지나자 그는 서슴지 않고 자신의 만행을 버젓이 떠벌리고 다녔다. 프랑스 공산당 중앙위원회에 나가 "나는 필요한 사람에게는 주저 없이 처형 명령을 내렸습니다. 그런 건수는 500건을 넘지 않습니다"[25]라고 말한 것이다. 물론 실제 숫자는 몇십 건에 지나지 않은 듯했지만, 그 몇십 건만으로도 사람들의 등골을 오싹하게 만들기에는 충분했다.[26]

피셔는 모스크바에서 자신이 갖고 있는 의심을 거의 누구에게도 드러내 보이지 않았다. 그렇게 행동했던 까닭은 공산주의의 꿈에 의문을 제기하고, 그의 이력을 쌓는데 토대가 되었던 친-소 저널리즘에도 의문을 제기하는 행위였기 때문이 아니었다. 바로 아내 때문이었다. 그는 미국인이었으므로 원하는 곳은 어디든 갈 수 있었지만 아내는 소련 시민이었기 때문에 보호받을 처지가 못 되었다. 결국 그는 아내와 어린 두 아들을 위해 신중히 처신하며, 소련 고위 관리들과도 우호적 관계를 유지했다.

갈등하는 전 세계의 수많은 공산주의 동조자들이 그랬듯, 그런 피셔가 환멸에서 도망칠 수 있는 좋은 탈출구로 삼은 것이 스페인 내전이었다. 그의 주변 사람들은 스페인 노래를 배우고 스페인 시를 흥얼거렸다. "모든 사람들이 스페인 이야기를 했다. 아들들도 내게 학교에 와서 스페인에 대한 강연을 해달라고 졸랐다. … 아파트도 늘 사람들로 북적였다. 그들은 내게 러시아에 대해 묻는 것을 허락하지 않았다. '스페인이 더 중요하다'고 하면서 '스페인의 공산주의자들이 이기면 우리도 행복해질 것

이다'라는 말만 했다."²⁷

피셔의 마음은 스페인 내전으로 가득 차 있었다. 《네이션》의 편집자에게도 그는 이런 편지를 보냈다. "위원회를 만들어 그곳에 구호물자나 의약품을 보낼 수는 없는지요. … 이 중요한 전투에 미국이 수동적으로 행동하게 내버려두어서는 안 됩니다."[28] 피셔는 독일과 이탈리아가 프랑코에게 무기와 병력을 마구 쏟아붓는 마당에, 먼 산 구경하듯 하는 서구 민주주의 국가들을 질타하는 기사도 썼다. 피셔는 모스크바에서 "사는 것이 정신적 고문과 다를 게 없겠다"[29]는 생각도 들어 스페인으로 돌아갈 계획을 세우고, 그 전 단계로 먼저 미국 강연 여행길에 올랐다. 친 공화파 여론을 조성해 스페인에 무기를 팔지 않으려 하는 루스벨트 대통령의 마음을 돌리는 것이 그의 목적이었다. "그게 여의치 않으면 남몰래 글을 쓰고 강연을 하여 소련을 공격할 수도 있겠지만 그것은 아직 시기상조였다. … 모든 나라가 외면하는데 그래도 소련은 스페인을 도와주고 있었기 때문이다. 충분하지 않더라도 도움은 도움이었다."

피셔의 테니스 경기 상대였던 로버트 메리먼도 소련에 대한 의혹은 갖고 있었지만, 누구에게도 그것을 발설하지 않았다. 그런 그가 모스크바로 돌아온 피셔에게는 돌아온 지 불과 며칠 만에 전화를 걸어 스페인에 지원하려면 어디로 가야 되는지 물었다. 그와 메리언은 국제여단에 들어가는 문제를 놓고 몇 주 동안 다툼을 벌였다. 메리언이 남편의 계획에 반대한 이유는 부부가 장기간 떨어져 지내본 적이 없는 데다 미국으로 돌아가 아이를 가질 계획이 있었기 때문이다. 그러나 로버트는 다른 사람들도 그 일에 목숨을 걸고 있다고 하면서 자신의 뜻을 굽히지 않았다. 1936년 10월과 11월에는 히틀러가 무솔리니와, 로마와 베를린을 연결하는 "추축”을 선언한데 이어 일본과도 동맹을 맺는 불길한 전조가 나타났다. 이 사건은 제2의 세계대전이 일어나기를 맥없이 기다리느니 스페인의 파시스트들에게 결정적 타격을 가하는 선례를 만드는 것이 나으리라는 생각에 힘을 실어주었다.

모스크바에 주재하는 미국인들은 죄다 로버트를 알고 있었던 듯, 대사관에 근무하는 육군 무관도 로버트를 위해 기꺼이 전투 지역이 표시된 지도를 꼼꼼히 살펴봐 주었다. 로버트와 좌익 정치관을 공유한 또 다른 대사관 친구도 전투는 병사들에게 맡겨두고 로버트는 선생과 학자로서 싸우는 것이 바람직하리라는 의견을 강하게 개진했다. 그러나 국제여단에 합류하려는 미국의 첫 의용병 집단이 뉴욕항을 출발했다는 소식이 들리자 로버트는 괴로워했고, 어느 저녁에 열린 대사관 파티에서는 평소의 그답지 않게 고주망태가 될 때까지 술을 마셨다. 그리고 얼마 지나지 않은 어느 밤 메리먼 부부는 새벽 5시 반까지 언쟁을 벌였다. 메리언이 “밥, 대체 이유가 뭐야? 왜 꼭 당신이어야 하냐구?”[30]라고 다그치자 로버트는 집을 나와 차가운 밤거리를 배회했다.

크리스마스 직후 로버트는 결국 메리언에게 “나는 가겠다”[31]고 선언했다. 전쟁은 길어야 3, 4개월이면 끝날 것이고 그 후에는 돌아와 함께 살 수 있을 것이라고 단언하면서 여행가방을 꾸렸다. 메리언은 모스크바의 벨로루스키 기차역까지 그를 따라가 플랫폼을 빠져나가는 기차를 향해 손을 흔들었다. 그녀는 당시를 이렇게 회상했다. “며칠 동안은 멍한 상태로 있었다. 무엇을 해도 집중이 되지 않았다. … 스페인 내전에 관한 기사가 나오면 한 자도 빠짐없이 다 읽었다. 단 몇 줄이라도 좋으니 밥이 무사하다는 기별이 오게 해달라는 기도도 드렸다.”

한편 로버트는 기착지인 파리에 잠시 머물며 오페라 거리에 있는 브렌타노 서점을 둘러보고 있었는데 낯익은 목소리가 귀에 들려왔다. "아니 이게 누구람, 밥 메리먼 아니에요! 행색을 보니 딱 스페인으로 가는 길이구만. 나도 스페인으로 가는 길이에요!"[32]

목소리의 주인공은 다름 아닌 러시아에 있을 때 그와 소련 정치에 대해 수없이 논쟁을 벌인 모험심 강한 저널리스트 친구 밀리 베넷이었다. 베넷은 파리에서 로버트를 만났을 때를 이렇게 기억했다. "밥도 말로는 (스페인에서) 새로운 집단농장에 대한 일을 할 것으로 기대한다고 했으나, 그 말을 하면서 내 눈을 똑바로 바라보지는 못했다."[33]

그녀도 그에게 전투에 나가지 말라고 만류했다. "'전투에 나가면 죽을 거예요. 외국 군대는 모두 돌격대로 이용되어 희생자가 많이 난다고요.' … 하지만 그의 마음은 요지부동이었다. 메리언도 못한 일을 내가 어떻게 할 수 있었겠는가." 결국 전쟁을 취재하고 미국 의용병들 속에서 예전의 남자친구도 찾아볼 겸 겸사겸사해서 스페인에 가는 길이었던 베넷은 그와 함께 움직이기로 하고 장보기에 나섰다. 두 사람 모두에게 필요한 방독면과 로버트에게만 필요한 연발권총과 탄약통을 사기 위해서였다. 그리하여 파리의 갤러리 라파예트 백화점에 갔더니 과연 1차 세계대전을 생생히 기억하는 프랑스인들답게 그 물건들의 재고가 있었다. 베넷은 AP통신의 스페인 지국에서도 부탁받은 게 있어 방독면을 여러 개 샀다. 뿔테 안경을 쓴 두 사람을 위해 그 위에 덮어써도 좋은 스타일의 방독면도 별도로 구입했다. 이렇게 쇼핑을 마치고 두 사람은 센 강변에 있는 오르세역으로 가서, 타원형의 높은 유리천장 밑에서 기차를 탔다. 다수의 좌파 의용병들을 스페인으로 실어 날랐다 하여 "레드 익스프레스"라는 별칭이 붙은 기차였다.

이튿날 로버트는 일기에 이렇게 썼다. "야, 스페인이다! 밀리와 함께 파리를 떠나다. … (내게는) 생소한 조합. 오후 1시 40분 프랑스-스페인 국경을 넘다."[34]

2부

아버지, 전 스페인으로 갑니다

6. 저를 말리지 마세요

스페인 내전이 시작된 지 몇 주 후 라 파시오나리아가 프랑스에 무기와 여타 원조를 간청하기 위해 파리를 찾았다. 그녀는 에펠탑 인근의 한 실내 경기장을 가득 메운 군중 수천 명에게 하일레 셀라시아 에티오피아 황제가 국제연맹에서 했던 연설을 모방한 "오늘은 스페인 차례이지만, 내일은 당신들 차례일 겁니다"를 외쳤다. 그로부터 6년 뒤 어린아이 4천 명이 포함된 프랑스 유대인 1만 3천 명이 끌려와 나치 강제수용소로 보내지기 전 억류되었던 곳도 바로 이 벨로드롬 경기장이었다.

스페인 내전은 세계 도처의 모든 사람들로 하여금 다음 차례는 나일지도 모른다는 생각을 하게 만들었다. 나중에 "나 자신과 나와 같은 다수의 사람들에게 스페인 내전은 세계 모든 곳에서 벌어지는 민주주의와 파시즘 간의 투쟁을 의미하는 주요 상징이 되었다"[1]고 스페인 내전을 회고하는 글을 쓴 조각가 제이슨 "팻" 거니Jason "Pat" Gurney(1910~1973)도 영국해협 너머 런던에서 그 같은 생각을 했다. 엘리트 기숙학교를 다니다 가족을 따라 남아프리카로 이주해 살던 거니는 남극으로 가서 노르웨이 고래잡이배를 타고 2년 간 일해 번 돈을 가지고 영국에 돌아와 조각가의 길을 걸었다. "내게는 인체가 무한한 기쁨의 원천이었다. 한쪽에는 화판을, 다른 쪽에는 해부학 책을 놓고 거울 앞에 나신으로 서서 몸의 뼈와 근육들을 움직여보면서, 인체의 모든 부분이 정확히 어떻게 작동되는지 관찰하며 하루 몇 시간을 보내는 것이 나의 일과였다."

큰 키에 기골이 장대했던 거니는 "나무나 돌을 깎아 커다란 조각품을 만드는 단조롭고 힘든 일이 내게는 전혀 고되게 느껴지지 않았다"고 하면서, 많은 남자들에게는 꿈처럼 들렸을 자신의 일상을 이렇게 묘사했다. "낮에는 일하고 사랑을 나누다가, 밤이 되면 밖으로 나가 친구들과 술잔을 기울이며 시간 가는 줄 모르고 이야기를 나누었다." 술집 순례는 보통 킹스로드의 '식스벨스와 볼링그린'에서 시작했다. 첼시 지역에 있던 이 술집에는 시인 딜런 토머스와 젊은 배우 렉스 해리슨도 자주 드나들었고, "젊은 여자들도 끝없이 들락거렸던 듯하다. … 이들은 대개 궁색하고 추저분한 삶에 금세 싫증을 내며, 문란했던 성생활의 기억을 가슴에 소중히 간직한 채 안정된 중산층과의 결혼을 감수하기 마련이었다."

그러나 이런 삶이 주는 매력에도 불구하고 스물여섯 살의 거니는 시대의 긴박성 또한 느끼게 되었다. 영국도 미국과 마찬가지로 당시에는 수백만 명이 실직 상태에 처해 있었다. "한 가구용으로 지어진 주택에 여섯 가구가 모여 사는" 첼시 변두리의 빈민가와, "하인을 줄줄이 거느리고 고급 자동차를 몰며 우아하게 사는 거부들의 호화 저택들이 늘어선" 슬론 광장 주변에서 볼 수 있듯이 빈부격차도 심했다.[2] 이런 와중에 선동적 정치가 오즈월드 모즐리 경은 갈수록 공격성을 띠어 가던 영국 파시스트 연합을 이끌고 있었다. 검은 튜닉에 검은 바지 그리고 놋쇠 버클이 달린 검은 가죽 벨트를 맨 민병대원들을 거느린 모즐리는 연합의 집회장에서 자신에게 야유를 퍼붓는 사람이 있으면 연설을 즉각 중단하고 그쪽으로 서치라이트를 비추게 했다. 그러면 긴 장화를 신은 행동대원들이 다가가 야유한 사람을 구타하고 행사장 밖으로 내던졌다. 모즐리의 추종자들은 번쩍이는 번개가 그려진 기를 들고 트럼펫을 불며 런던의 유대인 거주지들 사이로 행진을 벌였다. 큰소리로 모욕적인 말을 퍼붓고, 파시스트식 경례를 하며, 그들 앞을 가로막는 사람들을 거칠게 공격하기도 했다. 이 연합에는 5만 명이 속해 있었다.

"스페인 내전은 모즐리가 벌인 이 파시스트 운동의 위험이 절정에 달했을 때 시작되었다. … 따라서 영국인들에게는 용기 있게 필사적으로 싸우는 스페인인들의 모습이, 위험을 알고도 행동하지 않는 자신들에 대한 질책으로 보일 만했다." 거니도 결국 코벤트 가든 시장 뒤에 있던 영국 공산당사를 찾아가 의용병이 되었다.

그렇기는 하나 유럽, 북아메리카 등지에서 온 수만 명의 국제여단 의용병들 속에서는 거니도 소수파일 뿐이었다. 스스로를 "구식 급진주의자"로 여긴 그는 공산당에 대해 매우 합리적인 불신을 느끼고 있었다. 그가 보기에 공산주의자들의 문제점은 자신들이 "언제나 옳다고 믿는 점에 있었다. 그들에게 두 가지 길이란 없었다. 하늘 아래 모든 문제에 대한 답을 아는 마르크스, 엥겔스, 레닌의 작품만 죽어라 연구하면, 그것으로 끝이었다. 그들은 편협한 종교 집단들이 그들의 경전만을 믿듯 그것들만을 맹목적으로 믿었기에 내게는 맞지 않았다." 게다가 그가 아는 공산당원들에게는 유머 감각도 없었다. "언행을 조금만 가볍게 해도 교회에서 방귀

꾸는 사람처럼 대했다."

하지만 그도 공산당이 갖는 호소력은 인정했다. "런던의 지하철역에서 공산당 기관지《데일리 워커》를 파는 녀석만 해도 그 일만 하는 것이 아니었다. 공산주의 선동선전 분과의 서기보 일도 겸직하면서 보고서도 작성하고, 상관에게 보고도 했다. 상관들도 그의 말을 호의적으로 들어주고 격려해주었다. 주례 회의에서는 당시 성과 위주로 돌아가는 세계에 대한 논의가 분분했던《데일리 워커》의 판매 부수와 독자수를 늘리는 데 초점을 둔 제안서도 냈다."

거니는 국제여단을 조직한 주체가 공산당이라는 사실에도 거부감을 갖지 않고, 당원들의 다수를 옹호하는 글을 썼다. "공산주의자들이 전쟁이 제공해준 기회를 이용하고 있다는 것은 나도 충분히 알고 있다. 하지만 파시즘의 근원적 폭정에 맞서 싸우기 위해 그들과 손을 잡아야 한다면 나는 그렇게 할 것이다. 그로 인해 파생되는 문제는 때가 되면 해결하겠다." 스페인이 생존을 위해 싸울 때 다수의 신병을 모아준 것도 어찌됐든 공산주의자들이 아니었던가.

거니는 의용병 신청서에 서명한지 고작 하루 뒤 파리로 가는 여정에 올랐다. 그를 비롯한 영국 의용병 무리가 파리 북역에 도착하자 좌파 택시 기사들이 스페인으로 가는 의용병들의 회합 장소로 이용되는 노조 사무실까지 그들을 무료로 태워다주었다. 그로부터 얼마 지나지 않아 거니는 레드 익스프레스를 타고 남쪽으로 향했다. 거니는 1937년 1월 "명백한 혁명의 도시"[3] 바르셀로나에 도착했다. 거니 또한 앞서 그곳에 온 오웰이나 오르 부부처럼, 적색 혹은 적흑색의 스카프를 목에 두르고 공공건물을 지키는 노동자 계층 민병대원들을 보자 기운이 솟는 것을 느꼈다. 무엇보다 "거기에는 낙관주의적 감성이 있었다. 또한 지금 사회와 조화되지 않는 것은 앞으로 도래할 보편적 평등과 자유가 있는 새로운 세상에서 바로 잡아질 것이라는 확신이 있었다. 현실성은 결여되었을지 몰라도 그것이야말로 낭만적 기질이 다분한 젊은이를 흥분시키는 요소였고, 나 역시 그 분위기에 흠뻑 취했다." 그 순간만은 그도 혁명이 전쟁의 승리에 도움이 될 것인가에 대한 문제에 기꺼이 동의할 태세에 있었다.

하지만 몇십 년 뒤 스페인 내전에 대한 회고록을 쓸 무렵이 되어서는 거니도 균형 잡힌 관찰자의 시각으로 자신의 젊은 시절을 되돌아볼 수 있었다. 자신을 비롯한 다수의 외국 의용병들에게 스페인이 호소력을 가질 수 있었던 부분도 몇십 년이 지나고 보니 비로소 이해가 되었다. "노동자 계층이 일으키는 운동 속에서 중산층, 특히 영국처럼 계급에 집착하는 나라의 중산층은 비정상적 위치밖에 갖지 못했다. 요컨대 정교한 가면을 쓰고 양다리를 걸쳐야 했다는 말이다. … 그런데 스페인에는 그런 위선이 없었다. 외국인들 사이에서는 계급 구분이 없었고, 계급을 구분할 수도 없었다. 태양이 비추면 우리 모두는 그저 거대한 역사적 사건들 가운데 하나의 중심에 있다는 생각만 들 뿐이었다."4

그래도 정치적으로 긴장된 분위기, 특히 소련이 트로츠키파로 낙인 찍은 POUM에 대한 공산주의자들의 증오감은 심하게 느껴졌다. 공산주의자들은 "이교도보다도 오히려 이단자들을 극렬하게 증오한 오래된 종교의 행태를 보였다."5 아이러니했던 것은 POUM이 사실 허약했고, 와해된 트로츠키 운동의 일부도 아니었다는 점이다. 말투가 신랄하고 강직했던 트로츠키마저 POUM의 몇몇 고위 간부들을 공격했으니 말이다. 그러나 스탈린의 눈에는 POUM이 이단이었다. 그 이유는 POUM의 지도자들 중 일부가 소련과 공개적으로 절연한 이전 공산주의자들이었다는 것이었다.

그러나 거니가 바르셀로나에서 유일하게 실망한 것은 그것이 아니었다. 그로서는 교회들이 파괴되거나 손상을 입거나 폐쇄되어, 건축가 안토니 가우디가 설계한 뾰족탑이 여러 개 솟은 그 유명한 사그라다 파밀리아 성당에 들어가 보지 못한 것이 못내 실망스러울 뿐이었다. 예술가로서 오랫동안 볼 수 있기를 염원한 곳이었기에 그에게는 더욱 아쉬웠다(얼마나 아름다웠으면 로이스 오로도 혁명의 열정마저 잊은 채 집에 보내는 편지에서 "완벽하게 환상적인" 웨딩케이크 모양의 고딕식 교회를 시간을 들여 꼼꼼히 묘사했을까). 며칠 뒤 거니와 국제여단 분견대는 열차를 타고 알바세테로 이동했다. 그리고 도착하자마자 앙드레 마르티의 장광설을 들었다. 그러나 거니도 루이스 피셔만큼이나 마르티를 좋지 않게 보았다. "그는 사악하면서도 우스꽝스런 인물이었다. 거구의 뚱보에 덥수룩한 수염을 기른 모습이나, 검정색 특대형 베레모를 쓴 것도 꼴사나웠다. … 말투도 신경질적이었고, 모든 사람을 반역죄인으로 의심했다. 아니 그보다는 누구의 충고도 듣지 않는 것이 더 나빴다. … 그것도 모자랐는지 이제는 의용병들 대부분이 알아듣지도 못하는 프랑스어로 고함까지 쳤다."

거니를 비롯한 의용병들에게는 1월의 날씨를 견디기에는 지나치게 얇은 갈색 코르덴 바지와 웃옷, 얇은 담요, 혁대에 차는 두툼한 탄약통, 그리고 철모가 지급되었다. 이 중 철모는 "모양은 그럴싸했지만 얇은 금속으로 부실하게 만들어져 아이들이 던지는 돌멩이 정도밖에 막지 못할 정도로 쓸모가 없었다."

소총은 지급도 되지 않았다.

영국 의용병들은 그런 상태로 알바세테에서 트럭으로 한 시간 거리에 위치한 조그만 농촌 마을에서 훈련을 시작했다. 거니는 이곳에서도 자신의 뒤를 따라오게 될 다른 국제여단 의용병들과 마찬가지로, 거의 중세적 삶을 살아가는 농부들의 실상을 보고 입을 다물지 못했다. "마을 주민들은 연료로 쓸 땔감조차 없어, 눅눅한 집에서 눅눅한 옷을 입고 습기가 잔뜩 밴 공기를 마시고 살았다. 지난해 가지치기할 때 잘라둔 190센티미터 길이의 연필 두께만한 포도나무 가지들로" 밥만 간신히 해먹었다.[6] 반면에 교회는 "작은 마을에 어울리지 않게 큼지막했다. 멀리서도 보이는 높은 탑은 우뚝 솟아있었다."

그러나 당시에는 이 교회가 성단소에는 부엌이, 회중석에는 식탁이 설치된 영국 대대의 식당으로 개조돼 있었다. 거니는 '이곳에서도 성직자들이 살해되었을까?' 하고 궁금해하면서, "마을 주민들이 교회에 들어오는 모습을 본 적이 없다"고 썼다. "들어오기는 고사하고, 죄의식을 가진 듯 그들은 교회를 쳐다보려고도 하지 않았다. 이곳에서 무슨 일이 벌어졌는지 나는 끝내 밝히지 못했다. 그러나 모든 사람들이 잊고 싶어 하는 모종의 사건이 일어난 듯한 꺼림칙한 느낌은 계속 마음속에 남아있었다."

거니는 풍자에도 일가견이 있었다. "사람들은 모두 서로를 동지라고 불렀다. 대대 사령관 동지, 정치 인민위원 동지 등등으로 부르다, 나중에는 직책 없이 그냥 동지로만 부르는 식이었다."[7] 때로는 이것이 기묘한 광경을 만들어내기도 했다. "매무새가 흐트러진 두 인물이 대대 사령부에 도착했을 때가 바로 그런 경우였는데, 난투극을 벌인 듯한 두 사람 중 부상 정도가 약한 사람이 심하게 구타당한 상대를 질질 끌고 오면서 '이 동지가 내 시계를 훔쳐갔다'고 고래고래 소리를 질렀다."

영국 의용병들은 6주간 훈련을 받았다. 하지만 러시아 소총은 이들이 전선으로 투입되기 고작 하루 전에야 도착했다. 불길하게도 이날 공화파군에는 스페인 남부의 항구도시 말라가에 대한 안 좋은 소식이 날아들었다. 조종사들도 포함된 이탈리아 탱크 및 장갑차의 대규모 지원을 받은 프랑코군에 말라가가 함락된 것이다.

그래도 아직 프랑코군은 마드리드만은 확고하게 점령하지 못한 상태였다. 그러자 그는 계획을 바꿔 협공으로 수도를 포위하려고 했다. 공화파군이나 국가주의자군이나 특출난 장군이 없기는 마찬가지이니 어차피 큰 차이는 없으리라 보고, 협공의 한 축을 담당한 병력이 공격 준비가 안 되었는데도 다른 축을 맡은 병력에 공격 명령을 내린 것이었다. 도시 남쪽의 하라마강을 건너 북동쪽으로 치고 올라가 발렌시아에서 시작되는 도로를 차단함으로써, 마드리드가 의존하는 병기, 탄약, 식량 등의 생명선을 끊으려는 것이 그의 목적이었다.

국가주의자군의 이번 협공 작전에는 공포를 자아내는 두 핵심 전력, 무어인 부대와 스페인 외인부대가 집중 투입되었다. 이 중 무어인 부대는 공화파군에서는 악마 취급을 당했지만 알고 보면 극단적 궁핍의 희생양들이었다. 그들 대다수가 까막눈에 직업을 가질 희망도 없는 상태에서 가뭄이 기승을 부릴 때, 국가주의자가 입대 상여금과 식량을 주겠다고 꾄 것이다. 그들은 가족을 먹여 살리기 위해 입대한 가난한 모로코 마을 사람들이었다.

반면에 스페인 외인부대는 "죽음이여 만세!"라는 구호를 외치고 살인적 훈련을 받는 것으로 유명했다. 이 부대의 모든 장교와 하사관들은 작은 채찍을 들고 다니고, 명령에 복종하지 않거나 비겁하다고 간주되는 병사를 즉결 처형할 수 있는 권한도 지니고 있었다. 국가주의자군에는 또 88mm포를 비롯한 최신 독일 무기들도 지급될 예정이었다. 본래 고사포로 개발되고 적중률이 뛰어났던 이 88mm포는 스페인 내전 때 처음 실전 배치되었다. 국가주의자와 그들의 동맹인 나치 독일은 이 포가 적절한 포탄만 사용하면 장거리 포격에도 효과적이고, 장갑 탱크를 꿰뚫는 데도 효과적일 수 있음을 재빨리 터득했다. 실제로 15발 내지 20발의 고속 탄이 발사되는 이 대포는 2차 세계대전 때 연합국 병사들이 두려워한 가장 유명한 다목적 포가 되었다. 이렇게 보면 스페인 내전은 결국 히틀러를 위한 최고의 실험장이었던 셈이다.

국가주의자군은 1937년 2월 6일 마드리드 공격을 시작해 불과 며칠 사이에 천 명 이상의 공화파군 병사를 죽이거나 부상을 입히고, 마드리드와 발렌시아 간 도로에 위험할 만큼 가까이 접근했다. 그러자 공화파군 지휘관들도 부랴부랴 국제여단이 주를 이룬 신규 병력을 그곳으로 보내, 차단될 위기에 처한 도로의 측면을 방어하도록 했다. 팻 거니와 그의 동지들이 돌진 명령을 받고 국가주의자군의 중포탄이 떨어지는, 비에 젖은 올리브 숲 속으로 돌진하라는 명령을 받은 것이 이때였다. 다행히도 그 무렵에는 그래도 의용병들에게 소총이 지급되었다. 거니는 이렇게 썼다. 총을 받으니 "우리도 다시 남자가 되었다는 기분이 들고, 십자군 정신 비슷한 기상도 되돌아왔다. 물론 앞으로 24시간 내에 우리 부대의 절반이 목숨을 잃을 것을 알았다면 그렇지 못했겠지만."[8]

거니가 속한 영국 대대가 이렇게 전선으로 행군하는 동안 미국 의용병들은 뒤늦게 훈련을 받느라 분주했다. 미국 공산당이 1936년 말부터 은밀하게 모집한 이 의용병들에는 사회 각계각층의 사람들이 포함되었다. 제임스 예이츠만 하더라도 흑인에다 할머니가 이전에 노예였다. 푸른 제복 차림의 북부군이 미시시피 농장에 다다랐을 때 열다섯 살이었던 예이츠의 할머니는 손자가 스페인에서 보급 트럭을 몰 무렵에는 80대의 노인으로 사망했다. 미국 의용병들 속에는 예이츠 말고도 흑인이 90명가량 더 있었다. 그중 몇몇은 에티오피아를 침공한 무솔리니에 맞서 싸우기를 원한 사람들이었고, "에티오피아가 아니어도 괜찮아"라는 신조어를 유행시킨 사람도 있었다. 아문 상처에 탄소 먼지가 배어 생겨난 푸른 자국이 얼굴과 손에 찍힌 전직 광부도 있었다. 그밖에도 네브래스카주의 인디언 보호구역에서 영어와 수족 언어를 함께 쓰며 자랐으며 포니 익스프레스 배달부를 아버지로 둔 프랭크 알렉산더, 보드빌의 곡예사 출신인 어빙 고프, 미국연방수사국FBI(과 비밀리에 활동하는 공산주의자들)의 지문 기술자로 일한 렌 레븐슨과 밥 클로버, 유대인 랍비 하이먼 카츠, 그리고 오하이오 주지사 임기를 막 끝낸 인물의 아들 맥컬비 화이트도 있었다.

미국 의용병들의 4분의 3은 공산당원이거나 공산당 청년연맹 회원들이었으며[9] 평균 나이는 스물아홉 살이었다. 그러다 보니 그들 중 몇몇은 어린 시절 공산당 여름 캠프에 참가한 적도 있어 서로 아는 사이이기도 했다. 또한 대다수가 노조원 출신이어서 노동쟁의를 함께 했던 사람들과 참호를 함께 쓰기도 했다. 초기 의용병들 중에는 뉴욕항 부두와 의류업계에 휘몰아친 파업의 여파로 실직한 선원, 항만 노동자, 섬유산업 직공들이 많았고, 의용병들의 3분의 1 혹은 그 이상이 뉴욕 대도시권 출신이었다.[10] 60명 정도의 의용병들은 모두 뉴욕시립대학교의 학부생, 교원, 직원, 대학원생이었다. 유대인도 절반 가까이 되어 그들은 스페인에서 다른 나라 의용병들과 이디시어로 대화도 나누었다. 이 유대인들 중 최소한 10명은 브루클린의 유대인 고아원 출신이었다. 뉴요커 모리 콜로가 나중에 "문제는 프랑코가 아니었다. 문제는 언제나 히틀러였다"[11]고 말한 데에는 그럴 만한 이유가 있었던 것이다.

구성원들은 이렇게 다양했지만 미국 의용병들 중 누구도 마드리드에서 죽은 찰스 다윈의 종손 존 콘포드나, 다른 전장에서 치명상을 입은 버지니아 울프의 조카 줄리언 벨, 혹은 영국이 인도 아대륙의 부를 거머쥐게 하는 일에서 일익을 담당했던 18세기의 장군 겸 식민지 행정관 로버트 클라이브(일명 인도의 클라이브)의 후손을 주장한 루이스 클라이브 같은 명문가 출신은 아니었다. 조지 오웰과 같은 정도의 정치적 통찰력을 지닌 사람이나, 나중에 오웰이나 혹은 앙드레 말로 급의 반열에 들 만한 작가가 된 사람 또한 없었다. 미국 의용병들은 혈통이나 이름난 작가로서가 아닌 순전히 자신들이 행한 일로서 역사의 한 자리를 차지했다. 내전의 끝 무렵에는 46개 주에서 온 각계각층의 미국 의용병들이 스페인 내전에서 싸웠으나, 의용병의 원형으로 내세울 만한 것은 뉴요커, 공산주의자, 이민자 혹은 이민자의 아들, 노조원, 그리고 오늘날의 미국에서는 거의 사라지고 없는 노동자 계층 유대인뿐이었다.

공산당 외에 미국에서 의용병을 체계적으로 모집한 단체는 사회당뿐이었다. 그러나 어설픈 조직력 탓에 모집 인원은 소수에 그쳤다. 반면에 공산당은 신청자 중에 탈락자가 거의 없었을 만큼 월등한 조직력을 과시했다. 역사가 피터 N. 캐럴의 글에도 "의용병 한 명은 금속 무릎 보조기를 차고 있었고, 또 다른 사람은 애꾸눈이었다. 심지어 의족을 차고 전투에 참가한 사람도 있었다!(그것도 기관총에 맞아 '다리'가 부서진 뒤에야 밝혀진 사실이다)"[12]는 내용과 함께, 그래도 "미국 의용병들은 유럽 의용병들보다 잘 먹고 자라서 건강했다"는 내용이 나온다.

하지만 아무리 조직력이 월등했다 해도 미국 땅에서 외국 군대를 위해 신병을 모집하는 일에는 위법의 소지가 있었다. 그렇기 때문에 공산당 관리들도 처벌을 우려해 스페인으로 처음 떠나는 의용병들에게는 유럽에 가는 목적을 여행, 유학, 하이킹으로 말하도록 입단속을 시켰다. 그래 놓고는 또 공산당 동조자의 군용물품 상점에서 구입한, 노란 가죽 끈 달린 싸구려 검은 판지 가방을 지원병들에게 일률적으로 들려 보냈다. 가방 안에는 1차 세계대전 때 군인들이 입었던 군복이 들어있었다. 1936년 12월 26일 프랑스 기선 회사의 굴뚝 셋 달린 기함 노르망디호에 탑승한 백여 명 가까이 되는 이 지원병들에게는 배 안에서 함께 어울려있지 말라는 지시도 내려졌다. 그런데 배에 타보니 파리의 유명 뮤직홀 폴리베르제르에서 공연하는 여성 합창단원들이 타고 있어, 그 지시를 따르기는 어렵지 않았다.

하지만 그렇게 조심을 했는데도 배 안의 다른 승객들은 그들의 행선지를 아는 것 같았다. 나중에 다른 배를 탔던 거구의 선원 겸 항만 노동자 출신의 의용병 빌 베일리는 여권 담당자로부터 "고개를 들지 말라"는 친절한 조언을 들었으며, 또 다른 의용병은 승무원들이 슬쩍 건네주는 여분의 음식을 받아먹었고, 저녁 식사 때 스페인 내전에 대한 이야기가 나오면 의도적으로 입을 닫았던 한 의용병은 항해의 끝 무렵에 같은 테이블에 앉았던 뉴욕의 사업가가 "그곳에 가면 행운을 빌어요"라는 말과 함께 돈 봉투를 건네주어 깜짝 놀랐다.

르아브르항에 노르망디호가 도착했을 때도 빵모자를 쓴 세관원들이 똑

같은 가방을 든 그들에게 미소를 지어 보이며 "공화국 만세!"를 외쳤다.[13] 프랑스에 오니 미국 제너럴모터스GM사에서 벌어진 유례없는 농성 파업, 그 주에 시작돼 앞으로 자동차 제조공 수만 명이 미시건 주의 GM 공장 여섯 곳을 점거하게 될 대규모 파업에 대한 기사로 도배가 된 신문들이 보였다. 혁명의 분위기는 아무래도 대서양 양쪽을 휘감고 있는 듯했다.

프랑스에 도착한 미국 의용병들은 스웨덴어부터 헝가리어에 이르기까지 세계 여러 나라 언어들로 〈인터내셔널 가〉와 여러 노래를 부르는 사람들로 가득 찬 레드 익스프레스 3등 열차를 타고 프랑스를 여행하는 신나는 경험을 했다. 오스트리아, 이탈리아, 덴마크, 독일 등등의 나라 사람들과 와인, 치즈, 살라미, 바게트를 함께 나눠먹는 것도 재미있었고, 창문에 몸을 기댄 채 들판 노동자, 트럭 운전사, 철도 노동자들과 주먹 쥔 손경례를 교환하는 것도 흥미로웠다. 기차가 역을 빠져나갈 때는 사람들이 플랫폼을 따라 달리며 갈채를 보내고 손 키스를 날렸다.

고물 학교 버스를 타고 피레네 산맥을 넘어 스페인으로 들어간 뒤에 의용병들은 생뚱맞은 경험을 했다. 행인들에게 주먹 쥔 손을 들어 보이며 "공화국 만세!"를 외치는 그들에게, 그 행인들이 (형제애의 제스처로 깍지 손을 머리 위에 얹는) 무정부주의자식 경례를 하며 "아니, 프롤레타리아 혁명 만세!"를 외친 것이다. 하지만 이런 차이점에도 불구하고 좌익 분파들은 모두 자신들 곁에서 싸우기 위해 대양을 건너온 의용병들을 응원하고 따뜻하게 보듬어주었다. 악대는 음악을 연주했고, 사람들은 "노 파사란!"을 외치며 그들을 위한 연회를 베풀었다.

그로부터 며칠 뒤에는 바르셀로나 주재 미국 영사가 다수의 의용병들—의용병들 중 일부가 파리에서 즐거운 시간을 보내다 기차를 놓쳐 나중에 합류하는 바람에 정원보다 15명이 모자랐다—이 1차 세계대전 때 입던 카키색 군복 차림으로 4열을 지어 미국 영사관 앞 카탈루냐 광장을 행진하는 모습에 깜짝 놀랐다. 손에 성조기를 든 그들은 행진을 하다 영사관 창문 밑에 멈춰서 미국 국가 〈별이 빛나는 깃발〉(일명 〈성조기여 영원하라〉)도 불렀다. 그것도 모자랐는지 좀처럼 듣기 힘든 국가의 3절까지 불러 영사를 까무러치게 만들었다.

> 그렇게 호언장담했던 그 무리는 어디 있느뇨
> 전쟁의 파괴와 전투의 혼란 속에
> 우리에게는 집이고 조국이고 어느 것 하나 남아있지 않으리!
> 그들의 피로 더러운 그들 발바닥의 피를 씻어냈노라.

영사는 아마도 좌파들이 흔히 하는 농담 "청소년 공산주의자동맹 회원인지를 어떻게 아냐고? 〈별이 빛나는 깃발〉의 3절을 아는 사람이라면 모를 리가 없지"를 몰랐던 것이 분명했다.[14] 공산당이 자신들은 속속들이 미국인임을 보여주기 위해 애용한 방식이 바로 〈별이 빛나는 깃발〉의 3절을 부르는 것이었는데도 말이다. 이튿날은 더 많은 의용병들이, 이번에는 "제1에이브러햄 링컨 대대"라는 글자가 적힌 적색 기까지 펄럭이며 카탈루냐 광장을 행진했다.[15] 이 호칭도 미국적이지 않다는 의혹을 불식시키기 위해 공산당이 의도적으로 붙인 것이었다. 링컨이야말로 스페인과 유사하게 선거로 선출된 국가 정부에 맞선 군사 폭동 때문에 일어난 남북전쟁을 승리로 이끈 인물이었으니 말이다.

머지않아 스페인의 에이브러햄 링컨 대대에는 더 많은 미국인들이 합류했다. 이들에게도 물론 정치관에 대해 물으면 "파시스트에 반대한다"는 말만 하고 입을 다물라는 공산당의 지시가 내려졌다. 1937년 2월 중순 무렵에는 거의 400명 가까이 되는 이 의용병들이 알바세테에 도착했고, 그중 한 명은 앙드레 마르티의 특대형 베레모를 보고 "검게 탄 팬케이크"[16]라고 비유하기도 했다. 마르티는 이 의용병들에게 트로츠키파나 다른 "정치적 이단아"들을 기필코 색출해 쫓아내야 한다며 목청을 높여 연설했다. 또 군대 경험이 없는 사람만 보냈다며 심술을 부리기도 했지만, 상황이 긴박했으므로 그로서는 한시바삐 이들을 훈련시켜 전투에 내보내는 것이 급선무였다. 그리하여 의용병들이 그의 지시에 따라 발에 맞는 부츠를 골라 신기 위해 창고에 갔더니, 새것은 없었고 핏자국 묻은 부츠들만 60센티미터 높이로 쌓여있었다. 두 번 다시 싸울 수 없는 병사들의 부츠였다.

미국인 한 명은 이미 전선에 있었다. 링컨 대대가 형성되기도 전에 스페인에 와서 영국 의용병 부대에 합류한 조지프 셀리그먼 주니어가 그 주인공이었다.

조지프 셀리그먼 주니어는 로이스 오르의 고향인 켄터키주 루이빌 출신이었다. 그래서인지 두 사람의 어머니는 서로 알고 지낸 사이였던 모양이다. 조지프의 아버지는 켄터키주 공화당 의장을 지낸 반면, 어머니는 사회당에 투표했을 만큼 양친의 정치색이 다른 이런 흔치 않은 가정 분위기 속에서 조지프는 두 명의 누이와 함께 자랐다. 조지프는 펜실베이니아주 스와스모어대학교의 4학년에 진급한 지 몇 달 안 되었을 때 의용병이 되기로 결심했다. 그는 재학 중에는 문예지 편집자와 토론회 멤버로 활동했으며 졸업 후에는 하버드대학원에 진학해 철학을 공부하려고 했었다. 그런데 그가 점점 다른 것에 마음을 빼앗기고 있었음을 보여주는 단서가 포착되었다. 나중에 발견된 그의 대학 리포트들에 "유럽, 다시 흑사병의 희생양이 되다"라는 제명 아래 독일, 이탈리아, 포르투갈, 스페인의 국가주의자 영역이 검게 칠해진 지도가 그려져 있었던 것이다.

조지프의 어머니는 1936년 12월 11일 스와스모어대학교에 전화를 걸었다가 아들이 사라졌다는 청천벽력 같은 소식을 들었다. 공교롭게도 이날은 에드워드 8세 영국 국왕이 "사랑하는 여인"과 결혼하기 위해 퇴위한다는 대국민 발표를 한 날이었다.

조지프의 부모가 아들의 편지를 받은 것은 그로부터 일주일 뒤였다. 조지프가 일부러 늦게 보낸 편지는 이렇게 시작되었다. "부모님께서 이 편지를 받으실 무렵 저는 유럽에 있을 겁니다. 스페인으로 갑니다. … 너무 흥분되고 화가 나서 … 다른 일은 도무지 손에 잡히지 않았어요. 파시스트가 판치는 시대에 대학 졸업장을 받는다는 것이 저로서는 부담스럽기도 했고요. 제게는 스페인이야말로 중요한 시험장이라는 생각이 듭니다."[17] 아들의 편지를 본 조지프의 아버지는 길길이 날뛰며 추수감사절 때 조지프가 방문한 적이 있는 아들의 대학 친구 아버지에게 즉시 전보를 보냈다. 아들 조지프가 12월 3일 대학을 그만두고 스페인으로 간 사실을 방금 알았음 마침표 귀하의 아들도 함께 갔다는 소문이 있음 마침표 … 소식 들으면 답신 전보 보내주기 바람. 하지만 친구의 아버지가 보낸 답신 전보에서 조지프는 누구에게도 자신의 생각을 털어놓지 않고 혼자 일을 결행했음이 드러나 이 소문은 사실이 아닌 것으로 밝혀졌다. 친구의 아버지는 전보에 이어 이런 편지도 보냈다. "조지프는 아주 상냥한 청년이었습니다. … 우리 집을 다녀간 뒤 친절하고 예의 바른 감사 편지를 보냈더군요."

조지프가 집에 보낸 편지에는 이런 말도 덧붙여져 있었다. "저를 뒤쫓아 오시거나, 잡으려 한다든가 하는 일은 제발 하지 말아 주십시오." 그러나 대법원에서도 변론한 적이 있을 만큼 명망 있는 변호사였던 그의 아버지가 아들을 찾으려는 노력을 하지 않았을 리 없었다. 셸리그먼 시니어는 국제적 연락망을 가진 뉴저지의 사설탐정을 고용해 루이빌에 있는 그의 법률사무소로 데려왔다. 그리고 그로 하여금 증기선, 여권 사무소, 미국 영사관 등으로 전보와 전화 메시지를 발송하게 하는 등 백방으로 아들의 행방을 수소문했다. 그리하여 마침내 프랑스의 한 탐정을 통해 조지프가 파리에서 의용병 입대 수속을 밟고 있다는 사실을 알아냈다. 그러자 그는 아들의 귀국을 종용하기 위해 자신의 법률사무소에서 파트너로 일하는 젊은 변호사를 대서양 너머로 급히 보냈다. 그와 동시에 그의 가족과 알고 지내는 루이빌의 한 변호사와 사촌 관계였던 프랑스 주재 미국 대사도 동원하여, 아들로 하여금 대사관에 와서 자신의 전화를 받게 만드는 데도 성공했다. 하지만 이 모든 노력도 결국은 물거품이 되었다.

조지프는 처음에는 국제여단 채용자로부터 입대를 거부당했다. 열아홉 살이어서 입대 연령에 미달된다는 것이 이유였다. 그러나 이 문제는 15달러를 주고 프랭크 니어리라는 가명으로 아일랜드인 신분증을 만드는 것으로 해결되었다. 그 이름으로 재도전해 입대가 허락되자 조지프는 스페인에 가서도 그 이름으로 영국 대대에 합류했다. 나중에 쓴 편지에서 그는 니리라는 가명을 쓴 이유를 이렇게 밝혔다. "가명을 쓰면 모험심과 낭만 같은 감정이 더 강해지는 것 같았죠."[18] 그렇다고 의용병들 중에서 조지프만 유일하게 가명을 쓴 것은 아니었다. 그 시대에는 개명이 세상을 개조하듯 스스로를 개조할 수 있음을 나타내는 일종의 상징적 행위였다.

조지프는 집에 편지를 보낼 때 턱수염과 콧수염을 기른다는 말도 뽐내듯 언급하고, 베레모와 군복 차림으로 찍은 사진을 편지에 동봉하기도 했다. 영국 의용병들과 훈련이 시작되기 전에는 "위험한 일은 없으니 걱정 마시라"는 편지도 보냈다.[19] 운전병이나 통역병으로 일할 것이므로 최전선에는 배치되지 않을 것이라고 말한 것이다. 프랑스어와 독일어를 할 줄 알고 스페인어도 조금 할 줄 아는 데다 "영국 영어도 지금 배우고 있는 중"이니 일은 틀림없이 그렇게 풀리리라는 것이었다. 그래도 그의 아버지는 아들의 말이 못 미더워, 루이스 피셔가 《네이션》을 위해 스페인 내전을 취재 중이라는 사실을 알고, 그에게 조지프의 근황을 알아봐 달라고 부탁하는 편지를 썼다.

1937년 2월 11일 조지프는 조각가 팻 거니를 비롯해 속성 훈련을 받은 영국 의용병들과 함께 전선 쪽으로 행군하기 시작했다. 이로써 그는 마드리드 전투에 참여한 최초의 미국인이 되었다.

병사들로서는 퇴락한 훈련 기지를 떠나는 것만으로도 마음이 홀가분했다. 그러나 맑고 춥게 밝아온 이튿날 아침 국가주의자군의 대포가 쾅쾅 터지고 머리 위에서는 전투기들이 공중전을 벌이자 그들에게도 전진 명령이 떨어졌다. 그들은 소나무, 떡갈나무, 삼나무, 올리브 나무들이 고원과 골짜기에 산재해 있고 향기로운 마조람과 세이지가 이곳저곳 융단처럼 깔린 아름다운 고장 속으로 계속 전진했다. 그렇게 가다가 그림 같은 시골 전경이 눈 아래 펼쳐진 언덕 위에 자리잡고 전투태세를 취했다. 그러고 있으려니 순간 의용병들의 마음속에 위대한 국제적 노력의 일부(그들 오른쪽에는 프랑스와 벨기에 의용병들이 있었다)가 되었다는 벅찬 감정이 솟아올랐다. 한 의용병은 그때를 이렇게 회상했다. "우리는 당당해 보였고, 스스로를 당당하게 느꼈다. 본국의 우리 동료들이 지금의 우리를 본다면 무척 자랑스러워할 것이라는 생각도 들었다."[20]

그러나 거니에 따르면, "국제여단의 참모라는 사람은 지도 한 장 가지고 있지 않았고 … 전투 보고도 네 가지 언어로 받았을 만큼"[21] 국제여단의 전투 역량은 형편없었다. 툭하면 고장나는 부대의 기관총들은 탄약이 네 종류나 필요했고, 소총은 무용지물이었다. 일부 탄약 벨트는 기관총에 들어맞지도 않았다. 이론상 영국 대대가 가진 유일한 하나의 이점은 반군보다 높은 고지를 점한 것뿐이었다. 하지만 그것도 반군의 일제사격이 시작되자 의용병들이 했던 말대로 자살 언덕이 되고 말았다. 의용병들은 긴 참호와 개인 참호를 파는 훈련을 받지 않은 데다 땅을 팔 삽도 없었기에 사격에 무방비로 노출되었다.

포화가 끝난 뒤에는 무어인 수천 명의 공격이 이어졌다. 거니는 그들을 이렇게 묘사했다. "무어인들은 천 중앙에 구멍이 뚫리고 빨리 뛰면 펄럭거리는 갈색조의 판초 제복을 입고 있었다. … 아무리 조그만 땅이라도 엄폐호로 이용할 줄 아는 무어인 보병부대의 초인적 능력을 보니 소름이 돋았다. … 전투 경험도 없고, 사방이 뚫려있는 언덕의 중턱에서 어떻게 숨어야 할지도 모르며, 사수의 능력도 없던 도시내기들에게 그들은 가공할 적이었다."[22] 국가주의자군의 수가 압도적인 데다 독일 대포가 쉴 새 없이 포화를 퍼부었던 것도 영국 대대의 인명 손실이 엄청나게 커진 요인이었다. 프랑스와 러시아 대대 본부에서 연신 보내오는 조언은 아무짝에도 쓸모없었다.

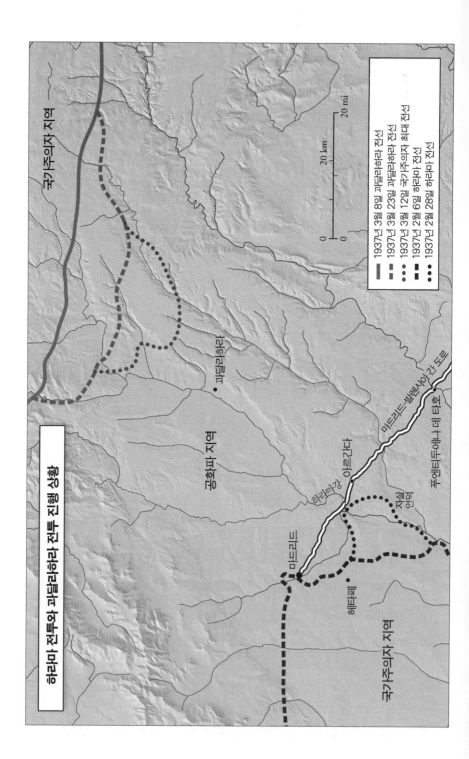

하라마 전투와 과달라하라 전투 진행 상황

국가주의자 지역

국가주의자 지역

20 mi
20 km

1937년 3월 8일 과달라하라 전선
1937년 3월 23일 과달라하라 전선
1937년 3월 12일 국가주의자 최대 전선
1937년 2월 6일 하라마 전선
1937년 2월 28일 하라마 전선

과달라하라

과달라하라

공화파 지역

하라마강

아르간다

마드리드-발렌시아의 긴 도로

푸엔테두에냐 데 타호

마드리드

헤타페

자살 언덕

적군의 공격으로 전화선마저 끊기자 조지프 셀리그먼이 대대의 전령 임무를 맡았다. 희생자는 갈수록 불어나 저녁 무렵에는 총 400명인 대대 소총수들 가운데 죽거나 부상당하지 않은 사람은 125명뿐이었다. 전투에서 살아남은 생존자는 그날의 전장을 이렇게 기억했다. "도처에 병사들이 널브러져 있었다. 병사들의 시신은 기묘하게 헝클어져 마치 죽은 새들처럼 보였다."[23]

팻 거니도 황혼녘에 일군의 부상병들을 맞닥뜨렸다. 그는 예기치 않았던 그때의 만남을 이렇게 묘사했다. "존재하지도 않는 야전 치료센터로 옮겨진 그들은 병원으로 보내져야 했지만, 결국 그들의 존재는 잊혀졌다. 50여개의 들것을 꽉 채운 부상병들 중 다수는 이미 죽은 상태였고, 살아있는 병사들도 날이 새기 전에 죽을 것이었다. … 모두 내가 잘 아는 사람들이었으며 몇몇은 특히 나와 친한 사이였다. 열여덟 살밖에 안 된 어린 유대인 병사는 런던 풍과 유대인 풍 유머를 섞어 쓰는 말투로 병사들을 포복절도하게 만들었으나 … 이제는 복부의 근육이 완전히 파열되어 내장이 튀어나와 배꼽부터 생식기까지 퍼져나간 상태로 들것에 누워있었다. 핑크빛 도는 구불구불한 갈색 고리들을 이룬 채 조금씩 꿈틀거리는 그의 창자 주위로 파리가 꼬였다. 그는 말만 못했지 의식은 또렷했다."[24]

거니는 그때의 경험에 치를 떨었다. "이 들것 저 들것 옮겨 다니며 손을 잡아주거나 담뱃불을 붙여주는 것만이 내가 할 수 있는 일이었다. … 나는 있는 힘껏 그들을 위로하고 구급차를 불러주겠다고 약속했다. 하지만 물론 약속을 지키지는 못했고, 그로 인한 죄책감은 평생 나를 괴롭혔다. … 모두가 물을 달라고 아우성쳤지만, 그것도 주지 못했다."

조지프 셀리그먼도 그날 교전 중에 무어인이 쏜 총탄을 머리에 맞았으니 십중팔구 그 부상자들 속에 끼어있었을 것이다. 그는 결국—머리 부상당한 병사에게는 치명적인 덜커덩거리는—노새에 실려 마드리드 인근의 병원으로 옮겨졌다.

미국에서 조지프의 부상 소식을 전해 들은 가족들은 공황상태에 빠지고 말았다. 그들은 급히 스페인과 미국 외교관들에게 전보를 보냈다. 조지프의 아버지는 국무장관 코델 헐에게 이런 전보를 보냈다. 가능하면 그리고 사정이 허락하면 아들을 전투 지역에서 멀리 떨어진 곳 혹은 프랑스로 옮겨주기를 급히 요망함 그에 수반되는 비용은 본인이 부담하겠음.[25] 그 뒤에 벌어진 일은 기록에 따라 내용이 상반되었다. 미사여구가 잔뜩 들어간 해리 폴리트 영국 공산당 서기장의 편지에는 조지프가 "병원으로 이송돼 가능한 한 모든 치료를 받았고, 그를 아는 모든 사람들이 보내준 염려와 친절에도 그가 직접 사의를 표했다"[26]는, 조지프의 아버지를 안심시키는 내용이 들어있었다. 반면에 조지프와 함께 전령 임무를 맡았던 영국인 생존자는 그의 가족과 친구에게 조지프가 의식을 되찾지 못했다고 이야기했다. 그야 어찌됐든 조지프는 부상당한지 2주도 못돼—의료 기록이 남아있지 않아 확실치는 않지만 그보다 빨랐을 수도 있다—숨을 거뒀다.

폴리트는 편지에 조지프가 다른 사람들의 호감을 많이 샀다는 말, "귀하의 자제와 같은 다수의 훌륭한 병사들이 행한 숭고한 자기희생"에 대한 말, 그리고 조지프가 "완전한 군장軍葬의 예로 묻혔다"는 말이 적혀 있었다. 하지만 비탄에 젖은 조지프의 아버지가 미국 외교관들에게 이번에도 모든 비용을 부담하겠다는 말과 함께 아들의 시신을 집으로 보내줄 수 있는지를 물었을 때, 국무장관이 보낸 답신 전보에는 '조지프의 시신이 일고여덟 명의 다른 병사들 시신과 함께 묻혀있어 개별적으로 신원 파악이 안 됨.

그러므로 재매장을 위한 시신 이전도 불가능함'이라는 내용이 적혀있었다. 그러나 이것도 기실 스페인 주재 미국 외교관이 보낸 전문 내용보다는 수위가 한층 낮아진 것이었다. 이틀 전 그 외교관이 워싱턴에 보낸 전문에는 '조지프가 사망했을 때 병원에는 즉시 수거하여 매장해야 될 시신이 250여 구 있었다'[27]고 적혀있었던 것이다.

조지프의 아버지는 아들의 시신을 회수할 수 없게 되자 그의 유품이라도 찾게 해달라고 국무부에 도움을 요청했다. 그리하여 받은 아들의 유품은 다 합쳐도 봉투 하나 분량밖에 되지 않았다. 켄터키주 운전면허증과 스와스모어대학교의 학생증이 든 지갑 두 개가 전부였다.

오스트레일리아 국적의 한 간호 지원병은 공화파군 부상병들을 가득 태운 트럭과 구급차가 후방으로 들어오는 것을 보고 일기에 "우리는 피의 강을 쉼 없이 건너는 것 같다"[28]고 썼다. 철모에 결함이 많다 보니 조지프처럼 머리에 부상을 입은 병사들이 수두룩했다. 그러나 공화파군에 이런 큰 피해를 입혔지만 국가주의자군도 마드리드-발렌시아 간 도로를 끊는 데 실패하기는 마찬가지였다. 그리하여 생존한 영국 병사들이 국제여단의 다른 병사들과 함께 새 방어선을 구축하는 동안 전선에는 영국 대대가 입은 대규모 인명 손실에 대해서는 까맣게 모르는 미국 대대가 새로 투입되었다.

팻 거니는 영국 대대가 입은 그 모든 참상을 지켜본 충격과 부상병들을 돕지 못한 자책감에 빠져 멍해진 상태로 열흘을 보냈다. 그러다 "정신이 번쩍 들었다고 느낀 것이 2월 22일이었다"[29]고 썼다. "그렇게 말할 수 있는 것은 그날 처음으로 링컨 대대를 마주쳤던 일이 또렷이 기억나기 때문이다. 그들은 산등성이에 가려져 시야에 들어오지 않는 파시스트군 전선으로부터 고작 270여 미터 떨어진 길을 따라 행군하며 우리 쪽으로 오고 있었다. … 숫자는 대략 500~600명 정도 되는 것 같았다. 그들도 그곳으로 오기 오래 전부터 이미 엄청난 포성이 들릴 것으로 상상을 했을 것이다. 하지만 무슨 조화인지 그 순간 그곳에는 저격병들의 사격 소리만 간간이 들릴 뿐 사방이 고요했다. 링컨 대대가 만일 내처 도로를 돌아 행군했다면 무슨 일이 벌어졌을지 지금 생각해도 아찔하다. 그들은 권총, 쌍안경을 비롯해 전투장비 일체를 갖추고, 큰 키에 안경을 쓴 모습이 마치 교장 선생님 같았던 지휘관의 인솔을 받아 우리 쪽으로 오고 있었다. 그 순간 내가 언덕 아래로 내려가며 멈추라고 고함을 치자 그는 심하게 화를 냈다."

거니가 나중에 미국인들이 "대학생"이라고 부르는 것을 들은 그 지휘관은 로버트 메리먼이었다.

로버트는 1937년 1월 초 스페인에 도착했다. 그러나 처음에는 누구도 자신을 의용병으로 받아들이려 하지 않아 애를 먹었다. 대다수 다른 의용병들이 각 나라 공산당들이 모집한 집단의 일원으로 온 것과 달리, 그는 홀로 왔기 때문이다. 그러다 링컨 대대에 받아들여진 것이 바로 거니와 마주친 2월 22일이었다. 그 이튿날 로버트는 일기에 이렇게 썼다. "메리언이 외롭다는 것을 제외하면 전반적으로 만족스럽다."

앙드레 마르티가 의혹에 찬 눈초리로 쏘아보기는 했지만 로버트에게는 두 가지 이점이 있었다. 하나는 단신으로 왔지만 모스크바에서 왔다는 것이었다. 한 병사는 그가 소련의 고등 군사교육기관인 프룬제 군사아카데미 출신이라는 소문을 들었고, 로버트가 모스크바발 전보를 받는 것을 본(메리언에게서 온 것이었다) 또 다른 병사는 그가 국제여단 장교들에게 보고할 임무를 띠고 온 소련 공산당 요원일 수도 있다고 생각했다. 로버트가 가진 두 번째 이점은 대다수 다른 미국 의용병들과 달리 학군단 출신인 데다, 미 육군 예비군 장교였다는 것이다.

로버트 자신도 국제여단의 병적 기록부에 이 두 점을 과장한 약력을 기술했다. 예비군의 대위까지 승진했고 모스크바의 "공산주의 학회"[30]에서 1년 간 활동한 경험이 있다고 쓴 것이다. 이것은 모스크바 경제연구소에서 여덟 달 동안 강의를 들은 그의 원래 경력보다 한층 인상적으로 보였다.

아니나 다를까 로버트는 즉각 링컨 대대의 부사령관으로 임명되었다. 노르망디호를 타고 온 미 육군 퇴역병이 술버릇 때문에 자주 횡설수설하는 데다 중요한 순간에 모습을 감추기도 일쑤여서 오래지 않아 그는 그의 후임 사령관이 되었다. 로버트가 스페인 공산당에 입당한 것도 이런 일이 있었던 초기 몇 주 동안 벌어진 일이었다.

사령관이 된 로버트는 신속히, 심지어 당의 규율을 따르지 않는 사람들에게까지 찬탄을 받았다. 링컨 대대의 병사였다가 글을 쓸 무렵에는 열렬한 반공산주의자로 돌아선 샌도 보로스도 로버트를 이렇게 기억했다. "그는 모든 사람들의 호감을 사고 존경을 받았다. … 존재감만으로도 힘과 확신이 느껴지는 보기 드문 사람이었다. 로버트는 혈색 좋은 갈색 피부에 큰 키 그리고 떡 벌어진 어깨를 지니고 있었다. 과묵한 학자적 풍모와 눈에서 풍기는 사색적 분위기가 겸비된, 운동선수 같은 그런 강인한 체력이야말로 그에게 거대한 내적 힘이 있음을 말해주는 증거였다."[31]

병사들의 훈련을 떠맡은 로버트는 학군단에서 배운 내용을 되살려

정찰하는 법, 신호 표시법, 지도 읽는 법(정확한 지도도 한 장 없는 형편이었지만), 수류탄 던지는 법, 참호 파는 법을 병사들에게 가르쳐주었다. 총알도 없고 30년이나 묵은 몇 정 안 되는 캐나다제 소총과 기관총들을 분해했다가 다시 조립하는 법도 알려주었다.

그럼에도 병사들의 사기는 높아지지 않았다. 끝없는 정치 강의는 실탄의 대체물이 되기에 부족했고, 담요 또한 겨울밤을 나기에는 턱없이 모자랐다. "보관을 이유로" 마르티의 참모가 여권까지 압수해가자 일부 병사들은 불안에 떨기 시작했다. 이들보다 눈치가 빨랐던 팻 거니만 몇 주 전 여권을 용케 숨겨 압수당하지 않았을 뿐이다. 결국 미 국무부에 여권 "분실" 신고를 한 의용병은 580여 명에 달했다. 소련이 그들의 여권을 압수한 데에는 나름의 목적이 있었다. 1940년 멕시코에서 레프 트로츠키를 암살한 소련 첩자의 여권이 캐나다 의용병의 여권이었던 것이다.

식사도 부실했는데 오죽하면 한 병사는 노새 고기와 당나귀 고기가 "하도 질겨 씹을 수도 없었다"[32]고 하면서 이렇게 썼다. "낡은 자동차의 타이어처럼 탄성이 좋아 한 입 크게 물면 고기가 튕겨 나왔다. 그런 고기는 씹지 말고 꿀꺽 삼켜 소화액이 처리하도록 내버려두는 것이 상책이었다." 병사들은 생활공간이 비좁은 데서 오는 사소한 경쟁과 긴장 때문에도 고통받았다. 의용병의 대다수가 시끄럽게 권리 주장만 해보았지 군사 훈련을 거의 받은 적 없는 노조원 출신인 것도 상황을 악화시켰다. 국제여단이 소련 적군赤軍을 모방해 이원적 지휘 구조로 운영된 것도 문제였다. 각 부대마다 지휘관과 별도로, 매단계마다 병사들의 사기를 살피고 그들로 하여금 올바른 정치 노선을 걷도록 하며, 경우에 따라서는 지휘관을 무시하고 월권행위를 하기도 하는 인민위원이 있었던 것이다.

이성에 눈독 들인 의용병들은 밤에도 쓰라린 좌절감을 맛보았다. 연인끼리 손잡고 산책이라도 나가면 여자의 부모가 두 사람 뒤를 따라왔다. 한 병사의 기록에 따르면 "아가씨를 무릎 위에 앉혀놓고 사진을 찍을 수 있는 기회는 그녀의 어머니가 반대편에 앉아있을 때뿐이었다"[33]고 말할 정도였다. 의사가 지급해주는 콘돔도 대부분의 병사들은 담배 주머니로나 이용했다. 의용병 해리 피셔가 방년 십팔 세의 아리따운 아가씨를 영화관에 초대했을 때는 그녀의 가족이 모두 따라와 두 사람 사이에 앉았다. '자유여성Mujures Libres'이라 불린 여성 무정부의자 조직이 있다는 사실을 알게 된 또 다른 병사도 처음에는 노다지를 발견했다고 좋아했으나 "그들의 유일한 관심사가 정치 이야기를 나누는 것임을 알고는 이내 시무룩해졌다."

미국 의용병들은 스페인의 시골 사람들이 가난한 사람들의 친구로 알려진 루스벨트 대통령이 자신들을 보내 그곳에 와있다고 여기고 있다는 사실도 알게 되었다. 그렇다면 외국인들이 스페인인들 사이에 섞여 있는 상황에 대해서 그들은 어떻게 생각했을까? 일반화하기는 위험하지만, 다수의 의용병들이 기억하기에 그들을 대하는 시골 사람들의 태도는 온정적이었다. 두 차례나 부상을 입은 테네시주 출신의 본 러브도 이렇게 썼다. "스페인 농부들은 흑인을 본 적이 없는 모양이었다. 어느 날 우연히 마을 우물가에 있던 내 주위로 일군의 촌 아낙네들이 몰려들더니, 아래위로 찬찬히 나를 뜯어보고 색깔이 묻어나는지 보려고 얼굴도 문질러 보았다. … 한 여성은 나를 얼싸안고 '노예'라고 말하기도 했다. 하지만 너도 나도 차례차례 나를 얼싸안는 그들의 태도에 나는 진한 감동을 받았다."[34]

그 무렵 국제여단 산하에는 500여 명 정도로 구성된 4개 대대(불행한 일을 겪은 영국 대대, 프랑스-벨기에 대대, 동유럽인이 주를 이룬 대대가 나머지 3개 대대였다)가 있었고, 링컨 대대는 그중 제15국제여단을 형성했다. 그런데 공화파군이 국제여단의 모든 가용 병력을 마드리드-발렌시아 간 도로의 방어에 투입한 상태에서, 다른 3개 대대들이 그들에 앞서 하나둘씩 먼저 전선으로 급파되다 보니 링컨 대대는 영국 대대가 입은 피해의 심각성에 대해서는 전혀 알 수가 없었다.

어느 늦은 오후 국제여단을 상징하는 세 꼭지 붉은 별이 양옆에 그려진 얼룩덜룩한 호송 트럭들이 기지에 나타나 링컨 대대 병사들을 태우고 알바세테의 투우장으로 데려갔다. 날이 어둑해지자 트럭 전조등들로 환해진 투우장에서 마르티와 다른 상급 지휘관들이 도로 방어야말로 공화국이 직면한 최대의 임무고, 마드리드를 구하는 일에 국제여단이 다시금 필요해졌다는 연설을 했다. 영국과 프랑스 장교들도 연설을 했다. 이어 병사들이 "노 파사란!"을 외치자 선임 장교들은 병사들과 악수를 나누고 투우장을 떠났다.

이어 병사들에게는 보급품 트럭에 실린 나무 궤짝들을 끌어내리라는 지시가 내려졌다. 그리하여 그것들을 끌어내려 나무틀을 벗겨보니 포장 윤활제가 그대로 묻은 레밍턴 볼트 액션 소총들이 멕시코시티 신문들에 싸여있었다. 개중에는 제정 러시아 시대의 문양인 쌍두 독수리 상이 찍혔을 만큼 오래된 총들도 있었다. 그것들 외에 병사들에게는 바늘 모양의 "돼지 칼", 곧 총검도 지급되었으나, 대다수 소총들에는 총검을 꽂을 자리조차 없었다. 윤활제를 닦아낼 천도 없어 로버트는 병사들에게 셔츠를 찢어 총을 닦도록 했다.

상황이 이랬으니 로버트의 명령에 따라 천막 트럭에 올라, 위에서 전구알이 흔들거리는 큰 문들을 지나 밤의 어둠 속으로 들어가는 병사들의 마음에 자신감이 차오를 리 만무했다. 그들은 덜커덩거리며 전선으로 향해가는 도로 위에서 몇 시간을 추위에 떤 뒤에야 겨우 차에서 내려 채석장 담벼락에 대고 한 사람 당 다섯 통씩 주어진 탄약으로 소총을 시험발사 해볼 수 있었다. 브루클린이나 디트로이트 같은 도시내기들이어서 사냥조차 해본 적 없는 그들로서는 난생 처음 해보는 시험발사였다. 그런데 사고가 터졌다. 지도 한 장 없는 상황에서 공화파군이 우왕좌왕하다가 도로 교차점들에 표지판을 설치하는 것을 잊은 탓에, 십여 명 이상의 미국 의용병들과 최소한 한 명의 캐나다 의용병 그리고 각종 대대 기록물이 실린 수송차대의 첫 두 트럭이 길을 잘못 들어 국가주의자군 영역으로 직행한 것이었다. 이후 그 병사들로부터는 아무런 소식도 들리지 않았다.

나머지 트럭들이 길을 제대로 들어 목적지에 도착하자 병사들에게는 돌멩이 많은 땅에 참호를 파라는 지시가 떨어졌다. "메리언, 사랑해!"[35] 로버트는 보기 드물게 복받치는 감정을 일기에 여과 없이 휘갈겨 적었다. "나는 내 이상을 위해 기꺼이 죽으렵니다. 그들과 당신을 위해 살 수 있기를! 전투 개시 명령이 떨어졌소." 링컨 대대의 병사들은 그 무렵까지도 여전히 삽 없이 철모와 총검으로 밤새 참호를 팠다. 그런데 새벽 그들은 문득 자신들이 기관총과 대포의 집중 포화를 받고 있다는 사실을 깨달았다. 참호를 팔 때 몸이 위험할 정도로 지평선에 노출된 것이 문제였다. 대대의 포격 관측 대원 찰스 에드워즈도 주위를 살펴보려고 참호 위로 머리를 내밀었다가 저격병이 쏜 총에 머리를 맞고 즉사했다.

링컨 대대 병사들은 국가주의자군의 공격을 며칠이나 더 견딘 뒤에야 로버트의 지휘 아래 새로운 진지와 새로운 좌절을 찾아 도로를 내려오고 있었다. 이 시점에 바로 팻 거니가 로버트를 만난 것이다. 일부 병사들은 스트레스를 견디지 못해 무너져 내렸다. 링컨 대대의 부지휘관 스티브 다덕도 신경쇠약 증세를 보여, 로버트는 다덕이 "심신이 극도로 쇠약해져 있어 요양을 권했다"[36]고 썼다. 1937년 2월 23일에는 링컨 대대가 올리브 숲으로 진격해 들어가 국가주의자군에게 첫 공격을 가했다. 하지만 대대가 보유한 기관총 여덟 정 모두 작동이 되지 않아 결과적으로 이 공격은 병사 20명이 전사하고 40명 이상의 병사가 부상을 입는 것으로 끝이 났다. 이어 그곳에는 훈련도 안 된 미국인 70여 명이 새로 투입되었다. 이들 중 몇몇은 민간인 복장과 케즈 운동화도 아직 벗지 못한 초짜들이었다. 로버트는 병사들이 참호를 파는 동안 대대를 재편성하고 혼란에 빠진 병참의 수습에 나섰다. 병사들이 가진 화기만 해도 17종이나 되었기 때문에 라벨이 붙은 견본 탄약통을 나무 탁자 위에 늘어놓고 그 총들에 맞는 탄알을 일일이 찾는 것도 그의 일이었다.

설상가상으로 눈까지 내리기 시작했다.

그리고 2월 27일 새벽 참호 속으로 빵 덩어리와 이미 차갑게 식은 커피가 배달되는가 했는데, 링컨 대대에 다시 공격 명령이 떨어졌다. 로버트가 아연실색할 만했다. 하지만 대포를 쏘아 국가주의자군 참호들을 무력화시키기로 되어 있던 공화파군의 공격은 세 시간이나 늦게 시작되었고, 그마저도 발사된 포탄은 목표물에 맞지 않았다. 공격 지원을 맡은 공화파군의 비행기 또한 본래 뜨기로 예정되었던 20대가 아닌 3대만 떴고, 그 3대조차 하늘에 나타나기 무섭게 사라졌다. 약속한 새 기관총과 장갑차들은 오지도 않았다. 링컨 부대 곁에서 전진하던 스페인 대대도 앞으로 나아가던 중 적군의 집중 포화에 직면하자 갑작스레 후퇴를 했다. 하지만 그중에서도 최악은 대대의 참호 진지가 국가주의자군 기관총 사수들의 시야에 들어간 것이었다. 한 지원병은 그때를 이렇게 회상했다. "연발로 날아드는 기관총탄들이 전선에 쌓아놓은 모든 모래주머니들에 구멍을 내놓았다. 총탄은 마치 리벳을 박는 기계가 쿵쿵거리듯 우리 쪽으로 무자비하게 뿌려졌다."[37]

로버트가 야전 전화로 진격을 계속하는 것은 자멸 행위라고 여단본부에 항의하자 유고슬라비아 국적의 여단 사령관은 호통을 쳐 그의 항의를 잠재우고 "무슨 수를 써서라도" 공격을 계속하라고 명령했다. 모든 증거에 반하게, 스페인 대대가 링컨 대대보다 훨씬 먼저 진격했다는 분노에 찬 주장을 펴기도 했다. 그것도 모자라 명령의 수행 여부를 확인하기 위해 장교 두 명을 오토바이에 태워 로버트의 기지로 보냈다. 로버트, 여단 사령관, 장교 두 명, 이 네 사람 모두 두 달 전 또 다른 전선에서 일어난 일—공화파군이 패하자 분을 참지 못한 앙드레 마르티가 프랑스 대대 사령관을 겁쟁이로 간주하고 첩자 혐의를 씌워 군법회의에 회부한 뒤 총살시킨 일—을 잘 알고 있었다. 로버트는 이렇게 반대자에게는 첩자 누명을 씌우는 코민테른의 가혹한 징계뿐 아니라 전쟁 자체에도 직면해 있었다. 그 시대에는 많은 군대에서 총살이 흔하게 일어났다. 영국군도 1차 세계대전 때 탈영, 비겁함, 무기 유기, 명령 불복종 죄로 병사 300명을 처형했고, 프랑스군도 대략 그 두 배의 병사들을 총살했다.

논문 자료만 모으면 그만이었던 대학원생 신분과 저만치 멀리 떨어진 세계에 속하게 된 로버트는 이런 상황에서는 선택의 여지가 없다고 보았다. 결국 그는 마지못해 괴로운 심정으로 링컨 대대 병사들에게 공격 명령을 내렸다. 그리고 참호를 나와 그들을 직접 이끌었다.

그 무렵 모스크바에서는 소련 고위 관리들이 지난 번보다 더 황당한 혐의로 숙청 재판을 받고 있었다. 트로츠키, 독일, 일본과 비밀리에 공모했다는 혐의였다. 하지만 메리언의 회고록에는 "대다수 러시아인들이 정치적 주제로 이어질 수 있는 대화에는 몸을 사렸다"는 말과 함께, 당시 모스크바를 강타한 "두려운 소문"[38]에 대해서만 간단히 언급돼 있을 뿐 그 사건과 관련된 다른 내용은 없다. 그만큼 그녀의 신경은 스페인에 있는 로버트에게 쏠려있었던 것이다.

로버트는 훈련 중일 때는 소련에 있는 아내에게 간간이 편지를 보냈다. 스페인의 가난, 의용병들이 받은 환대에 대한 이야기와 그녀를 그리워하는 내용이 주를 이루었다. 정치적 이슈에 대해서는 혁명적 변화가 더디다는, 당 노선이 충실하게 반영된 말을 딱 한 차례 언급하는 데 그쳤다.

"그러고 나서 충격적인 소식이 도착했다"[39]고 메리언은 썼다.

전보의 내용은 이랬다. 부상당했음. 급히 와주기 바람.

7. 1860년대의 소총과 오합지졸들

　　1930년대 말 지구상의 모든 나라를 통틀어 무기 제조 수준이 가장 고르지 못한 나라는 소련이었다. 공장 자동 생산 라인에서 생산되는 현대식 무기도 있었지만 그 거대한 나라 전역에 퍼져 있던 병기고와 창고들을 가득 메운 것은 구닥다리 군수품들이었다. 개중에는 볼셰비키 혁명이 일어나기 전 제정 시대에 쓰던 총기들도 있었고, 1차 세계대전 초 차르의 군대가 오스트리아-헝가리 제국 군대에서 탈취한, 그보다 더 오래된 무기들도 있었다. 러시아 내전(1918년~1921년)에서 패한 백군이 남기고 간 것들은 그보다도 더 많았다. 미국, 영국, 캐나다, 프랑스, 이탈리아, 일본, 그 밖의 여섯 나라들이 각 무기에 따라붙는 장비와 함께 공급해준 무기들이었다.

　　프랑코의 선전원들도 물론 소련의 무기가 공화파로 보내지고 있다는 사실은 잘 알고 있었다. 하지만 그중 일부 무기들은 성능이 부풀려져 아무짝에도 쓸모없는 것들이었다는 사실은 몰랐다. 그 사실은 그로부터 50년도 더 지나 소련의 기록 보관소가 공개된 뒤 영국의 군사 역사가 제럴드 하우슨에 의해 밝혀졌다.

군대를 무장할 때, 동종의 탄약을 사용하는 소총, 기관총, 대포를 모든 병사들에게 일괄 지급하는 것이 그렇지 않은 경우보다 한층 수월할 것은 두말할 나위가 없다. 그런데 1936년 말과 1937년 초 공화파군이 부푼 기대감을 갖고 소련 선박들에서 하역된 짐을 풀어보니 그 안에는 20년 전에 이미 폐물이 된 독일제 유탄 발사기와 60년도 더 지난 잡종 단발 소총들이 들어있었다. 미국산 윈체스터 총 9천 정 중에는 코네티컷주의 윈체스터 총 제작 회사에서 1860년대에 출고된 것들도 있었다. 1877년의 러시아-투르크 전쟁 때 러시아군이 투르크군에게서 탈취한 것으로 보이는 11mm탄을 사용하는 이탈리아제 소총 1만 3천 정도 들어있었다. 11mm탄을 사용하는 프랑스와 오스트리아제 소총 1만 1천 정은 이탈리아제 소총과 호환도 안 되는 종류였다. 설사 호환이 된다 해도 그 총탄들은 40년 전에 이미 단종되어서, 총과 함께 보내준 소량의 실탄이 떨어지면 이 총들은 쓸모없어질 게 분명했다.

중화기도 총기보다 나을 게 없었다. 소련의 국방인민위원 클리멘트 보로실로프(1881~1969)가 스탈린에게 "영국, 프랑스, 일본제 포들을 소련에서 싹 치워버리자"[1]고 쓴 것에도 드러나듯, 그것들은 다국적 무기들의 또 다른 잡동사니에 지나지 않았다. 스페인인들은 그 대포들을 한 세트로 묶어 "예카테리나 여제"의 포대로 명명했다.

기관총들 중에도 삼각대에 놓인 총을 사수가 자전거 좌석처럼 생긴 곳에 앉아 쏘도록 만들어진 1907년식의 프랑스 생테티엔 기관총이 300정이나 포함돼 있었다. 국제여단 병사들이 첫 기관총 궤짝을 뜯어보고 어안이 벙벙해 하던 광경을 영국 대대의 한 의용병은 이렇게 묘사했다. "우리는 어이가 없어 서로의 얼굴만 쳐다보았다. … 대대에는 전쟁도 여러 차례 겪어보고, 여러 지역 군대에서 복무해본 병사들도 있었지만, 그렇게 낡은 기관총을 본 사람은 아무도 없었다."[2]

"그것들은 아름답게 만들어졌고 말할 수 없이 복잡했다. 또 옛날 시계처럼 복잡다단한 톱니바퀴 시스템으로 움직이는 장치로 보아 발사장치는 분명히 오래되었을 것이다(우리는 이 작동원리를 끝내 알아내지 못했다). 참으로 놀라운 기계들이었다. 그러나 가장 큰 고민거리는 그것이 아니라 기관총의 무게였다." 사수가 앉는 자리와 삼각대를 합치면 무게가 자그마치 3킬로그램이나 나갔기 때문이다. 기관총은 탄환도 자주 걸렸다. 1914년 프랑스군에서 그 총이 퇴출된 것도 그 때문이었다.

이런 상황이니 앞으로 치러질 하라마 전투에서 링컨 대대 병사들이 그런 형편없는 무기들로 싸우게 될 것을 생각하고 로버트 메리먼이 좌절감을 느낀 것도 무리는 아니었다. 내전 뒤에 작성된 재고 목록을 보면, 공화파군 무기들에 소총이 49종, 기관총 모델이 41종, 대포가 60종이나 들어있던 것이야말로 그것을 말해주는 명백한 증거였다.[3] 그러나 이 골동품 무기들을 청소한 뒤에는 소련도 고성능 무기들을 보내기 시작했고, 그중에서도 최신예 소련 탱크와 비행기들은 특히 빈약하기 이를 데 없던 공화파군 병기고의 필수 품목이 되었다. 하지만 질 좋은 무기를 보내기 시작한 첫 몇 달 간 공화국이 소련에 퍼준 금에 비하면 그것도 대단한 것은 아니었다. 그 기간 동안 공화국은 무려 자국 금 보유고의 4분의 3을 소련에 보냈으니 말이다.

그러나 공화국으로서도 다른 선택의 여지가 없었다. 무기를 팔겠다고 나서는 나라가 소련뿐이었던 데다가, 보유한 금 또한 국가주의자뿐 아니라 은행 강도 경험이 많은 무정부주의자들에게 탈취될 위험이 있었기 때문이다. 실제로 1936년 말엽의 어느 땐가는 무정부주의자들이 스페인 중앙은행을 털려는 계획을 세웠다가 접은 적이 있었다.[4] 영국이나 프랑스에 금을 맡기는 것도 그 나라 정부가 계좌를 동결할 개연성이 있었기 때문에 안전하지 못했다(실제로 프랑스 중앙은행은 스페인이 맡겨둔 금을 한동안 동결한 적이 있었다).

반면에 소련에 금을 보내면 무기 대금으로 그때그때 결제가 되었다. 금은 내전이 발발한 직후에 보내졌다. 수송의 첫 단계로 금을 담은 나무 궤짝들을 탄약으로 위장해 스페인의 항구도시 카르타헤나에 있는 경비 삼엄한 해군 기지로 보냈다. 기지 병사들은 "공화국의 중포이니, 조심해서 다루라!"는 주의를 받았다.[5] 그런 다음 불 꺼진 도시에 히틀러의 폭격기들이 맹폭을 가하던 1936년 10월의 어느 사흘 밤 동안 금 궤짝들은 트럭에 실려 부두로 옮겨졌다. 거기서 소련 국적의 소형 화물선 네 척에 적화돼 오데사항까지 가고, 거기서부터는 금 궤짝들이 소련 비밀경찰의 감시 속에 철도 유개차 편으로 모스크바로 운반되었다. 중앙은행들이 통상적으로 금을 보유하는 방식인 지금地金 외에도, 스페인 중앙은행은 노끈으로 꽁꽁 묶어둔 경화 6천만 개가 든 마대자루를 수천 개 보유하고 있었다. 스페인 정부가 지난 수백 년 동안 프랑, 달러, 마르크, 리라, 플로린, 페소, 이스쿠두(포르투갈 통화), 페세타 등의 금화를 축적해 쌓아둔 것이었다. 스탈린이 옛 러시아인들이 한 말을 빌려 스페인인들이 "그들 자신의 귀를 보지 못하듯"[6] 금도 두 번 다시 보지 못하게 될 것이라고 측근들에게 말한 대로 일이 진행된 것이다. 하지만 공화국으로서도 소련 무기를 받지 못했다면 1936년 말에 이미 내전에서 패했을 테니 어찌할 도리가 없었다.

그렇다고 공화파에 구닥다리 무기들을 판 나라가 소련뿐인 것도 아니었다. 볼리비아, 파라과이, 에스토니아, 폴란드 같은 나라들도 시대에 뒤진 무기들을 팔았다.[7] 이 나라들의 무기상들은 노후한 소련 무기들을 사놓았다가, 공화파가 절박한 때를 이용해 비싼 가격에 되팔았다. 상황이 좋을 때도 무기 거래는 공화파의 대리인과 같은 아마추어가 할 일이 아니었다. 사기꾼에게 당하기 십상이었기 때문이다. 공화파가 제시하는 무기 선적 가격이 국가주의자가 부르는 선적 가격보다 비싸다는 주장을 펴며 난데없이 가격을 올리는 것도 암시장 상인들이 즐겨 쓴 수법 가운데 하나였다. 약삭빠른 무기상들은 공화파의 각 정파들 간에 싸움을 붙이거나, 코펜하겐 혹은 브뤼셀에서 최저 가격을 받으려고 열심히 협상 중인 공화파 무기 구매자를 못 믿을 인간이라고 마드리드에서 소문을 내 잇속을 차리기도 했다. 돈만 날리고 무기를 배달받지 못하는 일도 허다했고, 기관총 없는 전투기, 조준기 없는 야포를 배달받기도 했다. 세관원들이 뒷돈이나 보관비를 요구하며 출하를 미루는 경우도 있었고, 수출 허가장을 내주는데 고액의 수수료를 요구하는 나라, 청구서에 알 수 없는 통행료를 추가하는 나라들도 있었다. 세계 최대의 제조 능력을 가진 미국으로부터는 아예 도움을 받지 못했다.

스페인 내전에서 발을 뺀 프랭클린 루스벨트 대통령의 조치는 무기 판매만 막은 것이 아니었다. 위급한 상황에 처한 메리언도 곧 알게 되었듯이, 일반 미국인들이 스페인을 여행하는 것도 힘들게 만들었다. 메리언이 스페인으로 가는 길에 파리 주재 미국 영사관에 들러 그곳에 근무하는 친구에게 도움을 청하자 그는 동료들이 들을 새라 재빨리 그녀를 영사관 건물 밖으로 데리고 나와 이렇게 말했다. "네 여권을 보면 나는 '스페인 여행 불가' 도장을 찍어야만 해."[8] 민간인들의 링컨 대대 지원을 막으려는 정부 시책에 따라 미 국무부가 언론인, 의료인, 구호 활동가, 혹은 간간이 스페인 정부를 찾는 정부 인사를 제외한 여타 사람들에게는 비자 발급을 제한한 것이다.

스페인에 간 메리언은 먼저 발렌시아의 공화국 정부 보도국에 일자리를 얻은 밀리 베넷을 만나러 갔다. 그리고 그녀에게서 "밥이 무르시아의 국제병원에 입원해 있다"는 소식을 들었다.[9]

메리언은 베넷을 만난 자리에서 그녀의 직장 동료인 젊은 영국 여성 케이트 망건에게 이런 말을 했다. "나는 밥을 스페인으로부터, 그리고 그가 하는 일에서 빼내기 위해 최선을 다할 거예요. 대의에 따라 행하는 것이 옳다고 믿는 남편의 확신이 내 노력을 막는 가장 큰 장애물이겠지요."[10] 망건은 그때의 메리언을 이렇게 회상했다. 그녀는 "너무도 젊었어요. 우리 모두가 잊고 있던 인간의 평범한 행복을 믿는, 마치 딴 세상에서 온 사람 같았죠." 당시 발렌시아에는 로버트가 부상당하고 다수의 링컨 대대 병사들이 사망한 사건에 대한 기사가 미국 신문들에 보도돼서인지 의용병들의 안부를 묻는 미국인들의 전보가 쇄도했다.

메리언이 스페인 남동부의 도시 무르시아의 병원에 도착해 보니 남편은 "혁대 버클 바로 위에서 왼쪽 팔뚝이 구부러진 채로, 허리에서 왼쪽 어깨까지 깁스를 하고 있었다. 이 병원에는 병원에서 일반적으로 쓰는 가벼운 석고가 없었고, 그러다 보니 총탄을 맞은 충격에 뼈가 다섯 군데나 부러져 결딴난 그의 어깨에도 건축용 석고가 발라져 있었다."[11] 보통 정치 모임이나 군대 모임에 대한 내용만 간결하게 적었던 로버트는 당시 일기에 이런 글을 적었다. "메리언이 왔다. … 그녀와 함께 돌아다니는 꿈을 꾸었다."[12]

베넷도 로버트의 병문안을 와서, 그를 본 느낌을 이렇게 적었다. 밥은 "집채처럼 떡 벌어진 어깨에 황소처럼 힘이 센 남자였다. 그런 그가 팔을 치료할 동안에는 한번에 15분 이상 서있지를 못했다. 깁스 붕대의 무게를 감당하지 못한 것이다."[13] 의사들은 완치를 약속했지만, 시간이 오래 걸리는 것이 문제였다.

그러자 메리언도 남편이 입원해 있는 병원에서 자원봉사 일을 시작했다. 머지않아서는 펜을 들지 못하는 미국 부상병들을 위해 편지 대필도 해주었다. 그 일을 하다 "어느 때인가는 등뼈 두 곳이 부러졌는데도 기필코 회복해 다시 걷고야 말겠다고 의지를 불태우는 영국 의용병 몸 위에 앉아보기도 했다"[14]고 썼다. 메리언은 병원에 의약품이 부족하다고 하면서 "아스피린 외에는 변변한 약이 없었다"고도 썼다.

메리언은 로버트에게서 하라마 전투와 관련된 일들을 자세히 전해 들었다. 불운했던 그날 아침 남편이 부상당한 일부터 병원에 입원해 있으면서 분노에 찬 메모장을 작성해 제15국제여단 본부에 재차 항의한 일까지 모든 내용을 들었다.[15] 로버트는 야전 전화로 항의하는 그에게 호통을 치며 으름장을 놓는 여단 사령관 블라디미르 코피츠 대령의 위세에 눌려 파멸적 공격을 감행하기 위해 참호 안에 있던 병사들을 이끌고 나와 몇 걸음도 채 떼지 못했을 때 총상을 입었다고 말했다.

앞에 있는 올리브 숲 속으로 돌진하려던 또 다른 병사들도 적군의 무자비한 기관총 세례를 받았고, 또 다른 병사들은 땅에 납작 엎드려 방어용 흙벽을 미친 듯이 쌓아올렸으나, 쌓기 무섭게 그것은 눈비에 녹아 진흙으로 변했다. 로버트가 후송된 뒤에는 상황이 더 나빠져 들것을 옮기던 네덜란드 병사는 더 많은 부상병을 데려오려다 총탄을 맞았다. 로버트를 대신해 임시 사령관이 된 영국 중위 또한 내키지 않아 하는 미국 병사들을 리볼버로 위협하면서 또 다른 공격을 명령했고, 그러고 나서는 날이 아직 밝은데도 포위된 병사들에게 참호로 후퇴하라는 지시를 내려 상황을 더욱 악화시켰다. 그의 명령을 따른 병사들이 국가주의자군의 기관총 공격에 치명적으로 노출된 것은 두말할 나위가 없었다.

혼란이 계속되다 보니 링컨 대대는 병사들이 얼마나 죽었는지도 정확히 가늠하지 못했다. 바위투성이의 꽁꽁 언 땅을 파는 일 또한 불가능하여 대다수 시신들은 화장을 해 유골을 모아놓고 그 위에 바위, 흙, 철모로 원추형 기념물을 쌓는 것으로 매장을 대신했다. 사상자 집계도 고르지 못했으나, 한 추정치에는 사망자 120명, 부상자 175명으로 집계가 돼 있었다.[16] 그런 피해를 당하고도 기지 하나 확보하지 못한 데다 어차피 그 공격은 하나마나한 것이었다. 마드리드-발렌시아 간 도로를 차단하려던 국가주의자군의 맹공이 교착상태에 빠졌을 때 행해진 공격이었기 때문이다.

나중에 쓴 글에 따르면 난리가 여전히 진행될 동안 부상을 입고 후송되는 와중에도 로버트는 "코피츠와 끝장을 보기로"[17] 작정했다. 하지만 광택 나는 부츠에 권총, 쌍안경, 가죽 지도 케이스로 멋을 부린 여단장은 들것에 실려 여단 본부로 들어오는 그를 보고도 말을 걸지 않았다. 그리하여 끝내 끝장을 보지 못한 채 로버트는 그가 나중에 "푸줏간"이라고 부른 진료소로 다시 실려 갔다. 가보니 "병사들은 마당에 펼쳐진 들것 위에서 죽어가고 있었다." 진통제도 부족했다. 로버트는 이런 곳에서 부상당한 팔에 간신히 판자로 부목만 댄 채, 가는 도중 길을 잃기도 한 구급차 바닥에서 3시간 반 동안 이리저리 구른 뒤에야 겨우 며칠 전 급히 가동에 들어간 미국 야전병원으로 옮겨진 것이었다.

에드워드 K. 바스키 박사와 17명으로 구성된 의료진이 스페인에서 의료 봉사를 시작한 것은 불과 몇 주 전이었다. 미국 공산당이 병사뿐 아니라 의료인도 지원병으로 뽑은 덕에 성사된 일이었다. 뉴욕 시의 베스 이스라엘 병원 출신으로 짧은 콧수염을 기르고 줄담배를 피우는 바스키 박사는 위궤양을 지병으로 달고 살면서도 냉철한 자제심과 끝없는 에너지를 뿜어내는 인물로 정평이 나 있었다. 그런 그에게 하라마 전투가 시작되자 "48시간 이내에 침상 100개가 갖춰진 응급 병원을 꾸려 환자 받을 준비를 하라"[18]는 명령이 떨어졌고, 이에 의사와 간호사들은 급한 대로 학교 건물 하나를 인수했다. 그런 다음 미국에서 가져온 의료 장비 궤짝을 뜯어보니 상자 십여 개가 사라지고 없었다. 오는 도중 보급품이 바닥난 다른 부대들에 도난당한 것 같았다.

바스키가 현지 기술자들을 동원해 벽을 부수고 침대 틀을 만드는 등 아무것도 없는 상태에서 병원을 짓는 동안 학생과 교사들은 책상, 책, 칠판들을 밖으로 나르며 그에게 힘을 보탰다. 마을 주민들도 부상병을 태운 구급차가 최대한 덜컹거리지 않도록 흙과 돌을 바구니로 퍼 날라 도로에 난 구멍들을 메웠다. 그곳에는 전화, 식수, 부엌, 화장실도 없었다. 한 간호사는 "병원들이 독일 비행기들에 폭격당한 마드리드의 일을 교훈 삼아, 자칫하면 절멸할 수 있겠다고 생각해, 건물 지붕에도 적십자 표시를 하지 않았다"[19]고 기록했다. 구급차들의 적십자 표시도 같은 이유에서 페인트를 덧칠해 지웠다.

이렇게 이틀 낮과 하루 밤을 꼬박 새워 병원 꼴을 갖춘 뒤 의료진은 마침내 첫 번째 부상병 트럭을 받았다. 한 약사는 그때를 이렇게 기억했다. "트럭 바닥에 놓인 매트리스 위에 25명가량의 부상병들이 누워있었다. 그중 두 명은 이미 숨진 상태였고 부상 정도가 심한 사람도 여럿이었다. 나머지 부상병들도 골절을 당하고 열악한 도로 위에서 흔들리며 온 탓에 심한 고통에 시달렸다."[20] 곧이어 병원에는 트럭 여섯 대가 더 도착해 침상들은 신속히 부상병들에게 점령당했다. 그에 따라 한 침상에 두 명을 눕히는가 하면 건물 마당에 들것을 설치해 침상 대용으로 사용하는 지경이 되었다.

수용인원 75명인 병원이 하루 사이에 미국, 프랑스, 독일, 스페인 국적의 부상병 200명으로 북적이다 보니 의사와 간호사들도 정신없이 바빠 40시간을 연속으로 근무했다. 건물은 난방도 안 되어서 간호사들은 쇼크 상태에 빠진 부상병들의 체온을 유지하느라 침상이나 들것 밑에 조리용 풍로까지 피워야 했다. 바스키 박사도 혹한의 어느 밤 간당간당하던 전기가 끊어지자 희미한 손전등에 의지한 채 망가진 콩팥을 제거하는 수술을 마쳤다. 그는 그때를 이렇게 기억했다. "수술 도구를 만지면 얼음에 닿을 때처럼 손이 아렸다."[21]

간호사 앤 태프트도 야전병원에서 근무했던 때를 이렇게 기억했다. "부상병들은 밤낮없이 들어왔다. … 수술 보조를 할 때는 두 발을 번갈아 깡충깡충 뛰며 몸의 온기를 유지했다. … 환자의 복부와 여타 부상 부위에서 김이 올라올 만큼 기온이 낮았다."[22] 의료진은 스페인에 올 때 같은 배를 탔던 의용병들을 병원에서 마주치기도 했다. 간호사 리니 푸르도 "배 안에서 함께 춤을 춘 병사들의 의복을 절단한 적도 있었다."

한편 하라마 전투에서 링컨 대대가 받은 공격을 둘러싸고 국제여단 내에서는 네 탓 공방이 벌어졌다. 이 공방은 로버트가 회복 치료를 위해 오래 전 바스키의 병원에서 무르시아의 병원으로 옮겨간 뒤에도 계속되었다. 로버트에게 책임을 돌리는 병사들도 있었고, 또 다른 병사들은 로버트에 이어 그날 늦게 지휘권을 잡은 영국 중위의 무능함에 책임을 돌렸다. 로버트는 로버트대로 코피츠를 비난했고, 코피츠는 그가 지독하게 증오하는 상관이었던 헝가리 장군을 나무랐다. 헝가리 장군도 사망한 미국인들의 몇몇이 인민전선의 경례법인 주먹 쥔 손을 하고 있었다고 기자에게 말하며, 그 재난을 겉꾸림하기에 바빴다.

링컨 대대 병사들도 그 일을 겪은 뒤로는 퉁명스러워졌고 의심이 많아졌다. 일부는 탈영하기까지 했다. 전투에서 살아남은 다수의 생존자들도 노조원 출신이 아니랄까봐 참호에 보초를 세우고, 후방으로 행진해 제15국제여단 인민위원과 면담을 요구했다. 군대 경험이 많은 진짜 지휘관 밑에서 몇 주 동안 훈련받게 해달라는 것이 시위자들의 요구사항에 포함되었던 것으로 볼 때, 이들의 집단행동은 폭동이 아닌 궐기대회에 가까웠다. 그러나 그런 류의 저항에 익숙지 않았던 유럽 국가들의 여단 장교와 소련 고문관들에게는 그들의 행동이 소름끼치는 일로 비쳐졌다. 병사들의 분노에 찬 저항행위는 몇 달이나 지속되었다. 한 신문사 특파원에게 이렇게 말한 병사도 있었다. "미국 의용병들의 부대가 링컨 대대로 불리게 된 것도, 링컨이 암살당했기 때문이에요."[23]

그럼 하라마 전투 때 공화파군이 아닌 국가주의자군에 속했던 병사의 심정은 어땠을까? 프랑코군에도 외국 의용병들이 있었고, 공교롭게도 그중 한 명은 영어를 모국어로 쓰는 병사였다. 스물한 살의 영국인 피터 켐프가 전선에 도착한 것은 로버트가 부상을 입기 약 열흘 전이었다. 열렬한 군주제 지지자에 스페인 내전에 참가한 데는 "모험심"[24]도 얼마간 요인으로 작용했음을 인정한 반공산주의자였던 그는 케임브리지대학을 졸업하자마자 스페인으로 왔다. 켐프의 아버지는 봄베이(뭄바이) 고등법원의 판사직을 은퇴한 인물이었으며, 켐프는 시골 별장, 사립학교, 작위가 있는 친구들, 식민지 시대의 위광을 가진 세계에 속한 청년이었다. 그러다 보니 스페인어를 거의 구사하지 못하는데도 국가주의자 귀족들이나 여타 관리들과 이런저런 연줄이 있는 것으로 밝혀져 손쉽게 장교로 임명되었다.

켐프가 들어가 보니 국가주의자군은 계급 간 위계가 매우 엄격했다. 그러므로 그에게도 다른 장교들과 마찬가지로 자신의 식사와 방 청소를 책임지는 당번병이 주어졌다. 부대 이동을 위해 열차를 탔을 때도, 장교들은 한 칸에 다섯 명이 들어가는 1등석, 하사관은 2등석, 병사들은 겨울에도 가축 운반용 차량을 이용했다.

또 국가주의자군에는 부대마다 모두 사제들이 있었다. 그들 중 한 명은 "언젠가 영국 교회의 성직자들에게는 결혼이 허용된다는 내 말에 큰 충격을 받았다"[25]고 켐프는 재미있다는 듯이 썼다. 하라마에 도착한 첫날 부대의 지도 신부를 만난 뒤에는 그에 대한 인상을 이렇게 적었다. "안경 너머로 광신자의 눈빛이 번득이는 근엄한 얼굴의 깡마른 신부는 나바라 지방 사람이었는데, 내가 만나본 스페인인들 중 가장 두려움을 모르고 피에 굶주린 인물이었다. … 나를 보고도 '안녕하쇼, 돈 페드로!'라고 소리를 지르며 '그래, 공산주의자들을 죽이러 오셨다고요! 축하합니다! 많이 죽여야 해요!'라고 말했다. 그가 쓴 베레모의 자줏빛 술 장식이 그 말을 할 때 촛불에 흔들거렸다."

이튿날 공화파 군대가 국가주의자군의 탱크 공격에 밀려 후퇴할 때도 켐프는 "등 뒤에 비크네테 신부가 있는 것이 느껴졌다. … 신부는 적군이 처벌받지 않고 도망치게 하는 일은 결단코 없게 하겠다는 태도로 목표물을 계속 가리키며 내게 어서 쏘아 넘어뜨리라고 새된 목소리로 소리를 질렀다. 가련한 민병대원들이 차폐물을 벗어나 급히 도망칠 때도 나는 그가 광분하여 '도망치게 해서는 안 돼, 아! 도망치게 해서는 안 된다고! 쏴, 이 친구야, 어서 쏘라고! 왼쪽으로 방향을 조금 틀어! 아! 그래 거기' 라고 소리치는 것을 들어야 했다. 그 불운한 사나이는 결국 총에 맞아 땅바닥에 쓰러져 몸을 씰룩였다."

그것으로도 성이 안 찼는지 나중에 벌어진 전투에서는 신부가 "직접 자줏빛 술 달린 진홍색 베레모를 쓴 채 백마에 올라 공격의 한 축을 담당했다."

그러나 자줏빛 술의 고색창연함과 동떨어지게 켐프가 속했던 국가주의자군에는 현대식 무기가 풍부했다. 독일에서 보내준 국가주의자군의 고사포만으로도 공화파군의 공군, 최신예 야전 포대, 200대가량의 탱크, 600대 이상의 군용기들을 웬만큼 무력화시킬 수 있었다. 실전에서 실험해보려는 독일 국방군의 의지가 워낙 강했던 탓에 국가주의자군이 보유한 장비 또한 대부분 최신 기종이었다. 스페인 내전 기간에 실전에 참여했거나, 혹은 수천 명의 국가주의자군 장교와 하사관의 훈련에 참여한 독일 군인, 비행기 조종사, 교관, 고문관들도 1만 9천 여 명이나 되었다.[26] 스페인 내전에서 활약한 독일군 가운데 가장 많은 영향을 끼쳤던 부대는 99대 내지 132대 정도의 최신예 전투기, 폭격기, 정찰기들로 국가주의자군을 지속적으로 도운 카키색 제복 차림의 콘도르 군단이었다. 콘도르 군단은 임무를 수행할 때 스페인 군인들을 데리고 다니며 훈련을 시켰다. 또 독일이 그들이 타는 기종보다 더 최신 기종을 스페인으로 보내줄 때, 콘도르 군단은 군단 소속의 비행기들을 국가주의자군에 넘겨주기도 했다. 군단의 사령관 또한 내전이 진행된 상당 기간 동안 일주일에 몇 차례씩 프랑코와 만났다. 군단의 조종사들도 국가주의자군에게 칙사 대접을 받아 세비야에서는 호텔 하나를 통째로 썼고, 국가주의자의 주선으로 사냥 여행도 했으며, 스페인령 모로코에서 쇼핑 유람을 하고, 의사의 감독을 받는 특별 매음굴에도 드나들었다. 한 별장에 차려진 매음굴 중 하나는 독일 장교용 청색 침실과 사병용 녹색 칸막이 방을 따로 두고 운영할 정도였다.

콘도르 군단에서 기술을 연마한 다수의 독일 조종사들 중에는 베르너 묄더스도 있었다. 스페인 내전 때는 공화파군 비행기 14대를 격추시키고, 2차 세계대전 때도 프랑스, 영국, 러시아 상공에서 적기 100대를 격추시켜 최초의 루프트바페(독일 공군) 전투기 조종사로 활약한 인물이다. 또 다른 조종사 아돌프 갈란트도 2차 세계대전 때는 100대 이상의 적기를 격추시켰고, 묄더의 뒤를 이어 루프트바페 전투기 부대의 지휘관이 되었으며, 스페인 내전 때도 더위 때문에 수영 팬티 바람으로 하인켈 He-51 전투기를 조종하기도 하면서 수개월 동안 비행 임무를 수행했다. 나중의 더 큰 전쟁에서 에이스 전투기 조종사로 활약한 스물일곱 명의 다른 독일인들 또한 그들의 첫 전투 경험을 스페인 상공에서 쌓았다. 콘도르 군단의 고참병들도 훗날 대 폴란드 전격전에 참여한 많은 폭격기 조종사들의 훈련을 담당했다.

무솔리니도 독일제보다는 기술 수준이 떨어졌지만 내전 말기에 전투기 762대, 야포 1,801문, 탱크 149대, 소총 22만 3,784정, 기관총 3,436정, 그리고 다량의 폭탄과 탄약을 국가주의자군에 지원했다.[27] 국가주의자군을 위해 싸운 이탈리아 군인도 8만 명에 달했다. 루이스 피셔가, 전 세계 신문들이 그 말을 활자화하기 몇 해 전에 이미 "2차 세계대전"이 임박했다는 말을 한 것도 그렇게 보면 놀랄 일이 아니다.

프랑코가 마드리드를 포위하려고 안간힘을 쓰는 동안 전선의 대다수 다른 지역들은 상대적으로 잠잠했다. 조지 오웰과 다른 스페인 젊은이들로 구성된 POUM의 민병대 부대가 보내진 곳이 바로 그런 지역이었다. 그곳은 바르셀로나에서 북쪽으로 조금 올라가고 서쪽으로 220킬로미터 떨어진 아라곤 지방의 가난하고 험준한 시골이었다. 이 마을에서 오웰은 민병대원들에게 배포된 소총을 보고 경악하여 이렇게 썼다. 받아 보니 총은 "녹슬고, 노리쇠는 뻑뻑하며, 나무로 된 총열 덮개에는 금이 가 있었다. 흘긋 들여다보니 총구도 부식돼 작동이 불가능할 것 같았다. … 기중 제일 낫다는 총이 10년 된 고물이었는데 그것마저도 열다섯 살 먹은 얼간이에게 돌아갔다."[28] 아이러니했던 것은 식민지 버마에서 5년 정도 경찰 생활을 한 덕에 오웰이 화기에 대한 지식을 좀 갖고 있었다는 것이다.

오웰의 부대에는 벨기에 사령관과 뉴욕에서 온 의사도 있었다. 그러나 성질 급한 오웰은 수십 명의 다른 영국 의용병들이 오기 몇 주 전에 도착했고, 그래서 그의 부대는 스페인인 일색이었다. 머리 하나만큼 키가 큰 그가 스페인인들 사이에 서 있는 단체 사진도 그때 찍은 것이었다.

"오합지졸의 참모습을 거기서 보는 느낌이었다. 우리 부대는 양떼보다 더 어수선했다. … 게다가 말이 남자지 그들의 절반은 애들이었다. 빈말이 아니라 많아야 기껏 열여섯 살 정도밖에 안 되는 진짜 애들이었다. … 공화국의 방어자들이 사용법도 모르는 낡은 소총을 든, 그런 남루한 오합지졸 아이들이라는 사실이 두렵게 느껴졌다. 만일 파시스트 비행기가 우리가 가는 길을 지나친다면, 그리하여 아래로 돌진하면서 우리를 향해 기관총을 난사한다면 어찌 될까 궁금해했던 기억이 지금도 난다. 하늘에서도 우리가 얼치기 군인인 것이 보이지 않았을까?"

오웰은 카탈루냐어도 웬만큼 구사하여 동지들의 감탄을 자아냈고, 주변에서 벌어지는 일들을 예리하게 관찰하는 능력도 뛰어났다. 그리고 그 느낌을 일기에 적었다(같은 부대원이었던 아일랜드 병사도 오웰은 "늘 무언가를 적었다"[29]고 하면서 "낮 시간에는 참호 밖에 앉아서, 저녁 때는 촛불 곁에서 썼던" 것으로 기억했다). 오웰이 그때까지 겪은 세계관은 기묘하게 뒤섞여 있었다. 정치적으로는 급진적이어서 스페인에 왔지만 오웰은 계급의식이 강한 영국에서 기숙학교와 이튼스쿨을 다녔고 그 다음에는 식민지 경찰 생활을 하면서 생의 태반을 계급제도 속에서 살았다. 그런 그가 스페인에 와서는 POUM과 무정부주의 민병대원들의 모습에 강한 인상을 받았다. 상당수 사람들이 이율배반적 용어로 여길 만한 평등주의 군대를 만들기 위해 노력하고 있었기 때문이다.

장군부터 사병에 이르기까지 모든 군인들은 같은 액수의 봉급을 받고 같은 식사를 하며 같은 옷을 입고 대등하게 어울렸다. 사단장의 등을 툭 치며 담배 한 개비만 달라고 하고 싶으면 그렇게 할 수도 있었고, 그 행동을 이상하게 보는 사람도 없었다. … 명령에는 복종해야 했지만 그 명령도 상급자가 하급자에게 내리는 것이 아니라 동지 대 동지로서 내리는 것이었다. 장교도 있고 하사관도 있지만, 일반적 의미의 군대 계급은 없었다. 호칭, 계급장, 군화 뒤축으로 딱딱 소리내기, 경례하기도 없었다. 요컨대 군인들은 민병대 내에 계급 없는 사회의 실용 모델을 만들려는 시도를 하고 있었다. ….

　나도 처음에는 전선이 돌아가는 상황에 경악했다. 이런 군대로 어떻게 전쟁에서 이길 수 있다는 건지 한심하기만 했다. … (그러나) 기계화된 현대식 군대도 땅에서 불쑥 솟아난 것은 아닐 테니, 정부가 이들이 훈련될 때까지 참을성 있게 기다려만 주면 프랑코를 쳐부수는 것도 불가능하지는 않을 터였다. 실제로 최악의 민병대도 시간이 지나자 눈에 띄게 기량이 향상되었다. 나도 1월에는 초짜 병사 10여명을 훈련시키느라 머리가 하얗게 세고, 5월에는 영국인과 스페인인 30여명을 지휘하는 임시 중위가 되었다. 물론 우리 모두 몇 달 간 적군의 포화를 받았다. 하지만 병사들을 명령에 복종시키는 데는 아무 문제가 없었다.[30]

　그러나 오웰의 말은 그에게만 맞는 말이었을 뿐, POUM이나 무정부주의 부대의 많은 장교들은 병사들을 순순히 복종시키는 데 어려움을 겪거나, 혹은 복종시키지 못했다.[31]

　POUM 부대는 계급 없는 사회의 소우주를 만들기 위해 노력한다는 부대치고는, 생활 여건도 유토피아적이지 못했다. "소변 지린내가 진동하고 부패한 빵과 깡통 맛 나는 콩 스튜를 더러운 접시에 담아 게걸스럽게 먹는 것"[32]이 그곳 생활이었으니 말이다. 회중전등에서부터 망원경에 이르기까지 주요 보급품도 지급되지 않아 오웰도 올리브유, 베이컨 기름,

콜드크림, 혹은 바셀린으로 소총에 기름칠을 했다. 물도 부족해 오죽하면 포도주로 면도를 할 정도였다. "양초 지급이 중단되고 성냥마저 떨어지자 스페인 병사들은 그에게 연유통, 탄약통 연결 클립, 걸레 조각으로 올리브유 램프 만드는 법을 가르쳐주었다. … 하지만 탈 때 연기가 많이 나고 깜박거려 촛불의 4분의 1 밝기만 낼 뿐이어서 옆에 있는 소총이나 찾을 정도였다."

전선에서 몇 달을 보낸 뒤에는 오웰도 마침내 POUM 부대의 첫 공격에 참여하여 야간에 국가주의자군 진지를 급습했다. 그 무렵 POUM 민병대에는 14개국의 600명 넘는 외국인들이 들어와 있었고, 따라서 급습 무리들에도 오웰의 부대에 속한 스페인인과 영국인들 외에 독일인들도 섞여있었다. 이 "무리들 중" 오웰이 단연 "최고"라고 느낀 사람은 스코틀랜드의 유명 노조 지도자의 손자로 스코틀랜드 민요를 멋들어지게 불러 동료 병사들을 즐겁게 해준 글래스고의 대학생 밥 스밀리였다.

오웰의 글에는 진흙탕 비트 밭에서 허우적대며 앞으로 나아갔던 일, 깜깜해서 보이지도 않는 동료 병사들 사이에서 "미끈거리고 더러운 진흙이 부츠 안으로 흘러들고 허리까지 물이 차는"[33] 용수로를 건넌 일 등, 국가주의자군을 공격할 때 겪은 끔찍한 일들이 생생하게 나열돼 있다. "거대한 검은 버섯처럼 생긴 일군의 웅크린 형상들이 서서히 앞으로 나아갔다." 오웰은 진흙 밭을 밟을 때 질벅거리는 소리 때문에 자신의 존재가 적에게 발각될까봐 두려움에 떨었다. 30명으로 구성된 습격조에 가위도 하나밖에 지급되지 않아, 그것 하나로 적군의 철조망을 끊어야 했다. 적군이 가위 소리를 들으면 어쩌지? 이렇게 걱정하는 찰나, 병사들이 갑자기 수류탄을 던지고, 칠흑 같은 어둠 속에 양측의 소총이 불을 뿜었다. "모든 총구에서 불이 뿜어져 나오는 듯했다. 어둠 속에서 저격당하는 것은 발사되는 총탄이 모두 자신을 겨냥하는 것 같기 때문에 언제나 기분이 나쁘다." 국가주의자군 진지에 대한 POUM 부대의 습격은 결국 방어병 몇 명을 살해하고, 여타 병사들도 줄행랑을 놓게 만드는 승리로 끝이 났다.

"혼란, 어둠, 끔찍한 소음, 진흙 밭에서 이리저리 미끄러진 일, 폭발하는 모래 부대들과 사투를 벌인 일 등, 전투와 관련된 모든 것들에 깊은 혐오감을 느꼈던 것이 떠오른다. 내려놓으면 잃어버릴까봐 손에서 놓지 못한 소총도 계속 거치적거렸다. … 밥 스밀리는 경미한 부상을 입어 얼굴에 피가 흘러내리는데도 자리에서 벌떡 일어나 폭탄을 던졌다."[34] 독일 의용병 몇 명도 교전이 한창 진행 중일 때, 그들이 처음 돌파해 들어간 지점에서 적군의 진지를 향해 달려 내려갔다. 아쉬웠던 점은 그들이 영어와 스페인어를 할 줄 몰라 오웰이나 다른 동지들과 손짓 발짓으로만 의사소통을 할 수 있었다는 것이다.

부대원들은 급습이 끝난 뒤에도 탄약 한 상자, 수류탄 한 상자, 소총 몇 정 등 전리품들을 질질 끌고 적군의 공격이 이어지고 있던 진흙 밭을 뚫어 POUM의 진지로 돌아갔다. 무기가 풍족하지 않은 군대에 그 전리품은 값진 보물이었다.

한편 그곳에서 남쪽으로 멀리 떨어진 무르시아의 병원에서는 로버트 메리먼이 회복 중인 병실로 아내 메리언을 데려와 함께 지내는, 그 전쟁에서나 다른 전쟁에서나 부상병으로서는 좀처럼 누리기 힘든 호사를 누리고 있었다. 어깨에 아직 깁스를 한 상태였는데도 그는 신참 미국 의용병들을 훈련시키는 일을 재개했다. 메리언도 남편이 마드리드에 갈 때 그를 동행해 적군의 공격을 함께 받았고, 하라마의 진지에 갈 때도 그를 따라갔다. 건강이 회복되면 전선으로 복귀하려는 남편의 의지가 강하다 보니 애초에 바랐던 대로 두 사람이 스페인을 함께 떠날 가망이 없어지자 그녀도 남편 곁에 머무르기로 작정한 것이었다. "밥 곁에 남아있을 수 있다면 나는 무슨 일이라도 하려고 했다. 입대를 하고 공식 서류를 발급받아 병장이 된 것도 그래서였다. … 병장 계급을 받자마자 나는 재봉사에게 가서 남자 군인들의 제복 천으로 쓰이는 카키색 모직 천으로 퀼로트형 (스커트형 바지) 제복을 만들어달라고 했다."[35] 그러나 대부분의 다른 외국 의용병들과 달리 메리언은 스페인어를 구사할 줄 알았기 때문에 이윽고 알바세테의 국제여단 본부에서 일당 6페세타를 받는 사무원으로 일하게 되었다. 그곳에서는 그녀가 유일한 미국 여성이었다.

8. 피레네 산맥을 넘어

1937년의 어느 봄날 미국 영사가 탄 수로 안내선이 르아브르항으로 들어오는 원양 정기선 프레지던트 하딩호를 맞으러 바다로 나아갔다. 하딩호에는 링컨 대대 의용병 30여명이 타고 있었다. 영사는 그들만 객실로 따로 불러 모아놓고 이렇게 말했다. "미국 정부는 여러분이 어디로 향하는지 알고 있습니다. 여러분은 매우 심각하고 큰 희생을 치러야 하는 잘못을 저지르는 것입니다. 타국 군대에 입대하면 미국 시민권을 잃게 됨을 알려드립니다."[1] 그러나 이는 사실이 아니었다. 미 의회에서 안건으로만 논의되고 있었을 뿐 아직 법제화 되지는 않은, 국무장관이 견지하는 입장이었을 따름이다. 영사는 통고에 이어 이 말도 덧붙였다. "뉴욕으로 돌아가는 뱃삯도 후하게 지불해 놓았습니다." 하지만 이 제의를 받아들이는 사람은 아무도 없었다.

미국 의용병들의 첫 무리는 스페인에 수월하게 도착했다. 하지만 1937년 3월부터는 의용병들의 스페인행에 중대한 차질이 빚어졌다. 프랑코 지지자들도 섞여있던 영국 정부의 압력을 받은 프랑스가 스페인에 대한 모든 군사지원을 가로막는 국경 폐쇄 조치를 취했기 때문이다. 출입국 검문소들에는 기관총과 탐조등이 설치되고, 무장 경비대도 군용견을 데리고 국경 지역의 순찰을 돌기 시작했다. 따라서 이제부터는 의용병들이 스페인에 가려면 바스크족 밀수업자의 안내를 받아 수시로 바뀌는 피레네 산맥의 눈 덮인 산길들을 지루하고 은밀하고 힘겹게 넘어야 했다.

해발 3,350미터가 넘는 피레네 산맥은 알프스를 제외하고 서유럽에서 가장 가공할 천혜의 장벽이며, 이 산맥의 산마루를 기점으로 프랑스와 스페인의 경계가 나뉜다. 해발 2천 미터 미만 지역에서는 이 경계를 넘을 수 있는 길도 산맥 거의 모든 영역에 걸쳐 몇 곳 안 될 뿐더러 길에는 모두 국경초소가 설치돼 있었다. 지금은 스키 리조트가 되었지만, 스페인 내전 당시에는 빙하로 땅이 갈라져 있어서 산맥의 지형 또한 일부 미국 의용병들은 스페인 땅을 밟기도 전에 사망하기도 했다.

오하이오 태생의 헝가리계 미국인 샌도 보로스를 비롯한 의용병 무리도 그 해(1937년) 봄철 피레네 산맥을 넘기로 하고, 해질녘 수목한계선의 훨씬 위쪽에 위치한 우회로에서 행군을 시작했다. 그리하여 한참 가고 있는데 갑자기 "가이드가 걸음을 멈추더니 막대기를 치켜들었다. 의용병들도 걸음을 멈추고 보니 발 밑 수백 미터 아래에서 불빛이 어른거렸다. 국경 순찰대였다! … 가이드는 속도를 좀 늦추자는 우리의 애걸에도 고개를 가로저으며 매정하게 계속 걸어 갔다. 뜨거운 철선이 내 가슴속 폐를 짓누르는 것 같아 숨을 들이쉴 때마다 심한 압박감이 느껴졌다. 눈도 튀어나오기 시작했고 지하철이 쿵쾅거리며 지나가는 것처럼 귀 뒤쪽 동맥이 고동쳤다."[216]

일행이 잠시 쉬려고 가던 길을 멈췄을 때 보로스는 눈이 녹아 흐르는 개울을 빠져나올 힘도 없이 기진맥진하여 물에 그대로 누워버렸다. "우리는 밤새 산길을 올랐다. 그렇게 가다가 새벽 무렵이 되자 어느새 우리는 대설 지역에 와있었다. … 인간의 발길이 거의 닿은 적 없는 험한 바위산 지역, 초목, 새, 동물의 흔적조차 찾아볼 수 없는 눈 덮인 봉우리들만 있는 지역이었다. … 그때 가이드가 다시 소스라치게 놀라며 자리에서 벌떡 일어섰다. 그러고는 우리에게 머릿수를 세어보라고 하기에 세어보니 열여섯 명이었다. 독일인 동지 한 명이 행방불명 된 것이었다."

가이드는 그를 찾으러 왔던 길로 되돌아갔다. 그러나 한 시간 뒤에 그는 혼자 돌아왔다. 독일인을 찾지 못한 것이다. 가이드는 의용병들이 항의하는데도 계속 가야한다고 고집을 부렸다. 그리하여 의용병들은 먹지도 못하고 눈으로 갈증만 간신히 해소하며 발걸음을 옮겼다. 신발도 도시에서 신던 것 그대로여서 물에 젖고, 물집이 생겨 발도 쓰라렸다. 행군 이틀째 되는 날 밤에는 모닥불을 피워놓고 불을 쬐는데 양치기가 나타나 프랑스 순찰대가 그들 뒤를 바짝 쫓고 있다고 알려주었다. 그래서 또 불어 터진 발에 신발을 신는 둥 마는 둥 의용병 무리는 허둥지둥 어둠 속에 좁은 암벽을 가로질러갔다. 그때 보로스의 귀에 날카로운 비명이 들렸다. 폴란드 의용병이 암벽 끝자락에서 떨어진 것이었다. 이번에도 가이드가 그를 찾으러 나섰다. 하지만 동틀 녘까지 기다린 보람도 없이 두 시간 뒤에 돌아온 그는 지난번과 마찬가지로 혼자였다. 사람도 시신도 찾지 못한 것이다. 그나마 해질녘에는 의용병 무리가 조그만 촌락에서 약간의 빵과 치즈를 구입할 수 있었다. 그것을 가지고 그들은 다시 셋째날 밤의 강행군에 돌입했다.

의용병 무리가 산꼭대기 밑, 눈이 무너져 내리는 곳을 건널 때였다.

이번에는 보로스가 또 길에서 미끄러져 경사면을 타고 데굴데굴 굴렀다. 보로스는 눈 위로 삐져나온 관목을 붙잡고서야 겨우 추락을 면했다. 그 지점에서 주위를 둘러보니 일행이 저만치 앞서 가고 있어 덜컥 겁이 났으나 거리가 멀어 소리를 질러도 그들에게는 들리지 않았다. 그래서 모든 희망을 접은 찰나 미국인 두 명이 그를 향해 오는 것이 보였다. 그렇게 살아난 보로스와 두 사람은 다시 산길을 올랐고 길을 따라 밑으로 달려 내려가며 나머지 일행 뒤를 쫓았다. 신발을 끈으로 묶어 목에 건 채 허리까지 물이 차오르는 개울을 몇 차례나 건넌 뒤에야 그들을 따라잡을 수 있었다. 그런 우여곡절 끝에 셋째 날의 끝 무렵 해지기 직전 의용병 무리는 마침내 도로와 오두막들을 발견했다. 이후 몇 달 간 피레네 산맥을 넘는 과정에서 목숨을 잃은 의용병은 200여 명에 달했다.[3]

로버트를 비롯한 다수의 미국인 사상자를 낸 하라마 전투가 끝난 뒤 신참 의용병들이 전선에 투입돼 전사자와 부상병들의 결원을 메워주기까지는 몇 주가 걸렸다. 그러나 이들이 전선에서 멀리 떨어진 후방에서 훈련을 받을 동안, 2월 27일 하라마 전투 때 일어난 참사의 규모를 솔직하게 밝힌 지휘관은 아무도 없었다. 한 장교가 이렇게 말하는 것에 그쳤다. "마드리드 가까운 곳에서 벌어진 주요 전투에서 링컨 대대는 승리를 거두었다. 파시스트들을 꼼짝 못하게 만든 방어전이었지. … 물론 제군들은 사상자가 얼마나 났는지도 궁금하겠지. 사망자 한 명, 부상자 네 명이 전부다."[4] 이 말에 방을 가득 채운 의용병들은 환호성을 질렀다. 물론 전시에 프로파간다가 진실을 이긴 예가 이번이 처음은 아니고 마지막도 아니었다. 하지만 의용병들은 전선에 투입되자마자 하라마 전투에서 링컨 대대가 당한 참사의 규모를 알게 되었고, 의용병들의 사기는 특별히 더 떨어졌다.

한편 피레네 산맥을 넘은 미국 의용병들은 부대 하나를 만들기에 족한 수효가 되자 부대 명칭을 톰 무니 대대로 정했다. 샌프란시스코 폭발 사건에 연루돼 종신형을 선고받고 복역한 캘리포니아의 노동 운동가 토마스 무니(1982~1942. 작곡가 겸 가수 우디 거스리 노래의 주제가 되었던 인물이기도 하다)의 이름을 따 붙인 명칭이었다. 하지만 미국 공산당이 너무 도발적인 이름이라는 전보를 보내와 부대의 명칭은 다시 조지 워싱턴 대대로 바뀌었다. 링컨 대대의 소총수들도 스스로를 톰 무니 부대원으로 칭했다. 하지만 미국 공산당은 호칭 문제에 있어서만은 끝끝내 애국자 행세를 하려고 했다. 본국의 의용병 가족들에게도 자유의 종 모양으로 된 특별 핀을 배포할 정도로 애국심이 넘쳐흘렀다. 하지만 이랬던 그들이 세 번째 대대의 명칭을 정할 때는 장교와 의용병의 대다수가 미국인이었는데도 캐나다인들이 많다는 이유로, 캐나다인들 사이에 링컨과 워싱턴 급의 존경을 받는 19세기의 두 애국자 이름을 딴 매켄지-파피노 대대로 불러도 좋다는 정치적 결정을 내렸다. 이 신병들의 훈련을 맡은 사람은 치료가 아직 끝나지 않은 로버트 메리먼이었다. 두 달 넘게 끼고 있던 무거운 깁스를 어깨에서 떼어내는 날 그는 일기에 이렇게 썼다. "깁스여 안녕!"[5]

그 무렵에는 의사와 간호사들도 더 많이 들어와 스페인에서 의료봉사를 하는 미국인들은 140여 명에 이르렀다. 의료 봉사자라고는 하지만 파업 참가자와 그 가족들에게 의료 지원을 해준 뉴욕팀의 일부 사람들에서 보듯, 그들 역시 다른 의용병들과 마찬가지로 정치에는 적극적이었다. 바스키 박사와 그의 팀도 머지않아 학교 건물 생활을 청산하고 좀 더 풍족한 곳으로 병원을 옮겼다. 스페인의 마지막 왕(알폰소 13세)의 고모였던 마리아 데 라 파스 왕녀에게서 몰수한 호화로운 시골 별장인 비야 파스에 병원을 새로 꾸미게 된 것이다. 저택 벽에는 왕녀의 초상이 아직 걸려있었고, 왕녀의 책, 그림, 고가구들도 장려한 방들을 가득 메우고 있었다. 바스키 박사는 그 행운을 차지한 감격을 이렇게 표현했다. "별장은 매혹적이었다. 진기한 나무와 향기로운 꽃나무가 자라고 나무 위에서 나이팅게일이 지저귀는 말할 수 없이 낭만적인 정원들도 있었다. … 초대형 사냥견 울프하운드들도 영지를 어슬렁거렸다. 농부들은 이 유령 같은 개들은 결코 별장을 떠나지 않을 것이라고 말했다. 비쩍 마른 개들이 … 거목들과 무성한 울타리 주변을 어슬렁거리는 모습이 마치 푸른 나무들 사이의 태피스트리처럼 보였다."[6]

"드넓은 마굿간과 곡물 저장고들도 있어 우리는 그곳들을 병동으로 개축했다. 정교한 무늬의 브로케이드가 위에 드리워지고 한가운데가 왕실 문양으로 덮인 대형 침대가 있는 방은 간호사 세 명이 공동 숙소로 이용했다." 뚜껑이 왕관 모양으로 조각된 복숭아 유리 단지를 여러 개 찾아낸 간호사들은 복숭아는 먹고 단지들은 소독해 수술 도구를 담는 용기로 썼다. 비야 파스에 미국 병원이 차려졌다는 소문도 신속히 퍼져나가 "평생 병을 달고 살아온 농부들은 기적이 일어나길 바라며 우리 병원을 찾았다"[7]고 구급차 운전병은 씁쓸하게 말했다.

농장 노동자들도 울타리를 헐고 땅 일부에 밭을 갈기 시작했다. 그들에 따르면 포플러 숲에는 "왕녀의 개인 감옥"[8]으로 쓰인 조그만 건물도 있다고 했다. 흑인 간호사 살라리아 케아는 왕녀의 호화로운 생활상과 농부들의 비참한 생활상의 차이가 극명하게 드러나자 큰 충격을 받았다. "농부들은 그 무렵까지도 아직 영지에 매인 채, 비좁고 불빛 희미한 곳에서 흙 무지렁이로 곤궁하게 살고 있었다. 흔히 볼 수 있는 방 한 칸짜리 오두막 모서리의 벽돌 위에서 태우는 마른 소똥이 그들이 가진 유일한 열 공급원이었다."[9] 농부들은 왕녀의 가족이 오래 전 별장을 떠났는데도 그곳으로 감히 옮길 생각을 하지 못했다. 옮기기는 고사하고 근처 동굴에 기거하는 사람들도 있었다. "그 모습은 내가 본 것 중 인종에 근거하지 않은 첫 번째 차별 사례였다"고 케아는 썼다.

나중에 케아는 당대의 미국에서는 보기 드물게 백인 간호사 다섯 명을 통솔하는 병동의 수간호원이 되었다. 병원의 의료팀도 신속히 수술실 하나와 침상 250개를 갖추고, 치료의 효용성을 높였다.

한편 팻 거니는 1937년 2월의 하라마 전투에서 영국인 친구들이 거의 몰살당한 데 따른 충격을 극복하지 못하고 결국 링컨 대대로 전출을 요구했다. 링컨 대대원들도 이 영국인의 합류가 반가웠던 모양이다. 한 미국 병사는 그를 이렇게 회상했다. "큰 키에 옅은 콧수염이 있고 금발인 거니는 영국 상류사회의 악센트가 강한 영어를 적절히 구사해 재미난 이야기를 들려주고, 런던 풍으로 개사된 구세군 노래도 들려주었다."[10] 거니는 구약성서의 일화들을 외설스럽게 비틀어 말하는 실력으로도 병사들의 호평을 받았다. 그러나 "재미난 사람이고 오락인으로서도 좋은 반응을 얻었지"만 거니는 영국 대대가 참상을 당했던 날의 후유증에서는 결코 벗어나지 못하는 것 같았다. 위에 언급된 미국 병사도 그가 "거듭 공포감을 드러냈다"고 기억했다. 거니의 회고록에는 빠졌지만, 그가 마음에 상처를 입은 것을 눈치 챈 사람들도 있었다. 한 미국 간호사만 해도 "그는 신경 손상을 입어" 전선에서 일어난 일을 이야기할 때면 "흐느껴 울며 두서없이 말을 쏟아냈다"고 그의 당시 모습을 떠올렸다.

거니는 지금 우리가 알고 있는 이른바 외상 후 스트레스 장애를 앓고 있었다. 거니 외에도 20여 명의 다른 영국인 및 미국인들이 뉴욕에서 온 정신과 의사 윌리엄 파이크 박사의 치료를 받고 있었다. 일반의도 겸직하고 있던 파이크 박사는 그 증상에는 노동이 최고의 치료법이라 믿었다. 그리하여 전선과 가장 가까운 진료소까지 가는데 한 시간이나 걸리는 길도 단축하고, 지형의 윤곽선을 이용해 그 길을 오가는 여행자들을 포화로부터 지켜주기도 할 겸 해서, 그들에게 건축 일을 맡겼다. 그리하여 거니도 그가 잘하는 스케치 기술로 "파이크 고속도로"의 설계도 작성을 도우며 차츰 마음의 평정을 되찾아갔다.

링컨 대대의 다른 병사들도 큰 전투는 치르지 않았지만 몇 달째 간헐적으로 이어지는 국가주의자군의 저격, 기관총 공격, 참호 급습을 참아내는 과정에서 다수의 전쟁을 치른 병사들에게 흔한 고통을 겪고 있었다. 거니는 이렇게 썼다. "전선의 모든 병사들이 이에 물어 뜯겼다. 설탕개미처럼 생긴 황색의 반투명 해충은 옷 솔기에 살면서 낮에는 잠잠히 있다가 밤만 되면 극성을 부리며 병사들을 괴롭혔다. 이에 물리면 물린 자리의 주위까지 넓게 부풀어 오르고 미치도록 가려웠다. … 살충제도 없어 일정한 간격을 두고 옷의 솔기를 촛불에 태우는 것이 유일한 퇴치법이었다. 불에 닿을 때 이와 서캐가 이리저리 튀는 모습도 정나미가 떨어졌다."[11]

그렇다고 해충만 병사들을 괴롭힌 것도 아니었다. 참호 바닥에 몇 인치 두께의 진흙이 깔려있다 보니 음식, 담배, 담요에 진흙이 배어들었다. 설상가상으로 1937년 3월에는 주야장천 비까지 내려 물을 참호 밖으로 퍼내거나, 그렇지 않으면 참호를 버리고 떠나야 했다. 구릉 일대에서 윙윙거리며 부는 살을 에는 바람도 병사들을 괴롭혔다. 그들에게는 무기가 충분치 않았지만 국가주의자군에는 발사되면 높은 포물선을 그리며 참호에 거의 수직으로 탄이 떨어지는 박격포가 있었던 것도 병사들을 주눅들게 했다. 반면에 그들이 가진 것이라고는 영국 병사가 쇠파이프로 궁리해 만든 위험한 수제 박격포뿐이었다.

양군 사이의 무인지대에 널린 시신들에서 악취가 진동하기 시작하자 그것들을 야밤에 수거하여 매장해야 했는데, 이 일도 병사들이 지긋지긋하게 싫어했다. 진눈깨비가 내릴 때 변소 구덩이를 파는 일도 여간 성가신 일이 아니어서 의료 봉사자들이 간청하는데도 꾀를 부리다 결국은 병사들 모두 오염된 음식을 먹고 설사를 하기도 했다. 한 병사는 집에 보낸 편지에서 이렇게 썼다. 그런 일들이 "일상사가 되어, 우리는 (대수롭지 않은 일에 버럭 성을 내고 말하는 등) 의외로 예민하게 구는 행동에서부터 남성 호르몬이 넘쳐흐르는 행동에 이르기까지, 서로의 내·외면에 나타나는 변화무쌍한 기분을 훤히 꿰뚫 수 있게 되었어요."[12]

파이크 박사도 쓸 만한 변소를 짓고, 부족한 물과 모래만으로 식기 세척을 할 수 있도록 병사들을 여러모로 도왔다. 박사는 미국인들보다 위생면에서 하등 나을 게 없는데도 설사하지 않는 스페인 병사들을 보고, 참호 벽에 마늘 다발을 걸어놓고 매일 생마늘을 씹어 먹는 것에 그 답이 있다고 생각했다. 하지만 링컨 대대 병사들에게까지 생마늘을 씹어 먹으라고 말하지는 못했다.

병사들의 참호에는 뜬금없이 브로드웨이나 유니언스퀘어 같은 뉴욕시의 낯익은 거리 표지판들이 등장하기도 했다. 병사들은 참호 뒤쪽의 내리받이 경사면에 잠을 자거나 보온을 할 수 있도록 임시 대피소를 지었는데, 그중 일부는 붉은 점토 땅을 파 구덩이를 만든 뒤 그 위에 골함석 판 지붕을 얹고, 벽과 바닥에 널빤지를 댄 어엿한 지하 방을 구비한 것들이었다. 이것이 미국 전역에 산재한 수만 곳의 후버빌(판자촌)과 다를 게 없어 그런 이름이 붙게 된 것이다. 뉴욕 출신의 한 병사는 취재 온 기자에게도 이렇게 말했다. "이 전쟁이 끝나면 셋집에 살 일은 없을 거예요. 배터리 파크에 대피소 하나만 지으면 주거가 해결될 테니까요."¹³

달이 뜨지 않은 어느 밤에 거니는 "적군의 참호를 시야에서 가리는 포도나무 가지들을 잘라내기 위해"¹⁴ 병사 몇 명과 함께 참호 밖으로 나갔다가 황당한 일을 겪었다. "우리는 칠흑 같은 어둠 속에서 살금살금 발걸음을 옮기며 포도나무 가지들을 잘라냈다. 그런데 어느 순간 병사들이 곱절로 늘어난 느낌이 드는 것이었다. 말소리가 들리지는 않았지만 불현듯 적병들과 나란히 서서 가지를 자르고 있다는 것을 깨달았다. 적병들도 그 사실을 알아챘는지, 알자마자 양측 병사들은 부리나케 각자의 진영으로 내달렸다."

3월 14일에는 병사들이 공포와 승리의 순간을 함께 맛보았다. 무어인 부대가 소규모 이탈리아 피아트 탱크부대의 지원을 받아 그들(링컨 대대)의 전선과 가까운 곳에 있던 스페인 징집병들의 진지를 돌파하려 한 것이다. 나중에 '죽은 노새 진지의 전투'라는 비공식 호칭을 얻게 된 그 전투에서 공화파군은 무어인 부대를 격퇴하는 데 성공했다. 영국과 미국 병사들이 진지로 돌격해 들어갈 동안 프랑스 장교 한 명은 저격수로 힘을 보태고 소련 탱크들도 아낌없이 지원을 하여 잠시나마 국제적 연대의 이상이 구현된 듯한 단합된 행동을 보인 결과였다. 전투가 끝나자 스페인인들은 무어인 병사들의 시신이 흩어진 무인지대를 넘어와 링컨 대대에 사의를 표했다.

그러나 이런 일은 예외였을 뿐 내전이 진행된 대부분의 기간 동안 병사들에게는 이렇다 할 큰 일이 벌어지지 않았다. 게다가 참호에 붙박여 있기는 했지만 수효가 많았던 1차 세계대전 때의 군대와 달리 스페인 내전에 참가한 국제여단 군대는 수효가 적어 며칠에 한번 교대로 휴식을 취하고, 샤워를 했으며, 옷을 갈아입었다. 양질의 음식도 맛볼 여유가 없었다. 거니에 따르면 그 결과 "우리 중의 누구도 밤에 군복을 벗고 잠을 자보지 못했고, 따뜻한 음식도 몇 달 간 먹어보지 못했다. 저격당할지 모른다는 두려움과 간헐적으로 날아드는 박격포탄에 대한 두려움에 항시 시달렸다. 몸도 더러워 이가 버글거렸다. 영원히 벗어날 길 없는 함정에 빠져든 듯한 기분이 들기 시작했고, 그러자 병사들의 탈영도 잇따랐다. … 병사가 한 명 사라질 때는 모른 체 하는 것이 상책이었다. 그래야 공식 발표가 나지 않았다."

복무 기간이 정해지지 않았던 것도 병사들의 사기를 떨어트리는 데 일조했다. 어떤 병사들은 공화파가 금세 승리할 것을 확신하고 복무 기간을 따지지 않고 지원했는데, 어떤 병사들은 복무 기간이 여섯 달이라는 이야기를 듣고 지원했기 때문이다. 그런데 여섯 달이 지나도록 종전의 기미가 보이지 않자 제15국제여단 병사들은 급기야 항의 대표단과 고충처리위원회를 발족했다. 여단 신문《우리의 투쟁Our Fight》에는 "동지들이여, 불평 그만합시다"[15]라고 간청하는 글이 실렸다.

부실한 급식도 병사들의 사기를 떨어트렸다. 거니는 이렇게 썼다. "먹을 수 있는 것들을 몽땅 통 속에 쓸어 넣고 물을 부어 부글부글 끓이는 것이 요리의 전부였다. 이렇게 끓이면 고기 조각 몇 개와 올리브 기름이 둥둥 떠다니는, 감자와 마른 콩만 잔뜩 들어간 희끄무레한 수프가 만들어져 나왔다. 게다가 줄을 서서 배식을 기다리다 보면 음식은 차갑게 식어 있어, 먹기도 전에 입맛이 싹 달아났다."[16]

급식 상황은 그나마 그해 4월 말 스티브 넬슨이 링컨 대대의 신임 통제위원으로 부임하면서 개선되기 시작했다. 넬슨은 참사가 일어난 하라마 전투 뒤 미국 공산당이 스페인에 파견한 일군의 노련한 정치 운동가들 중 한 명으로 부드러운 말씨에 겸손한 외모 그리고 큰소리를 내지 않고도 권위를 세울 줄 아는 인물이었다. 그러다 보니 공산당 거물들(넬슨은 모스크바의 코민테른에서 일한 경력이 있었다)과 미국 의용병들 양쪽 모두의 신뢰를 받았다.

넬슨은 링컨 대대의 통제위원으로 부임한지 얼마 안 돼 부대의 사기를 진작시키는 데 도움이 될 만한 사람도 한 명 찾아냈다. 바로 샌프란시스코 출신의 일본계 미국인 잭 시라이였다. 시라이는 동료 지원병 두 명과 내전이 끝나면 식당을 함께 차려 스페인 내전 참가자에게는 식사를 공짜로 제공해주자는 이야기를 자주 주고받기는 했지만, 소총수로 복무하기를 고집했다. 그런 그를 넬슨이 위기가 발생하면 소총을 들게 해주겠다는 조건을 달고 링컨 대대의 취사장으로 보직을 변경한 것이다. 그러자 과연 예상대로 시라이의 음식을 먹어본 병사는 그를 "기적의 일꾼"이라고 불렀다.

국제여단이 세계인들의 주목을 받다 보니 제15여단은 명사들의 단골 순방지가 되기도 했다. 거니는 그들의 방문 광경을 이렇게 적었다. "명사들의 방문은 대개 연례행사로 고아원을 찾는 구제위원회 같았다. 더럽고 너저분하며 배고파하고 불확실한 미래에 절망하는 우리와 대조적으로 그들은 말끔하고 잘 먹어 기름기가 흘렀으며 옷차림도 단정했다. 무엇보다 짜증나는 일은 우리에게는 일상이었던 더러움과 악취를 그들은 30분만 견디면 된다는 것이었다. 가끔 머리 위를 휙 지나가며 현실을 일깨워주는 총탄이나 포탄도 그들에게 스릴을 제공해주었다. …"

"방문객들 중 가장 아니꼬운 작자들은 '이곳에서 제군들과 함께 머무를 수 있다면 얼마나 좋을까'라고 말하는 인간들이었다. 그 말에는 자기들은 중요한 일을 하는 존재여서 그럴 수 없지만 우리는 운 좋게 시간이 남아돌아 진짜 즐거움을 만끽한다는 의미가 내포돼 있었다." 병사들의 참호에는 굉장한 거물들의 행렬도 이어졌다. 누가 봐도 병사들의 가장 열띤 환영을 받았던 사람은 병영과 병동을 오가며 〈올 맨 리버Ol' Man River〉와 다른 노래들을 베이스 바리톤으로 구성지게 불러 미국인들은 물론 스페인인들에게서도 뜨거운 갈채를 받은 미국의 흑인 가수 폴 로브슨이었다.

그밖에 영국 노동당 당수 클레멘트 애틀리("그들은 통과할 수 없다"를 뜻하는 "노 파사란!No pararan"을 "우리는 통과하지 않는다!"를 뜻하는 "노 파사레모스!No pasaremos"로 잘못 말하는 실수를 범했다), 인도의 독립운동가 자와하랄 네루, 미국 영화배우 에롤 플린, 영국 시인 스티븐 스펜더, 미국의 소설가 시어도어 드라이저, 미국의 시인 아치볼드 매클리시, 미국의 시인 겸 소설가 랭스턴 휴스도 제15국제여단 진지를 다녀갔다. 이들 중 랭스턴 휴스는 여단의 운전병과 기술병들에게 시도 낭송해주었다. 한 의용병이 "그곳에는 셰익스피어를 제외한 모든 사람들이 있었다"[17]고 말한 대로였다.

거니의 회고록에는 이런 내용도 나온다. "방문객들 중에는 충만한 온후함 속에 진심과 위선이 교차하는 행동을 보인 매우 모순적인 사람도 있었다. 방탄 벽 뒤에 앉아 탄약 벨트 하나를 다 소진하도록 적군에 소총을 갈겨 적의 박격포 공격을 유인해놓고 정작 자기는 그곳을 떠나버렸다."[18] 이 문제의 인물은 다름 아닌 서른일곱 살의 나이에 세계적 작가의 반열에 오른 어니스트 헤밍웨이였다.

1920년대에 처음으로 소설 두 편과 뛰어난 단편 소설들을 쓴 헤밍웨이는 그 뒤 얼마간 초기작에 나타난 군더더기 없이 절제된 특징만큼이나 무모하고 현란한 특징을 지닌, 자기 스스로 만들어낸 페르소나에 삶이 지배되는 양상을 보였다. 그는 맹수 사냥을 하고, 투우사들과 교제하며, 기관총으로 상어를 잡고, 청새치를 낚시하는 일로 신문지상을 오르내리고 사진이 찍히곤 했다. 이런 풍모는 창작에도 반영되었다. 그리하여 8년 동안이나 소설 집필을 중단하고, 근래에 낸 두 편의 논픽션마저 혹평을 받자 평론가들—과 어쩌면 헤밍웨이 본인마저도—은 헤밍웨이가 작가의 감각을 잃어버린 것은 아닐까 하는 우려를 하게 되었다. 미국 시인 존 필 비숍도 이렇게 썼다. "헤밍웨이는 눈밭에 탄 얼굴, 낚시복을 입은 모습, 카리브해의 작열하는 태양에 검게 탄 얼굴, 구부정하게 몸을 구부리고 미소 띤 얼굴로 죽은 동물의 시체를 바라보는 건장한 미남 사냥꾼의 그 모든 사진들을 한데 뭉뚱그려 놓은 인물이 된 것 같다."[19]

헤밍웨이는 대공황의 와중에도 아프리카 사냥 여행을 주제로 한 작품을 쓰고, 1936년의 대통령 선거에도 참여하지 않았을 만큼 미국 작가로는 정치에 가장 무관심한 사람들 축에 속했다. 하지만 그러면서도 스페인에만은 거의 무조건적인 애정을 드러냈다. 스페인 여행을 토대로 한 작품이자 헤밍웨이가 처음으로 세계적 주목을 받게 된 『태양은 다시 떠오른다the Sun Also Rises』를 쓴 뒤에도 그는 친구들을 만나기 위해서나 혹은 투우를 주제로 한『오후의 죽음Death in the Afternoon』을 집필하는 데 필요한 자료를 수집하기 위해 스페인을 자주 찾았다. 헤밍웨이는 국가주의자의 쿠데타에 크게 분개했는데, 자신이 애호하는 문화를 파괴하는 폭력이라 보았기 때문이다. 헤밍웨이는 고등학교를 졸업한지 1년도 안 돼 미국 적십자사의 구급차 운전병으로 1차 세계대전에 참전한 경험이 있었던 만큼, 내전에 참가한 미국의 젊은 의용병들에게도 당연히 동질감을 느꼈다.

헤밍웨이는 스페인 내전이 자신을 위해 발발한 것처럼 느꼈다. 알고 지내는 기자에게 보낸 편지에도 이렇게 썼다. "스페인에서 어쩌면 큰 군사 퍼레이드가 또 한 번 시작될 수도 있겠지."[20] 그는 젊은 시절로 되돌아가려는 듯 옷도 퍼레이드에 맞게 입었다. 국가주의자군에 포위된 마드리드에서 소설가 친구 조세핀 허브스트를 만났을 때도 그는 "윤나는 부츠에 카키색 군복"을 입고 있었다. 머물러 지내던 호텔 플로리다가 포격을 받았을 때는 포탄 파편들을 주워서 그 표면에 파괴된 객실 수를 적어넣고, 불발탄으로는 램프를 만들었다.

링컨 대대의 전담의사 윌리엄 파이크 박사는 헤밍웨이를 이렇게 분석했다. "그는 실제보다 과장된 삶을 살았다. 관대하고 정직한 양심을 지니고 자기 일에 전념한 그의 내면에는 스스로를 거듭 '남자'로 입증해 보이고 싶은 필요성에서, 신체적 용기에 과도하게 집착하는 속 좁고, 불안정하며, 겁에 질리고, 공격성을 보이는 어린아이 같은 면이 숨어있었다. 헤밍웨이는 정신의학도 남에게나 필요한 것일 뿐 자신에게는 필요하지 않다고 말했다. 정신분석가와 상담하는 일도 나약함을 드러내는 것이라 보았다."[21]

헤밍웨이는 욱하는 성질이 있어 모욕을 받았다고 생각되면 그 당사자와 가끔 주먹다짐을 벌이기도 했지만, 사람을 판단하는 능력만은 뛰어났다. 파이크를 비롯해 자신이 특별히 좋아한 링컨 대대 의용병들과도 친하게 지냈다. 미국 의용병들을 향한 헤밍웨이의 따스한 감정은 전선에서 작성해 보낸 신문 기사에도 그대로 투영되었다. 그는 또 미국 의료팀을 위해 구급차 한 대를 마련할 수 있을 정도의 돈을 모았고, 일부 의용병들의 스페인행 뱃삯을 대신 지불해주었으며, 부상병들의 병문안도 갔다. 내전이 끝난 뒤에도 다수의 퇴역병들과 계속해서 연락을 주고받았으며, 궁핍하게 지내는 몇몇 퇴역병들에게는 돈을 빌려주거나 아니면 그냥 주기도 했다. 또 반유대주의 성향이 강하고 옥외 스포츠 애호가를 다룬 소설 쓰기를 즐기면서도, 구성원의 대부분이 대도시인들이고 유대인도 섞여 있었던 링컨 대대 병사들에게는 깊은 애정을 보였다.

헤밍웨이는 그 스스로 "불가피한 유럽 전쟁의 마지막 예행 연습"[22]이 될 것으로 확신한 스페인 내전에 관한 기사를 쓰기 위해, 50개 주요 일간지 발행사들로 구성된 북미신문연맹의 스페인 종군기자 직을 수락했다. 그런데 그것이 또 뉴스거리가 되어 본인이 말하기도 전에 언론은 이미 그가 유럽에 도착해 국경을 넘어 스페인으로 들어간 사실을 알아냈다. 헤밍웨이가 이번에 할 일은 네 차례의 긴 취재 여행을 하여 본국에 기사를 송고하는 것이었다. 그 대가로 북미신문연맹이 그에게 지불한 돈은 지금 화폐로 환산해도 1만 5천 달러가 넘는 1,000달러였다. 값비싼 대서양 횡단 케이블을 통해 보내는 기사에 대해서도 건당 500달러를 별도 지불했다. 헤밍웨이에게는 스페인이 전쟁을 재경험할 수 있는 곳이자, 젊음의 또 다른 일부를 되찾는 기회였다. 1920년대 초에도 그는 해외 특파원 생활을 한 적이 있었는데, 그때 기사 전송의 특성상 문장을 짧게 쓰던 것이 버릇으로 굳어져 그는 이후에도 계속 간결한 문체를 쓰게 되었다. 그리하여 이번에도 그 문체로, 비록 팻 거니를 감동시키지는 못했지만 스페인 전쟁에 대한 미국인들의 기억에 잊을 수 없는 흔적을 남겼다. 그는 또 허풍이 심한 평소의 태도와 달리, 작가와 군인의 경계를 넘어섰던 감동적인 어느날 밤에 대한 이야기는 단 한 마디도 언급하지 않았다.

한편 오래 전에 이미 그 경계를 넘어선 조지 오웰은 전선에서 네 달을 보낸 뒤 그 무렵에는 휴가차 바르셀로나로 돌아오고 있었다. 그때 열차를 탔던 경험을 그는 이렇게 적었다.

기차가 역에 들어설 때마다 더 많은 농부들이 객실 안으로 밀려들었다. 채소 다발을 든 농부, 겁먹은 가금을 머리가 아래쪽으로 향하도록 손에 쥔 농부, 봇짐을 진 농부들이 밀려들었다. 둥그렇게 말려 온 객실 바닥을 꿈틀거리며 돌아다닌 농부의 봇짐 속에는 알고 보니 살아있는 토끼들이 잔뜩 들어있었다. 마지막으로 수효가 제법 많은 양떼를 거느리고 탄 농부는 열차 칸의 빈 공간을 찾아 그곳으로 양들을 몰아넣었다. 민병대원들이 덜거덕거리는 열차의 소음을 집어삼키듯 혁명가를 소리 높여 부르고 철로변의 아리따운 아가씨들에게 손 키스를 보내거나 혹은 적흑색 손수건을 흔들었다. 포도주 병과 아라곤에서 나는 독주 아니스 병도 손에서 손으로 옮겨 다녔다. 이럴 때 염소 가죽 물통이 있으면 객차 건너편 친구의 입에 직접 분사할 수 있었으므로 손으로 옮기는 수고를 덜 수도 있었다. 내 옆자리에 앉은, 눈이 검은 열다섯 살짜리 소년은 전선에서 행했다는 자신의 멋진 무용담을 앞의 농부들에게 들려주었다. 새빨간 거짓말이 분명한 그 이야기를 농부들은 입까지 헤 벌린 채 잘도 들어주었다. 그리고는 이내 보따리를 풀어 색이 검붉고 끈적이는 포도주를 우리에게 주는 것이었다.[23]

그 무렵 오웰은 아직 에릭 블레어로 알려져 있었다. 오웰은 바르셀로나에 가고 싶어 안달이 나있었는데, 일 년 전쯤 결혼한 아내가 그와 가까운 곳에서 지내기 위해 근래에 스페인으로 이사왔기 때문이다. POUM의 영자 신문사에서 찰스 오르의 비서로 일하고 있던 아일린 오쇼네시 블레어는 그 시대의 많은 여성들이 그렇듯 외모와 누구의 아내 정도로만 기록물에 나타나 있다. 남편인 오웰조차도 스페인을 회고한 책에서 인물 묘사는 거의 없이 그녀를 "내 아내"라고만 간단히 언급해 놓았다. 찰스 오르도 "검은 머리와 둥근 얼굴, 그리고 크고 검은 눈을 가진 새침하고 예쁜 아일랜드 여자"[24] 그리고 매력적이고 활달한 여성으로만 그녀를 묘사했다. 아일린의 여자 친구 한 명도 "공중에 매달려 흔들리는 물체를 바라보는 새끼 고양이처럼 장난스럽게 눈동자를 굴릴 줄 알았던" 모습으로 그녀를 기억했다. 오웰은 전선에 있을 때도 아일린이 바르셀로나의 상점들을 다니며 어렵사리 구해 동료들과 함께 쓰라고 보내준 담배와 마가린 등의 생필품을 받아보았다. 하지만 스페인에 온 뒤에도 아내를 직접 만난 것은 몇 차례에 지나지 않고, 그것도 한 번은 아일린, 찰스, 영국인 친구 한 명이 하루 시간을 내 부대 참호로 찾아와 함께 만난 것이어서 둘만의 오붓한 시간을 가진 적은 거의 없었다.

오웰이 바르셀로나에 도착해보니 도시는 그가 스페인에 처음 도착했을 때 보았던 모습과는 판이했다. "민병대 군복과 위아래가 붙은 푸른 작업복도 거의 자취를 감추고, 시민들 모두 스페인 재봉사들이 잘 만드는 맵시 나는 여름 정장들을 입고 있는 듯했다. 뚱뚱한 부자 남성, 우아한 여성, 미끈한 차들도 어디에나 있었다."[25] 간단히 말해 그곳은 "부자와 빈자, 상류 계층과 하류 계층의 통상적 방식으로 사회가 다시 분리되었음을 주장하는 듯한" 모습을 띠고 있었다. "…스타킹 몇 켤레를 사려고 아내와 함께 람블라스 거리의 양말 가게에 들어갔을 때도 점주는 허리를 굽혀 절하고 손을 비비는, 영국에서도 하지 않는 행동을 했다. … 팁을 주는 관행도 은밀하고 간접적인 방식으로 다시 시행되고 있었다."

로이스 오르도 매일 걸어서 출근하는 길에 남자들이 넥타이를 다시 매고, 집단 상점과 사업장들이 정부 포고령에 따라 전전의 상태로 조용히 원상복구 되고 있던, 그와 유사한 광경을 목격했다. 로이스는 미국에 있는 자매에게도 이렇게 썼다. "노동자들이 오랫동안 억압과 고통을 당한 끝에 획득한 것들을 서서히 잃어가는 것 같아 참담한 기분이야."[26]

그러나 이런 현상은 표면상의 변화였을 뿐 바르셀로나의 내부는 긴장 상태에 있었다. 가정용품을 생산하던 공장들도 무기 제조공장으로 전환되었고, 집단농장의 농부들이 고기와 채소를 독차지하는 바람에 도시의 식품가도 치솟았다. 지하경제도 출현하기 시작했다. 로이스는 아일린이나 최근 외화를 가지고 스페인에 들어온 누군가가 "암시장에 있는 식당 한 곳으로 데려가 30페세타씩이나 하는 식사를 사주면" 죄책감이 들었으나 "… 늘 배가 고팠던 나는 그들이 사주는 음식을 넙죽 잘도 받아먹었다"고 썼다.[27]

오웰은 이런 변화의 책임이 카탈루냐 사회혁명을 향한 공화국 정부와 공화국에 조언해주는 소련 고문관들의 적대적 태도에 있다고 보았다. 그 주장도 물론 일리는 있었다. 하지만 그렇다고 그것만이 무정부주의자들의 꿈이 좌절된 요인은 아니었다. 찰스 오르도 노동자, 관리자, 비서, 게으른 자본가, 외국인 동조자 등의 모든 사람들이 하루 10페세타의 동일 임금을 받는다는, 일견 그럴싸해 보이는 포고에 의문을 가졌다. "이 현금 배급제는 겉으로는 단순명료해 보이지만 좀 더 깊이 들어가 보면 문제점들이 드러난다."[28] 일부 공장과 기업들에 근무하는 노동자들은 공짜 식사부터 담요, 주거에 이르기까지(그와 로이스가 받은 것과 같은) 모든 종류의 혜택을 부여받았다. 반면 또 다른 노동자들은 치솟는 인플레이션 때문에 물가가 올라 10페세타를 받아봐야 하루치 식량밖에 살 수 없어, 여윳돈이 거의 없거나 혹은 아예 없어졌다. 찰스는 유토피아의 꿈이 복잡한 현실에 부닥치면 그 외의 다른 문제점들도 드러날 것으로 보았다. "나는 민주사회주의자의 입장에서는 노동자의 직접 소유 개념에 매료되었다. … 반면에 경제학도로서는 상층부에서 조정이 이루어진다는 점이 우려스러웠다. 경제에 관련된 전반적인 의사결정을 중앙계획기구에서 하는 게 옳은지, 아니면 경쟁적 시장에 맡겨두는 것이 좋은지에 대한 판단이 서지 않았기 때문이다."

그밖에도 복잡다단한 문제들이 일을 어렵게 만들었다. 전기 요금을 내지 않는 것이 오르 부부만 있었던 것도 아니고, 돈에 쪼들리는 전기업체─노동자의 관리 하에 있든 있지 않든 간에─만이 전기 요금 수납에 어려움을 겪은 것이 아니었던 점만 해도 그랬다. 혁명의 첫 열기가 식은 뒤에는 특히 돈보다 여가가 중요하다고 느끼는 노동자들이 많아짐에 따라 이론상으로는 멋져 보인 "능력에 따른 개인에서 필요에 따른 개인"이라는 마르크스주의 이상을 시행하기가 어려워진 것 또한 문제였다. 그로 인해 공장 노동자들의 결근이 잦아졌고, 몇 달 전만 해도 문제없이 구할 수 있었던 식품과 원재료들도 도시의 도매상점들에서 동이 나 구하기가 어려워졌다.

그보다 더 심각한 문제는, 어느 사회도 하룻밤 사이에 혁명을 일으킬 수는 없다는 사실이었다. 공장이나 사업체의 소유주를 바꾸는 일과 오래된 습관을 바꾸는 일은 전혀 별개의 문제였다. 찰스도 이렇게 썼다. "사람들은 대체로… 오래된 습관을 바꾸는 데 애를 먹는다. 수천 명의 사람들이 혁명의 기회를 원하고 목이 터져라 혁명의 구호를 외친다고 해서 그 사실이 바뀌지는 않는다."[29] 찰스는 이런 사례를 들어 그것을 설명했다. "'여성 해방'을 주제로 한 대중 집회를 개최했을 때 강당에는 수천 명의 남자 노동자들만 모였을 뿐이었다. 목요일 저녁 집회에 여자를 데리고 나온다는 것이 그들로서는 금시초문이었기 때문이다."

혁명의 열정에 불탔던 로이스 오르도 종래에는 그 관점에 승복하는 태도를 보였다. "리버테리언들(무정부주의자)에게 여성 문제는 까다로운 주제다. 심지어 그런 개념을 가진 여자들마저, 추상적 혁명의 이상보다는 바느질과 아이 양육에 더 많은 관심을 가진 듯하니 말이다. … 무정부주의자 조직 〈해방여성〉이 벌인 최초의 대규모 운동은 … 매춘의 철폐였다. 이베리아 리버테리언 청년연합도 이 조직에 속해 있었다. 하지만 이것도 의용대원들이 휴가차 바르셀로나에 돌아왔을 때 공영주택들 앞에 길게 늘어선 줄을 줄이는 데는 효과를 발휘하지 못했다."[30]

전선에서는 멀리 떨어져 있었지만 나날이 심해지는 결핍 현상으로 인해 바르셀로나에서도 이제는 스페인이 전쟁 중이라는 사실이 느껴지기 시작했다. 히틀러의 불길한 군사력 증강으로 오래지 않아 유럽 전역이 전쟁터가 되리라는 사실도 뚜렷해졌다. 로이스가 동향 출신의 링컨 대대

의용병 조지프 셀리그먼이 마드리드 공방전 때 전사했다는 소식을 집으로부터 전해들은 것이 이 무렵이었다. 조지프의 부모가 아들의 유품을 찾기 위해 백방으로 수소문하던 중 로이스의 가족에게도 도움을 청해 벌어진 일이었는데 로이스는 그에 대해 이런 답장을 보냈다. "조지프 동지가 죽었다니 유감이에요. 그는 가치 있는 무언가를 위해 싸우다 죽은 것이라고 저를 대신해 그의 어머니께 말씀드려 주세요. 그의 유품을 찾는 데 저도 모든 노력을 기울이겠습니다."[31]

오르 부부는 어수선한 분위기 속에서도 가끔 하루 정도는 쉴 여유를 가졌다. 또 두 사람 모두 아일린 블레어의 상냥함과 유머 감각을 좋아했던 터라 어느 일요일 그들은 블레어와 이탈리아 친구 한명과 함께 교외로 나들이를 갔다. 이 자리에서 찰스가 예전에 잠깐 살았던 적이 있어 멕시코 말을 할 줄 안다고 하자 아일린은 세계대전이 일어나면 모두 함께 멕시코에 갈 수도 있겠다고 말했다. 다른 사람과 함께 하는 자리를 어색해하고 불편해한 오웰과 달리 아일린은 "싹싹하고 붙임성 있고 겸손했다. … 직장에서도 영웅 남편을 자랑하기에 바빴다. 그녀의 얼굴에는 남편을 사랑하고 자랑스러워하는 기색이 역력했다. 나로서도 물론 오웰에 대한 이야기를 매일 듣는 것이 영광이었다. 하지만 그다지 열중해서 듣지는 않았다. 그 무렵에는 오웰이 아직 파시즘과 싸우기 위해 스페인에 온 무명의 작가 지망생에 지나지 않았기 때문이다."[32] 찰스는 오웰이 "세상과의 소통을 위해 외향적이고 친화력 좋은 아내를 원한 것"이라 보았다. 그러고는 이렇게 썼다. "아일린은 말이 어눌한 남편이 다른 사람들과 의사소통을 잘 할 수 있도록 도왔다. 그녀는 결혼한 지 1년도 못돼 남편의 대변인 노릇을 했다."

이 작은 외국인 집단이 서로를 이렇게 알아가는 동안 도시의 정치적 긴장은 점점 고조되고 있었다. 로이스도 "마치 화약통 속에 사는 기분이다"[33]라고 썼고, 오웰은 그 변화의 이면에 "혁명의 진행을 원하는 사람과 그것을 억제하고 막으려는 사람들, 다시 말해 무정부주의자와 공산주의자들 간의 적대 관계"가 존재한다고 보았다. 한 외국인 방문객도 공산당사의 벽에 "소농의 재산을 존중하라"와 "소규모 생산업자의 재산을 존중하라"는 포스터들이 나란히 붙어있는 것을 보고 놀랐다. 무정부주의 지복천년을 약속한 스페인이 현실에서 멀어져가고 있었다.

도시의 긴장을 높이는 요소들은 그 밖에도 또 있었다. 공화국 정부가 여러 정파와 노조들에 따로따로 충성하는 오합지졸 의용군을 대체할 병력으로 급히 국군을 조직하려 한 것도 긴장을 높인 요인이었다. 공산주의 언론인이, 공산당도 암묵적으로 포함시켜 비난한 말을 빌리면, "대대 통제위원과 병참장교들만 해도 마드리드의 정치적 영향력을 이용해 자신들이 원하는 것을 얻으려고 했다. 해당 부서 전체를 자기 당 직원들로 채워놓고 값비싼 탄약, 기관총, 소총 등을 자기들 대대로 빼돌렸다"[34]는 것이다. 국가주의자를 물리치려면 강력한 중앙 사령부 아래 일사불란하게 움직이는 규율 잡힌 군대가 필요하다고 본 공화국 각료들의 주장은 합리적이었다. 오웰도 "이런 꼴을 한 군대에서 문제가 생기지 않는 것이 도리어 이상하다"고 썼다.

한편 하라마 전투 이후로는 그곳에서 별다른 후속 전투가 벌어지지 않았기에 헤밍웨이도 그 전선에 관해서는 개전 휴업 상태에 있었다. 하지만 다른 곳에서는 머지않아 프랑코가 계획한 국가주의자군의 협공 작전이 뒤늦게 속개되었다. 북쪽에서 시작된 이 부대의 공격은 스페인 중부 과달라하라주의 주도 과달라하라 시를 먼저 점령하고, 그 다음에는 예전과는 다른 방향에서 치고 들어가는 방식으로 마드리드 포위를 완결지어 마드리드-발렌시아 간 도로를 차단하는 것이 목표였다. 그런 목표 아래 1937년 3월 8일 국가주의자군 병력 5만 명이 공격을 개시하였고, 불과 며칠 사이에 30킬로미터를 전진해 들어갔다. 그런데 특이하게도 이번 작전에 투여된 병력 중 스페인인은 1만 5천 명에 지나지 않았다. 나머지 병력 3만 5천 명은 무솔리니가 보낸, 아마도 이탈리아 의용군(CTV: Corpo Truppe Volontaire)이었다. 이 수는 이탈리아나 독일이 스페인에 그때까지 파견한 군대로는 최대 규모였다.

이들에 맞선 공화파군 병력은 주로 이탈리아인들로 구성된 대대 하나를 포함해, 국제여단의 두 대대를 포함시켜도 국가주의자군에 비하면 규모가 형편없이 작았다. 그로부터 30년 뒤 외무장관이 된 피에트로 넨니도 국제여단에 속한 이탈리아 대대의 지휘관으로 참여했는데, 이탈리아 대대의 구성원은 대부분 정치적 망명자로 나라를 등진 사람들이었다. 이 사실은 외국 특파원들에게는 흥미진진한 기삿거리였다. 타국 땅에서 파시스트파 이탈리아인들과 반 파시스트파 이탈리아인들이 싸우는 모습을 취재할 수 있게 되었으니 말이다.

하지만 전투는 오래지 않아 무용보다는 검은 셔츠단의 허장성세를 더 중시한, 오합지졸 파시스트파의 치욕스런 패배로 끝났다. 무솔리니가 보낸 사단들 중의 하나만 해도 의용병이 아닌, 이탈리아가 얻은 새 식민지 에티오피아로 갈 것으로 예상하고 온 징집병들이었다. 눈이나 우빙雨氷이 자주 내리는 스페인의 3월 날씨에는 맞지 않게 열대 지방의 하절기 군복을 입은 병사들도 수두룩했다. 포로로 사로잡힌 또 다른 병사들은 고대 로마 장군을 다룬 서사 영화의 엑스트라로 출연할 줄 알고 스페인에 왔다고 말했다.

무솔리니의 지휘관도 사병들보다 나을 게 없어서, 비포장도로들만 표시된 미슐랭 도로 지도로 작전을 수행해, 트럭 2천 대가 진흙탕 길에 빠져 오도 가도 못하게 만들었다. 설상가상으로 그의 병사들까지 "형제들이여, 스페인인들은 자유를 위해 싸우고 있다. 적군을 탈영해 우리에게 오라!"[35]고 이탈리아어로 소리치는 공화파군 전선의 확성기 방송과 끊임없이 마주해야 했다.

실제로 그 전술에 넘어가 탈영한 병사들이 적지 않았다. 넘어간 것으로도 부족해 그들은 예전 동지들을 향해 탈영을 촉구하는 방송까지 했다. 결국 머지않아 국가주의자군의 공격은 병사 수천 명이 후방으로 도망치고, 6천 명 이상의 병사들이 죽거나 부상당하거나 포로로 사로잡힘에 따라 수렁에 빠져들었다. 그러자 무솔리니는 늘 그렇듯 이번에도 노발대발하면서 장군 몇 명을 본국으로 소환해서는, 치욕스런 패배를 만회할 수 있는 승리를 거두지 못하면 단 한 명의 이탈리아 병사도 이탈리아로 귀국시키지 않겠다고 으름장을 놓았다. 하지만 과달라하라 전투는 결국 그때까지 진행된 내전의 전개 과정에서는 볼 수 없던 공화파군의 완승으로 끝이 났다.

헤밍웨이도 본국의 독자들에게 과달라하라 전투의 결과를 신이 나서 송고했다. "길가에는 편지, 문서, 양식 포대, 휴대용 식기세트와 함께 버려진 기관총, 대공화기, 경박격포, 경전차, 트랙터들이 수북이 쌓여있고, 죽은 사람들도 도처에 널려있다."[36] 과달라하라 전투가 "사람들을 외적의 침략에 맞서 분노하고 단결하게 만들었다. … 열정의 파도가 사람들을 휩쓸었다"고도 썼다. 그것도 모자라 공화파군이 거둔 과달라하라 전투의 승리는 "세계의 다른 주요 전투들과 더불어 군사軍史에서 당당히 한 자리를 차지하게 될 것"[37]이라는 다소 과장된 주장도 폈다.

과장은 했을지언정 헤밍웨이와 다른 특파원들은 이탈리아인들까지 싸운, 내전 내의 또 다른 내전에 대해 그만큼 할 말이 많았다. 반면에 스페인 내전을 색다른 각도로 바라본 저널리스트들도 있었다. 미국의 가장 영향력 있는 신문 《뉴욕 타임스》 기자들이었다.

스페인 내전의 근저에는 두 사진에서 보듯 극심한 빈부격차가 자리해 있었다.

살라망카 주교와 교회의 다른 고위 성직자들이 스페인의 외인부대 창설자이자
프랑코의 선전 담당관이던 호세 미얀 아스트라이 장군 곁에서 손을 흔들고 있다.
스페인의 가톨릭 성직자들은 열렬한 국가주의자 지지자들이었다.

불타는 교회 건물. 폭도들은 공화
파 장악 지역에서 7천여 명의 성
직자를 살해하고 교회 건물 수백
동을 불태웠다.

바르셀로나에 소재한 호텔 리츠의 레스토랑이 1호 대중식당으로 개조된 모습.

국제여단 병사들이 철학과 문학 강의실들이 몰려있던 마드리드의 대학 건물을 방어하고 있다.
책을 장벽처럼 쌓아올린 모습을 눈여겨볼 것.

메리언과 로버트 메리먼 부부. 스페인을 떠나기 직전이던 1937년 11월에 찍은 사진인데 메리언 왼편에 선 사람은 로버트와 함께 군사행동을 하던 중 실종된 데이브 도란이다.

나치 비행기를 타고 스페인으로 실려 가기를 기다리는 모로코의 무어인 병사들.

마드리드 공방전 때 내전 사상 처음으로
미국인 희생자가 된 조지프 셀리그먼 주니어의 누이
루시 셀리그먼 슈나이더와 이 책의 저자
애덤 호크실드가 대담을 나누는 모습.

약관 19살에 바르셀로나의
사회혁명을 목격한 로이스 오르.

프랑코가 좋아한 텍사코의 토킬드 리버.

쿠데타 발발 이틀 후 바르셀로나 기리에 설치된 바리케이드 뒤에서
시민들이 국가주의자군에 맞서 도시를 방어하는 모습.

바르셀로나의 민병대원들이 결혼식을 거행하고 있다.

1936년 여름 수제 장갑차 위에 올라서있는 무정부주의자 민병대원들.

1938년 10월 28일 바르셀로나 거리에서 고별 행진을 벌이는 국제여단 병사들.

에브로강을 헤엄쳐 건넌 조지 와트(왼쪽)와 존 게이츠.

스페인 내전을 취재한 두 기자, 루이스 피셔와 버지니아 콜스.

스페인 내전 중에 꽃핀 영국인-미국인 로맨스의 주인공
토비 젠스키와 팻 거니.

게르니카의 폭탄 구멍 주위에 둘러서있는 국가주의사군 병사들.

1936년 9월 국가주의자군에 포로로 잡힌 공화파군의 민병대원들.
이런 죄수들은 흔히 처형되었다.

히틀러와 프랑코의 만남.

스페인 공화국 지지자였던 엘리너 루스벨트와 그녀의 남편 프랭클린 루스벨트.
프랭클린은 뒤늦게 스페인에 무기 금수조치를 취한 자신의 행위를
"중대한 실책"이라고 말했다.

미 육군 정보요원으로 의심받아
스페인으로 가는 도중 사울 웰먼의
감시를 받았던 빈센트 유세라
(줄무늬 양복을 입은 사람).

1938년 7월 에브로강 전투를 벌이기 직전,
링컨 대대의 한 지원병이 머리를 깎고 있다.

마드리드 폭격의 희생자.

스페인 내전 기간을 통틀어 최고의 혹한에 진행된 테루엘 전투에 참가한 병사들.

테루엘의 파괴된 건물들 사이로 진격해 들어가는 공화파군 병사들.

공화파군이 점령한 도시 테루엘에서 어니스트 헤밍웨이(사진 중앙), 제15국제여단(링컨 대대)의 작전 사령관 맬컴 던바(사진 왼쪽), 허버트 매슈스(헤밍웨이 뒤의 베레모를 쓴 인물), 공화파군 장군 엔리크 리스테르(사진 오른쪽)가 승리의 기쁨을 나누고 있다.

조지 오웰(사진 중앙의 키 큰 인물)과 그의 아내 아일린.
어느 날 아일린이 그가 복무한 전방부대를 방문했을 때 찍은 사진이다.

1938년 전투의 생생한 목격자들인 시인 제임스 네우가스(사진 위 면도하는 사람)와 저술가 알바 베시(사진 아래).

국가주의자군을 향한 최후의 필사적 공격을 하기 위해 에브로강을 건너는 공화파군 병사들.

프랑스로 향하는 난민들. 스페인 내전이 끝난 뒤 피레네 산맥을 넘어
프랑스로 넘어간 공화파 난민은 50만 명에 달했다.

9. 뉴욕 타임스가 바라본 스페인 내전

베레모를 쓰고 비쩍 마른 몸에 회색 프란넬 양복을 입은, 말투가 사근사근한 서른일곱 살의 허버트 L. 매슈스는 스페인 내전을 취재한 《뉴욕 타임스》의 주 특파원이었다.[1] 영국인 팻 거니의 눈에는 그가 이렇게 보였다. 매슈스는 "양키 은행가처럼 보였고 행동도 그렇게 했다. 큰 키에 피골이 상접하도록 마른 체격이다 보니 옷을 입은 모양도 꼭 빨래걸이에 옷을 걸쳐놓은 것 같았다. 앙상하고 긴 얼굴에는 늘 못마땅한 표정이 서려 있었다. 참호들을 돌아다니며 취재하는 그를 만났을 때 나는 독특한 인상을 받았다. 사무실에서 막 튀어나온 듯 셔츠와 타이를 갖춘 도시 정장을 입고 있었는데, 옷은 다소 구식이고 신발도 할아버지 세대의 도시 신사들이 신던, 끈으로 매는 부츠 종류를 신고 있었다. 링컨 대대 병사들에게는 다소 냉대를 받았다. 《뉴욕 타임스》의 특파원이다 보니 공화국을 지지하는 우리의 대의와는 맞지 않을 것으로 지레 짐작을 한 것인데, 알고 보니 그것은 우리의 오판이었다."[2]

국제여단의 일부 관료들은 미국 의용병들의 들끓는 불만에도 불구하고《데일리 워커》,《니그로 워커》,《소비에트 러시아 투데이》와 같은 신문들만 부대 반입을 허용하고, 자본주의 신문인《뉴욕 타임스》는 읽기에 "부적합한 신문과 잡지"[3] 목록에 올려 반입을 허용하지 않았다. 하지만 집에서 우편으로 보내주는 스크랩 기사까지 막을 수는 없었고, 그리하여 병사들은 이윽고《데일리 워커》의 특파원보다 매슈스를 훨씬 더 환영하게 되었다.

배경으로만 놓고 보면 매슈스는 공화국의 열렬한 지지자가 될 것으로 기대하기 힘든 인물이었다. 1920년대에 이탈리아에서 공부할 때 무솔리니를 찬양한 것이나, 1929년 아시아를 방문했을 때 일본의 역동성에 그 못지않게 깊은 인상을 받은 것만 해도 그랬다. 스페인에 오기 전이던 1935년에도 그는 지금의 우리가 종군기자라고 부르는《뉴욕 타임스》의 특파원으로 이탈리아군을 따라 에티오피아에 가서, 그가 몰랐던 세계의 한 지역에서 전쟁을 취재하는 "스릴 만점의 체험"[4]을 했다. 식민주의를 당연시하던 시대였던 만큼 그도 당시에는 이탈리아의 에티오피아 점령을 "사악하고 유혈적인 욕망을 지녔으며 철저하게 미개한" 원주민들이 사는 "에티오피아에 이탈리아인들이 문명을 가져다준" 행위로 보았다. 이탈리아 병사들이 에티오피아에서 "눈부신 전쟁"을 벌였다고 말하는 기사도 썼다. 에티오피아에는 무솔리니의 폭격기와 독가스에 대처할 만한 현대식 무기가 없었다는 사실은 고려하지 않았다. 병사와 민간인 사망자가 수십만 명 발생했는데도 에티오피아인들이 과연 이탈리아에 정복되기를 원했을까라는 물음에 대해서도 그는 그렇다고 하면서 "대다수 원주민들은 이탈리아 점령을 지지한다"고 주장했다. 그런 점에서 보면 매슈스가 무솔리니가 새로 임명한 에티오피아 총독에게 메달을 수여받은 것도 놀라운 일은 아니다. 이탈리아인과 외국인을 통틀어 그 전쟁을 취재한 저널리스트가 메달을 받은 것은 그때가 처음이었다.

이런 매슈스가 스페인에서는—아프리카의 "미개인"이 아닌 "유럽인"에게 폭격이 가해지는 것을 본 무정한 다른 기자들과 마찬가지로—공화국 지지자로 변모한 것이다. 매슈스는 "스페인인들이야말로 훌륭한 인간들이다!"[5]라고 쓰고는, "우리가 사는 이 세계의 당면한 운명이 여기서 결정된다"는 생각으로 국가주의자군에 포위된 마드리드 시민들을, 무솔리니에게 희생된 아프리카인들에게는 결코 느끼지 않았던 방식으로 자신과 동일시했다. 기묘하게도 그는 두 관점 사이의 모순을 인지하지 못했다. 두 전쟁을 다룬 회고록 제목도 경쾌한 느낌이 드는 『두 전쟁과 앞으로 다가올 더 많은 전쟁Two Wars and More to Come』으로 정했으니 말이다. 하지만 스페인에서는 그의 입장이 분명했다. 매슈스는 10년 뒤에 쓴 글에서도 공화국의 방어가 "사람들을 기꺼이 그리고 자랑스럽게 죽게 만들었다. 그것이 우리의 삶에 의미를 부여해주고, 용기와 인간성에 대한 믿음을 주며, 국제주의의 뜻을 깨우쳐주었다. … 우리가 형제가 될 수 있음을 배운 곳도 이곳이었다"고 썼다.

그러나 엄격한 논조를 지닌 장문의 《뉴욕 타임스》 칼럼에 감정에 치우친 당파심을 그대로 표현하기는 힘들어 실제 기사 내용은 상당히 절제된 채 실렸다. 하지만 객관성을 표방하는 미국의 일간지 기자들도 기사에 사용하는 단어를 교묘히 선택하면 얼마든지 사적 견해를 나타낼 수 있었다. 따라서 매슈스의 기사를 읽어본 사람들이라면 그의 정치관을 모를 리 없었다.

지금은 《타임스》라는 약칭으로도 불리는 《뉴욕 타임스》는 유대인이 소유하고, 가톨릭이 편집하며, 프로테스탄트들이 읽는 신문이었다. 멋진 수트 차림에 식도락을 즐기고 단장을 들고 다니며 흥겹게 노는 밤 생활을 좋아해 일찌감치 사무실을 떠나, 야간 근무 "편집진"에 최대한의 자유를 부여해준 에드윈 L. 제임스(1890~1951)가 주필을 맡고, 그의 밑으로 신문 1면의 레이아웃을 담당한 닐 맥닐(책도 몇 권 집필하고 도덕의 퇴보를 주제로 강연도 했던 활동적인 가톨릭 신자였다)과, 맥닐이 비번일 때 그를 대리해 편집진을 이끌고 매슈스에게 "거의 광적인 종교인"[6]으로 불린 가톨릭 개종자 클래런스 하우얼이 있었다. 따라서 외신 기사를 편집하고, 신문 1면에 실을지 말지를 결정하며, 때에 따라서는 자신들의 정치 성향에 맞게 기사의 제목을 고치는 일을 한 것도 두 사람이었다("사제, 파시스트 국가들을 옹호하다"라는 제목을 나중에 발행된 신문에서는 "사제, 소비에트를 미국의 진정한 적으로 보다"로 바꾼 것이 좋은 예다).

신문을 주의 깊게 읽는 독자들은 이윽고 스페인 전쟁이 전장에서뿐 아니라 《뉴욕 타임스》 내에서도 전개되고 있다는 사실을 알게 되었다. 한 주간의 전쟁 소식이 요약된 일요판에서도 신문사의 집안싸움은 계속되었다. 가령 1937년 2월 14일자 일요판에는 이런 기사가 실렸다. "프랑코 장군이 해안지대에서 마드리드로 이어지는 도로를 끊으려 애쓰고 있는데, 이는 사실상 보급로를 막으려는 것이다. … 수도 마드리드와 발렌시아를 잇는 도로는 이제 사실상 못쓰게 되었다. … 프랑코의 병사들이 아르간다 다리에서 그 도로를 넘어갔다는 주장도 제기되었다."[7]

스페인에 있던 매슈스는 뉴욕에서 작성한 이 기사가 자신을 노골적으로 모욕하는 것이라 보고 분개했다. 프랑코의 군대가 그 도로를 끊는 데 실패했다는 기사를 송고한 것이 불과 하루 전이었기 때문이다.[8] 매슈스와 또 다른 특파원은 고물 택시를 타고 포화가 난무하는 아르간다 다리를 실제로 건너기까지 했다. 매슈스는 결국 그 도로가 여전히 공화파군 수중에 있다는 후속 기사를 내보냄으로써, 자신이 싫어한 제임스를 곤경에 빠뜨렸다.

3월에 벌어진 과달라하라 전투 때도 《뉴욕 타임스》 편집진은 매슈스의 기사에서 프랑코 군대가 이탈리아인 위주로 편성되었고, 전투 역량도 형편없었다는 내용을 삭제했다. 그의 기사를 본 워싱턴 주재 이탈리아 대사관으로부터 거센 항의를 받았기 때문이다. "죽은 병사들의 시신, 포로, 온갖 물품들…. 모두가 이탈리아인, 이탈리아제 일색이었다"[9]고 매슈스가 전투 뒤에 쓴 기사의 일부 문장을 뉴욕 본사의 편집진은 (프랑코의 국가주의자군을 지칭하는 용어로 자주 사용된) "반도Insurgent, 반도들 일색이었다"로 고쳤고, 나중에 발행된 신문에서는 그마저도 삭제해버렸다.

매슈스는 분격했다. 몇 권이나 되는 그의 회고록에도 제임스와 편집진을 향한 폭언이 가득했다. 심지어 제임스가 보낸 전언을 "면피용 발언"이라고 비난한 것을 비롯해, 뉴욕의 편집진과 험악한 내용의 전보들을 주고받기도 했다. 매슈스가 죽을 때 콜롬비아대학교에 남긴 기록물에도 당시 《뉴욕 타임스》에 타전했던 기사의 복사본이 들어있으니, 본래의 기사 내용이 편집 과정에서 어떻게 변질되었는지는 역사가 평가해줄 것이다. 하지만 지금 시점에서 그것들을 면밀히 살펴본 결과, 《뉴욕 타임스》 본사의 내부 검열은 그리 심하지 않았던 것으로 드러났다.[10] 요컨대 "이탈리아인"을 "반도"로 바꿔 쓴 것 이상으로는 기사의 내용을 터무니없이 왜곡한 부분이 없었다는 얘기다. 실제로 신문지상에서 벌어진 스페인 내전은 예민했던 매슈스와 뉴욕의 편집진 사이에서가 아니라, 국가주의자군

쪽에서 취재활동을 하며 지근거리에서 매슈스와 경쟁을 했던《뉴욕 타임스》의 또 다른 특파원 사이에서 벌어졌다.

동료 저널리스트들 사이에 "빌 장군"이라고도 불린 윌리엄 P. 카니는 독실한 가톨릭 신자로 노골적인 프랑코 지지자였다. 그러다 보니 매슈스와도 수년 간 전선을 사이에 두고 간접적인 대결을 벌일 수밖에 없었다. 매슈스가 국가주의자군의 폭격과 포격에 희생된 민간인 사상자 그리고 히틀러와 무솔리니의 지원을 받는 프랑코에 집중하는 기사를 쓴 반면, 카니는 국가주의자군이 장악한 지역 주민들의 활기찬 모습과 공화파군에 살해된 사제들을 다룬 기사에 집중했다. 매슈스가 국가주의자군의 치욕스런 패배로 끝난 과달라하라 전투를 취재하자, 카니는 스페인 남부의 세비야로 가서 "축제 분위기"로 떠들썩한 마을에 대한 기사를 장황하게 썼다. 심지어 라디오 방송에서 무어인 병사들에게 마드리드 여자들을 선사해주겠다는 발언을 하여 악명을 떨친 곤살로 케이포 데 야노 장군을 미화하는 기사도 썼다("그는 인망을 확실히 얻었고 … 군인다운 거동을 보이며 … 친화력 있고 미소 띤 얼굴로 사람들에게 진정성 있게 인사를 한다"[11]).

카니의 일부 기사는 미국에서도 프랑코 지지자들에 의해 팸플릿으로 재발간되었다. 스페인 주재 미국 대사 클로드 바워스에 따르면, 어느 때인가 카니는 국가주의자 라디오 방송국에서 프로파간다 방송을 하면서 끝맺음 말로 프랑코군의 전쟁 구호인 "스페인 만세Arriba Espana!"를 외쳤다고도 한다.[12] 카니는 스페인 공화국에서 "민주주의처럼 보이는 형태와 행정의 모든 관례는 사라지고 없다"고 하면서, 노동자들이 노조에 가입한 것도 "강요에 따른" 것이었다고 썼다. 내전 초 마드리드에서 잠시 머물러 지낸 뒤에 작성한 것으로 위의 기사에 들어 있던 또 다른 글에서는 그가 프랑코군에 맞서 싸우는 사람들에게 분노를 표출하다 못해, 여섯 문이 넘는 공화파군 야포와 대공화기의 정확한 위치까지 노출시켰다.

카니는 국가주의자군이 장악한 스페인 지역을 여행할 때면, 나치 독일 대사관을 우편물 수령 주소로 정해놓았을 만큼 자신의 정치성을 드러내는데도 거리낌이 없었다. 카니가 가톨릭 우애 단체인 콜럼버스 기사단으로부터 "저널리즘에 기여한 공로"로 금메달도 수여받은 반면 매슈스는 가톨릭의 공격을 받았다. 미국의 가톨릭교회 사제 겸 교육자로, 열렬한 프랑코 지지자였던 조지프 소닝 박사만 해도 매슈스를 "열광적인 공산주의 지지자"라고 불렀으며, 저명한 가톨릭교도들과 합세해 스페인에서 그를 소환하도록 《뉴욕 타임스》에 압력을 넣는 운동을 전개하기도 했다. 하지만 매슈스는 신문사 사주들의 지원—《뉴욕 타임스》 발행인 아서 헤이즈 설즈버거 부부가 그의 대부였다—을 받고 있었기 때문에 자리에서 간단히 떨려나지는 않았다.

몇 달 뒤에는 두 특파원 간의 저널리즘 싸움이 더욱 노골적으로 변했다. 하지만 최종적으로 승리를 거둔 쪽은 매슈스였다.

과달라하라 전투가 끝난 지 열흘 후, 소형차 한 대가 발렌시아를 출발하여 구불구불한 도로를 따라 국가주의자군에 포위된 마드리드로 향했다. 차 안에는 미국에서 막 도착한 스물여섯 살의 버지니아 콜스 기자와 공화국 정부 보도국에서 상근직으로 일하며 자유기고가로도 활동하고 있던 밀리 베넷이 타고 있었다. 콜스는 나중에 베넷의 인상을 이렇게 적었다. 그녀는 "원숭이처럼 생긴 얼굴에 두꺼운 뿔테 안경을 쓰고 있었다. 성격은 매우 다혈질이었는데, 나는 그런 그녀가 단숨에 마음에 들었다.

… 정치적인 신념은 좌파 성향이었지만, 웬일인지 그날 아침에 그녀는 떨떠름하게 말을 했다." 베넷은 당시 차 안에 함께 타고 있던 세 번째 승객, 영어를 할 줄 모르고 손톱에는 니코틴 때가 낀 노령의 사제에 대해 말하고 있었다. 공화국의 공보 업무를 담당하는 그녀가 사제를 이렇게 깎아내리는 말을 했다. "이 늙은이라면 내가 잘 알지. 그는 사기꾼이야. 프랑스 전역을 돌며 스페인의 공화국 장악 지역에서 사제들이 좋은 대우를 받고 있다는 강연을 하고 있지. 그 일을 해서 떼돈을 벌었어."

외국 특파원들 중에는 여자가 드물었다. 밀리 베넷만 해도 숫기 좋고 남자 같은 성격 덕분에 저널리즘계에 발을 붙일 수 있었다. 반면 콜스는 베넷과는 다른 경로로 저널리즘계에 입문했다. 유명한 정신과 의사의 딸로 친구들에게 지니라는 애칭으로 불렸던 콜스는 보스턴에서 자라고 대공황의 전조로 주식시장이 붕괴하기 전 1928~1929년의 마지막 "시즌"에 사교계에 데뷔한 재원이었다. 기질적으로 반골은 아니었으나 세상을 둘러보고 글을 쓰려는 열망은 강했다. 하지만 저널리즘계에 발을 들여놓자마자 곧 여자가 그 일을 하기는 쉽지 않다는 것을 깨달았다. "곤란하게도 그들이 내게 매번 원한 것은 여성의 관점이었다"[13]가 신문기사를 작성하기 시작했을 때 그녀가 알게 된 사실이었다. 그러다 보니 취급하는 기사도 대부분 "콜스 양, 사교계에 갓 데뷔한 소녀들이 선정한 남편상을 해부하다"와 같은 것들이었다. 하지만 그녀는 기필코 스페인 내전을 취재하는 특파원이 되려고 했다. 나중에 콜스가 쓴 글을 보면 당시 "여자가 종군기자가 될 수 있는 길은, 좋은 기사를 쓰겠다면서 원하는 신문사에 무조건 떼를 쓰는 것뿐이었다." 그래서 그녀도 그 전략을 구사했는데, 이것이 허스트 계열 신문사의 최고 경영자들에게 먹혔다.

스페인에 온 콜스는 남자 일색인 동료 기자들에게 스스럼없이 조언을 구했고, 그들도 앞다투어 그녀를 도와주려고 했다. 호리호리한 몸매에 옷도 우아하게 입고 멋스럽게 쓴 베레모 밑으로 검고 긴 머리를 찰랑거리고 다닌, 배우 로렌 버콜을 닮은 눈부신 미모의 소유자였던 것도 그녀가 남자들의 호감을 산 요인이었다. 콜스에게 홀딱 반했던 한 남자도 넓은 미간 양쪽에 붙은 그녀의 커다란 갈색 눈이 "한결같이 사람들을 사로잡았던" 것으로 기억했다.[14] 콜스 본인도 기자 생활을 하던 어느 때 그런 느낌을 받았다. 일반 자동차나 택시를 이용할 수 없어 쩔쩔매고 있을 때 남자 사진사 한 명이 그녀의 여행가방을 1마일이나 들어준 것이다. 그에 대해 그녀는 이렇게 썼다. "여성이라는 종種으로 존재한다는 것은 참으로 멋지다는 생각이 들었다."

그녀의 표현을 빌리면 "호기심만 왕성했을 뿐 종군기자의 자격은 전혀 갖추지 못한"[15] 사교계 아가씨는 이윽고 그 분야의 가장 유능한 저널리스트들 중 한 명으로 발돋움했다. 아닌 게 아니라 대다수 다른 미국 기자들이 쓴 회고록들이 진부하게 느껴지는 반면, 스페인 취재 기사의 일부를 면밀하게 끌어다 쓴 콜스의 자전적 작품 『고난을 찾아서Looking for Trouble』는 지금 읽어도 실감이 난다.

스페인에서 콜스를 만난 사람들은 남녀 할 것 없이 모두 그녀의 화려한 미모, 하이힐, 사교계 출신인 것에 대해서만 언급을 했다. 하지만 본인 입으로는 결코 말한 적 없는 특권과 고난이 기묘하게 교차한 그녀의 초기 삶도 어쩌면 저널리스트로서 그녀가 이례적으로 두각을 나타낸 것에 대한 설명이 될 수 있을 것이다. 콜스는 양육권 쟁탈전이 수반된 양친의 쓰라린 이혼 뒤 혼자가 된 어머니 밑에서 자매 한 명과 함께 자랐다. 남편에게 위자료 한 푼 받지 못한 어머니는《보스턴 헤럴드》의 식자공으로 일하는 한편, 부업 삼아 쓴 글로 가욋돈을 벌어 두 딸을 키웠다. 그녀가 다른 신문사의 편집자가 된 것은 훨씬 나중 일이었기 때문에 열한 살이 된 버지니아를 사립학교에 보냈을 때도 어머니는 두 가지 일을 동시에 하고 있었다. 버지니아도 각종 자선 행사나 무도회의 게스트로 보스턴 사교계에 이름을 올리기는 했지만, 때가 대공황 초기였던지라 광고 영업이나 잡지 구독 영업을 하며 스스로 생계를 꾸려가야 했다. 그러다 1932년 어머니가 사망하여 보험금을 지급받은 뒤에야 그녀는 비로소 목돈을 만지고 세계 여행길에 오름으로써 글쟁이가 되어 신문 기사 작성하는 일로 행동반경을 넓힐 수 있었다.[16]

마드리드에서는《데일리 익스프레스》의 세프턴 "톰" 델머 기자가 그녀에게 처음으로 취재 요령을 알려주었다. 콜스는 자신의 저서에 그때의 경험을 이렇게 적었다.

호텔로 돌아가는 길에 그란 비아를 따라 길을 걸으며 내가 도시에 얼마나 자주 포격이 가해지는지를 묻자 톰은 걸음을 멈추며 심각한 표정으로 손목시계를 들여다보았다. 그러더니 '정오가 지났네요. 보통은 점심시간 전에 몇 개를 떨어뜨리는데'라고 말하는 것이었다. 그 말이 끝나기 무섭게 천이 찢어지는 듯한 소리가 들렸다. 처음에는 부드럽게 들리다 쉿 소리로 변해가며 한 순간 정적이 흐르는가 싶더니 거리 끝에 있는 백색의 석조 통신회사 건물로 포탄이 쾅 떨어졌다. 건물 벽돌과 재목들이 바닥에 떨어져 부서지면서 거대한 먼지 물결이 일어났다. 그곳에서 불과 27미터밖에 떨어지지 않은 보도에도 두 번째 포탄이 떨어지고, 길모퉁이에 있는 목재 공동주택들에도 세 번째 포탄이 떨어졌다. 사람들이 모두 뛰면서 현관과 복도 쪽으로 뿔뿔이 흩어지는데, 그 모습이 마치 세찬 돌풍에 흩날리는 종잇조각들 같았다.

톰과 내가 향수 가게로 피신해 있는 동안에도 포탄은 계속 떨어졌다. 나의 심장도 쿵쿵 불규칙하게 뛰었다. 벽돌과 유리창이 굉음을 내며 부서져 내리는 것이나 먼지가 햇볕을 자욱하게 가린 모습이 꼭 성서 속의 무시무시한 재앙이 20세기에 현실로 나타난 형국이었다. …

반시간 가량 지속되던 포격이 끝나 거리로 나와 보니 도로에는 벽돌과 파편들이 어수선하게 널려있고, 전봇대도 술 취한 사람처럼 비스듬히 건물을 가로질러 쓰러져있으며, 전선들은 다발이 풀어져 마치 기드림처럼 늘어져 있었다. 모자 가게 이층에도 큰 구멍이 뚫렸고, 길모퉁이의 자동차는 뒤틀린 쇳덩어리로 변해있었다. 그곳에서 멀지 않은 인도에는 죽은 두 여인에게서 나온 피가 튀어있었다. … 피가 빠르게 흐를 정도의 공포를 느끼기는 생전 처음이었다.[17]

콜스는 다른 외신 기자들과 함께 아르누보 풍의 대리석으로 도배가 된 호텔 플로리다에 머물렀다. 이 호텔은 옆 골목길이 내려다보이는 객실의 전망 때문에 처음에는 가격이 쌌으나, 나중에는 그 점이 도리어 국가주의자군의 포격을 피할 수 있는 장점이 되어 가격이 비싸진 곳이었다. 콜스는 머지않아 헤밍웨이의 스위트룸에서 열린 심야 모임의 고정 멤버가 되었다. 저널리스트들끼리 프랑스에서 가져온 맥주, 위스키, 구하기 힘든 통조림 햄, 파이를 먹으며 어울리는 모임이었는데, 헤밍웨이가 우쭐대며 사냥으로 잡아와 호텔 여급에게 조리를 시킨 산토끼와 꿩 요리가 가끔 테이블에 오르기도 했다(마드리드로 통하는 도로들이 적군의 포화를 받게 되어 한때는 호화로웠던 호텔 레스토랑이 이제는 빵, 양파, 콩 요리밖에 제공해주지 못했다). 기자들은 헤밍웨이가 좋아하는 쇼팽 레코드를 틀어놓고 먹고 마셨다. 하지만 스페인의 석탄이 대부분 전선 너머에 있었던 탓에 도시가 난방을 못해 실내에서도 외투는 계속 입고 있어야 했다.

헤밍웨이라는 태양을 중심으로 돌아간 호텔 플로리다의 저널리스트 모임에는 콜스 외에 《데일리 익스프레스》의 델머, 《뉴욕 타임스》의 매슈스, 대중 잡지 《콜리어스Collier's》의 기자 마사 겔혼도 있었다. 특히 마사 겔혼은 헤밍웨이와 로맨스를 시작하여 머지않아 유명해졌고, 몇 년 뒤에는 그의 세 번째 아내가 되었다.

작가 헤밍웨이에게는 스페인 내전이 소설의 재료일 뿐 아니라, 그가 언제나 연기를 해온 대형 무대이기도 했다. 관객은 다른 작가, 장군, 보병, 외교관, 각료, 스페인을 방문하는 귀빈 등 늘 바뀌었다. 헤밍웨이에게는 이 모든 이들을 감동시키려는 강박관념이 있었던 것 같다. 공화국 정부 보도국에서 일한 케이트 망건도 헤밍웨이를 이런 인물로 기억했다. "늘 동료들과 함께 온 … 헤밍웨이는 얼굴이 붉고 거구에 거칠거칠한 트위드 옷을 입고 있었다. 악수할 때는 손이 아프도록 꽉 잡았다. 그를 만나는 사람은 누구나 전면에는 주연인 그가 서고 후면에는 정체불명의 아첨꾼들이 포진해 있다는 인상을 받게 된다."[18] 헤밍웨이에게는 뉴욕의 최고급 백화점 삭스 피브스 에비뉴의 옷과 시폰 스카프로 완벽하게 멋을 부린 금발의 매력적인 겔혼을 대동하고 다니는 것도 연기의 일부였다. "흠잡을 데 없이 골고루 태운 피부에 머리도 우아하게 가꾸고 리넨 옷을 입고 있던 겔혼은 길이가 다소 짧은 스커트 차림으로 테이블 위에 앉아서는 가늘고 긴 다리를 도발적으로 흔들었다. 스페인인들은 그녀의 이런 태도를 못마땅해했다. 성적 매력은 한 사람에게만 보여주는 것이며, 은밀할수록 좋다는 것이 그들의 생각이었다."

특파원들에게는 그들이 기사를 송고하는 텔레포니카 건물의 길 바로 아래쪽에 있는 호텔 플로리다가 세상의 중심으로 느껴졌다. 파리의 한 일간지 특파원이 되어 스페인 내전을 취재한 파일럿 겸 소설가 앙투안 드 생텍쥐페리와, 각 나라 지원 조종사들로 비행대대를 조직하여 공화파를 도운 작가 앙드레 말로도 호텔 플로리다를 들락거렸다. 미국 시인, 스웨덴의 노조 지도자, 영국 하원의원도 호텔 플로리다 로비에서 마주쳤을 만한 사람들이었다. 전선과 가까워 위험했던 호텔의 위치도 그곳에 머문 사람들에게는 강력한 최음제가 되었다. 델머는 야밤에 포격이나 공습이 있는 날이면 "객실 손님들이 지하 대피소로 몸을 피했기 때문에 모든 종류의 밀통이 들통났다. 어니스트 헤밍웨이와 마사 겔혼도 그중 하나였다"고 썼다.[19] 호텔은 10층 꼭대기까지 유리 지붕 덮인 아트리움이 설치돼 있어 커플들이 방에서 뛰쳐나오는 모습이 다른 층에서도 보였다.

한 영국인도 알게 되었듯 호텔 플로리다의 몇몇 객실은 매춘 장소로도 쓰였다. 좌파 대의를 열렬히 지지했던 캔터베리 교구의 지구장 휼렛 존슨 신부가 문제의 그 영국인이었다. 소설가 조세핀 허브스트는 그를 "검은 성직자 옷을 입고 … (『이상한 나라의 앨리스』에 나오는) 험프티 덤프티처럼 생긴 큼지막한 핑크빛 얼굴에, 아이들이 입는 치마 끝의 레이스 모양으로 대머리 주변에 둥그렇게 머리털이 난 다정다감한 호인이었다"[20]고 묘사했다. 사달은 이 신부가 묵게 될 객실에서 국제여단 병사들을 상대로 매춘 행위를 한 모로코 창녀 두 명이 어느 날 아침 퇴실 절차를 밟으면서 일어났다. 델머는 그때의 상황을 이렇게 썼다. "신부가 입실해 짐 정리를 마치자마자 노크 소리가 들렸다. 문을 열어보니 전선에서 여자들을 만나려고 온 영국 병사 몇 명이 복도에 서있었다. 하지만 그 사실을 알 턱이 없던 신부는 영어를 구사하는 그 젊은이들이 그들의 동지인 명망 있는 공산주의자 신부에게 경의를 표하려고 온 자유의 투사 대표단인 줄로만 알았다. 그래서 그들에게 덕담을 건네고 공화국을 위해 복무하고 희생하는 행위에 치하하면서 그들이 싸우는 대의에 함유된 기독교 덕목에 대해서도 잠시 즉석 설교를 했다. 그러고는 그들에게 축복을 내리고 방으로 돌아갔다."[21]

바로 그때 "아래층에서 술을 마시던" 스코틀랜드 병사 한 명이 "갈지자걸음으로 위층의 신부 방으로 올라갔다가, 신부가 영국 병사들과 문밖에서 헤어진 뒤 자신이 알기로는 아랍 매춘부의 영업소인 방안으로 사라지는 모습을 보았다. 그는 그 광경을 전적으로 오해했다. 그래서 신부가 나오기만을 눈이 빠지게 기다렸으나 아무리 기다려도 소식이 없었다. 그러자 화가 치민 그는 신부의 방으로 쫓아올라가 주먹으로 문을 두드리며 고함을 쳤다. '빨리 나와, 이 늙은이야! 벌써 20분이 지났다고! 당신 시간은 이제 끝났어. 어서 나와.'"

마드리드에서 세계에서 가장 오래된 직업에 종사한 여자들이 모로코 여자 두 명뿐인 것도 아니었다. 그들의 경쟁자는 많았고, 그에 관련된 소문도 떠돌아다녔다. 입이 건 밀리 베넷만 해도 다른 저널리스트들에게, 총에 맞아 고환 하나가 떨어져나갔다는 이유로 매춘부에게 반값 할인을 요구한 어느 미국 의용병 이야기를 해주었으니 말이다.

버지니아 콜스에 따르면 "헤밍웨이의 객실에서 좌중을 휘어잡은 사람은 터프한 미국인 투우사 시드니 프랭클린이었다. … 내가 마드리드에는 어떤 연유로 오게 되었느냐고 묻자 그는 '그게 그러니까, 어느 날 어니스트가 전화를 걸어 어이 동생, 스페인에 내전이 일어났는데 싸우러 가지 않겠어?'라고 묻는 거예요. 그래서 '네, 가겠어요. 그런데 어느 편에서 싸워요?'라고 했죠."[22]

헤밍웨이는 무리의 대장 역할 하기를 좋아했다. 델마의 기억에 따르면 마사 겔혼과 같이 있을 때도 "그는 작가가 사물을 어떻게 관찰하는지에 대해 그녀에게 일장 연설을 했다."[23] 자신의 전문지식을 과시하기 위해 콜스와 겔혼, 그리고 다른 사람들을 절반쯤 폐허가 된 8층짜리 공동주택으로 데려간 적도 있었다. 결혼식 사진에서 미용도구에 이르기까지 온갖 생활용품들이 어지럽게 널린 그 건물을 보면 전투 장면이 잘 보였기 때문이다. 콜스는 이렇게 썼다. "헤밍웨이가 마드리드 외곽에서 발견한 '그 오래된 주택'은 앞면이 포탄에 맞아 완전히 떨어져나가서, 전투의 전개 과정을 살피기에는 최적의 장소였다. … 완만하게 기복이 있는 언덕들이 파노라마처럼 펼쳐진 전경을 배경으로, 연기구름이 뭉게뭉게 목화솜처럼 피어오르는 모습과 애들 장난감과도 같은 탱크들이 보였다. 거리가 멀다 보니 탱크가 뿜어내는 불도 꼭 성냥불 크기만 했다. …

그런데도 헤밍웨이는 전투의 전개 과정을 열심히 좇으며, '전쟁은 인간이 인간에게 가할 수 있는 가장 추악한 일이자, 가장 흥미진진한 일'이라고 엄숙히 선언했다."[24]

1937년 봄 무렵에는 마드리드 시민들도 이제 언제까지고 계속될 것 같은 공방전과 더불어 사는 법을 터득하게 되었다. 건물들은 파편에 맞아 곰보처럼 얽고, 깨지지 않은 유리창들에는 테이프가 열십자 모양으로 덕지덕지 붙어있었다. 한 대형 서점의 앞면 유리창에는 책으로 쌓은 방어벽이 있었다. 팰리스 호텔도 병원으로 개조되고, 금테 거울과 크리스털 샹들리에로 가득 찼던 호텔 레스토랑에는 수술대 여섯 개가 들어차 있었다. 간호 업무도 "불결한 손에 손톱에는 주홍색 물을 들이고, 금발처럼 보이도록 머리를 표백한"[25] 매춘부들이 맡고 있었다. 콜스는 이렇게 썼다. "내가 알기로 간호 업무는 거의 수녀들이 전담했는데 가톨릭이 국가주의자 편에 있다 보니 의사들도 닥치는 대로 아무데서나 일손을 구한 것이다."

유니버시티 시티에서 양측의 대치가 계속되다 보니, 캠퍼스 건물들도 포탄에 난타당해 뼈대만 앙상하게 남았다. 호텔 플로리다는 전투지와 놀랍도록 가까이 있었다. 콜스는 그 상황을 "절반은 전차를 타고 나머지 절반을 걸어가면 목적지에 닿았다"[26]고 설명했다. 사정이 이렇다 보니 전투가 치열하게 전개되는 곳에도 기자와 사진기자들이 자유자재로 뛰어드는, 1, 2차 세계대전 때라면 불가능했을 일들이 벌어졌다. 이때에도 콜스가 격전지로 뛰어들려고 하면 남자 하나가 꼭 따라붙으려고 했던 듯, 그녀는 이렇게 썼다. "마드리드에 도착한지 며칠 안 되었을 때였다. 그란비아의 레스토랑에서 케임브리지대학교의 학장을 지낸 영국의 유전학자 J.B.S. 홀데인 교수를 만났는데, 점심 식사를 하던 그가 나를 보더니 불쑥 '전투 상황을 잠시 둘러보고 오려고 하는데 같이 가지 않겠느냐'고 말하는 것이었다."

그리하여 두 사람이 전선에 가까이 다가가자,

스웨터와 코르덴 바지를 입은 보초들이 소총을 곁에 세워둔 채 인사말을 건네며 우리에게 통행증을 제시하라고 요구했다. 그들 대부분이 글을 읽지 못했고, 심지어 서류를 거꾸로 들고 보는 병사들도 있었으나, 그래도 모두들 눈살을 찌푸려가며 열심히 서류를 살폈다. 그러더니 인민전선의 경례법인 주먹 쥔 손을 들어 보이며 우리를 통과시켜주었다.

도로의 끝에 이르자 거리들이 황량하게 변하고, 주택들도 텅 비어있었다. … 몇몇 가옥은 앞면이 통째로 뜯겨나간 무대장치처럼 보였다. 의자가 뒤로 빼져 있고 냅킨도 가지런히 놓인 정찬 테이블도 덩그러니 놓여 무대를 구성하고 있었으나, 벽이 있어야 할 자리에는 푸른 하늘뿐이었다. …

어느새 … 우리는 전선에 닿았다. 병사들의 긴 행렬이 모래 부대 사이에 난 틈으로 총을 발사했다. 수염을 깎지 못해 모두들 얼굴이 텁수룩하고, 웃옷과 카키색 바지도 기름때와 진흙이 묻어 더러웠다. 그중의 몇몇은 열예닐곱 살밖에 돼 보이지 않았다. …

한 병사가 내게 소총을 쥐어주며 반도들을 향해 쏴보라고 권했다. 볼이 발그레하고 커다란 갈색 눈을 가진 소년이 내 곁에 다가와 참호 위로 잠망경을 들어주었다. 그제야 불과 45미터 전방에 돌과 잡초로 뒤덮인 적군의 전선이 보였다. 양군 사이의 무인지대에는 몸이 뒤틀린 시체 세 구가 누워있었다.

"아군 시체들이에요." 병사가 나직이 말했다.

콜스는 다른 전선들도 다녀보았다. 그중에는 헤밍웨이와 간 곳도 있었다. 그녀는 그때를 이렇게 회상했다. 공화파군 병사들이 "강철에 부딪히는 총탄 소리를 듣게 해주려는 배려의 표시로 우리를 장갑차에 태우고 적군의 총탄이 날아드는 도로를 내달렸다."[27] 어느 날엔가는 헤밍웨이가 또 기자단용으로 널찍한 테이블이 예약돼 있던 호텔 그란 비아의 지하 레스토랑에서 조세핀 허브스트와 점심 식사를 할 때, 전투 이외의 다른 폭력에도 정통해있음을 과시했다. 콜스의 책에는 그때의 일화가 이렇게 적혀있다.

카페 바깥 거리에서 포탄이 터지는 상황이어서 우리는 자리를 뜨지 못한 채 커피를 마시며 뭉그적거리고 앉아있었다. 그때 옆 테이블을 보니 머리 끝부터 발끝까지 비둘기 회색으로 차려 입은 까다로워 보이는 남자가 앉아 있었다. 그는 이마가 넓고 지식인처럼 손가락이 길었는데 뿔테 안경까지 쓰고 있어 더욱 사색적으로 보였다.

헤밍웨이가 "저 친구, 마드리드의 암살자 두목이에요"라고 말했다(이름이 페페 퀸타니야였던 그는 마드리드에서 국가주의자를 상대로 대스파이 활동을 하는 공화파의 비밀경찰 수장이었다).

어니스트가 합석을 권하자 그는 와인 한 병을 대접하도록 해주면 그러겠노라고 말했다. 비굴해보일 정도로 환심을 사려는 태도였으나, 냉혹한 갈색 눈에서 번뜩이는 눈빛만은 평생 못 잊을 것 같았다. … 죽음에 대한 이야기를 듣고 싶어 안달이 난 헤밍웨이가 이윽고 그에게 질문을 쏟아냈다.

"마드리드 사람들이 많이 죽었나요?"

"혁명은 늘 서두르는 경향이 있으니까요."

"실수로 죽은 사람도 많나요?"

"실수요? 인간이라면 실수를 하게 마련이죠."

"실수로 죽었다면, 어떻게 죽었죠?"

이 질문에 그는 골똘히 생각에 잠기더니 "실수였던 점을 고려하면, 대체로 아주 잘 죽었어요. 위대하게 죽었죠!"라고 말했다. 그 말투가 내 등골을 오싹하게 만들었다. 마지막 말을 할 때는 환희에 차서 목소리까지 높아지고 눈도 기쁨에 겨워 반짝였다. 말을 마친 그가 와인 병으로 손을 뻗치더니 내 잔에 가득 술을 부었다. 잔 속으로 꼴딱꼴딱 붉고 진한 포도주가 부어지는데, 내 머릿속에 드는 생각은 피뿐이었다.

레스토랑을 나온 뒤 헤밍웨이가 말했다. "스마트한 친구죠? 하지만 그는 내가 취재할 사람입니다."[28]

몇 달 뒤 콜스가 스페인 내전을 토대로 쓴 헤밍웨이의 희곡 『제5열The Fifth Column』을 읽어보니, 카페에서 나눴던 대화도 대사에 포함돼 있었다.

조세핀 허브스트도 그란 비아의 지하 레스토랑에서 가진 식사 모임에 대한 글을 남겼다. 콜스에 대한 것이었다. "그녀는 젊고 예뻤다. 검정색으로 옷을 빼입고 묵직한 금팔찌를 차고 있었으며 굽이 어마어마하게 높은 검정색 하이힐을 신고 있었다. 그런 구두를 신고도 바스러진 돌투성이 길을 어떻게 돌아다니는지 가끔 신기할 정도였다."[29]

이런 콜스에게는 암살자도 반했다. 식당 밖 거리에서 포탄이 터지고 유리창이 깨지는 소리가 들리자 다른 손님들은 식당을 떠나느라 분주한데 암살만 "안심하라는 듯 콜스의 무릎을 토닥이며 이렇게 말하는 것이었다. '모두 함께 우리 집으로 갑시다. 아내와 이혼하고 당신과 결혼하겠어요. 우리 집에는 침대도 많고, 방도 많습니다. 헤밍웨이를 위한 것도 있어요. … 아들도 하나 있으니 아이를 가질 필요도 없어요. 그냥 내 아내만 되어 주세요. 지금의 아내는 요리사로 쓰면 됩니다….'"

그러자 콜스가 말했다. "나에게 싫증나면 나도 요리사로 만들 것 같군요."

콜스는 그 해(1937년) 봄을 마드리드에서 보내며 헤밍웨이와 그의 동료들이 또 다른 프로젝트에 힘을 쏟는 모습도 보았다. 코민테른과 밀접한 관련을 맺고 있던 네덜란드 다큐멘터리 영화감독 요리스 이벤스가 만드는 다큐멘터리 영화 〈스페인의 대지The Spanish Earth〉에 헤밍웨이가 큰 기대를 걸고 참여한 것이었다. 공화국 지지자들도 유명 소설가가 참여하는 것이 해외의 지원을 얻는 데 큰 도움이 되리라는 열렬한 희망을 나타냈다. 헤밍웨이는 영화의 내레이션 대본을 집필하는 것 외에 4천 달러를 제작비로 기부하고, 친구들도 기꺼이 작업에 동참시켰다. 그중에는 투우사 친구 시드니 프랭클린, 새 애인 마사 겔혼, 오랜 낚시 친구 겸 또 다른 작가였던 존 더스패서스도 있었다. 헤밍웨이와 더스패소스는 1차 세계대전 때 구급차 운전병으로 이탈리아에서 함께 복무할 때 처음 만났다. 그 뒤로 그들은 여행도 종종 같이 다니고 스페인에 대한 진한 사랑도 함께 나눴다.

헤밍웨이와 수시로 바뀌던 그의 동료들은 이벤스와 그의 제작진을 달포 넘게 따라다녔다. 유니버시티 시티의 참호, 마드리드 부근에서 벌어진 전투, 공습이 퍼부어지는 장면, 포탄이 떨어지는 장면, 부상병들을 들것에 실어 운반하는 장면은 물론, 심지어 독일 비행기가 추락하는 장면을 찍을 때는 건장한 체격의 소설가가 카메라 장비를 운반하는 일까지 도왔다. 촬영팀이 탄 차가 파편에 맞은 적도 있었다. 촬영을 진행하던 건물의 벽에 총탄이 정면으로 날아들었을 때는 헤밍웨이가 또 예의 그 무대적 허세로 기사를 작성하여 북미신문연맹의 한 신문사에 송고했다. 버지니아 콜스도 마드리드-발렌시아 도로변에 위치한 농촌 마을을 찍던 날에는 촬영팀에 합류했고, 시드니 프랭클린도 그들을 따라다녔다. 하지만 많은 장면을 찍지는 못했다고 하면서 콜스는 그 이유를 이렇게 썼다. "우리가 도착한지 몇 분도 되지 않았을 때 누군가가 프랭클린이 투우사인 것을 알아보았다. 그 바람에 온 마을 주민들이 그를 보려고 몰려들었다. … 읍장은 포도주 단지를 가져오고 방에는 아이들이 밀어닥쳤다. 결국 우리는 투우 기술에 대한 이야기를 나누느라 오후 시간을 다 허비했다."[30] 우여곡절 끝에 1937년 5월 다큐멘터리 촬영이 끝나자 이벤스는 필름을 편집하기 위해 서둘러 뉴욕으로 향하고, 작업에 참여했던 사람들은 그 영화가 가장 중요한 나라 미국에 미칠 영향력에 큰 기대감을 나타냈다.

콜스도 스페인에서 몇 달을 지낸 뒤에는 그곳을 떠났다. "파리에서 자동차 엔진 소리와 진공청소기가 윙윙 돌아가는 소리만 들으며 몇 주를 보냈더니 정신이 멍해지는 것 같았다. … 스페인이 생각보다 내게 깊은 흔적을 남긴 것이다."[31] 하지만 그녀는 이내 심기일전하여 다음 작업을 하기 위한 준비에 들어갔다. 국가주의자 편에서 전쟁을 취재하려는 것이었다.

10. 독재자들을 좋아한 남자

스페인 내전 중 마드리드가 겪은 혹독한 시련을 글로 옮긴 외국 특파원들의 매혹적인 면면은 회고록, 소설, 역사서뿐 아니라, 심지어 캘리포니아의 한 버려진 철도역을 호텔 플로리다의 로비로 개조해 찍은 텔레비전 영화 〈헤밍웨이와 겔혼〉(2012)으로도 세상에 널리 알려졌다. 웅장하고 미려한 도시 마드리드가 국가주의자군에 포위돼 장기간 공습에 시달리는 모습을 활자화한 각국의 기자들은 무려 천여 명에 달했다. 그런데 기묘하게도 십 수 개 혹은 그 이상의 언어로 그들이 작성한 수십만 자의 기사에는 중요한 내용이 빠져있었다.

기자들은 히틀러의 융커스 폭격기들이 V자 편대를 지어 마드리드 상공을 비행하는 모습을 쳐다보면서도 누구 하나 그것들의 연료가 어디서 나왔을지에 대해서는 궁금증을 가지지 않았다.

그것은 의당 의문을 가질 만한 문제였다. 스페인으로 향한 석유의 60퍼센트 이상[1]을 국가주의자군과 공화파군이 소비한 것이 말해주듯 비행기뿐 아니라 하다못해 장갑차, 트럭, 그리고 현대전을 치르는 데 없어서는 안 될 다수의 다른 장비들까지도 석유로 움직였으니 말이다. 군대, 비행기 조종사, 각종 무기들을 국가주의자군에 앞다퉈 보내준 히틀러와 무솔리니가 한 가지 갖지 못한 것도 석유였다. 따지고 보면 독일도 자국이 소비하는 석유의 3분의 2 이상을 수입에 의존하고 있었다. 국가주의자군 또한 스페인의 금 보유고가 공화국 수중에 있었기 때문에 세계 시장에서 석유를 사고 싶어도 살 돈이 없었다. 물론 독일과 이탈리아가 막대한 무기를 공급해준 것도 모자라 천문학적 원조비용을 감수해가며 프랑코에게 석유 구입대금까지 지원해주지 않았을까, 라는 가정을 해볼 수도 있겠지만 그것도 사실이 아닌 것으로 드러났다. 아니, 그럴 필요조차 없었다.

프랑코는 석유를 외상으로 구입했고, 그에게 외상으로 석유를 대준 곳은 바로 미국의 석유회사 텍사스사였으니 말이다.

이 거래를 성사시킨 인물은 뉴욕의 사교계 명사들이 즐겨 찾는 '21' 클럽에도 자주 드나들었다. 붉은색의 긴 가죽 의자, 나무 패널 바, 초고가 메뉴를 내놓는 곳으로 유명한 '21' 클럽은 본래 무허가 술집이었다. 그러나 이후 가게 전면에는 경주마를 가진 후원자들이 기증한 색색의 경마기수 상들이 세워져 있고, 포도주 저장실에는 유명인사들의 와인 컬렉션도 갖춰진 고급 레스토랑이 되었다. 그랬던 만큼 갱스터부터 영화배우 험프리 보가트, 코미디팀 막스 형제에 이르기까지 다양한 고객들을 보유하고 있었다. 존재감만으로도 사람들을 압도한, 두툼한 가슴에 사각형 턱을 가진 인물의 이름을 딴 햄버거와 달걀 요리의 예에서 보듯, 이곳의 메뉴에는 우대 고객의 이름이 들어간 요리도 있었다.

노르웨이 태생의 이민자 토킬드 리버가 전장全場 쾌속범선의 갑판 선원이 된 것은 열다섯 살 무렵이었다. 때는 파나마 운하가 완공되기 전이어서, 그 배가 유럽을 출발해 혼곶을 돌아 샌프란시스코에 도착하기까지는 6개월이 걸렸다. 그 다음에는 계약 노동자들을 인도 콜카타에서 영국령 서인도제도의 사탕수수 농장으로 실어다주는 배를 2년 동안 탔다. 실어다주는 노동자 머릿수대로 선원들에게 보너스를 지급하는, 노예무역을 떠올리게 하는 체제로 운영되었던 탓에, 가장 붐비고 무자비한 배들의 일부로 간주되던 이른바 "쿨리 선박"(쿨리는 중국 및 인도의 단순 노동자들을 부르던 명칭—옮긴이)을 탄 것이었다. 리버는 젊어서 겪은 선원 생활의 체험을 평생 귀가 닳도록 사람들에게 이야기했다. 상하 좌우로 요동치는 갑판 위 높이 솟아오른 가로돛대에 기어 올라가 돛을 감아올린 일, 해질녘 하늘을 보고 폭풍이 몰아칠지 아닐지에 대해 기상 예측을 했던 일, 배멀미에 신음하는 인도 노동자들로 꽉 들어찬 배 안에서 허리케인을 이겨냈던 일 등의 일화를 굵직한 저음의 목소리로 지치지도 않고 이야기했다. 하지만 이런 고생을 하고도 일단 육지에 내리면 그는 '21' 클럽을 가든 다른 곳을 가든 언제나 턱시도를 즐겨 입었다. 그의 말에 따르면 "그것이 바로 영국인들이 콜카타에서 식민지를 운영한 방식"[2]이었기 때문이다.

리버는 술 취한 승무원과 싸움이 붙어 칼에 찔려 죽을 뻔했다 살아난 뒤에는 미국에 귀화도 하고, 약관에 유조선의 선장도 되었다. 이때부터 그는 "선장"으로 알려졌다. 스페인 내전이 시작되었을 무렵에는 그가 이미 선원 생활을 청산한 뒤였다. 리버는 벽걸이 지도가 걸리고 책상 뒤에 지구본이 놓인, 우아하게 웨이스코팅된 뉴욕 시 크라이슬러 빌딩의 고층 사무실에서 석유회사의 선장 노릇을 하고 있었다.

리버는 회사 직영 주유소의 상표명이던 텍사코로 더 잘 알려진 텍사스사에게서 유조선을 사들일 때부터 이미 석유로 큰돈을 벌 수 있는 곳은 바다가 아닌 육지라는 사실을 깨달았다. 사세가 확장되고 녹색의 T자가 들어간 붉은 별 모양 상표가 전 세계 주유소로 퍼져나갔을 무렵에는 상사의 비서와 결혼하고 쾌속으로 승진도 했다.《라이프》기자도 이런 리버에게는 위압감을 느끼며 이런 기사를 썼다. "그는 잠시도 가만히 앉아있지를 못했다. 위 아래로 요동치는 배의 갑판에 서있는 사람처럼 이리 뛰고 저리 뛰며 조바심을 내고, 자리에 앉아있다가도 벌떡 일어나 사무실을 서성거리기 일쑤였다. 리버의 활동성은 전 지구에 미쳐, 사무실이나, 도시, 대륙 어디든 한 곳에 오래 머물러있지를 못했다."[3]《라이프》의 자매지《타임》도 리버를 "상식, 사람들을 압도하는 능력, 3단 확장 엔진의 추진력을 지닌 실용적이고 불굴의 의지를 가진" 기업의 수장이라고 부르며, 다이아몬드 원석과도 같은 그의 매력에《라이프》기자 못지않은 관심을 보였다.

텍사코는 가장 무모하고 공격적인 대형 석유회사 가운데 하나로 오랫동안 정평이 나있었다. 리버를 채용한 창업주만 해도 검은색 해골과 뼈 그림이 교차된 문양의 기를 사옥 꼭대기에 자랑스럽게 펄럭이게 했다. 경쟁사였던 셸 석유회사의 중역도 언젠가 "만일 텍사코 주유소에서 죽으면 길 건너편으로 끌고 가달라고 요구할 것이다"[4]라는 말을 했다. 리버도 사주 못지않게 적극적이어서 페르시아만에서 콜롬비아에 이르는 세계 전역의 유전 지대를 헤집고 다니며, 각 지역의 현지 실세들과 물밑협상을 벌였다. 그리하여 콜롬비아에서 시추권을 따내자 로드아일랜드주 크기만한 지역 한 가운데의 유전지대에 페트롤레아라는 이름의 신도시를 세웠다. 하지만 유전에서 원유를 퍼 올려 유조선이 있는 콜롬비아의 한 항구로 옮기기 위해서는 또 해발고도 1마일(1,609미터)의 리버 고개(리버의 이름을 따 붙여진 명칭)에서 안데스 산맥의 능선을 가로질러 밀림과 산맥을 관통하는 420킬로미터 길이의 송유관을 뚫어야 했다. 결국 이 송유관은 공사 과정에서 인부 여럿이 죽고, 리버도 독일인 친구들로부터 썩은 고기를 먹는 청소동물을 뜻하는 라이센팽어Leichenfanger라는 별명을 얻은 뒤에야 완공되었다. 리버의 야망은 전 세계에 미쳤다. 여행을 할 때도 마찬가지여서 1936년에 리버는 탐험가, 오페라 가수, 프랑크푸르트 시장 등 다양한 분야의 유명인사들과 함께 그해에 처음 비행한 비행선 힌덴부르크호에 탑승했다.

다혈질적인 리버는 그 시대의 많은 회사 중역들이 그랬듯 노조도 좋아하지 않았고, 프랭클린 D. 루스벨트의 뉴딜 정책 또한 좋아하지 않았다. 그러나 떡 벌어진 어깨에 악수도 힘차게 하고, 선원들이 쓰는 거친 욕설을 내뱉으며, '21' 클럽에서는 너무도 잘 통했던 밑바닥부터 올라온 성공 신화를 이룬 그의 페르소나 뒤에는 어두운 면이 숨어있었다. "왜요, 내가장 친한 친구 몇 명은 버니 김벨이나 솔로몬 구겐하임같은 유대인인데요"5라고 그 스스로 말했듯, 특별히 반유대주의를 표방하지는 않았지만 아돌프 히틀러의 찬미자였던 것만 해도 그랬다. 그러다 나중에는 사업적인 일에 국한되었다고 주장하면서, 거기에서 한 발 빼는 태도를 보였다. 하지만 한 친구는 리버를 이렇게 회상했다. "그는 민주주의 국가 지도자보다 독재자를 상대하는 것을 훨씬 편하게 생각했어요. 독재자는 뇌물을 줄 때 한 번만 만나면 되지만, 민주주의 국가 지도자에게는 그 짓을 되풀이해야 된다고 말하면서 말이죠."

텍사코가 스페인에 석유를 공급해주는 주 거래사가 된 것은 국가주의자가 반란을 일으키기 1년 전이었다. 그러다 프랑코와 그의 공모자들이 정권을 잡자 텍사코는 또 재빨리 공화국 산하 국영 석유회사와 맺고 있던 기존 계약을 파기하고 새롭게 부상하는 독재자와 거래를 시작했다. 리버는 군용 트럭, 전차, 비행기에는 연료뿐 아니라 엔진오일과 윤활유 등도 필요할 것임을 알았다. 때마침 프랑스의 보르도항에 드럼통과 캔들이 쌓여있었고, 리버는 이 물건들을 비어있던 텍사코 유조선에 실어 국가주의자군에 신속히 운송해주라는 지시를 내렸다.[6]

흔히 있는 일이듯 정치의식은 개인적 유대로도 보강되었다. 영어를 구사하는 스페인 국영 석유회사의 스물여덟 살 된 호세 안토니오 알바레스 알론소와 그보다 나이가 훨씬 많은 리버 사이에 우정이 싹튼 것이었다. 1935년 알바레스 알론스는 텍사코와 거래 계약을 체결하고 그 회사의 유조선 한 척을 구입하게 되자, 계약이 성사된 것도 축하하고 텍사코의 신임 회장도 만날 겸 해서 텍사스주의 포트 아서를 방문했다. 그리하여 그곳에서 리버의 안내로 유조선을 둘러보던 중, 파시스트 운동(스페인 팔랑헤당)의 열렬한 지지자였던 자신과 리버의 세계관이 같다는 것을 알고 의기투합하게 된 것이었다. 그 몇 달 뒤에는 알바레스 알론소가 리버의 초청으로 로스앤젤레스에서 개최된 석유업계 회의에도 참석했다. 1936년 프랑코파가 반란을 일으킨 뒤 공화파가 장악한 마드리드가 파시스트들이 머물기에는 위험한 곳이 되자 그는 프랑스로 도주했다. 그러고는 그곳 마르세유에서 국가주의자가 석유를 곧 필요로 하게 되리라는 것을 알고 텍사코의 프랑스 지사장이던 윌리엄 M. 브루스터 앞으로 전보를 보냈다. 그러자 아나나 다를까, 텍사코의 프랑스 지사에서는 즉각 이런 답신이 왔다. 파리로 오시오. 리버 사장도 이곳에 있는데 귀하를 뵙고 싶어 합니다.[7]

파리에 간 알바레스 알론소는 리버에게서 "텍사코는 국가주의자 편에 설 것"이라는 언질을 받았다. 그 약속을 받자 그는 다시 국가주의자군의 본부가 있는 스페인 북부의 도시 부르고스로 갔다. 그러고는 그곳에서 초조하게 답을 기다리고 있던 파리의 리버에게 국가주의자군으로서는 석유가 한시바삐 필요한 형편이지만, 유조선도 돈도 없다는 전보를 보냈다. 이에 리버는 프랑코 측근들 사이에서 오랫동안 회자될 그 유명한, '지불 걱정일랑 하지 마세요'[8]라는 답신 전보를 보냈다. 그로부터 오래지 않아 리버와 브루스터는 알바레스 알론소의 초청으로 부르고스에 가서, 프랑코가 필요로 하는 석유를 양껏 외상으로 공급해주겠다는 약속을 했다. 금융, 담배, 신문업계의 거물로, 국가주의자 최고의 돈줄이던 후안 마르치 오르디나스가 양측 거래의 보증을 섰다.[9] 알바레스 알론소가 전선에서 잠시 의용병으로 복무한 뒤 국가주의자 석유 수입의 총책이 된 뒤에는 양측의 유대가 더욱 공고해졌다(내전 뒤 텍사코는 이에 대한 답례로 알바레스 알론소를 자사의 스페인 지사장으로 앉혔다).[10]

한편 대서양 저편 포트 아서에 머물고 있던 공화파의 유조선 선장은 텍사코와 맺었던 기존 계약이 지켜질 것으로 기대하고 있다가 공화국에는 석유를 팔지 말라는 리버의 지시가 내려졌다는 것을 알고 낙담에 빠졌다. 이리하여 프랑코는, 국가주의자도 그들의 동맹도 갖지 못한 석유를 미국만이 한정 없이 보유한 듯한 상황에서 텍사코라는 생명선을 얻음으로써 전쟁을 속행할 수 있게 되었다. 하지만 물론 미국 정부가 개입해 석유의 흐름을 차단한다면 국가주의자군의 전쟁 노력은 심하게 타격을 받을 수도 있었다.

공화파는 이제나 저제나 스페인에 대한 루스벨트 대통령의 중립적 태도가 바뀌기만을 고대하고 있었고, 도처의 공화파 지지자들도 마찬가지였다. 공화파로 하여금 그런 희망을 갖게 만든 것은 루스벨트는 서구의 다른 어느 지도자들보다 히틀러와 무솔리니에게 또 다른 동맹이 생기기를 원치 않으리라는 것이었다. 또한 그의 아내 엘리너 루스벨트 또한 탄광의 갱부, 황진지대의 가뭄에 고통받는 농부, 애팔래치아 고지대의 오두막 거주민들을 찾아가 노동자와 빼앗긴 자들에게 동정심을 보인 모습 또한 그들로 하여금 기대하도록 만들었다.

엘리너 루스벨트가 공화파 지지자들을 고무시킬 만한 행동을 한 것은 사실이었다. 스페인의 아동 구호에 쓰도록 퀘이커 기금에 개인적으로 기부도 했고, 비록 판매 부수가 높은 신문에 기고한 글에서 미국 정책을 직접적으로 비판하는 말을 하지는 않았지만, 스페인 내전이 고통을 야기한다는 점에 대해서는 거듭 언급했으니 말이다. 그렇더라도 힘을 가진 사람은 대통령이었고, 속내가 무엇이든 대통령은 한동안 스페인에 대해 신중한 입장을 견지했다. 그가 공화파를 지원하면 유권자의 표를 얻기 힘든 데다, 미 전역의 가톨릭 주교와 가톨릭계 신문 및 잡지사의 편집인 수백 명이 벌떼처럼 들고 일어날 것이 분명했기 때문이다. 실제로 루스벨트는 1936년 대통령 재선에 출마하면서 스페인에 중립적 태도를 취할 것임을 미국 가톨릭 지도층에 은밀히 약속했던 것으로 알려지기도 했다. 라디오 설교자 코글린 신부가 프랑코를 "그리스도를 위한 반도, 인류를 위한 반도"[11]라고 부르며, "그리스도 형제들이 십자가형을 당한 공산주의의 심홍색 십자가 밑에서"[12] 스페인 신부 수천 명이 살해된 이야기를 할 때였다.

루스벨트는 새로 도입된 여론조사에도 민감하게 반응하며, 여론의 추이를 따라가는 행동을 보였다. 1937년 2월에 실시된 여론조사에서는 공화파 지지 비율이 프랑코파 지지 비율보다 2 대 1 정도 높게 나타난 반면, 응답자의 66퍼센트는 양쪽 어디에도 호의를 보이지 않거나 혹은 의견 없음이라고 답했다. 여론 조사를 실시한 갤럽의 사주 조지 갤럽의 말을 빌리면, 그 정도면 "어떤 고립주의자라도 기운을 낼 만한"[13] 수치였다. 반면에 심프슨 부인과 결혼하기 위해 퇴위를 결정한 에드워드 8세 영국 국왕의 행동에 대해서는 미국민들의 대다수가 찬성했다.

한편 국가주의자군이 자행한 바다호스 학살 사건을 고발하는 기사를 써서 《시카고 트리뷴》의 극보수주의자 사주에게 파면당한 뒤로 맨해튼의 타운하우스를 일터로 삼아온 제이 앨런 기자는 그 무렵 공화파를 위한 열정적인 로비스트로 변신해 있었다. 엘리너 루스벨트도 그의 말에는 늘 귀기울여주었다. 그러다 어느 땐가는 허드슨강 유역에 있던 대통령의 별장으로 그를 초대해 공화파 지원 문제를 남편에게 개진할 수 있는 자리도 마련해주었다. 스페인사를 연구하는 역사가 폴 프레스턴에 의하면 당시의 상황은 이렇게 흘러갔다.

"그날이 되자 제이는 허드슨강 동쪽에 있던 하이드파크(루스벨트의 생가 별장이 있던 곳—옮긴이)에 가서 연설을 했다. 연설을 마친 뒤에는 하고 싶은 말을 다하고, 솜씨도 괜찮았다는 자평을 했다. 하지만 루스벨트 대통령이 던진 짧은 한마디로 그는 혼란에 빠지고 말았다. '앨런 기자, 당신의 말이 들리지 않아요!' 앨런으로서는 대통령이 진정으로 자신의 말을 듣지 못했다는 것인지, 목소리가 작다고 지적한 것인지 종잡을 수 없었다. … 당황해하는 그에게 루스벨트가 말했다. '앨런 씨, 내 말은 로마 가톨릭교회와 그들의 동조자들이 하는 말은 귀에 쏙쏙 들어온다는 거요. 시끄럽게 군다는 겁니다. 그러니 당신과 당신 친구들도 시끄럽게 굴 필요가 있어요.'"[14]

이후에도 가장 시끄럽게 구는 사람들의 말을 듣는 루스벨트의 태도는 변하지 않았다. 교전 중인 나라에는 "무기, 탄약, 전쟁 도구"를 팔지 못하게 규정한 기존의 법률 외에 1937년 초에는 "불운한 내전을 겪는 스페인"으로 가기로 예정돼 있던 무기들도 금지 품목에 포함시키는 내용이 들어간 의회 결의안까지 통과되게 만들었으니 말이다. 표결에 부쳐진 결의안은 상원 80 대 0, 하원 411 대 1로 찬성표가 압도적으로 많았다. 코르시카섬 태생으로 철광석을 캐는 광부 출신에 고집불통이고 오페라 애호가였던 존 T. 버나드 미네소타주 의원이 유일하게 반대표를 던진 하원의원이었다. 버나드는 중고 민항기 12대, 몇 개의 비행기 엔진, 여타 군수품이 실린 스페인 공화국의 선박 마르 칸타브리코호가 뉴욕항을 벗어나 공해로 진입할 때까지 하원에서 절차적 이의신청을 계속했다. 그 배 뒤로는 해안 경비선 한 척, 뉴욕시 경찰 비행기 한 대, 다수의 기자와 사진가들이 따라붙었다. 결의안은 배가 영토 선을 넘어섰다는 소식을 들은 버나드가 발언을 중단한 뒤에야 통과되었다. 하지만 그런 노력을 기울인 보람도 없이 마르 칸타브리코호의 항해는 유종의 미를 거두지 못했다. 스페인에 접근하던 도중 국가주의자군 전함에 탈취된 것이다. 배에 타고 있던 선장과 선객 다섯 명 그리고 승무원 열 명은 총살되고, 나머지 사람들은 중노동 종신형을 선고받았다. 배에 실린 중고 비행기들도 모두 프랑코군 차지가 되었다. 이 비행기들 가운데 한 대는 나중에 미국 인사 두 사람을 태우고 국가주의자 장악 지역을 시찰하는 데 사용되었다.

프랑코도 미국의 중립법이 강화된 것을 환영하며, 루스벨트 대통령이 "참된 신사의 행동을 보였다"[15]고 말했다. 아마도 그는 원유와 항공연료로 쓰이는 가솔린이—이해할 수 없게도—수출 금지 품목에 포함되지 않은 것에도 기쁨을 나타냈을 것이다. 그것들이 없었다면 국가주의자군의 육군과 공군의 발이 거의 묶였을 테니 말이다. 그렇다고 프랑코에게 석유를 판 회사가 텍사코 뿐인 것도 아니었다. 셸 석유회사, 소코니 석유회사, 애틀랜틱 리파이닝 정유공장, 뉴저지의 스탠더드 석유회사도 이윽고 리버의 본을 따라 국가주의자군에 석유를 팔기 시작했다. 하지만 국가주의자군에 석유를 파는 주 공급사는 여전히 텍사코였다.[16] 국가주의자군이 텍사코 한 곳에서만 공급받는 석유 양이, 공화파가 모든 지역에서 공급받는 석유 양의 두 배가 넘었을 정도였다.[17]

트럭도 석유와 마찬가지로 법적으로는 무기 취급을 받지 않아, 국가주의자군은 제너럴 모터스(GM), 스튜드베이커, 포드와 같은 미국 자동차 회사들에서 1만 2천여 대의 트럭을 구매했다(이 회사들 가운데 GM은 전쟁 중에는 스페인으로 수출이 불가능하여 국가주의자군이 승리할 때까지는 가치를 인정받지 못하게 될 국가주의자 정부의 화폐인 페세타를 결제 대금으로 인정해 줌으로써 프랑코에게 통 큰 선심을 베풀었다). 파이어스톤 타이어 제조사도 이와 흡사하게 국가주의자군에 자사의 제품을 팔았다. 당시 스페인에서는 이런 광고문까지 등장했다. "승리의 여신은 최고에게만 미소 짓는다. 전장에서는 언제나 영광의 국가주의자군이 승리한다. 파이어스톤 타이어도 인디애나폴리스 500마일 자동차 경주에서 19연승을 거두었다."[18]

그러나 교전 중인 나라에 비 군사용품을 파는 것이 위법이 아니라 할지라도 미국 국적의 배에 싣는 것은 여전히 불법이었다. 리버의 유조선이 그 법 조항을 교묘히 피해가는 것을 세관원도 눈치를 챘던 만큼, 미국은 텍사코에 연결된 프랑코의 석유 생명선을 끊을 생각만 했다면 끊을 수 있었다. 텍사코가 법망을 피해간 수법은 다음과 같았다. 텍사스주에 있던 자사의 송유관 터미널을 출발할 때는 벨기에의 안트베르펜이나 네덜란드의 로테르담 혹은 암스테르담을 최종 목적지로 기재한 적하목록을 제시했다가, 배가 일단 바다에 진입하면 최종 목적지가 스페인의 국가주의자군 장악 지역으로 적힌 적하목록으로 바꿔치기 하는 것이었다.

리버는 적하목록을 변조하도록 지시하는 데 그치지 않고, 교전 중인 나라의 지급 기한을 연장해줌으로써 또 다른 법률 조항도 위배했다. 텍사코가 부여한 지급기일은 보통 선적일로부터 90일이었는데, 석유회사의 관행으로는 그것도 놀라울 정도로 관대한 조건이었다. 그런데 실제로는 그보다 더 관대한 조건을 부여해준 것이다. 국가주의자의 석유 수입 총책이던 리버의 친구 알바레스 알론소는 훗날 당시의 상황을 이렇게 설명했다. "석유 대금은 그때 그때 여력이 되는대로 지불했어요. 따라서 상환 금액도 일정치 않고 지정 기일도 넘기기 일쑤였죠."[19] 리버가 사실상 프랑코의 전주 노릇을 했던 셈이다.

리버는 1937년 미국연방수사국FBI에서, 법규 위반에 대한 조사를 받을 때도 저음의 굵은 목소리를 지닌 선장의 매력과 정치에 문외한인 실업인이라는 점을 부각시키며, 국가주의자가 "내전에서 승리할 것으로"[20] 확신했고, "연 300만 달러 내지 500만 달러에 달하는 스페인과의 비즈니스 기회도 잃고 싶지 않았다"는 말로 자신의 행위를 정당화했다. FBI는 그 외에도 텍사코에는 없는 물품을 국가주의자군이 필요로 할 때 리버의 회사가 프랑코의 구매 대행자 역할을 했다는 사실도 알지 못한 듯했다.[21] 텍사코가 프랑코에게 제공한 특혜가 그밖에도 엄청나게 많았다는 사실은 그로부터 수십 년 뒤 공문서가 공개됨으로써 드러났다.

1937년 텍사코 수사를 담당했던 젊은 법무부 관리도 리버의 위세에 눌려 대항할 엄두조차 못 냈던 듯하다. 그는 적하목록이 위조되었다는 소식을 접한 지 3개월이 지나서야 상관인 호머 커밍스에게 이런 보고서를 올렸다. 그 건을 기소하기 위해 텍사코의 본사가 있는 뉴욕 시로 사건을 보내려고 하는데, "몇몇 범법자의 명성을 … 고려해서 장관께서 그 사안을 먼저 살펴보시는 게 좋을 것 같다"[22]는 취지의 보고서였다.

그리하여 커밍스가 그 다음 주 각료 회의에 그 안건을 제출하여 텍사코에 대한 기소 가능성[23]을 언급하자, 커밍스의 말에 따르면 루스벨트 대통령도 "즉각적이고 단호한 기소를 원한다"[24]고 천명했다고 한다. 하지만 텍사코에 대한 법무부의 결정이 단호한 기소와는 거리가 멀었던 것으로 보면 이후 대통령의 태도가 바뀌었던 것이 분명하다. 대외 중립법 위반자에게는 최대 5년이라는 형량을 내릴 수 있었는데도 법원이 텍사코에 내린 선고는 교전국에게 지급 기한을 연장해준 데 대한 벌금 2만 2천 달러가 고작이었으니 말이다. 수년 뒤 석유회사들이 소비자에게 신용카드를 발급해주기 시작했을 때는 업계 내부자들 사이에 이런 우스갯소리까지 나왔다. "텍사코의 첫 신용카드는 누구에게 갈까? 그야 물론 프란시스코 프랑코겠지."

11. 게르니카 폭격과 오웰의 시가전

　　　　　　국가주의자군은 과달라하라 전투의 패배에
도 아랑곳하지 않고 1937년 봄 또 다른 곳, 특히 스페인 북부 해안지대로
불길한 진격을 감행했다. 그곳에서는 바스크군이 공화국의 여타 지역으
로부터 고립된 채 쪼그라드는 영토를 부여잡으려 고투를 벌이는 동안, 새
로운 집단이 국가주의자가 행하는 고의적 공포 정책의 희생양이 되고 있
었다. 바스크어로 설교하고 가르칠 수 있는 자유를 부여해준다는 이유로
공화국을 지지했던 성직자들이 희생양이 된 것이었다(실제로 고해실에서
말한 한 가지 죄가 "스페인어"[1]를 쓴다는 사실이었다고 털어놓은 국가주의자 바
스크인도 있었다). 결과적으로 그곳에서는 사제 16명이 국가주의자군에
살해되고 그보다 더 많은 사제가 고문을 당하며 80명 이상의 사제들이 긴
징역형을 선고받았다.[2]

　　오래지 않아 전선에서 불과 20킬로미터밖에 떨어지지 않은 조그만
내륙 도시까지 전쟁이 도달하자 도시는 소달구지에 가재도구를 싣고 국
가주의자군을 피해 도망치는 피란민으로 북새통을 이루었다. 독립심 강

한 바스크인들의 역사에서 오래도록 특별한 위치를 차지한 게르니카(스페인어로는 Guernica, 바스크어로는 Gernika로 표기된다)가 전란터가 된 것이다. 전설에 따르면 스페인 통합에 기여한 두 군주 페르난도와 이사벨도 1476년 게르니카를 방문해, 참나무 아래 서서 오래 전부터 전해져 내려온 바스크의 특권을 지켜주겠다는 서약을 했다고 하고, 그 나무에 유명한 헌시를 써 바친 시인도 있었다. 나중에는 이 참나무가 두 그루로 늘어났으며(그중 하나는 죽고 지금은 한 그루만 남아있다―옮긴이), 1936년에는 공화국에 충성하는 바스크 자치 정부의 대통령이 이곳에 모인 대표단 앞에서 취임 선서를 했다.

1937년 4월 26일 늦은 오후, 공습을 알리는 교회 종이 울렸다. 그러자 몇몇 사람들은 지하실로 급히 뛰어 내려가고 장날을 기해 소와 양을 끌고 온 농부들을 비롯한 다른 사람들은 게르니카 외곽의 들판으로 내달렸다. 하지만 머리 위를 날던 나치 독일 비행기가 폭탄 몇 개를 떨어뜨리고 간 뒤에 아무 일도 일어나지 않자, 거리에는 다시 사람들이 나타났다. 나치 비행기가 나타났음에도 발포가 없자 국가주의자군은 이곳에 대공 방어체계가 되어 있지 않음을 알게 되었다. 공습은 이때부터 본격적으로 시작되었다. 콘도르 군단의 융커스 Ju-52 폭격기 23대가, 가까이 있던 기지에서 교대로 발진한 10여 대의 다른 비행기들을 거느린 채 인마 살상용 폭탄, 고성능 폭약, 파괴된 건물의 나무에 불이 붙도록 만들어진 알루미늄관 속에 든 소이탄을 집중 투하하기 시작한 것이다. 폭격기들은 독일 비행기 조종사들이 장군참모들의 혼합을 뜻하는 게네랄슈탑스미슝 Generalstabmischung으로 부른, 이 갖가지 폭탄을 세 시간여 동안 무려 30톤 이상 투하했다.

집 안에 머문 사람들이 가옥에 묻히면서 연기와 먼지가 공중으로 자욱하게 피어올랐다. 소이탄 속의 불타는 화합물을 뒤집어쓴 양과 소떼도 놀라 경중경중 뛰며 박살난 돌덩이들이 가득한 거리로 몰려나왔다. 산타 마리아 교회에서는 사제 한 명이 성찬 포도주로 소이탄의 불을 끄는 데 성공했지만, 이것도 파멸의 날에 일어난 진기한 행운일 뿐이었다. 무너지는 건물 속에서는 지하실도 안전하지 않다는 사실을 알게 된 사람들이 건물 밖으로 뛰쳐나오자, 하인켈 He-51 전투기들이 급강하하면서 동물이든 사람이든 시야에 들어오는 모든 것들에 기총소사를 퍼부었다. 이 폭격으로 죽은 사람이 200여 명, 부상당한 사람은 그보다도 더 많았다.[3] 도시 대부분 지역도 시커멓게 그을린 폐허로 변했다. 해가 지자 섬뜩한 오렌지빛이 하늘을 물들였다.

어느 면에서 국가주의자군의 게르니카 공격은 공화파군의 도주로를 차단하려는 데 목적이 있었다. 퇴각하는 공화파군이 장비들과 함께 그곳을 지나칠 예정이었기 때문이다. 그렇다면 근처의 다리를 폭격하는 것이 한층 효과적이었을 텐데, 정작 그 다리는 집중 포격 대상에서 빠져 사람들의 대피처로 이용되었다. 도시에 있던 유일한 군사시설이던 무기공장도 총탄 자국 하나 없이 멀쩡했다. 결론적으로 말해 이번 폭격은 한 마을이나 도시에 고도로 집중된 폭격을 퍼부었을 때 나타나는 효과를 알아보기 위한 시험 공격이었다. 콘도르 군단 장교들만 해도 이런 류의 화력 시험을 해보지 못해 한동안 몸살을 내는 지경이었으니 말이다. 그 다섯 달 전에는 독일군 내에서 이런 메모가 회람되었다. "스페인 쪽이 시가지 공격을 요청해오면 우리로서는 기꺼이 응할 것이다."[4] 프로이센 귀족으로 콘도르 군단의 지휘관이던 볼프람 폰 리히트호펜 공군 중령의 4월 26일자 전쟁 일기에도 폭격기 공격의 "목표 지점이 게르니카"라고 적혀있었다. 폰 리히트호펜은 히틀러가 그리도 중시한 "아리아인" 유형에 완벽하게 부합하는 푸른 눈, 금발의 상고머리, 군인다운 몸가짐, 건강한 체력을 가진 인물이었다.

독일 공군의 게르니카 융단 폭격은 유럽의 한 도시를 거의 초토화한 역사상 첫 폭격이었다. 이 폭격이 있기 몇 주 전 국가주의자군은 인근 도시에 공격을 가했으나 별 주목을 받지 못했다. 게르니카 폭격은 주목받지 못한 이 공격보다 민간인 사망자는 적었지만, 아직 독일의 런던 대공습, 미영 연합군의 드레스덴 대폭격(두 공격 모두 2차 세계대전 때 일어난 일―옮긴이)과 히로시마 원폭 투하가 이루어지기 전이어서 세계에 던진 충격파는 어마어마하게 컸다. 게르니카에 가해진 폭력은 또 금세기 최고의 유명한 그림을 탄생시키기도 했다. 파리 박람회에 스페인관을 설치할 목적으로 공화파가 의뢰를 하자, 이미 마드리드 폭격에 깊이 분노하고 있던 피카소가 벽화의 형태로 〈게르니카〉를 그린 것이었다. 피카소는 게르니카 폭격이 일어나자 본래의 계획마저 취소한 채 무릎을 꿇었다가 일어서고 사다리를 올라타기도 하면서 죽은 동물들도 포함된 폭격의 모든 장면을 길이 3.35미터, 폭 7.6미터의 캔버스에 담았다. 게르니카 폭격 장면 외에 세계 전역에서 일어난 다른 잔인무도한 일들도 일부 그림에 포함시켰다.

게르니카 폭격은 사람들에게 오래도록 역사적 사건으로 기억되었다. 하지만 게르니카 폭격이 그처럼 큰 분노를 일으킨 요인이 프랑코와 스페인 가톨릭교회의 성직자들이 그 사건이 일어난 사실 자체를 강력하게 부인했기 때문이라는 사실에 대해서는 사람들이 잘 모르고 있다. 바스크 군대에 격추된 독일 비행기의 조종사도 4월 26일 자 자신의 일기에 적힌

"가르니카Garnika"의 의미를 묻자, 함부르크에 있는 여자 친구의 이름이라고 주장했다. 영국 외무장관과 미국 국무장관도 스페인 내전에 말려들 것을 우려하여, 게르니카 폭격을 부정하는 프랑코의 주장을 수용했다. 국가주의자군의 선전기구는 선전기구대로 게르니카를 초토화한 것은 퇴각하는 공화파군이었다고 주장했다. 이에 대해 프랑스 주간지《르 카나르 앙셰네Le Canard Enchaîné》는 잔 다르크가 스스로 몸에 불을 질러 화형을 당한 격이라는 풍자문을 실었다.

바스크인들이 게르니카를 불사른 장본인이라는 프랑코 정부의 주장은 근 40년 동안이나 계속되었다. 하지만 폭격이 있은 지 불과 6시간 뒤에 게르니카에 와서 폐허가 된 도시가 여전히 불타는 모습을 목격한 외국 특파원도 여럿이었고, 런던의《타임스》에는 폭탄 유형과 비행기 종류에 대한 내용이 상세히 적힌 게르니카 발 기사가 실렸다. 이 기사는 세계 각국의 신문들도 재인용했다. 반면에《뉴욕 타임스》에는 열렬한 프랑코 지지자 윌리엄 P. 카니 특파원의 기사가 실렸다. 게르니카 폭격을 부정하는 국자주의자의 주장을 보도하는 데 그치지 않고, 그는 폭격 며칠 후 프랑코군에 점령된 도시에 가서 거리들에는 폭탄 때 생긴 구멍이 없었다고 주장하면서 이런 결론을 내렸다. "도시 파괴의 주요인은 국가주의자의 주장대로 화재와 다이너마이트 폭파에 있다. 지붕만 날아가고 뼈대는 온전히 남은 건물들이 적지 않은데, 만일 (비행기에서) 폭탄이 떨어졌다면 그처럼 큰 구멍이 나고도 건물의 네 벽이 온전하게 남아있었을 리 없다."[5] 하지만 카니는 그렇게 말하면서도 건물의 구멍이 왜 화재와 다이너마이트 폭발에 의해서만 생길 수 있고, 폭탄에 의해서는 생길 수 없는지에 대해서는 설명하지 못했다.

카니는 스페인 내전이 끝나고 한참 후에는 이 일과 국가주의자 대의에 기여한 데 대한 응분의 보상을 받았다.[6] 《뉴욕 타임스》를 퇴사한 뒤 프랑코 정부의 대미 로비스트 겸 홍보관으로 활동한 것이다.

한편 게르니카 폭격 소식이 전해질 무렵 스페인에 가장 최근에 도착한 미국 의용병들은 그곳에서 남쪽으로 수백 킬로미터 떨어진 곳에서 로버트 메리먼의 지휘 아래 훈련을 받고 있었다. 당시 로버트의 일기에도 신참병들의 훈련 성적과, 술에 취해 있거나 군기가 빠진 의용병들에 대한 불만이 빼곡히 적혀있다. 하지만 그런 불평을 하고 상관인 자신에게 경례를 붙이도록 주의를 주면서도 정작 그는 신참병들과 식사도 함께 하고, 전통적 군대에서 하듯 그들이 자신에게 깍듯이 경칭을 붙이면 그러지 말라는 지적도 했다. 기존 군사문화에 익숙한 사람이라면 훈련 장소에 아내를 데려오는 그의 행위에도 눈살을 찌푸렸을 것이다. 메리언은 그때의 경험을 이렇게 적었다. "20킬로미터의 행군이 예정되어 있어서, 나도 대마 밑창이 두껍게 깔린 신발을 신고서 병사들과 함께, 먼지 풀풀 날리는 길을 걸어 실탄으로 기관총 사격 연습이 예정된 곳으로 갔다. 의용병들 머리 위로 총탄이 슝슝 날아다니는 모습을 보니, 실전에는 어떨지 상상이 갔다. 그날 밤에는 밥과 내가 스크럽 소나무 가지들을 얼기설기 엮은 자리 위에서 잠을 잤다."[7] 그러나 이런 일들을 자세히 적은 메리언의 기록물과 달리 그 당시 로버트의 일기에는 "메리언이 야외에서도 일을 잘했다"는 말만 적혀있을 뿐, 늘 그렇듯 직무에 관련된 것 이외의 다른 내용은 별로 없었다.

하지만 이런 일은 예외적인 경우여서 두 사람은 대부분의 시간을 떨어져 지냈다. 메리언은 알바세테의 국제여단 본부에서 일하고, 로버트는 포도나무가 빼곡히 심어진 수도원에서 숙영하면서 한때 교회였던 곳으로 식사를 하러 다닌 의용병들을 인근 주둔지에서 훈련시켰다. 그러다시간이 나면 부부는 알바세테 부근의 후카르강으로 함께 수영을 하러 갔다. 어느 때인가는 메리언이 헤밍웨이, 파이크 박사 등 다른 사람들과 함께 미국 청취자를 대상으로 공화파의 라디오 방송을 진행하는 로버트를따라 마드리드에 간 적도 있었다. 그녀가 진열대가 텅텅 비다시피 한 식료품 가게, 잡석들로 어지러운 거리들을 보며 포위되어 포격 받는 도시의 모습이 어떤지를 실감한 것이 이때였다. 한편 그녀가 묵는 알바세테의호텔 레지나 객실은 미국 의료팀의 의사와 간호사뿐 아니라 비번인 미국의용병들도 드나드는 휴식처가 되었다. 이곳에 오면 조지워싱턴 커피사의 인스턴트 커피도 마실 수 있었고, 운이 좋으면 메리언이 현지 상점에서 구한 크래커와 정어리도 맛볼 수 있었기 때문이다. 메리언이 직장에서하는 일은 타이프라이터를 치고, 심부름을 다니고, 국제여단 신문에 글을쓰고, 미국 군대의 교범을 복사하고, 작가 도로시 파커와 같은 미국의 저명인사들이 오면 접대를 하는 것이었다. 메리언은 남편 로버트를 따라 공산당에도 가입했다. 결과적으로 이 일들은 그녀가 스페인뿐 아니라 미국에 대해서도 많은 것을 깨우치는 기회가 되었다. 메리언이 이곳에서 흑인이나 유대인을 처음으로 이해하게 된 것만 해도 그랬다.

미국 의용병들도 메리언의 존재를 받아들였다. 다만 그녀의 기록에따르면 "정도가 다소 지나칠 때가 있었다. … 구애를 하는 병사들까지 있었다. … 나이가 어린 한 병사는 당돌하게도 내게 같이 자고 싶다는 눈치를 보였다. 그래서 공평하게 하려면 2천 명의 다른 병사들과도 돌아가며 한 번씩 자야할 텐데 내게는 그럴 자신이 없다는 말로 위기를 넘겼다."8 한 병사는 열에 들뜨다 못해 "내가 공산당원이고 그는 나를 원하므로, 같이 자는 것이 당원의 임무"라는 논리로 메리언을 납득시키려고 했다.

신문과 잡지에 쓸 기사의 자료를 수집하기 위해 로버트의 훈련 캠프를 찾았던 피셔도 당시를 이렇게 떠올렸다. "그곳 메마른 카스티야고원 중심부에서는 미시시피, 브롱크스, 뉴잉글랜드, 필라델피아, 시카고, 미국 서해안 선창가의 악센트 섞인 영어와 카스티야 주변 지역의 스페인어가 혼용되고 있었다. … 그걸 보고 있자니 '1년 전 이맘때는 로버트와 내가 페트로브카가(모스크바의 거리 이름)에서 테니스 시합을 하고 있었다'는 게 떠올랐다."9 하지만 그랬던 로버트가 이제는 전투에만 정신이 팔려 예전의 테니스 시합 상대에 대해서도 감정이 냉랭해진 듯했다. 그의 일기에도 피셔는 "예쁜 여자와 함께 있는 것으로 보나, 내적 감정이 달라진 것이 없는 것으로 보나, 예전과 똑같은 인물"로 묘사되었다.

링컨 대대의 유일한 영국인이었던 팻 거니도 참호 복무를 계속하면서 후방에 있는 사람들을 향한 일선 병사 특유의 경멸감을 드러내 보였다. 그는 알바세테의 "부자들"에 대해서 이렇게 썼다. "대부분 길이와 색상이 제멋대로인 가죽 코트에 촌스럽게 생긴 부츠와 승마바지를 입고 머리에는 베레모를 쓰고 있어 차림새가 기상천외했다. 또 모두들 샘 브라운 벨트(굵은 허리띠와 가는 어깨띠로 구성돼 있으며 인도의 영국군 기병대 장교 샘 브라운이 고안하여 붙게 된 이름─옮긴이)를 차고 있었다. 전황이 급박하게 돌아가는 전선에나 필요한 것일 뿐 도시에서는 하등 쓸모없는 그 벨트를 누구 하나 착용하지 않은 사람이 없었다."10

한 의용병은 이런 우스운 시를 끼적거리기도 했다.

알바세테의 전선에서

후방의 장군들을 만나네

그런데 세상에! 그들은 들어보지도 못한 포탄을 뚫고

대전투를 치른다고 하네,

바람이 그들 쪽으로 불어준다나.

장군들이 말하는 소리도 들려. "그래, 우리는 하라마로 가는 거야

내일, 혹은 그 다음날에."[11]

　마드리드에서 남동쪽으로 32킬로미터 떨어진 링컨 대대가 지키는 전선은 그 무렵까지도 여전히 견고한 상태를 유지하고 있었다. 하지만 거니에 따르면 산발적으로 날아드는 포탄과 총탄 때문에 "결코 안심할 수 있는 처지는 아니었다."[12] 게다가 그의 임무 중에는 하루 한 차례 링컨 대대의 참호에서 황량한 바위투성이 땅을 넘어 제15국제여단 본부까지 다녀오는 것도 포함돼 있어, "고기 마당"으로 알려진 곳을 지나쳐야 했기 때문에 그로서는 더욱 불안할 수밖에 없었다. "그곳에는 하루 한 차례 치워지기 전까지 송장이 널려있었는데, 송장의 수는 2구에서 20구 사이로 들쭉날쭉했다. 저격수나 박격포 공격이 수시로 있어서 수는 적지만 사망자는 꾸준히 발생했다. 그러다보니 아침마다 그곳에는 담요에 덮인 시신 몇 구가 쓸쓸히 누워있기 마련이었다."

　결코 끝날 것 같지 않은 몇 달 간의 참호 생활을 할 때, 불결하고, 식사도 형편없고, 무능한 상관들 때문에 빚어진 침울한 분위기는 다른 의용병들의 기록으로도 전해졌다. 하지만 그것도 그와 다른 분위기를 전하려는

결의에 차있던 특파원들의 의지를 꺾지는 못했고, 그런 의지라면 또 허버트 매슈스를 따라갈 사람이 없었다. 매슈스는 1937년 5월 링컨 대대의 참호를 급히 다녀온 뒤에도《뉴욕 타임스》에 이런 글을 게재했다. "미국 의용병들은 싸우려는 열의가 충만해 건강하고 행복해 보였다. 지난 겨울 미국에서 선원들의 파업에 동참했던 친구조차 이곳의 음식이 뉴욕에서 먹던 것보다 훨씬 낫다고 자랑을 했다."13 그러나 비슷한 시기에 링컨 대대의 참호를 찾았던 버지니아 콜스는 그보다 한층 현실감 있게 기사를 썼다. "병사들이 피곤하고 아파 보여 연유를 알아보니, 휴식도 없이 72시간 동안 연속으로 전선을 지킨 탓이었다. … 얼굴에 주름살이 잡혀 병사들 모두 초췌해 보였다."

거니도 전장을 겪어본 뒤에는 스페인 혁명에 대해 품었던 예전의 환상이 많이 줄어들어, 그 무렵에는 병사들의 의사에 따라 군대 문제가 좌우될 수 있다고 믿는 무정부주의자와 POUM의 생각을 "터무니없이 순진하다"14고 느끼게 되었다. 그렇기는 하나 국제여단 통제위원들이 무정부주의자와 POUM에 대해 증오감을 부추기는 행태에는 기겁을 했다. "공산당은 … POUM이 소규모 마르크스주의 분파들과는 절대로 손잡을 리 없는 프랑코와 제휴한다는 터무니없는 프로파간다를 대량으로 만들어냈다." 봄에서 여름으로 계절이 바뀔 무렵에는 거니가 "이 모든 어처구니없는 일에서 벗어날 기회를 엿보고 있다"고 하면서 또 이렇게 썼다 "…나도 스페인의 사회 정의를 위한 일이라면 얼마든지 죽을 각오가 되어 있다. 그러나 공산당이나 혹은 그 어느 다른 정당의 논거를 정당화하는 일에는 추호도 그럴 생각이 없다."

하지만 거니는 혼자서만 끙끙 앓고 있었을 뿐 이런 정치적 고민을 함께 나눌 동지가 없었다.[15] 일선의 국제여단 병사들과 언어도 통하지 않았으며, 정치적 분쟁이 날로 격화되는 바르셀로나 같은 지역들로부터 멀리 떨어져 있다 보니 그 문제에 관심을 갖는 병사가 적기 때문이었다. 링컨 대대의 의용병들 다수가 공산당과 결별하는 것도 스페인 내전이 끝난 뒤 몇 년 혹은 몇십 년 뒤에 일어날 일이어서 그 무렵에는 아직 요원했다. 그러나 거니는 좌절감을 느낄지언정 스페인에 온 것이 옳았다는 본래의 결정에 후회하지는 않았다. "이 상황이 비극적인 것은, 의용병들 대부분이 여전히 자신들이 믿는 대의의 정의로움에 확신을 갖고 그것을 위해 싸우려 했기 때문이다."[16]

그렇다고 거니가 목격한 정치적 긴장이 스페인 공화국에만 있던 독특한 현상은 아니었다. 혼란에 휩싸인 지난날의 다른 사회들도 스페인이 겪은 문제, 즉 혁명과 전쟁을 동시에 수행하는 것이 가능한가라는 문제에 직면했다. 영국만 하더라도 1647년의 내란으로 국왕 찰스 1세가 체포되자 급진주의자들이 저 유명한 퍼트니 논쟁에서 성인 남자에게 선거권을 부여하는 것과 같은, 시대를 앞서가는 급진적 사상을 제안했으나 찰스가 탈출하자 내란이 재개되었고, 그와 더불어 성인 남자에게 선거권을 부여하는 것도 몇 세기 동안 없던 일이 되고 말았다. 서인도제도의 섬나라 아이티 또한 1790년대에 프랑스의 통치에 반대하는 사상 최대의 노예 반란을 일으켜 자유를 쟁취함으로써, 섬의 주민들이 예전에 자신들이 노예 노동자로 일했던 대농장의 땅뙈기를 조금 얻어, 먹고 살 정도의 농사를 지을 수 있게 되었다. 하지만 그런 농업 시스템 하에서는 사탕수수와 커피의 대량생산이 불가능했다. 그러자 아이티 지도자 투생 루베르튀르는 사람들의 반대를 무릅쓰고, 식민지 수복을 꾀하는 프랑스를 격퇴하는 데 반드시 필요한 외국산 무기를 구입하기 위해 예전의 대농장으로 그들을 보내 혹독한 규율 아래 다시금 현금 작물을 재배하도록 했다.

스페인 공화국 내의 갈등도 이와 유사했다. 공화국이 뿜어내는 그 모든 매력에도 불구하고, 찬미자들의 마음을 사로잡았던 평등주의, 권력의 분산, 권위에 대한 맹렬한 저항과 같은 초기 스페인 혁명의 특징이었던 요소들은 강력한 군대라는 든든한 초석을 만들어내지 못했다. 혁명에만 집착하는 무정부주의자와 POUM, 나날이 힘이 증대되는 공산주의자와 그들의 주류 동맹으로 공화국이 분열되다 보니, 앞으로 어떤 종류의 사회를 지향해야 하는지, 공화국의 장래를 둘러싼 갈등도 꾸준히 고조되었다. 마드리드, 바르셀로나, 여타 지역에서는 양측 간의 충돌로 사람들이 죽고, 한 저명한 공산주의자가 암살되는 사태까지 빚어졌다.

내전에서 승리할 때까지는 혁명적 변화를 늦춰야 할지 말지를 둘러싼 양측의 불화 너머에는 다른 갈등도 존재하고 있었다. 모든 종류의 정부에 불신감을 갖고 있던 무정부주의자들과 달리, 공산주의자들은 소비에트 무기라는 지렛대를 이용해 당원들을 정부의 핵심 보안직이나 군대 참모직에 교묘히 들어앉히고 있었던 것이다. 링컨 대대의 한 통제위원도 그해 봄 아내에게 보낸 편지에서 "군대 내에서 우리의 영향력이 … 급속도로 커지고 있다오"라고 말했다.[17] 양측 모두 극심한 편집광적 행태를 보였다. 공산당은 POUM의 가면을 절반쯤 들어 올려 아래쪽의 나치 문양(스와스티카: 卍)이 슬쩍 보이게 만든 포스터를 게시했고, 로이스 오르와 같은 무정부주의자는 공산주의자와 그들의 동맹이 "주지의 제5열 칼럼니스트들이 마드리드 거리를 활보하게 만들었다"고 믿었다.

사태는 무정부주의자들의 본거지인 바르셀로나에서 정점에 달했다. 이 일이 일어난 책임이 어느 쪽에 있는지를 두고 여전히 공방을 벌이는 역사가들의 논쟁과 관계없이, 최종적 방아쇠 역할을 한 것은 결국 몇 차례의 전화 통화였다.

당시 바르셀로나의 전화 교환국 건물 위에는 미국의 국제전신 전화 회사ITT Corporation로부터 탈취했음을 나타내는 자랑스러운 혁명적 힘의 상징으로 적흑색의 무정부주의 기가 몇 달째 펄럭이고 있었다. 건물 입구에도 무정부주의 민병대가 지키는 모래 부대 경비초소가 세워져 있었다. 무정부주의자들은 전화 설비를 사람들의 경제를 통제하는 필수 수단이자, 예전이나 지금의 많은 정부들이 그런 것처럼 정적들을 감시하는 효과적인 수단으로 보았다. 그런데 1937년 5월 2일 발렌시아의 공화국 각료가 바르셀로나의 카탈루냐 지방정부의 관리에게 전화를 걸면서 사달이 났다. 전화를 받은 교환수가 발렌시아의 공화국 각료에게 카탈루냐에는 정부가 존재하지 않고—무정부주의자들의 꿈—"방어 위원회"만 있을 뿐이라고 응대한 것이다. 같은 날 마누엘 아사냐 공화국 대통령도 유이스 콤파니스 카탈루냐 지방정부 대통령에게 전화를 걸었다가, 말하는 도중 불쑥 끼어든 무정부주의자 교환수로부터 대화를 멈추라는 요구를 받았다. 이에 발렌시아와 카탈루냐 정부 관리들은 노발대발했고, 카탈루냐 지방정부의 보안장관은 경찰에 지시하여 전화 교환국 건물을 접수하도록 했다. 그리하여 경찰이 다가가자 무장하고 있던 무정부의자 경비들이 발포를 시작했다.

로이스 오르는 당시 상황을 이렇게 기록했다. "새떼가 총소리에 놀라 회색 구름이 덮인 하늘로 날아 올라가고, 도시에는 '기어코 올 것이 왔다'는 말이 빠르게 퍼져나갔다."[18] 전투는 전쟁 내의 또 다른 비극적 전쟁으로 빠르게 치달아갔다. 스페인 제2의 도시(바르셀로나)뿐 아니라 사실상 프랑스 국경에 이르기까지, 스페인 북동부 지역 전체를 누가 차지하느냐를 둘러싼 결정적 전쟁으로 치달은 것이다. 공화국의 궁극적 힘을 발렌시아의 내각과 그 밑에 있는 카탈루냐 지방정부가 차지하게 될지, 건물과 도로의 방책들뿐 아니라 심지어—오르 부부가 스페인에 처음 입국했을 때 알게 된 사실이듯—국경초소들까지 장악하고 있던 무장한 무정부주의자 민병대 수천 명이 차지하게 될 지는 누구도 장담하지 못했다.

조지 오웰도 당시 바르셀로나에서 휴가를 보내고 있다가 전투의 한가운데로 휩쓸려 들어갔다. 공화국 내에 정치적 긴장이 존재한다는 사실은 그도 진즉부터 알고 있었다. 하지만 그 정도로 심각한 줄은 몰랐다. 사실 그는 이번 휴가를 이용해 POUM 민병대에서 국제여단으로 이적하려는 생각까지 하고 있었다. 공산당도 신뢰하지 않기는 마찬가지였지만, POUM 민병대에 비해서는 장비도 잘 갖춰져 있고, 지루하기 짝이 없는 아라곤 전선과 달리 마드리드에서는 중요한 공방전이 벌어지고 있다는 점에도 마음이 끌렸기 때문이다. "POUM의 혁명적 순수성에도 그 나름의 논리가 있었지만 내게는 무의미해보였다. 중요한 것은 전쟁에서 승리하는 것이었기 때문이다."[19]

스페인에 있던 영국 공산주의자들도 오웰이 작가인 것을 알고 있었기 때문에, 그가 국제여단에 입대하면 대박이 될 것이라고 생각했다. 오웰과 아내 아일린이 POUM의 그들 동지로 알고 있던 인물을 포함하여, 바르셀로나에서는 이미 영국 공산당의 첩보요원 몇 사람도 은밀히 활동하고 있었다. 알바세테의 국제여단 본부에 보내진 보고서에도 이런 내용이 적혀있었다. 오웰은 "정치적 이해력은 부족하지"만, "주요 인물이고 POUM에 맞서 싸우는 영국인 분견대에서 가장 존경받는 인물"이기도 하며, 그 자신이 "마드리드 전선에서 싸우고 싶다는 의사를 피력하면서 수일 내에 우리에게 정식으로 입대 신청을 하겠다는 말도 했다."[20]

그런데 그 일을 방해하는 사건이 일어났다.

오웰은 나중에 『카탈루냐 찬가』에서 그때의 일을 이렇게 기록했다. "5월 3일 정오 경, 친구 한 명이 호텔 로비를 스쳐지나가며 말했다. '듣자 하니 전화 교환국에서 모종의 사건이 일어났다는군….' 나도 그날 오후 세 시에서 네 시 사이 람블라스 거리를 걷다가 등 뒤에서 몇 발의 소총이 발사되는 소리를 들었다. … 거리 위아래 쪽 상점들에서도 점주들이 유리창 위로 철컥 철컥, 철제 셔터를 내리는 소리가 들렸다."[21]

무정부주의자와 POUM에 대한 경찰의 엄중한 단속이 진행되자 오웰도 즉각 그의 아내 아일린과 찰스 오르가 일하고 있던 POUM 건물의 방어 병력으로 투입되었다. 오웰과, 헨리(해리) 밀턴을 비롯한 일군의 소규모 민병대 무리는 그때부터 내리 사흘 낮밤을 람블라스 가로수 길 건너편의 건물이 내려다보이는 영화관 지붕 위에 머물렀다.

오웰은 이렇게 썼다. "나는 그 모든 어처구니없는 일들에 경악하며 지붕에 앉아있었다. … 그곳에 앉아있으니 길고 홀쭉한 건물, 유리로 된 돔과 반짝이는 녹색과 구릿빛 타일이 구불구불 이어진 지붕, 저 너머 동쪽의 파리한 푸른색 바다 전경까지 수마일 밖 경치가 다 보였다. 그것은 스페인에 온 뒤로 내가 처음 보는 바다였다. 인구 백만 명의 대도시가 폭력의 관성에 매몰되어 … 바리케이드와 모래주머니들로 방어벽을 쌓은 유리창들에서 총탄만 연신 발사될 뿐 그 외에는 아무 일도 일어나지 않았다. … 전차들도 람블라스 거리 이곳저곳에 미동 없이 서있었다. 전투가 시작되자 전차 운전사들이 차 밖으로 뛰어나간 탓이었다. 그동안 도시에서는 열대 지방의 폭풍우와도 같은 끔찍한 소음만 수천 채의 석조 건물들에서 울려 나올 뿐이었다.”

며칠 뒤에는 오웰과 민병대 무리가 돌덩어리들로 POUM 본부를 요새화하는 작업에 투입되었다. 그들이 가진 무기는 다 합쳐 봐야 소총 20정, 총알 50여 발, 권총 몇 정, 수류탄 몇 발이 전부였다. 아일린도 남편의 팀에 합류해 부상병을 간호했으나 의료용품은 없었다. 그럭저럭 하는 사이 양측의 무장병들이 점유한 지붕 수는 점점 많아져, “당 깃발을 꽂아놓지 않으면 어느 편 지붕인지 분간도 안 될 정도로 복잡해졌다”고 오웰은 썼다. 오웰이 머문 지붕에서 대각선으로 맞은편에 위치한 건물 지붕은 공화국 정부의 준군사적 도시경찰인 일부 돌격대원들이 차지하고 있었다.

“그 상황이 울화통 터졌던 것은 전선에서 115일을 보낸 뒤 그리도 고대하던 달콤한 휴식을 맛보기 위해 바르셀로나에 왔는데 정작 나는 지붕에 죽치고 앉아, 나 못지않게 따분해하며 간간이 손을 흔들어주고 자신들도 ‘노동자’일뿐이라는 점을 확인시켜주었지만(그러니 자신들을 향해 총질은 하지 말아주었으면 좋겠다는 뜻), 그럼에도 불구하고 명령이 떨어지면 발포할 게 분명한 돌격대원들을 마주보며 시간을 죽이고 있었기 때문이다.”

돌격대원들은 총을 쏘지 않았다. 허나 거의 일주일에 걸쳐 시가전이 전개된 도시의 다른 곳에서는 수천 발의 총탄이 오갔다. 그런 다음 마침내—그러나 오웰이 그 모든 결과를 알기도 전에—교전이 끝나자 경찰이 공산주의자의 지원을 받아 무정부주의자와 POUM을 상대로 대포를 사용했다. 오웰은 극에 달한 파벌주의에 실망과 분노를 느껴 국제여단으로 적을 옮기려던 생각마저 싹 달아나 버렸다. 진실이 무엇이든 내전은 여전히 싸울 가치가 있다고 믿고, 전선의 민병대 부대로 복귀한 것이다.

한편 로이스 오르는 무정부주의자 민병대의 발포가 시작되었을 무렵 몸이 아파 집에 누워있었다. 오웰과 마찬가지로 휴가차 바르셀로나에 와 있던 스코틀랜드인 밥 스밀리와 오르 부부의 친구 한 명이 달걀 몇 알, 빵, 딸기를 싸들고 그녀의 병문안을 오기도 했다. 그런데 앓아누웠던 그녀가 전투가 시작되었다는 소식이 들리자 벌떡 일어났다. 찰스 오르도 어머니에게 자랑스럽게 써 보낸 5월 8일자 편지에서 이렇게 말했다. "전투가 일어났다는 소식을 들은 지 10분 뒤에는 아내가 이미 제 곁에서 바리케이드 설치하는 것을 돕고 있었어요. 저도 제 주된(principal을 principle로 잘못 적었다) 복무지에서 부상병 여섯 명과 사망한 병사 한 명 정도는 능숙하게 처리할 수 있을 정도로 이제는 이 분야의 전문가가 되었답니다. 목 살갗이 벗겨질 정도로 고달픈 일이지만 그래도 목숨을 걸만한 가치가 있는 일이죠. … 배가 조금 고프다는 것을 제외하면 저희는 잘 지내고 있습니다. 전투도 끝난 것 같은데, 승자는 없네요."[22]

하지만 찰스는 잘못 알고 있었다. 전투가 지속되는 동안 도시와 지역의 통치권을 행사한 사실상의 승자는 공화국 정부였기 때문이다. 근래의 연구서도 사상자를 계산할 때 218명으로 알려진 사망자 대부분을 무정부주의자로 집계했다.[23] 무정부주의자들은 당시 곤란한 현실에 직면해 있었다. 카탈루냐인들의 전폭적 지원을 받았다고는 해도 공화파 준군사조직과 시가전을 치르려면 전선의 민병대 병력을 철수해야만 했던 것이다. 그랬다면 바르셀로나 전투에서는 승리를 거두었을 테지만 국가주의자군과의 장기전에서는 패했을 것이 분명하다. 그래서 무정부주의 지도자들은 하는 수 없이 광적인 지지자들로부터 배신자라는 비난까지 들어가면서 무력 저항을 끝내라는 명령을 내렸던 것이다.

찰스 오르도 이윽고 정확히 상황을 판단했다. 어머니에게 쓴 편지에서 그는 이렇게 말했다. "지난 며칠 간 여러 가지 일을 보고 배웠습니다. 그래서 말씀드리는데 여차하면 공산당에 밀려 지하로 들어가게 될지도 모르겠어요."[24] 이때부터 찰스는 집에 보내는 편지에 가명을 쓰기 시작했다. 끝까지 호전성을 유지한 로이스도 무정부주의자 지도부의 행위가 항복에 지나지 않는다고 하며 경멸조로 말했다. "혁명은 끝났으나 반혁명의 정체는 아직 모습을 드러내지 않았다. 우리는 그 날을 기다린다."

무정부주의자들이 패배하자 몇 달 동안 파리만 날리던 바르셀로나의 모자 가게들은 느닷없이 호황을 누리기 시작했다. 6월 무렵에는 옛 생활 방식이 돌아온 또 다른 징표가 나타났다. 오르 부부가 다른 외국인들과 함께 거주하던 전 나치 영사의 아파트에 전기와 온수 공급이 끊긴 것이다. 찰스는 어머니에게 보낸 편지에서 이렇게 말했다. "전기 회사가 예전에 독일 영사가 쓴 요금까지 우리에게 덤터기를 씌우며 전기를 끊는 바람에 저는 지금 촛불 밑에서 편지를 쓰고 있습니다. 우리가 사용하기 시작한 2월 15일 분부터의 요금을 내겠다고 하는데도 그들은 막무가내입니다. 그래서 이제는 더운 물 목욕도 못하게 됐어요."[25] 로이스도 혁명적 변화에 대한 보도자료를 낼 일이 없어져 카탈루냐 지방정부 선전부의 일을 그만두었다.

이렇게 무정부주의자들의 힘이 꺾여 가는 와중에 공산당의 세력은 점점 커지고 있었다. 그들은 이단자를 단죄하라는 스탈린의 부추김을 받아 규모가 작은 POUM을 여전히 주요 표적으로 삼고 있었다. 좌파 사회주의자인 프란시스코 라르고 카바예로 공화국 총리에게도 POUM의 활동을 금지시키고 지도부를 체포하라는 압력을 넣었다. 카바예로가 거부하자 주류 자유주의자, 온건파 사회주의자들과 손잡고 강제로 그를 사임시킨 뒤, 후안 네그린 박사를 후임 총리에 임명되도록 했다. 아닌 게 아니라 풍채 좋고, 여러 나라 말을 구사하며, 대식가로 유명했던―각기 다른 식당에서 하루 저녁에 식사를 두세 차례 할 때도 있었다―생리학자 네그린이 "공산당이 표방하는 통합된 군대와 중앙 통제적 전시경제를 지지한" 것은 사실이었다. "하지만 그렇다고 해서 네그린이 러시아 정책의 단순한 도구였으리라고 예단하는 것은 잘못"이라고 스페인 내전을 포괄적으로 조망한 역사서에서 영국 역사가 휴 토머스(1931~)는 말했다.[26]

　　네그린과 그의 내각은 악마의 거래에 직면해 있었다. 미국, 영국, 프랑스가 무기 매각을 거부한 덕에 소련은 그 무렵까지도 여전히 군사 고문단 및 탱크 승무원과 전투기 조종사 등의 기술 전문가는 물론이고 공화국의 유일한 무기 공급원으로 남아있었다. 그러자 스페인 공산주의자들은 그 대가로 경찰과 군대의 요직을 지속적으로 요구하다 못해 이제는 POUM 지도부에 대해, 모스크바 스타일의 숙청 재판을 하라고까지 요구했다. 하지만 네그린도 만만치는 않아 스탈린의 요구사항을 다 들어주지는 않고 일부만 들어주면서 풍랑 심한 바다를 요리조리 잘 헤쳐나갔다. 몇 년 뒤 다른 전쟁이 일어났을 때는 물론 미국과 영국이 이와 동일한 악마의 거래에 직면했다. 히틀러를 쳐부수기 위해서는 소련과 제휴해, 전후 동유럽에 대한 지배권을 비롯해 스탈린의 몇몇 요구를 들어줄 수밖에 없었던 것이다.

　　1937년 6월 17일 오전 8시, 한 명의 러시아인이 포함된 제복 차림의 남자 네 명과, 민간인 복장을 한 소련 통제 하의 공화국 군사정보국 요원 네 명이 오르 부부의 집 앞에 도착했다. 로이스가 나중에 쓴 글에 따르면 "그들은 아파트의 평면도와 그곳에 살았던 사람뿐 아니라 심지어 아파트를 방문했던 사람들의 명부까지도 우리에게 제시했다"고 한다.[27] 부부를 체포한 그들은 편지, 일기, 부부의 소지품은 물론이고 하다못해 욕실 문에 걸어둔 장식용 적황색 천—왕당파의 색상—까지 압수했다. 이후 그들은 그것들을 두 번 다시 보지 못했다.

그로부터 50여 년 뒤에 공개된 소련의 첩보 보고서에는, 찰스보다도 로이스가 더 호전적이라는 사실을 요원들이 파악하고 있었을 만큼 오르 부부가 정보요원들에게 철저한 감시를 받고 있었던 것이 나타나 있었다. 한 보고서에는 이런 내용도 적혀있었다. "다양한 정치 문제에 보인 로이스의 광신적 태도는 바르셀로나에서 일할 때 특히 두드러졌다."[28]

바르셀로나에서 활동한 코민테른의 비밀요원들은 다국적자로 구성돼 있었다. 로이스에 대한 견해와 다른 외국 POUM 지지자들에 대한 동향이 독일어로 기록된 것으로도 그 점을 확인할 수 있다. 1937년 말엽이 되기 전에 마음이 변해 스페인과 공산당을 등진 뒤, 자신이 감시하고 심문한 사람들이 "'프랑코의 요원들'이 아니라 성실한 혁명가들이었다"[29]고 밝혀 우리에게도 익숙해진 후베르트 폰 랑케도 독일 비밀요원이었다. 영국 공산주의자 데이비드 크룩도 POUM 동조자인 양 행세하며, 오르 부부가 체포되기 2주 전 그들과 해변으로 함께 나들이를 갔던 또 다른 비밀요원이었다. 크룩은 회고록에서 스페인의 기나긴 시에스타 시간을 이용해 찰스 오르와 아일린 블레어가 사용하는 사무실에 몰래 들어가 문서를 훔친 뒤 소련의 안전가옥에서 재빨리 그것들을 사진에 담았다고 주장했다. 소련 첩보 기록물의 몇몇 감시 보고서가 프랑스어로 작성된 것으로 보면 국제여단 통제위원 앙드레 마르티의 스파이들도 활동했을 개연성이 있었다.

오르 부부가 끌려간 경찰서는 입추의 여지없이 만원을 이루어 일부 죄수들은 계단에 앉아있기까지 했다. 거기에는 스페인의 POUM 지도자들과 미국, 캐나다, 스코틀랜드, 네덜란드, 독일, 스위스, 폴란드에서 온 각양각색의 반 스탈린주의자들 등 찰스가 알아볼 만한 사람들도 있었다. 찰스와 100명의 죄수들은 수프 두 사발과 빵 두 조각이 하루 식사의 전부이고, 벽에는 빈대가 기어 다니는 방에 한꺼번에 몰아넣어졌다.

그로부터 얼마 지나지 않아 찰스와 로이스 그리고 30여 명의 외국인들은 한밤중에 경비원들이 비추는 손전등에만 의지하여 좁은 거리들을 지나 지난 날 우파 인사의 집이었던 곳으로 갔다. 그러고는 그 집의 하인들이 거처했던 곳을 감옥으로 개조한 방에 재수감되었다. 그곳에서 며칠이 지나자 일부 수감자들이 단식투쟁을 시작했다. 남녀가 분리 수용되기는 했지만 각 방에 비밀경찰이 숨어있다 보니 수감자들은 대화도 마음 놓고 나누지 못했다.

그곳에는 반 스탈린주의자들만 있지 않았다. 탈영을 했거나 혹은 상급자와 다툰 혐의로 잡혀 들어온 국제여단의 스탈린주의자 병사들도 있었다. 로이스는 그에 대해 이렇게 썼다. "스탈린의 공포정치가 정점을 찍고 있었다. 어떤 충성파 스탈린주의자는 광산 지대, 산업 지대, 산맥, 툰드라가 점점이 표시된 정교한 소련 지도를 감옥 벽에 그려놓았고, 자신들이 살았던 집의 벽에 대형 스탈린 초상화가 걸려있었다고 말하는 스탈린주의자들도 있었다. 감옥 벽에 소련 지도가 그려진 것을 보고 스탈린 초상화에 대한 말을 듣고 있노라니, 죄를 뒤집어씌어 자신을 죽이려는 사람들에게까지 거짓된 애정과 충성을 부르짖는다는, 모스크바 재판의 끔찍함이 느껴지는 듯했다. 나도 그렇게 될까? 이런 생각이 들면서."[30]

로이스는 스페인 감시병들의 태도는 우호적이라는 느낌을 받았다. "그들은 가학적이지도 않았고 제법 인간적이었으며 여자라는 이유로 우리를 관대하게 대해주기까지 했다. 스페인인들이 러시아인을 대신해 궂은일을 도맡아 한 것이 우리로서는 행운이었다. … 그들은 우리가 문을 통해 다른 방의 남자들과 대화를 나눌 수 있게 해주고, 우리의 부탁을 받아 쪽지를 건네주기도 했으며, 감옥들을 오가며 문서를 전달해주는 것은 물론 심지어 밖에 나가 바르셀로나에서는 가격이 매우 비쌌던 비누까지 사다주었다." 로이스는 감방에서 독일인에게 독일어 강습을 받고 폴란드인에게는 의상 디자인을 배우며, 기분이 울적해지지 않으려고도 노력했다. "그들은 그때까지 살아온 내 삶의 내용이 단순했다는 이유로 나를 '막내'라고 부르며, 어머니가 자식 돌보듯 귀여워했다. … 감방에서는 노래도 매일같이 불러, 우리 방 사람들이 프랑스, 독일, 미국 노래를 부르면, 그에 화답하듯 멀리 떨어진 다른 방 사람들도 노래를 불렀다." 로이스가 보기에 감옥에서 제일 걱정되는 사람들은 독일인과 이탈리아인들이었다. 석방되어 본국으로 보내지면 감옥에 갇히거나 그보다 더 심한 일을 당할 수도 있었기 때문이다. 바르셀로나 주재 미국 대리 영사도 오르 부부와 또 다른 미국인이 체포되었을 때 경찰에게 이들을 면담하게 해달라는 전화를 걸었다가, 미국인들이 만나기를 거부한다는 거짓 답변을 들었다.

로이스는 남편 찰스와 지문 채취를 하고 취조를 받기 위해 소환되었을 때, 영어를 유창하게 구사하는 러시아인으로부터 "당신이 지은 파시스트 범죄에서 결코 벗어날 수 없을 거요"라는 말을 들었다.[31] 모든 수감자들에게 구독이 허락된 공산주의 신문에 POUM을 국가주의자 간첩단의 일부로 보는 기사가 실린 것도 그들을 낙담시켰다.

외국 특파원들 또한 저널리스트가 으레 그렇듯 마감 시간 맞추는 데에만 급급하여 오르 부부와 다른 POUM 지지자들이 수용소에 갇혀있을 때, 사실 확인도 하지 않고 현지 관리들이 해주는 말을 곧이곧대로 기사화하여 거듭 송고했다. 합동통신사 기자만 해도 발렌시아의 소련 대사관 첩보원으로부터—소식통이 불분명한 순수한 내부자 정보로—전해들은 이야기를 그대로 송고했다. 런던의 《타임스》("라고 말해졌다"), 《맨체스터 가디언》("…라는 내용이 발표되었다"), 《뉴욕 타임스》("라고 주장되었다")의 특파원들도 그와 유사하게 익명의 취재원이 말해준 이야기를 여과 없이 송고했다.[32] 심지어 이 네 사람은 바르셀로나에 있지도 않았다. 《뉴욕 타임스》만 해도 "스페인에서 음모가 발각되다. … 지도 뒷면에서 프랑코에게 보내는 전언이 발견되다"라는 제목 아래, 육군 장교, 파시스트, POUM 당원 200명이 비밀 라디오 송신기를 이용해 국가주의자군에 암호화된 정보를 보내고, 대원수 프랑코에게도 메시지를 전달했다는 허버트 매슈스의 기사를 실었다. 《뉴욕 타임스》에는 그밖에 공화국 정부가 유혈 낭자한 전투에서 기묘하게도 "무혈의 승리"를 거두었다고 환호하면서, POUM 과 무정부주의 노동 연맹인 CNT(전국 노동자 연합)가 "분쟁의 바탕에 있는데, 이는 명백히 반역이다"라고 쓴 매슈스의 또 다른 기사가 실렸다. 매슈스는 이듬해 발간한 자신의 책에서도 POUM과 무정부주의자들이 일으킨 전투의 "일부가 파시스트의 돈으로 실행되었다"고 주장했다.[33]

한편 프랑코는 자신이 바르셀로나에서 일어난 공화파의 파벌 분쟁을 선동한 당사자로 지목된 것에 기뻐했다. 기뻐하다 못해 "시가전도 우리 측 요원이 시작한 것이다"[34]라는 큰소리까지 치기 시작했다고 독일 대사는 말했다. 이 점에 있어서는 공산주의자와 국가주의자의 프로파간다가 맞아 떨어졌다.

반면에 로이스 오르는 "나에 대한 말은 완전한 날조이며 전적으로 지어낸 말이다"[35]라고 분노를 표출했다.

조지 오웰도 일주일 동안 이어진 바르셀로나 시가전에서 상처 하나 입지 않고 살아남았으나 전선으로 돌아가는 마음은 무겁기만 했다. 그가 좋아하는 스코틀랜드 친구 밥 스밀리가 체포돼 투옥되었다는 소식에 그는 더욱 울적해졌다. 하지만 그런 와중에도 오웰은 사태를 좀 더 포괄적으로 바라보려고 노력했다. "어느 쪽을 택하든 전망이 어둡기는 매한가지였다. 하지만 그렇다고 해서 공화국 정부를 위해 싸우는 것이, 그보다 더 노골적이고 발전된 파시즘에 맞서 싸우는 것보다 무의미하다는 말은 아니다. 전후에 공화국 정부가 어떤 실책을 범할지는 모르겠으나 그래도 프랑코 정부보다는 나을 것이라는 얘기다."[36]

오웰과 그가 속한 민병대는 국가주의자군 진지에서 불과 150여 미터 떨어진 우에스카 외곽의 전선에 배치돼 있었다. 게다가 POUM 참호는 국가주의자군 진지보다 낮은 곳에 위치해 있어, 적군의 저격병에 위험하게 노출돼 있기도 했다. 그런데 어느 날 새벽 5시 경에는 오웰이 바로 그 위험한 자리에 있게 되었다. 그의 미국인 동지 헨리 밀턴이 초병으로 교대하는 것을 지휘하기 위해서였다. 그렇게 위험에 노출된 데다 오웰은 또 참호전에서는 명백히 불리하게 작용했을 192센티미터의 장대 키에, 밀턴에 따르면 보루 꼭대기 너머를 무심하게 바라보는 습관도 있었다.

하지만 총을 맞는 순간에도 오웰의 작가적 관찰력은 그를 실망시키지 않았다.

총에 맞는 것은 대단히 흥미로운 경험이어서 충분히 상술할 가치가 있다. … 대체로 그것은 폭발 한가운데 있는 듯한 느낌이었다. 주위에서 섬광이 번쩍 비치는 듯하더니 엄청난 충격이 느껴졌다. 통증은 아니고 감전되었을 때처럼 무력감이 들면서 몸이 점점 사그라지는 느낌이었다. 앞에 놓인 모래주머니도 가물가물해 보였다. 벼락을 맞을 때와 흡사하다고 할까….

누군가가 들것을 가져올 동안 … 사람들은 나를 바닥에 눕혔다. 총알이 목을 관통했다는 것을 아는 순간 죽을 수도 있다는 생각이 들었다. … 그 생각을 하는 2분여 동안도 내게는 흥미로웠다. 그 절체절명의 순간 머릿속을 스쳐 지나간 생각이 흥미로웠다는 얘기다. 처음에 든 생각은 당연히 아내였다. 그 다음에는 어쨌든 나와는 너무도 잘 맞았던 세상과 하직해야 된다는 사실에 화가 치밀어 올랐다. … 그 불합리한 불운에 화가 났다. 그 무의미함이라니! 전투 중에 죽는 것도 아니고, 순간의 부주의함 때문에 하찮은 참호 귀퉁이에서 죽어야 한다는 사실에 화가 나 견딜 수가 없었다![37]

밀턴이 오웰의 셔츠를 찢자 병사 네 명이 그를 들것에 실어, 그곳에서 2.5킬로미터 떨어진 곳으로 옮기고 거기서부터는 다시 구급차편으로 전방 치료소인 나무 오두막으로 이송되었다. 물품 공급이 달렸던 관계로 오래지 않아 오웰의 부대원 두 명이 나타나서는 그의 시계, 권총, 손전등을 달라고 하여 가져갔다. 며칠 뒤에는 오웰이 부상병을 후송하는 병원열

차에 실려 바르셀로나 남쪽, 지중해 연안에 위치한 도시 타라고나로 향했다. 그가 탄 열차가 타라고나역으로 진입하는 동안 국제여단의 이탈리아 의용병들로 만원을 이룬 또 다른 전방행 열차가 역을 빠져나가는 장면을 오웰은 이렇게 기록했다.

그 열차는 … 병사, 차대에 묶인 야포, 그 야포들을 둘러싼 더 많은 병사들로 미어터질 듯했다. 특히 지금도 생생히 기억나는 것이, 노랗게 물든 저녁노을 속을 기차가 지나갈 때의 장관이었다. 창문들을 가득 메운 미소 띈 거무스름한 얼굴, 비스듬히 기운 포신, 나부끼는 진홍색 스카프들, 이 모든 것들이 청록색의 바다를 배경으로 미끄러지듯 우리 앞을 서서히 지나쳐 갔다.

… 서있어도 될 만큼 상태가 괜찮은 부상병들이 객차를 넘어와 지니기는 이탈리아인들에게 성원을 보냈다. 차창 밖으로 목발을 흔드는 병사도 있고, 붕대 감긴 팔로 주먹 쥔 손을 쳐들며 공산당식 경례를 하는 병사도 있었다. 트럭 한 대 분의 신병들이 선로를 자랑스레 미끄러져 나아가고, 불구가 된 병사들은 서서히 미끄러져 내려왔다. 늘 그렇듯 차대 위 대포들은 사람의 가슴을 뛰게 만들며, 전쟁은 결국 영예로운 것이라는, 결코 헤어날 길 없는 치명적 감정을 되살아나게 하는, 전쟁의 우화寓畵와도 같은 전경이었다.[38]

총알이 경동맥을 불과 몇 밀리미터 비껴가 목숨을 건진 오웰은 건강이 서서히 회복되자 쉰 목소리로나마 간신히 말을 할 수 있게 되었다. 그의 지휘관은 그의 쉰 목소리를 T-형 포드 자동차의 브레이크 삐걱대는 소리에 비유했다. 그 다음에는 치료도 받고 퇴원에 필요한 복잡한 서류 절차를 밟느라 도시들을 옮겨다녔다. 그 과정에서 한 병원에 입원해 있을 때는 이런 일도 겪었다고 그는 기록했다. "내 침상 옆에는 왼쪽 눈에 부상을 입은 돌격대원이 누워있었다. 붙임성이 좋아 그는 내게 담배도 권했다. '바르셀로나에 있었다면 서로에게 총부리를 겨누었을 사이'라는 내 말에 그도 웃고 나도 웃었다. 이런 평범한 감정이 전방 근처에만 가면 바뀌니 참으로 요상한 노릇이었다. 후방에 있으면 정당들에 대한 악감정들이 완전히 혹은 거의 사라져 버리는데 말이다."[39]

그러나 POUM에 대한 거센 비난 운동은 전방을 벗어난 곳에서도 계속되었다. 전 세계 공산주의 언론은 POUM 동조자들이 바르셀로나 건물의 발코니들에 왕당파 깃발을 펄럭이면서 베를린과 비밀리에 접촉하고 있다고 맹렬하게 비난했다. 오웰에 따르면 POUM의 민병대 부대원들도 "군대에 대규모 사상자가 발생하고, 내 친구들의 다수가 죽거나 부상당하고 있을 때"[40] 무인지대에서 국가주의자군 병사들과 한가롭게 축구 경기나 하고 있었다는 말이 돌았다(헤밍웨이와 매슈스도 되풀이 썼던 내용).

그 직후에는 런던에서 발행되는 《데일리 워커》에, 오웰이 POUM 참호를 떠나 인근의 국가주의자군 전선을 남몰래 찾는 괴이쩍은 행동을 했다는 비난 기사가 실렸다.[41] 오웰도 물론 자신이 사는 세상에 프로파간다가 퍼져나가는 방식에 대해서는 알만큼 알고 있었다. 하지만 거의 죽다 살아난 전쟁에 대해 그처럼 새빨간 거짓 기사를 쓰는 것에는 그도 큰 타격을 받았다. 이때의 경험은 그로부터 십여 년 뒤에 발간된 그의 소설 『1984』의 진리 부Ministry of Truth에 대한 묘사로 되살아났다.

목의 상처가 서서히 아물자 오웰은 바르셀로나로 돌아와 아일린도 만나고 스페인을 떠날 준비도 했다. "호텔에 들어서니 로비에 앉아있던 아내가 자리에서 일어나 마치 어제 본 사람처럼 스스럼없이 내 쪽으로 다가왔다. 그러고는 내 목에 팔을 두르고 로비의 다른 사람들을 의식해 생긋 미소를 지어 보이며 내 귀에 대고, 쉿 하며 이렇게 말하는 것이었다.

'여기서 나가요!'

'네?'

'여기서 당장 나가야 된다구요!'

'무슨 말을 하는 거예요??'

'여기 서 있으면 안 돼요! 빨리 밖으로 나가자구요!'

'왜? 대체 무슨 일인데요?'

그 말이 끝나기도 전에 아내는 이미 내 팔을 잡아 밖으로 이끌고 있었다."[42]

호텔 밖 인도로 나온 그녀가 저간의 사정을 남편에게 재빨리 말해주었다. 그 호텔은 POUM의 출입이 금지되었고, 오르 부부와 다른 외국인 동조자들도 앤드류 닌 (페레스) 및 여타 상급 당 간부들과 함께 체포되었다는 것이었다. 밥 스밀리도 그에 앞서 체포되어 투옥돼 있다고 했다. 이틀 전에는 민간인 복장을 한 경찰이 그녀의 방에 들이닥쳐 두 시간 가까이 수색을 하고, 부부의 편지와 문서들도 몽땅 압수해 갔다고 했다. 스페인에 온 뒤 첫 네 달 간 일선에서 지낸 경험을 꼼꼼히 기록한 그의 일기도 압수물에 포함되었다는 것이었다.

(이 문서들은 모스크바의 밀폐된 공문서관에 여전히 보관돼 있을 것이라 여겨진다. 다만 그날 아일린의 방에서 압수한 모든 자료들은, 소련 붕괴 뒤 접근이 허락된 파일 하나에 두 페이지짜리 목록으로 정리돼 있었다.)[43]

오웰도 아내를 체포하지 않고 내버려둔 것이 그녀를 미끼 삼아 자신을 붙잡으려 했기 때문이라고 믿는 아일린의 말을 듣자 호텔로 돌아갈 용기가 나지 않았다. 두 사람은 폐허가 된 교회에서 그날 밤을 보냈다. 그리고 이튿날 아침 스밀리가 맹장염 치료를 받지 못해 스물한 번째 생일을 불과 며칠 앞두고 옥사했다는 것을 알고 오웰은 실의에 빠졌다. 세간에 나돌던 앤드류 닌이 죽었다는 소문도 나중에 사실로 판명되었다. 이후 며칠 간 오웰과 영국인 동지 두 명은 빈 집에서 하룻밤을 보내기도 하면서 숨어 지냈다. 이들과 마찬가지로 역시 도주 중이던 다른 외국인 POUM 동조자들과도 그 과정에서 수차례 마주쳤다. 이들 중에는 훗날 서독 수상이 될 빌리 브란트도 있었다.

며칠 뒤 오웰 부부는 다시 만나 국경을 몰래 넘어 프랑스로 도주하는 데 성공했다. 하지만 싸워야 될 명분을 제공해준 공화국 정부에 체포될 것이 두려워 스페인을 탈출하는 상황에서도 오웰은 더 큰 전쟁이 다가오고 있다는 생각을 떨치지 못했다. 이듬해 초에는 회고록 집필을 마쳤다. 그는 이 책에서 고향으로 돌아가는 열차의 차창에서 바라본 장면을 예지력 있게 묘사했다. "런던 외곽(의 거대하고 평화로운 황무지), 진창을 이룬 강물 위에 떠 있는 거룻배, 낯익은 거리, 크리켓 경기와 왕실의 결혼을 알리는 포스터, 중산모를 쓴 남자들, 트라팔가 광장의 비둘기들, 빨간색 버스들, 푸른 제복의 경관들—이 모든 것들이 깊디깊은 영국의 잠에 곤히 빠져있다. 이따금 나는 폭탄의 굉음에 놀라 화들짝 깨어나기 전에는 그 잠에서 결코 깨어나지 못할 것 같은 두려움에 사로잡히기도 한다." [44]

3부

전쟁 속 미국인들

12. 나라면 그 이야기는 쓰지 않겠어요

　　오웰은 부상당한 뒤에는 스페인으로 돌아가지 않았다. 하지만 스페인으로 기필코 돌아가려는 사람도 있었다. 버지니아 콜스가 이번에는 국가주의자 편에서 스페인 내전을 취재하려는 계획을 세운 것이다. 물론 공화파 편에서 내전을 취재했던 기자에게 그것은 쉽지 않은 도전이었다. "나도 비자를 받기 어렵다는 말을 들었다. … 그래도 시도는 해보려고 했다."[1] 콜스는 스페인과 프랑스의 접경지대에 위치한 프랑스 남부의 아름다운 휴양도시 생장드뤼즈를 거점으로 삼았다. 스페인에서 고작 몇 마일밖에 떨어지지 않은 대서양 연안의 도시로, 이 곳은 공화파와 국가주의자 스페인인들이 카페 테이블을 사이에 두고 서로를 불안하게 감시하는 음모의 온상이었다. 스페인 공화국 주재 외국 대사관들도 대부분 국가주의자군의 포격과 폭격으로부터 안전한 그곳으로 옮겨와 있었다. 하지만 그 무렵에는 생장드뤼즈와 가까운 스페인 지역이 국가주의자군에 점령된 탓에, 콘도르 군단의 독일군 장교들도 곧잘 국경을 넘어와 그곳에서 프랑스식 저녁 식사를 즐기고는 했다.

콜스는 자신이 잘 아는 상류사회 연줄을 이용하기로 했다. 뉴욕에 있을 때 알고 지낸 여성의 아버지가 그 무렵에는 스페인 주재 영국대사인 데다, 같은 계급의 영국인들이 그렇듯 공화파 사람들을 "빨갱이들"로 경멸해 부를 만큼 노골적인 프랑코 지지자이기도 했기 때문이다. "그를 통해 프랑코의 대리인 맘블라스 백작을 만났다. 돌이켜 생각해 보니 백작을 본의 아니게 이용한 것 같기도 한 것이, 백작은 프랑코가 ('신사, 숙녀 여러분'을 존중하는) 신분의 옹호자라는 단순한 관점에 국한해서 내전을 바라보는 고루한 사고방식의 소유자였고, 그러므로 나에 대해서도 '분명 안전한' 무리의 일원이라는 믿음을 갖고 있었을 것이기 때문이다." 그리하여 백작이 그녀의 비자 수속을 밟는 동안 국경 너머, 삼각형의 검은 에나멜가죽 모자를 쓴 국가주의자 국경 경비대의 모습을 바라보고 있자니 콜스는 오금이 저려왔다. "우리로 하여금 날아드는 기관총알을 피하게 만들고, 포탄을 저주하게 만들며, 폭탄에 맞지 않으려고 달아나게 만든 자들이 바로 그들이었다."

마침내 비자가 나왔다. 하지만 문제는 또 있었다. 식량 사정은 대체로 좋았지만 그런 만큼 국가주의자 지역은 공화파가 장악한 지역에 비해 외국 특파원이 활동하기 힘든 곳이었기 때문이다. 공화파 지역은 전시 상태임을 고려하면 언론의 자유가 상당히 보장돼 언론 통제 지역도 적었고, 내전 기간 동안 언론인이 추방된 사례도 없었다. 그와 달리 국가주의자가 장악한 지역에서는 외국 특파원이 여행하려면 통행증을 받아야 했고 보호자가 따라붙는 것도 감수해야 했다. 그러다 보니 국가주의자 보도국의 복도는 통행증 발급을 기다리는 저널리스트들로 밤낮없이 북새통을 이루었다. 게다가 외국 기자들은 당국의 특별한 의혹의 대상이었다. 내전

기간에 체포된 외국 특파원만 십 수 명에 달했고, 프랑스 기자 두 명은 몇 달 간 억류되기까지 했다. 기사에 공식적으로 이의를 제기하며 추방한 저널리스트도 30명이 넘었다. 중도 우파에 속하는 프랑스 신문《앵트랑지장L'Intransigeant》의 기자 기 드 트라베르세는 심지어 국가주의자군에 체포되어 함께 붙잡힌 공화파 병사들과 함께 총살당했다. 그것도 모자라서 국가주의자군은 그의 시신에 휘발유를 뿌려 불사르기까지 했다.

국가주의자 지역에서는 또 독일 병사와 이탈리아 병사에 관한 취재, 전쟁 포로와 공화파 지지자 처형에 관한 취재는 금지되었고, 국가주의자군에 대한 취재도 행실 좋고 훈련 잘 된 병사들에 한해서만 허용되었다. 외국 특파원이 자기 차를 몰고 전선을 취재하러 갈 때도, 국가주의자 보도국 차량의 앞 뒤 호위를 받아야 했다. 유대인 이름을 가진 저널리스트도 때에 따라서는 국가주의자군의 특별 감시 대상이 되었다. 그러니 국가주의자군은 당연히 콜스에게도 영어를 구사할 줄 알고 프랑코의 대의를 확고하게 믿는 스페인인 거부 이그나시오 로사예스로 하여금 그녀를 감시하도록 했다. 하지만 결과적으로는 그것이 도리어 콜스에게는 득이 되었다. 로사예스는 프랑코의 주장처럼 게르니카를 초토화한 것은 퇴각하는 공화파군이었다고 철석같이 믿고 있었기 때문에 콜스에게 "당신 눈으로 실상을 똑똑히 보게 될거요"[2]라고 말하며 게르니카행을 제안했으니 말이다.

이후에 벌어진 일을 콜스는 이렇게 기록했다. "게르니카에 도착하니 목재와 벽돌들만 흐트러진 쓸쓸한 혼돈의 광경이 마치 발굴이 진행 중인 고대 문명 유적지와도 같았다. 거리에는 서너 명의 사람들만 지나다닐 뿐 한산했다. 사방의 벽은 남아있었으나 내부는 벽돌의 바다를 이루고 있는 아파트 안에 노인 한 명이 서있기에 ··· 다가가 도시가 파괴될 때 현장에 있었느냐고 묻자 그는 고개를 끄덕였다. 내가 대체 무슨 일이 일어난 거냐고 묻자 노인은 허공에 팔을 휘두르며 하늘에 비행기가 새까맣게 떴었다고 말했다. '비행기Aviones', '이탈리아와 독일italianos y Alemanes' 비행기였다는 것이다. 그 말에 로사예스는 아연실색했다.

"로사예스가 흥분하여 '게르니카는 불살라진 거요'라고 반박하자 노인은 폭격이 네 시간 동안 이어진 뒤에는 도시에 불에 탈 것 하나 남아있지 않았다고 말하여 그를 머쓱하게 만들었다. 그러자 로사예스가 씩씩거리며 나를 옆으로 부르더니 '이 노인은 빨갱이'라고 말했다. 하지만 게르니카에서 만난 다른 두 사람도 같은 말을 하여, 노인의 말은 사실로 확인되었다."

게르니카 취재를 마친 직후 두 사람은 군대 사령부에 들렀다. 그곳 참모장교들이라면 콜스와 인터뷰해도 안전하리라는 생각에 로사예스가 데려간 것이었다. "훤칠하게 잘생긴 그 스페인인들은 열정적으로 말했다. ··· 봄에는 전쟁이 끝날 것이라고도 예견했다. 장교 한 명은 듣자하니 미국이 반 프랑코 정책을 취하고 있다고 하는데, 그 정책을 바꾸지 않으면 백악관에도 오래지 않아 낫과 망치가 그려진 공산당 기가 펄럭이게 될 것이라고 말했다. '빨갱이를 다루는 방법은 한 가지뿐이에요. 총으로 쏴 죽이는 것이죠.'"

"로사예스는 우리가 해안가를 따라 달리고 있다고 말하며 게르니카 사건에 대해 이야기했다. '도시가 온통 빨갱이들 천지였어요. 그들은 도시가 불에 탄 것이 아니라 폭격을 당한 것이라고 우리를 계속 납득시키려 했어요'라면서 게르니카에서 있었던 일을 이야기하자 키 큰 장교는 또 이렇게 말했다. '맞는 말이죠. 폭격 당한 거 맞아요. 우리는 도시를 폭격하고, 폭격하고, 또 폭격했으니까요. 그거, 좋은 거 아닌가요?'"

"그 말을 들은 로사예스는 어안이 벙벙해졌다. 하지만 빌바오로 가기 위해 차에 돌아온 나에게 그는 이렇게 말했다. '나라면 그 이야기를 기사에 싣지 않겠어요.'"

그러고 나서 얼마 안 돼 콜스와 로사예스는 가파른 협곡 쪽으로 난 좁은 비포장도로를 달리다 오도 가도 못하는 처지가 되었다. 대형 트럭이 수렁에 빠져 길을 가로막고 있었기 때문이다. 죄수들로 구성된 도로 보수반이 있는 힘을 다해 밀어도 트럭은 꿈쩍도 하지 않았다. 바로 그때 "오토바이의 선도를 받아 달려오던 검은색의 긴 차량이 우리 자동차 옆에 멈춰서더니 차 밖으로 이탈리아 대사가 나왔다. … 가슴에 주렁주렁 메달이 달린 멋진 제복 차림의 그를 보고 스페인인들이 크게 술렁거렸다. 더불어 지시하는 작업반장의 목소리도 점점 높아졌다. 하지만 진흙탕 속의 바퀴는 계속 헛돌기만 했다."

"작업반장은 결국 대사를 마냥 기다리게 하는 것은 결례라는 생각에 트럭을 낭떠러지 밑으로 밀어뜨리라고 도로 보수반에 지시했다. 그리하여 엔진이 계속 돌고 있던 차체를 보수반이 힘겹게 들어 올려 밀어뜨리자 트럭은 굉음을 내며 90미터 아래 협곡으로 떨어졌다. 대사도 그제야 파시스트식 경례를 붙이고 차에 다시 올라탔다…."

"로사예스는 이번에도 '이 일은 쓰지 않는 것이 좋겠다'고 말했다"

콜스는 스페인을 떠날 때까지는 신변안전을 위해 입조심을 하면서도 국가주의자 지역을 거의 빠짐없이 누비고 다녔다. 어느 때인가는 마드리드 외곽의 구릉에 서서 전선 저 너머의, 그녀가 공화국 편에서 취재할 때 거닐었던 거리를 바라다 본 적도 있었다. 그곳에 서니 심지어 예전에 기사를 송고했던 백색의 높은 텔레포니카 건물도 보였다.

콜스는 최근 국가주의자군에 점령된 도시에서 무어인 부대가 마을주민들의 집을 약탈하는 광경도 목격했다. "그들은 온갖 잡동사니를 팔에 한아름 안고 집에서 나오고 있었다. 부엌 의자를 어깨에 걸머진 병사도 있었고, 달걀 거품기를 주머니에 넣고 오는 병사도 있었으며, 또 어떤 병사는 어린애들이 갖고 노는 인형과 낡은 신발 한 켤레를 가지고 나왔다. 플레잉 카드(트럼프)를 빙 둘러싸고 인도와 차도 사이의 연석에 앉아 퀸과 잭 같은 현란한 색상의 카드들을 보고 감탄을 연발하는 무어인들도 있었다."[3] (약탈에 책임이 있는 국가주의자군 장교들은 신병 모집에 큰 도움이 된다는 이유로, 모로코의 고향 마을로 약탈품을 가져가도록 무어인들을 부추겼다)

하지만 콜스를 가장 놀라게 했던 것은 그보다도 프랑코의 진정한 화력이 어디서 나오는지 누구 하나 숨기려 하지 않은 점이었다. 그녀의 말을 빌리면 "국가주의자 지역의 이 끝에서 저 끝까지 독일 기와 이탈리아 기가 펄럭이고 있었다."[4] 히틀러와 무솔리니의 포스터도 도처에 붙어있었으며, 호텔, 바, 레스토랑들에도 나치스를 상징하는 만자 문양의 기들이 꽂혀있었다. 건물 벽들에도 무솔리니 만세 Viva il Duce 라는 낙서가 쓰여있었고, 상점들의 창문에는 '독일어 가능 Man spricht Deutsch'이라는 푯말이 붙어있었다. 살라망카에서는 낭떠러지로 트럭을 밀어뜨리게 만든 이탈리아 대사가 횃불을 든 군중과 "달빛에 흰 장옷을 펄럭이며 광장을 힘차게 행진하며 현란하게 군사력 시범을 보인 무어인 기병대"의 환영을 받았다.

콜스는 스페인 북부 해안가의 항구도시 산탄데르에서도 이탈리아 군대, 탱크, 장갑차가 승리의 행진을 벌이고, 손에 남루한 물건 보따리를 든 난민 수천 명이 "뺨 위로 주르르 눈물을 흘리며 그 모습을 황홀하게 바라보는"[5] 광경을 목격했다. 그와 달리 "노동자 계층 거주 지역에는 문들이 굳게 닫혀있었고 창문의 블라인드도 내려져있었다." 교도소 밖에도 아녀자들이 그 안에 수감돼 있는 죄수들의 소식을 기다리며 길게 줄지어 서있었다. "꽃과 화환이 멋지게 장식된 대포와 오토바이를 앞세우고 들어오는 정복군의 모습에서는 거의 사악한 분위기가 느껴졌다."

로사예스가 친구와 잠시 대화를 나누려고 행렬을 벗어나자 콜스는 그녀 곁에서 유난히 큰 목소리로 환호를 보내는 스페인인에게 이탈리아인을 어떻게 생각하는지 물어보았다. 그러자 그는 "'당연히 좋아하죠'라고 말하더니 눈을 찡긋해 보이면서 '그러지 않았다가는…' 이라고 말하며 손으로 목을 긋는 시늉을 했다."[6]

"산탄데르의 복수는 … 마드리드에 비해 한층 악의적이었다. 이웃에 대한 고발을 부추기는 체계를 가동한 탓에" 체포의 물결이 온 도시를 휩쓸었고, 그 결과 감옥들도 "죄수로 넘쳐나고, 처형된 사람들도 엄청나게 불어났다. 국가주의자군은 도시를 점령하는 즉시 군사법원부터 설치하고 재판을 시작했다."[7] 콜스도 산탄데르에서 공화파군 장교 세 명과 도시 관리 한 명이 체포돼 재판받는 광경을 목격하고 "고작 15분 남짓 걸린 재판에서" 네 사람 모두 사형선고를 받았다고 썼다. 재판부에 속했던 젊은 국가주의자군 대위는 그보다 한 술 더 떠 콜스에게 그 날 아침 재판받은 죄수 16명 가운데 14명이 사형선고를 받았다는 말도 해주었다. 국가주의자군에 체포돼 희생된 사람들의 수는 그 후 여러 해가 지나서야 집계되었다. 하지만 산탄데르 한 곳에서만 도시가 점령된지 몇 주 만에 콜스가 목격한 것과 같은 재판에서 1,267명이 사형선고를 받았고, 739명은 재판도 없이 총살되었으며, 최소한 389명 이상이 감옥 내 학대로 숨졌다.

재판이 휴정 중일 때 "대위와 함께 법정 계단을 내려와 법원 밖에 나왔더니 건물 앞에 사람들이 빼곡히 들어찬 트럭 한 대가 서있었다. 어떤 사람들인가 해서 가까이 다가가 보았더니 방금 전에 재판받은 죄수들이었다. 파란 하늘과 내리쬐는 눈부신 태양이 사형선고를 더욱 비현실적이게 만들었다. 군데군데 고개를 푹 숙이고 앉아있던 죄수들은 우리가 가까이 다가가자 대위가 재판관인 것을 알아보고는 잠시나마 그가 자신들을 살려줄지도 모른다는 실낱같은 희망을 품는 듯했다. 당황한 동물들처럼 그를 빤히 쳐다보던 죄수들이 갑자기 자리에서 벌떡 일어나 머리를 조아리며 그에게 인사를 하는 것이었다. 내게는 그것이 눈뜨고 볼 수 없는 딱한 광경이었다. 하지만 젊은 대위는 무심히 그들에게 답 인사를 하고는 신선한 공기를 한 번 깊게 들이 마신 뒤 '카페에 가서 술이나 한 잔 하죠'라며 내게 경쾌하게 말했다."[8]

콜스는 액세서리와 하이힐로 잔뜩 멋을 부린 허세 심한 상류층 여성 같은 모습을 하고 있었지만 영리한 기자였다. 자신을 감시하는 국가주의자가 아는 것보다 많은 정보를 수집한 것만 해도 그랬다. 그리고 그 정보에는 프랑코군에서 활동하는 독일군과 이탈리아군 요원 수에 대한 제법 상세한 자료도 포함돼 있었다. 그리하여 그녀가 스페인을 떠난 직후 런던에서 발행되는 일요 신문《선데이 타임스》에 장문의 기고문을 실어 그 숫자를 발표하자 그것은 세간의 지대한 관심을 끌었고, 공화국 지지자였던 전직 총리 로이드 조지도 하원에서 그 내용을 상세히 언급했다.[9] 로이드 조지는 필자명 없이 소개된 그 글을 남자가 썼을 것으로 지레짐작해 하원 연설을 할 때 기사 작성자를 "그"로 지칭했다. 하지만 그로부터 얼마 지나지 않아 두 사람을 함께 아는 친구의 제안으로 콜스가 로이드 조지의 별장에서 점심 식사를 하게 되었다. 콜스는 그 순간을 이렇게 적었다. "차에서 내리는 나를 보더니 그 노인은 거의 분노에 가깝게 놀란 표정으로 나를 바라보았다. 필자가 대단한 권위자인 줄 알았는데 새파랗게 젊은 여성 기자였다는 사실에 기분 나쁜 충격을 받은 것 같았다. … 하지만 모임을 파할 무렵이 되어서는 그도 내가 쟁쟁한 장군이 아닌 것을 봐주기로 한 듯, 꿀 한 병과 농장에서 딴 사과 몇 알을 선물로 주었다."[10]

콜스와 그녀의 감시자가 국가주의자 장악 지역을 돌아보는 데 이용된 육군 참모의 차량은 게르니카를 폭격한 폭격기들과 다를 바 없이 텍사코 휘발유를 연료로 썼을 개연성이 높았다. 루스벨트 대통령이 토킬드 리버를 불러 프랑코에게 석유를 외상으로 공급해준 데 대해 호된 질책을 한 뒤로 텍사코와 국가주의자 관리들 사이에 걱정스런 전문이 몇 차례 오가기는 했지만, 그 후로도 양측 간의 외상 거래는 비밀리에 지속되었기 때문이다.[11] 미국은 당시 무기 금수와 관련된 법령이 발효 중이었기에 루스벨트도 마음만 먹으면 자신의 재량권을 이용해 리버의 석유 공급을 얼마든지 막을 수 있었다. 그런데도 그는 질책 이상의 조치를 취하지 않았고, 그 결과 리버는 계속 석유를 공급할 수 있었다. 프랑코는 친서까지 보내 그 리버에게 사의를 표했다.

한편 도처의 공화국 지지자들은 국가주의자군이 쓰는 석유의 출처에 대해서는 거의 혹은 까맣게 몰랐다. 그들은 그저 비행기 수백 대와 병력 수만 명을 보내 프랑코를 원조해주는 히틀러 및 무솔리니와 달리, 서구의 민주주의 국가들이 공화파군에 아무런 도움도 주지 않는 것에 대해서만 분노했다. 엘리너 루스벨트가 스페인 어린이들을 위한 우유 기금 조성 행사에 이름을 올리고, 신문 기고문을 통해 그 아이들이 받는 고통에 대해서도 연일 표명을 계속해온 터라 특히 미국에 대한 실망이 컸다. 그렇다고 대통령 부부가 유럽에서 파시즘이 승리하기를 바랄 리는 없었다. 따라서 공화국 지지자들로서는 대통령 부부에게 효과적으로 압력을 가할 수 있는 방법을 찾는 것이 문제였다.

프랭클린과 엘리너는 미국의 그 어느 대통령 부부보다 다양한 부류의 사람들과 오랫동안 인맥을 쌓아왔다. 그리고 그중에는 부부가 2년 전에 알았고, 공교롭게도 당시에는 스페인에 체류하고 있던 마사 겔혼도 포함돼 있었다. 겔혼의 어머니가 영부인인 엘리너의 친구였기에 겔혼도 빈곤과 관련된 책을 집필 중이던 영부인의 권유에 따라 백악관에서 지내게 된 것이었다. 영부인은 겔혼이 백악관에 가서 처음 저녁 식사를 하던 날 테이블 끝 대통령 맞은편 자리에서, 겔혼 옆자리에 앉아있던 남편에게 이렇게 말했다. "프랭클린, 당신 왼편에 앉은 아가씨와 이야기 좀 나눠 보세요. 그녀가 그러는데 글쎄 남부 사람들은 죄다 펠라그라(홍반병) 아니면 매독에 걸렸다는군요."[12]

겔혼은 이 모임 직후 엘리너 루스벨트의 서신 담당 조수가 되었다. 영부인에게는 불만, 제안, 탄원을 내용으로 하는 미국인들의 편지가 매일 산더미처럼 쇄도했기 때문이다. 하지만 자신만의 글쓰기 훈련과 저술에 대한 야망이 컸던 겔혼은 백악관 생활을 해서는 그 목적을 이룰 수 없다는 것을 알고 몇 주 만에 그 일을 그만두었다. 하지만 영부인과의 관계는 계속되어 이후에도 두 사람은 몇 년 동안 수십 통의 편지를 주고받았다. 두 사람의 서신 왕래는 1937년 5월 겔혼과 헤밍웨이가 요리스 이벤스의 다큐멘터리 필름 편집을 위해 뉴욕에 돌아올 때까지 계속되었다. 그리고 그 달 말에는 겔혼이 뉴딜 계획의 일환으로 조성된 메릴랜드주 그린벨트의 '저가 주택지구 모임'에 가서 영부인을 비롯해 몇몇 손님들을 만나기도 했다. 이때의 만남에 대해 엘리너 루스벨트는 신문 기고문에서는 "모임에 참석한 사람들 모두 겔혼의 스페인 경험담을 경청했다"[13]고 썼고, 겔혼에게 보낸 편지에서도 "스페인에서 일어나는 일이 타 지역에서도 일어나지 말라는 법이 없다는 사실을 사람들에게 깨우치려고 노력하는 자네의 행동이 옳아"라고 말했다.

겔혼은 헤밍웨이와의 로맨스에 들떠있는 것 이상으로 전쟁 중인 마드리드의 영향을 깊게 받았다. 헤밍웨이에게 보낸 편지에서도 그녀는 "불과 6주 만에 인간의 삶이 송두리째 뿌리 뽑힐 수 있다는 사실이 놀라울 따름이에요. … 그리하여 이제는 조간신문과 석간신문 사이에 그곳 주민들에게 행여 무슨 일이 벌어지지나 않을까를 조마조마 마음 졸이며 기다리는 것이 제 삶이 되었답니다"라고 썼다.[14]

겔혼은 〈스페인의 대지〉 편집 작업에 몰두했다. 버지니아 콜스가 카메라팀과 함께 찾았던 마드리드 인근의 농촌마을 푸엔티두에냐 데 타호, 스페인과 국제여단의 유명인사들, 전투, 공습 장면이 담긴 필름들을 조화시켜 한 편의 다큐멘터리 영화로 만드는 작업이었다. 부자연스러운 장면들을 매끄럽게 연결시키기 위해, 전선에서 돌아온 푸엔티두에냐의 젊은이가 다른 마을 주민들에게 군사훈련을 시키는 내용의 픽션도 영화에 일부 포함시켰다.

겔혼은 엘리너 루스벨트에게 다큐멘터리와 관련된 편지도 썼다. "그저께 밤에는 콜롬비아 방송사(지금의 CBS)의 방송실에서 음향 기술자 세 사람과 작업하면서, 풋볼 공과 공기 호스를 이용하고 칸막이에 손가락을 튕기는 방식으로 포탄 터지는 효과음을 만들었는데, 어찌나 감쪽같은지 진짜 포탄이 터지는 소리처럼 들리는 거예요."[15] 〈스페인의 대지〉는 폭넓은 관객층을 겨냥해 만들어졌다. 그렇기는 하나 그 못지않게 중요할 두 명의 관객도 염두에 두고 있었고, 그리하여 겔혼이 백악관에서의 비공식 상영을 제안하자 영부인도 즉각 날짜를 알려왔다.

한편 팻 거니는 그 무렵까지도 여전히 커져가는 초조함과 좌절감 속에 링컨 대대가 지키는 마드리드 남동쪽 전선에 머물러있었다. "우리는 하라마 구릉에 죽치고 앉아 저격병의 총탄에 맞아 쓰러지거나 혹은 설사병에 희생돼 병력만 까먹고 있을 뿐, 누구에게도 도움을 주지 못하고 있었다. 나도 물론 전투는 싫었다. 하지만 누군가가 필요로 한다면 다시금 싸울 각오는 되어 있었다. 요컨대 무기력하게 빈둥거리고 있는 게 한심했다는 얘기다. 그런데 어느 화창한 여름날 아침 그 문제를 단번에 날려버릴 만한 일이 벌어졌다."[16]

링컨 대대의 건너편에 위치한 국가주의자군 기관총 진지의 위치를 다시 작성하라는 상부의 명령이 떨어진 것인데, 스케치 기술을 가진 거니가 지도 작성자로 뽑혀 나침반과 공책을 가지고 현장에 나가 작업을 하게 된 것이었다. 거니는 그때의 일을 이렇게 회상했다. "나는 친구들이 있는 참호에 들러 잡담을 나누기도 하면서 서두르지 않고 천천히 진지를 따라 작업을 이어나갔다. 적군이나 아군 모두 발포를 하지 않았고, 무인지대에는 포도나무와 예쁜 꽃들이 흐드러지게 피어있어 그 순간 나는 전반적인 내 인생을 생각하며 특별히 느긋하고 행복한 기분에 사로잡히기까지 했다. 그런 기분으로 나침반을 가지고 보루에 뚫린 작은 총안구들의 간격을 재어나갔다."

거니가 흙으로 쌓은 보루의 한 총안구 앞에 도착한 것은 일을 거의 마쳤을 무렵이었다. 보루 뒤편의 높이가 이례적으로 낮아 국가주의자군 저격병이 총안구를 통해 하늘을 보고, 하늘이 막혀있으면 그곳에 누군가가 서있다는 것을 알 수 있는 곳이었다. 하지만 총안구 앞이라고는 해도 적군의 참호가 그곳에서 200미터가량 떨어져 있는 데다, 총안구의 폭도 5제곱인치 정도에 불과했기 때문에 거니는 저격에 대한 걱정 없이 계속해서 나침반을 보며 방위를 확인했다.

그때 총탄이 날아들면서 손을 관통해 "달걀 크기만 한 구멍을 내놓았"고, 그로 인해 손아래 있던 나침판이 깨지면서 그의 얼굴과 눈에 금속 파편들이 박혔다. 의식을 되찾았을 때는 거니가 몇 달 전부터 그곳에서 근무 중이던 윌리엄 파이크 박사의 전방 응급 치료소에 있었다. 박사는 상처를 정성스레 봉합한 다음 구급차에 태워 그를 후방으로 이송했다. 그리하여 그가 수술실로 옮겨져 누워있으려니 귀에 외국어로 말하는 소리가 들렸다. "나는 이튿날 아침까지도 깨어나지 못했다. … 오른손에는 마치 권투 장갑처럼 붕대가 두툼하게 감겨있었고, 통증도 심했다. 얼굴에도 붕대가 감겨있어 시야가 막혔다." 그러다 거니는 차츰 자신이 체코 의사한 사람과 상처 소독에 대한 개념조차 없는 네 명의 초짜 스페인 간호사가 일하는 조그만 군 진료소에 누워있다는 것을 깨달았다.

"나는 가능한 한 빨리 손을 써 미국 병원으로 옮겨야겠다고 생각했다." 그렇게 사흘을 보내고 시력이 웬만큼 회복되었을 때 진료소 마당에 나와 보니 눈에 익은 미국 구급차 운전병이 보였다. 운전병도 거니를 알아보고 '올라타요'라고 말하며 누가 볼 새라 급히 차를 몰았다.

거니는 왕족의 별장이던 비야 파스를 처음 보고 놀란 인상을 이렇게 적었다. "커다란 붉은색 벽돌로 지어진 이 건물의 유일한 출입구는 남쪽의 중앙 벽을 통해 너비 1에이커의 자갈 깔린 안마당으로 들어가도록 만들어진 거대한 아치 터널뿐이었다."[17] 그런 집에 차려진 병원이 그에게는 마치 "대규모 농장과 내가 흐르는 숲 지대까지 갖춘, 스페인을 통틀어 가장 아름다운 고장들 중 하나에 위치한" 천국처럼 느껴졌다. 별장 내부에도 나선형 계단이 있었고, 벽에는 귀족들의 초상화가 걸려있었다.

거니는 진정제를 복용하고 잠들었다가 한밤중에 깨어났다. 그리고 그때 본 광경을 조각가의 눈으로 이렇게 묘사했다.

간호사 한 명이 침대 발치에 앉아 조그만 테이블 위 희미한 불빛 아래에서 책을 읽고 있었다. 제법 큰 키에 호리호리한 체격을 가진 여성이었는데 조그만 의자에서 균형을 유지하느라 두 팔죽지를 포개고 두 다리도 포갠 기묘한 자세로 앉아있었다. 두 팔꿈치는 테이블에 괴고 있었다. … 그녀의 머리 전체에서는 이상하리만치 고전적이고 예스러운 분위기가 풍겼다. 잘생긴 이마 아래 자리한 검고 진한 눈썹과 검은 눈, 피렌체 여인의 초상화에 자주 등장하는 다부진 코와 튀어나온 광대뼈, 강인한 턱, 조금 큰 듯한 입, 어딘지 모르게 디오니소스의 왕성한 식욕을 떠올리게 하는 두 입꼬리, 웨이브가 약간 진 거의 흑발에 가까운 머리에 가르마를 탄 다음 뒤로 넘겨, 가늘고 긴 목 아래 부분에서 끈으로 묶은 헤어스타일. 이 모든 특징들이 그녀가 취하고 있는 야릇한 자세와 희미한 조명에 대비돼 인상적이고 기억에 남을 두상을 만들어냈다.

거니가 이토록 극찬한 스물여섯 살의 토비 젠스키는 러시아계 이민자의 딸로, 매사추세츠주 농촌 지역의 목사관에서 지냈던 점을 고려하면 다소 역설적이게도 이디시어를 쓰며 자라고, 뉴욕 시의 베스 이스라엘 병원에서 근무하다가 거니가 그녀의 병동으로 오기 불과 몇 주 전에 스페인에 도착한 간호사였다. "그녀는 내게 지금까지 벌어진 일들을 모두 이야기해주었다." 그리고 거니는 이어서 말했다. "목소리는 여려 보이는 외모와 현저하게 대조를 이루며 낮고 굵었다. 그후 그녀는 나를 재우고 전등 스위치를 껐다. … 나도 오랜만에 처음으로 편안하게 숙면을 취했다."

거니는 지난번에 이어 또 한 차례의 수술을 받았다. 이번에는 눈 주위에서 금속 파편을 제거하는 수술이어서 그도 겁을 먹었다. 수술 뒤 깨어나니 앞도 안 보이고 양손 모두 쓸 수 없었으나 "가까운 곳 어딘가에 토비가 있다는 생각에 기분은 더할 나위 없이 차분했다. 내가 움직이는 것을 보았는지 그녀가 내 어깨에 손을 얹으며 말했다. '걱정하지 말아요. 수술은 잘 끝났으니 모든 일이 순조롭게 풀릴 거예요.'

'의사 선생님들은 뭐라고 하시던가요?'

'시신경은 다치지 않았고 자잘한 금속 조각들도 크게 문제될 것이 없어, 그중 몇 개만 제거하고 나머지는 무해한 것들이어서 그냥 두었다고 하셨어요.'"

며칠 뒤에는 거니가 안대를 제거해 대화를 할 수 있었을뿐 아니라 젠스키의 얼굴도 다시 볼 수 있게 되었다.

이것이 최소한 40년 뒤에 발간된 책에서 팻 거니가 밝힌, 토비 젠스키와의 로맨스가 싹트게 된 경위였다. 하지만 젠스키의 상관이었던 수간호원 프레데리카 마르틴은 그에 대해 다른 주장을 폈다. 거니의 회고록을 읽어본 뒤 "이야기가 완전히 윤색되었다"[18]고 하면서 이렇게 쓴 것이다. "두 사람이 만난 것은 주방에 일손이 모자랄 때여서 채소를 다듬어야 하는 무료한 시간을 이용해 토비가 벌레에 물린 다리를 낫게 하려고 햇볕을 쬐기 위해 마당에 나갔을 때였다"(그날 주방에는 스페인 조리사가 나타나지 않았다). "요컨대 팻은 다리의 곪은(suppurating을 superating으로 잘못 적었다) 상처에 햇볕을 쬐고 있던 장난기 서린 얼굴의 여성과 사랑에 빠졌던 것인데 그것을 나중에 침대 곁에서 꽃핀 낭만적 로맨스로 각색한 것이고 … 그러므로 깨어나서 그녀의 눈을 보았다는 그의 말도 거짓이었다." 두 사람의 말 중 어느 것이 진실인지는 모를 일이다.

거니는 눈은 치료되었으나 손이 망가져 앞으로는 전투도 할 수 없고, 조각도 할 수 없게 되었다. 그러나 목가적인 병원 풍경과 달리 전선에서는 걱정스런 소식만 들려왔다. 바스크 지방도 거의 다 국가주의자 수중으로 넘어갔으며, 나치 및 이탈리아 동맹군과 함께 국가주의자군이 나머지 공화파 지역에 총공세를 펴는 것도 시간문제라는 것이었다. 게다가 지난 몇 달 동안에는 정교한 신식 무기도 등장했다는 이야기도 들려왔다. 히틀러의 콘도르 군단만 해도 비행기 조종사들 사이에 "플람보flambo"라고 불린 네이팜의 선구자격인, 비행기 보조연료탱크와 소이탄을 함께 투하하는 기술을 개발했다는 소식이었다.

거니도 공화파의 패전을 확신했다. "나는 진심으로 유감을 느꼈다. … 친절하고 상냥한 스페인인 병원 근무자들과 만나 이야기를 나눌 때 그들이 내게 보여준 그 모든 호의와 관대함에 대한 대가로 나는 기껏 그들의 운명이 프랑코의 손에 좌우되리라는 확신 밖에 할 수 없었으니 말이다. 그것은 개탄스러운 상황이었다. 이 상황의 끔찍함은 30년이 지난 뒤까지도 우유에서 나는 시큼한 냄새와도 같이 내 주위를 계속 떠돌아다녔다. 나는 스페인인들을 위해 별로 해준 것이 없었다. 게다가 앞으로도 더 해줄 게 없다면 떠나는 것이 마땅했다."[19] 하지만 거니는 떠나지 못했다. 사랑에 빠져있었으므로.

공화파와 소련 간에 오간 악마의 거래로 공화국 정부 내 보안조직은 소련인들에게 거의 장악되다시피 했다. 여기에 더해 제5열 비밀요원들이 활동하고 있다는 국가주의자의 과장된 선전 탓에 불안이 조성된 결과, 대대적인 검거 열풍까지 불었다. 공화국의 비밀군사정보국(SIM: Servicio de Informacion Militar)은 빠르게 공산주의자 휘하로 넘어갔다. 전 세계의 그런 세력들이 으레 그렇듯 SIM 또한 그들 몫의 사디스트들을 끌어들여, SIM 감옥에 갇힌 죄수들도 악명이 자자하도록 가혹하게 다루었다. 하지만 SIM이 몇몇 국가주의자 스파이 조직들을 해체할 때 투옥하여 고문한 사람들 중 과연 프랑코의 제5열 분자가 몇 명이었고, 반 스탈린주의가 몇 명이었는지는 누구도 알지 못했다.

그런 가운데 미국 문단에 큰 반향을 불러일으키는 사건이 일어났다. 호세 로블레스는 젊은 시절이던 1920년대에 스페인의 군사독재에 반대해 미국으로 망명한 이상주의자였다. 미국에 와서는 존스홉킨스대학교의 스페인어과 교수가 되고, 가르치는 짬짬이 19세기의 러시아 최고 소설들을 원서로 읽기 위해 러시아어도 습득했다. 그러던 중 본국에서 휴가를 즐기고 있을 때 내전이 터졌고, 그는 즉시 공화파 군대에 지원했다. 공화파군도 장교, 특히 영어, 프랑스어, 러시아어를 구사하는 장교가 많이 부족했기 때문에 이를 반겼다. 그리하여 공화파군의 육군 중령이 된 그는,

아마도 스페인에 주재한 소련의 군사 고문관 겸 군사정보 책임자였던 블라디미르 고리예프의 연락 장교 역할이었을 극비 임무를 부여받았다.

로블레스에게는 20년 지기 미국 친구가 한 명 있었다. 바로 로블레스가 그의 소설들 중 하나를 스페인어로 번역하기도 했던 작가 존 더스패서스였다. 그랬던만큼 더스패서스도 그의 오랜 친구 어니스트 헤밍웨이와 함께 진행 중이던 요리스 이벤스의 다큐멘터리 〈스페인의 대지〉 작업을 로블레스가 도와줄 것으로 생각하고 스페인으로 향했다. 그런데 막상 1937년 4월 스페인에 와보니 그와 연락이 닿지 않았다. 그의 연락처를 물으면 사람들은 우물쭈물하며 답변을 피했다. 더스패서스는 로블레스의 아내를 만난 뒤에야 그의 체포 사실을 알았다.

로블레스가 실제로 범법 행위를 했는지 여부는 미지수로 남아있다. 다만 그가 공화국에 대한 소련의 영향력이 증대되는 것을 알 만한 위치에 있었던 것만은 분명하다. 그런데 공산주의자보다는 학자적 삶을 산 인물이다 보니 비밀을 엄수해야 한다는 직업 관념이 부족했고, 실제로 세간에는 그가 입을 가볍게 놀리고 다녔다는 소문이 떠돌아다녔다. 그런가 하면 소련 비밀경찰이 그들의 경쟁자인 고리예프 장군 휘하의 군사정보국에 타격을 줄 목적으로 책략을 부려 로블레스를 체포했을 개연성도 있었다.[20]

『미합중국U.S.A.』 삼부작을 저술해 근래에 《타임》의 표지 인물로 선정되기도 한 좌파 인사 더스패서스는 로블레스가 투옥되었는데도 누구 하나 그가 체포된 이유를 밝히지 못하는 사실에 경악했다. 게다가 남편의 구명을 호소하는 로블레스의 아내의 간청을 받아들여 그를 수소문하고 다니다가 또 다른 충격적 사실까지 알게 되었다. 로블레스가 처형당했다는 것이었다.

헤밍웨이도 그 무렵에는 더스패서스가 그만 좀 묻고 다녔으면 좋겠다는 의사를 밝혀 그의 상처에 소금을 뿌리는 행동을 했다. 조세핀 허브스트는 "그렇게 되면 우리 모두가 의심을 받아 곤경에 처할 수도 있기 때문이다"[21]는 식으로 그의 태도를 해명했다. 하지만 헤밍웨이는 본래 다른 작가들에게 느닷없이 매몰차게 구는 경향이 있는 데다, 더스패서스에게도 이미 경쟁심을 느끼고 있었다. 허브스트도 썼듯이 "헤밍웨이는 그 시대의 전쟁 작가가 되기를 원했기" 때문이다. 게다가 프랑스의 작가 장 폴 사르트르까지 더스패서스를 "이 시대의 가장 위대한 작가"라고 추켜세우는 말을 했으니 그로서는 속이 쓰렸을 것이다. 또한 당시 헤밍웨이는 마사 겔혼과 대놓고 염문을 뿌리고 다닐 때여서 그의 아내 폴린과 더스패서스 부부가 친밀한 사이인 것에도 신경이 쓰였을 것이다.

하지만 더스패서스도 포기하지 않고 〈스페인의 대지〉 작업을 계속하는 한편으로 로블레스에 대해서도 계속 묻고 다녔다. 하지만 스페인을 떠날 무렵이 되어서는 로블레스가 당한 운명에 절망하다 못해 그는 정치 성향도 좌에서 우로 바꾸고 헤밍웨이와도 영원히 결별했다. 두 사람의 결별에 대해 한 비평가는 "헤밍웨이는 단순히 생활의 윤활유가 필요하여 몇 년에 한 번씩 결혼을 파경에 이르게 하거나 우정에 금이 가게 하는 것 같은데, 스페인에서는 그 두 가지 일을 동시에 해냈다"고 평했다.[22] 하지만 설령 헤밍웨이의 행위가 비열했다 하더라도 거기에는 두 사람의 사적 경쟁 관계를 넘어서는 문제가 있었다. 공화국의 결함이 무엇이고 부당한 점이 무엇이든—나중에 드러난 사실로 볼 때 헤밍웨이는 그에 대해 충분히 알고 있기도 했다—그로서는 무엇보다도 공화파가 내전에서 승리하는 것이 중요했고, 그러다 보니 설혹 의문의 죽음이 있다 해도 대중적 혼란이 야기되는 것을 원치 않았던 것이다.

1937년 봄에 희생된 SIM의 간부들 중에는 로블레스 외에, 전직 카탈루냐 지방정부의 법무장관이었고 도스토예프스키의 『죄와 벌』을 카탈루냐어로 옮긴 번역가이기도 했던 POUM의 지도자 안드레스 닌 페레즈도 있었다. 그는 반 스탈린주의자로 전향하기 전 소련에서 10여 년간 지낼 때 스탈린의 정적 트로츠키와 한동안 가까이 지낸 전력 때문에 소련의 복수의 특별한 표적이 된 것이었다. 게다가 POUM 신문이 스페인의 공화파 지역에서 모스크바의 숙청 재판을 공격한 유일한 매체였던 것이 그가 희생된 요인이었다. 소련은 스페인에 주재하는 스탈린의 비밀경찰 책임자 알렉산드르 오를로프로 하여금 닌을 고문하고 처형하는 일을 직접 감독하도록 했다.

하지만 이런 죽음들이 있었음에도 스페인에서는 오웰을 비롯해 여러 사람들의 두려움을 자아낸, 반 스탈린 좌파들을 깡그리 제거하는 소련과 같은 규모의 대대적인 피의 숙청은 일어나지 않았다. 사망자의 정확한 숫자는 알 수 없지만 POUM 동조자인 한 학자가 집계한 바로는 바르셀로나 시가전과 같은 사건들 때문에 죽은 사람들을 제외하고, SIM 감옥과 여타 지역에서 죽은 POUM 요원, 트로츠키파, 무정부주의자는 30여 명이었다.[23]

오웰도 종국에는 네그린의 공화국 정부가 "사람들이 생각했던 것보다는 정치적 관용을 베풀었다"는 생각을 하게 되었다.[24] 네그린 정부는 그보다 더 나아가, 내전이 일어난 초기 몇 달 간 공화파 지역에서 일어난 몇몇 연쇄살해사건에 대한 조사에도 착수해 무정부주의자와 공산주의자 모두를 경악하게 만들었다. 공산주의자들은 SIM 감옥들에 대한 통제권만 쥐고 있었을 뿐, 공화파 지역의 법정들에 대해서는 그만한 힘을 행사하지 못했다. 반면 힘이 이렇게 불완전하고 그에 따른 정치적 압력에 직면해 있는 상황은 그들로 하여금 전쟁에 휘말려든 다른 나라 공산주의자들에 비해 공평한 대우를 받게 하는 결과를 가져왔다. 여러 차례 지연된 끝에 회부된 POUM 집행위원회에 대한 재판만 해도 스탈린이 요구한 소련 스타일의 숙청 재판과는 거리가 멀어, 몇몇 피고인들만 감옥형을 선고받았을 뿐 여타 사람들은 무죄선고를 받았다. 재판을 참관한 코민테른 대표조차도 이 결과에 실망해 "중형—다시 말해 사형선고—이 하나도 내려지지 않은 수치스러운"[25] 재판이었다고 모스크바에 보고했을 정도다.

다수의 POUM 외국인 동조자와 무정부주의자들도 머지않아 감옥에서 석방되었다. 로이스와 찰스 오르 부부도 아흐레 동안 구금돼 있다가 어느 날 새벽 네 시 갑자기 풀려나 바르셀로나 거리에 나와있는 자신들을 발견했다. 며칠 뒤 두 사람은 마르세유행 배에 승선했다. 그로써 열 달 동안의 스페인 생활도 끝나고 그들이 참여한 사회적 변혁의 실험도 종지부를 찍었다. 배에서 첫 식사를 하려고 선실의 식당에 내려온 오르에게 그곳은 마치 "장례식"[26] 모임처럼 느껴졌다.

1937년 중엽이 지나서는 무정부주의 신문과 여타 반체제 신문들에 간헐적으로 시행되던 검열과 적게나마 남아있던 노동자 통제의 흔적도 자취를 감추었다. 아라곤 지방에서는 소규모 토지에 집단으로 농사를 짓던 노동자들이 공산주의자가 지휘하는 군대의 강요로 토지, 농기구, 가축들을 예전 소유주들에게 돌려주었다. 네그린 총리는 해외에서 지지를 얻을 욕심과, 그의 말을 빌리면 "공화파 투쟁의 비 혁명적 특징을 민주주의 국가들에게 납득시킬 목적으로"[27] 국영이었던 산업도 민영화한다는 계획을 발표했다. 내전은 전속력으로 진행되고 있을지라도 스페인 혁명은 이제 끝났고, 그러므로 뒤돌아보는 일도 없을 거라는 말이었다.

　스페인을 달군 뜨거운 혁명의 시대가 이처럼 큰 호소력을 가질 수 있었던 이유를 알기란 어렵지 않다. 부를 공유하고, 공장도 노동자들이 소유하며, 토지의 주인 또한 농민이고, 비록 아직은 규칙이 정해지지 않은 방식일지라도 예전에 비해서는 한층 직접적이 된 민주주의를 시행하는, 요컨대 이상주의자들이 1세기 넘게 꿈꿔온 세계가 펼쳐진 시대였기 때문이다. 게다가 이들 중 많은 요소는, 지난 몇 달 동안 다른 어느 곳보다 특히 스페인 제2의 도시인 바르셀로나와 카탈루냐 주변 지역 그리고 인근의 아라곤 지방에서 실현되기도 했다. 물론 일리노이주 전역과 인디애나주를 포함해 시카고가 중심이 돼 미국을 휩쓴 사회주의 혁명만 생각해 보더라도 큰 변화들이 일어난 곳에는 반드시 수천 명의 인명 살해가 수반되었고, 그로 인해 혁명이 퇴색된 것은 사실이었다. 그러나 설령 그렇다 하더라도 유토피아로 여겨진 그 많은 사상들이 실행되어 수백만 명의 사람들에게 영향을 끼친 예가, 스페인 혁명 전후의 어느 시기에도 없었던 것 또한 사실이었다.

　그럼 스페인 혁명이 중단되지 않고 지속되었다면 그 상황은 내전의 승리에 도움이 되었을까? 로이스 오르는 "만일 사람들이 그들 손으로 상황을 다시 통제하기 위해 행동을 했다면 어리석고 무의미한 패배에는 종지부가 찍혔으리라고 본다"[28]고 그에 대해 확신하는 말을 했다. 오웰도 스페인을 떠난 지 1년 후 『카탈루냐 찬가』를 발간할 무렵에는 그와 동일

한 느낌을 가졌다. "전쟁과 혁명은 불가분의 관계에 있다"고 외친 POUM
과 무정부주의자들의 모토는 듣기보다 그리 허황된 말이 아니었다. 만일
정부가 "'민주적 스페인'의 이름으로서가 아닌 '혁명적 스페인'의 이름으
로 전 세계 노동자들에게 호소했다면, 다른 나라 '노동자 수천만 명'이 참
여하는 파업이나 불매동맹의 형태로 된 반응을 얻지 못했으리라고는 믿
기 힘들기 때문이다." 오웰은 그렇게 쓰고는 스페인 공화국이 만일 모로
코에 독립을 약속했다면 프랑코의 배후에서 반란이 촉발될 수도 있었을
것이라는 또 다른 주장을 펴기도 했다.

　오웰은 오늘날 사람들에게는 독립적 사고의 수호신으로 간주되고 있
지만, 인생의 그 시점에는 다양한 색깔을 지닌 다수의 좌파 사람들과 마
찬가지로 노동자 계층을 전 세계의 주요 혁명세력으로 낭만화하고 있었
다. 하지만 그것은 그에게는 어울리지 않는 희망사항에 지나지 않았다.
스페인령 모로코만 하더라도 그의 생각과 달리 반식민주의 반란의 도화
선에 불이 댕겨지기를 기다리는 화약통이 아니었다. 그렇기는커녕 모로
코는 독립을 외치는 사람들의 힘도 허약하고 세력도 분열된, 지극히 전통
적인 사회들이 모자이크를 이룬 곳일 뿐이었다. 그것을 보여주는 단적인
예가 바로 국가주의자군의 신병 모집이 순조롭게 진행되어, 1937년 무렵
에는 모로코 남자 일곱 명 중 한 명이 국가주의자군 병사가 되었다는 사
실이다.[379]

　물론 공화국 내의 각 정파들이 수많은 사람들이 죽고 부상당한 시가
전을 벌이지 않은 채 갈등을 해결하고, 소련 통제 하의 정보 당국이 수감
중인 반체제 인사들을 살해하지 않았다면 상황은 훨씬 나았을 것이다. 그
러나 복잡하고 기계화된 전쟁을 치르기 위해서는 정당과 노조들로 지휘

권이 여러 갈래로 분산된 민병대보다 일사불란한 중앙 지휘체계를 가진 규율 잡힌 군대가 한층 효율적이었다. 그렇다면 스페인 공산주의자들이 중앙집중화를 이용해서라도 더 큰 힘을 얻으려 한 것은 잘못된 행동이 아니고, 스페인이 혁명하는 나라로 인식되지 않으면 미국과 프랑스도 무기를 팔지 않으려 한 기존 태도를 바꾸리라고 본 공화파의 기대도 전혀 불합리한 것만은 아니었다. 실제로 두 나라 지도자들은 마음이 약해지는 징후를 보였으며, 게다가 프랑스는 소규모로나마 한두 차례 그 일을 실행하기도 했다.

스페인 무정부주의자들이 품었던 꿈에는 그 외의 다른 문제점도 있었다. 모든 종류의 정부와 돈의 사용을 증오했다는 점이다. 이러한 생각이 문제였던 것은 산업화된 사회에서는 그런 관념과 삶이 오랫동안 합치되기 힘들기 때문이다. 달걀과 직물을 물물교환하는 것과 항공기 부품과 엑스레이 장비를 거래하는 것은 전혀 다른 차원의 문제였다. 간단히 말해 무정부주의자들이 꿈꾼 세계는 평화 시에도 지속되기 힘들었다. 그러니 생존을 위한 전쟁을 치르느라 곤경에 처한 상황에서는 두말 할 나위가 없었다. 하지만 비록 스페인 혁명이 실패할 운명이었다 해도, 이후에는 스페인이나 세계의 다른 어느 곳에도 없는 방식으로, 놀랄 만큼 색다른 종류의 사회가 몇 달 동안 싹트고 번성했던 것은 사실이다. 그 점에서 1936년부터 1937년까지 스페인에 존재했으나 단명으로 끝난 일련의 협동조합들, 공동으로 경작한 토지, 노동자들이 소유한 공장과 점포는 경제적 불평등이 날로 심화되고 있는 작금의 세계에, 가지 않은 길에 대한 솔깃하고 매혹적인 사례가 될 수 있다.

하지만 물론 그 일이 일어날 동안 세계의 다른 지역에서 스페인 혁명의 진실을 알고자 한 사람들은 곤란한 시간을 보냈을 것이다. 스페인 혁명은 외국 특파원이 가장 많이 몰려든 사건들 중 하나였는데도 정작 그들은 혁명에 대한 글을 쓰지 않았으니 말이다.

기자들은 군집 행동이 주는 편안함에 쉽게 빠져드는 경향이 있다. 다른 나라에 막 도착한 저널리스트라면 으레 수첩과 카메라를 들고, 미리 와서 취재활동을 벌이는 다른 기자들 뒤를 따라 다니며 오늘은 무슨 일이 벌어지는지, 정부 부처에서 기자회견이 열리는지, 그 밖의 소식은 없는지 등의 단서를 얻기 마련이다. 게다가 현지에 미리 와 길을 닦아놓은 기자들치고 취재 방식을 터득한 것에 우쭐해하면서 신참 기자들에게 충고를 하지 않으려 하는 사람 또한 보기 힘들다.

또한 포화가 난무하는 곳에서 취재하는 일이 되풀이되고, 스페인처럼 기자 여러 명이 죽기도 한 곳에서는 특파원들 사이에 결속감이 생겨 그런 동지애가 더 강해지기 마련이다. 마드리드에서도 외국 특파원들은 나이트클럽처럼 생긴 호텔 그란 비아의 지하 레스토랑에서 기자단용으로 예약된 긴 테이블에서 점심과 저녁 식사를 함께 하면서, 조세핀 허브스트의 말을 빌리면 "포탄이 터진 횟수와 사망자 수에 대해 … 진지한 대화를 나누었다."[30] 기자들은 또 대부분이 인근에 위치한 호텔 플로리다에 머물고 있었고, 그러다 보니 그들의 회고록 또한 호텔 그란 비아 레스토랑에서 내놓은 형편없는 음식을 비롯해 그들이 공통으로 겪은 고난에 대한 이야기로 점철되었다(헤밍웨이의 책에도 "밀릿(기장)과 멀건 수프, 노란 쌀밥과 말고기를 먹었다"는 내용이 나온다). 그러다 간혹 외국에서 새로 도착한 기자가 통조림이라도 내놓으면 기자단 테이블에서는 환호성이 울렸고, 반대로 빈손인 경우에는 신음 소리가 새어나왔다.

그런 상황이었으니 한 특파원이 보도하는 기사가 다른 기자들이 보도하는 기사의 영향을 깊이 받았을 것은 자명하다. 게다가 현장에서 취재하는 기자들은 경쟁 신문사 혹은 방송사가 이런 저런 기사를 보도했는데, 왜 그런 기사를 송고하지 않느냐고 다그치는 본사의 질책을 받기도 했다. 지금은 그런 다그침이 전자우편이나 휴대전화의 문자를 통해 오지만 당시에는 전보로 왔다. 그런 질책을 받다보면 기자들은 다른 기자들의 기사를 주시하게 되고, 그러면 그 내용이 그 내용인 천편일률적 공인 기사가 나오기 마련이었다. 사건을 다른 시각으로 바라보려면 통념과 반대되는 역발상을 할 필요가 있었는데도 말이다.

헤밍웨이도 "당시 세계 모든 곳에서 벌어지는 일은 호텔 플로리다에서도 알 수 있었다"고 허풍을 떨었다.[31] 하지만 그것은 말 그대로 허풍일 뿐이었다. 호텔 플로리다를 거쳐 간 특파원들은 주요 전투들, 특히 마드리드 공방전 때 벌어진 전투들을 취재하러 몰려든 기자들이었다. 그렇다면 바르셀로나에서 공장이 노동자들에게 탈취된 사건이나 혹은 아라곤 지방의 토지가 농부들에게 점유된 사건들보다는 대학 캠퍼스 건물들에서 벌어진 총격전, 교수의 강의 내용이 빼곡히 적힌 강의실 칠판, 포화에 노출된 참호 속에 몸을 웅크린 병사들에 대한 기사가 신문 1면을 장식했을 개연성이 높았을 것이다. 경쟁 신문사의 기자가 동일한 참호를 취재한 기사를 송고했다면 그 가능성은 더욱더 높았을 것이다.

스페인 내전의 공인 기사는 이해하기 쉬운 영웅 대 악당의 서사가 기본 축을 이루었다. 민주적으로 선출된 정부가 히틀러 및 무솔리니의 지원을 받는 우익 군부 쿠데타 세력에 맞서 싸우고, 유럽의 대도시가 포위 공격을 받는 것을 기조로 서사를 써내려간 것이었다. 물론 그것은 공화국 정부와 그 지지자들이 다른 곳들에 긴급히 전해지기를 원한 내용이기도 했고, 그럴 경우 기사 작성자가 유명인일수록 그들에게는 더욱 유리했다. 공산당원이었던 영국의 저널리스트 클로드 코번만 해도 영국 시인 위스턴 휴 오든(1907~1973)에 대해 이런 말을 했다. "우리가 그에게 원했던 것은 전선에 가서 공화국을 응원하는 기사 몇 꼭지를 쓰고, 그 다음에는 전선을 떠나 공화국을 찬양하는 시 몇 편을 써달라는 것이었다."[32]

상황이 이랬으니 그 시기의 미국과 영국의 신문 잡지들을 아무리 뒤져 봐도, 전황의 우세함이나 불리함 혹은 마드리드 폭탄 투하에 관련된 수천 종의 기사 외에, 유럽에서 수백 년 간 이어진 계급 전쟁의 새 장을 스페인인들이 잠시나마 열었다고 언급한 기사를 찾을 수 없는 것은 당연하다. 신형 35mm 소형 카메라로 스페인 내전 장면을 찍어 유명해진 유능한 사진가들도 그런 일들에는 카메라를 들이대지 않았다. 심지어 혁명의 진원지였던 카탈루냐에 관심을 보인 특파원조차 찾기 힘들었다. 마사 겔혼도 엘리너 루스벨트에게 "카탈루냐인들은 … 일종의 가짜 스페인인들이다"[33]라고 적은 편지를 보냈다.

유토피아를 지향한 사회혁명은 평화 시에도 비현실적이고 낭만적인 꿈에 지나지 않았으니, 끔찍한 전쟁을 치를 때는 더더욱 실현 불가능했으리라는 사실 또한 기자들에게는 보도할 가치가 없어 보였던 것 같다. 내전이 진행될 동안 스페인을 거쳐 간 수백 명의 특파원들 중 그들 주위에서 몇 달 동안이나 진행된 혁명에 이렇다 할 관심을 보인 사람은 하나도 없었으니 말이다. 헤밍웨이와 겔혼 같은 유명인이든, 밀리 베넷과 같은 무명인이든, 피 터지게 경쟁을 벌인《뉴욕 타임스》의 두 기자 매슈스와 카니든, 이례적 대담함으로 남들과 다른 뉴스거리를 찾아다닌 버지니아 콜스 같은 기자든, 그 점에서는 다를 바 없었다. 그나마 콜스는 "호텔 플로리다가 엘리베이터 보이, 문지기, 사무원들 수중에 들어간 반면, 내가 식사를 한 호텔 레스토랑은 일군의 웨이터들에 의해 공동 운영되었다"[34]고 썼으니 그들보다는 나았던 셈이다. 지나가는 말로라도 그런 기사를 쓴 특파원은 드물었고, 노동자 손에 넘어간 스페인의 공장이나 사업체 혹은 토지에 단 며칠간이라도 머물러 지내며 유토피아의 꿈이 실생활에서 어떻게 작동되는지 관찰한 기자 또한 없었다.[35]

로이스 오르도 특파원들에 대해, "특파원들은 나도 머물렀고 그들도 머물렀던 이베리아 반도의 그 스페인에 대해 기술하는 것이 불가능해 보였다"고 썼다.[36] 다수의 유능한 기자들이 눈에 뻔히 보이는 특종 기사를 묵살해버리는, 역사에서 보기 드문 일이 그 당시 스페인에서 벌어진 것이다. 이리하여 편지와 미출간 회고록을 남긴 열아홉 살 여성이 스페인에서 일어난 혁명의 순간을 가장 광범위하게 목격한 미국인이 되었다.

13. 전쟁 속에서 피어난 로맨스

토비 젠스키는 비번일 때는 비야 파스에서 집에 보내는 편지를 썼다. "별 일 없이 잘 지내고, 식사도 잘하고 있으니 귀여운 딸 걱정은 하지 마시라고 어머니에게 전해 달라"[1]는 등의, 주로 전선에서 멀리 떨어져 있어 위험하지 않다고 가족을 안심시키는 내용의 편지였다. 이런 그녀의 편지에 1937년 6월 27일 처음으로 팻 거니가 언급되었다. "(상황은 나쁘지만) 그래도 이곳에는 지금 로맨스 분위기가 충만해. 상대는 영국인 조각가인데 그에 대해서는 나중에 좀 더 자세히 말해줄게."

많은 여자를 사귀었던 팻 거니가 다른 여성들에게는 가져본 적 없는 호감을 젠스키에게 느낀 데에는 그럴 만한 이유가 있었다. 부상을 당하고 동지들이 죽는 모습도 지켜본 뒤 큰 심경의 변화를 겪은 탓이었다. "그일을 겪은 뒤 나는 그 전이나 후로 결코 느껴본 적 없는 곤란한 상황에 직면했다. 아이를 갖고 싶은 맹렬한 기분에 사로잡힌 것이다. 섹스가 전혀다른 차원의 의미를 갖게 된 것이다. 우리는 지치지도 않고 사랑을 나누었다. 나로서는 그 상황에 대해 뭔가 조치를 취해야만 했다."[2] 거니는 결국 병원차를 빌려 친구 몇 명을 태우고는 "법적 결혼을 하려고 관리를 찾아 나섰다. 하지만 무엇 하나 제대로 되는 일이 없어 보였다. 내전 전의 스페인은 가톨릭 국가여서 민법상 혼인이라는 것이 없었고, 그 무렵에는 또 내전 중이어서 사제가 없었으며, 설령 있었다 해도 우리는 신부가 집전하는 결혼식을 원하지 않았다. … 시장이나 관료가 그들의 권한이 무엇인지도 모르고, 문민 관료제도 또한 결혼식의 진행 과정도 모를 만큼 혼란의 와중에 있었다. 우리는 결국 이런 방식의 결혼은 접기로 했다.

그러나 정식 결혼을 할 수 없다면 내가 하나 만들어낼 수도 있을 터…. (비야 파스에는) 2륜 마차와 크림색의 아름다운 롱혼 수소 한 쌍이 있었다. 그래서 우리는 소들에 화환을 씌우고 마차에는 포도주 한 통과 구색 갖춘 음식을 실은 뒤 결혼식을 거행하기 위해 조그만 폭포와 잡목 숲이 어우러진 근처의 냇가로 갔다. 비번인 사람들도 모두 예식에 동참해주었다. 우리는 냇가 주변의 나무들이 만들어내는 얼룩덜룩한 그늘 밑에서 먹고 마시며 물놀이를 하고, 순한 소들을 어루만지기도 하면서 흥겹게 놀았다. 그렇게 한참 놀다가 소들을 앞세우고 노래를 부르며 집으로 어슬렁어슬렁 걸어 돌아왔다. 토비와 나는 친구들의 박수를 받으며 신방에 들었다. 이 정도면 어느 것에 견주어도 손색없는 결혼식이었으리라."

하지만 젠스키의 생각은 그와 달랐던 모양이다. 그녀의 자매 부부에게 쓴 장장 다섯 장이나 되는 긴 편지의 말미에 이르러서야 겨우 키는 대략 190센티미터 정도 되고 "금발이며 손에 부상을 입은 영국 조각가"와의 "터무니없는 로맨스"를 "상당히 미친" 짓이라고 언급한 뒤에 이렇게 적은 것을 보면 말이다.[3] "그는 나를 사랑하기로 작정한 듯 내가 영국에도 함께 가주기를 바랐어. 하지만 나는 그의 모든 말을 농담으로 받아들였지. 그때 갑자기 두 사내가 차를 몰고 나타나는 거야. 그 차를 타고 여섯 명가량 되는 우리는 시내로 함께 나갔지. 시내에 도착하자 팻이 결혼하고 싶다며 내 승낙을 받을 때까지 나를 못살게 구는 거야. 그래서 나도 여자들 뒤꽁무니를 따라다니며 결혼해달라고 치근대는 그의 버릇을 고쳐주는 셈치고 마지못해 구혼에 응했지. 그런데 막상 시장을 만나러 시청에 갔더니 덜컥 겁이 나지 뭐야. 겁먹은 표정으로 계단을 오르는 나를 보고 친구들은 폭소를 터뜨렸어. … 하지만 피츠 박사의 서류가 없어 결혼은 결국 불발로 끝났고, 그래서 나도 위기를 벗어났지." 그러나 젠스키는 소달구지 여행과 예식에 관한 내용은 편지에 언급하지 않았다.

그로부터 머지않아서는 전쟁이 두 사람을 갈라놓았다. 7월 6일 비야 파스에서 160킬로미터 떨어진 소도시 브루네테에서 공화파군의 새로운 공격이 시작된 것이다. 거니는 당시의 상황을 이렇게 적었다. "그 전투로 엄청난 사상자가 발생하자 비야 파스에는 제 발로 걸을 수 있는 부상병은 퇴실시키라는 명령이 떨어졌다. 브루네테 전투의 부상병들을 수용하기 위해서였다. … 그 무렵에는 비야 파스가 내 삶의 중심이었다. 소중한 벗 여럿과 새로 얻은 아내가 있었기 때문이기도 했지만, 이 극도로 불안정한 세상에서 비야 파스는 평화와 안전을 상징하는 피난처이기 때문이었다."4

하지만 죽어가는 부상병들을 가득 실은 구급차가 비야 파스의 마당에 계속 들어오고 있는 상황에서는 그도 다른 선택의 여지가 없었다. 결국 병원이 발행해준 의병 제대 권고장을 들고 그곳을 떠나 히치하이크를 하기도 하면서 기나긴 귀국길에 올랐다. 며칠 뒤에는 젠스키가 알 수 없는 여운이 느껴지는 편지를 집으로 보내왔다. "그는 떠날 때까지도 나를 여전히 사랑하고 있었어. 내가 자신과 함께 가려고 하지 않자 떠나기 전

나와 결혼을 하려고도 했지. 그러나 나는 하지 않았어. 지금은 그가 영국으로 가고 있는데, 나도 이제는 그와 빨리 합치고 싶은 마음뿐이야."[5]

그 무렵 비야 파스와 여타 병원들에는 서서히 유입되던 부상병들의 물결이 홍수처럼 빠르게 변하고 있었다. 그런데도 젠스키의 편지들에서는 치열한 격전이 벌어지는 내전의 와중이 아니라 마치 유럽의 한 휴양지에서 쓴 것과 같은 가볍고 경쾌한 기조가 느껴졌다. 그럴 만한 이유가 있었다. 자매 부부에게 쓴 편지에서 젠스키는 그 이유를 이렇게 밝혔다. "검열 때문에 스페인에서 편지를 쓰기가 여간 힘들지 않아. 보고 들은 것을 곧이곧대로 쓸 수도 없어. 그러다 보니 날씨 같은 시답잖은 이야기나 늘어놓게 마련이지." 당시 공화국이 검열을 시행했던 것은 군사 기밀이 밖으로 새나갈 우려 때문만이 아니라, 전세가 공화파군에 불리하다는 소식이 밖에 전해지면 지속적으로 의료용품을 공급해준 미국에서의 기금 조성에 차질이 빚어질 수 있다는 우려 때문이기도 했다.

토비 젠스키의 마음속에는 병원의 환자들과 팻 거니 외에 제3의 인물도 자리해 있었다. 아니 자리해 있는 정도가 아니라 자나 깨나 그 생각에 사로잡혀있었다. 젠스키가 집에 보낸 편지들에도 그와 관련된 언급이 수두룩했다. "필이 바르셀로나에서 무탈하게 잘 지내고 일도 잘하고 있는지에 대해서는 나도 계속 문의하고 있어"라고 쓴 편지도 있었고, 그 다음에는 "필의 편지를 받았다는 말을 하려고 이 편지를 쓰는 거야. 그는 공장일이 바쁘기는 한데 건강하고 행복하게 지내고 있다고 해. … 빈말이 아니라 진짜 잘 지내고 있으니까 걱정하지 마. 나도 그를 계속 주시하고 있을 테니까"라는 편지를 보내왔다.[6]

필 샤흐터는 젠스키의 가족이었다. 필의 형 맥스가 젠스키의 자매와 결혼했으니, 그녀에게는 형부나 제부인 셈이었다. 직업학교를 나와 뉴욕에서 기술자로 일하던 중 청소년 공산주의자동맹에 가입한 필은 기록을 거의 남기지 않아 그의 청년 시절에 관한 것도 거칠게 그린 초상화처럼 대략적으로만 유추해볼 수 있을 따름이다. 필은 약관 스물한 살에 홀아비가 된 아버지에게는 비밀에 부치고 스페인으로 향했다. 유럽에 도착한 직후에야 형제 중 한 명에게 이런 편지를 보냈다. "형이라면 내가 어디로 가고 있는지 짐작할 수 있겠지. … 나도 그런 식으로 집을 떠나 미안한 마음이 커. 하지만 내 뜻을 관철시키기 위해서는 그 방법밖에 없었어. … 기회가 되면 형한테 제일 먼저 편지를 써서 자초지종을 말해줄게."[7] 그러나 필은 아버지에게는 이렇게 썼다.

아버지께,

전 지금 파리에 있습니다. 멋진 여행이었어요. 배에서 내려 이제 마르세유로 가려고 합니다. 그 다음에는 미국으로 돌아갈지 아니면 다른 곳으로 갈지, 아직 결정하지 못했어요. …저는 잘 있으니까 부디 제 걱정은 마세요.[8]

필의 아버지는 공황기의 소규모 업자들이 그렇듯 파산하지 않으려고 몸부림친 세탁소 자영업자였고, 그의 네 자식도 그런 아버지를 도와 돈을 모으기 위해 열심히 일했다. 심지어 맥스는 젠스키의 자매와 결혼한 뒤에도 분가하지 않고 가족 아파트에 계속 머물러 지냈다. 그런 만큼 필도 당연히 스페인으로 떠나기 전 가족에 대한 의무감과, 스페인이야말로 파시즘에 맞서 싸우는 세계 전쟁의 도가니라고 믿는 자신의 신념 사이에서 갈등을 느꼈을 것이다.

필은 심야에 험준한 피레네 산맥을 넘어 스페인에 들어온 뒤, 처음에는 기술자였던 자신의 장기를 살려 후방에서 소총 수리하는 일을 했다. 하지만 전투에 참여하고 싶은 욕구를 참지 못해 1938년 6월 새롭게 훈련받은 의용병들로 구성된 조지 워싱턴 대대에 들어갔다. 그리고 그와 공산주의 신념을 공유하기도 했고, 그와 마찬가지로 기술자였던 형 해리에게 전선으로 향하고 있다는 편지를 보냈다. "이 편지 이후로 한동안 내 편지가 없더라도 아버지가 흥분하시지 않도록 형이 좀 잘 다독거려 줘. … 아버지가 뭔가 낌새를 채시는 것 같으면 편지로 내게 알려주고."[9] 필은 맥스에게도 이런 편지를 썼다. "나는 건강하게 잘 있고 한순간도 이곳에 온 것을 후회한 적이 없어. 걱정이 있다면 아버지가 이 일을 어떻게 받아들이실까 하는 것뿐이야."

필은 그 달 말에도 해리에게 이런 편지를 보냈다. "지금 우리는 배정받은 위치에 있어. 전선의 대포 소리가 들리는 올리브 숲에서 야영을 하고 있지."[10] 그 무렵에는 필의 아버지도 아들이 스페인으로 갔다는 사실을 알게 되었다. 그런데도 필은 후방에서 소총 수리하는 일을 계속하고 있다는 인상을 주려고 했다. 맥스에게 보낸 7월 3일자 편지에서도 그는 이렇게 썼다. "내가 전투원이 되었다는 사실을 아버지가 눈치 채지 못하셨으면 좋겠어."

브루네테 전투는 마드리드 서쪽, 불모의 과다라마 산맥 경사면에 위치한 소도시 브루네테에서 벌어진 전투를 일컫는 말이다. 이 전투는 스페인의 수도에 가차 없는 포격을 가할 목적으로 브루네테 외곽으로 밀고 들어오는 국가주의자군을 막기 위해 공화파군이 선제공격을 하는 것으로

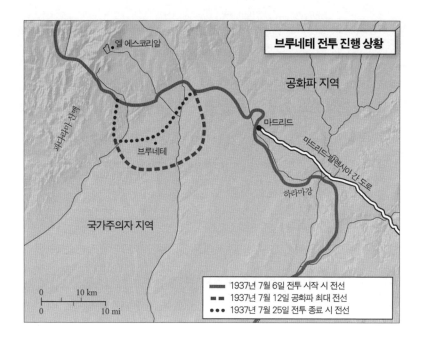

시작되었다. 마드리드 공방전이 전 세계 신문들의 헤드라인을 장식하는
상황에서 국가주의자군의 압박을 줄일 수 있다면 공화국으로서는 전투
적인 면과 프로파간다적인 면, 양면으로 놀랄 만한 효과를 거둘 수 있었
다. 그래서인지 이번 공화파군의 기습 공격은 탱크, 대포, 병력 7만 여명
을 투입해 전에 없이 치밀하게 계획되었다. 내전 첫 해를 프랑코군 공격
을 모방하는 데 다 보내버린 공화파군이 대대적인 공격을 감행하려는 것
이었다. 한편 스페인에 새로 도착한 대다수 미국 의용병들에게는 이것이
처음 맞닥뜨리는 전투여서, 음악과 상관들을 놀림감으로 삼는 내용의 병
사들 촌극이 곁들여진 훈련소에서의 송별 파티가 끝나자 필 샤흐터가 포
함된 조지 워싱턴 대대도 전선으로 보내졌다.

공화파군에는 그 무렵까지도 여전히 노련한 장교가 턱없이 부족했다. 하지만 이 문제는 주요 지휘관들마다 소련 고문관 한 명을 배정하는 것으로 해결되었다. 게다가 공화파군은 성능 면에서 프랑코군의 모든 전차를 압도하는 신형 T-26 소련 전차도 132대나 보유하고 있었다(스탈린도 히틀러처럼 스페인을 유용한 무기 실험장으로 보았다). 실제로 전투가 시작되자 공화파군은 공격 개시 불과 며칠 만에 상당한 규모의 국가주의자 영토를 빼앗는 기염을 토했다.

로버트 메리먼은 브루네테 전투에 참가하지 않았지만, 그가 훈련시킨 수백 명의 의용병들이 출정했기 때문에 조마조마한 마음으로 전투 소식을 기다렸다. 링컨 대대나 전투력을 아직 검증받지 못한 조지 워싱턴 대대 모두 지난 몇 달 간을 진흙투성이 참호 혹은 훈련소에서 무기력하게 지내온 터여서, 잘하면 스페인 내전의 흐름을 바꿔놓을 수도 있는 전투에 참가할 수 있기를 학수고대해왔다. 오하이오주 출신 랍비의 아들 새뮤얼 레빙거에 따르면, 마침내 공격 지점으로 가기 위한 기나긴 행군이 시작되자 "병사들은 농담을 주고받으며 자신만만해했다. 하지만 그 모든 농담의 저변에는 진지한 기류가 흐르고 있었다. 다수의 병사들이 살아 돌아오지 못할 것임을 알고 있었기 때문이다."[11] 레빙거도 이 전투에서는 살아남았으나, 다음 전투에서는 살아 돌아오지 못했다.

브루네테 전투는 기습공격이었던 탓에 외국 특파원의 동행이 허락되지 않았다. 하지만 루이스 피셔는 이번에도 연줄 만들기의 달인답게 예외적 존재가 되는 데 성공하여 전투 시작 직후 그의 동포들을 찾아 마드리드에서 차를 몰고 공화파군이 새로 점령한 브루네테로 향했다. 피셔는 그곳에서 본 광경을 이렇게 기록했다. "모든 거리가 텅 비어있었다. 주택 두 곳에도 들어가 보았는데 역시 비어있었다. 세 번째 집은 농부의 오두막이 었다. 집안에 들어서면서 내가 스페인어로 '혹시 여기 미국인 있습니까?' 라고 묻자 안에서 '그런데요, 뭘 찾는데요?'라는 소리가 들렸다."[12]

"(안에 들어가니) 양철 철모를 쓰고 카키색 군복을 입은 젊은이가 프랑 코군에게서 빼앗은 커다란 통조림통 더미에 앉아 편지를 쓰고 있었다. … 알고 보니 리퍼블릭 스틸사의 시카고 공장에서 기중기 운전을 하다 온 젊 은이였다. 그래서인지 리틀 스틸(리틀 스틸은 US 스틸과 같은 대규모 철강회 사보다 규모가 작은 군소 철강회사들을 집합적으로 부르는 명칭이었는데, 리퍼 블릭 스틸사도 여기에 포함되어 있었다──옮긴이)의 노동자 파업 사태가 어떻 게 종결되었는지 알고 싶어 했다."

"우리는 마당에 나가 포격 소리를 들었다. 날카로운 기관총 발사 소 리가 들렸다. 서쪽으로 800미터 정도 떨어진 곳에서는 비행기 한 대가 지 상으로 돌진했다. '비행기들은 참호 속 아군 병사들에게 기총소사를 퍼부 었어요.' 잠시 뒤 두 번째, 세 번째 비행기가 연속으로 나타났다."

공화파군은 첫 승리를 거둔 후 머지않아 수렁에 빠지기 시작했다. 소 련 탱크들이 험준한 지역을 굴러가는 모습은 인상적이었지만 이 탱크들 은 눈에 띄지 않는 두 가지 문제점을 안고 있었다. 소련 고문관들이 탱크 탑승자를 뽑을 때 공산주의자인지 아닌지를 선발 기준으로 삼다 보니 공 화파 내 여러 정파에 속한 병사들 가운데 운전에 능하고 기계를 잘 다루 는 병사들이 많았음에도 그들은 선발에서 제외된 것이 문제였다. 또 다른 문제는 소련 대숙청의 그림자가 스페인에까지 길게 드리워진 것이었다. 스탈린의 잠재적 정적으로 지목받아 최근에 희생된 전직 소련군 참모총 장 미하일 투하체프스키 육군 원수는 브루네테 기습공격과 같은 유형의 공격에서 탱크 부대를 고도의 기동력 있는 협공작전으로 이용하는 것을 포함해 전차전에 대한 혁신적 개념을 창안해낸 인물이었다.[13] 그런데 그가 불명예 숙청을 당하자 스페인의 소련 장교들이 그의 전술을 이용하지 않으려 했고, 그러다 보니 보병 부대를 지원해야 할 전차들도 효과적으로 산개하지 못한 것이었다.

공화파군의 보급품 담당관이 대규모 작전을 수행해본 적이 없는 초짜였던 것도 문제였다. 섭씨 38도를 오르내리는 무더운 날씨에 지도에 표시된 개울들이 말라붙을 정도였는데도 전선의 병사들은 식수를 공급받지 못했다. 결국 조지 워싱턴 대대만 해도 분대원 여덟 명 가운데 여섯 명이 일사병으로 쓰러지는 지경에 이르렀다(마사 겔혼은 스페인의 더위를 "신의 천둥 같은 태양"[14]이라고 묘사했다). 강렬하게 내리쬐는 태양 빛에 몇몇 병사들은 모든 것이 희게 보이는 일종의 설맹을 경험하기도 했다. 마른 풀과 관목에도 국가주의자군의 소이탄과 뜨거운 포탄 파편들이 떨어져 불이 붙었고, 미국 의용병들의 취사용 불 위에 올려놓은 스튜 냄비에도 포탄 파편이 떨어졌다.

제15국제여단이 첫 공격 목표로 삼은 곳은 국가주의자군 수중에 있던 이른바 모기 언덕이었다. 전투 이틀째에는 링컨 대대와 조지 워싱턴 대대가 알바 공작의 개인 사냥터를 지나 그 언덕으로 진군하고 있었다. 진군하는 과정에서 아마도 자신들의 군이 쏜 총을 등에 맞아 숨진 듯한 국가주의자군 장교들의 시신을 마주치자 그들은 한순간 용기가 솟아오르는 것도 느꼈다. 그러나 물이 없어 수냉식 맥심 기관총의 총열을 둘러싼 냉각 재킷마저도 자기들 오줌으로 채우면서 가야 했다. 7월 9일 동틀 녘 미국과 영국 병사들의 모기 언덕 점령 시도도 구릉 꼭대기에 참호를 파고 있던 무어인들에게 막혀 실패했다. 머리 위에 떠있던 독일과 이탈리아 전투기들이 아래로 급강하하면서 그들을 향해 기총소사를 퍼부었고, 그 전투기들을 향해 미국 병사들은 헛되이 기관총만 쏘아댈 뿐이었다. 식품과 탄약을 갖고 구릉 위로 올라가던 보급반도 적군의 총에 맞고 쓰러졌다. 갈증에 목이 탄 병사들이 마른 강바닥을 파헤쳐 깊은 구덩이에서 흙탕물을 퍼 올렸으나, 한 병사에 따르면 그 물에서는 죽은 노새 맛이 났다고 한다. 그러자 아니나 다를까 병사들에게는 너무도 익숙한 고난이 다시 찾아들었다. 설사가 시작된 것이다. 일부 병사들은 쉼 없이 쏟아지는 배설물을 감당하지 못해 바지 밑을 찢기까지 했다.

그 무렵 링컨 대대의 새 지휘관은 텍사스 출신의 미 육군 퇴역병이던 서른여섯 살의 올리버 로였다. 시카고에서 옐로우 캡 택시를 운전하고 그밖에 이런저런 단순 노동직에 종사하는 동안 공산당에 입당한 그는 노동자와 임차인 조직자(임차인들 조직의 설립이나 운영을 돕는 일을 하는 사람―옮긴이)로 일하는 과정에서 시카고 경찰에게 적어도 한 차례 체포당하고 구타당했던 일을 제외하면 스페인으로 오기 전까지의 삶이 베일에 싸여 있었다(특이하게도 그를 찬양하는 공산당 프로파간다에도 그의 삶에 대한 내용은 빠져있었다).[15] 다만 스페인어로 기록된 그의 국제여단 병적부에는 그가 지휘관으로 뽑히게 된 주요 이유가 기록돼 있었다. 그는 흑인이었다.

미국 공산당은 흑인도 백인과 동등하게 대우한다는 것을 보여주기에 열심이었던 몇 안 되는 단체들 중 하나였다. 1930년대에는 심지어 공산당원이 국가나 지방 공무원뿐 아니라 미국 부통령에도 입후보를 했다. 하지만 언제까지고 후보에만 머물렀던 이들과 달리, 스페인의 올리버 로는 생사를 결정짓는 권한을 지니고 있었다. 실제로 흑인이 인종차별 없는 미국 군대의 지휘관이 되기는 이때가 처음이었다. 그러니 남부 출신의 미 대사관 무관 스티븐 퓨콰 대령에게도 흑인 장교를 만난다는 것은 물론 놀라운 경험이었다. 당시 링컨 대대를 찾았던 한 사람은 퓨콰 대령이 그곳에 들렀을 때 올리버 로와 나눈 대화를 이렇게 기록했다. "'어, 자네, 대위 복을 입고 있네'라는 대령의 말에 로가 '네, 그렇습니다. 대위니까요'라고 말했다. … 이 말에 대령은 헛기침만 하다가 마지못해 '그래, 자네 종족도 자네를 자랑스러워할 걸세'라고 한 마디 했다."[16]

로가 유능한 지휘관이었고, 그의 능력이 멕시코와 미국의 접경지역에서 이등병으로 복무한 적이 있는 경력과 관련이 있는지에 대해서는 링컨 대대 퇴역병들의 의견이 엇갈린다. 다만 공산당의 프로파간다는 좋아하지 않았지만 정치적 위선에 대한 후각은 발달했던 팻 거니는 그를 잘 알았고, 또 "매우 훌륭한"[17] 군인이었다고 생각했다. 올리버 로는 하라마 전투 때도 로버트와 함께 싸운 적이 있었다. 하지만 지휘관으로서 전투에 참여하기는 이번이 처음이었다. 그래서인지 개전 초 국가주의자군의 빗발치는 포화에 직면했을 때는 부하들과 다를 바 없이 그도 두려움에 사로잡혀 서툴게 대응했으나, 나중에는 아마도 처음에 느낀 공포감을 만회할 요량으로 부대의 선두에서 권총을 휘두르며 부하들을 모기 언덕으로 이끌어갔다. 그가 치명상을 입은 것이 그때였다.[18] 그리하여 거의 백인 일색이던 대대를 지휘하는 흑인 장교로서의 그의 이력도 며칠 만에 끝나고 말았으나, 이후 오랫동안 미 육군에는 흑인 지휘관이 등장하지 않았다.

공화파군의 진격이 동력을 잃고 국가주의자군의 반격이 시작되자 가공할 상승률에 전례 없는 속도를 지닌 날렵한 단발 단엽기들이 상공에 새까맣게 나타나 미국 병사들을 주눅 들게 만들었다. 다가올 2차 세계대전 때 루프트바페(독일 공군)의 치명적 다용도 주력기로 사용될 독일 전투기 매서슈미트 Bf-100가 스페인 내전에 최초로 투입된 것이었다. 그 무렵 국가주의자군은 제공권을 완전히 장악해, 잘 훈련된 독일, 이탈리아, 스페인 조종사들이 모는 비행기 200대를 동시에 출격시킬 수 있는 역량을 지니고 있었고, 그에 따라 공화파 공군도 신속히 제압되었다. 콘도르 군단이 하루 동안에 격추시킨 공화파 비행기만 무려 21대였다.

독일 전투기들은 메마른 땅을 파 참호를 만드는 공화파군 보병들에게도 무차별 폭격을 가했다. 이탈리아 중폭격기 4대도 빽빽이 무리지어 진군하는 조지 워싱턴 대대 위로 폭탄을 투하해 처참한 결과를 낳았다. 근처에 있던 영국 대대의 대위는 그때의 기억을 이렇게 떠올렸다. "큼지막한 폭탄 구멍들 사이를 지나다 보니 구멍들 가장자리에, 아직도 연기가 피어오르는 십 수 명의 미국 병사들이 널브러져 있었다. 병사들은 기묘한 모양의 숯덩이로 변해 있었다."[19]

기관총 사수였던 데이비드 맥켈비 화이트는 그때의 상황을 이렇게 회상했다.

시간이 멈추었다. … 이따금 작열하는 태양이 비추고, 어둠과 냉기만 돌 뿐이었다. … 우리는 끔찍하고 지겨운 상처들을 보았다. 인간의 죽는 모습이 매번 고상하고 아름다울 수만은 없다는 사실은 잘 알고 있었다. 주변에 정확히 8개 혹은 10개의 큼지막한 폭탄이 떨어지는 동안 우리는 몇 시간이고 흙만 움켜쥐고 있었다. … 예광탄으로 몽환적 분위기가 만들어진 야간의 공중전도 보았다. 꽤 커다란 독일 폭격기가 직격탄을 맞고 커다란 연기 화염에 휩싸여 잔해 하나 남기지 않고 사라지는 것도 보았다. …. 우리는 언제까지고 밤을 새며 행군할 터였고, 전투와 보초를 서는 짬짬이 결코 사용할 일 없는 참호도 열심히 팔 것이었다. 그날 밤에는 더 오래 행군할 것이었으므로.

우리에게는 식량이 없었다. 가장 최악은 물이 없는 것이었다. 트럭이 오도 가도 못하게 된 탓이었다. … 우리는 우리 앞에서 도망치는 파시스트들이 보이는 곳으로 먼저 뛰어갔다. 언젠가는 어수선하게 후퇴하느라 기관총, 다량의 탄약, 약간의 식량, 게다가 그 아까운 초콜릿과 미국 담배까지 적군이 차지하게 한 적도 있었다. 의식이 몽롱한 상태에서 누군가 정치 연설을 하는 것도 들었다. … 들것 옮기는 일을 도와줄 때는 200미터가량 갔을 무렵 부상병이 죽어 격식도 차리지 못한 채 시신을 아무렇게나 털썩 부려놓고는 또 다른 부상병을 실으러 가기도 했다. … 소년들이 하루가 다르게 부쩍 자라는 모습도 보았다. 폭탄이 터질 때의 열기도 느껴보았으며 병사들이 우리 눈앞에서 불길 속으로 뛰어드는 모습도 보았다.[20]

3주 후 공격이 잦아들었을 무렵 죽거나 부상당하거나 포로로 사로잡힌 공화파군 병사는 2만 5천여 명에 달했고, 그중 300명이 미국인이었다. 일본계 미국인 조리사 잭 시라이와 두 명의 의사도 그 안에 포함돼 있었다. 영국 대대에도 괴짜였지만 병사들의 존경을 받았던 참모장 조지 네이선 소령을 비롯해 다수의 사상자가 발생했다. 동성애자였던 네이선은 1930년대의 군대에서는 쉽지 않았을 텐데도 공개적으로 그 사실을 밝혔고, 끝에 금이 박힌 지휘봉을 들고 다녔으며, 치명상을 입었을 때는 숨이 멎을 때까지 노래를 불러달라고 병사들에게 부탁하기도 했다.

링컨 대대와 조지 워싱턴 대대는 브루네테 공격에서 병력 절반이 죽거나 부상당하는 피해를 입었다. 그래서 두 부대를 합쳐 공식적으로 링컨-워싱턴 대대로 명명했으나, 머지않아 병사들은 이 대대를 다시 링컨 대대로 부르기 시작했다. 심신이 고갈된 일부 병사들은 탈영을 시도했다. 2,800여 명의 미국 의용병 가운데 내전 동안 탈영한 병사가 최소한 100명은 될 것으로 추정된다.[21] 그중 일부는 잡히고 적어도 두 명은 처형되었으며, 또 다른 몇 명은 피레네 산맥을 넘어 프랑스로 도주하거나 혹은 상선을 타고 밀항했다.

공화파군에게 브루네테 전투의 패배는 큰 희생이었으나 전투를 지속하는 것 외에 달리 뾰족한 수가 없었다. 한편 브루네테 전투가 벌어질 동안 영국에서는 조지 오웰이 국제여단을 "어느 면에서 우리 모두를 위해 싸우는 존재, 고통스럽게 그리고 또 때로는 무장이 덜 된 채로 저들에 비해서는 최소한 상당한 품격을 지니고 야만에 맞서 위험한 곡예를 하는 존재"로 묘사하는 글을 썼다.

필 샤흐터의 가족도 브루네테 전투 기간에 필에게서 두 통의 편지를 받았다. 1937년 7월 15일 모기 언덕의 점령을 시도하는 전투를 벌인 뒤 전선이 잠시 소강상태에 들었을 때 쓴 이 편지들에서 필은 그의 형 맥스와 형수 이다에게, 누군가 "아버지를 시켜 영사에게 나의 행방을 찾아달라고 부탁하려는 모양인데, 부질없는 생각이니 제발 그만두었으면 좋겠어. … 나도 이제는 내 앞가림을 할 나이가 되었다고. 자꾸 그런 식으로 나를 어린애 다루듯 하면 나 정말 화낼 거야. … 아버지도 그러지 마시라고 제발 좀 말려줘."[22] 필은 형 해리에게도 이렇게 썼다. "7일 연속으로 군사 행동을 했는데 장난이 아니었어. … 그래도 아직 소총 청소 할 일이 남아 있는데, 날이 어두워지고 있으니 오늘은 이만 써야 할 것 같아. 모두에게 안부 전해줘." 이것을 끝으로 필의 편지는 더 이상 오지 않았다.

브루네테는 지금까지도 전모가 밝혀지지 않은 신원미상의 한 미국인이 처음으로 모습을 드러낸 전장이기도 했다. 푸에르토리코 출신의 빈센트 유세라는 키가 크고 윤곽이 뚜렷한 영화배우 같은 외모에 멋진 체격을 지닌 인물이었다.[23] 게다가 다른 의용병들과 달리 근래까지도 전투를 해본 경험이 있었고, 그런 그가 지원을 하자 뉴욕의 공산당 간부들도 크게 반겼다. 하지만 유세라는 정치 성향이 좌파가 아니었기에 공산당 간부들은 그를 경계했다. 그래서 그가 스페인에 갈 때도 믿을 만한 당원들을 그의 감시자로 동행시켰다.

스페인의 국제여단 간부들도 뉴욕의 공산당 간부들처럼 유세라에 대해서는 양가적 감정을 가졌다. 한 보고서에는 그가 "콧수염이 잘 정돈된 것으로 보나 고급 맞춤 제복을 입은 것으로 보나, 전형적인 직업군인 장교처럼 보였다"는 묘사와 함께, 그러나 "스페인에 오기 전까지 노동운동에는 전혀 관여한 적이 없고 노동운동에 대해 아는 것도 없다는 점을 그 스스로 솔직히 인정했다"는 내용도 적혀있었다. 또한 "그는 대화를 나누는 내내 뭔가 불안해했으며 자신이 한 말에 대해서도 확신하지 못했다. '허세'를 부리려고 하는데 생각처럼 잘 안 되는 것처럼도 보였다"는 글도 적혀있었다. 스페인어로 기록된 유세라에 대한 자료에는 "첩보원으로 의심된다"는 견해도 피력돼 있었다.

유세라는 스페인에서 만난 사람들에게 열일곱 살에 미 해군에 입대한 뒤 처음에는 해적 습격에 대비해 중국 양쯔강 유역을 초계한 장갑정에서 근무했다고 말했다. 미 해병대가 니카라과에 파견되었을 때는 (자유당 지도자) 아우구스토 산디노가 일으킨 반란을 진압하기 위한 전투에도 참여했다고 말했다. 그러고 나서 한동안은 니카라과 군대에 전출돼 있었다고 했다. 덧붙여 양쯔강 장갑정에서 근무할 때는 해적과 싸우고, 니카라과 밀림에서는 산디노의 게릴라들과 싸웠다고 하면서 그와 관련된 스릴 넘치는 이야기도 해주었다. 하지만 그것의 사실 여부는 확인되지 않았다. 다만 10대 때 해병대에 입대하여 이름 없는 지역들에서 6년간 복무하고, 그 다음에는 니카라과 육군에 입대한 사실은 미국 병적 기록부로 확인되었다. 그 뒤의 행적은 오리무중이었다.

유세라는 스페인의 국제여단 간부들에게는 "해병대 복무가 갑자기 끝났다"고 하면서 "'나보다 영향력이 큰' 인물의 아내와 정을 통했기 때문"이라고 그 이유를 밝혔다. 그러면서 그 뒤에는 로드아일랜드주 뉴포트 기지에서 근무할 때 알게 된 "밴더빌트 부인"의 도움을 받아 "쇼 비즈니스"에 2년간 종사했고, 그러고 나서는 보험 중개인 생활을 몇 년 간 한 뒤 스페인에 지원하게 된 것이라고 말했다.

유세라가 스페인의 공산주의자들에게 밴더빌트 부인과의 친분을 과시한 것은 매우 경솔한 행위였다.[24] 하지만 그것의 진위 여부를 떠나 1934년도 뉴포트 지역 신문 기사에는 유세라가 그곳 극장의 하우스 매니저(객석 감독)로 언급돼 있었다. 다른 남자의 아내와 정을 통한 것도 동료 해병대원의 구술 기록으로 확인되었다. 사실로 말하면 그가 정을 통한 장교 부인은 한 둘이 아닌 듯했다. 다만 그 후의 행적으로 미루어보면 유세라가 스페인 내전에 지원한 목적이 미 군부에 보고하기 위해서였다는 암시가 강하게 나타난다.

미 육군 정보부는 오랫동안 미국 내 좌파들을 주시해 왔으므로, 링커 대대 채용자들이 지원병을 뽑을 때 군대 경험이 있는 사람을 절실히 원한다는 사실도 알고 있었다. 시카고에 주재한 한 정보부원만 해도 1937년 워싱턴 본부에, "최소한 예비역 장교 한 사람은 군사 훈련의 교관 제의를 하는 링컨 대대 사람들의 접근을 받았다는 정보가 있다"는 보고를 했다.[25] 이것만 보더라도 미 육군은 은밀한 보고 임무를 띤 군인을 링컨 대대에 파견했을 개연성이 있다. 그게 아니면 유세라가 바람기 때문에 군대 생활을 못하게 되자 혼자 힘으로 첩보를 수집해 미국 군대에 복귀하려는 희망으로, 자의로 스페인행을 택했을 가능성도 생각해볼 수 있다.

유세라에 대한 링컨 대대 간부들의 의혹은 가시지 않았다. 그들로서는 비정치적 인물이 국제여단에 지원한 것 자체가 요령부득이었다. 유세라도 그들의 의심을 눈치 챘는지 워싱턴의 유명한 노동 운동가와의 친분을 과시하려고 했다. 하지만 그것도 스페인에서 한 말이기 때문에 진위 여부를 알 수 없었다. 다만 군대 문제에 있어서는 병사들을 훈련시킨 경험이 많은 유능한 직업군인의 면모를 보여주었다. 그는 또 영어와 스페인어 2개 국어에 능통해 신병 교육관과 부대 지휘관의 지위에 오르고, 마지막으로 브루네테 전투 때는 올리버 로의 부관(기본적으로는 부지휘관) 지위에까지 올랐다. 그런데 이 전투 과정에서 그는 올리버 로가 죽기 직전의 중요한 순간, 후방의 국제여단 본부에 볼일이 있다는 구실로 전장을 떠나 종적을 감췄다. 링컨 대대 통제위원 스티브 넬슨은 유세라의 행방을 찾지 못해 지휘권을 대신 잡아야 하는 상황에 분통을 터뜨리며 "그 작자는 용병이었다"[26]고 결론 내리면서도, "군 복무에 대한 지식이 해박하고, 그런 사람은 흔치 않았다"는 말도 덧붙였다.

유세라는 호된 질책을 받고 계급도 강등되었다. 하지만 그러고도 또 한 차례 종적을 감춰, 허가 없이 스페인을 떠나려다가 바르셀로나에서 체포되었다. 그 무렵에는 국제여단 의용병 병적부의 "불순분자" 명단에도 그의 이름이 올라있었다. 하지만 국제여단은 그의 군대 경험을 금과옥조로 여겨 또 다시 그에게 신병 훈련 임무를 맡겼다. 스페인인들로 구성된 부대를 미국인 대대에 통합시키는 어려운 일을 할 때는 그의 2개 국어 구사 능력이 군대 경험보다 더 큰 역할을 했다.

자료에는 유세라가 제대로 된 의용병 훈련의 필요성과 링컨 대대가 가진 문제점을 직시하고 있었던 것으로 나타난다. 의용병들의 규율이 잘 확립돼 있지 않은 것과 자신들의 업무를 하급자들에 위임하지 않으려 하는 장교들의 태도를 정확히 간파하고 있었던 것이다. 로버트 메리먼만 해도 교관으로는 나무랄 데 없었지만 일 욕심이 많았고, 장교들 또한 민간인일 때 친구로 지낸 사람들에게까지 엄격한 복종을 요구할 정도로 태도가 경직돼 있었다. 유세라는 그밖에 한 분대 혹은 한 부대 전체가, 난무하는 적의 포화 속에 숲 혹은 적의 참호 진지를 상대로 군사행동을 하다가 지휘관이 희생될 수도 있는 상황을 가정한 치밀한 군사훈련 계획도 수립했다. 확신에 차고 식견 있는 그의 견해 또한 그가 "허세" 부리기를 좋아한다고 느꼈던 간부를 포함해 모든 사람들에게 깊은 인상을 심어준 것 같았다. 유세라가 훈련시킨 의용병들도 졸업식 때 진심에서 우러나오는 박수갈채를 그에게 보냄으로써, 그를 믿지 못할 인간이라고 여겼던 국제여단 간부들을 민망하게 만들었다.

하지만 이듬해, 이번에도 전투가 진행되는 와중에 유세라는 다시 탈영을 했고 이번에는 영영 돌아오지 않았다. 문서 추적을 해본 결과, 그는 벨기에의 안트베르펜에서 화물선을 타고 뉴저지주의 위호켄으로 갔던 것으로 나타나 있다. 그 후의 행방은 묘연했다.

당대의 군대들은 다가올 세계 전쟁에서 그들이 직면할 가능성이 있을 것들을 스페인 내전에서 배우려고 했다. 영국만 하더라도 국제여단 내에는 몇 달 간 비밀첩보원을 두고 있었고,[27] 일각에서는 프랑스, 체코슬로바키아(당시의 국명은 체코슬로바키아 연방공화국이지만 이후의 명칭은 편의상 약칭 체코로 쓰기로 한다—옮긴이), 폴란드의 정보기관들도 같은 행동을 했을 것으로 추측했다. 1930년대의 미국 군사 기록물에도 스페인 내전과 관련된 의견서들이 수두룩했다. 그중에는 스페인을 "전쟁 실험실"[28]로 말한 영국 주재 미국 대사관 무관이 1937년에 작성한 보고서도 들어있었다. 그러니 1939년 메릴랜드주 아나폴리스의 미 해군사관학교에 부속된 미 해군연구소에서 "스페인 내전이 주는 교훈"을 주제로 강연이 열렸을 때도 청중은 물론이고 그 또한 각별한 관심을 갖고 그 강연을 들으러 왔을 것이다.

그런데 이 강연의 연사가 바로 빈센트 유세라였다. 유세라는 전술, 무기, 훈련, 공급에 맞서는 방어 방법 등을 주제로 강연을 한 뒤 미국에서 성공적으로 군 이력을 재개했다. 그러고 나서 1943년에는 소령이 되고 1944년에는 유럽 주둔 보병 대대의 부지휘관이 되었다. 그 뒤에는 다시 군 정보기관에서 여러 가지 직책을 보유하고(스페인에서의 그의 역할을 가늠케 하는 또 다른 징표가 될 수 있다), 캔자스주 포트 레번워스에 소재한 미 육군지휘참모대학교에서 연구원 생활도 했다. 1951년 드와이트 D. 아이젠하워가 나토NATO 사령관일 때는 그의 정보 담당 참모를 역임하기도 했다. 그는 1963년 대령으로 전역한 뒤에는 프랑코가 통치하는 스페인에 가서 살았다. 베트남에서 군사고문관을 지낸 것이 현역에서 은퇴하기 전 그가 마지막으로 맡은 보직이었다.

한편 브루네테 전장에 갔다가 며칠 뒤 파리를 찾은 루이스 피셔는 그 곳에서 연례적으로 열리는 프랑스 혁명 기념일 열병식에 등장한 인상적 인 무기들을 보고, 무기를 사지 못하는 스페인 공화국의 상황을 떠올리며 씁쓸해했다. "그날 아침 열병식에 나온 군사 장비의 20퍼센트"[29]만 있어 도 공화국은 3개월 만에 내전을 승리로 이끌 수 있을 것이라 생각하면서.

파리 방문을 마친 피셔는 여섯 달 만에 모스크바로 돌아왔다. 와보니 15년 동안이나 그의 정신적 지주 역할을 했던 꿈은 산산조각 나 있었다. 피셔와 그의 가족이 살던 8층짜리 건물만 해도 160여 가구가 사는 아파 트로 변해 있었고, 그 가구들의 절반 이상이 당국에 체포된 상태였다. 이 웃 사람도 자신의 시간이 다가온 것을 감지한 듯, "옷과 세면도구 보따리 를 싸놓고 떠날 채비를 하고 있었다." 그리고 3주 뒤 과연 비밀경찰이 그 를 찾아왔다. 비밀경찰은 거의 언제나 밤에만 나타났다. 호송차 소리가 나고 그에 뒤이어 어둠 속에 남자들이 끌려갈 때 가족들이 내지르는 비명 은 아파트 건물로 둘러싸인 미 대사관 관저에서도 들렸다.

스탈린의 편집광적 행동에는 언제나 외국인 혐오의 기미가 따라붙었 다. 그러다 보니 스페인의 소비에트 관리들이 서구의 사상이나 첩보기관 에 오염되었을 수 있다는 우려가 작용해, 그가 휘두르는 대숙청의 도끼도 스페인에서 복무한 적이 있는 사람들에게 특별히 무겁게 떨어졌다. 스페 인 주재 소련 대사를 지낸 피셔의 친구만 해도 모스크바로 소환된 뒤 실 종되었으며, 러시아 혁명의 영웅이던 바르셀로나 주재 소련 총영사도 그 와 마찬가지로 모스크바로 소환된 뒤 다수의 다른 고위 외교관, 장군, 고 문관들과 함께 총살되었고, 저널리스트들도 느닷없이 본국으로 소환되 었다. 공식적으로 영웅으로 환영해 연회를 베풀어주고 메달까지 수여한 직후 당사자를 처형하는 경우도 있었다.

피셔는 이렇게 썼다. "소련의 내 친구들이나 나와 안면 있는 사람들 집에는 찾아가지 않는 편이 나았다. 외국인이 들락거리면 그들이 곤경에 처할 수도 있었기 때문이다. 예전에는 내가 외국에서 돌아오면 문자 그대로 우리 집은 언제나 러시아인들로 문전성시를 이루었다. 반가움에 찾아오기도 했지만 최근 소식이나 다른 나라들에 대한 내 느낌을 듣기 위해서이기도 했다. 그런데 이번에는 우리 집을 찾는 사람이 아무도 없었다."

피셔는 처자식이 소련을 떠날 입장이 못 되다 보니, 글로 절망감을 표현할 수도 없었다. 그래서 또 급히 스페인으로 돌아온 그는 늘 그렇듯 권력자 연줄을 찾아다니다 신임 총리 후안 네그린의 고문이 되었고, 그 과정에서 한때는 네그린의 관저인 대통령궁에서 지내기도 했다.

피셔는 총리를 위해 여러 현안에 대한 메모를 작성해주고, 미국의 무기를 제3국을 통해 스페인으로 들여오는 방식으로 무기 금수조치를 피해가기 위한 계획도 수립하려고 노력을 기울였다. 암시장에서 무기를 구매하고 스페인어를 구사할 줄 아는 라틴아메리카 장교들을 영입하려고도 했으며, 프랑스 정부와 교섭도 시도했다. 프랑스가 예비역 장교들에게 전투 경험을 쌓게 하고 싶어 할지도 모른다는 생각에서, 스페인 공화국 대표 자격으로 프랑스 국회에서 하원의원 72명을 상대로 연설도 했다. 그다음에는 파리를 비밀리에 방문한 네그린을 수행해 공화국에 무기를 팔도록 프랑스 정부의 마음을 돌리려고 해보았으나, 이 시도는 무위로 끝났다. 한편 국제여단 간부가 피셔에게 보낸 편지에 "귀하의 끈질긴 노력 덕에 미국 상품을 받아볼 수 있었다"[30]는 내용이 있는 것으로 볼 때 그가 미국인들의 링컨 대대행을 주선하는 일을 했을 개연성도 있었다. 그 무렵 스페인에 도착하는 "미국 상품"은 주로 새로운 의용병이었기 때문이다.

소련을 향한 피셔의 충성심은 기본적으로 스페인 공화국으로 몽땅 옮겨가 있었다. 그리고 거기에는 물론 약간의 맹목성도 포함돼 있었다. 그가 다른 미국 특파원들과 다를 바 없이 스페인의 사회혁명이 억압받는다는 사실을 감지하지 못한 것처럼 보인 것만 해도 그랬다. 피셔는 소련이 원조를 빌미로 스페인 공화국의 보안조직을 장악하려 하는 것도 못 본 체 했다. 아니면 무기 원조의 대가로 공화국이 그 정도는 지불할 만하다고 생각했을 수도 있다. 하지만 《네이션》에 쓴 기사로 미루어 보면 몇몇 사항에 대해서는 그가 논점을 제대로 짚고 있었다. "스페인의 민주주의가 붕괴하면 … 로마와 베를린은 처벌받지 않고 약소국들에 군사행동을 계속할 수 있다는 믿음을 갖게 될 것이다. 그 다음에는 강대국들 차례가 올 것이다."[31]

14. 미국 석유회사 텍사코의 은밀한 지원

스페인 내전이 한창인 중에도 지중해는 여전히 부호들이 좋아하는 휴양지였다. 1937년 여름에는 세계 최고의 부자 여성들 가운데 한 명이던 미국 시리얼 회사의 상속인 마조리 메리웨더 포스트가 승무원 72명이 탑승한 전장 106미터의 네 돛 범선 자가용 요트인 시클라우드호를 타고 지중해에서 크루즈 여행을 즐기고 있었다. 모든 것이 순조롭게 흘러가고 있을 때 돌연 배의 무선통신이 가동되지 않았다. 이탈리아 해군의 초기 레이더 시스템에 의한 전파간섭 때문이었다. 베니토 무솔리니가 이탈리아 배와 잠수함들로 하여금 공화파 스페인 지역으로 이어지는 모든 보급로를 공격하게 만든 것이었다.

스페인 내전의 치명적 전선이 새로 열렸다. 이에 따른 초기 희생자들 중에는 피레네 산맥을 넘는 힘겨운 산행을 피해, 마르세유에서 바르셀로나행 여객선 시우다드 데 바르셀로나호를 타고 스페인에 들어가려 한 국제여단의 의용병들도 포함돼 있었다. 당시 그 배에 승선했던 한 미국인에 따르면 도착지를 32킬로미터 남겨둔 지점부터는 "공화파의 수상비행기

한 대가 배 곁으로 와 나란히 함께 날면서 조종사가 미친 듯 손을 흔들어 공격의 징후를 알려주었다"[1]고 한다. 하지만 이미 때는 늦어 잠시 후 배는 잠수함에서 발사된 어뢰에 맞았고 몇 분 뒤 시야에서 사라졌다. "배에 갇힌 채 비명을 지른 의용병들의 얼굴이 지금도 눈에 선하다"고 그 미국인은 말했다.

얄궂게도 배에서 탈출하지 못한 의용병들 중에는 브루클린대학교의 전직 수영팀 감독도 포함돼 있었다. 이 사고로 익사한 각 나라 의용병은 50여 명에 달했고, 이 중 최소한 10명이 미국인이었다. 한 캐나다인 생존자는 그때를 이렇게 떠올렸다. "둥근 통, 나무 틀, 상자, 판자, 캔버스, 목재 침대 틀 등 온갖 잡동사니 잔해들이 배 주위를 둥둥 떠다녔다. 머리와 시신들이 잔해들 사이에서 근들거리며 수면을 오르락내리락했고, 시신들 주변의 바다는 피에 물들어 심홍색이 되었다."[2]

국가주의자군의 해상 공격 횟수는 가파르게 증가했다. 프랑코가 그의 형제를 무솔리니에게 보내 공화파군 무기를 적재한 것으로 보이는 배들은 무조건 침몰시켜달라는 요구를 하자, 이탈리아 독재자가 이에 기꺼이 응한 것이었다. 양측은 잠수함이 수면으로 부상할 시에는 스페인 국가주의자 기를 꽂는다는 데도 동의했다. 세계 최대의 잠수함 함대들 가운데 하나를 보유한 이탈리아는 이때부터 잠수함 52척과 순양함 및 구축함 41척을 투입해 지중해 연안을 초계하면서 스페인의 공화파 지역 항구로 향하는 선박들을 수색하기 시작했다. 그밖에도 이탈리아는 프랑코의 해군에 잠수함 수 척을 제공해주었으며, 시우다드 데 바르셀로나호를 침몰시킨 잠수함이 바로 이탈리아로부터 제공받은 것이었다.

이탈리아 잠수함, 비행기, 수상함들은 1937년 8월 한 달 동안에만 공화파 지역 항구로 가거나 혹은 그곳에서 나오는 화물선 26척을 침몰시켰다. 지중해에 점점이 뜬 기름띠와 표류하는 비석과도 같이 물 위를 둥둥 떠다니는 침몰한 배들은 하늘에서도 보였다. 실종된 배들 중에는 러시아 국적선도 있었다. 그러자 소련은 8월 이후로는 스페인에 무기와 탄약을 보낼 때 지중해 항로가 아닌 다른 항로를 이용했다. 지중해보다 안전하지만 노선은 훨씬 긴 북극해나 혹은 발트해에서 대서양을 거쳐 프랑스로 가는 항로를 택한 것이다. 거기서부터 스페인까지는 육로를 이용했다. 하지만 이것도 프랑스 정부의 내분 때문에 한 번에 몇 달 씩 보르도항에 소련 화물이 묶여있기 일쑤여서 믿을 만하지 못했다. 게다가 이런 식의 무기 유입은 불규칙해 공화파로 가는 소련 무기의 양은 무솔리니와 히틀러가 프랑코에게 제공해주는 무기의 양에 비해 턱없이 적었다. 간단히 말해 소련의 무기 원조만으로는 전투의 흐름을 바꾸기가 불가능했다.

하지만 소련이 아닌 미국이 원조를 한다면 상황은 달라질 수도 있었다. 그럼 세계 최대의 민주주의 국가 지도자에게 심경의 변화가 일어나게 할 수 있었을까? 그것까지는 모르겠지만 1937년 7월 8일 마사 겔혼, 어니스트 헤밍웨이, 영화감독 요리스 이벤스는 루스벨트 대통령 부부의 초대를 받아 〈스페인의 대지〉의 상영을 위해 백악관으로 향하면서 그런 기대를 갖고 있었다. 한 편의 영화가 전례 없이 막강한 관객 앞에서 개봉을 하게 된 것이다. 이리하여 경험상 루스벨트의 백악관에서 나오는 식사가 형편없다는 것을 알고 있던 겔혼의 주장으로 가는 도중 샌드위치로 요기를 한 뒤 세 사람은 백악관으로 향했다.

영화제작자들은 작품 손질을 하는 마지막 순간까지도 옥신각신 다퉜다. 내레이터 역만 해도 본래는 영화배우 오슨 웰스가 맡기로 돼 있었으나, 녹음 도중 헤밍웨이가 쓴 대본에 그가 혹평을 가하자 두 사람 사이에 고성이 오가는 싸움이 벌어져 상영시간 60분짜리 다큐멘터리의 마지막 부분은 결국 미 중부지역의 억양과 무미건조한 목소리를 지닌 헤밍웨이가 본인이 쓴 대본을 직접 읽었다. 이렇게 각고의 노력을 기울였지만 완성된 다큐멘터리는 영화제작자들이 바란 정도의 성공을 거두지는 못했다. 국가주의자군에 포위된 마드리드와 푸엔티두에냐 농촌마을의 두 축으로 전개시킨 이원적인 줄거리만 해도 매끄럽게 연결되지 못했으며, 내전에 휘말린 공화국에 관객의 동정심을 유발시키려 한 목적도 전쟁에 매료된 듯한 헤밍웨이의 태도와 전장을 시험장으로 찬양한 그의 대본 내용 때문에 영화는 종종 삼천포로 빠지곤 했다. "이른바 전투에서 느껴지는 절대적 고독. … 이것이야말로 여러분이 보게 될 것과는 조금 다른, 출정하는 병사들의 진정한 모습이다."

그밖에 〈스페인의 대지〉에는 중요한 논점이 하나 빠져있었다. 푸엔티두에냐 주민들이 힘들게 판 관개 수로에서 물이 샘솟아 스페인의 메마른 토지를 흠뻑 적셔주는 장면과 관련된 것으로, 이는 주민들이 조합을 결성해 소수의 대토지 소유자들로부터 예전에 사냥터로 이용되던 땅을 빼앗았기 때문에 가능했는데도 내레이션에는 정작 그에 대한 설명이 없었다. 다큐멘터리 제작자들이 다수의 다른 공화국 지지자들과 마찬가지로 그 문제를 강조했다가 자칫 그들이 목표로 삼은 관객의 반감을 살까봐 우려한 탓이었다.

백악관에서 루스벨트 부부를 재회한 겔혼은 나중에 그 느낌을 이렇게 적었다. "긴장과 내 관점을 그들에게 보여주고 싶은 욕심이 나를 떨게 만들었다."³ 내빈 30여 명은 헤밍웨이가 "빗물 수프, 고무처럼 질긴 비둘기 요리, 시든 야채샐러드, 어느 열광자가 보내준 케이크" 만찬이 끝나자 휠체어를 탄 대통령의 뒤를 따라 백악관 극장으로 향했다. 영화 상영도 순조롭게 진행되는 듯했다. 하지만 말은 안 했지만 대통령은 진즉에 정치적 메시지가 빠진 사실을 눈치 챘던 듯, 요리스 이벤스가 나중에 회상한 바에 따르면 결국엔 이런 제안을 했다고 한다. "스페인인들이 그들 정부에 대한 권리투쟁을 벌이는 것뿐 아니라, 구제도 아래 불모로 남겨진 대규모 토지를 개간할 수 있는 권리투쟁도 함께 벌이고 있다는 점을 강조하면 나을 것 같소." 대통령이 아마도 그 외에 다음 전쟁을 예견하고, 영화에 등장한 탱크들의 성능과 과달라하라 전투에 대한 것도 물어보았을 가능성도 있다.

헤밍웨이도 장모에게 쓴 편지에서 특유의 터프가이 같은 어조로 엘리너 루스벨트를 "다분히 하버드 졸업생다운 매력에 존경받는 여성 노동부 장관 같은, 무성無性의 여성스러운 인물"⁴로 묘사했다. 아내 폴린에게도 겔혼에 대해서는 일언반구 없이 이런 전보를 보냈다. 백악관 분위기는 예전과 다름없으나 열정적이었음.

그러나 폴린이 이틀 뒤 발간된 엘리너 루스벨트의 신문 칼럼을 읽어보았다면, 백악관에는 남편과 이벤스뿐 아니라 겔혼도 함께 갔다는 사실을 알았을 것이다. 엘리너의 칼럼에는 그밖에 영화의 정치성이 좀 더 부각되었으면 좋았을 것이라는 의견도 제시돼 있었다. "영화를 보니 … 구세계에 대한 지식 없이는 영화를 이해하기가 쉽지 않을 것 같다는 생각이 든다. 해서 말인데 일반 공개를 하기 전에, 미국인들에게는 지극히 생소한 배경지식을 넣는 방안을 강구하는 게 어떨까 싶다. 특정인들에게 토

지가 집중되어 대중이 토지를 소유하지 못하는 일이 이 나라에는 아직 벌어진 적이 없으니 말이다."⁵

영화 상영이 끝나자 엘리너 루스벨트와 영화제작자 세 사람은 침대 열차를 타고 뉴욕주 하이드파크의 대통령 가족 별장으로 함께 왔다. 여기서 헤밍웨이와 이벤스는 다시 비행기를 타고 할리우드로 날아가 인기스타들이 대거 출동한 자선 상영회를 개최하여, 구급차 20대를 스페인에 보낼 수 있을 정도의 돈을 모았다(그러나 실제로 스페인에 도착한 구급차가 몇 대인지는 확실치 않다). 겔혼도 엘리너에게 헤밍웨이와 이벤스 두 사람 모두 "영부인과 대통령께서, 저희가 기대한 바대로 스페인 내전의 대의를 강조하시어 그것에 힘을 보태주신 것에 감동했습니다"⁶라는 열정적인 편지를 써 보냈다. 하지만 그 제안도 미국의 대 스페인 정책을 변화시키는 데는 별 영향을 끼치지 못했다.

승자와 거래하고 싶어 하는 것은 인지상정이다. 그러니 공화국 지도자들도 물론 전투에서 대승을 거두어 해외 무기를 수월하게 살 수 있기를 바랐을 것이다. 그런데 마땅히 승리했어야 할 브루네테 전투에서 그들은 패했다. 그러자 공화파군은 다음 달인 1937년 8월에 8만 명 규모의 병력으로 이번에는 바르셀로나에서 내륙의 아라곤 지방을 향해 공격을 감행했다. 공화파 지지자가 많은 고대 도시 사라고사 탈취가 이번 공격의 목적이었다. 공화파군 장군들은 스페인 북부 해안지대가 국가주의자군에 완전히 장악되기 전, 그곳에서 그들을 신속히 끌어낼 수 있기도 바랐다. 그밖에 그들이 아라곤 지방을 공격 목표로 삼은 데에는 또 다른 이유가 있었다. 아라곤 전선의 많은 부분은 그때까지도 여전히 무정부주의자 민병대 부대들이 지키고 있었고, 공산주의 색채가 점점 짙어지고 있던 공화파군이 그 부대들도 이참에 자기들 지휘부에 통합시키려고 한 것이었다.

하지만 국가주의자군의 저항은 예상보다 강했고 그리하여 사라고사로 가는 길목에서 전투가 교착 상태에 빠졌다. 그러자 공화파군은 예정되었던 사라고사 공격을 포기하고 대신 규모가 한층 작은 도시 벨치테로 공격 목표를 바꾸었다. 미국 의용병들도 로버트 메리먼과 함께 이 전투의 와중에 있었다. 그 무렵 제15국제여단의 참모장은 소령으로 진급한 로버트, 사령관은 예전이나 지금이나 전방은 피해 다니기로 유명한 유고슬라비아인 블라디미르 코피츠가 맡고 있었다(로버트는 전투 중에 그가 "겁에 질려 몸이 얼어붙는" 것을 보았고, 헤밍웨이도 그를 "뉴욕 자이언츠 풋볼팀에 맞서 블로킹 백을 시도하는 운동 신경이 고장 난 늙은 사과 장수처럼, 자기 휘하의 여단을 엉망으로 관리해 돼지우리로 만들어놓았다"[7]고 생각했다). 로버트는 늘 그렇듯 이 전투와 관련해서도 군수품과 부대의 사기 문제, 가솔린 부족, 와해된 수송체계, 끝도 없이 다투는 지휘관들 이야기를 일기에 마치 암호 부호처럼 적어놓았다. 하지만 아내에 대해서는 "메리언의 짧은 편지를 받고 답장을 썼다. 안녕, 다음 기회에 또 쓸게. 보고 싶어 미칠 지경이야"라고 하면서 떨어져 지내는 고충을 절절히 표현했다.

링컨 대대는 벨치테 전투에서 국가주의자군 병사 천여 명을 포로로 사로잡는, 그들로서는 낯선 경험도 했다. 송수관이 끊어진 언덕 꼭대기의 요새에 갇혀있던 대다수 병사들을 사로잡은 것인데, 로버트는 그 경위를 이렇게 적었다. "요새화된 고지의 병사들이 물과 여타 물품을 얻으려고 우리 쪽으로 떼 지어왔다. 그들은 피골이 상접했고 몰골은 흉측했다."[8]

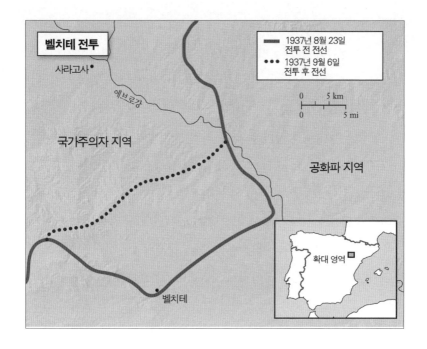

벨치테 전투

사라고사

에브로강

국가주의자 지역

공화파 지역

━━ 1937년 8월 23일
　　전투 전 전선
••• 1937년 9월 6일
　　전투 후 전선

0 　　　5 km
0 　　　5 mi

확대 영역

벨치테

　　이번 전투에서 사로잡힌 포로들은 무자비하게 다루어졌다. 공화파군
만 하더라도 포로로 잡은 국가주의자군 장교들을 개선의 여지가 없다고
보고 관례적으로 총살을 했다. 반면에 일반 병사들은 프로파간다에 현혹
되거나 의지에 반하여 강제로 입대한 것으로 보고 대개는 살려주었다. 이
와 달리 국가주의자군은 공화파군 장교들만 조직적으로 총살하는 데 그
치지 않고 일반 병사들 특히 국제여단 병사들까지 총살했다. 알려진 바에
따르면 포로로 잡힌 미국 의용병들도 287명 중 173명이 살해되었다.[9]

　　로버트도 벨치테에서 사로잡힌 국가주의자군의 장교 포로들을 공화
파군이 총살한 내용을 일기에 적어놓았다. 하지만 그에 대한 느낌은 없

이 "독일 동지 한 명이 용감한 청년 장교를 비웃는 쓸데없는 짓을 했다"[10]
고만 짧게 적었다. 그의 이런 건조함이 전쟁의 장기화로 감정이 무뎌졌기
때문인지, 아니면 군인으로서 양심의 가책을 느끼는 것이 옳지 못하다고
생각했기 때문인지는 확실치 않다.

　벨치테 전투 때는 국가주의자군의 기관총 사수들이 신학교 및 사격
하기 좋은 교회 탑 그리고 반 매몰식 철근콘크리트 토치카에 몸을 숨기고
있었다. 그러다 보니 도시 외곽의 수심 얕은 관개 수로에 갇혀있던 링컨
대대에도 많은 사상자가 발생해 전투 첫 날에만 부대 지휘관 세 명이 목
숨을 잃었다. 그 무렵에는 제15국제여단의 통제위원이 되어 있던 스티브
넬슨은 몇 년 뒤 그 상황을 이렇게 설명했다. "전진을 하려니 자살행위가
될 것 같고 참호에 머물러있으려니 기관총 사수들의 쉬운 표적이 될 것
같았다. 벌거벗은 땅으로 퇴각하는 것도 공격 때보다 오히려 더 많은 인
명 손실이 날 것 같았다."[11]

　로버트도 하라마 전투 때와는 자신의 역할이 확연히 달라진 것을 체
감하면서, 여단 본부에서 나가기 싫어하는 링컨 대대원들에게 진격 명령
을 내렸다. 일곱 달 전만 해도 상부의 명령을 수용하거나 저항했던 그가
이제는 병사들에게 자칫 사지死地가 될 수 있는 곳으로 나가라고 명령하
는 존재가 된 것이었다. 그런데 링컨 대대의 새 지휘관 한스 암리가 항명
을 하여 그의 화를 돋우었다. 로버트보다 연배가 위였던 암리는 노스다코
타주 출신의 노르웨이계 미국인으로 프레리(미국 중서부)에서 급진주의
자로 활동한 전력이 있는 광산 기술자였다. 그는 1차 세계대전에도 참전
해 부상을 입은 적이 있으며, 스페인 내전 중에도 하라마와 브루네테 전
투에 참가한 전력이 있었다. 그는 또 부하들의 복지에도 관심을 기울이는

점잖은 인물로도 알려져 있었다. 반면에 그가 링컨 대대의 지휘관이 되는데는 위스콘신주 국회의원을 형으로 둔 정치적 뒷배가 작용했다.

로버트와 통제위원 넬슨은 결국 전화에 대고 화를 폭발시키며 군법회의에 회부하겠다고 암리에게 으름장을 놓았다. 그런 다음 넬슨이 군기를 잡겠다고 전선으로 가자 암리는 "도대체 왜 이러시는 겁니까?"라며 소리를 지르기 시작했다. "진격하라고요? 도시는 기관총 저격병들로 가득 차 있어요. … 위원께서는 대대 전체가 학살되기를 바라십니까?"[12]

그러고 나자 다른 공격 방법이 보였다. 넬슨은 벨치테로 흘러드는 깊숙한 수로가 있는 것을 알고 그 길을 통해 링컨 대대의 일부 병사들을 수로 끝에 위치한 빈 올리브유 공장으로 이끌었다. 그런 다음 그곳을 기지 삼아 병사들을 잇달아 도시로 침투시켰다. 이어 벨치테에서는 한 집 한 집을 점령해가는 극렬한 시가전이 근 일주일 동안 전개되었다. 로버트도 일군의 병사들을 이끌고 지붕들을 넘어 다니며 국가주의자군이 지키는 건물들을 탈취했다. 그는 당시의 상황을 일기에 이렇게 적었다. "건물들로 쳐들어가 수류탄을 던지고 저격병을 죽여 집들을 깨끗이 정리했다. … 우리 쪽으로도 유리창을 통해 수류탄이 날아들었다. 돌진도 여러 차례 했다…."[13] 그는 또 "지휘관의 일은 별로 하지 못하고, 사병의 일만 잔뜩 했다"고 자아비판적인 글도 썼다. 국가주의자군 병사들도 국제여단의 포로가 되면 살해될 것이라는 상관들의 말을 들어서인지 잡석, 조약돌, 매트리스 등 눈에 보이는 온갖 잡동사니를 그러모아 바리케이드를 세우고는 사생결단해 싸웠다. 도망가지 못하도록 부하들을 맨발로 싸우게 하는 장교들도 있었다.

공격군에도 암리와 평판 좋은 스티브 넬슨이 부상을 입는 등 많은 사상자가 발생했다. 결국 미국인과 다른 공화파 병사들이 승기를 잡았을 때는 벨치테가 연기 피어오르는 폐허로 변해 그들이 점령한 도시래야 기껏 황무지에 지나지 않았다. 그래도 약탈은 이루어졌다. 공화파군에서는 약탈을 중범죄로 다루었지만 로버트마저 약탈의 유혹을 이기지 못하고 폐허 속에서 붉은 침대 커버 두 장을 건져 올렸다. "약탈은 여전히 광범위하게 이루어지고 있었으며, 나 역시 메리언에게 줄 훌륭한 선물 하나를 얻었다."[14] 벨치테는 나폴레옹 전쟁 때 주요 전쟁터였다는 사실을 제외하면 군사적으로 별 의미 없는 곳이었고, 따라서 도시 점령도 속 빈 강정이었다. 이어 공화파군은 교착 상태 때문에 잠시 멈추었던 본래의 공격 목표인 사라고사 공세에 나섰다. 하지만 이번에도 브루네테 전투 때와 다를 바 없이 탱크, 비행기, 병력 손실이 심했으며 영토 점령은 소규모에 그치는 변변찮은 성과를 얻었다.

로버트는 전투가 중단된 틈을 타 메리언에게 그곳으로 와달라는 기별을 보냈다. 보고 싶어서이기도 했지만, 표면적인 이유는 국제여단에서 처리해야 될 서류 업무 때문이었다. 미국이나 영국에 있는 친족이 전사자의 생명보험금을 청구할 수 있도록 그에 필요한 전사자 및 부상병들의 서류를 작성하려는 것이었다.

그리하여 어느 늦은 오후 로버트는 아내 메리언을 데리고 벨치테의 꼬불꼬불하고 좁은 거리들로 들어가 스티브 넬슨이 부상당하고 다른 병사들이 죽은 곳들, 그와 그의 부하들이 수류탄을 들고 이 방 저 방으로 적군 병사들을 쫓아다닌 집들의 잔해, 공화파군의 공격 목표였던 교회 탑 등을 보여주었다. 무더운 여름 날씨 속에 "고양이만큼이나 덩치가 큰"[15] 하수구 쥐들이 썩어가는 송장들로 꼬여드는 것도 보았다. 로버트는 날이 저물어 보름달이 뜨자 파괴된 교회 안 벽에 붙어있는 국가주의자 포스터도 보았다. "젊은 여성이 지켜야 할 정숙함에 대한 규정, 남자를 유혹하는 죄는 여자에게 있으므로 긴 치마와 긴 소매 옷을 착용할 것을 요구하는 규정이 적힌 포스터였다." 그런데 메리먼 부부가 교회를 떠나려는 찰나 어디선가 "갑자기 피아노 연주 소리가 들렸다. … 주위를 둘러보니 길 건너편 앞쪽 벽이 날아가 절반만 남은 집의, 무대처럼 생긴 곳에 스페인 병사가 그랜드피아노에 앉아 베토벤을 연주하고 있었다."

벨치테 점령은 현지 목격자들이 아는 것과 다르게 세계인들에게는 대승으로 포장돼 제시되었다. 대다수 미국 특파원들만 해도 링컨 대대원들의 영웅적 전투 행위를 묘사할 수 있는 기회가 생긴 것에만 신을 내며, 전반적으로는 공격이 실패했고 공화파군이 국가주의자군에게 지반을 점점 잃어가고 있다는 사실을 도외시하는 기사를 썼다. 《뉴욕 타임스》의 허버트 매슈스도 "공화국 정부가 … 예상보다 큰 승리를 거두었다"[16]고 하면서 벨치테 전투의 승리를 공화국이 거둔 "가장 큰 승리" 가운데 하나라고 칭했다.

헤밍웨이와 겔혼도 백악관 방문을 마치고 스페인에 돌아와 매슈스와 함께 벨치테 전역을 찾았다. 겔혼은 그때 본 광경을 《콜리어스》에 이렇게 썼다. "(도시가) 함몰되었다. … 옆으로 주저앉은 집들에 가로막혀 거리를 뚫고 나아갈 수도 없었다. 벨치테에는 이제 청소하는 소수의 병사들밖에 없었다. 그들은 시체를 묻기 위해 모르타르, 벽돌, 떨어진 들보 더미 아래의 땅을 파고 있었다. 쓰레기가 산더미처럼 쌓인 곳도 보이고, 시체 썩는 악취가 별안간 진동하기도 했다. 그보다 더 앞쪽에 절반쯤 썩은 노새 시체 위로 파리 떼가 새까맣게 붙어있는 것이 보였다. 거리에 저 혼자 나가 떨어진 재봉틀도 있었다."[17]

겔혼은 로버트 메리먼에 대해서는 이렇게 썼다. 그는 "흙바닥에 도면을 그려놓고 마치 캘리포니아의 어느 대학 신입생들에게 경제학 강의를 하듯 모든 지점을 손으로 일일이 짚어가며 공격의 진행 과정을 설명해주었다. 40킬로미터가량 행군을 하니 … 거리에 2.5미터 높이로 시신들이 쌓였다고도 했다. 로버트는 '병사들이 잘 죽었다'고 말했다. 그의 안경은 먼지를 뒤집어쓰고 있었으나 이는 매우 희었다. 로버트는 거구였음에도 수줍음이 많고 고지식했으며, '교수님'이라고 부르고 싶은 목소리를 지니고 있었다."

헤밍웨이도 링컨 대대원들을 향한 자신의 복받치는 감정을 글로 표현했다. "마지막으로 본 것이 지난 봄이었는데 어느새 그들은 군인이 되었다. 낭만주의자들은 빠지고 겁쟁이들 또한 치명상을 입은 병사들과 함께 사라지고 없었다. … 칠 개월 사이에 그들은 자신들의 본업이 무엇인지 알고 있었다."[18] 반면에 헤밍웨이는 링컨 대대원들이 '한 집 한 집 점령해가는 시가전'을 벌인 것을 두고는, "예전에 인디언들이 쓰던 전술"이라는 다소 황당한 주장을 펴기도 했다. 아메리칸 인디언은 석조 건물들 사이에서 전투를 해본 적이 거의 없는데도 말이다. 로버트에 대해서는 이렇게 썼다. "마지막으로 링컨 대대의 공격을 지휘한 인물은 로버트였는데, 면도를 안 하고 연기에 그을려 얼굴이 시커멓게 변해 있었다. 병사들은 그가 전속력으로 진격했던 일, 수류탄 파편이 얼굴과 손에 튀는 부상을 여섯 차례나 입고도 성당을 점령할 때까지 상처에 붕대조차 감으려 하지 않았던 일을 내게 말해주었다."

그들 곁에는 로버트를 만나는 기회를 언제나 즐겨온 연합(AP)통신 특파원 밀리 베넷도 있었다. 베넷은 로버트보다 훨씬 더 오래 전부터 스탈린의 낫에 대해 경계심을 갖고 있었다. 게다가 그 당시 로버트의 일기에는 베넷에게서 "모스크바에서 외무부 관료들을 체포한"[19] 소식을 들었다는 이야기가 적혀있었다. 따라서 두 사람은 벨치테에서도 분명 정치 논쟁을 벌였을 것이다. 그녀가 말한 체포란 소련 외교관들에게 가해진 대규모 숙청으로 그중에는 로버트와 베넷이 아는 사람들도 있었다. 하지만 일기든 편지든 로버트의 기록물에는 그 이외의 다른 내용은 적혀있지 않아, 그가 그 이야기를 듣고 불안감을 느꼈는지 여부는 알 수 없다.

베넷이 벨치테에 오려고 한 데는 다른 이유도 있었다. 그녀가 스페인으로 찾아왔던 옛 남자친구 월리스 버튼이 당시 링컨 대대원으로 벨치테 전투에 참가하고 있었던 것이다. 하지만 베넷이 만나는 사람마다 버튼이 자기 약혼자라고 떠들고 다닌 것과 달리, 인디애나주 출신의 선원이었던 버튼은 이 약혼을 금시초문으로 받아들였다(로버트 메리먼도 그 전에 다른 전선에 있을 때 아내 메리언에게 쓴 편지에서 이렇게 말했다. "밀리는 버튼이 제대하면 두 사람이 결혼할 거라고 하는데, 정작 버튼은 그것을 처음 듣는 얘기라고 하더군. 그러나 장기 휴가를 얻을 수 있다면 결혼할 용의도 있다고 해."[20]).

베넷은 야전병원에서 버튼이 바로 얼마 전 저격병의 총에 사살되었다는 사실을 알아냈다. 그래서 그녀 나름의 전투 기사를 쓰기 위해 발렌시아로 떠났으나, 일주일 뒤 버튼의 사망 경위를 좀 더 자세히 알아보기 위해 대전차포를 얻어 타고 벨치테의 병원으로 되돌아왔다. 그런데 공교롭게도 전에 알았던 훤칠하고 친화력 좋은 금발의 한스 암리를 병원에서 우연히 만났다. 상처를 치료 중이던 그는 회복되어 귀국할 날을 기다리고 있었다. 하지만 오래지 않아 그는 베넷의 노림수에 걸려들었다. 베넷은 친구 메리언에게 "여기서 결혼하는 게 좋을까, 미국 가서 하는 게 좋을까?"[21]라고 물었다.

"붙잡을 수 있을 때 붙잡아." 메리언의 대답이었다.

두 사람은 결국 암리가 링컨 대대의 지원 운동을 벌이기 위해 미국으로 귀국하기 전 스페인에서 결혼하기로 하고, 판사를 찾아갔다. 그런데 판사는 출생증명서가 없으면 결혼이 성립되지 않는다고 말했다. 하지만 스페인에 머물고 있는 두 사람에게 출생증명서가 있을 리 없었다. 그리하여 풀 죽은 채 판사실을 나가려는데 친절한 법원 서기가 그들에게 다가오더니 임종 결혼(결혼 당사자의 한 명이 중병이 걸렸을 때 행하는 결혼—옮긴이)을 하면 출생증명서가 필요 없다고 귀띔해주었다. 하지만 베넷도 암리도 임종 근처에는 가본 적이 없었으니 그 방법 또한 불가능했다. 그러자 서기는 이번에도 관련 서류를 만들어줄 만한 의사를 그들에게 소개해주었다. 이리하여 결혼에 골인해 미국으로 돌아온 베넷은 뉴욕의 한 신문에 자신들의 러브 스토리를 공개했다.[22] 암리가 그녀의 세 번째 남편임을 인정하면서, 그러나 맹세코 그가 마지막일 거라고 선언하는 내용으로.

반면에 전시에 꽃핀 또 다른 로맨스는 틀어지고 있었다. 팻 거니는 토비 젠스키와 결혼했다고 믿고 한여름에 영국으로 돌아왔다. 하지만 비야파스에 머물고 있던 젠스키가 1937년 9월 7일 자매에게 쓴 편지에는 이런 내용이 적혀있었다. "배신당한 여자가 된 듯한 기분이 들던 차에 며칠 전 그의 전보를 받았어. 런던으로 와서 정식으로 자기 아내가 되어 달라는 내용이었지. 하지만 나는 아직 보따리를 쌀 준비가 되지 않았어. 가야 될지 말아야 될지 갈피를 못 잡겠네."[23]

한 달 뒤에도 그녀는 여전히 망설이고 있었다. "머리가 빠개질 것 같

아. 영국 애인한테 어떻게 해야 될지 모르겠어. 그는 자신에게 와주기를 바라. 나도 가고는 싶은데, 가면 어떻게 되는 거지?"[24] 그로부터 한 달 뒤에는 거니의 희망에 먹구름이 끼는 징조가 나타났다. 젠스키가 자매에게 보낸 편지에서 이런 속내를 털어놓은 것이다. "또 다른 로맨스가 시작되었는데, 이번에는 미국인이야."

한편 그 무렵까지도 루스벨트의 공화파 지원은 성사되지 않았다. 그런데도 링컨 대대는 미국 정부 내에 그 문제를 다른 시각으로 바라보는 관리가 한 사람이라도 있는 듯한 징조가 보이면 그것에서 용기를 얻었다. 벨치테 전투가 끝난 직후와, 나중에 80여 명의 미국인 사망자를 낸 또 다른 공격이 실패로 끝난 뒤 뜻밖의 손님이 후드에 미국 국기가 달린 차를 타고 제15국제여단 본부를 찾았을 때도 그런 조짐이 나타났다.

뜻밖의 손님이란 다름 아닌 웨스트포인트 사관학교를 졸업하고 미국-필리핀 전쟁과 1차 세계대전에 참전한 경력이 있으며 머리가 반쯤 벗겨진 예순두 살의 미 대사관 무관 스티븐 퓨콰 대령이었다. 평생을 군인으로 산 루이지애나주 출신의 육군 장교인 그에게는 프랑코군에서 싸우는 영국 의용병과 머지않아 결혼할 예정인 딸이 있었다. 따라서 누가 봐도 미국 의용병들을 지지하리라고는 기대하기 힘든 인물이었다. 그런데 그가 제15국제여단 병사들에게 미국 남부 사투리로 연설을 하면서 "미국인들도 (국제여단의) 일원이라는 사실이 기쁘다"[25]는 말을 한 것이었다. 그는 스페인 공화국이 민주주의 국가라고 언급하면서 "비공식적으로 하는 말이지만, 이곳에 여러분과 함께 있게 된 것을 내가 얼마나 기뻐하는지 제군들도 암암리 느꼈을 것이다"라는 말도 덧붙였다. 의용병들의 여권에 "스페인 여행 불가" 도장을 찍은 정부를 군사적으로 대표하는 인물의 입에서 나온 것으로는 믿기 힘든 발언을 한 것이다.

퓨콰는 워싱턴에 보낸 15쪽짜리 국제여단 보고서에도, "병사 당 한 장씩 지급된 담요로는 겨울을 나기에 턱없이 부족하다"고 하면서 장비 결핍 문제를 지적하는 내용과 병사들이 받는 "한심한" 제식훈련에도 유감을 표하는 내용을 포함시켰다. 거기에 이런 말도 덧붙였다. 연대의 "투지가 매우 높다. … 그로 미루어볼 때 이들이 거둔 군사적 성공은 자신들의 대의가 옳다고 믿는 강한 확신, 신체적 용기 및 개인적 용기에 대한 확신 그리고 불굴의 의지에서 나온 것이 틀림없어 보인다."[26]

퓨콰는 몇몇 미국인들에 대해서도 호의적인 평을 하고, 특히 국제여단의 참모장 로버트를 가장 인상 깊은 인물로 꼽았다. "메리먼 소령은 제15국제여단의 등뼈이자 주동자다. 190센티미터의 장신에 황소와도 같은 강건함, 서글서글한 인상 그리고 진취적 기상과 넘치는 에너지를 지닌, 모든 이들의 존경을 받는 사내다운 유형의 지휘관으로서, 구석구석을 누비고 다니며, 명백히 여단을 대표하는 인물이다."

퓨콰는 1차 세계대전 때 입었던 가죽 자켓을 로버트에게 선물로 주고 여단을 떠났다. 보고서에는 언급하지 않았지만 미국의 대 스페인 무기 금수조치를 위반하는 행동도 했다. 미국 군대의 군사교범 밑에 권총 두 정을 숨긴 상자 하나를 링컨-워싱턴 대대에 몰래 남겨두고 온 것이다.[27]

퓨콰가 남기고 간 권총 선물이 링컨 대대원들의 기운을 잠시나마 북돋워주었다면 또 따른 미국인 토킬드 리버는 그것과는 비교도 안 되는 어마어마한 선물을 프랑코에게 안겨주고 있었다. 텍사코 석유를 그에게 무한정으로 공급해주고 있었으니 말이다. 하지만 미국 언론은 그 사실을 계속 모른 체했다. 특파원들만 해도 동료 기자들로 만원을 이룬 차를 타고 전선으로 당일치기 취재 여행을 하는 것에 비하면, 힘만 많이 들고 빛은 안 나다 보니 그런 기사는 쓰려 하지 않았다. 본국의 기자들은 기자들대로 "선장" 리버가 새로운 유전을 개발한 것과, 그가 선원으로 일할 때 겪은 다채로운 이야기만 종종 기사화했을 뿐, 텍사코가 국가주의자군에 석유를 외상으로 공급해준다는 사실은 간과했다. 스페인 내전이 진행될 동안 그 사실을 언급한 곳은 오래 전에 창설된 급진적 노동운동조직 "세계 산업노동자연맹Wobblies"이 발행하는 신문 한 군데뿐이었다.[28] 그것도 리버의 유조선을 탔던 선원이 이 신문의 편집인에게 투고를 하여 게재된 것이었다. 《뉴욕 타임스》나 유수의 다른 미국 신문들은 그 문제에 대해 단 한 줄의 기사도 싣지 않았다.

아이러니했던 것은 그 전모를 알았을 것이 거의 확실한 미국의 주류 언론인조차 그것을 기사화하지 않은 것이었다. 국가주의자 편에서 스페인 내전을 취재한 《뉴욕 타임스》 특파원 윌리엄 P. 카니가 그 사람이었다. 텍사코의 프랑스 지사장이던 리버의 동료 윌리엄 M. 브루스터는 카니를 "자신의 좋은 친구이자, 신문사 특파원들을 통틀어 현재까지는 프랑코의 대의를 미국 언론에 가장 효과적으로 선전해준 인물"[29]로 말하면서, 국가주의자군의 석유 독점업체 대표에게, 그나 혹은—리버를 극구 찬양한 젊은 관리—호세 안토니오 알바레스 알론소가 오찬 또는 만찬에 그(카니)를 초대해줄 것을 요청했다. 이로 미루어볼 때 텍사코 사람들이 프랑코의 전쟁 노력에서 자사가 중심적 역할을 하는 것에 대해, 카니가 침묵을 지키리라는 것을 확신하고 있었던 것은 분명하다. 아닌 게 아니라 카니는 자신이 쓴 기사에 텍사코를 단 한 차례도 언급하지 않았다.

특파원들은 텍사코가 그 외의 다른 놀라운 도움을 프랑코에게 제공해주고 있다는 사실도 알지 못했다. 텍사코가 미국의 대외 중립법을 위반하고 업계 최대의 유조선 선단들 가운데 하나를 보유한 자사의 유조선 선단을 이용해 국가주의자군에 석유를 운송해주고 있다는 사실 정도는 물론 미국 정부도 알고 있었다. 그러나 수 년 간 석유화학 엔지니어로 일한 기옘 마르티네스 몰리노스는 그로부터 수십 년 뒤 국가주의자의 석유 독점업체 기록 보관소에서 그 외 다른 내역도 드러난 서류를 발견했다. 다시 말해 리버가 프랑코에게 운송료를 청구하지 않았다는 내역이 드러난 것이다. 텍사코는 프랑코 소유의 배로 석유를 운송한 것처럼 서류를 꾸며 석유 대금에 운송료를 포함시키지 않았다. 하지만 텍사코가 국가주의자군에 거액의 보조금을 은밀하게 제공해준 사실을 미국 정부만 몰랐던 것도 아니다. 회사의 연례 재무제표에 표시가 안 되었으니 텍사코의 주주들도 그 사실을 모르고 있었다. 의사록에 기록되지 않은 점으로 보면 텍사코는 이사회에도 그 사실을 알리지 않았던 것 같다.

마르티네스가 파악한 바에 따르면 텍사코는 프랑코에게 또 다른 주요 선물도 제공했다. 폭격기, 해상 함정, 국가주의자군(과 독일 및 이탈리아군)의 공격용 잠수함을 지휘하는 사령관들은 정보에 밝았고, 그런 그들이 주요 공격 목표로 삼은 것들 가운데 하나가 바로 공화파군 쪽으로 향하는 유조선이었다. 내전 기간에 이들이 공격하고, 손상을 입히고, 침몰시키고, 나포한 유조선이 최소한 29척이었다. 그리고 이렇게 위험부담이 크다 보니 1937년 여름에는 지중해를 오가는 유조선에 대한 보험요율이 네 배로 껑충 뛰었다. 그런데 지중해를 위험한 바다로 만든 것이 바로 국제 해상 정보망이었고, 이 정보망을 가동해 국가주의자군에게 도움을 준 것이 텍사코였다.

텍사코는 세계 전역에 지사, 설비업체, 판매 대리점을 두고 있었다. 그런데 각 항구들에 대한 정보를 수집해 파리 지사로 보내라는 본사의 훈령이 각 지사에 은밀하게 내려졌던 것이다. 그리하여 공화국으로 향하는 유조선들의 상세내역이 담긴 전문이 런던, 이스탄불, 마르세유 등지의 항구로부터 오면, 텍사코 파리 지사장 브루스터는 그 정보들을 취합해 국가주의자군에게 전해주었다.[30] 브루스터가 보낸 일부 전문들에는 유조선에 실린 석유, 가솔린, 디젤 연료의 양과 공화파군이 지급한 대금 내역 등, 공화국의 석유 비축량과 재정 상태를 알 수 있는 정보도 포함돼 있었다. 브루스터는 목표물을 찾는 폭격기 조종사나 혹은 잠수함 선장이 필요로 하는 이런 정보를 전해줄 때마다 뿌듯함을 느꼈다.

브루스터가 보르도 부근의 프랑스 항구에 정박 중인 공화파군 유조선을 탐지해, 1937년 7월 2일 프랑코가 국가주의자의 수도로 삼고 있던 부르고스의 석유 독점업체 대표 호세 아르비야 에르난데스에게 보낸 편지야말로 이 사실을 명백하게 보여준다.

친애하는 벗에게:

…가솔린을 가득 실은 "캄포아모르"호가 5월 9일 오전 7시 베르동 항구에 도착했기에 알려드립니다. … 그에 대해서는 이미 조언해드렸으니 기억하실 겁니다. 배의 선장은 풀리오 피녜다입니다. ….

"캄포아모르"호는 항구에 도착한 이후 두 차례 출항했습니다. 하지만

어느 항구에도 기항하지 않은 채 베르동으로 되돌아왔어요. 선명과 선적항
도 페인트로 지워졌는데, 새로운 선명은 표시되지 않고 선체와 굴뚝에 검은
색 페인트칠만 돼 있습니다. 지금은 배가 베르동항에 정박해 있지만, 며칠 전
에는 부둣가에 와서 다량의 식량을 실어갔습니다. 그것으로 보아 조만간 출
항할 것으로 예상됩니다. … (배는) 사실상 영국 기를 꽂고 며칠 내로 출항할
것으로 보입니다.

시간을 다투는 정보인 것 같아 오늘은 요점 위주의 전보를 보냈습니다.

배가 출항하는 즉시 귀하께 전보를 보내겠습니다. 혹시 선장 피네다를
회유할 만한 사람을 구할 수 있겠는지요. 열성적 빨갱이는 아닌 듯하니, 조금
만 설득하면 배와 함께 넘어올 것 같거든요.[31]

브루스터는 선창에서 들어오는 것이 포착된 스페인 공화국 자동차
번호를 포함해, 베르동 항구의 독에 심어놓은 자신의 프랑스인 요원이 보
내준 정보를 프랑스어로 기록한 보고서도 편지에 동봉했다. 해군 기록물
을 통해 오늘날에야 알게 된 사실이지만, 당시 캄포아모르호가 항공 연료
1만 톤을 하적하기 위해 정박지를 두 차례 떠났다가 그냥 돌아온 것도 국
가주의자군 배와 잠수함들이—그 무렵에는 아직 공화파 지역이던—산탄
데르항 연안을 초계했기 때문이었다.[32] 실제로 캄포아모르호가 산탄데르
항에 한 차례 들어가려는 시도를 했다가 국가주의자군의 순양함을 가까
스로 따돌릴 수 있었던 것도 밤이었기에 가능했다. 그러니 배의 페인트칠
을 다시 하고 배의 국기를 바꾸는 것에 대한 정보가 국가주의자군 해군
사령관들로서는 중요할 수밖에 없었다.

하지만 공교롭게도 국가주의자군은 그 정보를 사용할 필요조차 없었

다. 캄포아모르호의 선장을 꼬드겨 국가주의자군 대의에 동참시킬 수 있을 것이라고 믿은 브루스터의 확신과, 베르동에 정박한 배의 대다수 선원들이 "거의 매일 저녁" 외출한다는 사실, 다시 말해 프랑스 요원이 그에게 전해준 정보가 그보다 한층 중요한 것으로 드러났기 때문이다. 텍사코로부터 전달받은 정보를 재확인할 만한 정보원을 국가주의자군이 별도로 두고 있었는지 여부는 알 수 없다. 하지만 결과적으로 이 마지막 두 정보는 공화파에게 치명타가 되었다. 브루스터의 편지와 전보를 받고 나흘이 지난 뒤의 자정 무렵, 국가주의자군 습격대가 다수의 선원들이 육지로 댄스파티를 즐기러 간 사이 베르동항에 정박 중인 캄포아모르호에 들이닥쳐, 선장의 도움을 받아 프랑코가 장악한 지역의 항구로 신속히 배를 몰아갔으니 말이다.[33]

미국은 중립을 지켰지만, 텍사코는 전쟁을 한 것이다.

15. 헤밍웨이, 게릴라 작전에 참여하다

마드리드 외곽과 같은 스페인 내전의 몇몇 전선들은 1차 세계대전(1914~1818)을 겪은 유럽인들에게는 너무도 익숙한, 일정한 곳에 붙박여 양측이 마주보며 대치를 벌이는 참호전을 방불케 했다. 그러나 다른 지역들에서는 인구가 희박한 산악 지역을 통과해 전선이 은밀히 뻗어나갔으며, 게다가 그런 곳들의 전선은 방비가 허술하고 구멍도 숭숭 뚫려 있게 마련이어서 전선 너머의 국가주의자군 영토로 습격을 감행하는 공화파군 게릴라단이 적지 않았다. 1937년 여름 무렵에는 소련 교관들에게 그런 게릴라 전술을 배운 공화파군 병사들이 6개 주둔지의 1,600여 명에 달했다.

스페인에 도착한 첫 외국인 의용병들 중 노동자 계급 출신의 폴란드 공산주의자였던 안토니 흐로스트도, 마드리드와 바르셀로나 사이의 중간쯤에 위치한 알팜브라 마을을 근거지로 삼아 그런 게릴라단들을 지휘하고 있었다. 마치 단도가 공화파 지역을 겨냥한 듯한 형상으로 길게 뻗어나간 국가주의자 영토의 돌출부를 산맥이 분리시켜 주는 곳이었는데,

그 기다란 영토 안쪽에 알괌브라가 속한 테루엘주의 주도 테루엘은 단도의 끝부분까지 철도와 도로가 뻗어나가 있었다. 알괌브라로부터 산맥 너머 24킬로미터 지점에 위치한 그 중요한 보급로가 바로 이 게릴라단이 습격 목표로 삼은 곳이었다.

호로스트에 따르면, 어느 날 게릴라단 본부에 도착해보니 낯선 사람이 그곳에 머물고 있던 국제여단의 정치 통제위원과 잡담을 나누고 있었다. 큰 키에 우람한 체격을 지니고 콧수염을 기른 그 방문객은 스페인 욕설을 늘어놓는 것에 재미가 들린 듯 신원 확인을 요청하는 호로스트 앞에서 "제기랄 놈Me cago en la leche de la madre que te pario(직역하면 니 에미 젖에 똥 쌌다는 뜻—옮긴이)"이라 하며, 정치 통제위원을 향해 격의 없는 농담을 건네고 있었다. 하지만 호로스트의 신원 확인 요청에는 즉시 응해, 육군 고위 사령부에서 발행한 안전통행증을 제시했다. 당사자가 필요로 하면 도움을 제공하라는 지시사항이 적힌 통행증이었다(호로스트는 통행증에 적힌 이름을 보고도 그가 누군지 알지 못했다). 신원 확인 절차가 끝나자 방문객은 게릴라 작전과 관련된 질문을 그에게 연달아 쏟아냈다. 국가주의자군 전선 안팎으로 게릴라단을 안내해주는 사람은 누군지와 같은 질문이었다.

그 질문에 호로스트는 이렇게 말했다. "길 안내인은 현지인 중에서 뽑습니다. 이 고장 출신이어서 도로와 통로들을 훤히 꿰고 있거든요. 또 전선과 가까운 곳의 길 안내는 한 사람에게 맡기지만 전선과 멀리 떨어진 곳의 길 안내는 여러 명에게 시킵니다. 대원들은 이들을 살아있는 나침반이라고 부르죠."[1]

호로스트가 설명에 한창 열을 올리는데, 준비 중인 음식 냄새를 맡은 그가 "배고파 죽겠다!"면서 중간에 말을 끊어 두 사람은 저녁 식사를 하면서 대화를 이어나갔다. 두 사람의 대화는 방문객이 발렌시아에서 알았던 여성을 흐로스트에게 소개해주겠다고 제의하는 것으로 끝이 났다. 흐로스트가 거절하자 그는 "살루드, 의심 많은 친구"라고 작별인사를 하고는 그곳을 떠났다.

흐로스트에 따르면 그 방문객은 6주 뒤 게릴라 습격 작전에 참여해도 된다는 공식 허가를 받아, 흐로스트의 게릴라단을 통제하는 육군 부대의 장교 두 사람과 함께 그곳에 다시 나타났다. 허가증에는 작전 중일 때는 방문객도 흐로스트의 지휘를 받아야 한다는 내용이 명기돼 있었다. 기차가 테루엘까지 이어진 철교를 지날 때 폭파하는 것이 이번 게릴라단이 하룻밤 사이에 수행할 습격 목표였다.

습격이 예정된 날 밤 하늘에는 12시간 반 가까이 달이 뜨지 않았고, 따라서 그 정도 시간이면 산을 넘어 철교까지 갔다가 기지로 돌아오기에는 충분했다. 대원들은 각자 휴대할 만큼의 보급품을 나눠 갖고 방문객에게도 식량, 리볼버, 수류탄 등 그들보다는 가벼운 보급품을 지급해주었다. 그런 다음 대원들은 조심조심 어둠을 헤쳐나가다 폭파가 예정된 철교를 발견하고, 적당한 곳에 다이너마이트를 설치한 뒤 처음에는 버드나무 수풀 속 그 다음에는 배수 도랑에 몸을 숨겼다. 그렇게 숨어있는데 아래 선로 쪽에서 기차의 접근을 알려주는 연기와 불꽃이 일어나고, 뒤이어 기차가 교량의 다이너마이트가 설치된 곳에 이르자 폭발이 일어나면서 차량들이 전파되었다.

작전을 마친 게릴라단은 구보로 산을 넘어 신속히 기지로 돌아왔다. 그런데 흐로스트는 숨 돌릴 틈도 없이 대원 전원에게 따뜻한 소금물에 발을 담그라고 지시했다. 툴툴대는 방문객에게도 예외를 두지 않았다. 물집을 누그러뜨린다고 알려진 폴란드의 민간요법이었다. 대원들은 그런 다음에야 함께 둘러앉아 구운 양고기와 포도주로 축하 파티를 열었다. 흐로스트가 기억하기로 낯선 방문객이 그의 신상에 대해 물은 것은 그때가 처음이었다. 러시아인이냐고 묻는 그의 질문에 흐로스트는 "아뇨, 폴란드인입니다"라고 말했다.

그러자 방문객은 "그러나 내 책에서 당신은 미국인일 겁니다"라고 말했다.

이 이방인은 물론 어니스트 헤밍웨이였다. 많은 작가들이 그렇듯 그도, 때에 따라서는 놀랄 정도로 광범위하게 진행되는, 소설의 배경이 될 자료조사에 대해서는 거의 입을 다물었다. 겔혼의 일기에도 나타나 있듯 1937년 9월 알람브라를 처음 찾았을 때는 마사 겔혼과 허버트 매슈스도 그와 동행했다. 그러나 헤밍웨이는 두 번째 방문에 대해서는 글도 쓰지 않았고, 공개 발언도 하지 않았다(다른 목격자들에게서 알게 된 사실이지만 그해 가을 헤밍웨이는 알람브라에서 멀지 않은 기지에서 게릴라들이 훈련받는 모습도 하루 종일 지켜보았다). 겔혼도 헤밍웨이가 습격에 가담한 주에는 일기를 쓰지 않았고, 그 사실을 알았는지는 모르겠지만 설령 알았다 해도 발설하지 않았을 것이다. 흐로스트도 그로부터 20년이 지나서야 게릴라 활동에 대해 언급했다. 그러니 독자들도 심야의 습격이 있은 지 3년 뒤에 출간된 헤밍웨이의 소설 『누구를 위하여 종은 울리나』의 주요 삽화가 작가의 상상력 이상에 기초한 것이라는 사실을 알 턱이 없었다.

1937년 내내 미국인 수백 명에게는 사랑하는 사람이 스페인에서 죽거나 부상당했다는 소식이 전해졌다. 반면에 소식을 전혀 듣지 못한 사람들도 있었다. 뉴욕의 필 샤흐터의 가족만 해도 브루네테 전투가 진행되는 동안 필이 쓴 편지를 받은 이후로는 아무 소식도 듣지 못했다. 비야 파스의 토비 젠스키는 브루네테 전투가 끝난 지 몇 주가 지나고 필에 대해 걱정하는 편지를 연거푸 받은 뒤에야 자매에게 이런 편지를 보냈다. "필과 그의 아버지 말인데, 설령 편지가 없더라도 무슨 일이 벌어져서 그런 것은 아니라는 점을 그의 아버지께 납득시켜 줘. 군대가 이동 중일 때는 특히 열차든 트럭이든 가능한 한 모든 운송 수단을 이용하기 때문에 몇 주 동안 우편물이 묶이는 일이 예사로 벌어지거든."[2]

하지만 본국의 가족에게는 젠스키의 그런 확언이 점점 공허한 말로 들리기 시작했다. 필의 형 맥스 샤흐터도 국제여단의 간부에게 이런 편지를 보냈다. "저희 가족은 지금 제 동생과 관련된 약간의 정보라도 얻기 위해 필사적인 노력을 기울이고 있습니다. 동생의 편지를 받은 지 벌써 13주가 지났어요. … 제 가족은 걱정되어 미칠 지경입니다. 이럴 때 동생과 관련된 확실한 말이 한마디라도 전해진다면 신의 선물처럼 느껴질 것 같아요. … 인력으로 할 수 있는 한 최대한의 빠른 답변 부탁드립니다."[3]

젠스키는 그로부터 한참이 지난 뒤에야 맥스의 아내인 자매 이다에게 쓴 편지에서 솔직하게 말했다. "정치 통제위원의 승인을 받아 이 편지를 쓰고 있어. 필은 지난 7월 24일에 실종되었어. 부대 사령관 월터 갈랜드에게 당시에 직접 들은 이야기야(브루클린 출신의 흑인 퇴역병 월터 갈랜드는 브루네테 전투 때 부상을 입고 비야 파스에 입원해 있었다). … 하지만 그때 이후로는 필이나 다른 누구에게서도 소식을 듣지 못했어. … 전투 당일 그와 가까이 있었거나, 전투 전에 그를 보았던 75명 정도 되는 사람들에게도 연락을 취해보았는데, 모두 이구동성으로 필이 상관의 심부름을 갔고, 그 뒤로 행방불명되었다는 말만 해. 미국 신문들에는 브루네테 전투가 어떻게 보도되었는지 모르겠지만, 사실 이 전투는 굉장히 치열하고 혼란스러웠어. … 지금도 최선을 다해 그의 소식을 들으려 애쓰고 있어. … 그동안 이 사실을 털어놓지 못했던 것은, 조금이라도 확실한 소식을 들을 수 있기를 날마다 고대했기 때문이야. … 물론 이 소식도 확실한 것은 아니니 별 도움은 못 되겠지만, 그래도 지금으로서는 이것이 내가 알 수 있는 소식의 전부야."[4]

젠스키가 받은 편지들 중에는 필이 포로로 잡혔을 가능성을 묻는 것도 포함돼 있었던 듯 그녀는 편지에 이런 말도 덧붙였다. "누가 그런 소문을 냈는지 모르겠지만, 그것은 망상에 지나지 않아. … 그것을 뒷받침할 만한 기록도 없고."

1937년 8월에는 바티칸도 이탈리아와 독일 편을 들어 프랑코 정권을 스페인의 합법 정부로 공식 인정했다. 하지만 그 와중에도 공화파군의 군사적 패배는 계속되어 10월에는 스페인 북부 해안, 공화파의 마지막 지역마저 국가주의자군에 점령되었다는 더욱 불길한 소식이 들렸다.

그리하여 이제 아스투리아스의 석탄 지대, 주요 군수품 공장, 철광, 바스크 지방의 철강회사들을 포함해 스페인 산업의 3분의 2와 농업 및 광물 자산 대부분이 국가주의자 편으로 넘어가게 되었다. 물론 공화국은 아직도 마드리드, 바르셀로나, 발렌시아와 같은 스페인 최대 도시들이 포함된 동·중부 지역의 대부분을 점유하고 있었다. 하지만 그곳들의 공장들이 이제 전통적인 원자재 공급처들로부터 더는 원료를 공급받을 수 없게 된 것이 문제였다. 외국으로부터의 군수물자 유입이 국가주의자군에 유리하게 전개되고 있는 마당에, 산업과 천연자원의 균형추마저 국가주의자 쪽으로 크게 기울어진 것이었다.

내전과 관련된 소식이 이렇게 점점 우울하게 변해가고 있을 때 로버트는 메리언이 스페인에 머물러있고 그와 종종 함께 지내기도 한다는 이유로 부하 병사들의 시기어린 눈총을 받고 있었다. 공화국 정부 보도국에 근무하고 있던 메리먼 부부의 영국인 친구 케이트 망건에 따르면 다른 의용병들도 "자신들은 못하는데, 로버트만 스페인에서 아내와 함께 지내는 상황에 불공평함"[5]을 느끼고 있었다고 한다.

몇 달 전에는 메리먼 부부가 황량한 내륙 지역을 벗어나, 거리에는 야자수 그늘이 드리워지고 지중해의 미풍이 살랑거리는 발렌시아의 한적한 곳에서 드물게 며칠 간 휴가를 함께 보내기도 했다. 망건은 당시를 이렇게 기억했다. "메리언도 여자치고는 키가 큰 축이었으나, 남편과 비교하니 작고 연약해 보였다." 망건은 발렌시아에서 첫 밤을 보낼 때 메리언이 "밥이 죽을 수도 있다는 불길한 예감이 들어 자신을 위해 뭔가를 남겨두어야겠다는 생각에 아이를 가지려고 많은 노력을 기울였다"는 말을 했다고도 썼다.

짧은 휴가의 두 번째 날에는 메리먼 부부가 망건을 비롯한 일행과 함께 해변으로 나갔다. "일행 모두 해변에 모이자 밥이 숙소에서부터 가지고 온 판지 상자를 메리언에게 건넸다. 상자 속에는 예쁜 무늬가 수놓아진 노란색의 스페인 비단 숄이 들어있었다. 이어 두 사람이 자리에서 일어나고, 밥이 얼마나 잘 어울리는지 보려고 메리언의 어깨에 숄을 두르자 숄 끝의 술이 바람결에 흩날렸다. 메리언이 남편을 와락 껴안았다. 이 날은 두 사람의 결혼기념일이었다. 5년 전에 결혼했으니 5주년 결혼기념일이었던 셈이다. 두 사람의 모습은 너무도 자연스럽고 행복하고 서로에 대한 애정으로 충만한, 젊고 멋진 커플로 보였다."

일행 모두 해변의 모래사장에 누워있으려니, 저 멀리 흰 돛을 단 화물선이 다가오는 것이 보였다.

그것을 보고 로버트가 말했다. "이럴 수는 없어."

"뭐가 이럴 수 없다는 거야?"

"태양, 푸른 하늘, 녹색의 파도, 게다가 돛단배까지. 너무 아름다워. 삶을 너무 사랑하게 만들잖아."

그 순간 해안가 사람들을 카메라에 담고 있던 직업 사진사가 망건의 눈에 들어왔다.

그래서 "내가 '로버트와 메리언, 오늘을 기념하는 사진 한 장 찍어두는 게 어때?'라고 물었다."

그러자 "로버트는 '아니, 사진 없이도 잘 기억할 수 있어. 모든 게 그대로면 그게 더 힘들 것 같아'라고 말했다."

메리언도 몇십 년 뒤 로버트가 준 숄이 "화사한 노란색 천에 선명하고 부드러운 장미 문양이 찍힌" 것이었다고 하면서 "끔찍한 전쟁 중이었는데도 우리는 참 행복했다"고, 해변에서 맞았던 결혼기념일을 생생히 떠올리는 글을 썼다.[6]

그 후 몇 달이 지나자 미국인 사망자 수는 수백 명 더 늘어났다. 그들의 다수가 메리먼 부부도 잘 아는 사람들이었다. 메리언은 로버트를 볼 때마다 머리숱이 줄어든다고 느꼈다. 그러던 어느 날 로버트는 메리언을 짧게 만난 자리에서, 그녀가 "미국으로 돌아가 6주 동안 순회강연"을

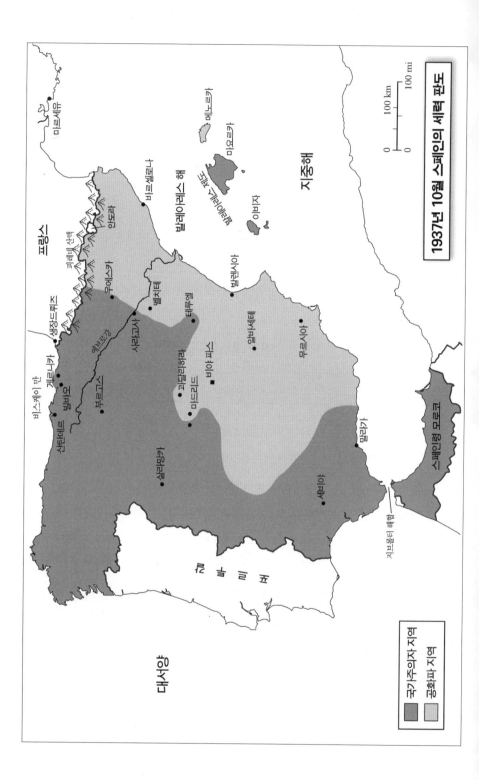

1937년 10월 스페인의 세력 판도

마르세유

프랑스

비스케이 만

생장드뤼츠

헨다예

빌바오

산탄데르

피레네 산맥

안도라

바르셀로나

발레아레스 해

메노르카

마요르카 제도 스페인어파

이비자

지중해

100 km

100 mi

우에스카

사라고사

벨치테

테루엘

발렌시아

부르고스

에브로강

과달라하라

마드리드

부에노

알바세테

무르시아

살라망카

이에네

말라가

지브롤터 해협

스페인령 모로코

대서양

포르투갈

국가주의자 지역

공화파 지역

할 계획을 짜놓았다고 말했다. 메리언이 쓴 회고록에는 이런 일에 관련된 대목에서는 매번 공산당에 대한 언급이 누락돼 있다. 그래서 단언할 수는 없지만, 이 순회강연 계획은 공산당의 지령에 따른 것이었을 것이다. 프랑코의 거침없는 영토 획득으로 링컨 대대의 신병 모집에 차질이 빚어지자, 공산당이 귀국하는 일부 의용병들을 강연과 기금 조성을 위한 순회여행에 투입한 것이었다.

1937년 11월 중순 메리언은 마드리드 동쪽의 오래된 제분소 내에 새로 차려진 제15국제여단 임시본부에서 미국으로 떠나기 전 마지막 며칠간을 로버트와 함께 보냈다. 천장에는 프레스코화가 그려지고 목재 들보에는 꽃무늬가 조각돼 있으며 넓은 식당도 갖추어진, 주인이 손수 지은 저택에서, 두 사람은 이 집의 벽난로 위 타일에 가문의 문장이 그려진 방에 머물러 지냈다. 어느 날 저녁에는 함께 머물고 있는 사람들과 노래를 불렀다. 스페인 병사들은 민요를 부르고, 흑인 미국 의용병들은 카우보이 발라드를 부르며, 평판 나쁜 블라디미르 코피츠 대령은 오랫동안 공산당 관리를 지낸 인물치고는 다소 생뚱맞게 바리톤 독창을 했다.

마지막 날 밤 메리먼 부부는 달빛 아래 산책을 했다. 이날따라 로버트의 목소리에서는 메리언이 들어본 적 없는 생경한 어조가 느껴졌다. "도움을 못 받으면 우리는 전쟁에서 지고 말거야. 무기, 보급품, 비행기, 우리는 이 모든 것이 필요해."[7] 로버트는 거기에 이런 말을 덧붙여 메리언의 기분에 찬물을 끼얹었다. "메리언, 하나만 약속해줘. 내가 죽으면 재혼한다고." 로버트는 그러면서 두 사람에게는 익숙한 몸짓으로 메리언의 손가락에 끼워진 결혼반지를 빙글빙글 손으로 돌리며, 각 면마다 스페인어로 성인의 날이 표기되고 스페인에 온 뒤로 그가 깨알 같이 적어온 가죽 장정의 포켓 다이어리 두 권을 그녀에게 주었다. 메리언은 남편과 이렇게 마지막 날 밤을 함께 보낸 뒤 제분소 곁에 대기해 있던 차를 타고 눈물의 작별을 했다.

메리언이 스페인의 국경지역에서 탑승한 파리행 열차는 전쟁을 벗어났다는 해방감에 곤드레로 취한 미국인 부상병들로 만원을 이루고 있었다. 대서양 횡단 정기선 안에서는 루이스 피셔―그녀와 달리 일등칸에 타고 있었다―를 만나 "전쟁에 관해 장시간 대화를 나누었다."[8] 그녀와 마찬가지로 스페인 공화국에 대한 지지를 요청하는 강연과 로비를 하기 위해 귀국 중이었던 그는 늘 그렇듯 이번에도 순회강연 때는 어떤 말을 하는 게 좋을지와 같은 갖가지 조언을 그녀에게 해주었다. 메리언도 선실의 거울 앞에서 매일같이 강연 연습을 했다.

두 사람은 크리스마스를 며칠 앞두고 뉴욕항에 도착했다. 메리언은 그날 항구에서 겪은 일을 이렇게 적었다. "스페인에서 미국인 부대의 지휘관 아내가 온다는 소문이 퍼져나갔는지, 일단의 소규모 무리가 부두에 나와 나를 질문 세례로 맞아주었다. 그들의 남편, 아버지, 형제, 남자친구를 보았느냐는 등의 질문이었다. 하지만 아는 게 없어 속 시원한 대답을 해주지 못했다. 젊은 여성의 눈을 쳐다보며 본 적 없다고 말하려니 가슴이 찢어지는 듯했다. '아들이 어떻게 죽었냐?'고 묻는 남자에게는 탈영하다 총살당한 사실을 알고 있었지만, '군인답게' 죽었다고 거짓으로 둘러댔다. 에이브러햄 링컨 대대 형제단이 인터뷰를 줄줄이 잡아놓아 기자들도 많이 만났다."[9] 기자들 모두 부상을 입고도 스페인에 남아 계속 싸우기로 결정한 미국인 전쟁 영웅의 스물여덟 살 된 미모의 부인에 대해 기꺼이 우호적인 기사를 써줄 태세였다. 메리언이 그들을 위해 준비한 소식도 이제는 그녀 자신도 더는 믿지 않게 된 사실, 프랑코가 패하리라는 것이었다.

그런데 프랑코가 실제로 패할 수 있는 조짐이 별안간 나타났다. 로버트도 기쁨에 겨워 메리언에게 이런 편지를 보냈다. "파시스트들이 공격을 계획하고 있다는 것은 세상천지가 다 아는 상황에서 우리도 우리 나름의 멋진 공격 계획을 세웠지. 게다가 이 계획은 실행되자마자 목적을 이룬 최초의 공격이기도 했어. 테루엘은 세계의 모든 반 파시스트들에게 우리가 바치는 크리스마스 선물이야."[10]

1937년 12월 중엽에 시작된 테루엘 전투는 마드리드를 포위전으로 질질 끌어 점령하려고 했던 프랑코의 주의를 딴 곳으로 분산시킴으로써 국가주의자군에게 치명적인 타격을 입혔다. 황량한 바위 봉우리들과 협곡으로 둘러싸인 고산지대의 고대 성곽도시 테루엘은 헤밍웨이도 가담한 게릴라단의 습격 때 폭파되었던 철교가 놓인 돌출된 국가주의자 지역의 끝자락에 위치한 도시였다. 국가주의자군이 영토를 새로 점령하고 자신들의 힘을 과시할 때마다 잔혹 행위를 저지른 곳이기도 했다. 언젠가는 스무 살 난 여성과 교원양성대학의 학장—선생들은 언제나 의혹의 대상이었다—이 포함된 주민 열세 명이 국가 전복죄 판결을 받고 테루엘 중앙광장에서 총살되기도 했다. 총살이 끝난 뒤에는 마을 주민들이 희생자들이 흘린 피를 밟으며 밴드 음악에 맞춰 춤을 추었다.

안셀모 폴랑코 테루엘 주교도 총살 뒤 사람들이 춤 춘 행위만 나무랐을 뿐 다른 면에서는 국가주의자 대의를 전폭적으로 지지했다. 그런 인물이었으니 프랑코군이 공화국에 지나치게 우호적인 태도를 보인다고 간주해 그의 휘하 사제 두 명을 총살시키는 것도 그는 물론 용인해주었을 것이다. 8월에는 주교 관저의 발코니에서, 살해된 공화파군 포로들의 코, 귀와 같은 신체 부위를 총검 끝에 꿰어 들고 외인부대 대대가 벌이는 열병식도 관전했다.[11] 프랑코군은 공개적으로 창피를 주기 위해 포로 한 명은 죽이지 않고, 짐 나르는 짐승처럼 어깨에 멍에를 메고 무거운 짐을 걸머진 채 행진하게 만들었다.

해발 915미터 고지에 위치한 테루엘은 겨울에는 거의 북극과도 같은 혹한의 날씨를 보이는 것으로 알려져 있었다. 12월의 어느 날인가는 100년 만의 최저 기온을 기록하기도 했다. 그런 곳에서 전투를 했으니 양군 모두 고통이 이만저만이 아니었다. 수로관이 얼어붙어 물도 불에 눈을 녹여 얻는 실정이었다. 국가주의자군의 경우, 한 사단의 동상 발생 건수가 무려 3,500건이나 보고되었다. 설상가상으로 눈보라도 나흘 연속으로 몰아쳐 눈도 수북이 쌓였다. 공화파군은 이런 악조건 속에서도 기습공격을 감행했고 테루엘 대부분 지역을 점령했다. 비록 머리와 상체를 담요로 감싸 추위와 싸우고 허기진 병사들이 진군 중에 약탈하느라 진격이 늦어지기는 했지만 말이다. 악천후 때문에 콘도르 군단의 발이 일시적으로 묶인 것도 공화파군에 이점으로 작용했다. 전 세계 신문들도 얼어붙은 도시에서 시가전이 여전히 맹렬히 진행 중인데도 테루엘 공격을 1면 머리기사로 실었다. 공화파군이 내전 이후 처음으로 스페인 한 주의 주도를 점령하는 과정에 있으며, 1월 초에는 승리가 완결될 것이라는 내용이었다. 헤밍웨이, 허버트 매슈스, 사진기자 로버트 카파와 같은 사람들 또한 공화파군의 승리를 기사화하기 위해 테루엘로 향했다. 헤밍웨이는 테루엘에 내걸린 적색, 황색, 진홍색의 공화국 기를 보고, 공화파군의 테루엘 점령을 "1936년 막스 슈멜링이 조 루이스를 KO로 이긴 이래 전문가의 예상이 빗나간 최대의 이변"[12]이라고 말하는 기사를 썼다.

매슈스도《뉴욕 타임스》에 송고한 기사에서 그보다는 좀 더 절제된 언어로 공화파군의 테루엘 점령을 "완전한 기습이었고, 현재까지는 기습에 걸맞는 성공을 거두기도 한 … 놀랍고 극적인 결과"였다고 썼다.[13] 그러나 나중에 출간된 회고록에서는《뉴욕 타임스》의 단조로운 문장에서 해방된 논조로, 공화파가 테루엘을 점령한 날을 "내 인생의 가장 스릴 넘치는 날들 가운데 하나"였다고 썼다. 매슈스는 테루엘의 압도적인 추위에 대해서도 썼다. "날카로운 비명을 지르며 살갗을 파고드는 삭풍을 견뎌낼 수 있는 것은 아무 것도 없었다. 옷을 아무리 껴입어도 소용없었다. 찬바람 때문에 눈물이 줄줄 흐르고 손가락은 얼어 끔찍한 냉기만 느껴질 뿐 발도 무감각했다. 짧은 보폭으로 쉴 새 없이 움직이는 복싱 선수와도 같이 사정없이 후려치는 바람 때문에 … 숨도 헐떡거리게 되고, 한 곳에 서 있을 수도 없었다."

한편 헤밍웨이에게는 테루엘이 전사 작가로서의 대중적 연기를 펼쳐 보일 수 있는 또 다른 무대가 되어, 이번에도 그는 전장에 얼마나 가까이 다가갔는지 자랑하기에 여념이 없었다. "전장에 엎드려있는데 내 옆 병사의 소총에 문제가 생겼다. 총을 쏠 때마다 매번 잼이 걸리는 문제였다. 그래서 내가 엉킨 노리쇠 뭉치를 돌로 쳐 푸는 법을 알려주었다. 그때 갑자기 전선을 따라 환호하는 소리가 들려 무슨 일인가 보니, 가까운 산마루 건너편의 파시스트들이 그들 전선으로부터 도망치고 있었다."[14] 사진기자 카파도 모자 없이 안경만 쓴 채 철모 쓴 공화파군 보병 옆에 납작 엎드린 헤밍웨이의 당시 모습을 포착해 사진을 찍었다. 헤밍웨이는 전투에 대한 열정이 넘치다 못해 북미신문연맹이 원하는 것 이상으로 많은 기사를 써 보내기도 했다. 그래서 그들이 못마땅해하는 기색을 보이자 첫 아내 해들리 모러에게 이렇게 푸념하는 편지를 썼다. "집을 한 채 한 채 점령해 가는 시가전에 대한 멋진 기사를 준비해 놓았는데, 북미신문연맹이 기사를 그만 보내라는 전문을 보냈지 뭐야."

헤밍웨이는 송고한 기사들 가운데 신문에 게재된 글에서 테루엘 전투를 "이번 내전을 결정짓는 가장 중요한 전투가 될 것"[15]이라고 내다보았다. 반면에 버지니아 콜스는 헤밍웨이 못지않은 공화국 지지자였음에도 그보다는 좀 더 냉철한 시각을 견지했다. 공화파군의 테루엘 점령에 전혀 동요되는 기색 없이, 격전이 진행되는 도중에 쓴 기사에서 공화파군은 "훈련이 잘 된 프랑코군의 상대가 되지 않고, 그러므로 승리할 가망도 거의 없어" 보인다는, 스페인 내전을 전반적으로 조망하는 견해를 피력한 것이다.

한편 《뉴욕 타임스》 본사에서는 테루엘 전투 기사를 둘러싸고 이번에도 또 한 번 내전이 벌어졌다. 1937년 12월 31일 윌리엄 P. 카니는 국가주의자군 전선에서 멀리 떨어진 후방에서 본사에 이런 기사를 보냈다. "프란시스코 프랑코 장군의 '구원군'이 오늘 오후 불과 16일 전 공화파 정부군이 테루엘 북서쪽에 확립한 24킬로미터 길이의 모든 전선을 뚫고 포위된 도시로 진입했다."[16]

이에 헤밍웨이는 즉각 "프랑코에게 도시를 탈환해준 것은 《뉴욕 타임스》"[17]라고 분개하는 기사를 썼고, 테루엘에서 발렌시아로 막 돌아온 매슈스도 그 기사를 보고 불같이 화를 냈다. 카니의 기사가 국가주의자군의 보도자료만을 근거로 한 것임을 알고 있었기 때문이다. 바로 얼마 전 스페인을 떠나 파리에 와있었던 헤밍웨이가 그곳에서 《뉴욕 타임스》를 보고 전화를 걸어 매슈스가 송고한 장문의 기사가 축소돼 실렸다는 말을 하자, 매슈스의 분노는 더욱 치솟아 올랐다. 매슈스는 그 소식을 듣자마자 장거리 여행도 마다하지 않고 발렌시아에서 격전 중인 도시로 되돌아와, "테루엘, 여전히 반 프랑코파 수중에 있음을 기자의 눈으로 직접 확인"이라는 제목이 달린 기사를 송고해 《뉴욕 타임스》1면에 실리게 만들었다.

"어제 특파원의 눈으로 전역을 둘러보니 반군(국가주의자군)은 그곳에 도달하지 못한 것이 분명했다. … 간단히 말해 그들은 테루엘의 주도를 위협하지 못했고, 그곳은 여전히 정부군의 확고한 통제 하에 있다."[18] 매슈스는 같은 기사에서 이름을 직접 거명하지는 않았지만 카니를 향해 빈정대는 글도 썼다. "이번 전투로 자명해진 사실은 전장에 가서 직접 보기 전에는 어느 것도 확인할 수 없다는 점이다."

1937년이 끝나갈 무렵에는 비야 파스의 미국 의료팀도 전장에 파견되었다. 토비 젠스키가 그녀의 자매 부부에게 보낸 편지에는 그때의 상황이 이렇게 적혀있다. "우리는 병원을 떠나 전선으로 갔어. … 산을 몇 번이나 오르락내리락 거려도 앞에는 계속 산만 나타났지. … 트럭들은 하루 먼저 전선으로 떠났기 때문에 이번 이동팀은 대형 구급차 한 대, 소형 구급차 한 대, 스테이션왜건으로 구성되었어."[19] 이동팀이 돈키호테의 배경이 된 라만차의 풍차마을을 지나칠 때는 머리 위에서 전투기들이 윙윙 떠다녔다. 이동 차대의 구급차 들것 위에서 잠을 자고 있던 젠스키는 그때의 일을 이렇게 적었다. "내가 잠들어있는 동안 평지 두 곳을 지나친 차가 지금은 세 번째 평지를 지나고 있어." 그 다음에는 "조그만 도시"를 지나쳤는데, 젠스키는 보안상의 이유로 이름을 밝히지는 않고, 이동 차대가 어느 전선을 향해 갔는지에 대해서만 넌지시 알려주었다. "지금쯤은 언니도 아군이 테루엘에서 대승을 거두었다는 기사를 읽었겠지."

4부

희망이 보이지 않는 어둠

16. 진정한 전장은 워싱턴, 런던, 파리다

1938년 1월 중순 꽁꽁 얼어붙은 어느 날 밤 눈 덮인 테루엘의 폭격에 난타당한 한 병영에서, 넓은 이마에 오뚝한 코 그리고 웃으면 주름이 쉽게 잡히는 얼굴, 큰 키에 어깨가 떡 벌어진 서른두 살의 미국인이 난로 불빛을 전등 삼아 테이블에 앉아 편지를 쓰고 있었다. 곁에 있던 몇몇 스페인 병사들이 가죽 장정에 지퍼 달린 그의 수첩이 신기한 듯 호기심을 보이며 무슨 글을 쓰느냐고 묻자, 그는 "나의 노비아novia(여자 친구)에게 쓰는 편지"[1]라고 말했다. 하지만 그것은 약혼녀에게 보내는 편지가 아닌 일기였다.

토비 젠스키가 포함된 이동 의료팀의 운전기사였던 제임스 네우가스는 다수의 다른 미국 의용병들과 마찬가지로 유대인이었다. 하지만 다른 의용병들과의 유사점은 거기까지일 뿐, 그는 가족 중에 은행가와 자선가가 즐비하고 할아버지도 뉴올리언스 증권거래소 소장을 역임한, 뉴올리언스의 전통 있는 가문 출신이었다. 시간이 부족해 학위는 따지 못했지만 학벌 또한 쟁쟁하여 하버드, 예일, 옥스퍼드 대학교를 두루 다녔

다. 네우가스는 나중에 "테루엘에서 … 석사학위를 받았다"고 말했다.[2]

대학을 졸업한 뒤에는 집의 재산으로 널리 여행을 다니고, 월간지 《애틀랜틱 먼슬리》와 다른 잡지들에 시를 발표했다. 상선의 선원으로 일하기도 했고, 기자, 펜싱 교사, 요리사, 사회사업가로 활동하는 등, 일종의 딜레탕트적 삶을 살았다. 이랬던 그가 1930년대의 정치 열풍에 휩싸여 공산당에 가입하고, 몇몇 좌익 노동 연합도 조직하며, 그 단체들이 발행하는 간행물의 편집자까지 되었다. 급기야 네우가스는 파업에 참가했다가 투옥되는 지경에까지 이르렀다. 시대를 반영한 네우가스의 시들도 그의 집안 배경과는 어울리지 않게 『미국의 프롤레타리아 문학Proletarian Writers(Literature) in the United States』과 같은 류의 시화집에 실렸다. 1935년에 그는 동료 시인들을 향해 이런 글도 썼다.

> 여러분, 이 일들은 전에도 말한 적이 있습니다,
> 물론 천년이 지나도 해는 지겠지요.
> 허나 그동안 우리에게는 해야 할 일이 조금 있습니다.
> 화약을 쏟아 붓고, 신관을 설치해, 파업을 일으키는 것입니다.[3]

하지만 이런 글을 썼다고 해서 그가 가죽 장정 수첩에도 자칭 프롤레타리아로서나 혹은 파업을 유발한 노동운동가의 자세로 일기를 쓴 것은 아니었다. 오히려 그는 특유의 아이러니가 느껴지는 자기비하적 관찰자의 자세로 글을 썼다. 그가 스페인에서 일기를 쓴 것은 친구들도 잘 아는 사실이었다. 하지만 그의 일기는 이후 수십 년간 유실된 것으로 여겨지다가, 네우가스가 죽은 지 50년도 더 지나서야 사본 한 부가 발견되었다.

일기를 보면 "평생 자동차 엔진 소리를 가장 끔찍한 소음으로 알고 있던"[4] 네우가스는 자신이 속한 의료팀에 테루엘 전선으로 이동하라는 명령이 떨어지자, 처음에는 멋모르고 전투 지역으로 가게 된 것을 좋아했다고 적혀있다. 이동이 시작되었을 때 그는 "옆으로 선이 몇 개 그어지고 영구차의 유리창이 끼워진 차체가 낮고 긴 리무진"이었던 구급차를 운전하여 "하버드대학교의 학생 및 교직원 일동이 기증한 차"의 문구가 적히고 그의 구급차보다 차체가 컸던 또 다른 구급차가 이끄는 행렬의 맨 뒤를 따라갔다. 그의 구급차 안에는 들것에 누운 부상병이 두 명 혹은 앉은 자세의 부상병 아홉 명이 타고 있었다.

테루엘이 가까워졌을 무렵 네우가스는 이렇게 썼다. "밤에 내뱉는 밭은 마른기침, 황달, 종기, 가려움증, 설사, 변비는 스페인에서 싸우는 병사들의 직업병이 되었다. 이 가운데 변비는 비행기가 떠 있는 모습을 보거나 비행기 소리만 들어도 절로 치유가 되기도 한 가장 경미한 병이었다."

국가주의자군 공군의 제공권 장악이 계속됨에 따라 이동 차대는 밤에 불빛이 새나가지 않게 하기 위해 많은 주의를 기울였다. 스페인 농촌 지역을 지나갈 때 차마 눈 뜨고 못 볼 가난의 참상을 되풀이해서 마주친 네우가스는 이 참상을 목격한 일을 밑줄까지 그어가며 이렇게 썼다. 이 농민들이 대체 무슨 죄를 지었다는 것인가? 이들에게 무슨 죄가 있다는 말인가? 교황은 이들에게 왜 등을 돌리는가?[5]

12명의 가족이 사는 흙바닥 집에서 하룻밤을 지내게 되었을 때는 가시덤불이 난방과 취사용 연료의 전부인 것을 보고 이렇게 썼다. "모양과 크기가 가지 산호처럼 생긴, 작고 거친 가시덤불은 불을 붙이자마자 타버려… 30초마다 새 덤불을 넣어주어야 했다." 가족이 식사를 같이 하자고 권하자 "화덕에 달랑 하나만 놓인 질그릇 크기를 보니" 먹을 마음이 안 생겨 "저녁을 먹고 왔다"고 둘러댔다.

농부들에게 부족한 것은 식량만이 아니었다. 한번은 "휘발유를 넣으려고 이동 차대가 잠시 멈춰섰는데, 어린 소녀 하나가 쪼르르 달려와 신문을 달라고 했다. 없다고 했더니 '인쇄된 것이면 아무 것'이라도 좋다고 하면서 막무가내로 달라고 했다. 그래서 3주 전 마드리드에서 발행된 찢어진 신문 조각을 겨우 하나 찾아내 건네주었더니, 소녀는 그것에도 제법 만족해했다."[6]

네우가스는 처음 이동 병원이 차려진 테루엘주의 한 마을에 대해서도 썼다. "알코리사에는 박공지붕이 얹어진 집이 한 채도 없다. 나무가 귀하고 돈도 없는 데다 마룻대 가격이 비싸 박공지붕을 할 엄두를 내지 못한 것이다. 시멘트도 치장 벽토도 없이 짚과 진흙을 섞어 햇볕에 말린 것이나 혹은 잡석과 모르타르를 대충 섞은 것으로 지은 집이 이 동네의 보통 가옥이었다."[7] 번듯한 건축물은 교회밖에 없었다. "마을 수녀원만 해도 병원으로 쓰기에는 규모가 크지 않았으나, 견고하게 지어진 대형 건물 축에 속했다. 이곳에서는 이제 수녀들의 조용한 기도 소리 대신 죽어가는 부상병들의 비명 소리만 들렸다. 알코리사의 노른자위 땅인 하천변의 저지대도 교회 자산이었고, 마을 밖 구릉 위 높이 치솟아 오른 검푸른 삼나무 숲 사이에도 이전 주교가 여름 별장으로 사용한 성역이 있었다."

네우가스는 동지들도 냉소적인 관점으로 관찰했다. 이를테면 이런 식이었다. "키 152센티미터에 체중 68킬로그램인 미국인 약제사 겸 연구소 전문의는 사랑에 빠질 때면 9킬로그램 정도 살이 빠졌다가, 애정의 대상인 부상병이 완쾌돼 전선으로 떠날 때면 체중이 그만큼 다시 불어났다."[8] 네우가스는 남자 친구를 만들기 위해 상부의 명령까지 어겨가며, 베레모에 긴 부츠를 신은 우아한 차림으로 전선에 나타나 "스토웨이(밀항자) 나이팅게일"로 불리게 된 영국인 간호사에 대해서도 썼다.

네우가스는 "로버트 메리먼도 여러 차례 보았다"고 하면서 그를 이렇게 묘사했다. "오리건주의 뱃사람처럼 허우대가 좋고 뿔테 안경 속으로 창백한 잿빛 눈을 번뜩인 인물이었는데, 늘 흥분 상태에 있었지만 신경질적이지는 않았다. 모든 것, 모든 사람이 그의 관심의 대상이었다. 또한 그는 여단 전체에 지나치다 싶을 만큼 소년 풍의 카리스마를 불어넣는 습관이 있었다." 로버트의 카리스마에 대해서는 다른 사람들도 종종 언급했지만 "지나치다"라는 말을 쓰고 보이 스카우트의 특징을 부여한 것은 네우가스가 유일했다.

의료팀 최대의 적은 테루엘의 전설적인 추위였다. 게다가 차의 부동액도 없어 네우가스 같은 운전사들은 상부의 명령에 따라 "밤 10시 이전에는 라디에이터의 물을 반드시 빼놓아야 했다."[9] 그것으로도 부족해 "나는 밸브를 열어놓고, 계기판 온도가 200도를 가리킬 때까지 엔진도 계속 켜두었다. … 아침에도 밸브가 막히기 전 나비너트에서 고드름을 떼 내야 했다."

"양치질도 강의 얼음을 깨뜨려서 했다. … 강가에서 빨래하는 부녀자들의 손도 칠면조 발처럼 푸르죽죽하고, 손가락도 마디가 져 울퉁불퉁했다. 수백 년 동안 마을의 열 공급원이 되었던 숯도 동이 나 화로에 불도 지피지 못했다." 병사들의 수효가 많다 보니 그렇지 않아도 부족한 연료 비축분이 일찌감치 소진돼, 전직 주교 소유인 미끈한 삼나무의 꼭대기 가지들까지 대부분 동네 사람들의 난로 속으로 들어갔다.

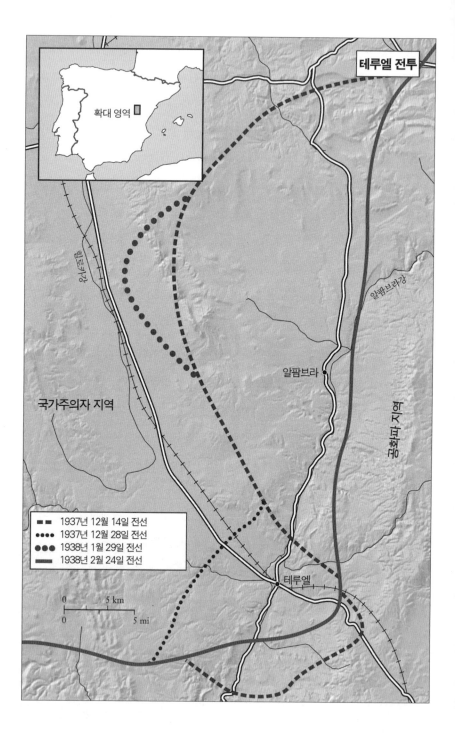

테루엘 전투

확대 영역

국가주의자 지역

알람브라강

알팜브라 •

공화파 지역

■ ■ 1937년 12월 14일 전선
•••• 1937년 12월 28일 전선
●●● 1938년 1월 29일 전선
━━━ 1938년 2월 24일 전선

테루엘

0   5 km
0   5 mi

평범한 잠자리를 얻기도 힘들어 미국 의용병들은 바닥에서 자거나, 들것 혹은 테이블 위에서 잠을 자기 일쑤였다. 어쩌다 침대라도 하나 생기면 두세 명이 함께 잠을 잤다. 네우가스도 언젠가 부대의 구강외과의였던 아널드 도노와와 침대를 같이 사용했다. 하워드대학교(흑인들에게 고등교육을 제공할 목적으로 설립된 학교—옮긴이)의 초대 학장을 지낸 도노와는 트리니다드 출신의 흑인이었는데, 네우가스의 일기에는 그때의 정황이 이렇게 적혀있다. "우리 집의 세탁일과 부엌일은 백 년 동안 흑인이 도맡아 했다. 집안 남자들이 넘치는 성욕을 해소한 출구도 흑인 여성, 그 남자들과 아내들 사이에 태어난 자식들을 건사하는 것도 흑인 여성들이었다. 따라서 나에게는 흑인과 한 방을 쓰는 것은 고사하고 같은 침대를 쓰는 것조차 상상하기 힘든 일이었다. 할아버지도 노예 소유주였고, 조상들 가운데 두 명은 남부 연합군과 싸운 전력까지 있었다. 그러니 도노와와 한 방을 쓰게 된 내게도, 3대에 걸쳐 뉴올리언스의 은행가를 지낸 조상과 그들 아내의 시선이 느껴질 수밖에 없었다. 도노와도 그것을 눈치 챈 것 같았으나, 말로 표현하지는 않았다."[10]

테루엘 전투에서 당한 굴욕적 패배를 만회하기 위한 국가주의자군의 대공세는 1938년 1월과 2월 내내 맹렬히 진행되었다. 공화파군 병사들도 비록 적설에 참호가 막히고 보급품 수송차대가 눈보라에 자주 멈춰 서는 어려움을 겪긴 했지만 도시를 꿋꿋이 지켰다. 구름 한 점 없이 맑게 갠 어느 날에는 독일과 이탈리아 비행기들이 제공권을 장악한 것을 과시하듯, 소 명에에 열십자 모양으로 화살을 겹쳐놓은 문양의 국가주의자 상징을 공중에 그리며, 공화파군 병사들의 약을 올렸다. 하늘에서는 공중에 뜬

이 무적함대가 소이탄을 떨어뜨려 테루엘의 목조건물에 불을 붙이고, 지상에서는 인근 구릉에 배치된 국가주의자군 포대가 일정 시간이 지나면 지면 바로 위에서 터지도록 장치된 포탄을 연신 쏘아댔다. 공화파군 병사들은 날아드는 파편을 피하느라 폐허, 도랑, 참호 속으로 마구 뛰어들었다. 뜨거운 금속이 쉬잇 소리를 내며 눈 더미 속으로 파고드는 소리가 사방에서 들리고, 죽은 노새와 불에 탄 트럭들이 거리에 어지럽게 나뒹굴었다. 백악질 구릉에 배치된 매켄지-파피노 대대의 캐나다와 미국 의용병들도 국가주의자군이 쉴 새 없이 쏘아대는 포탄이 터질 때 피어오르는 흰 먼지에 목이 막혀 캑캑거리고, 그들이 든 기관총은 자꾸 잼이 걸려 총을 제대로 쏘지 못했다.

의료팀도 휴식 없는 강행군을 이어갔다. 네우가스도 도로에서 거의 살다시피 했고 그 과정에서 신병들로 가득 찬 트럭이 격전 중인 도시로 향해가는 모습을 보았다. "병사들이 우리를 지나쳐 가면서 구급차를 보는 심정이 어떨지 궁금했다. 병원으로 향해 가는 장의차를 보는 기분이 아니었을까."[11] 이날은 기온이 섭씨 영하 27도로 뚝 떨어졌다. 하지만 날씨가 이렇게 추운데도 저단 기어로 가파른 산길을 오르다 보니 엔진에 열이 올라 냉각수가 끓어 증발하고 차바퀴도 눈 속에서 계속 헛돌아, 운전사들은 엔진의 열을 식히려고 라디에이터에 눈을 쑤셔 넣었다. 네우가스도 주전자를 하나 훔쳐 물을 받아놓았으나 차체가 흔들릴 때마다 주전자 속 물이 출렁거리며 쏟아져, 바닥에 고여 있던 피와 뒤섞여 딸기 셔벗 같은 얼음이 만들어졌다. 이동 중인 의료팀에게는 차량도 생명만큼이나 중요해 환자 대하듯 조심조심 다루었다. 네우가스의 상관이자 하라마 전투 뒤에는 로버트 메리먼의 부서진 어깨를 치료하고, 이후 국제여단의 병사 수백 명을 치료한 뉴욕 외과의사 출신의 에드워드 K. 바스키 박사는 당시의 상황을 이렇게 기록했다. "우리는 카자크 사람들이 말을 다루듯 자동차를 소중히 다루었다. … 예비 부품도 없고, 스페어타이어는 금보다 귀했기 때문이다." 이에 덧붙여 그는 "돈은 많았지만 쓸모가 없었다"는 말도 했다.

그러다 보니 바스키의 운전사였던 네우가스도 곱절로 힘이 들었다. 게다가 빵과 담배로만 삶을 연명하는 듯했던 바스키 박사에게는 빈정대는 기질이 있었다. 하지만 그럼에도 테루엘까지의 여정은 고난의 연속이었기 때문에 두 사람은 잘 어울려 지냈다. 네우가스는 하룻밤을 꼬박 새워 운전을 한 뒤에는 도저히 깨어있을 수 없었다고 하면서 그때의 에피소드를 이렇게 적었다. "눈꺼풀이 천근만근 무거워진 내가 운전대를 넘겨주면 상관이 이렇게 말하는 소리가 귓가에 들렸다. '나는 의사고 운전사는 네우가스지. 게다가 그가 운전할 동안 나는 길 안내도 해주었어. 그런데 지금 나는 또 운전을 하고 있고, 그는 자고 있어.'"[12]

그로부터 한 시간 뒤에는 몰아치던 눈보라가 돌풍으로 변했다. 그러나 의료팀에게는 타이어체인도, 와이퍼도 없었다. 그리하여 네우가스가 또 "밖으로 나가 차 앞에서 걸어가며 바스키 박사에게 길 안내를 해주었다. 눈이 30센티미터나 깊이 쌓였기 때문에 발을 힘차게 밟아야만 뒤꿈치가 땅에 닿아 눈구덩이와 지표면을 구별할 수 있었다. … 콧수염과 머리칼에도 눈이 들러붙어 시리얼처럼 뻣뻣해졌다. 갖고 있어봐야 무게만 나갈 뿐 쓸모없는 콧수염도 밀어버려야겠다는 생각이 들었다."

그런 악천후를 뚫고 큰 길에 이르자 이번에는 또 파괴된 트럭이 앞을 떡 가로막고 있어 차의 방향을 거꾸로 돌려야 했다. "간호사와 의사들이 마치 여객선 옆의 예인선처럼 힘껏 밀어 차를 한 바퀴 빙 돌려놓았다." 그런 다음 왔던 길을 되돌아가 마을에서 타이어체인의 대용품이 될 만한 생가죽 밧줄을 구해 타이어에 감고 도로에 다시 나왔으나, 얼마 못가 트럭과 구급차들은 다시 가파른 길에 쌓인 눈에 빠지고 말았다. 그리하여 네우가스만 상관의 명령으로 차량들과 함께 도로에 남고, 바스키와 토비 젠스키 그리고 여타 의료진은 산을 넘어 11킬로미터 길을 걸어간 마을에서, 귀한 담배를 주고 약간의 빵을 구한 뒤 읍장을 설득해 이동 차대를 눈구덩이에서 빼내줄 인부들도 가까스로 조달받았다.

몇 주 뒤에는 상황이 더 안 좋아졌다. 네우가스도 자동차에 서리 제거 장치가 없어 "야밤에 차내 유리창에 낀 서리를 맨손으로 제거하며 운전을 해야 했다. 장갑도 나달나달해져 쓸모가 없었다."[13]

마을에서는 교회 종이 공습 사이렌 역할을 했다. 그래도 제때 대피하지 못한 사람들이 있었고, 그러다 보니 의료팀 수술대도 비어있을 새 없이 바삐 돌아갔다. "동네에 차려진 병원 앞에 짐이 적재된 트럭이 멈춰서기에 처음에는 밀가루 부대들인 줄 알았다. 그런데 트럭 후미판에서 핏방울이 뚝뚝 눈 속으로 떨어졌다. 대대 전체가 폭격을 당해 벌어진 일이었다. … 테루엘에서 24킬로미터 떨어진 곳으로 '휴식'을 취하러 갔다가."

그런 일을 겪고 밤새 운전하는 일이 계속되자 네우가스도 몸이 파김치가 되었다. "수면 부족으로 … 예민했던 기억력도 무뎌졌다. 내가 본 것과 행한 일을 정확히 떠올려야 한다는 것을 안다. 문장도 기름 위로 펜이 굴러가듯 매끄러워야 한다."

토비 젠스키도 새로운 마을에 부대의 야영지가 설치되자 언니네 부부에게 편지를 썼다. "등유 난로로 난방을 하고, 마을 광장에서 물을 길어오고, 도랑에 환자용 변기도 비웠어. … 요즘은 날이 추워 신발만 벗고 옷

입은 채로 담요 속으로 재빨리 기어드는 날이 많아."[14] 젠스키는 특유의 쾌활한 어조로 이런 말도 덧붙였다. "물도 없고 변소도 없는 오두막들을 인수해 … 수술실이나 부대시설 없는 병원으로 개조해 쓰는 맛도 그런대로 쏠쏠해."

네우가스도 우편물 검열에 대한 걱정이 없는 일기에 새로운 야영지에 대한 글을 썼다. "샤워 트럭의 엔진을 구동해 등불을 켰다. 수술대 두 곳도 풀가동되었다. 문을 열면 흰 옷 차림으로 말없이 움직이는 사람들, 절단 부위에 붕대가 감긴 팔다리들, 누더기 조각들이 둥둥 떠다니는 붉은 액체가 든 오물통들이 보였다. … 담요 밑에 누운 사람들 입에서 간헐적으로 새어나오는 옅은 신음 소리를 가라앉힐 조치는 왜 취하지 않는 것일까? 들것 옮기는 일을 돕고 있는 내게 상관이 메스키타(이슬람 사원)에 가서 여분의 도구를 챙겨가지고 오라고 했다. 다친 데 없이 멀쩡한 몸을 가졌다는 수치스러움에, 시키는 일이라면 무슨 일이든 할 것 같았다."[15] 바스키 박사와 다른 의사들도 잠 한 숨 못자고 50시간 동안 내리 밀려드는 부상병 치료에 매달렸다.

그럴 경우에는 왕왕 간호사가 의사 역할을 하기도 했다. 에스터 실버스테인 간호사도 어느 날 밤 수술실에 도구를 빌리러 갔다가 의사는 의자에 앉아 자고 있고, 간호사가 수술하는 것을 보고 깜짝 놀랐다. "나를 본 그녀가 '쉿!'하기에 나도 들릴 듯 말 듯한 소리로, '지금 뭐하는 거야?'라고 물었다. 그러자 그녀가 '선생님이 너무 피곤해하셔서 수술 마무리를 하는 중이야'라고 말했다. 내가 '이런 일 자주 있어?'라고 다시 묻자 그녀는 '응, 자주'라고 하면서 '하지만 아무에게도 말하면 안 돼'라고 했다."[16]

간호사들은 테이블 끝에는 도구들을 놓아서는 안 된다고 배웠다. 폭격을 맞으면 바닥에 떨어져 고장이 날 수도 있었기 때문이다. 미국 의사들 또한 다른 나라 의사들과 공용어 없이도 손발을 맞춰 수술하는 법을 터득했다. 장비도 부족해 간호사들은 피하주사 바늘이 무뎌지면 돌에 갈아서 썼다. 몇 년 뒤 젠스키는 그곳에서 지낸 몇 주를 이렇게 회상했다. "몸들이 들어오고 나갔다. … 아수라장이었다. … 복도에도 몸들이 누워 있었다. 그중의 일부는 죽은 몸, 나머지는 수술실로 가기 전에 대기하는 몸들이었다. 일부 시신들은 땔감처럼 쌓여있기도 했다."[17] 어느 땐가는 그녀가 창문에 기대서 있다가 큰일을 당할 뻔하기도 했다. 시끄러운 소음이 들리는 것 같다고 느낀 순간 누군가가 그녀의 팔을 낚아채 실내로 끌고 들어갔다. "바보야, 건물이 포격을 받고 있잖아." 젠스키는 비번일 때는 뜨개질을 해서 피로를 풀려고 했고, 그러다 한번은 바스키 박사의 목도리를 떠주기도 했다.

네우가스의 일기에는 구급차 운전하는 일과 구급차(그는 구급차를 "나의 연인"이라고 불렀다)에도 자부심을 느끼고, 때로는 빈 수술대를 책상으로 삼기도 하면서 매일 글을 쓰는 자신의 행위에 자긍심을 느꼈음이 나타난다. 그러나 이런 감정의 이면에는 특권층의 배경을 떨쳐냈다는 무언의 만족감이 자리해 있었다. 네우가스는 또 큰 길에 나갈 때면 늘 차를 멈추고 다른 운전사들과 정보를 주고받았고, 그때마다 이들이야말로 전쟁에 대해 누구보다 많이 아는 사람들이라고 느꼈다. 노새 기름으로 만든 초콜릿, "아교에 적셨다가 기계유에 끓인 생가죽"[18] 맛이 나는 말린 대구 등, 음식을 가리지 않고 먹는 법도 배웠다. 구급차 라디에이터의 물이 새면 새는 부위에 날달걀을 발라 응급 처치하는 법도 배웠으며, 라디에이터를 이용해 달걀 요리하는 법도 배워 적어두었다. "먼저 달걀을 구할 것. 그 다음에는 달걀을 거즈에 싸 자동차의 라디에이터에 집어넣고, 후드 위에 담요를 덮어 물이 끓을 때까지 엔진을 공전시킬 것."

하지만 이런 재미는 가뭄에 콩 나듯 가끔씩만 느꼈고, 대개의 시간에는 우울한 일들을 더 많이 겪었다. 영국인 의사 레지널드 색스턴이 대형 주사 바늘로 방금 죽은 공화파군 병사의 혈관에서 피를 뽑는 모습을 보고 그가 기겁했던 때만 해도 그랬다. 놀란 그가 "선생님, 지금 뭐하시는 겁니까?"[19]라고 묻자 의사는 "헌혈자가 부족해서 어쩔 수 없네"라고 말했다. 병사가 참호 안에 있을 때 포탄이 터져 출혈 없이 질식사를 해, 전투에서 보기 드문 일이 벌어진 것이었다. 그러자 의사가 시신의 혈액형을 알아내 다른 환자의 수혈에 썼다(제15국제여단의 또 다른 의사 자크 그룬블랏도, 같은 혈액형을 가진 사람이 없어 자기 피를 뽑아 양다리 절단 수술을 받은 환자에게 수혈해준 적이 있었다).

오래지 않아서는 네우가스도 웬만한 일에는 놀라지 않게 되었다. "부상병의 제복을 잘라내는 것이 내 일이었다. 그 일이 중요했던 것은 감염 위험을 줄이고 부상 부위도 신속하게 찾아내야 할 필요가 있기 때문이었다. 지난밤에도 그랬고 다른 때도 그랬거니와 부상 부위가 한 군데로 그치는 환자는 거의 없었다. 현대의 유산탄은 손질 잘 된 잔디에 광범위하게 급수를 하는 스프링클러처럼 금속 파편이 효과적으로 퍼져나가도록 만들어졌기 때문이다. … 아무리 조심을 해도 부러진 뼈의 끝 부분이 힘줄로 파고 들 수 있었기 때문에 옷을 벗기는 것도 불가능했다."[20]

특별히 힘이 드는 야간 운전을 하고 낮에도 포격에 시달려 녹초가 된 어느 날엔가는 네우가스가 잠잘 수 있는 곳을 찾아다니다가, 부대가 폭격을 피하려고 수술실들을 차려놓은 큰 동굴로 들어갔다. "동굴의 가장 깊숙한 부분, 피떡이 진 들것이 있는 곳으로 기어들어가니, 흙벽에 박힌 촛불에, 내가 이용할 들것 옆에 놓인 들것 두 개 위의 죽어있는 병사들이 보여 안도감이 느껴졌다. 그들이 살아있었다면 끔찍한 신음소리를 냈을 것이다." 또 다른 날에는 일기에 이렇게 썼다. "사람은 환경에 적응하기 마련이다. 2주 넘게 이런 생활을 하다 보니 이제는 고래 시체 안에 들어가자도 냄새를 못 맡을 것 같다."

몇 주 뒤에는 전황이 그 어느 때보다 공화파군에 불리해졌다. 네우가스는 테루엘로 가는 도로 위에서 이렇게 썼다. "주변에 사람이 없으면 비행기가 나타난다는 신호다. 아니나 다를까 시간이 가면서 비행기 수는 점점 많아졌다. 모르면 몰라도 베를린과 로마의 비행장들은 지금쯤 밤의 야구장처럼 텅 비었을 게다."[21] 네우가스는 흰 꼬리 부분에 검은색 X자가 그려진 국가주의자군 전투기와 날개 끝이 붉게 칠해진 공화파군 전투기들이 공중에서 교전을 벌이는 광경도 추적하여 일기에 썼다. "공화파군이 비행기 한 대, 국가주의자군이 비행기 세 대를 잃었다. 하지만 우리는 이것을 공화파군의 패배로 보았다. 국가주의자군 지휘관이 히틀러에게 전보를 보내고 나면 24시간 내에 격추된 비행기 3대를 대체할 신형 비행기 6대가 새롭게 나타날 것이었기 때문이다. 어젯밤에는 아군이 격추시킨 피아트 전투기의 조종석 계기판에서 점화장치 도면을 떼어내 살펴보았다. 보니 모든 글자가 이탈리아어로 적혀있었다." 이탈리아는 공군뿐 아니라 해군까지 동원해 배와 잠수함으로 하여금 공화국 항구로 가는 선박들에 공격을 퍼붓게 함으로써, 공화파군이 절실히 필요로 하는 75mm 곡사포를 비롯해 소련 대포와 비행기들의 유입까지 줄어들게 만들었다. "비행기들과 75mm포들은 어디에 있는 것일까?"

네우가스는 하라마 전투 때와 마찬가지로 테루엘 전투에서도 전선에 얼굴만 비쭉 내밀고 사라지는 인사들에 대해 불편한 심기도 드러냈다. "문인들, 의회 사절단, 노조 지도자,《뉴요커》의 기삿거리를 찾아온 소설가들은 … 통증 완화를 위해 엡솜염을 섭취하는 사람들처럼 전선을 후다닥 지나쳐갔다. … 도착해 몇 가지 질문을 던지고, 하늘 한 번 쳐다보고, 차에 깡충 뛰어오르는 것으로 그들의 모든 방문 절차는 끝이 났다."[22] 그가 다르다고 느낀 사람은 저널리스트 한 명뿐이었다. "우리는 카니를 증오했던 만큼이나 … 허버트 매슈스를 좋아했다. 몇 시간 전에는 그가 담배 한 상자와 위스키 한 병을 갖다 주었다. 우리는 그중 위스키의 절반만 마시고 나머지는 메리먼에게 보냈다."

테루엘 전투에 참가한 미국인들의 대다수는 살아남았다. 그러나 도시를 방어하는 과정에서 공화파군에는 많은 사상자가 발생했다. 보급품도 모자라고 의복도 헤져 누더기가 되었다. 네우가스도 구멍 난 신발의 발끝 부분에 손으로 접착테이프를 붙여 신었다. 어느 날 밤에는 그가 전선의 참호 진지로 향해가는 영국 대대 병사들을 목격하고 이렇게 썼다. "영국인들이 … 달밤에 도로를 걸어 올라갔다. 욕할 힘도 없이 피곤했는지 말없이 걷기만 했다. 찢어진 담요를 머리와 어깨에 두르고 치마처럼 허리에 동여맨 것이나, 신발을 누더기로 감싼 모습, 그리고 소총을 어깨에 걸머진 모습이 꼭 거지 부대를 방불케 했다. 창처럼 생긴 2.4미터 길이의 장대를 가진 들것병들 부대가 그 장면에 성서적 특징을 더해주었다."

또 다른 방향에서는, 때로는 압도적인 규모로 부상병들이 밀려 들어왔다. 토비 젠스키도 그 무렵에는 팻 거니를 매료시켰던 흑발을 정리할 머리핀조차 없어, 땋은 머리를 붕대로 질끈 동여매고 있었다. 의료팀이 한 지역의 양 우리들에 배치되었을 때는 바스키 박사의 지시에 따라, "천장과 벽에 리넨 시트들을 못으로 둘러쳤다. 포탄이 터질 때 수술대 위로 흙이 떨어지는 것을 막기 위해서였다"[23]고 네우가스는 썼다.

네우가스도 일기는 계속 썼지만 그 무렵부터는 심신이 고갈돼 날짜 옆에 물음표가 붙기 시작했다. 구급차도 폭격을 피하느라, 하늘에서 적군의 예광탄 불빛이 빗발치는 가운데 헤드라이트도 켜지 않고 밤에만 몰래 움직였다. 테루엘을 떠나는 어느 날엔가는 네우가스가 국가주의자 영토로 이어지는 길로 잘못 접어든 줄 알고 식은땀을 흘리기도 했다. 그는 일단 구급차 방향을 돌려놓고 여차하면 내뺄 요량으로 가속 페달 위에 발을 올려놓은 뒤 어둠 속이라 군복만으로는 피아 구별이 되지 않는, 180여 미터 밖 불 옆에 앉아있는 사람들에게 인사를 건넸다. 그러자 그쪽에서 "너 뭘 원해?Que quieres tu"라는 대꾸가 돌아왔고, 그제야 네우가스는 그들이 공화파군 병사들인 것을 알고 긴장을 풀었다. 그들이 만일 " '너Tu'가 아닌 '당신Usted'이라는 존칭을 썼다면 파시스트였다."

전투의 희생자가 점점 늘어나는 상황도 네우가스를 지치게 만들었다. "주방 쓰레기통 속으로 들어가는 인간의 다리"[24], 병원이 있던 곳이 무인지대가 되는 바람에 미처 대피시키지 못한 민간인 정신병자들이 울부짖는 소리, 그가 언제나 직면하는 듯한 불가능한 선택이 그를 피폐하게 만들었다. "상태가 아무리 좋은 도로라 해도 복부에 부상 입은 환자는 시속 20킬로미터로 달리면 죽게 되어 있다. 그렇다고 또 빨리 달리지 않으면 환자는 물론이고 운전사와 차량도 함께 폭격에 날아갈 것이었으니 이래저래 마찬가지였다. … 죽어가는 사람에게 마취제를 주입하는 것도 마취제 낭비에 지나지 않았으나, 그렇다고 최선을 다해보지 않고 죽게 내버려둘 수도 없었다."

공습은 날로 심해져, 어느 때인가는 미국 의료팀의 이동 병원이 차려진 마을이 국가주의자군의 삼발 비행기 15대의 폭격을 맞았다. 병원 건물에도 유산탄이 명중해 유리창이 깨져 튈 것을 우려한 부상병들이 담요로 머리를 감쌌다. 환자들 곁에 있던 젠스키와 또 다른 간호사는 침대 밑으로 뛰어들었다. 그러나 바스키 박사와 수술실 직원들은 하던 수술을 멈출 수 없어 수술실에 그대로 머물러있었다. "박사는 나에게만 '제임스, 자네는 여기서 나가게. 오늘은 비번이잖아. 비행기들이 되돌아오기 전에 어서 도망쳐'라고 말했다."[25]

그리고 나서 몇 분 뒤 과연 폭격기들이 다시 오고 있음을 알리는 굉음이 들려 네우가스는 참호 속으로 뛰어들고, 네 명의 다른 운전사들은 "폭탄이 명중되지만 않으면 모든 공격에서 안전할 수 있는" 집 쪽으로 냅다 뛰었다.

하지만 아뿔싸 폭탄은 그 집에 명중했다. 네우가스는 반시간 동안이나 폐허를 파헤쳤다. 그리하여 "우리는 겨우 운전사들의 신원 확인과 사망 입증이 될 만한 팔, 다리, 몸통을 찾아내 들것에 실었다. 이들보다 더 참혹하게 죽은 사람은 본적이 없었다." 뉴욕 시의 차일즈 레스토랑 계산대 점원으로 일했던 운전사 한 명은 머리가 완전히 날아가고 없었다.

제임스 네우가스는 정치 현안에 관련된 내용은 일기에 거의 적지 않았다. 하지만 "진정한 전장은 테루엘이 아니라 워싱턴, 런던, 파리다"[26]라고 쓴 것에도 드러나듯, 스페인의 운명이 다른 곳에서 결정된다는 것쯤은 알고 있었다.

다른 사람들도 모두 그 사실을 알았다. 게다가 미국 정부가 입장을 바꿔 공화국에 무기를 팔고 싶은 마음이 들 만큼 스페인의 상황이 비참하지 않았기 때문에, 미국 지원병들은 유럽의 다른 지역에서 벌어지는 상황이라도 미국 정부를 움직여줄 수 있기를 고대했다. 1938년 2월에는 쿠르트 슈슈니크 오스트리아 총리가 임박한 듯한 독일의 오스트리아 침공을 사전에 막기 위해 바이에른주의 베르히테스가덴으로 가서, 마을의 산 정상에 위치한 총통의 별장에서 히틀러를 만났다. 이 자리에서 히틀러는 먼저 배석한 콘도르 군단의 이전 사령관 휴고 슈페를레에게 독일 폭격기들이 스페인에서 거둔 성과를 슈슈니크에게 설명하게 했다. 그러고는 "오스트리아를 또 다른 스페인으로 만들고 싶습니까?"라고 슈슈니크에게 물었다. 1938년 2월 20일에는 히틀러가 오스트리아에 대한 압력을 가중시킨 한편, 제국 밖에 사는 독일인들을 "보호해주겠다"는 거창한 약속을 독일 의회 연설에서 했다.

마사 겔혼도 그 무렵 한 달여 동안 미국 순회강연을 하는 과정에서 엘리너 루스벨트에게 편지를 썼다. "한숨이 절로 나오도록 무지해 보이는 사람들에게 파시즘과 민주주의를 설명하는 일에도 이제는 지쳤습니다. 미국의 외교 정책이 싫어집니다. 도대체 왜 그래야만 하는 거죠? 말씀 좀 해주세요. 사랑하는 마르티 올림."[27] 하지만 영부인도 그녀를 만족시킬 만한 답은 갖고 있지 않았다. 심지어 그녀는 아끼는 피후견인에게 사적인 편지를 쓸 때조차도 남편의 행동을 직접적으로 비판하지 않으려고 신중을 기했다.

1938년 2월 24일에는, 그 무렵에는 이제 언론인이라기보다는 스페인 공화국을 위해 일하는 로비스트에 더 가까워진 루이스 피셔가 백악관에서 한 시간 동안 영부인을 면담했다. 그러나 이 자리에서도 그녀는 "마사 겔혼으로부터 이미 들은 얘기"라고 하면서 "스페인에 대한 말은 하지 말 아 달라"[28]고 당부했다. 하지만 피셔도 고집스럽게 스페인에서 보았던 공 습 장면을 자세히 설명하면서, 미국의 대 스페인 무기 금수조치를 해제해 야 한다는 의견을 피력했다. 피셔는 공화국으로 유입되는 소련 무기의 양 이 급감한 것을 알만한 위치에 있었고 따라서 겔혼보다도 더욱 간곡하게 요청을 했다. 그리하여 과연 이 호소가 통했는지 면담이 끝나고 차를 마 신 뒤 "자리에서 일어나는 내게" 영부인은 "대통령께 나의 말을 전해주겠 다고 약속했다." 피셔는 같은 주에 기고한 신문 칼럼에서도, 이번에는 자 신의 주특기인 유명인의 이름을 들먹이지도 않고 "아무 것도 하지 않음 으로써 우리는 편을 들고 있다"며, 미국의 중립 정책이 미칠 영향을 강조 하는 글을 썼다.

한편 전선에 있는 대다수 미국 의료인들에게는 또 다시 이동 명령이 떨어졌다. 나쁜 징조였다. 네우가스도 머지않아 두 달여 전 심한 눈보라 를 마주쳤던 도로에서 다시 구급차를 몰고 있는 자신을 발견했다. "길가 의 마을은 모두 공습을 당해 엉망이었다. 새해 첫날밤을 지냈던 테루엘주 의 알리아가 마을도 폭격을 당했다. … 마을 화덕들의 입구에서는 아직도 잡석이 흘러내리고 있고 길 건너편에도 폭발 때 날아간 흙덩이와 돌들이 널려있었다."[29] 네우가스는 버려진 병원의 병실에서, 부서진 의자 조각들 로 난롯불을 피워가며 촛불 밑에서 일기를 썼다. "뭔가 심하게 잘못 돌아 가는 듯했다. 아직은 그 뭔가의 실체를 알 수 없지만, 십중팔구 테루엘일 것이다."

이틀 뒤 의료팀은 산 위의 농장에 이동 병원을 차렸다. 병원을 차리기 무섭게 팔다리가 잘린 부상병들이 밀려 들어왔다. 소독 장치를 돌리는 데 필요한 연료가 없어 네우가스는 나무토막으로 불을 때 물을 끓여 수술 도구를 소독했다. 36시간 동안 내리 구급차 운전을 하고 침대, 매트리스, 들것, 여타 장비들을 차에서 내려놓은 뒤에는 이렇게 썼다. "오늘은 몸이 좋지 않다. 힘도 빠지고 배터리도 다 되어 간다." 이 말에 덧붙여 그는 일행 모두가 오고 있음을 알고 있었던 소식—"테루엘이 다시 국가주의자군에게 넘어갔다"는 소식도 적었다.

17. 광란의 도주

　　허버트 매슈스는 도시가 맹폭을 당할 때 바르셀로나의 외국 특파원들이 아지트로 삼고 있던 호텔 마제스틱의 이발소에서 면도를 하고 있었다. 연이은 폭발음이 들리는 것으로 보아 전쟁이 더욱 심각한 국면에 접어들었음을 알 수 있었다. 바르셀로나에는 당시 발렌시아에서 최근 이전을 한 공화국 정부가 있었다. 매슈스는 이렇게 썼다. "1938년 3월, 폭격과 포격에 대해서라면 우리도 알만큼은 안다고 여기던 때였다. 하지만 그것은 우리의 착각이었다. 바르셀로나에는 공습이 48시간 동안 무려 18번이나 가해졌다."[1]

　　세계 어디에서도 볼 수 없던 그 가공할 공습은 주로 지중해 서부 마요르카섬 기지에 있던 무솔리니의 폭격기들에 의해 수행되었다. 항구 한 곳과 비행장 세 곳을 보유한 스페인령의 그 섬이 사실상 바르셀로나와 발렌시아까지 15분이면 닿을 수 있는 이탈리아의 공군기지 역할을 한 것이었다. 독일 폭격기들도 이 공습에 가세했으며, 이들이 떨어뜨린 폭탄 중에는 아마 미국 델라웨어주에 소재한 듀폰사의 제품도 포함돼 있었을 것이다. 미국의 이 거대 화학 관련 업체가 그해 1월부터 독일에 판 폭탄만도 최소한 4만 개에 달했으니 말이다.[2] 독일은 공식적으로는 어느 나라와도 교전 중에 있지 않았고, 그러므로 듀폰사의 폭탄 판매도 허점 많은 미국의 대외 중립법에 저촉되지 않았던 것이다.

매슈스가 몰랐던 또 다른 사실은, 무솔리니가 자기 편인 프랑코와 상의도 하지 않고 24시간 연속으로 폭격을 가한 것이었다. 무솔리니의 이런 행동에는 프랑코도 노발대발했다. 공습 목표물을 자신이 선택하려고 했는데, 정작 무솔리니의 폭격기들은 그가 원한 좌파 지역이 아닌 한때 그의 지지자들이 소유했고 따라서 머지않아 그들이 다시 소유하기를 바란 공장들을 폭격한 것이었다.[3] 그러나 이탈리아 독재자에게는 히틀러와의 관계에서 협상력을 높이려는 다른 속셈이 있었다. 이탈리아 공군의 폭격으로 바르셀로나에는 천 명의 사망자와 2천여 명의 부상자가 발생했다. 폭격기가 떨어뜨린 폭탄 하나가 트럭 한 대 분의 폭약에 명중해 큰 폭발이 일어나자 바르셀로나 사람들 사이에는 이탈리아가 모종의 슈퍼 폭탄을 새로 개발했다는 소문도 맹렬히 퍼져나갔다. 이에 무솔리니는 "이탈리아인들이 만돌린을 연주하는 데 만족하지 않고 공습으로 공포도 야기했다는 사실에 흡족해했다."[4] 독재자의 난봉꾼 사위 겸 외무장관이었던 갈레아초 치아노 백작도 일기에 이렇게 썼다. "이 일이 전면적이고 무자비한 전쟁을 좋아하는 독일에서 이탈리아의 주가를 올려줄 것이다."

매슈스도 비록 《뉴욕 타임스》 기사에서는 절제된 글을 쓸 수밖에 없었지만, 이번 공습으로 그의 "펜이 피에 적셔진"[5] 느낌을 받았다. 국가주의자 정부 쪽의 독일 대사였던 인물도 그 뒤에 표면화된 공습과 관련된 언급을 하면서, 그때의 폭격기들이 "군사시설을 공격 목표로 했음을 보여주는 증거가 없다"는 점을 인정했다. 매슈스도 바르셀로나 거리가 "발판에 서서 호루라기 부는 남자들을 태우고 질주하는 구급차들, 미친 듯 비명을 지르며 발버둥치는 여자들, 고함치는 남자들로 일대 혼란을 이룬" 모습을 보았다. 무너져내린 건물 안에 갇힌 사람들이 절망적으로 울부짖는 소리가 들렸다. 매슈스가 병원의 시체 보관소 한 곳에서 본 시신만 무려 328구였다.

마사 겔혼도 유럽으로 가는 정기선 안에서 엘리너 루스벨트에게 이런 편지를 썼다. "스페인에서 들리는 소식은 너무도 끔찍해 그곳으로 되돌아가야겠다는 생각마저 듭니다. … 두 번째 세계대전이 우리를 향해 돌진해오는 상황을 바라만 보고 있어야 하는 현실에 화가 나고, 무력감에 미칠 것만 같습니다. … 미국의 대 스페인 무기 금수조치를 해제하는 게 어떨지요. … 여사님을 뵙고 싶은 마음이 굴뚝같습니다. 허나 여사님은 제가 달갑지 않으시겠지요. 저는 정말 화가 나 죽겠어요."[6]

바르셀로나에는 식량도 부족했다. 호텔 웨이터들이 가족에게 먹이려고 손님이 먹다 남은 음식을 집으로 싸가지고 갈 정도였다. 사람들은 ("네그린 박사의 알약"이라는 별칭이 붙은) 병아리콩과 렌즈 콩으로 끼니를 때우고, 아파트 발코니에 채소와 닭을 키웠다. 고양이와 비둘기도 냄비 속으로 들어갔다. 이런 와중에 국가주의자군은 자신들에게는 먹을 것이 남아돈다는 것을 자랑하듯 이따금씩 도시에 비행기를 띄워 아래로 빵 덩어리들을 떨어뜨렸다.

마사 겔혼은 전선과 가까운 곳을 다녀온 뒤에도 엘리너 루스벨트에게 편지를 썼다. "도로에 발이 묶인 50분 동안 검은색 독일 폭격기 12대가 위치 변동 없이 완벽하게 원형을 지어 비행을 하고 폭격을 하며, 공화파군의 기관총 사수들을 향해 돌진하는 것을 지켜보았습니다. 폭격기들은 비행기도 대공화기도 없이 질서 있는 퇴각이 가능하다는 한 가지 이유만으로 전진을 계속하고 있던 공화파군의 한 부대에도 폭격을 가했죠. 은색의 이탈리아 폭격기 33대도 같은 날 쐐기 모양의 대형을 지어, 맑고 뜨거운 상공에서 산맥 위를 날며 토르토사에 폭탄을 투하했어요."[7]

미국에서 이 글을 읽은 사람은 엘리너 루스벨트뿐이었다. 겔혼이 이 내용을 기사화하자고 제의하자《콜리어스》는 이런 전보를 보냈다. 바르셀로나 관련 기사에는 흥미 없음 마침표 잡지에 게재될 무렵이면 이미 김빠진 기사가 되어 있을 것임.[8]

편집자의 눈은 다른 곳을 바라보고 있었다. 바르셀로나 폭격이 있기 나흘 전 독일이 오스트리아를 침공한 것이다. 히틀러도 진군하는 군을 따라갔고, 그 이튿날에는 오스트리아를 제3제국의 일부로 공식 병합했다. 그는 "독일군이 압제자가 아닌 해방자로 왔다"고 선언했다. 하지만 오스트리아인들의 생각은 그와 달랐다. 병합과 동시에 유대인과 나치 반대자 수만 명이 신속히 체포되었다. 빈의 거리들에서도 폭도들이 폭동을 일으켜 유대인 상점을 때려 부수고 약탈을 자행하며, 상점주들을 구타하고, 그들에게 풀을 먹이거나 혹은 변소 청소를 하도록 강요했다. 지난 수년간 히틀러가 협박을 늘어놓았던 일이 현실화되어, 1차 세계대전이 발발한 1914년 이래 처음으로 독일군이 타국의 국경을 넘은 것이었다.

한편 공화국 지지자들은 독일의 노골적인 침략 행위를 보았으니 서방국가들도 이제는 스페인에 대한 그들 입장을 변화시킬 것이라 기대했다. 프랑스의 새 정부가 국경을 개방해 소련 무기의 통행을 허용해준 것

은 물론 심지어 공화국으로 하여금 일부 프랑스 무기를 구입할 수 있게
도 해주었으니 그들로서는 그런 낙관을 할만도 했을 것이다. 그러나 프랑
스가 할 수 있는 일은 거기까지였다. 요컨대 프랑스는 영국의 지지 없이
는 그 이상의 조치를 취할 수 없었고, 영국은 여전히 히틀러에 대한 유화
정책을 고수했다. 1938년 4월에는 네빌 체임벌린 영국 총리가 로마를 방
문해 이탈리아의 에티오피아 지배권을 사실상 인정해주는 조약을 체결
했다. 그 대가로 무솔리니는 내전이 끝날 때까지는 스페인에서 이탈리아
"의용군"을 철수하기로 합의했다.

　반면에 미국인 수백만 명은 대 스페인 무기 판매에 찬성하는 입장을
보였다. 이 결과가 나온 데는 공산당과 공산당 통제 하에 있던 에이브러
햄 링컨 대대 형제단의 탁월한 조직력 덕이 컸다. 그러나 공산당과 전혀
관련이 없는 사람들의 다수도 공화국에 대한 지지 의사를 나타냈다. 일부
사람들은 공화국 지지와 구호기금 조성을 위한 순회강연에 나섰고, 메리
언도 1938년 초 뉴욕에서부터 서쪽으로 향해가는 순회강연 대열에 합류
했다. 메리언과 로버트가 6년 전 대학을 졸업한 네바다주의 리노 시에서
는, 지난날 부부를 함께 고용해준 장례식장 주인이 그의 주방에서 보조로
일했던 메리언을 그 지역 로터리 클럽과 만나도록 주선해주었다.

　메리언은 그 직후에는 할리우드로 건너가 스페인에서 만났던 작가
겸 시나리오 작가 도로시 파커의 집에 2주간 머물러 지내며 강연 활동을
했다. 그러는 동안 차츰 모금 전문가를 상대로 강연하는 일도 익숙해져,
심지어는 작사가 아이라 거슈인(작곡가 조지 거슈인의 누나), 극작가 겸 시
나리오 작가 릴리언 헬먼, 탐정 소설가 대실 해밋 같은 유력 인사들이 포
함된 모금 전문가들을 상대로 연설도 했다. 그로부터 얼마 지나지 않아서

는 메리언이 샌프란시스코에 월 20달러짜리 셋집을 얻어 살며 바스키 박사의 의료팀과 여타 스페인에서의 구호활동을 위한 모금에 착수했다. 그 무렵 샌프란시스코는 지난날 그녀와 로버트가 노브 힐 호텔의 술집으로 춤을 추러 갈 때 배를 탔던 물길에 최근 샌프란시스코-오클랜드 베이 브리지가 설치되고, 그것의 자매교로 골든게이트 해협을 가로지르는 골든게이트 브리지(금문교)도 새롭게 설치되어 예전의 모습은 온데 간데도 없었다.

메리언은 대학들의 회합, 여성 사교 모임, 노동 집회, 기업들을 상대로도 강연했다. 여동생 두 명도 메리언의 집에 이사 와서 함께 살았다. 로버트에게서는 "매일 당신의 육필 편지를 기다리고 있다"[9]는 편지가 왔다. 메리언도 사정이 허락하면 스페인으로 돌아갈 수 있기를 바랐다.

그러나 스페인의 상황은 좋지 않았다. 1938년 3월 말에는 진격 중이던 국가주의자군이 제15국제여단 지휘부가 있는 곳까지 밀고 들어오는 바람에 서둘러 그곳을 떠나느라 개인 물품을 두고 왔다는 로버트의 편지를 받고 메리언이 혼비백산해 했다. 편지에는 그곳에서 입수한 로버트의 일기와 메리언의 사진을 국가주의자군 장교들이 자랑하듯 특파원들에게 보여주었다는 내용도 들어 있어 메리언은 로버트가 포로로 잡히거나 살해될 수도 있다는 생각에 며칠 간 애를 태웠다. 하지만 이후 다행히 그가 안전하다는 소식이 왔다.

테루엘을 빼앗긴 국제여단 병사들은 기진맥진하여 새로운 진지로 퇴각했다. 미국 의료팀도 주택 한 곳에 이동 병원을 차려놓고 휴대용 발전기로는 전구를 밝히고, 철제 난로 하나로 물도 끓이고 난방도 했다. 네우가스는 그곳 풍경을 이렇게 묘사했다. "붕대, 약품, 도구들은 불충분한데, 그것들이 놓인 두 탁자는 벽토처럼 깨끗한 것이 흐릿한 불빛 아래 두드러져 보였다. 의사가 손전등을 비춰 붕대를 갈자 부상병들이 괴로운 신음을 토하고 소리를 질렀다."[10] "글을 쓸 수 있는 한은 나도 기력이 완전히 쇠한 것은 아니리라. 그래도 몸 상태가 좋지 않다. … 내가 엎드려 글을 쓰고 있는 침대 위 열린 창문으로 이곳과 가장 가까운 구릉 꼭대기에서 소리 없이 백색 섬광만 번득이는 것이 보인다. 눈이 내리기 시작한다."

며칠 뒤에는 네우가스도 열이 올라 며칠간 병석에 누워있게 되었다. 누워있는 내내 그는 운전하는 꿈에 시달렸다. "간발의 차로 트럭을 비켜 가고, 비행기를 피하며, 도랑에 처박히는 일을 되풀이했다. 마치 기관총탄이 발사되듯 병실의 자명종 시계가 매초마다 땡땡땡 울렸고, 나는 시간이 얼마 없다는 것을 깨달았다. 트럭과 비행기를 피하는 일을 반복하며 우리도 트럭만큼이나 비행기도 많다면 얼마나 좋을까!"라고 고대하는 내용의 꿈이었다.

네우가스는 여드레 뒤에는 병상에서 일어나 업무에도 복귀하고 일기도 다시 썼다. "요전에 일기를 쓴 이후로 달린 차의 주행거리가 벌써 1,600킬로미터를 넘었다." 네우가스의 불안감은 점점 커졌다. "뭔가 큰일이 벌어질 것 같다. … 지금껏 국가주의자군이 후방에 그처럼 맹폭을 가하는 예를 본 적이 없었다."

네우가스가 말하는 큰일이 무엇인지는 지도를 잠깐 훑어보아도 알 수 있었다. 테루엘을 다시 빼앗고 다른 지역도 획득하자 국가주의자군의 점령지는 어느 순간 지중해 내륙 100킬로미터 지점까지 뚫고 들어간 형세가 되었다. 그렇다면 지중해까지 도달하는 단 한 차례의 강력한 공격만으로도 스페인의 공화파 지역은 두 동강이 날 수 있었다.

에드워드 바스키 박사도 걱정이 태산이었다. 그래서 대화라도 나눠보려고 제15국제여단 본부로 로버트 메리먼을 만나러 갔다. 때마침 로버트는 많은 사람들이 밉상이라 여겼던 상관 코피츠 대령이 휴가 중이어서 혼자 있었다. 바스키는 어깨 부상을 당한 로버트가 그의 수술대에 처음 모습을 드러낸 1년 전부터 그와 알고 지냈다. 그가 로버트에게 "그래 밥, 이곳 사정은 어떤가?"[11]라고 물었다.

그러자 로버트는 늘 그렇듯 무심하게 "뭐, 그들이 공격하지 않으면 우리가 하겠죠"라고 말했다. 그러나 병력으로 보나 무기로 보나 공화파군을 압도하는 국가주의자군이 지척에 있는 상황에서 무슨 일이 벌어질 지는 누구도 알 수 없었다.

부대로 돌아온 바스키는 국가주의자군에 맞서 싸울 공화파군의 대비태세가 허술한 것에 큰 충격을 받았다. 참호도 요새도 구축돼 있지 않았으며, 선임 지휘관들은 휴가 중이었다. 어느 땐가는 바스키와 병원의 다른 종사자들이 헬멧과 선글라스를 쓴 탑승자의 얼굴을 볼 수 있을 정도로 저공비행하는 독일 비행기를 보고 놀라 구급차를 버리고 달아난 적도 있었다. "비행기가 지나갈 때는 도로나 자동차 곁에 있으면 절대 안 된다. … 비행기 노선과 수직이 되도록 위치를 잡아야 한다. 그래야 비행기에서 기총소사를 퍼부어도 최대한 표적을 작게 만들 수 있고, 머리에서 발끝까지의 전신이 아닌, 몸의 측면만 표적이 되게 할 수 있다."

의료팀이 다시 이동하기 시작하자 바스키는 폭격의 대피소로 삼을 수 있도록 텐트들 사이에 지그재그식 참호를 파도록 했다. "우리는 눈코

뜰 새 없이 바빴다. 수술이 없을 때나 비번일 때는 참호 속에서 시간을 보냈다. … 뭔가가 우리로 하여금 위를 계속 쳐다보며 비행기를 주시하게 만들었다. 눈으로 직접 보면 그나마 기분이 좀 나았던 것이, 비행기가 머리 위에 떠다녀도 그 순간만 폭탄을 떨어뜨리지 않으면 우리가 안전할 것이라는 것을 알 수 있었기 때문이다. 비행기가 두 번째 폭탄을 떨어뜨릴 때쯤에는 이미 100미터 정도 우리 곁을 지나쳐있었다."

그래도 한번은 폭탄에 맞아 바스키의 참호가 흙에 뒤덮이고, 병원의 발전기도 파괴되며, 운전사 한 명과 환자 두 명이 죽는 피해가 발생했다. 브루클린 유대인 병원에서 온 스물세 살의 수술실 간호사 헬렌 프리먼도 팔죽지와 두개골이 부서지는 중상을 입었다. 그녀의 옆구리 쪽으로 피가 흘러내려 동료 간호사가 살펴보니, 빠개진 팔의 동맥이 고동치고 있었다. 바스키는 즉시 수술을 실시한 뒤 참호로 그녀를 이동시켰다. 그런 다음 "시간이 나는 대로 짬짬이 참호로 뛰어 내려가 헬렌의 상태를 살폈다." 보통 때라면 그 정도로 부상이 심한 환자는 스페인의 큰 병원으로 이송했을 것이다. 하지만 그는 그렇게 하지 않았다. 만에 하나 병원이 국가주의자군에게 점령되면, 헬렌에게 무슨 일이 벌어질지 알 수 없었기 때문이다. "나는 그녀를 이곳에서 보살피기로 결정했다. 이동 명령이 떨어져도 그녀는 우리에게로 다시 오게 될 것이다."

머지않아 바스키의 부대는 그곳에서 16킬로미터 정도 떨어진 지역으로 퇴각하라는 명령을 받았다. 그러나 국가주의자군의 비행기를 피하기에는 그 정도 퇴각으로도 부족했다. 바스키는 그때의 상황을 이렇게 적었다. "우리는 이곳에서 국가주의자군의 폭탄과 수류탄을 동시에 맞았다.

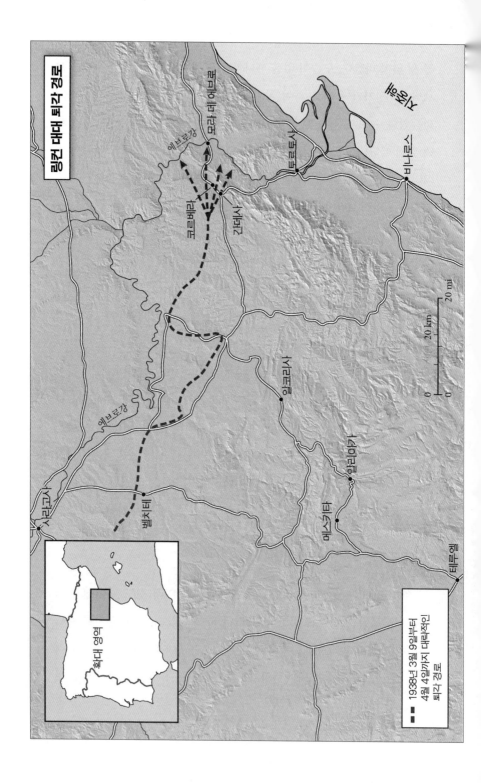

링컨 대대 퇴각 경로

지중해

에브로강

코르베라다에브레

간데사

에브로강

모라데브레

토르토사

비나로스

코르베라

시리고스

뫼라

알코르사

벨치테

메스키타

힐라리아

테루엘

■ 1938년 3월 9일부터
　　4월 4일까지 대동적인
　　퇴각 경로

링컨 영역

0　　　　20 km
0　　　　20 mi

… 적군의 대포도 우리 코앞에 있었다. 포성이 저 너머 조그만 구릉에서 쏘는 것처럼 가깝게 들렸다." 바스키는 부상 환자 쉰 명을 어떻게 옮겨야 할지 궁리하면서 후속 명령을 눈이 빠지게 기다렸다. 그러다 마침내 대피 명령서를 가진 전령이 오토바이를 타고 나타나자 구급차들은 이동 차대의 다른 군용 차량들과 함께 깔때기처럼 폭이 점점 좁아지는 소도시의 도로로 접어들었다.

바스키는 그때의 이동 상황을 이렇게 적었다. "군대와 이동 병원의 모든 행렬이 그 비좁은 도로를 한꺼번에 통과하기도 여간 힘들지 않았는데… 내가 최후의 장애물이 될 것으로 예상한 것마저 맞닥뜨리고 말았다. 양떼가 조그만 마을의 거리를 가득 메우고 있었던 것이다! 양털과 고기로 뭉쳐진 그 응집물들은 용암덩어리처럼 단단해 도저히 뚫고 나갈 수가 없었다. … 적군의 대포는 쾅쾅 울리고, 내 뒤의 구급차 안에는 환자들이 누워있었다. … 그때 머릿속에 어떤 생각이 퍼뜩 떠올랐다. 다섯 명 정도 되는 사람들이 그 마을 집들의 문을 열어 젖히고 양치기 개들이 하듯 집안으로 양떼를 몰아넣었다. 문이 열리지 않으면 부수고 들어가고, 문간마다 사람을 배치해 군대와 구급차들이 지나갈 동안에는 양들이 밖으로 나오지 못하게 막았다."

이윽고 이동 차대는 강변에서 멈춰섰다. 제15국제여단이 소속된 사단의 수석 군의관이 그곳에 있었다. 그 젊은 영국인은 바스키를 보자 눈물을 글썽이며 "상황이 좋지 않다"고 말했다. 목소리까지 약간 변해 있었다. "아주 아주 좋지 않아요. 짐 풀지 않기를 잘하셨어요. 아무래도 여기가 끝일 것 같습니다. 전선이 붕괴되었거든요."

제임스 네우가스가 "뭔가 큰일"이 벌어질 것 같다고 느끼기 하루 전, 1938년 3월 9일에 큰일은 이미 시작되고 있었다. 최정예 아프리카군을 포함한 국가주의자군 병력 15만 명이 공화파 공격에 투입되고, 콘도르 군단의 폭격기와 전투기들도 상공을 가득 메웠다. 국가주의자군을 상징하는 검은색 X자가 그려진 비행기뿐 아니라 나치스의 상징인 만자 문양이 그려진 비행기들도 있었다. 많게는 120대의 비행기가 단일 편대를 지어 하늘을 날았다. 혈전을 벌인 테루엘 전투와, 보다 최근에 벌어진 전투에서 난타당한 제15국제여단도 이 비행기들의 폭격 진로에 직접적으로 노출되었다. 국제여단의 미국, 영국, 캐나다 의용병들은 국가주의자군의 비행기가 머리 위로 급강하면서 영어로 된 선전용 전단을 뿌릴 때마다 소름끼치는 두려움을 느꼈다.

링컨 대대의 통신병이던 해리 피셔는 "그것은 파시스트들이 우리의 위치를 안다는 뜻이었기에 두려웠다"고 당시를 회상했다.[12] 비행기들은 그 외의 다른 신기한 기술도 선보였다. 국가주의자군의 대규모 공격이 시작된 어느 날 "비행기 세 대가 1.6킬로미터 밖 공중에서 선회하는 모습이 보이는 듯했다. 그런데 그중 한 대가 갑자기 거의 수직으로 급강하했다. 우리는 총격을 받아 비행기가 추락한다고 생각해 환호했다. 그런데 동체가 지면에 닿을락 말락한 순간 비행기가 폭탄을 투하하더니 다시 상승하기 시작하는 것이었다. 두 번째, 세 번째 비행기도 이와 똑같이 행동했다. 우리는 처음 보는 광경에 할 말을 잃었다."

해리 피셔는 슈투카(급강하 폭격기를 가리키는 말)인 독일의 신형 융커스 JU-87의 폭격 장면을 최초로 목격한 미국인들 가운데 한 사람이었다. 앞으로 다가올 2차 세계대전 때 착륙 장치 위에 설치된, 바람의 힘으로 움직이는 사이렌 소리로 지상의 사람들에게 섬뜩한 공포감을 자아내면서, 급강하 궤도를 이용해 일반 폭격기를 훨씬 상회하는 명중률로 탱크, 다리, 혹은 건물에 천 파운드가 넘는 폭탄을 투하해 군인과 민간인 수백만 명을 경악시키게 될 단발 단엽기였다. 독일은 이후 몇 달 간 슈투카의 여러 다른 모델들을 스페인에서 시험했다.

며칠 동안 계속된 국가주의자군의 이 놀라운 공격에서 살아남은 생존자들의 기억 속에는 제15국제여단 참모장 로버트 메리먼의 존재도 뚜렷이 남아있었다. 사진 속의 로버트는 언제나 챙 달린 군모에 스페인의 겨울 날씨에 견딜 수 있도록 긴 방한 외투를 입고 양 발을 약간 벌린 채 확신에 찬 모습으로 당당하게 서있었다. 군인은 그에게 천직이었다. 그렇다면 나중에 그는 어떤 평가를 받았을까?

로버트 메리먼은 최소한 두 명의 링컨 대대 퇴역병이 그의 이름을 따서 자식의 이름을 지었을 만큼 두려움 모르는 행동으로 부하들의 충성심을 고취시켰다. 하지만 그렇다고 그의 정치관까지 바뀐 것은 아니었다. 로버트의 개인 일기장에도, 가령 "트로츠키 및 불순분자들과 공개적으로 싸워야 될"[13] 필요성을 제기한 공산당 노선에서 그가 탈피했음을 보여주는 기류는 나타나지 않는다. 로버트는 그가 처음으로 군사행동에 나섰던 하라마 전투 직전에도 "공산주의 만세! 소련 만세!"를 일기에 적었다. 파멸적 기근이 일어난 뒤의 여파에 시달리고 대숙청이 시작되고 있던 소련에서 2년 간 살아본 경험이 있는 그가 그런 말을 한 것이었다.

그러나 지적으로는 결핍되었을지 몰라도 로버트는 신실한 믿음의 소유자였고, 이 요소가 바로 그를 부하들에게 영감을 주는 군 지휘관으로 만들어주었다. 그가 만일 회의주의자였거나 정치적 복잡성을 이해하려는 사람이었다면 훌륭한 전사가 될 수 없었을 것이다. 그런 일에는 둘째 가라면 서러울 조지 오웰도 스페인에서 돌아온 뒤에는 "얼마간 내 의지에 반하기는 하지만, 장기적으로는 '훌륭한 당원'이 최고의 군인이 될 수 있다는 결론에 도달했다"[14]고 썼고, 어니스트 헤밍웨이도 《데일리 워커》 특파원에게 "공산주의자들은 사제일 때는 증오하지만 군인일 때는 마음에 든다"고 말하여 그와 동일한 견해를 나타냈다.

국가주의자군이 동쪽의 지중해 쪽으로 그들을 맹렬히 밀어붙일 때 수적 열세에 몰렸던 공화파군에게 필요했던 것은 사제가 아닌 로버트와 같은 군인이었다. 로버트는 어느 야심한 밤, 부대의 위치를 새로 정하라는 명령서를 링컨 대대로 전달하라는 임무를 부여받은 전령이 도중에 사라졌을 때도, 새벽 3시에 링컨 대대의 지휘부로 직접 달려가 "어젯밤 10시에 전령을 보내 위치를 새로 잡으라고 했는데 아직도 여기에 있는 이유가 무엇이냐?"[15]고 따져 물었다. 의용병들이 로버트가 수염을 깎지 않은 모습이나 화내는 모습을 보기는 그때가 처음이었다. 로버트는 때로는 소형차 때로는 장갑 트럭을 집어타고, 그도 저도 없으면 걸어서라도 계속 움직이면서 낙오병들을 모았다. 여단에서 이탈한 부대들도 찾아다니고, 적군의 주요 돌파구가 되었던 것의 형세를 파악하기 위해서도 노력했다. 국가주의자군의 선봉대가, 공화파군이 자기들 구역으로 알고 있던 영토로 깊숙이 침투해 들어왔을 때도 그의 운전사가 도로를 벗어나 벌판을 가로질러 도망쳤기에 망정이지 그렇지 않았다면 그는 선봉대에 붙잡혔을 것이다. 로버트는 내적 감정도 잘 드러내 보이지 않았다. 공포를 느껴도 겉으로 내색하지 않았고, 그런 담대함으로 혼란스럽게 퇴각하는 와중에도 부하들로부터 지속적인 헌신을 이끌어냈다. 한 미국 의용병은 다른 병사들에게 "그가 사라졌어, 실종되었거나 죽은 게 분명해"라는 말을 들었는데, 갑자기 로버트가 나타난 것을 보고 놀랐다고 하면서 그 순간을 이렇게 회상했다. "그에게 다가가는데 마치 죽은 자 가운데서 살아난 사람에게 다가서는 느낌이 들었다. 어찌나 반가운지 나는 그를 얼싸안고 키스를 퍼부었다."

당시 링컨 대대를 밀어붙인 국가주의자군의 선봉대에는 프랑코를 열렬히 지지한 영국인 피터 켐프도 포함돼 있었다. 그 무렵 그는 금색과 적색 술 장식이 달린 외인부대 장교의 군모를 쓰고 있었고, 따라서 자부심이 하늘을 찔렀다. 켐프는 외인부대를 "엘리트 부대, 세계 최고의 전투 부대"[16]라고 하면서, "그런 부대에 복무하며 지휘하는 것이 내게는 인생 최고의 스릴 넘치는 경험들 가운데 하나였다"고 썼다. 동료 부대원들이 외인부대의 공식 군가 〈죽음의 약혼자Bridegroom of Death〉를 부르는 것을 들을 때도 그는 가슴 뭉클한 감동을 느꼈다.

그러나 켐프는 몰랐겠지만 반대편 공화파군 전선에서는 그와 동년배인 트리니티 칼리지 출신의 맬컴 던바가 제15국제여단의 작전 사령관으로서 국가주의자군에 맞서 싸우고 있었다. 켐프는 그가 지휘하는 외인부대가, 미국 의용병 부대가 방금 철수한 언덕 꼭대기 수도원을 점령했을 때를 이렇게 기억했다. "수도원에는 황급히 자리를 뜬 듯 의용병들의 개인 소지품들이 그대로 널려있었다. 집에서 온 편지도 여럿 있었고, 개중에는 봉투를 뜯지 않은 것들도 있었다. … 연인, 아내, 심지어 자식들한테서 온 편지도 한두 통 있었다. 나와 같은 언어를 쓰는 것은 물론 심지어 나 못지않게 철저히 믿는 대의를 위해 먼 타향까지 와서 싸우는 그들의 다수가 고향으로 돌아가 지금 내가 읽는 편지들에 나타나는 타오르는 사랑을 더는 만끽하지 못하리라고 생각하니 가슴이 저려왔다.”[17]

브루클린의 한 여성이 쓴 편지에는 이런 내용도 적혀있었다. “‘라디오를 들으며 네게 편지를 쓰고 있어. 라디오보다는 물론 네가 우선이지. 지금은 교향곡 7번이 연주되고 있는데, 우리가 음악으로 하나 되었던 것과, 이 음악을 우리가 얼마나 자주 들었는지는 너도 기억하겠지. 제발, 제발, 빨리 돌아와줘.’”

공화파군과 함께 퇴각 중이던 제임스 네우가스도 당시의 상황을 일기에 적었다. “우리가 어젯밤에 잠을 잤던 동네 레세라가 오늘은 폭격을 당했다. 아직은 우리가 국가주의자군보다 앞서 가고 있지만 이 행운이 과연 언제까지 지속될 수 있을까?”[18] 낮에는 도움의 손길을 기다리는 부상병들이 있는 것을 뻔히 알면서도 적군의 폭격을 우려해 구급차를 보내지 못해 의료팀의 고통은 더욱 컸다. 결국 두 발로 걸을 수 있는 부상병들만 날이 저문 뒤 임시 수술실이 차려진 텐트로 와서 치료를 받았다.

모르핀과 다른 의약품들도 거의 동났다. 체격이 건장하다 보니 간호사들의 요청으로 종종 부상병을 수술대 위에 내려놓고 들어 올리는 일을 했던 네우가스는 그때의 일을 이렇게 적었다. “부상병을 팔에 안으면 부서진 뼈들이 살 속에서 부딪혀 갈리는 소리가 났다.” 네우가스는 밤에 운전을 하지 않는 날에는 구급차 안에서 잠을 잤다.

환자를 이송해 가던 어느 날엔가는 후방의 철도 수송 종점에 있는 큰 병원이 폭격을 당하는 모습도 목격했다 “그 폭격으로 병실 침대에 누워 있던 부상병 105명이 죽었다.” 하지만 이런 일을 겪고도 그는 자신이 경험한 것의 느낌을 글로 옮기는 일을 결코 멈추지 않았다. “(폭격이) 가까워지면 소리가 들리지 않는다. 그것은 먼저 지면을 통해 귀청을 때리고 그 다음에는 마치 치과용 드릴로 치아를 갈 때나 외과용 톱으로 뼈를 절단할 때처럼 몸속으로 파고든다. … 우리의 시간도 이제 다한 것 같다. 모래시계의 모래가 얼마 남지 않았다."

네우가스는 병원에서 부대로 돌아올 때 대피처가 될 만한 바위 틈바구니도 발견했다. "길이 2.7미터, 높이 30센티미터 내지 46센티미터 정도 되는 구멍이었는데 무게 20톤가량의 둥근 돌이 덮개 역할을 하여 직통으로 폭격을 받더라도 동지들이 무덤 파는 수고를 덜 수 있는 곳이었다. '길을 잘못 든 운전사, 여기에 잠들다'라고 쓰인 비문 하나면 족할 것이다."[19]

소총을 버리고 퇴각하는 병사들도 보이기 시작했다. 피난민이 밀려들어 길도 막혔다. "무너진 집에서 건져 올린 그 모든 필멸의 가재도구들—구리 냄비, 마졸리카 도자기 냄비, 캐서롤, 프라이팬, 값싼 벤트우드 의자 대여섯 개, 긁혀서 거의 못쓰게 된 소나무 궤, 그 위에 얹힌 대형 매트리스—을 실은 손수레 뒤로 농부 가족들이 마치 조문객 행렬처럼 내 곁을 지나쳐 갔다."

기지로 돌아온 네우가스는 부상 입은 간호사 헬렌 프리먼의 상태를 살피러 갔다. "머리에 붕대가 감긴 헬렌은 지그재그식으로 형성된 참호의 가장 깊숙한 곳에 누워있었다. 내가 '좀 어때?'라고 물어도 아무 말이 없었다. 한쪽 팔을 잃기는 했지만 그녀는 결국 살아나 두 달 뒤면 미국으로 후송될 것이다."

공화파군의 퇴각 속도가 빨라지고 그에 따라 허둥대는 정도도 심해지자 네우가스도 일기를 쓰지 못하는 날이 많아지고, 쓰는 분량도 줄었다. 그러나 부족한 부분은 필시 나중에라도 보충했을 것이다. 그는 날짜를 표기하는 것도 그만두었고, 때로는 스스로를 "운전사"로 지칭하기도 했다. 그 무렵부터는 네우가스가 무장도 했다. 한 도시에 들어갔을 때는 "농부, 수레, 피난민들로" 대로가 "꽉 막혀있었다. … 우물가에도 먼지를 뒤집어써 머리가 하얘진 비무장 병사들이 운집해 있었다."[20] 교통체증도 심해 "운전사들의 고함 소리, 엔진 공전 소리, 농부들의 울부짖음으로 거리가 아비규환이었다. 교회 탑에서도 비행기의 접근을 알리는 경고의 종소리가 계속 울렸다."

네우가스의 차량에는 부대 간호사들이 입추의 여지없이 꽉 들어차 있었다. 그런데도 겁에 질린 민간인과 군인들은 기를 쓰고 차에 올라타려고 했다. "붉은색 머리에 손을 얹은 채 도로 위아래를 뛰어다니며 파시스트들이 오고 있다고 비명을 지르는 여자도 있었다."

"농부와 총 없는 민병대원들이 차의 발판에 뛰어오르자 자동차 바퀴의 철제 림이 휘어졌다. 차대車臺에서 삐걱거리는 소리가 나는 것으로 보아 자동차가 곧 부서질 것 같았다. 운전사가 총부리로 여자의 배를 밀자 그녀가 도로로 다시 뛰어내렸다. 또 다른 농부와 민병대원들도 운전사가 총을 가진 것을 보더니 발판에서 내려갔다."

의료진의 누구도 전선의 위치를 몰랐다. 전선이 오히려 그들을 빠르게 따라잡았다. 그들의 유일한 탈출로인 들판에 난 길이 대형 구급차가 지나가기에는 너무 거칠자 의료진은 국가주의자군 차지가 되지 않도록 차량을 불태웠다. 네우가스는 밤에도 국가주의자군 비행기의 표적이 될 것을 우려해 헤드라이트를 끄고, 바스키 박사가 구급차 발판에 서서 손전등으로 바퀴 자국이 깊이 난 비포장도로를 안내해주는 대로 운전을 했다. 가는 도중 미국인과 캐나다인들의 소규모 무리를 만나, 마드리드가 함락

되었다는 둥, 나치 비행기 600대의 폭격을 받아 오스트리아의 빈이 초토
화되었다는 둥, 피레네 산맥을 넘는 탈출로가 봉쇄되었다는 둥의 소문도
전해 들었다.

　네우가스는 60명으로 구성된 제복 차림의 바르셀로나 행진 악대가
먼지투성이 악기들을 가지고 길가의 구덩이에 숨어있는 것도 보았다. 그
모습이 마치 시시각각 몽환적으로 변해가는 영화의 한 장면처럼 보였다.
"악대 단원들은 자신들이 왜 졸지에 밀가루 부대처럼 트럭에 실려 카탈
루냐 지방을 가로질러 왔다가, 민간인도, 마이크도, 관중도 없는 이 황량
한 구덩이에 처박히게 되었는지 이해하지 못했다."21 하지만 그 와중에도
공화국 정부는 사기를 올리려는 꼼수를 부렸다. 차 뒤에 사람들이 탄 대
형 트럭을 보내 그들로 하여금 허리춤까지 쌓인 전단을 뿌리게 만든 것이
다. 하늘에서는 더 많은 전단이 뿌려졌다. "공화국의 민병대여! 관리들이
여! 노동자들이여! 농부들이여! … 병사 백 명이 굳건하게 자리를 지킨다
면 파시스트 천 명을 격퇴할 수 있다. 마드리드가 점령되고 바르셀로나가
항복을 결정했다는 제5열이 퍼뜨린 소문은 거짓이다. … 일보도 후퇴해
서는 안 된다! 저항은 곧 정복이다"22라는 글이 적힌 전단이었다.

　그래도 광란의 도주는 계속되었고, 네우가스도 그렇게 도주를 하던
어느 한밤중 길을 잃고 말았다. 하지만 "두려움에 차를 멈추지도, 움직이
지도, 그가 방금 전 길 양 옆 구릉 위에 있다는 것을 알게 된 다수의 사람
들에게 소리쳐 도움을 구하지도 못했다."23

　"사방에서 전투하는 소리가 들렸다."

　네우가스는 어둠 속에, 그에게 밀즈Mills 수류탄(영국제 보병용 수류탄—
옮긴이)을 나눠준 영국 대대의 병사와 함께 길을 건넜다. 그리고 잠시 뒤,

스스로를 삼인칭으로 묘사한 네우가스의 일기에 따르면 "그는 밀즈 수류탄을 들어 안전핀을 뽑고 자신을 향해 달려드는 셋, 다섯, 여섯 명의 검은 형상들을 향해 던졌다. 그러고는 땅에 몸을 엎드리자 수류탄 파편과 부드럽고 축축한 무언가가 그가 있는 곳 가까운 지면을 탁탁 튀어 다니는 것이 느껴졌다."

"그런 다음 땅에서 일어나 차로 돌아가려던 그는 들판에 쓰러져있는 군복 꾸러미들을 세어보고 싶은 욕구를 느꼈다."

"그는 자기 쪽으로 다가온 형상이 죽은 자들 가운데서 일어난 존재였는지 혹은 또 다른 파시스트였는지 결코 알지 못했다. 그러나 그 형상이 그의 왼손에 든 칼 쪽으로 뛰어들었다가 넓은 칼날에 맞고 그 군복 꾸러미들처럼 조용히 쓰러져있었던" 것은 또렷이 기억했다.

가죽 장정으로 된 일기장과는 별개의 낱장에 쓰인 글에도 허벅지에 파편을 맞았던 그날 밤과 관련이 있는 듯한 내용이 언급돼 있었다. "셋, 다섯, 여덟 명의 적병을 살해했다. 한 놈은 칼로 죽이고 나머지는 수류탄으로 죽였다. 지금은 밤인데, 더 많은 적병을 죽여야 할 것 같다. 자동차도 아직까지는 보유하고 있다. 나무에서 올리브를 따먹었다. 달빛 아래서 길을 찾기가 힘이 든다. 여기가 어딘지 모르겠다. 의료팀과는 동 떨어진 채 보병들과 함께 있다. 전선을 찾고 있는 중이다. 전선이 있기는 한 걸까? 모든 것이 뒤죽박죽이다. 상황이 몹시 나쁘다. 상처가 쓰리다. 어딘가로 이동해야 한다."

18. 삶과 죽음의 경계, 에브로강

　　피터 켐프의 외인부대는 여전히 지중해에 도달하기 위한 국가주의자군 공격의 선봉을 이루고 있었다. 그러던 중 우연히 그는 "몸을 웅크리고 모여선 십 수 명의 포로 앞에서 전차병 몇 명이 소총을 장전하는 모습을 보게 되었다. 내가 가까이 다가가자 총이 연달아 발사되고 포로들이 땅에 고꾸라졌다.

　　'맙소사!' 속이 매스꺼워지는 것을 느끼며 내가 외인부대 지휘관 칸셀라에게 말했다. '포로들을 쏘다니, 저 병사들 대체 무슨 생각으로 저러는 겁니까?'

　　그러자 칸셀라가 나를 차갑게 바라보며 말했다. '국제여단 병사들이야.'"[1]

　　그 뒤에도 "차마 글로 옮기기 힘든" 일이 일어났다. 국제여단의 아일랜드 탈영병이 국가주의자군 영토로 넘어오자 병사들은 영어로 심문이 가능한 켐프에게 그를 데려왔다. 대화를 시작하자 탈영병은 벨파스트 출신의 선원이라고 자신을 소개했다. 심문을 마친 켐프가 공화파군에서 탈영한 병사이니 목숨만은 살려주자고 칸셀라에게 간청했다. 그랬더니 그는 지휘계통의 윗선인 대령에게 가보라고 했다.

켐프가 가보니 "페나레돈다 대령은 다리를 꼰 자세로 앉아있고, 무릎 위에는 달걀 프라이 접시가 놓여있었다. … 잠시 뒤 달걀을 입에 가득 문 그가 무심하게 말했다. '살려줄 수 없네. … 데려가서 총살시켜.'"

"그의 말에 나는 너무도 놀라 입이 딱 벌어졌다. 심장의 고동도 멈춘 듯했다. 페나레돈다가 증오에 찬 눈으로 나를 바라보았다."

그러더니 "'꺼져!'라고 호통을 쳤다. '내 말 안 들리나?' 방을 나가는 내 등 뒤에 대고 그가 다시 소리쳤다. '경고하는데, 이 명령을 실행했는지 반드시 확인할 걸세.'" 켐프가 그곳을 떠나면서 보니 대령은 외인부대 병사 두 명에게 먼발치에서 그를 미행하라는 명령을 내리고 있었다.

"차마 아일랜드 포로를 마주할 수 없었다. … 그래도 어찌하는 수가 없었다. 그도 내 입에서 무슨 말이 나올지를 알고 있는 듯했다."

"'자네를 총살시켜야겠어.' 이 말을 들은 그의 입에서 들릴락 말락 작은 소리로 '오, 하느님!'이라고 탄식하는 소리가 흘러나왔다."

켐프는 포로에게 신부를 원하는지 혹은 남기고 싶은 말은 없는지를 물었다.

그가 "'없습니다. 빨리 끝내 주세요'라고 작은 소리로 말했다."

공화파군은 국가주의자군의 공격을 저지하기 위해 아직 훈련도 시작하지 않은 신참 미국 의용병들까지 서둘러 전선에 투입했다. 이 중에는 뉴욕 시에서 무대 배우로 활동한 알바 베시도 있었다. 베시는 배우 외에 소설가와 신문기자로도 활동했고 비행기 조종술도 배웠다. 그래서 스페인에서도 비행기 조종사로 복무하기를 바랐다. 브루클린에는 별거 중인 아내와 두 자식이 있었다. 베시는 사진으로만 보면 수염 텁수룩한 얼굴에 담배를 입에 물고, 펜과 수첩이 주머니에 꽂힌 후줄근한 군복 상의차림으로 태양에 눈이 부신 듯 피곤하게 눈을 찡그리고 있어서 제법 늙어 보이는 인상이었으나, 실제 나이는 서른세 살이었다. 또 다른 미국 의용병은 그를 "할아버지"라고 불렀다.

베시는 "내가 스페인에 간 것은 두 가지 중요한 이유 때문이었다"고 썼다.[2] "하나는 자기완성에 도달하기 위함이며, 또 다른 이유는 변변치 못하나마 내 개인적 힘을 영원한 적, 다시 말해 압제에 맞서 싸우는 일에 쓰기 위해서였다. 물론 첫 번째 이유가 두 번째 이유보다는 중요했다. 그러나 중요성이 조금 떨어진다고 하여 그 이유의 정당성까지 줄어드는 것은 아니다." 이는 동료 당원들에게 자칫 부르주아로 낙인찍힐 수도 있는, 충실한 공산주의자의 입에서 나오기는 힘든 솔직한 발언이었다. 1938년 2월 11시간 동안 48킬로미터를 걷는 힘겨운 산행 끝에 피레네 산맥을 넘은 뒤에는 그가 일기에 이렇게 썼다. "산맥을 넘자 아름답다는 생각보다 비행기에 대한 두려움이 제일 먼저 느껴졌다."

알바세테의 국제여단 본부로 가는 여정도 더디기만 했다. 스페인의 석탄지대가 거의 다 국가주의자 지역에 있다 보니, 기관차들이 나무를 연료로 사용했기 때문이다. 그리하여 베시를 비롯한 신병들이 알바세테에 도착하자 "시카고, 맨체스터, 리즈에서 온 친구들을 찾는"[3] 소리가 여기저기서 들렸다. 신병들을 환영하는 언어도 영어, 프랑스어, 독일어, 스페인어, 폴란드어로 제각각이었다. 베시는 샤워장에서 1차 세계대전 때 부상당한 상처를 몸에 지닌 나이든 의용병들도 보았다. 야외 환영식에서는 밴드가 신병들이 속한, 그러나 스페인 공화국에는 하나 같이 모두 무기를 팔지 않으려 한 나라들의 국가를 연주했다. 미국 국가 〈별이 빛나는 깃발〉이 연주될 때는 미국인들이 '주먹 쥔 손' 경례를 했다.

알바세테의 국제여단 본부에서는 '승리의 해 1938년'이라고 적힌 커다란 깃발도 펄럭였다. 그러나 베시가 읽어본 스페인 신문 중 어디에도 승리를 짐작케 하는 기사는 없었다. "언외의 뜻을 읽을 필요가 있었다. '…요컨대 우리 군은 이례적으로 훌륭하게 싸웠으며, 미리 정해 놓은 위치로 퇴각했다는 것을 의미했다.'"4 그러나 식량이 부족해 보리 태운 것을 커피 대용으로 사용하고 당나귀 고기도 없어 쌀과 콩 요리만 먹을 정도로 여단의 상황은 열악했다. 이렇게 공급되는 식량마저도 허기를 면할만큼 충분하지는 않았다. 스페인의 밀이 대부분 국가주의자 수중에 있어서 빵도 넉넉하게 먹지 못했다. 암시장에서도 담배와 비누만 교환 가치가 있었고, 돈이 있어봐야 견과와 마멀레이드 이외의 다른 식품은 살 수도 없었다. 같은 시기 전선의 반대편에 있는 외인부대의 피터 켐프와 동료 장교들은 훈제 햄을 먹고 있었는데 말이다.

베시와 스페인에 새로 도착한 국제여단의 다른 신병들은 국가주의자군의 새로운 공격이 시작된 지 일주일도 못 돼 유개 화차와 트럭을 타고 에움길로 우회하는 며칠간의 힘겨운 여정 끝에 전선에 배치되었다. 전장의 링컨-워싱턴 대대에 합류하리라는, 그를 비롯한 미국 신병들이 오랫동안 꿈꾼 순간이 마침내 찾아온 것이었다. "우리 모두 솜씨 있게 만 담요를 어깨에 둘러메고 있었다."5 그러나 전장의 분위기는 그들이 상상했던 모습과는 거리가 멀었다.

"산의 절경이 내려다보이는 나무 우거진 구릉 위에 … 백 명 조금 넘는 병사들이 산만하게 앉아있거나, 드러누워있거나, 큰 대자로 벌렁 자빠져있었다. 수염도 일주일이나 깎지 않아 텁수룩하고 지저분했다. 악취가 진동하고, 옷은 누더기 꼴인 데다 무기도, 휴대용 식기 세트도 없었다. … 그들은 처음에는 우리에게 말도 걸지 않았다. 우리를 무시했고 질문에 대한 답을 할 때도 투덜거림이나 비속어만 썼다." 그러나 링컨 대대는 당시 닷새 동안이나 식량도 지급받지 못한 상태에서 퇴각하는 중이었다.

그들 중 질서 의식을 가진 사람은 소수에 지나지 않는 듯했다. "큰 키, 학구적인 용모에 뿔테 안경을 쓴 메리먼 소령이 신참병들에게 말했다. '머지않아 군사행동에 다시 나서게 될 것이다. 우리는 이번 군사행동에서 전에 빼앗긴 지역을 되찾을 것이라는 사람들의 기대를 받고 있다. 그러므로 병사 개개인의 희생이 요구될 수도 있다.'"[6] 계속해서 뉴욕주 올버니 출신의 노동조합 설립자였던 제15국제여단 통제위원 데이브 도란의 연설이 이어졌다. "소총이나 기관총을 함부로 다루거나 버리는 사람은 … 그 자리에서 총살될 것이다." 그러나 그들에게는 버릴 소총조차 없었다.

국제여단의 미국 의용병들은 상처만 입고 살아난 사람, 새로 도착한 신병 할 것 없이 모두 무기와 명령이 오기를 기다리며 며칠 동안 산허리에서 잠을 잤다. 독일 비행기와 이탈리아 비행기들이 머리 위에 나타나면 땅바닥에 몸을 엎드려 총격을 피했다. 트럭 한 대가 식어빠진 커피와 병아리콩을 그들에게 가져다주고, 또 다른 트럭은 목욕을 원하는 병사들을 얼음처럼 차가운 강으로 실어다주었다. 며칠 뒤에는 중단되었던 링컨 대대의 퇴각이 다시 시작되었다. 그러나 이 퇴각마저 비행기의 표적이 되지 않기 위해 밤에만 몰래 움직였다. "장마철, 그것도 느닷없고 지독한 장마철이 찾아왔다. … 우리는 얼굴에 빗물이 줄줄 흘러내리고 물을 머금어 무거워진 담요를 머리에 두른 채 발이 쑥쑥 빠지는 진흙탕을 철벅거리며 행군을 이어갔다."[7]

베시의 무리가 일주일 남짓 더 행군하자 무기가 도착했다. "내가 받은 총은 러시아제국의 독수리 마크가 금속세공으로 새겨진 일련번호 59034의 소총이었다. 러시아 제국의 상징이 부분적으로 지워진 자리에 소련을 상징하는 망치와 낫이 새로 찍혀있었다."

제15국제여단 병사들과 수만 명의 다른 공화파군 병사들은 동쪽에서 서쪽으로 무질서하게 지그재그로 도주를 이어가며 에브로강에 점점 가까이 다가가고 있었다. 스페인 북부 해안 지대에서 발원하여 바르셀로나와 발렌시아의 중간 지역까지 북남 쪽으로 흐르는 에브로강은 지중해에 도달하기 전 공화파군이 마지막으로 넘어야 하는 가장 큰 천연 장애물이었다. 베시는 그 순간을 이렇게 적었다. 무질서하게 행군하는 와중에도 "노련한 병사들은 깡통, 담요, 접시, 스푼, 여분의 내복 등 갖고 있던 하찮은 여장을 버리고, 비행기에 포착되지 않도록 빛이 나는 물건도 덤불 속에 묻었다."[8] 그러나 "밤에 냉기가 돌 때는 판초와 담요를 버린 것을 후회하는 병사들도 많았다." 일부 미국과 캐나다 기관총 사수들도 부대를 도망쳐 나올 때 무거워 휴대할 수 없는 무기들은 적군이 사용하지 못하도록 부품들을 낱낱이 분해하여 들판에 넓게 흩뿌려놓고 왔다. 반면에 군기가 빠져 탈영하거나 도망치는 병사들도 있었으며, 그중 몇 명은 국경을 넘어 프랑스로까지 도주했다.

어느 밤에는 베시가 속한 부대의 누군가가 종이 포장된 원통 모양의 긴 상자를 발견하자, 굶주린 미국인들이 스페인 초콜릿인 줄 알고 서둘러 포장지를 뜯어보니 그 안에 다이너마이트 막대기들이 들어있던 적도 있었다. 어둠 속에 베시 곁에 누워있다 잠이 든 한 병사는 "양파를 곁들인 호밀 빵 햄버거"9를 잠꼬대로 중얼거렸다.

베시는 자신의 전투 역량에 대해서도 걱정이 많았다. 귀국 뒤에 쓴 회고록에 비하면 문장은 거칠지만 내용은 솔직했던 당시의 일기장에도 "겁쟁이가 되려나?" 하고 불안해한 그의 심정이 반영된 글이 적혀있었다. 그로부터 오래지 않아 베시의 분대는 추격 중인 국가주의자군과 총격전을 벌였다.

1938년 4월 1일 밤 베시는 국제여단에 이동 개시 명령을 내리기 전에 다른 장교들과 논의하기 위해 총탄 자국이 난 장교용 차를 몰고 나가는 로버트의 모습을 마지막으로 보았다. 행군 준비를 마쳤을 때는 폭발이 일어나 병사들이 길가의 도랑으로 처박히는 사고가 일어났다. 군수품 담당 장교가 적군의 손에 들어가는 것을 막기 위해 임시 탄약 창고를 폭파시켜서 벌어진 일이었다. 이어 링컨 대대는 깜깜한 암흑 속으로 행군을 시작했다. 그런데 그들이 터덜터덜 가고 있으려니 이전의 전투 지역에서는 결코 볼 수 없던 무언가가 그들 뒤의 먼 곳에서 나타났다. 자동차 헤드라이트였다. 표적이 되지 않기 위해 깜깜하게 움직이는 그들에게 그것은 불길한 징조였다. 이는 공화파군 전투기들이 하늘에서 거의 자취를 감추고 폭격의 위험이 사라지자 국가주의자군의 차량이 마음대로 돌아다닐 수 있게 되었음을 의미했기 때문이다.

제임스 네우가스와 에드워드 바스키 그리고 그들의 동료 의료진도 악몽 같았던 혼란스런 퇴각에서 용케 살아남아 바르셀로나에 도착했다. 또 다른 의사는 그때의 바스키를 이렇게 묘사했다. "몸도 가누지 못할 정도로 지친 데다 예전의 기백을 찾아볼 수도 없이 망가져 있었다. 그런데도 그는 몸을 추슬러 다른 사람을 도와주고 있었다."[10]

네우가스도 등에 폭탄 파편을 맞았다. 그는 그것이 "1.3센티미터 두께에 50센트 동전만한 크기의 뜨거운 철제 원반"[11]이었다고 썼다. 왼쪽 허벅지와 머리에도 유산탄 파편에 의한 상처를 입었다. 그는 피를 토했으며 걷기도 힘들어했다. 바스키는 그의 운전사가 정신적으로도 큰 충격을 받았다고 느꼈다.

그래서 그가 "'어떻게 할 텐가? 여기 남아 내 차를 운전하겠나, 아니면 미국으로 돌아가 책을 쓸 텐가?'"[12]라고 묻자, 네우가스는 귀국하고 싶다고 말했다.

그 말에 바스키가 말했다. "그래 좋아, 보내주겠네. 그런데 나는 누가 보내주지?"

어니스트 헤밍웨이는 그 무렵 북미신문연맹과 다툼을 벌이고 있었다. 프랑코의 공격에 낙담한 데다 전선으로 돌아가고 싶은 마음도 굴뚝같았던 그에게 북미신문연맹이 보수를 깎은 것도 모자라 국가주의자군 편에서도 취재하라는 요구를 해왔기 때문이다. 그러나 물론 공화국의 가장 유명한 문필가 투사를 국가주의자군이 받아줄 리 없었다. 북미신문연맹은 헤밍웨이에게 허버트 매슈스와 함께 취재를 다니는 것도 그만두라고 요구했다. 《뉴욕 타임스》에 헤밍웨이의 특집기사를 팔려면 두 사람의 기사가 겹쳐서는 안 되기 때문이었다. 따라서 그렇게 비합리적인 요구는 아니었는데도 헤밍웨이는 《뉴욕 타임스》의 친 프랑코 편집자들이 자신과 친구 매슈스를 갈라놓기 위해 작당한 것으로 보고 "예수회의 책동"이라며 그 행위를 비난하는 전보를 보냈다. 그의 결혼 생활도 마사 겔혼과의 티 나는 관계 때문에 파경을 맞고 있었다. 두 사람의 언론인 친구들까지 헤밍웨이와 관련된 글을 쓸 때는 겔혼의 존재를 일부러 누락시키는 판에 정작 겔혼은 스페인에서 헤밍웨이와 버젓이 함께 지내고 있었다.

　그러나 헤밍웨이가 보인 이런 거만한 태도의 이면에는 깊은 배려심을 지닌 인간적 면모가 숨어있었다. 그는 국가주의자군이 승리할 경우에 대비해, 미국 의료진과 자신이 돌봐주고 있던 병사들을 구할 방법을 미국 대사 클로드 바워스와 논의하고 있었다. 국가주의자군이 공화파군 병원들을 점령할 때면 매번 일어난 일이듯, 부상병들이 살해되고 간호사들이 강간당할 우려가 있었던 것이다. 헤밍웨이는 각각의 병원에 미국 부상병들이 몇 명이나 입원해 있는지도 파악해두고, 그들을 실어갈 항구도 물색하는 등 대피 계획도 세우기 시작했다. 헤밍웨이와 몇몇 기자 친구들은 부상이 심해 본국으로 후송할 수 없는 환자들은 프랑스의 병원에서 돌봐주기로 했다는 것도 대사에게 확인시켰다. 바워스도 "부상병들을 모아 항구로 데려가는 일은 특파원들과 헤밍웨이가 맡아 하기로 했다"[13]는 점을 본국 정부에 보고했다. 그런데 후송 계획에 보인 대사의 이런 허심탄회한 태도에 우쭐했는지 헤밍웨이는 마치 권력의 실세라도 된 양 바르셀로나의 호텔 마제스틱에 미국 기자와 의료진을 모아놓고 일장연설까지 했다. "어차피 해야 할 일, 우리는 미국 전함이라도 동원해 스페인에 있는 미국인을 한 명도 남김없이 대피시키렵니다."

　헤밍웨이는 북미신문연맹 편집진의 요구를 무시하고 2인승 검은색 로드스터를 몰고 매슈스와 전선으로 취재도 함께 갔다. 두 사람이 찾아다니는, 도주 중인 링컨 대대원들이 하듯 그들도 국가주의자군의 비행기가 머리 위를 떠다니는지 주시하면서 다녔다. 그러다 도로에서 비행기를 만났다. 이에 대해 헤밍웨이는 나중에 이렇게 썼다. "특파원이 차를 세우고 도랑으로 뛰어들며 곁눈질로 보니, 하강하며 자동차 위를 날던 단엽기는 기관총 여섯 정을 자동차 한 대에 난사하기는 아깝다고 판단한 것 같았다."[14] 오래지 않아 두 사람은 대규모 피난 행렬과 마주쳤다. 그중에는 바로 전날 태어난, 머리에 먼지가 뽀얗게 앉은 아기를 안고 노새 등에 탄 여인도 있었다. 그 다음에는 병사, 트럭, 대포들의 행렬과 마주쳤다. "그들을 보고 있으려니 우리가 아는 사람도 차츰 눈에 들어오고, 전에 만났던 장교들도 보이기 시작했다. 뉴욕과 시카고 출신의 병사들로부터는 적군이 전선을 돌파해 간데사를 점령한 경위와, 미국 병사들이 국가주의자군과 싸우며 모라의 에브로강 다리를 점유하고 있다는 말도 들었다."

한편 제15국제여단 병사들은 몇 무리로 나뉘어 혼란스런 퇴각을 계속하고 있었다. 로버트 메리먼이 이끄는 무리도 그중 하나였으며, 나중에는 이 무리가 국가주의자군의 포위를 벗어나기 위해 여러 집단으로 다시 잘게 나뉘어졌다. 알바 베시도 지친 미국 병사 80명으로 구성된 또 다른 무리에 섞여 퇴각을 계속하고 있었다. 그런데 1938년 4월 2일 날이 밝기 한 시간 전 그의 앞에 있던 병사들이 갑자기 냅다 뛰기 시작했다.

"우리는 이제 벌판에 있었다. 벌판은 잠자는 병사들로 가득했다. 사병들은 땅바닥에서 담요를 덮고 자고, 장교들은 올리브 나무 아래 소형 텐트에서 잤다. 우리 군에는 장교들에게도 소형 텐트가 없었다. 나무에 매어 둔 말들이 어둠 속에 부스럭거리는 소리가 났다. 내가 발을 헛디뎌 병사 한 명이 잠에서 깨어났다. 나를 본 그가 '제기랄!'이라고 소리쳤다.

이어 '정지. 빨갱이! 정지. 빨갱이!'라고 외치는 목소리들이 뒤에서 들렸다. 나는 죽을힘을 다해 뛰었다."[15] 사달은 퇴각 중인 미국 병사들이 그들보다 앞서 가던 국가주의자군 1사단의 야영지에 멋모르고 불쑥 발을 들여놓으면서 일어났다.

베시는 갖고 있던 여분의 담요와 식기 세트까지 버렸다. 그와 세 명의 동지는 일행과 떨어진 채 계단식의 산중턱으로 미친 듯이 기어 올라갔다. "그곳에 있으니 목소리들이 똑똑히 들리고, 머리 위로 소총과 권총 탄알이 스치는 소리도 들렸다. … 몸이 천근만근처럼 무거워 땅으로 꺼져드는 듯했다. 생각 같아서는 땅바닥에 그대로 주저앉고 싶었으나 다리는 계속 움직였다." 네 사람은 새벽이 되어서야 겨우 덤불 우거진 숲에 도착했다. 그리하여 그곳에 웅크리고 있으려니 멀리서 생소한 언어로 노래 부르는 소리가 들렸다. 잘 들어보니 무어인 분견대가 부르는 노래였다. 그래서 그들은 또 옷에서 국제여단의 붉은 별 표시를 떼어낸 뒤 발걸음을 옮겼다.

4인조 도망병들은 며칠간 잠 한 숨 못자고 나무 열매와 풋 아몬드로 연명하며 힘이 쭉 빠진 채 에브로강을 향해 걸었다. 에브로강 건너편은 공화국 지역이니 안전할 것이라 확신한 것이다. 그들은 도로를 피해 철저히 들판과 비탈길로만 걸으며 에브로강과 가까운 어느 구릉의 꼭대기에 이르렀다. 그리하여 그곳에서 아래쪽을 내려다보니 "혼란스런 병사들의 무리가 산을 통과하고 앞의 구릉을 넘어, 에브로강 쪽으로 구불구불 가고 있는 모습"이 보였다. 4인조 중 한 명인 캘리포니아 항만 노동자 출신의 루크 힌만이 그들을 자세히 살펴보고는 국제여단의 프랑스와 독일 병사들인 것을 알아보았다. 그가 "'우리 편이에요'라고 말하여 우리는 구릉 아래로 내려가 그들과 합류했다."

퇴각 중인 국제여단의 다국적 병사들은 중세 시대의 성이 세워진 산 아래, 다리가 놓인 에브로강 부근의 소도시 모라 데브레로 모여들었다. 베시는 그때의 상황을 이렇게 적었다. 도시의 거리는 "하는 일 없이 어슬렁거리는 누추하고 맥 빠진 병사들이 가득해 극도로 혼란스러웠다. '영국인들은 어디 있지?' '제14국제여단은?' '제11국제여단은?' … 우리는 인간 배설물로 거의 뒤덮이다시피 한 울타리 쳐진 경내에 모여있었다. … 지휘부도 없고 권위자도 없으며 심지어 보고할 만한 곳도 없었다." 몇몇 캐나다인들이 "'링컨 대대는 어디 있냐?'고 물어 '우리가 링컨 대대'라고 말해주었다. … 병사들은 걸을 힘도 없어 보도에 그대로 주저앉았다. 문명화된 도시에서 병사들이 길가에 방뇨하는 광경이 낯설어보였다." 트럭 뒷문에 앉은 여섯 살가량 된 소녀가 "엄마가 사라졌어요! 엄마가 사라졌어요!"라고 계속 소리쳤다.

야전 전화를 통해 국가주의자군 전차들이 접근 중이라는 소식이 전해지자 공화파군 병사들은 다리 너머 동쪽으로 우르르 몰려들었다. 다리 위에는 이미 그들 뒤에서 폭파되도록 상당량의 다이너마이트가 설치돼 있었다. 병사들은 다리를 건너 모라 데브레보다 규모가 조금 크고, 질서 비스름한 것도 잡힌 도시에 도착했다. 그곳에서 부대별로 갈라지자 후방에서 보급품이 도착하기 시작했다. 어느 날 밤에는 우편 배달병이 본국에서 온 편지를 미국인들에게 가져다주었다. "우리는 깊숙한 참호 속 담요 아래 웅크리고 앉아 성냥 불빛 주위로 몸을 구부렸다. 그러나 편지 겉봉에 쓰인 수백 명의 이름을 불러도 주인으로 나서는 사람은 15명 정도에 지나지 않았다. 배달병이 겉봉에 쓰인 이름을 모두 호명하는 데는 반시간이 걸렸다. 그러나 처음 몇 차례만 응답했을 뿐 그 뒤로는 누구도 '사망'이라든가 '실종'이라는 말을 입에 담지 않았다. 우리는 그저 조용히 앉아 있기만 했다."[16]

우편물 중에는 국제여단에서 발행하는 간행물《자유의 의용병 Volunteer for Liberty》도 몇 부 들어있었다. 하지만 예전에는 경쾌한 기사들("국제여단의 크리스마스", "제13돔브로프스키 여단, 올리브 수확을 하는 농부들을 거들다", "스페인의 캐나다인들")로 가득 찬 일간지였던 그것이 이제는 훈계조의 기사("한 뼘의 땅도 적에게 내줘서는 안 된다!", "스페인에서 침략자들을 몰아내자!", "지금은 반격할 때다!", "군대와 오합지졸의 차이는 규율")로 가득 찬 두 쪽짜리 리플릿으로 변해 있었다.

거지꼴을 한 생존자들도 모여들었다. 그러나 "그들 중 메리먼의 소식을 아는 사람은 아무도 없었다"[17]고 베시는 썼다.

로버트를 찾아 나선 사람은 피레네 산맥을 넘는 과정을 생생하게 기록으로 남긴 헝가리계 미국 의용병 샌도 보로스였다. 제15국제여단 다국적 부대의 통제위원 보직을 부여받아 후방 본부에 머물고 있던 그가 로버트를 찾기 위해 전선으로 출발한 것이다. 보로스는 로버트를 끔찍하게 존경했다. 그렇기는 했지만 그러한 감정이 주변에 로버트가 없을 때 메리언에게 추파를 던지는 것까지 막아주지는 못했다. 보로스는 몇몇 영국 병사들로 전투경찰대를 조직해 겁먹은 병사들이 후방으로 흘러 들어오는 것을 막기도 하면서, 몇 시간이나 산길을 걸었다. 탈영병들의 다수는 이미 소총까지 버린 상태였다. "영국인들은 돌아가지 않으려 하는 병사들에게 총을 쏘겠다고 위협을 가하며 탈영에 단호하게 대처했다. 엄포에 그치지 않고 걸음을 멈추지 않는 두 병사에게 실제로 총을 쏘았다."[18]

보로스가 마침내 로버트가 있을 것으로 확실시되는 야산을 찾아냈다. "내가 알기로 메리먼은 그곳을 지휘 장소로 정해놓고 병사들의 위치를 잡아주기 위해 그들을 데리고 앞쪽으로 나아갔다가 돌아오지 않았다. … 메리먼이 돌려보낸 전령은 소총과 기관총탄이 빗발치는 가운데 메리먼이 직접 마지막 병력을 이끌고 가는 것을 보고는 두 번 다시 그를 보지 못했다고 말했다. 그 뒤로는 소식이 없었다는 것이다."

보로스가 로버트를 찾으라고 보낸 전령 두 명도 돌아오지 않았다. 험준한 구릉에서 소총 발사되는 소리가 나고, 이어 국가주의자군이 쏘는 대포 소리만 들렸을 뿐이다. 병사들도 후방으로 밀려들어 왔다. "운동선수처럼 어깨가 떡 벌어진 스무 살가량 된 미국 청년이 … 왕방울만한 눈을 단 한 번도 깜빡거리지 않고 멍하니 시선을 고정한 채 입을 헤벌리고 걸었다. … 이름과 부대명을 물어보아도 대답하지 않고 '집에 가고 싶어, 집에 갈 테야'라는 말만 중얼거렸다."

보로스의 시계가 멈춰버렸지만 주위에는 시계를 가진 사람도 없었다. 그는 국가주의자군의 비행기들이 퍼붓는 기총소사와 폭격을 피하기 위해 참호 속으로 뛰어들었다. 그렇게 필사적으로 로버트를 찾고 있으려니 로버트와 병사들을 포화의 위험에 빠뜨린 요인이 된 "평등주의"에 괜스레 욕이 나왔다. 그렇지 않았다면 위치를 고수하는 바보 같은 짓은 하지 않았을 것이기 때문이다. 그가 있는 곳 주변에서 포탄이 쾅쾅 터지는 것으로 보아 국가주의자군이 빠르게 진격하고 있음을 알 수 있었다. 그러고 있는데 얼굴에 핏자국이 있는 스페인 장교가 그 지역을 장악하려고 하는 공화파군 병력의 무기가 거의 바닥 난 상태라고 말하여, 보로스는 또 트럭 한 대를 징발해 급히 에브로강 동안으로 몰고 갔다. 그곳에 있는 보급품 창고에서 무기를 가져오기 위해서였다. 그런데 무기를 싣고 방금 전에 건넜던 다리로 돌아오니, "스페인 군대가" 차를 "정지시켰다. … 그들은 다리를 폭파시킬 예정이라고 하면서 차의 통행을 가로막았다. 책임자인 스페인 소령에게 간청을 해도 다리 곳곳에 다이너마이트 다발들이 설치돼 있어 이제 곧 터질 거라고 하면서 이미 때가 늦었다고 말했다."

실제로 다이너마이트는 터져 "지축을 뒤흔드는 거대한 폭발이 일어나고 계속해서 또 다른 폭발이 연달아 일어났다. 다리 중간이 불꽃 기둥에 휩싸이며 커다란 다리 동체가 하늘로 솟구쳐 오르고, 까부는 불꽃을 따라 강철 지지 빔들도 공중으로 붕 떠올랐다. … 대형 철제 파편이 내 머리 곁을 획획 날아다니고 파편 날아다니는 소리가 대기를 가득 메웠다. 나는 공기 중에 파편이 더는 떠다니지 않을 때까지 지면에 납작 엎드려있었다. … 밤이 되자 섬뜩한 침묵이 찾아들었다." 로버트와 도주 중이던 수백 명의 링컨 대대 병사들 그리고 다른 공화파군 병력은 결국 잽싸게 도주할 수 있는 마지막 탈출로를 잃은 채 강의 서안에 갇혔다. "에브로강은 걸어서 건너기에는 너무 넓고 깊었으며, 헤엄을 치기에는 물살이 너무 빨랐다."

프랑코의 지중해 공략은 전 세계 언론에 대서특필되었다. 그러나 정작 그 전투에 참가한 미국인들을 걱정하는 본국 가족들에게는 그 내용이 거의 전달되지 않았다. 국경을 넘어오는 수천 명의 스페인 피난민과 공화파군에서 탈영한 일부 병사들에 대한 프랑스 언론의 보도만 나왔을 뿐이다. 1938년 4월 4일에는 허버트 매슈스가 《뉴욕 타임스》에, 미국 의용병

대대 혹은 로버트가 포함된 제15국제여단의 참모장교들에게 "무슨 일이 일어났는지는 누구도 모른다"는 기사를 게재했다. 기사에는 모라 데브레의 에브로강 다리가 끊어진 것도, 헤엄치는 법을 배울 기회조차 갖지 못한 노동자 계층 도시 청년이 대부분인, 그 강의 서안에 갇힌 링컨 대대 생존자들에게는 나쁜 징조라는 내용도 들어있었다.

매슈스와 헤밍웨이는 또 한 번 실종된 미국인들의 수색에 나섰다. 그들이 공화파 지역인 에브로강 동안 변을 운전해 가다가 강을 헤엄쳐 나온 두 미국인을 만난 것이 그때였다. 지나가는 트럭이 던져준 담요 외에는 아무 것도 걸친 것 없이 맨발의 초췌한 벌거숭이 꼴을 하고 있던 그들은 다름 아닌 조지 와트와 존 게이츠였다.

뉴욕에서 온 공산주의 학생 대표 출신으로 붉은 기가 도는 금발에 훤칠한 미남이던 와트는 따스한 미소, 강렬함, 스페인에 대한 대의를 소년처럼 열렬히 지지하는 태도로 다른 병사들로부터 "킬로와트"라는 별명을 얻었다. 그와 알고 지낸 한 사람은 몇 년이 지난 뒤 당시의 와트를 이렇게 회상했다. "그는 전형적인 공산당 관리라기보다는 어린아이와 이야기를 나눌 때면 무릎을 꿇어 아이의 키 높이에 맞춰주는 종류의 친구, 말하자면 신사였다."[19] 반면에 게이츠는 냉담했고 그러다 보니 동료 병사들의 호감도 사지 못했다. 다만 작지만 강단 있는 체구에서 발산되는 위엄으로 자기보다 덩치 큰 다수의 사람들을 압도했다. 알바 베시도 그에게서 "비정한" 면을 보았다. 베시에 따르면 충실한 공산당원 겸 국제여단의 통제위원이던 게이츠는 링컨 대대 인사 기록부에 수록된 병사 수십 명에 대해 누구는 "충실한 동지"고 누구는 아닌지에 대한 의견도 달아놓았다고 한다. 그런 만큼 승진 속도도 빨라 상급자 미국인들 반열에 재빨리 올라섰으나 말을 빨리하고 규율만 중시하는 딱딱한 인물로도 정평이 나있었다. 하지만 그 무렵에는 규율을 엄격히 적용할 병사조차 남아있지 않았다.

서로 부둥켜안고 상봉의 기쁨을 나누고 나자 와트와 게이츠는 끔찍했던 탈출 경위를 두 사람에게 말해주었다. 헤엄을 칠 줄도 모르고 부상자도 몇 명 섞여있었던 동지들은 농가의 문짝으로 만든 뗏목에 매달려있다가 물살에 휩쓸려가고 자신들만 간신히 강을 헤엄쳐 나왔다는 것이었다. 그들은 강을 건너기 전에는 북극성을 길잡이 삼아 2박 3일 동안 고난의 행군을 했다고도 했다. 낮에는 국가주의자군의 정찰기가 머리 위를 떠다니고 먼 데서는 국가주의자군의 탱크 여러 대가 덜커덕대며 지나가는 소리도 들렸다고 말했다. 마을에서 음식을 얻어먹을 때는 주민들로부터 국제여단의 몇몇 병사들이 마을 광장에서 처형되었다는 말도 들었다고 했다.

두 생존자의 말이 끝나자 헤밍웨이와 매슈스는 자신들이 아는 소식을 그들에게 말해준 뒤 또 다른 링컨 대대원들을 찾으러 나섰다. 그러기무섭게 게이츠와 와트가 그들과 함께 물살을 헤치며 나아가다가 더 아래쪽 하류의 뭍으로 기어 올라간 동지 한 명과, 폭파되기 전의 다리를 건넜던 베시와 그의 두 동지를 함께 발견했다. 그리하여 강을 헤엄친 사람들이 마침내 옷가지를 얻어 입고, "몸을 덜덜 떨며 햇볕이 따뜻한 자리에"[20] 앉자 매슈스와 헤밍웨이는 다시 여섯 명의 미국인들을 상대로 긴 대화를 이어갔다.

물에서 나와 몸을 덜덜 떤 사람들이 매슈스에게 들려준 사건의 전말은 이랬다. 전날 밤 그들은 베시와 그의 무리가 그랬듯 국가주의자군 야영지에 모르고 불쑥 발을 들여놓았다. 나치 탱크 승무원들도 몇 명 섞여

있는 것 같은 야영지였다. 그래도 베시 무리와 달리 그들은 발각되지는 않았다. "관등성명을 대라는 요구에 세 미국인은 스페인어로 답했다. … 그들은 다른 쪽 병사들이 누군지 몰랐다. 그런데 누군가 묻는 말에 독일어로 '8사단'이라는 대답이 돌아왔다. 그들은 그것이 무엇을 뜻하는지 알았다. 그래도 당황하지 않고, 말없이 가던 길을 계속 갔다."

알바 베시는 당시의 매슈스를 이렇게 묘사했다. "키가 크고 비쩍 마른 몸에 갈색 코르덴 옷을 입고 뿔테 안경을 쓰고 있었다. 긴 얼굴에 입을 꽉 다문 모습이 엄격하고 우울해 보였다."[21] 그와 달리 헤밍웨이는 "매슈스보다 키가 크고 체격도 우람하며 얼굴의 혈색도 좋았다. 둘째가라면 서러워 할 몸집을 가지고 있었으며, 철테 안경을 쓰고 텁수룩하게 콧수염도 기르고 있었다. … 우리가 두 사람을 보고 마음을 놓았듯 그들도 우리를 보고 마음을 놓았다."

두 사람은 담배에 목마른 의용병들에게 럭키 스트라이크와 체스터필드를 주었다. 베시에 따르면 "헤밍웨이는 어린아이처럼 호기심도 많았다"고 한다. "행동이 꼭 다 큰 아이 같아 그에게는 정감이 갔다. 질문할 때도 '그 다음에는요?', '그 다음에는 무슨 일이 벌어졌습니까? 당신은 무슨 일을 했죠? 무슨 말을 했어요? 그는 무슨 말을 했나요?'라면서 마치 어린 애처럼 캐물었다. 그와 달리 매슈스는 아무 말 없이 접힌 종잇장에 메모만 했다."

며칠 뒤 매슈스는 아버지에게 이런 편지를 보냈다. "링컨-워싱턴 대대가 당한 대패에 대한 기사보다 더 가슴 아픈 기사를 써본 적이 없어요. 그것이 저를 몹시 괴롭게 만듭니다. 모두들 잘 지내고 있었고, 그래서 만나기를 고대했던 멋진 친구들이었는데 말이죠. 일 년치 연봉을 준다 해도

그런 기사는 이제 못 쓸 것 같아요."²²

　멀리서 들리는 포성이 며칠이면 국가주의자군이 지중해에 닿을 것임을 그들에게 환기시켜 주었다. 베시는 그때를 이렇게 기억했다. "헤밍웨이는 실망하지 않았으나 매슈스는 낙담하는 기색이 역력했다. 물론 국가주의자군은 지중해에 도달하겠지만, 그렇다고 걱정할 필요는 없다고 헤밍웨이가 말했다. 예상했던 일이니 모두 잘 처리될 거라는 말이었다. 카탈루냐와 나머지 스페인 지역을 왕래할 수 있는 배와 비행기 등의 교통수단도 마련되어 별일 없을 거라고 했다."²³ 헤밍웨이는 미국이 프랑스에 비행기 200대를 제공하면, 프랑스는 그 비행기들을 다시 스페인 공화국에 주기로 했다는, 루스벨트가 행한 거래에 대해 말하기도 했다(하지만 이는 헤밍웨이의 희망사항일 뿐 사실이 아니었다. 며칠 전 헤밍웨이와 매슈스가 루스벨트에게 그 거래를 제안하는 전보를 보낸 것이 그것을 말해주는 증거였다).

　베시도 비행기에 대해서는 긴가민가했다. "그 비행기들이 어디 있다는 거야?" 그러나 무질서한 피난민 무리와 퇴각하는 병력이 그들 옆을 계속 지나가는데도 소설가는 여전히 상황을 낙관했다. "헤밍웨이는 전쟁이 새로운 국면으로 접어들게 될 것이라고 말했다. 스페인 정부군의 저항이 배가 될 것이고 … 전 세계의 지각 있는 사람들도 자신들의 정부에 스페인을 지원하도록 압력을 넣을 것이라고 말했다."

　그렇다면 스페인에 머물고 있던 다른 미국인들에게는 무슨 일이 벌어졌을까? 그에 대해서는 누구도 확실히 알지 못했다. 매슈스가 요약한 한 생존자의 실화만《뉴욕 타임스》에 실렸을 뿐이다. 생존자에 따르면 로버트의 지휘를 받아 에브로강 쪽으로 향하던 일군의 국제여단 병사들은 어둠 속에 국가주의자군 병사들과 마주쳤다. 그래도 그들은 에브로강까지 도달하려는 일념을 가지고 그 병사들을 어떻게든 속여 넘기려고 했다.

그런데 그들을 상대한 "국가주의자군의 반응이 뜻밖에도 '손들어'였어요. 그러더니 부대 하사관에게 '빨갱이, 빨갱이!'라고 소리쳤죠."545

"메리먼 씨와 그 뒤에 있던 국제여단 병사들도 그 말을 들었어요. 그런데도 그들은 도망치지 않고 반군에게 달려들었죠." 이 실화의 주인공 생존자만 살그머니 그 현장을 빠져나왔으나, "뒤에서는 총소리가 들렸고, 그러다 마침내 독 안에 든 쥐가 되었으니 뛰어 봤자 벼룩이라는 투로 느긋이 '손들어!'라고 외치는 소리가 들렸죠."

메리먼은 그때를 이렇게 회상했다. "혼자 있는데 전화벨이 울렸어요. 받아 보니 샌프란시스코의 신문사에서 일하는 기자 친구였죠. 그가 소식 들었냐고 묻더군요."25 무슨 소식이냐고 물으니, 로버트가 등장하는 매슈스의 기사와 그와 내용이 유사한 헤밍웨이의 기사를 전화로 방금 전해 들었다는 것이었다. "말을 마친 친구가 그런 소식을 전하게 돼 매우 유감이라고 말하더군요." 메리언은 또 다른 기자, 뉴욕의 에이브러햄 링컨 대대 형제단 사무실, 적십자사, 공산당 사무실에도 전화를 걸어보았다. 하지만 누구도 친구가 말한 것 이상의 정보는 갖고 있지 않았다. 근처의 마린 카운티에 살고 있던 밀리 베넷이 소식을 듣고 그녀에게 곧장 달려왔다.

며칠 뒤에는 샌프란시스코 베이에어리어 일대의 신문들에도 바르셀로나발 합동통신의 특보가 실렸다. 미국인들이 "큰 재난을 당했고, 실종자들 중에는 로버트 메리먼 소령도 포함돼 있으며 … 국가주의자군에 생포된 국제여단 장교들은 즉시 총살되었다"26는 내용이었다.

19. 프랑스군이 오지 않으면 우리는 망합니다

《뉴욕 타임스》의 1면 기사를 주도해간 기자
는 허버트 매슈스가 아니라 프랑코군 쪽에서 내전을 취재한 윌리엄 P. 카
니였다. 국가주의자군이 "오늘 적군을 대파하고 지중해에 도달함으로써
공화파 지역을 마침내 두 동강 냈다"[1]고 쓴 것도 카니였다.

이 일은 1938년 4월 15일 스페인 동부 해안가 마을 비나로스에서 일
어났다. 국가주의자군이 비나로스를 점령함으로써, 바르셀로나와 바르셀
로나를 둘러싼 카탈루냐 지역이 발렌시아와 마드리드가 포함된 그보다
면적이 한층 넓은 공화국 영토로부터 분리된 것이었다. 그러자 국가주의
자군 병사들이 깃발과 소총을 흔들며 바닷가로 내달리고, 손바닥을 앞으
로 들어 올리는 파시스트식 경례를 붙이는 헬멧 쓴 병사들의 환호하는 사
진들이 전 세계로 확 퍼져나갔다. 그날 낙담한 사람은 오직 하나, 베니토
무솔리니뿐이었다. 이탈리아 병사들이 지중해에 제일 먼저 도달하기를
바랐는데 그 기대가 무너졌기 때문이다.

그래도 친 공화파 기자들은 어떻게든 그 상황을 좋게 보이게 하려고

노력했다. 루이스 피셔만 해도 《네이션》에 프랑코의 공격은 "실패했다"[2]고 하면서, "전쟁을 끝내려는 것이 국가주의자군의 목적이었다. 그리하여 지중해 유역의 몇몇 하찮은 어촌을 포위해 곤경에 처한 사람들의 극렬한 저항을 야기하는 데에만 성공을 거두었을 뿐이다"라고 주장하는 기사를 썼다. 하지만 그가 묵고 있던 바르셀로나의 호텔 엘리베이터는 작동을 멈추었고, 도시의 전력도 부족했으며, 피레네 지방도 진격하는 국가주의자군의 공격을 받아 수력발전소의 송전선이 끊어졌다. 공화국으로서는 영토가 양분된 것보다 어쩌면 이것이 더 큰 타격일 수 있었다.

공화파 군대도 엉망이기는 마찬가지였다. 링컨-워싱턴 대대도 불과 몇 주 전에는 400명이었는데, 공화국 영토가 남북으로 양분된 날에는 다 합쳐 봐야 120명밖에 남지 않았다. 그 상황을 호전시킬 수 있는 길은 해외 원조뿐이었다. 공화파군이 대규모로 퇴각한 뒤 알바 베시를 태워준 미국 트럭 운전사가 한 말이야말로 대다수 사람들이 생각하고 있던 것이었다. "지금 프랑스군이 오지 않으면 우리는 망합니다."[3]

프랑코군이 지중해에 도달한 다음 달에는 아돌프 히틀러가 이탈리아를 방문했다. 모든 공식 방문을 끝내는 공식 방문이었고, 이를 반영하듯 나치 독재자의 이탈리아 방문에는 관리, 호위병, 기자들이 500여 명이나 동행했을 만큼 수행단의 규모도 엄청났다. 그들만으로도 객차 세 대가 가득 찼을 정도다. 무솔리니도 히틀러 방문단이 지나갈, 로마로 이어지는 가도 변에 2만 2천 개 이상의 독일 기와 이탈리아 기를 꽂아 그를 성대하게 맞을 준비를 했다. 이번 행사를 위해 특별히 지은 역에 총통이 도착했을 때는 '아돌프 히틀러 가도'로 명명된 새로운 도로를 통해 그를 데려왔다. 수도 로마에도 그 어느 때보다 많은 스와스티카 깃발을 나부끼게 했고, 히틀러가 탄 객차의 차창에서 길가의 쓰레기통과 황폐한 건물들이 보이지 않도록 그것들을 깨끗이 청소하거나 혹은 광고판으로 막아놓았다. 밤에도 서치라이트를 비춰 도시의 기념물들이 환하게 빛나도록 했다.

무솔리니와 히틀러는 헌화식, 파시스트 청년 5만 명이 벌이는 행진, 바그너의 오페라 〈로엔그린〉 연주, 이탈리아인들이 새롭게 배워 시행한, 나치식으로 다리를 높이 쳐들고 걷는 열병식, 도시 외곽에서 실제 폭탄과 포탄을 사용해 실시한 군사력 시위를 관전했다. 히틀러는 고대 로마 시대의 신전 판테온에 특히 관심이 많았던 듯 공식 방문에 이어 두 번째로 그곳을 비공식 방문했다. 아마도 당시 구상 중이던 웅장한 베를린 재건 계획에 필요한 영감을 얻기 위해서였을 것이다. 두 독재자는 공식 만찬장에서 양국 국민의 영원한 결속을 힘차게 다짐하는 말도 했다. 그로부터 얼마 지나지 않아서는 무솔리니가 저명한 일군의 이탈리아 과학자들로 하여금, 전보다 한층 굳건해진 두 파시스트 국가의 유대를 나타내는 상징으로 이탈리아를 "순수한 고대 혈통"에 따라 규정된 "아리아인 문명"이라고 선언하는 성명서를 발표하도록 했다. 머지않아 이탈리아에서는 반유대주의법도 제정되었다.

버지니아 콜스는 히틀러가 귀국한 뒤에 열린 나치당의 뉘른베르크 집회 때 대규모 군중을 매혹시키는 히틀러의 능력을 두 눈으로 목도하고, 그 느낌을 이렇게 적었다.

집회의 힘은 독창성보다는 거창함에 있었다. … 행사장에는 금박으로 새겨진 나치의 독수리 문양이 몇 개가 아닌 수백 개가 있었고, 수백 개도 아닌 수천 개의 깃발이 나부꼈다. … 밤에는 경기장 꼭대기에 설치된 대형 성화대에서 타오르는 오렌지색 불꽃이 어둠 속에 너울거렸으며, 강렬한 서치라이트 수백 개가 하늘을 배경으로 섬뜩한 조명 효과를 만들어내 행사의 신비로운 분위기를 극적으로 끌어올렸다. 북도 멀리서 치듯 일정한 간격으로 둥둥 울려 음악에서도 거의 종교적 엄숙함이 느껴졌다. …

그러고 나자 노란 깃발이 꽂힌 오토바이와 검은 차량의 행렬이 들어왔다. 한 차에는 나치식으로 팔을 쭉 뻗은 히틀러가 서있었다. 수천 명의 훈련된 지지자들이 그 뒤를 따랐다. 은빛 속에 나타나는 그들 모습은 마치 원형 경기장으로 물이 쏟아지는 것처럼 보였다. 그들이 대형을 지으며 모여들 때는 손에 손에 만자문 기를 들고 나와 원형 스타디움이 마치 명멸하는 만자문들의 바다처럼 보였다.

이어 히틀러의 연설이 시작되자 군중은 쥐 죽은 듯 조용해졌으나 북소리는 변함없이 둥둥 울렸다. 히틀러가 어둠 속으로 거친 목소리를 토해냈다. … 일부 청중은 몸을 앞뒤로 흔들고 광란의 황홀경에 빠져 "승리 만세"를 되풀이 외쳤다. 내 주변 사람들의 얼굴을 보니 뺨 위로 눈물이 흘러내리고 있었다. 북소리는 점점 커지고, 돌연 나는 두려움을 느꼈다.[4]

히틀러는 자국 보안 시스템의 구축을 도와달라는 스페인 국가주의자 정부의 요청에도 흔쾌히 응했다. 장교들로 구성된 보안국 팀을 이끌며 압수된 공화파 문서와 불온분자로 간주된 200여만 명의 데이터를 기반으로, 방대한 기록물 구축 작업을 벌이도록 하인츠 요스트 친위대 소장(나중에는 그가 동유럽의 죽음의 부대로 불린 이동학살부대들 가운데 하나의 사령관이 되었다)을 살라망카로 파견한 것이다. 게슈타포(비밀국가경찰)의 심문자들도 스페인에 체류하면서, 국가주의자군에 포로로 잡힌 국제여단의 독일 의용병들을 인계받았다. 나치 친위대 대장 하인리히 힘러도 프랑코에게 국가주의자의 최고 훈장인, 멍에와 화살이 겹쳐진 스페인 제국의 대십자 훈장을 수여받았다.

히틀러는 오스트리아 병합이 끝나자 그 다음에는 체코에 눈독을 들였다. 체코에 사는 독일인들이 인종차별로 고통받고 있다는 이유로 그들을 돕겠다고 나선 것이다. 버지니아 콜스는 늘 그렇듯 이번에도 사건의 중심으로 그녀를 데려다 주지 못해 안달하는 남자를 만났다. 이번에 간 곳은 인구 대부분을 독일인이 차지한 데다 친 나치 성향도 강했던 두 나라의 접경 도시 주데텐란트였다. 그러나 독일 국경에서 3킬로미터 남짓 떨어진 그 도시에서 개최된 나치 집회에서 콜스가 느낀 것은 "깃발, 스와스티카, 군기 … 히틀러 포스터, 귀청이 떨어지도록 질러대는 '만세' 소리로 가득 찬 악몽이었다. 집회가 열린 시청사에도 독일인 6,500명이 입추의 여지없이 꽉 들어차 있었고, 혼잡한 복도들에는 제복 차림의 주데텐란트 경비병들이 도열해 있었다."[5] 국경에도 독일군 병력이 동원돼 있었으며, 체코도 이에 맞서 병력 40만 명을 소집했다. 위기로 치달아가던 긴장상태는 이후 잠시 소강상태에 접어들었다. 그러나 위기가 다시 고조되리라는 것을 의심하는 사람은 거의 없었다.

이 사태는 예기치 않게 대서양 건너편 세계 최강의 국가 지도자에게도 영향을 미치는 듯했다.

1938년 5월 5일자 《뉴욕 타임스》에는 "루스벨트, 대 스페인 무기 금수조치 해제"라는 제목이 붙은 두 면짜리 칼럼이 게재되었다. "루스벨트 행정부가 노스다코타주 상원의원 제럴드 P. 나이가 제출한 결의안에 지지 의사를 밝혔고, 이번 회기가 끝나기 전에 법안은 통과될 전망이다"라는 내용이었다. 루스벨트는 당시 카리브해의 해군 선박에서 낚시를 즐기며 휴가를 보내고 있었다. 따라서 조만간 워싱턴에 돌아올 것이므로 그때 좀 더 형식적인 발표를 하게 될 것으로 모든 사람들은 기대했다. 공화파군이 그토록 절실히 필요로 하는 미국 무기를 마침내 살 수 있게 되는 모양이었다.

이렇게 루스벨트의 표면적인 태도가 변화하긴 했지만, 이것도 메리언에게는 너무 늦은 감이 있었다. 그녀에게 가장 고통스러웠던 것은 불확실성이었다. 전쟁 포로, 특히 장교와 외국 의용병들은 관례적으로 총살하던 국가주의자군이 이번 봄에는 그들에게 잡힌 국제여단 포로와 공화파군에 잡힌 이탈리아 포로들을 교환하려는 심산으로 그 관행을 잠시 보류한 상태였다. 국가주의자군은 심지어《뉴욕 타임스》의 카니 기자가 몇몇 미국인 포로들을 인터뷰하는 것도 허용해주었다. 하지만 그렇다고 이를 포로들이 풀려날 수 있다는 신호로 받아들이기에는 무리가 있었다. 게다가 에브로강 유역에서 혼란스럽게 퇴각했다고 알려진 미국인들에게 무슨 일이 벌어졌는지는 누구도 정확히 알지 못했다.

매슈스도《뉴욕 타임스》에 불확실한 기사를 실었다. 메리언도 뉴욕에 사는 친구를 통해 기사 내용을 전해 들었다. 그 친구가 그녀에게 매일 전화를 걸어 로버트가 언급된 매슈스의 기사를 읽어준 것이다. 1938년 4월 10일자 신문에는 이런 기사가 실렸다고 했다. 로버트와 제15국제여단 통제위원 데이브 도란이 "여전히 실종 상태"이지만, 다른 미국인 장교 세 명이 국가주의자 영토를 벗어나 갑자기 출현한 것으로 볼 때 "로버트와 도란도 모습을 드러내리라는 희망을 가질 만하고 … 게다가 이 두 사람은 동지들만큼이나 융통성, 용기, 힘이 뛰어난 사람들이므로, 그런 곤경을 벗어날 수 있는 사람들이 있다면 그것은 바로 그들일 것이다."

1938년 4월 14일자 《오클랜드 트리뷴》에도 로버트가 빌바오 근방의 국가주의자군 감옥에 갇혀있다는 소문에 근거해 "버클리 의용병, 현재 안전함"이라는 표제가 달린 기사가 게재되었다. 그해 5월에는 마드리드와 바르셀로나의 미국 외교관들이 그들도 같은 소식을 접했다는 메시지를 메리언에게 보내왔다. 카니도 5월 29일 미국인 18명이 부르고스 부근의 강제수용소에 갇혀있다는 말과 함께, 다만 그 안에 로버트가 포함되었는지 여부는 국가주의자 관리들이 확인해주지 않아 알 수 없다는 기사를 썼다. 카니는 그러면서 "비공식적이지만 대개는 정확한 소식통"임을 전제로, "일부 미국인들이 … 국가주의자군에 포로로 잡힌 직후 재판 없이 총살되었다"는 말을 들었다는 말도 덧붙였다.

메리언은 뉴욕 친구가 카니가 쓴 기사의 마지막 부분을 전화로 읽어줄 때는 두려움이 분노로 바뀌는 것을 느꼈다. "세비야의 미국 영사 찰스 베이도 부르고스의 관리들과 통상 업무를 논의하기 위해 그곳에 왔을 때, 수감된 미국인 전쟁 포로들의 상황을 알아보라는 본국 정부의 훈령을 받지 못했다고 말했다. 그러면서 '타국 깃발 아래 싸우러 온 미국인들이니 그들도 이후에 자신들에게 벌어질 일까지 본국 정부가 걱정해주리라고는 기대하지 않았을 것이다'라는 말을 했다"는 내용이었다.

"나쁜 자식!"[6] 메리언이 전화에 대고 소리쳤다.

메리언이 만일, 그 몇 달 전에는 찰스 베이 뿐 아니라 그의 상관인 국무장관 코델 헐마저 프랑코와 접촉해 국가주의자군의 외인부대에서 의용병으로 싸우다가 탈영 혐의로 체포돼 사형선고를 앞두고 있던 미국인

가이 캐슬을 신속히 석방되게 했다는 사실을 알았다면 더욱 격분했을 것이다.

100명이 넘는 캘리포니아 대학의 교수들도 로버트의 구명을 요청하는 서신을 헐에게 보냈으나, 그의 회신에는 찰스 베이의 말이 의도와 다르게 전달되었다고 주장하는 내용만 담겨있었다. 로버트의 어머니가 영부인에게 보낸 탄원서도 국무부로 다시 보내졌다. 영국에서는 일군의 학자들이 프랑코에게 직접 로버트의 구명을 탄원하는 전문을 보냈다. 그해 6월에는 네바다주의 한 신문에 세로 1인치, 가로 4인치 크기의 소식칸으로 "메리먼은 안전한 것으로 여겨짐"이라는 표제가 달린 기사가 게재되었으나, 이 역시 빌바로에 갇혀있다는 소문을 인용한 것일 뿐이었다. "온갖 수단을 다 동원해 지난 몇 달 간 수소문해본 결과, 나는 로버트가 빌바오의 강제수용소나 다른 어느 곳에도 있지 않다는 사실을 받아들일 수밖에 없었다"[7]고 메리언은 썼다.

그런 메리언에게 적으나마 위안이 되었던 것은 로버트를 알았던 사람들이 주변에 있는 것이었다. 1938년 11월에는 그녀가 샌프란시스코의 링컨 대대 퇴역병들에게 추수감사절 만찬을 대접했다. 메리언은 그 뒤 몇 달 동안은 공화파군의 대규모 퇴각 때 살아남은 미국인들로부터 전해 들은 이야기들을 취합했다. 그리하여 그녀가 내린 결론은 누구라도 로버트를 마지막으로 본 때는 1938년 4월 2일, 그러니까 헤밍웨이와 매슈스가 에브로강변에서 미국인 두 명을 마주치기 이틀 전이었다는 것이다. 로버트가 에브로강에서 서쪽으로 10여 킬로미터 떨어진 발렌시아 지방의 도시 코르베라 쪽으로 병사들을 이끌어가다가 국가주의자군에게 발각되었다는 점에서는 모든 사람들의 의견이 일치했다. 따라서 생존자들의 이야기도 그 부분에서 갈렸다. 매슈스만 해도 국가주의자군이 로버트 무리에게 "손들어!"라고 소리쳤다고 보도한 반면, 또 다른 목격자들은 어둠 속에서 소총이 발사되는 소리를 들었다고 말한 것이다.

이것이 로버트가 실종된 시점에 대해 메리언이 알아낸 사실의 전부였다. 50년 뒤 뜻밖의 편지 한 통을 받기 전까지는.

프랭클린 D. 루스벨트가 카리브해의 낚시 여행을 마치고 워싱턴으로 돌아왔을 때는 이미 그가 대 스페인 무기 금수조치를 해제했다는 보도가 명백한 오보인 것으로 드러났다. 나중에야 어찌 되었든 간에 당시에는 그랬다. 어떻게 그런 소문이 나게 되었는지는 아직까지도 오리무중이다. 온후한 성격, 테 없는 안경, 상아 담뱃대로 상징되는 루스벨트의 특성 뒤에 무엇이 숨어있었는지는 누구도 모를 만큼 루스벨트는 역대 미국 대통령들 가운데 가장 난해한 인물에 속했기 때문이다.

민주당 및 공화당 의원들 다수와 국무부 내의 반 나치 관리들은 무기 금수조치가 해제되기를 바랐다. 스페인 주재 미국 대사 클로드 바워스도 그중 한 사람이어서, 그 무렵까지도 그는 대통령에게 공화국에 대한 원조를 간청하는 장문의 편지를 보냈었다. 그래서 처음에는 《뉴욕 타임스》에 무기 금수조치 이야기를 흘린 장본인도 친 공화파 집단에 속한 사람들 가운데 하나일 것으로 추측되었다. 그가 대통령을 압박할 요량으로 그랬을 거라는 말이었다. 그 기사를 쓴 언론인 아서 크록이 영향력 있는 정부 관리들의 견해를 전달하는 통로 역할을 곧잘 해왔다는 것도 그 추측을 뒷받침했다. 아서 크록 본인도 몇십 년 뒤 한 역사가에게 국무장관 헐이었는지 국무차관 섬너 웰스였는지는 확실치 않지만, 둘 중 하나가 무기 금수조치 해제에 박차를 가할 요량으로 그 이야기를 자신에게 흘렸다는 식으로 말했다. 그러다가 또 다른 때에는 각료들 가운데 가장 열렬한 공화국 지지자로 알려진 내무장관 해럴드 L. 이커스를 기밀 누설자로 지목했다.[8] 그가 스페인에 무기를 팔지 않는 것은 "미국 역사의 어두운 단면"[9]이 될 거라면서 루스벨트를 몇 달 동안이나 압박했다는 것이었다. 그러나 이커스의 일기에는 그도 다른 사람들 못지않게 《뉴욕 타임스》 기사를 보고 놀랐던 것으로 나타난다.

그런가 하면 한 역사가는 무기 금수조치 해제 소문을 흘린 장본인이 루스벨트일 거라는, 그보다 더 어두운 해석을 내놓았다.[10] 그러면서 루스벨트가 자신의 결혼식 때 신랑 들러리를 섰을 만큼 막역한 친구 사이였던 내무장관 이커스를 매개자로 이용했을 개연성을 제시했다. 아닌 게 아니라 루스벨트는 일부 유권자들이 만족하리라는 것을 알고 이따금씩 정책 변화를 시사하는 소문을 내곤 했다. 그러다 나중에 마음이 바뀌면 시행이 불발된 책임을 다른 집단에게 돌렸다.

모르면 몰라도 루스벨트는 대 스페인 정책을 바꾼다 해도 공개적으로는 행할 의도가 없었을 것이다. 다른 문제들이 불거져 나오는 판에 그 일까지 벌이기에는 그에게 정치적 위험부담이 너무 컸다. 미국 국내 경제만 하더라도 그의 정적들이 "루스벨트 불황"이라고 부른 수렁에 빠져 허우적대고 있었다. 그의 지지도 또한 하락 추세여서 다가오는 중간 선거에서 그의 민주당이 어떤 결과를 얻을지에 대해서도 그로서는 걱정하지 않을 수 없었다. 스페인의 공화파를 원조하는 것이 국무부를 장악한 보수파를 무시하는 행위일 뿐 아니라, 그가 매우 중시한 영국 동맹국들의 큰 반감을 불러올 수 있다는 것도 문제였다. 물론 그도 스페인이 프랑코 체제가 되기를 바라지는 않았다. 하지만 설령 그렇게 된다 해도 스페인이 그 무렵부터 슬슬 걱정되기 시작한 독일과 일본과 같은 잠재적 적이 되어 미국의 직접적 위협이 될 개연성은 없었다.

그래서 루스벨트는 당분간은 뉴딜 정책의 주요 부분인데도 의회에 발이 묶여 있던 공정근로기준법 제정에 자신의 한정된 정치 자본을 사용하기로 했다. 《뉴욕 타임스》에 무기 금수조치 해제 소문을 흘린 것도 그래서였다. 그 기사로 추측이 난무하면 무기 금수조치 유지를 지지하는 여론이 높아질 것이고, 그러면 그도 공화국 지지를 부르짖는 미국 내 자유주의자들의 등쌀에서 벗어날 수 있을 것으로 예상한 것이다. 일은 정확히 그렇게 흘러갔다. 아서 크록의 기사가 나가기 무섭게 미국 내에서는 강연이 봇물을 이루고, 무기 금수조치를 유지시키기 위한 미국 가톨릭 성직자단의 로비도 시작되었다.

루스벨트가 가톨릭의 압박을 얼마나 큰 부담으로 느꼈는지는 확실치 않다. 지금과 마찬가지로 그때도 가톨릭 유권자들은 주교가 원하는 방향으로는 투표하지 않았기 때문이다. 1936년의 대통령 선거 때도 가톨릭 유권자의 70퍼센트 이상이 루스벨트를 찍었다. 그러니 그가 대 스페인 정책에 어떤 태도를 취하든 유권자들은 분명히 그를 지지했을 것이다. 반면에 그로서는 가톨릭을 비난하는 것보다 더 편리한 것도 없었다. 공화국에 무기를 팔라고 대통령을 압박한 자유주의자들만 해도 루스벨트와 연대의식을 느끼는 상류층 와스프들WASPs(앵글로색슨계 백인 신교도) 못지않게 가톨릭교회의 안 좋은 면은 불문곡직 무조건 믿으려고 했기 때문이다. 루스벨트는 자신을 상대로 공화파 로비를 벌이는 인사에게도 "젠장…. 무기 금수조치를 해제하면 가톨릭은 나를 십자가에 못 박을 거요"[11]라면서 가톨릭을 비난하는 말을 했다. 공화국의 열혈 지지자였던 해럴드 이커스에게도 그는 "무기 금수조치를 해제하면 이듬해 가을 선거에서 가톨릭 유권자들은 표를 주지 않을 게 분명해. 참으로 어처구니없는 일이지"라고 말했다. 그런데 마사 겔혼은 루스벨트의 이 주장을 곧이곧대로 믿고, 설령 대통령이 "공화국에 전적으로 호의적이었다 해도 … 그로서는 할 수 있는 것이 없다는 것을 알았다. 선거 결과는 로마 가톨릭에 의해 좌우되었기 때문이다"라는 확신을 굳혔다.

루스벨트가 스페인 공화국에 공산주의 영향력이 미치는 것을 우려했던 것은 사실이다. 반면에 무기 금수조치를 그가 은밀히 재고하고 있었음을 보여주는 증거도 적지 않다. 루스벨트가 무기 금수조치를 교묘하게 빠져나갈 방법을 비밀리에 검토한 것도 여러 차례였다. 하지만 그럴 때마다 그는 매번, 가령 이커스에게 "무기 선적을 허용해준다 한들 프랑코의 배들이 바다를 통제하고 있으니 공화파에 확실히 전달되리라는 보장이 없지 않소"[12]라고 하면서 시행 바로 직전에 제동을 걸기 위한 구실을 찾고는 했다.

루스벨트의 이런 우유부단함은 엄청난 파급효과를 낳았다. 서구 민주주의 국가들 가운데 스페인과 지리적으로 가장 가까운 프랑스만 해도 1938년 중엽, 프랑코군이 지중해 쪽으로 진격하고 공화파군이 전투에서 패할 개연성이 높아지자 정부 내 분열 때문에 그간 통과를 보류했던 소련 비행기 152대의 국경 통과를 허용해주었다. 허용도 모자라 비행기 부품 상자들이 높이 쌓인 트럭이 지나갈 때 거추장스럽지 않도록 노변의 가로수들을 잘라 수송 편의도 봐주었다. 그 소식에 공화파군의 사기도 부쩍

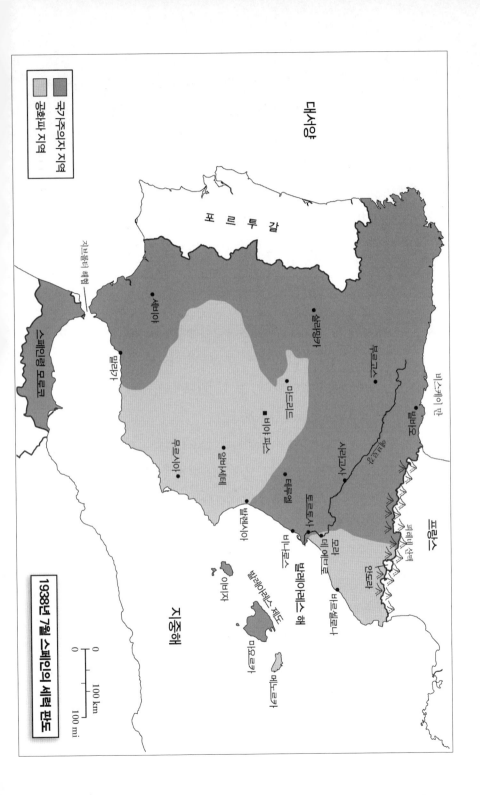

1938년 7월 스페인의 세력 판도

국가주의자 지역
공화파 지역

대서양

지브롤터 해협

스페인령 모로코

포르투갈

비스케이 만

프랑스

지중해

세우타
빌바오
산탄데르
부르고스
히혼
팜플로나
마드리드
피아르
라코루냐
무르시아
세비야
테루엘
사라고사
쿠엥카
발렌시아
미뉴르스
데니아
메노르카
카르타헤나
발레아레스 해
피레네 산맥
레이다
헤로나
바르셀로나
피게라스
발레아레스 제도
이비자
마요르카
메노르카

0   100 km
0   100 mi

올라갔다. 하지만 프랑스 정부와 엇박자를 낸 루스벨트의 우유부단한 행동으로 인해 프랑스 내의 친 공화파 로비는 크게 약화되었다. 이커스도 루스벨트에게 미국이 스페인에 무기를 공급하지 않으면 프랑스는 영국의 압력에 굴복하게 될 것이고, 그렇게 되면 프랑스-스페인 국경도 다시 폐쇄될 것이라고 경고했다. 이커스의 예상은 과연 적중해 프랑스는 6월 13일에 국경을 폐쇄했고, 그렇게 되자 스페인으로 유입되는 소련 무기의 양도 줄어들었다. 그렇다고 그것을 대체할 다른 무기 공급원이 있는 것도 아니었다.

한편 토비 젠스키는 스페인에서 1년간의 간호사 생활을 마치고 미국으로 향했다. 떠나기 직전에는 자매 부부에게 "아직까지는 새로운 소식이 없지만, 그래도 계속 알아보고는 있어"[13]라면서, 여전히 실종 중이던 필 샤흐터의 상태를 알리는 편지를 썼다.

귀국길에는 런던에 들러 팻 거니를 만났다. 팻은 그녀와의 결혼을 기정사실화하면서도 영국에서 또 한 번 결혼식을 하려고 별렀다. "팻의 어머니, 친척, 친구들 모두 나를 극진하게 대해 주었어. 알고 보니 팻이 글쎄 나만 감쪽같이 속이고 사람들에게 결혼식 계획을 알렸더라고. 내가 아니라고 하는데도 그들은 들은 척도 하지 않았어. 그래도 5월 4일에는 퀸 메리호를 탈 수 있으니 한 주만 더 버티면 일은 잘 풀릴 것 같아." 하지만 그녀는 일주일을 더 버티지 못했고, 그리하여 떠밀리듯 헷갈리는 감정 속에 1938년 4월 29일 거니와 결혼식을 올렸다. 거니는 어머니에게 빌린 반지로 결혼식을 치렀다.

젠스키는 자매 부부에게 쓴 같은 편지에서 병원으로 밀려들어 오는 팔 다리 잘린 부상병들을 동료 간호사들과 돌보는 과정에서 후유증을 얻게 된 사실도 조심스럽게 털어놓았다. "팻이 나를 잡아끌며 그런 사진들을 보여주는데도 아무런 느낌이 들지 않고 무덤덤한 거야. … 그러나 저러나 영국에서는 스페인 뉴스를 거의 접할 수가 없네. 들리는 소식도 안 좋은 것뿐이라 스페인에 남은 다수의 친구들이 걱정돼 죽겠어." 거니는 거니대로 결혼식 일주일 뒤 새 신부가 후다닥 본국으로 가는 긴 여정에 오르자 두 사람의 결혼이 지속될 것인지 의구심을 가졌다.

국가주의자군이 미국인 포로들을 억류하고 있다는 보도가 나옴에 따라 필의 가족도 그가 살아있을 것이라는 희망의 끈을 놓지 않고 계속 수소문했다. 필의 형 맥스는 뉴욕주 상원의원 로버트 F. 와그너와 스페인 공화국의 국방장관(필이 포로로 잡혔다고 주장하는 회신을 보내왔다)에게 문의 편지를 보내고, 미 국무부에도 거듭 편지를 보냈다. 그러나 그에 대한 미 국무부 관리의 회신 내용은 뻣뻣하기만 했다. "정보 제공자에게 알아본 결과 유감스럽게도 샤흐터 씨 소식을 모르겠다는 말을 들었다는, 발렌시아 미국 부영사의 급송 문서를 받았기에 그 소식을 전해드립니다."[14]

20. 국제여단의 마지막 공격

1938년 5월 루이스 피셔가 가족을 만나기 위해 모스크바로 갔다. 소련의 세 번째 숙청 재판이 막 끝난 때였다. 재판정에 선 21명의 피고인들은 세 명을 제외하고는 모두 사형선고를 받았고, 사형선고를 받지 않은 사람들도 나중에 굴라크에서 사망했다. 숙청 재판을 받은 사람들 중에는 피셔의 친구도 여섯 명이나 포함돼 있었다.

그런데도 피셔는 그 기사를 쓸 엄두를 내지 못했다. 그 무렵까지도 공화국에 소련 무기를 보낼 수 있는 방법을 찾으려는 시도를 하고 있었기 때문이기도 했지만, 그의 가족에게도 약점이 있었다. 아내 마르쿠샤가 소련 시민권자인 데다, 두 아들 또한 부부가 공산주의에 대한 열정에 휩싸여있을 때 태어난 탓에 미국 대사관에 출생 등록을 하지 않았고, 그러다보니 소련 국적자로만 등록되어 있었기 때문이다. 더군다나 아내와 두 아들에게는 출국 비자도 없었다.

"두 아들을 데리고 공항으로 마중 나온 마르쿠샤는 나를 보자마자 우울한 소식을 쏟아냈다. '아무개는 어떻게 됐어?'라고 묻자 사라졌다고 말했고, 'X는?'이라는 질문에는 총살당했다는 답이 돌아왔다. '그의 아내는?'이라고 물었더니 망명했다고 말했다."[1] 피셔는 모스크바에서는 이제 기자 생활이 불가능하다는 것을 깨닫고 스페인으로 돌아가기로 마음먹었다. 그래서 가기 전 "일의 특성상 해외에 머물러있게 될 것 같으니 가족의 이주를 허가해주기 바란다"는 청원서를 소련 비밀경찰 수장에게 보냈다. 그러나 몇 달이 지나도록 소식이 없었다. 스페인에 와서도 불안한 마음에 스탈린에게 두 차례 편지를 보냈으나 역시 소식이 없었다.

공화파군은 영토 대부분을 국가주의자군에 빼앗긴 상황에서도 마드리드만은 계속 보유하고 있었다. 도시 서쪽에도 대학 캠퍼스 사이로 전선이 구불구불 뻗어나가 때로는 양측이 45미터도 안 되는 거리를 사이에 두고 참호를 파며 대치를 벌였다. 1938년 봄 《뉴욕 헤럴드 트리뷴》의 한 기자는 공화파군 참호에 들어가 보았던 소감을 이렇게 적었다. "공화파군이 가장 열심히 쫓는 적은 쥐와 문맹이었다. … 각 부대에는 읽기와 철자법 교실도 있었다. … 지하의 그 컴컴한 굴속에서는 대학 설립자들이 결코 꿈꾸지 못했을 방식으로 대학의 임무가 수행되고 있었다."[2]

또 다른 미국인 두 명도 같은 시기에 동일한 전선을, 그러나 반대편 쪽에서 시찰하고 있었다. 토킬드 리버와 그의 동료인 텍사코 파리 지사장 윌리엄 M. 브루스터가 그들이었다. 국가주의자군은 전시의 스페인을 두 번이나 찾아주는 데 대한 감사의 표시로 그들에게 귀빈급 대접을 했다. 리버 일행이 대학 전선을 시찰할 때는 프랑코의 사령관들이 국가주의자군 통제구역에서 오찬을 베풀어주고, 그들이 당대의 회사 중역들이 애용하던 8인승 호화 여객기 벌티 V-1A를 타고 다닐 때는 군부와 민간인 관리들이 함께 따라다니며 그들을 에스코트했다. 리버 일행이 타고 다닌 벌 티 V-1A는 1년 전 군수품 및 중고 비행기들을 싣고 뉴욕항을 떠나 공화파 항구로 가던 마르 칸타브리코호를 국가주의자군 전함이 탈취해 얻은 항공기들 중 하나였다. 시찰지 중 한 곳인 사라고사에 가서는 리버가 그곳의 국가주의자군 트럭들 대부분이 미국 포드사 제품인 것을 보고 클라이슬러사 설립자인 친구 월터 크라이슬러에게 "월터, 이곳에는 눈을 씻고 봐도 크라이슬러가 없어. 아무래도 문명에 기여하는 것은 포드뿐인 것 같으이"[3]라는 전보를 보내야겠다는 우스갯소리를 하기도 했다. 리버는 스페인 방문을 마치고 돌아간 뒤 국가주의자 측에 이런 감사의 전문을 보냈다. 파리에 돌아온 뒤에도 멋진 나라를 방문하는 동안 저와 브루스터에게 베풀어주신 귀관들의 뜨거운 배려와 호의가 잊히지 않습니다.[4]

브루스터는 그 무렵까지도 공화파의 석유 수송과 관련된 정보를 부르고스의 국가주의자군 사령부에게 넘겨주고 있었다. 브루스터가 스페인 내전 기간에 국가주의자군에 이런 식으로 전달한 정보는 무려 50건이 넘었다. 그는 공화파 지역으로 가던 유조선이 다르다넬스 해협에서 일어난 폭발로 파괴되었을 때도 국가주의자군에 이런 전문을 보냈다. "빨갱이들은 그들이 몹시 필요로 하는 가솔린을 잃게 될 것으로 보입니다."[5] 공화파 지역으로 가는 해상 교통은 국가주의자군의 공격으로 그 어느 때보다 위험해졌다. 공화파 항구들을 오가는 과정에서 침몰하거나 손상을 입거나 탈취된 화물선만 해도 300척에 달했고, 그러다 보니 공화파 지역으로 가는 항로의 운임율도 국가주의자 지역으로 가는 항로의 운임율보다 세 배나 비싸졌다. 선원들 중에는 그 지역으로 항해하기를 주저하는 사람들도 있었다. 영국 유조선 아를롱호의 선원들은 심지어 루마니아의 콘스탄

차항에서 가솔린을 적재한 뒤 배의 목적지가 스페인의 공화파 지역인 것을 알고는 조업을 거부하며 영국 영사에게 쫓아가 계약을 해지하고 본국으로 돌아갈 수 있게 해달라고 요구했다.[6] 이 배의 선원들은 결국 루마니아인들로 대체되었다. 그런데 이 유조선도 텍사코의 추적을 받은 배들 가운데 하나였다. 아를롱호가 또 다른 항해를 위해 콘스탄차에서 출발하자 파리의 브루스터는 배의 목적지가 발렌시아이고 "가솔린 7천 톤"이 적재되었음을 알리는 아롤롱으로 명명된 전문을 국가주의자군에 보냈다(아를롱호는 이후 몇 차례 더 운항한 뒤 발렌시아의 항구에 정박해 있다가 국가주의자군의 폭격을 맞고 파괴되었다). 중립국에 지사를 설치한 기업이 전쟁 중인 나라의 군부에 이런 류의 정보를 제공한 사례는 일찍이 없었다.

지중해 변의 두 도시 바르셀로나와 발렌시아는 여전히 공화국의 영토였다. 그러나 점점 범위를 넓혀가는 국가주의자 영토를 사이에 두고 위아래로 갈라져 있는 것이 문제였다. 두 도시는 심지어 우편물조차 잠수함을 통해 주고받았다. 군대의 사정도 좋지 않아 공화파군은 소총도 부족했으며 스페인인들이 '젖병 문 병사들'이라고 부를 만큼 소집병의 나이도 점점 어려졌다. 새로 도착하는 외국 의용병도 거의 없어서, 그 무렵에는 링컨-워싱턴 대대도 미국인보다 오히려 스페인인이 더 많았다.

영토가 양분되고 피난민 수백만 명을 먹여 살려야 하는 공화국은 냉혹한 선택에 직면해 있었다. 정부 내의 몇몇 인사는 프랑코가 공화국에 대한 전면적 승리 이외의 다른 어떤 대안도 받아들이지 않을 것임을 천명한 상황인데도 여전히 화해적 평화를 원했다. 그러나 오래지 않아 궁지에 몰린 공화국 지도자들은 색다른 전략을 도출해냈다. 그에 따라 1938년 봄의 파멸적 퇴각 과정에서 살아남은 미국 병사들과 여타 국제여단 병사들이, 포도원과 고대의 석조 마을이 있고 수영으로 여름의 무더위를 날려버릴 수 있는 샛강이 흐르는 카탈루냐의 목가적 시골에서 누리던 짧은 휴식도 끝이 났다. 알바 베시는 링컨 대대가 바짝 마른 강기슭으로 야간 행군을 하는 기동 연습에 투입되었을 때 처음으로 그들 앞에 어떤 운명이 놓였는지를 감지했다. 강기슭에 도착한 병사들은 소형 보트 한 척 분량의 인원으로 소규모 분대들을 구성한 뒤 물 없이 자갈뿐인 강바닥을 걸어서 건너는 훈련을 했다. 마른 강을 건너는 것을 비꼬아 "노를 더 힘차게 저어"[7]라는 농담을 주고받으며 건넜다. 도하 훈련을 마친 뒤에는 산을 오르고 계단식 산비탈을 공격하는 훈련을 했다. 그제야 "병사들은 '아하, 도하 작전을 실시하려는 거구나. 그런데 무슨 강을 건너려는 거지?'라고 말했다. 무슨 강인지 알면서도 내숭을 떠는 것이 분명했다. 전에도 반대편 쪽에서 그 강을 건넌 적이 있었기 때문이다."[8]

지중해로 연결되는 에브로강 하구는 그 무렵까지도 국가주의자군과 공화파군 지역으로 갈라져 있었다. 그래서 베시와 그의 동지들도 공격 훈련이 끝난 직후 시작된 야간 행군 때는 적군에게 들키기 않도록 덜거덕거리는 소리가 나는 양철 그릇 같은 물건들은 배낭이나 담요 속에 집어넣었다. 트럭들도 그쪽 방면으로 가는 것들은 전조등을 껐다.

당시 링컨 대대의 지휘는 전임 지휘관들이 거의 죽거나 부상당한 탓에 약관 스물두 살의 밀턴 울프가 맡고 있었다. 집에 머물고 있는 어머니에게 군인이 된 스페인인을 대신해 공장 직공으로 일하고 있다고 둘러댔다가 뉴욕의 유대인 신문에 자신의 사진이 게재되는 바람에 의용병인 것이 들통난 청년이었다. 울프는 수심에 잠기고 풀이 죽은 병사들을 불러

모아놓고 브루클린 악센트 섞인 영어로 앞으로의 계획을 이야기했다. "지금부터 우리는 가볍고 민첩하게 에브로강을 건너 파시스트 영토 깊숙이 들어가 요지를 확보할 것이다. 공화파군의 다른 병력도 우리가 내륙으로 진군할 동안, 곧 건설될 다리를 건너올 것이다." 울프는 이에 덧붙여 공화파군 정보부가 국가주의자군의 식량과 무기 창고가 있는 위치도 알아냈다는 말을 했다. 베시에게는 이 말이 이번 기습공격에 동원된 병력은 적에게 포획한 보급품으로 자활을 하라는 뜻으로 들렸다.

에브로강 동안으로 비밀리에 이동한 공화파군 병력 8만 명에게 굳이 그들이 처한 위험을 말해줄 필요는 없었다. 설사 첫 진격에 성공한다 해도 뒤에는 강이 흐르고 앞에는 험준한 산악 지대가 놓여있으며 병참선도 기껏 콘도르 군단의 폭격 한 방에 무너질 취약한 나무 부교였으니 말이다. 게다가 공화파군은 수적으로도 국가주의자군보다 훨씬 열세였다. 대포도 3월과 4월 초의 전투에서 참패당한 뒤에는 다 합쳐 봐야 150문 밖에 되지 않았고, 이 중에는 19세기 포들도 섞여있었다.

순수하게 군사적인 면으로만 보면 공화파군의 이번 공격은 무모했다. 그럼에도 후안 네그린 총리와 그의 내각이 이 공격을 밀어붙인 데에는 그럴 만한 이유가 있었다. 요컨대 그들은 스페인 밖의 지지자들에게 호소하기 위해 시간을 버는 도박을 하려는 것이었다. 그렇게 해서 공화파가 만일 잠시나마 지반을 확보하고 히틀러가 큰 전쟁으로 확대될 수 있는 또 다른 공격을 감행하면 모든 상황은 달라질 수 있었다. 영국과 프랑스만 해도 공화국의 동맹이 될 개연성이 있었다. 실제로 이듬해에 전쟁이 발발했으니 유럽 전역이 머지않은 장래에 전쟁에 휘말려들 것으로 본 것은 황당무계한 생각이 아니었다. 설사 그럴 가능성이 없었다 해도 신속하고 극적으로 영토를 획득하면 강대국들도 스페인에 무기를 팔 것이라는 것이 네그린과 각료들의 생각이었다. 외무장관 훌리오 알바레스 델 바요도 훗날 이렇게 썼다. "서구 민주주의 국가들이 제정신을 차려 우리로 하여금 무기를 다시 살 수 있게 해주리라는 희망을 갖기 위해 우리는 새로운 이유를 만들어내지 않는 날이 ⋯ 단 하루도 없었다."[9]

공화파군의 공격은 준비도 잘 되었고, 공격의 첫 국면은 순조롭게 진행되기도 했다. 척후병들이 현지의 공화파 지지자들의 도움을 받아 국가주의자군 진지의 위치와 그곳들에 주둔한 병력 대부분이 초짜들임을 알아내자, 1938년 7월 25일 동트기 전 공화파군의 진격 부대가 재빨리 에브로강을 건넜다. 뒤이어 나뭇가지들로 위장한 노를 저어 움직이는 소형 나무배들—지중해 유역의 어촌들에서 육로로 힘겹게 운반해온 것들도 있었고, 교회였다가 작업장이 된 곳에서 만든 것들도 있었다—을 타고 더 많은 병사와 공병들이 강을 건너와 십 수 개의 부교를 재빨리 만들었다. 말이 좋아 부교지 둥근 통 여러 개 위에 널빤지들을 얹어 얼기설기 엮은 것이었고, 게다가 그중 몇 개는 보병부대나 혹은 들것병들이 일렬종대로나 간신히 지나다닐 만큼 폭이 좁은 조잡한 다리였다. 하지만 국가주의자군은 이런 엉성한 공격에도 충격을 받고 쩔쩔맸다. 공화파군이 설마 그곳까지 공격해 오리라고는 짐작하지 못한 것이다. 프랑코의 측근은 심지어 이동식 사령부로 사용되던 풀먼 침대차의 얇은 벽을 통해 대원수가 흐느끼는 소리를 듣고 화들짝 놀라기도 했다.[10]

배 한 척 분량의 미국과 캐나다 의용병들이 먼저 에브로강을 건넜다. 보급품을 실은 노새들도 그 뒤를 따랐다. 물에 들어오지 않으려 하는 것을 억지로 끌어들여 따라오게 했다. 교사 출신의 뉴요커 레너드 램이, 이매뉴얼 로이체가 그린 유명한 〈델라웨어강을 건너는 조지 워싱턴〉 그림에 나오는 워싱턴처럼 뱃머리에 서서 포즈를 취했다. 공화파군의 첫 공격에는 영국 대대도 참가했다. 그 부대 지휘관들 가운데 한 명이던 루이스 클라이브가 당시 병사들이 빼곡히 들어찬 나무배를 타고 에브로강을 건너며 무슨 생각을 했을지는 오직 추측만 할 수 있을 따름이다. 루이스 클라이브는 1932년 하계 올림픽에 출전해 금메달을 딴 조정 선수였다.

알바 베시도 그곳에서 첫날을 보내고 그 소감을 일기에 이렇게 적었다. "먹지도 못하고 … 돌로 지은 헛간 안에서 짚 위에 누워 잤다. 지쳐 빠진 데다 배는 고프고 몸도 땀에 흠뻑 젖었다."[11] 이튿날에는 그와 동료 병사들이 토마토소스에 버무려진 생선 통조림, 쿠키, 돌처럼 딱딱한 초콜릿, 시가 등 적군에게 탈취한 요상한 음식들의 조합을 걸신들린 듯이 먹었다. 시가는 잘게 부순 뒤 종이에 말아 피웠다.

그날 링컨 대대의 중위 한 명이 스페인 병사 일곱 명과 함께 국가주의자군에 생포되어 무장해제를 당했다. 그런데도 중위는 적군 장교 앞에서 국가주의자군보다 수가 훨씬 많은 공화파군 병력이 그들을 포위하고 있는 것처럼 큰소리를 쳤고, 그리하여 몇 시간 뒤에는 국가주의자군 장교가 도리어 포로였던 중위에게 항복을 하고 제15국제여단으로 연행돼 왔다. 놀라운 것은 장교 여섯 명이 포함된 국가주의자군 병사 208명도 그의 뒤를 따라온 것이었다. 베시는 그들을 본 느낌을 이렇게 적었다. "그들도 우리와 다를 바 없는 것을 보고 무척 놀랐다. 특징 없는 평이한 제복을 입은 것도 그랬고, 더럽고 빗질 안 해 헝클어진 머리, 면도를 안 하고 명백히 겁에 질린 모습도 그랬다."[12]

국가주의자군도 공화파군의 공세에 거센 반격을 가했다. 베시도 적군의 반격이 시작된 지 일주일이 지나서야 처음으로 부츠를 벗고 잠을 잤다. 140대 이상의 폭격기와 급강하 폭격기가 맹폭을 퍼붓고, 전투기 100대는 에브로강을 건너려고 집결한 군대에 기총소사를 퍼부었다. 트럭들도 몇 안 되는 부교를 건너려다 보니 뒤로 수마일이나 길게 뻗어있을 때가 많아 적군의 표적이 되었다. 설상가상으로 적군의 공병들이 피레네 산맥에 있는 강 상류의 댐 수문을 열어 강이 범람하는 바람에 무게가 가벼운 부교들은 강물에 휩쓸려버렸다.

루이스 피셔는 공화파군의 공격이 2주째로 접어들었을 무렵에야 겨우 공격의 거점인 교두보를 방문했다. 마드리드의 경우가 그렇듯 외국 특파원들의 수가 점점 줄어드는 상황에서 전선에 왔다가 호텔로 돌아가기란 쉬운 일이 아니었다. 게다가 차량 또한 국가주의자군의 폭격을 피해 야간에만 움직여야 했다. 피셔는 공화파군의 교두보에 대해 이렇게 썼다. "강둑과 강변에는 폭탄 구멍들이 깊이 패여있었다. 몇몇 구멍들에는 물도 가득 고여있었다. 공병들이 허리춤까지 오는 강물 속에서 끊어진 밧줄을 묶고, 부서진 부교를 수선하느라 구슬땀을 흘렸다. 불빛이 비치면 적군 폭격기가 날아들 수 있었기 때문에 불도 켜지 않고 완전한 암흑 속에서 일을 했다."13

피셔는 미국 병사들을 찾아보기 시작했다. "우리 차를 운전해온 기사가 충돌을 피하기 위해 불빛 희미한 손전등을 비추자 병사들이 스페인어로 '불 꺼요'라고 소리를 질렀다." 그렇게 더듬더듬 찾아다니다가 마침내 "스페인의 암흑 속에서 뉴욕과 스페인 억양이 섞인 영어 말소리를 들었다. … 공격 첫날부터 전투에 투입된 병사들이었다. 옷도 못 벗고 씻지도 못한 그들은 바위나 땅바닥에서 잠을 자며 13일 동안이나 전투를 계속해 오고 있었다." 피셔도 그날 밤에는 차 뒷좌석에서 잠을 잤다. 그런 다음 아침에 눈을 떠보니 "미국인들은 올리브나무 숲에 있었다. … 아침이 되었건만 그들에게는 먹을 것도 마실 것도 없었고, 심지어 물도 없어 혀로 입안을 문지르는 것으로 양치를 대신했다."

피셔는 알바 베시와 다른 병사들과 이야기를 나눈 뒤 바르셀로나로 돌아갔다. "도로에서는 트럭이 길잡이 역할을 했다. 앞서 가던 트럭이 급정거하고 차에 탄 사람들이 들판으로 내달리면 비행기가 온다는 뜻이었다. … 우리 차가 달리고 있던 도로와 샛길이 만나는 곳에서도 배수 도랑에 앉아있던 병사와 소년 한 명이 벌떡 일어나 냅다 뛰는 모습이 보였다. 그래서 우리도 차문을 열고 뛰어나가 악취가 진동하는 길가의 도랑에 엎드려있었다." 국가주의자군 비행기는 폭탄 네 개를 차례로 떨어뜨렸다. 그런데 신기하게도 폭탄은 모두 폭발하지 않았다. 이튿날 피셔가 네그린 총리와 점심 식사를 하는 자리에서 그 이야기를 하자, 총리는 흔한 일이라고 하면서 이렇게 말했다. "포르투갈에서 제작된 국가주의자군의 불발탄을 열어보니 그 안에 '친구여, 이것은 자네를 해칠 폭탄이 아니라네'라고 쓴 직공들의 쪽지가 들어있더군요." 그 후에도 유사한 일들이 많이 벌어졌다. 믿기지 않을 정도로 많았던 이 일들은 암흑의 시대에 사람들에게 작은 희망의 빛이 되었다.

그 무렵 에브로강 전선에서는 여름 무더위가 맹위를 떨치고 있었다. 8월의 어느 날인가는 그늘 밑의 기온이 섭씨 36.6도, 뙤약볕 아래 기온은 무려 섭씨 56.6도를 기록하기도 했다. 그런 무더위 속에 대다수 병사들은 헬멧도 없이 지냈다. 베시는 당시의 상황을 이렇게 기록했다. "모자 속에 나뭇잎을 넣어 일사병 이겨내는 법을 스페인 병사들에게 알려주었다. 그러나 더위보다 더 괴로운 것은 물이 없는 것이었다. … 수통을 들고 십 수 번을 왔다 갔다 해도 물을 충분히 얻는 병사는 없었다. 우리는 머리끝부터 발끝까지 땀으로 목욕을 했다."[14] 암석이 많은 지형이어서 참호나 대피호를 파는 것 또한 거의 불가능했다. 광부 출신의 한 병사는 그곳을 "다이아몬드 시추기도 부서질 만한 지형이었다"고 기억했다. 무덤 파는 것도 쉽지 않아, 시신 위에 돌덩이를 쌓아올리는 것이 링컨 대대의 흔한 매장 방식이었다. 베시는 급식도 "짜디짠 건대구와, 고기보다 물렁뼈가 더 많고 돌처럼 딱딱해진 선지 소시지"로 구성된 괴상한 음식이었다고 기억했다. 미국인들의 고질병이던 설사도 다시 위력을 발휘해, "한 병사는 흘리지 않고 10미터를 갈 자신이 있어!"라고 농담을 하기도 했다. 공화파군의 이런 부실한 급식 상황을 비웃듯 국가주의자군 확성기에서는 그들의 일일 식단이 울려 퍼졌다.

베시는 공화파군 화력이 국가주의자군의 상대가 되지 않아 독일과 이탈리아 비행기들이 하늘을 새까맣게 뒤덮은 상황에서도, 오웰이나 네우가스에 견줄 만한 정신력으로 감정의 예리한 감각을 계속 유지했다. 그의 부대가 바위투성이 언덕 능선을 긁어 파 만든 깊이 60센티미터의 보잘 것 없는 참호에 틀어박혀 초조하게 군사행동에 나설 때를 기다리고 있던 어느 오후에 대해서도 그는 "그럴 때는 견딜 수 없을 만큼 긴장된다"고 썼다. 근처에서 기관총 발사 소리가 두두두둑 났을 때에 대해서는 이렇게 썼다. "입안이 바싹 마르고 목이 칼칼해진다. 배도 아프고 속이 뒤틀리며 가슴도 쥐어짜는 듯이 아프다. 그런데 주위를 둘러보면 다른 병사들은 마치 숲 속으로 소풍이라도 나온 듯 태평하게 바닥에 앉아 소곤소곤 대화를 나누고 있다. 그 모습이 생경해 나 자신을 바라보니 놀랍게도 나 또한 그들과 다르지 않았다. 다른 병사들 앞에서 두려워하는 내색을 하지 않으려다 보니 모두들 애써 태연한 척 행동하는 것이다."

링컨 대대의 결원을 보충하기 위해 들어온 스페인 신병들은 적군의 공격을 받으면 허둥대며 지리멸렬했다. "볶아치고 위협하고 발길질하고 총으로 쏴도(실제로 두 명은 총을 맞았다) 꿈쩍도 하지 않았다." 그도 그럴 것이 그들은 의용병이었던 미국인들과 달리 소집병이었던 것이다. 그러니 최악의 전투가 전개되는 최전방으로 되풀이 투입된다고 알려진 국제여단에 배정되는 것에 대해서도 그들은 분명 두려움을 느꼈을 것이다. 베시는 새로 도착하는 증원부대를 보고 공화파군의 병력이 바닥났다는 것을 알아차렸다. 병사들 모두 나이가 너무 많거나 너무 어린 사람, 혹은 전과자와 탈영병 출신이었기 때문이다.

국가주의자군 비행기들은 공화파군을 향해 항복을 유도하는 전단도 뿌렸다. "프랑코의 스페인에는 정의가 살아 있다. 풍족함, 평화, 자유도 있다. 배고파하는 사람도 없다. … 제군들의 형제에게로 오라." 한 미국인은 이 전단을 보고 "그런데 노조 표시가 없잖아"[15]라고 한마디 했다. 그런데도 몇몇 스페인 병사들은 이 전단을 보고 탈영을 했다. 하지만 적군의 포로가 된 미국인들에게는 풍족함도, 평화도, 자유도 부여되지 않았다. 지난 9월 미국인 14명이 포함된 링컨 대대원 40명이 국가주의자군에게 생포되어 후방으로 끌려가고 있을 때도 병사들이 영어로 대화하는 것을 들은 장교가 행군을 멈추게 하더니, 그들 가운데 미국인들만 끄집어내 기관총으로 사살한 적이 있었다.

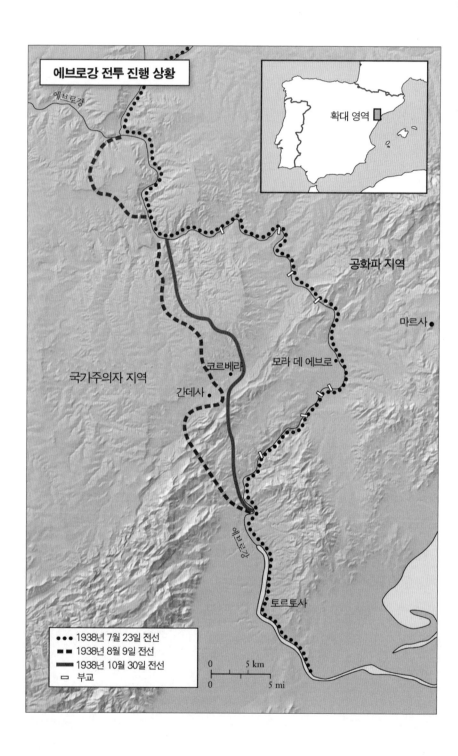

에브로강 전투 진행 상황

에브로강

확대 영역

공화파 지역

마르사 ●

국가주의자 지역

코르베라

간데사

모라 데 에브로

에브로강

토르토사

●●● 1938년 7월 23일 전선
▬▬▬ 1938년 8월 9일 전선
▬▬▬ 1938년 10월 30일 전선
▭ 부교

0   5 km
├────┬────┤
0   5 mi

공화파군에는 고사포가 새롭게 지급되었다. 그러나 베시에 따르면 "수가 너무 적었고 그러다 보니 적군의 비행기 75대가 떴을 때도 발포 간격이 뜸한 고사포탄들 사이로 그것들이 유유히 빠져나가는 모습을 바라보며 병사들은 분통만 터뜨렸다. 반면에 아군 비행기 10대가 상공에 떴을 때는 수백 에이커 면적의 하늘이 새까매졌을 정도로 적군의 고사포가 사방에서 터졌다. 그 모습을 보고 있자니 가슴이 미어졌다."[16]

집중 포화가 퍼부어지면 파편뿐 아니라 폭파된 산악 지대에서 떨어져 나온 바위조각들로도 대기가 가득 메워졌다. 포격이 멈추면 또 다른 종류의 공포가 찾아들었다. 베시는 이렇게 썼다. "다 합치면 여덟 시간에 달하는 긴 포격이 끝나고 하루 종일 엎드려있던 좁은 참호에서 일어나 걸으려면 다리가 말을 듣지 않았다. 생각대로 움직이지가 않아 다리가 제자리에 붙어있는지 확인한 뒤에야 걸을 엄두를 냈다. 멀리서 들리는 포성에 참호로부터 조금이라도 떨어져 있으려 해도, 지면으로 뛰어 올라 달음박질이라도 칠 것 같은 마음과 달리 몸을 뒤뚱거리다 결국은 자기가 똥 싼 자리에 도로 주저앉기 마련이었다. 이 상황을 얼마나 더 견딜 수 있을지는 누구도 몰랐다." 한 미국인 하사는 이가 맞부딪치는 것을 막으려고 이빨 사이에 작은 막대기를 물고 있었다.

베시는 절친한 친구가 부상을 입고 한쪽 눈을 잃자 피떡이 진 그의 권총을 물려받았다. 그리고 오래지 않아 친구가 병원에서 죽었다는 소식을 들었다. 식량 트럭이 국가주의자군의 포격을 받아, 그날 밤에는 병사들이 급식도 제공받지 못했다. 에브로강을 건너기 전에는 768명이던 링컨 대대의 병력이 한 달이 지난 그 무렵에는 380명으로 줄어들었다. 부대를 찾은 기자가 병사들에게 나치 독일이 "기동 연습"을 위해 체코와 프랑스 국

경지대에 대규모 병력을 집결시켰다는 소식을 전해주었다.[17]

링컨 대대에 조금씩 꾸준히 전달되는 소식으로 보아 프랑스와 네빌 체임벌린 총리가 이끄는 영국은 히틀러의 기분을 맞추기에 열심인 듯했다. 그렇게 되면 서방 무기의 구매를 원하는 공화파군의 희망도 꺾일 수밖에 없었다. 1938년 8월에는 전선에 있던 베시의 전우가 그에게 이런 말을 했다. "체임벌린 총리가 체코를 배신할거야. 내 말이 틀림없을 테니 두고보라구."

그런데 그해 9월 실제로 협상 때 체임벌린이 히틀러에게 양보한 내용의 일부가 공개되었다. 에브로강 교두보의 제15국제여단 사령부에 머물고 있던 베시는 그 소식을 들은 느낌을 이렇게 적었다. "유럽에서 들려온 소식은 영국과 프랑스가 체코의 일부 영토를 분할하는 데 동의하고 절충 '안'을 제시했다는 것으로, 전보다 더 나빴다."[18] 히틀러가 체코의 광범위한 영토를 차지하고, 유럽 4국(영국, 프랑스, 독일, 이탈리아)이 타국들과 분쟁을 겪고 있는 체코 국경지대에 대한 "통상적 '보증'을 서기로 했다는 것이 절충안 내용이었다. 살인자들은 시신을 존중하겠다는 보증도 서고 있었다!"

체코의 위기는 9월 한 달 내내 고조되었다. 1938년 9월 12일의 뉘른베르크 당 집회 때는 히틀러가 체코에 사는 독일인들이 자결권을 가져야 한다는 연설을 했고, 그 사흘 뒤에는 체임벌린 총리가 독일을 급거 방문하여 베르히테스가덴의 휴양지에서 총통을 만났다. 영국 총리는 그 일주일 뒤에도 히틀러를 다시 만났으나 그의 요구가 더 강경해진 것을 확인하는 데 그쳤다. 그리고 9월 29일 유럽 4국(독일, 영국, 프랑스, 이탈리아) 지도자들은 마침내 뮌헨에 있는 호화로운 신 나치 당사의 대형 난로 주변에 반원형으로 앉아 체코 영토를 기본적으로 분할하는 내용의 협정을 체결했다. 히틀러의 요구사항을 모두 수용해, 비 독일인도 포함된 인구 350만 명의 체코 영토(주데텐란트) 1만 제곱마일을 독일이 합병하는 데 동의한 것이다.

체임벌린은 히틀러에게 이렇게 공짜 승리를 안겨주고도 줄무늬 바지에 빳빳한 윙 칼라 셔츠(칼라가 빳빳하게 서있고 끝만 살짝 뒤집어진 모양의 보타이용 셔츠—옮긴이)차림으로 영국에 돌아와 "우리 시대의 평화"를 이루었다고 주장했다. 체코가 당한 운명은 이 나라가 동유럽 국가들 중에서는 거의 유일하게 민주주의가 번성한 나라였기에 더욱 뼈아팠다. 한편 프랑코는 그 결과가 나오기 무섭게 "유럽의 평화가 보전되도록 진력한" 그의 "노고에 진심으로 경의를 표한다"는 전문을 체임벌린에게 보냈다.[19]

그러나 버지니아 콜스가 체코 위기를 취재하면서 프라하에서 본 것은 "수백 년 역사를 자랑하는 건물들이 구름 낀 하늘 아래 잿빛으로 슬픔에 잠겨있고, 험악한 분위기로 조성된 오싹함"이었다.[20] 바츨라프 광장에서는 우울한 표정으로 운집한 군중을 상대로 대통령이 뮌헨 회담의 결과를 확성기로 발표하고 있었다. 기자 한 명이 데려온 체코인 비서가 소수의 특파원들에게 그 내용을 번역해주어 콜스도 대통령의 말을 이해할 수 있었다. "대통령의 발표는 영토 분할이 최종적으로 결정되었음을 알리는 것으로 짧았다. 이어 그의 애잔한 말이 이어졌다. '그렇다고 체코가 지구상에서 제일 작은 나라가 되지는 않을 것입니다. 체코보다 작은 나라들도 있을 테니까요.' 이 말에 체코 속기사가 연필을 놓더니 손으로 얼굴을 가리고 흐느꼈다."

스탈린도 뮌헨 협정의 전개 과정을 예의주시했다. 상상의 적들에게 숱하게 복수를 해온 그였지만 자신의 진정한 적은 히틀러임을 알고 있었던 것이다. 스탈린은 뮌헨 협정이 체결되었으니, 영국과 프랑스가 프랑코의 승리를 막기 위해 스페인 내전에 개입하지는 않을 것이라 보았다. 이탈리아 잠수함들이 소련 무기가 스페인으로 항해하는 것을 위태롭게 만드는 일도 계속되고 있었다. 스탈린은 스페인 내전에 대한 흥미를 잃기 시작했다. 소련 공산당 기관지 《프라우다》와 《이즈베스티야》에서도 스페인 뉴스가 1면 기사에서 사라졌다. 스탈린은 스페인 주재 소련 대사를 본국으로 소환해 총살시킨 뒤에도 후임 대사를 임명하지 않았다. 공화국 군부에 제공해준 러시아와 동유럽 장교들도 하나둘씩 철수시켰으며, 심지어 그들의 다수는 처형하기까지 했다. 바리톤으로 오페라 곡을 부른 제15 국제여단 사령관 블라디미르 코피츠 대령도 소련으로 소환된 뒤 자취를 감추었다. 그리하여 한때는 천 명에 육박했던 공화국의 소련 장교가 1938년 말에는 4분의 1로 줄어들었다.

스탈린은 영국 및 프랑스와 손잡고 대독 연합 전선을 구축할 가능성이 희박해지자 다른 전략을 구사하기 시작했다. 1938년 말에는 로이스 오르와 찰스 오르가 속한 미국 사회당의 신문에도 "히틀러와 스탈린은 거래를 할 것인가?"[21]라는 제목으로 그것을 예고하는 듯한 기사가 실렸다.

한편 스페인에서는 네그린 총리와 그의 내각이 국제여단 의용병들의 다수가 전사하거나 부상당한 것과, 그럼에도 전 세계 공산당들이 더 이상 신병을 모집하지 않을 것임을 알고, 소심한 모험을 감행할 계획을 세웠다. 민주주의 국가들이 독일과 이탈리아 육군 및 공군 병력을 철수하도록 프랑코에게 압박을 가할지도 모른다는 가망 없는 희망을 품고, 국제여단 병사들의 철수를 만방에 알리려는 것이었다. 그리하여 네그린은 제네바에 본부를 둔 국제연맹 연설에서 국제여단의 모든 병력을 전선에서 철수하고 스페인에서도 내보낼 것이라는 드라마틱한 선언을 했다.

규율이 흐트러져 질서 있는 퇴각을 하지 못할 것을 우려한 여단의 일부 장교들이 노력한 보람도 없이 그 소식은 스페인 전선으로도 퍼져나갔다. 알바 베시도 독일 융커스 폭격기가 투하한 폭탄 한 발이 폭발해 초죽음이 되었던 어느 날 그 소식을 들었다. 하지만 그와 그의 동료 병사들은 그것이 큰 도박이 되지 못할 것임을 알았다. 국제여단에 남은 병력이래야 고작 몇천 명의 지쳐빠진 병사가 전부였기 때문이다. 미국 의용병들의 대다수도 병원에 입원해 있어 전선에는 80여 명만 남아있었다. 네그린의 발표가 나온 지 사흘 뒤에는 그 80명마저 국가주의자군의 맹포격을 받고 피의 아수라장 속에 퇴각하면서, 판자대기를 엮어 만든 부교를 건너는 것을 끝으로 영원히 전장을 떠났다.

5부

전쟁이 남긴 흔적

21. 1938년 10월 28일, 바르셀로나의 눈물

스페인인 30만 명이 인파로 가득 찬 보도, 창문, 깃발들이 늘어진 혼잡한 발코니, 플라타너스 나무와 가로등 기둥들 위에 위태롭게 서서 흐느끼고, 환호를 보내고, 손을 흔들고, 색종이 조각과 감사의 쪽지를 행렬 쪽으로 던졌다.[1] 때는 1938년 10월 28일, 바르셀로나의 대로인 디아고날 거리에서는 국제여단의 잔여 병력 2,500명의 고별 열병식이 열리고 있었다.[2] 그들이 지나가는 노변에는 의용병들이 싸운 전투명이 적힌 표지판들이 걸려있었다. 실제로 국제여단 병사들은 공화파군 잔여 병력의 세 배에 달하는 전사자가 나왔을 만큼 적군에 맞서 용감하게 싸웠다.[3]

고별 열병식에는 그 무렵까지도 병원을 떠나지 못한 다수의 병사들을 제외한 26개국 의용병들 모두가 참가했다. 그러나 수척한 모습으로 행진하는 의용병들의 줄은, 그들에게 갈채를 보내기 위해 거리로 쏟아져 나온 사람들의 머리에 가려 보이지도 않았다. 미국인 200명도 이 날의 행진에 참가했다. 이들에 포함된 소수의 간호사들을 제외하면 열병식에 참가한 의용병들은 모두 누더기 제복에 짝짝이 신발을 신고 오른쪽 어깨 위에 담요 뭉치를 둘러멘 남자들이었다. 이들이 발목까지 차오른 꽃들을 밟기도 하면서 아홉 열 횡대를 지어 대로를 행진했다.

허버트 매슈스는 회고록에서 "이들은 행진하는 법을 배우기도 전에 전투하는 법부터 배웠다. … 그러다 보니 발을 맞추거나 줄맞춰 서는 법도 모르는 듯했다"고 썼다.[4] 매슈스도 이날 바르셀로나에 있었다. 그러나 충분히 예상할 수 있듯이 《뉴욕 타임스》에는 그가 타전한 화려한 행진 기사가 실리지 않았다. 매슈스는 국제여단 병사들이 힘겨운 현실 속에서도 "패한 적이 없고, 에브로강 전투야말로 그들이 최후의 승리를 거둔 전투였다"고 말했다.

도심을 행진하는 의용병들 눈에 처참하게 파괴된 건물과 페인트가 벗겨져 나간 공동주택의 벽들이 보였다. 무솔리니의 폭격기들에게 맹폭을 당한 증거들이었다. 하늘에는 새로운 공격에 대비해 공화파군 전투기들이 떠다녔다. 그 소음에 묻혀 악대의 연주 소리는 들리지도 않았다. 뉴욕 출신의 한 의용병은 그때를 이렇게 떠올렸다. "여자와 아이들이 아들, 형제라고 부르며 우리의 품 안으로 달려들고 '다시 돌아오라'고 말했어요. … 그런 경험은 난생 처음이었죠. … 전투밖에 몰랐던 투박한 병사들도 그 모습에 감동해 엉엉 소리 내어 울었어요."[5] 에브로강 전투에서 부상당한 의대생 밀턴 로버트슨도 병원에 입원해 있다가 끌려나오다시피 국제여단의 열병식에 참여한 뒤 그 이튿날 집에 이런 편지를 썼다. "우레 같은 갈채가 연속으로 밀려드는 파도처럼 언제까지고 계속되었어요. … 아홉 살 혹은 열 살 정도 돼 보이는 소년도 길모퉁이에 서서 얼굴에 검은 줄을 만들며 눈물을 흘리고 있었죠. 아이가 다가오는 트럭 안에 붕대 감은 병사들이 탄 것을 보고는 길모퉁이에서 뛰어나와 차를 막아서더니 측면으로 기어올랐어요. 얼굴에는 여전히 눈물을 흘리면서 말이죠. 차에 탄 아이는 양팔로 나를 얼싸안고 두 뺨에 키스를 했어요. 나도 눈물을 맛보며 아이에게 키스를 했죠."

행진을 마친 국제여단 병사들이 마침내 공화국의 국가 연주와 국가 지도자들의 연설을 듣기 위해 대형을 지어 정렬했다. 네그린 총리가 먼저 북받치는 감정으로 내전이 끝난 뒤 스페인으로 돌아오는 국제여단 병사들에게는 전원 스페인 시민권을 부여해주겠다고 약속하는 연설을 했다. 이어 라 파시오나리아라는 예명으로 불린 스페인 최고의 웅변가 돌로레스 이바루리가 연단에 올라섰다.

연단에 선 그녀는 "어머니들이여! 여성들이여!"[6]라는 말로 포문을 열었다. 그런 다음 이렇게 말을 이어갔다. "세월이 지나 전쟁의 상처가 아물면, … 스페인인들 모두가 차별 없는 자유로운 국가에 산다는 자긍심을 느끼면 여러분의 자식들에게 말하십시오. 아이들에게 국제여단에 대해 말해주십시오. 그들이 어떻게 바다와 산을 넘어와 총검 빼곡한 전선을 넘나들었는지에 대해 말입니다. … 국제여단 병사들은 자유의 십자군으로 이 나라에 왔습니다. 사랑하는 사람, 조국, 가정, 부, 이 모든 것들을 버리고 온 것입니다. … 그리고 이렇게 말했죠. '우리가 이곳에 온 것은 스페인의 대의가 곧 우리의 대의이기 때문이다. 우리는 선진적이고 진보적인 인류의 대의를 위해 왔다.' 그랬던 그들이 오늘 떠납니다. 하지만 다수, 수천의 병사들은 그들의 수의가 된 스페인의 대지, 이곳에 우리와 함께 머물러 있습니다."

자국민들에 대한 연설이 끝나자 라 파시오나리아가 이번에는 의용병들을 향해 말했다.

"국제여단 동지 여러분! 여러분은 정치적 이유와 국가적 이유로 송환되고 있습니다. 일부는 조국으로, 또 다른 일부는 강요에 의해 추방을 당하는 것이지요. 그렇더라도 당당하게 가십시오. 여러분은 역사입니다. 여러분은 전설입니다. 여러분은 민주주의의 결속과 보편성을 상징하는 영웅적 본보기입니다. 우리도 여러분을 잊지 않을 것입니다. 그리하여 평화의 올리브나무가 새 잎을 틔워 스페인 공화국의 승리와 합쳐지는 날, 이곳으로 돌아와 주십시오!"

라 파시오나리아의 고별사는 역사와 전설이 되어 책 제목으로 쓰이고 기념비들에도 새겨졌다. 그녀의 이 고별사와 더불어, 그 많은 나라의 그 많은 사람들이 그들 정부의 뜻을 거역하고 그들 모두에게는 낯설었을 고장으로 와서, 자신들이 믿는 대의를 위해 싸운 미증유의 시대도 끝이 났다. 영국의 한 신문은 꼼꼼하게도 "심지어 검은 피부를 가진 의용병들도 키스를 받았다"는 기사를 실었다.[7] 그날 바르셀로나에 있던 사람들은 이 장면을 두고두고 잊지 못했을 것이다. 뉴요커 존 게이츠도 이렇게 썼다. "그날은 의용병의 날이었다. 줄을 선 대열로 여자들이 들어와 우리에게 키스를 하고, 남자들은 악수를 나누며 우리를 얼싸안았다. 아이들은 우리의 어깨에 올라탔다."

의용병들이 바르셀로나 도심에서 고별 열병식을 하고 있을 때 헤밍웨이와 겔혼은 파리에 있었다. 취재를 위해서가 아니라 스페인을 마지막으로 방문하는 길에 들른 것이었다. 헤밍웨이는 공화국 정부가 국제여단을 철수시켰다는 소식에 큰 충격을 받았다. 겔혼이 나중에 "헤밍웨이가 그의 인생을 통틀어 스스로를 가장 중요하게 여기지 않은 유일한 때"[8]가

바로 스페인 내전 때였다고 썼을 만큼, 헤밍웨이에게 스페인 내전은 중요한 사건이었다. 그녀는 헤밍웨이가 호텔 방의 벽에 기대 "그들이 그럴 수는 없어! 그럴 수는 없어!"라는 말을 되풀이 말하는 것도 보았다.

겔혼이 헤밍웨이가 우는 모습을 본 것은 그때가 유일했다.

공화파군이 힘들여 구축한 에브로강 서안의 교두보를 지킬 수 있는 방법은 없었다. 그 무렵에는 백만 명을 헤아리게 된 국가주의자군 병력이 수적으로 열세인 공화파군을 사정없이 몰아붙였기 때문이다. 독일의 급강하 폭격기(슈투카)도 강 건너로 퇴각하려고 무리 지어있던 공화파군의 수송차대에 폭격을 퍼부었다. 국제여단의 고별 열병식이 열리고 나서 몇 주 후에는 공화파군이 에브로강의 마지막 다리를 폭파함으로써 113일 동안 이어진 에브로강 전투도 마침내 끝이 났다. 그 무렵에는 견디기 힘들었던 여름의 무더위가 겨울의 눈으로 바뀌어있었다.

넉 달 가까이 지속된 에브로강 전투 기간(1938. 7. 25~1938. 11. 16)에 공화파군 병사들이 교두보에 틀어박혀 있으면서 맞은 포탄은 하루 평균 1만 3,500개에 달했다. 사망자도 3만 명에 달한 것으로 추정되었으니, 부상자는 물론 그보다 훨씬 많았다.[9] 국가주의자군은 전투가 진행되는 몇 달 동안 1차 세계대전 이래 가장 혹독한 포격을 공화파군에 퍼부었고, 그러다 보니 전투가 끝난 뒤에도 그곳에서는 몇 년 간 계속해서 민간인 사망자가 속출했다. 농부들이 삽이나 쟁기로 건드릴 때마다 땅에 묻혀있던 불발 포탄이 터진 탓이었다.

히틀러, 무솔리니, 프랑코가 승리로 가는 길이 훤히 뚫렸음을 안 것은 뮌헨 협정이 체결된 뒤였다. 히틀러는 뮌헨 협정이 체결되기 전까지만 해도 서방 국가들이 스페인 내전에 정신이 팔려 동유럽에 가진 자신의 야욕에 신경 쓰지 못하도록 하기 위해 종전을 서두르지 않았다. 이랬던 그가 뮌헨 협정이 체결된 뒤에는 다량의 무기와 군수물자를 국가주의자군에 보내기 시작했고, 프랑코는 그 대가로 다른 외국 기업들에게 부여한 특권을 훨씬 상회하는 광산 채굴권을 히틀러에게 제공했다.

미국은 뮌헨 협정의 당사국이 아니었다. 그런데도 루스벨트는 "제발! 대 스페인 무기 금수조치를 해제해주세요. 보세요, 우리에게 무슨 일이 벌어졌는지"[10]라는 말 뒤에 "체코의 유령"이 서명된 편지를 포함해 로비성 편지들이 밀려드는 가운데, 대 스페인 무기 금수조치를 재고하겠다는 암시만 연신 날리고 있었다. 그런 차에 1938년 11월에 실시된 미국 중간선거에서 그의 민주당이 하원 의석 70석을 잃는 참패를 당하자, 루스벨트는 굳이 정책을 바꿔 유권자의 표심을 잃는 모험을 하려고 들지 않았다. 낙선한 일부 의원들이 가장 열렬한 공화파 지지자였던 것도 루스벨트의 결정에 영향을 미쳤다. 엘리너 루스벨트도 이 일이 마음에 걸렸는지 그동안 마사 겔혼에게 썼던 기나긴 목록의 편지들에서 보여준, 따뜻하면서도 정치적으로는 신중했던 태도를 버리고 처음으로 그녀에게 이런 편지를 보냈다. "마사 보거라. 네 기사는 나만 읽지 않고 대통령에게도 보여드렸단다. 독자가 네 글을 읽고 수치심을 느끼지 않을 기사를 네가 쓰게 될 날이 오기를 진심으로 바란다."[11]

라 파시오나리아가 스페인을 떠나는 국제여단 병사들에게 고별 연설을 하고 난 2주 후 프랑코의 동맹국 독일은 장차 유럽이 나치 지배하에 놓일 것임을 암시하는 징후를 보였다. 1938년 11월 9일 밤 나치 돌격대가 독일 일대, 오스트리아, 히틀러의 통제를 받는 체코 일부 지역에서 천 곳 이상의 유대인 예배당을 파괴하고, 유대인 소유 상점 7천 곳에 불을 지른 것이다. 또한 도끼와 쇠망치로 유리창을 부수고, 90명 이상의 유대인을 살해하는 난동을 부렸다. 돌격대원들은 가정집, 학교, 병원들을 약탈하고, 유대인 묘지의 묘석들을 박살내거나 통째로 뽑아버렸다. 그들은 기도서와 토라들도 시시덕대며 모닥불 속으로 던져넣었다. 수백 년 된 예배당의 스테인드글라스 창문을 포함해, 이 사건 뒤에 깨진 유리조각들이 흩어져 있던 데서 붙여진 명칭인 수정의 밤 동안 소방서들에는 유대인의 건물들이 불타는 것을 내버려두되 근처의 "아리아인" 재산이 위협받는 경우에만 물을 끼얹어 불길을 잡으라는 명령이 떨어졌다. 며칠 뒤에는 유대인 학생들의 독일 학교 등교가 금지되었고, 유대인 남성 3만 명은 다하우와 부헨발트를 비롯한 집단수용소로 끌려갔다.

6주 뒤의 어느 눈 내리는 아침, 국가주의자군이 공화파군에 마지막 공격을 퍼부었다. 독일 신형 무기들이 가득한 육군과, 콘도르 군단의 메서슈미트 전투기들의 일부를 인계받기 시작하고, 독일식으로 훈련받은 조종사 400명으로 보강된 공군이 국가주의자군 공격의 주축을 이루었다. 절망에 빠진 네그린 총리가 비밀리에 파리를 방문하여 프랑스 외무장관과 프랑스 주재 영국 대사 및 미국 대사들에게 지원을 요청한 일도 허사로 돌아갔다. 바티칸과 다른 채널을 통해 화해적 평화를 성사시키려 한 시도도 프랑코가 관심을 보이지 않아 무위로 끝났다. 프랑코는 전쟁의 희생자를 줄이려는 노력에도 관심을 보이지 않았다. 영국이 처형을 중지시키기 위해 양측에 특사를 보냈을 때도 공화파는 그 요청을 즉각 수용해 넉 달 간 사형집행을 전면 중단했으나 국가주의자는 사형선고를 앞둔 정

치범이 수천 명에 달하는데도 그 요청을 거부했다.[12]

소총부터 비행기에 이르기까지 모든 군수물자가 턱없이 부족했던 공화파는 결국 공군 사령관을 모스크바로 보내 원조를 간청하도록 했다. 스탈린도 비록 스페인에 대한 관심은 많이 줄었지만, 가까운 장래에 공화파가 패하는 데에는 걱정이 되어 약간의 군수물자를 보내주었다. 하지만 직항로인 지중해가 그 무렵까지도 아직 너무 위험하여 무기를 실은 화물선들은 스페인 항구로 바로 오지 못하고 프랑스의 항구로 돌아갔다. 설상가상으로 프랑스 정부가 화물 운송을 지연시키는 바람에 공화파는 무기를 제때 받지도 못했다. 그래도 어쨌거나 공화파군 장교가 무기를 조사하기 위해 프랑스로 가서, 국경을 넘어와 벌판에 남겨진 궤짝들을 뜯어보니 안에는 구형 전투기와 폭격기 부품들만 들어있었다. 공화파에는 그것들을 조립할 비행장도 남아있지 않고, 전투기를 몰 조종사들도 충분치 않아 쓸모없는 것들이었다.[13]

그 무렵 마드리드의 보통 시민들은 하루 800칼로리에도 못 미치는 음식을 섭취하며 살았다. 석탄도 없어 공동주택에 사는 사람들은 전등 대신 촛불을 켜고, 집안의 가구, 문짝, 창의 덧문, 나뭇가지들을 난로의 땔감으로 썼다. 신병으로 징집된 남자들에게도 군화와 담요를 스스로 마련하라는 정부의 명령이 떨어졌다. 바르셀로나에도 피난민이 넘쳐 괴혈병이 맹위를 떨치고, 식량 배급도 하루에 렌즈 콩 3.5온스로 제한되었다. 말린 대구는 운 좋은 사람이나 얻어걸렸다.

그런데도 허버트 매슈스의 기사에는 공화파 지역에 사는 사람들의 궁핍에 대한 언급이 없었다. 1939년 1일 1일자 바르셀로나발 기사에서도 그는 "전반적으로 이곳에는 곤란과 괴로움이 없다"고 썼다.[14] 2주 뒤 공화파군의 또 다른 퇴각에 대한 기사를 써야 했을 때도 그는 퇴각이 "신속하고 능률적"으로 이루어졌다고 주장했다. 며칠 뒤에는 몇몇 도시들을 빼앗겼다는 사실은 마지못해 인정하면서도, 공화파군 병사들의 사기는 "높아 보인다. … 이곳의 누구도 정부가 앞으로 몇 달은 더 전쟁을 수행할 수 있으리라는 점을 의심하지 않는다"고 썼다. 매슈스는 국가주의자군의 마드리드 진입이 가까워진 1월 15일에도, 공화파군이 "마드리드의 기적을 일궈낸" 1936년의 전투를 상기시키며 "그러므로 또 한 번 기적을 만들어낼 수 있다"는 기사를 타전했다. 이튿날 바르셀로나의 외곽에는 국가주의자군이 진입했다.

　카탈루냐의 주도 바르셀로나 거리들에는 사람들이 국가주의자의 보복을 불러올 만한 것들을 모조리 파기하는 가운데, 찢어진 당원증과 노조원증 조각들이 어지럽게 흩어져있었다. 여행가방과 옷 꾸러미들을 손에 들고, 운이 좋으면 짐 실린 수레를 밀기도 하면서 프랑스 국경으로 도주하는 피난민도 수십만 명에 달했다. 그러나 부상당한 공화파군 병사 2만 명은 떠날 수도 없어, 그들에게 닥칠 최악의 상황을 두려워만 하고 있었다. 잘린 팔다리와 파편으로 인한 상처야말로 프랑코군에게는 치명적인 신원 증명서 역할을 할 것이었기 때문이다. 한 여인은 그때를 떠올리며 이렇게 썼다. "발카르카의 병원을 엉금엉금 기어 나오던 부상병들의 모습은 평생 잊지 못할 것이다. 상처에 붕대가 감기고 팔다리가 잘린 그들이 추운 날씨에 반 벌거숭이 차림으로 기를 쓰고 도로로 기어 나와 자신들을 버리고 가지 말라고 애타게 소리치던 그 모습을 말이다. … 다리가 잘린 부상병들은 바닥을 기었고, 한쪽 팔을 잃은 병사는 다른 쪽 팔을 들어 주먹 쥔 손을 해보였으며, 어린 병사는 두려움에 울부짖었고, 나이든 병사들은 자신들을 버리고 도망치는 우리에게 격분하여 소리치고 저주를 퍼부었다."[15] 하지만 설사 그들이 프랑스를 향해 힘겹게 터벅터벅 걸어가는 거대한 피난민 무리에 합류할 수 있었다 해도, 결과는 좋지 못했을 것이다. 국가주의자군 폭격기들이 눈과 진눈깨비 내리는 사이사이 거지꼴을 한 그 피난민 무리에 사정없이 폭탄을 투하하고 기총소사를 퍼부었으니 말이다.

바르셀로나에 들어온 국가주의자군이 제일 먼저 한 일은 오랫동안 울리지 않던 교회 종이 울리는 가운데 도시의 대 광장들 중 하나에서 무릎을 꿇고 기도를 올린 것이었다. 그런 다음 그들은 며칠간 미친 듯이 약탈을 했다. 마사 겔혼은 엘리너 루스벨트에게 쓴 편지에서, 바르셀로나를 잃는 것이 "마치 가족 한 사람을 잃는 것 같았어요. 아니, 그보다 더 끔찍했습니다"[16]라고 말했다. 그 세 달 전 국제여단 병사들의 열병식이 열렸던 거리도 대원수 거리로 개칭되었다. 국가주의자군의 한 장군은 바르셀로나를 "죄 많은 도시"로 선언하고는 "그러므로 이제 말끔히 청소할 필요가 있다"고 말했다. 그의 말대로 과연 도시의 감옥들은 죄수로 가득 채워졌고, 금서들은 불태워졌으며, 교사 수천 명은 직장을 잃었다. 유럽의 반대쪽에서는 히틀러가 뮌헨에서 돋워진 식욕을 참지 못해 뮌헨 협정을 무시하고 프라하로 군대를 진군시켰다.

한편 겨울 외투 없이 지내는 병사들이 태반이었던 군대가 지키는 쪼그라든 영토에서는 공화국이, 장차 수백 명의 희생자를 내게 될 마지막 비극적 내분을 겪고 있었다. 이번 분란은 유럽 전쟁이 확대되면 영국과 프랑스의 도움을 받을 수 있을 것이라 믿고 가능한 한 오랫동안 버티기로 작정한 네그린 총리와 그의 지지자들, 그리고 '협상에 의한 평화'로 목숨을 부지할 수 있기를 바라는 완고한 군 지휘관들 간에 벌어졌다. 하지만 양측의 어느 쪽도 원하는 것을 얻지 못했다. 영국과 프랑스만 해도 내전이 아직 진행 중이던 1939년 2월 27일에 이미 프랑코 체제를 인정했고, 게다가 프랑스는 오래지 않아 공화국이 맡겨놓은 다량의 금을 국가주의자 정부에 넘겨줌으로써, 금 보유고가 없던 프랑코에게 큰 혜택을 베풀어주기까지 했다. 프랑코 또한 무조건적 항복만을 원할 뿐 협상에는 콧방귀도 뀌지 않았다. 1939년 3월 31일에는 국가주의자군이 스페인의 전 영토를 점령함으로써 내전이 끝났다. 내전 기간에 정치적 이유로 죽은 스페인인들은 총 20만 명으로 추산되었다.[17] 보수적으로 산정한 한 추정치에는 전투 중에 죽거나 부상당한 병사들의 수도 그와 유사하게 표시되었다. 폭격으로 죽은 민간인도 만여 명이나 되었으며, 전쟁과 관련된 영양실조나 질병으로 죽은 공화파 지역 사람들도 2만 5천 명에 달했다. 사상자 수가 그보다 더 높게 표시된 추정치도 있었다. 하지만 스페인인들도 곧 알게 되듯이, 그렇다고 내전과 더불어 대량의 죽음이 끝난 것도 아니었다.

마드리드에서는 대형을 지은 전투기들이 프랑코 만세Viva Franco라는 글자를 하늘에 수놓으며 비행하는 가운데, 국가주의자군이 독일 및 이탈리아 동맹군 부대들과 함께 승리의 행진을 벌였다. 대부분이 도보로 움직이는 피난민들도 50만 명으로 늘어났다. 그런 와중에 교황 피우스 12세는 "하느님께 우리의 마음을 바치며, 가톨릭 국가 스페인을 승리로 이끌어주신 점, 최선을 다해 진심으로 사의를 표합니다"라는 축전을 프랑코에게 보냈다.[18]

프랑코의 승리는 토킬드 리버에게도 교황만큼이나 고맙게 여겨졌

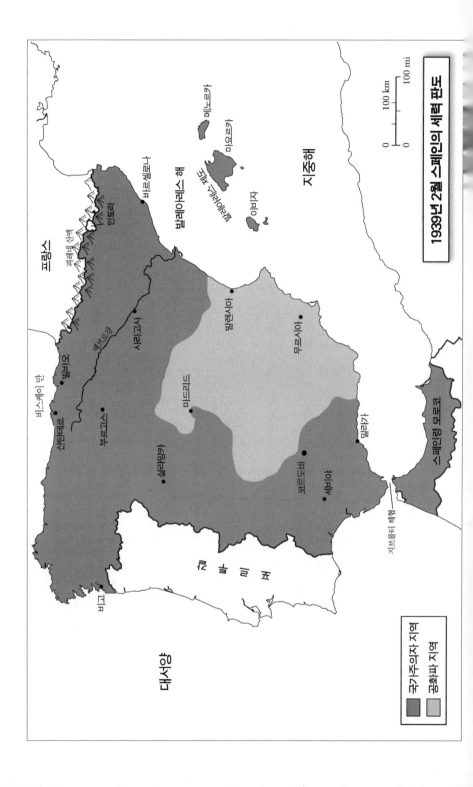

프랑스

피레네 산맥

지중해

발레아레스 해

메노르카

마요르카

코르시카르

이비자

바르셀로나

안도라

시고리아

에브로강

빌바오

비스케이 만

산탄데르

부르고스

에브로강

사라고사

발렌시아

마드리드

무르시아

과달라하라

코르도바

세비야

알라가

지브롤터 해협

스페인령 모로코

비고

피투갈

대서양

1939년 2월 스페인의 세력 판도

0   100 km
0   100 mi

국가주의자 지역
공화파 지역

을 것이다. 국가주의자군에 외상으로 제공해준 그 모든 석유 대금을 일거에 받게 되었으니 말이다. 텍사코가 내전 기간에 국가주의자군에 외상으로 공급한 석유는 총 2천만 달러어치에 달했다.[19] 지금 화폐로 환산하면 가장 보수적으로 계산해도 3억 2,500만 달러에 상응하는 금액이었다. 텍사코가 자사 소유의 유조선들로 스페인에 석유를 직접 날라준 것만 해도 225차례였고, 그와 별도로 용선한 유조선도 156척이나 되었다.[20] 프랑코도 그 점을 고맙게 여겨 내전이 끝난 뒤에도 오랫동안 텍사코 석유를 구매했고, 나중에는 스페인 최고 작위들 가운데 하나인 가톨릭 여왕 이사벨의 대십자 기사 작위도 리버에게 수여했다.

미국 언론은 텍사코 석유가 국가주의자군에게 생명선이나 다름없었다는 사실을 모른 체했다. 하지만 국가주의자군은 그 사실을 알았고, 그 점에서 프랑코 정부의 국영 석유 독점업체가 내전이 끝난 뒤, 리버와 브루스터가 "우리의 대의에 보여준 열의"와 텍사코가 "아무런 단서도 달지 않고 원조를 제공해준" 것에 공개적으로 사의를 표한 것도 무리는 아니었다.[21] 그 몇 년 뒤에는 스페인 외무차관이 한 언론인에게 "미국 석유와 미국 트럭, 미국의 신뢰가 없었다면 우리는 내전에서 결코 이길 수 없었을 것이다"라고 그보다 한 술 더 뜨는 발언을 했다.

피난민들로서는 도망칠 이유가 충분했다. 프랑코의 승리는 화해가 아닌 복수를 불러왔으니 말이다. 내전 중에 국가주의자 지지자들에게 살해되었거나 재산을 몰수당한 도시나 마을 주민들만 해도, 그 일과 연관이 있는지의 여부와 관계없이 그 지역들에 산다는 이유만으로 앙갚음에 따른 처형을 당했다. 당사자가 안 잡히면 가족이 대신 대가를 치렀다. 바르셀로나 변호사 협회장을 맡고 있던 저명한 변호사 카밀 콤파니스 이 요베르만 해도, 교구 사제가 나중에 그가 다수의 성직자들을 보호해준 사실을 증언했는데도—머지않아 프랑코에게 처형될—그의 형제가 카탈루냐 지방정부의 대통령을 지낸 사실 때문에 요주의 인물로 낙인찍힌 것을 알고, 종전 무렵 프랑스로 도주한 뒤 그곳에서 목숨을 끊었다. 하지만 프랑코 정부는 그것으로도 성이 안 차, 죽은 그에게 15년간의 변호사 자격 박탈형과 벌금형을 선고해 부인으로 하여금 그것을 대납하도록 했다.[22]

프랑코는 스페인의 모든 사회 계층에서 외세로 보이는 것들을 제거하려는 계획도 세웠다. 공개된 장소나 교회에서 바스크어나 카탈루냐어를 사용하는 사람을 체포하도록 했고, 카탈루냐어로 된 이름을 갖는 것과 카탈루냐 풍으로 춤추는 것도 금지시켰다. 스페인에는 몇백 년 전부터 유대인 인구가 많이 줄었는데도 "유대인 정신" 또한 맹렬히 비난했다. 프랑코는 조지 오웰의 『1984』에 버금갈 만한 논리로, 자신의 정권 장악은 합법적이므로 그것에 반대하는 사람은 군사반란죄로 다스린다는 내용의 "정치 책임법Law of Political Responsibilities"도 제정했다. 같은 맥락에서 1936년 군사반란이 일어나기 전의 2년 간 "국가주의자 운동에 명백히 반하는 행위를 했거나 혹은 그 운동에 중대하게 수동성을 보인"[23] 사람도 이 법에 따르면 유죄였다.

정치 책임법은 둘째가라면 서러워 할 정도로 편집증이 심했던 엔리크 수네르 오로도녜스를 수장으로 하는 국가 재판소가 심리했다. 공화국 정치인들을 "엄니로 물어뜯거나 발굽으로 차기 위한 희생양을 찾아, 의회를 날뛰고 다니는 멧돼지와 발굽 갈라진 짐승들"[24]이라고 비난하면서 "… 스페인은 예나 지금이나 티탄들(그리스 신화에 나오는 신의 종족)과 묵시록

적 괴물들 간의 서사적 전투의 장이 되고 있다.『시온학자들의 외교의례』에 나오는 강령이 현실이 되고 있는 것이다"라고 말한 인물이었다.

죄수들은 흔히 죄를 자백할 때까지 고문, 구타 혹은 굶주림의 고통을 당한 뒤 총살대로 보내졌다. 주로 사용된 고문 방법은 변기에 머리 처박기, 한 차례에 몇 시간 동안 경례 자세로 오른팔을 내뻗은 채 국가주의자의 국가 부르게 하기, 귀, 젖꼭지, 생식기에 전기 충격 가하기였다. 죄수의 자백을 받지 못하면 다른 식으로 승리를 선언할 수 있는 방법을 찾아냈다. 가톨릭 신자가 아닌 데다 지식인이었고 전문직 여성이었으며 게다가 공산주의자이기도 하여 불리한 점을 네 가지나 가지고 있던 마틸데 란다만 해도 마요르카섬의 정치범 수용소에 갇혀있다가, 무신론적 신념을 버리고 공개 세례를 받으라는 당국의 집요한 요구와 심문을 견디다 못해 교회 난간 밖으로 몸을 던졌다.[25] 하지만 그 즉시 숨이 멎지 않았고 그러자 당국은 신부를 불러들여 그녀가 숨지기까지 45분 동안 마지막 의식을 행하게 하고, 시신도 가족에게 돌려주지 않고 가톨릭 묘지에 묻었다.

란다와 같은 공화파 여인들은 당국의 특별한 핍박을 당했다. 간호사 올리바 카베자스 가르시아는 공화국이 내전에서 패하자 제15국제여단 병원에서 함께 근무하다가 연인이 된 폴란드인 의용병 자크 그룬블랏 박사와 피레네 산맥을 넘어 탈출하려고 했다. 그러나 임신한 몸으로 산을 계속 탈 수가 없어 이틀 뒤 결국 탈출을 포기하고, 마드리드의 자매 집으로 돌아와 내전이 막 끝난 무렵에 아들을 낳았다. 그런데 당국은 진통 중인 그녀를 강제로 끌어내 프랑코의 승리를 축하하는 춤을 추게 했다. 탈출지인 프랑스에서 그 소식을 들은 그룬블랏은 "성인이 된 뒤 처음으로 대성통곡"을 했다고 한다.[26]

마드리드의 여자 교도소도 수용인원이 1만 4천 명에 육박했다. 수감 중에 강간당하고 임신하는 여자들도 많았으며, 고아원에 수용된 공화파 죄수들의 아이도 1만 2천 명에 달했다. 그중에는 말 그대로 엄마 품에서 빼앗아온 아기들도 있었다. 이 만행은 "광신적 마르크스주의"도 병균이 전파되듯 부모로부터 아이에게 전파될 수 있다고 믿은, 국가주의자군의 정신과 의사였던 프랑코의 총신 안토니오 바예호의 이론으로 정당화되었다.

그렇다고 친 공화파 사람들을 가려내기가 언제나 쉬운 일은 아니었다. 그러다 보니 고발도 중요해져 스탈린 치하의 러시아에서처럼 고발하지 않는 사람은 의혹의 대상이 되었다. 산탄데르의 한 신문에도 "사법체계가 조국의 적을 단죄할 권리를 빼앗겨서는 안 된다"[27]고 경고하는 기사가 실렸으며, 사제들은 미사에 참여하지 않는 사람들의 명단을 작성했다.

프랑코가 승리한 뒤 스페인에서는 총 2만여 명의 공화파 사람들이 처형되었다.[28] 외부에는 알려지지 않았지만 죄수들로 바글거린 스페인 전역의 교도소들에서는 아마 그보다 더 많은 사람들이 죽었을 것이다. 프랑코 정부도 시인했듯이 1940년 무렵에는 2만 명이 정원인 감방들에 27만 명의 죄수들이 수용돼 있었으며,[29] 수감된 채 재판을 기다리는 죄수도 10만 명이나 되었으니 말이다. 수감자들에게 제공되는 식사도 형편없었고, 교도소 내에는 질병이 만연했으며, 심지어 하루나 혹은 이틀 동안 식수가 지급되지 않을 때도 있었다. 1941년에는 코르도바 한 도시에서만 투옥 중에 502명이 숨졌다.[30]

통계에는 안 잡혔지만 적어도 9만 명의 사람들은 "무장된 유형지"[31]에 수감된 채, 친 프랑코 인사들이 소유한 몇몇 대규모 토지 관개용으로

180킬로미터 길이의 운하 건설을 비롯한 각종 토목공사에도 동원되었다. 사기업에 임대돼 육체노동을 한 수감자들도 많았으며, 이로 인해 자유 노동자 채용이 줄어들어 임금이 절약됨으로써 사기업은 일거양득의 효과를 거두었다. 내전 중에 죽은 국가주의자군의 전몰자들을 추모하기 위한 대규모 기념물로, 완공하기까지 거의 20년이 걸린 대형 십자가와 성당이 겸비된 '전몰자의 계곡'을 건설하는 일에도 2만여 명의 강제 노동자가 동원되었다. 프랑코에게 희생된 사람들을 기리는 기념물은 물론 있을 리 없었다. 기념물은 고사하고 탄광의 갱도 아래로 던져 죽인 노조원만 해도 당국이 사망 진단서를 발급해주지 않아 그의 아내는 법적으로 과부가 되지 못해 재혼을 할 수도 없었다. 그런 곳에서 사랑하는 사람을 잃은 유족들도 수십 년 동안 밤에만 꽃을 갖다 바쳤다. 그 이상의 행동은 위험했다.

국가주의자 정부는 무엇보다 프랑코가 휘두르는 생살여탈권에 기반을 두고 있었다. 역사가 앤터니 비버는 이렇게 썼다. "카우디요(프랑코의 호칭—옮긴이)는 왕왕 개인 사제가 옆에 있는 데서, 식후 커피를 마시며 사형자 명단을 읽는 습관이 있었다. … 처형 대상자 옆에는 알파벳 'E' 표시를 하고, 감형 대상자 옆에는 'C' 표시를 했다. 명백히 본보기가 될 필요가 있어 보이는 사람 옆에는 '교수형에 처하고 언론 보도'도 하라는 메모를 적어넣었다."[32] 그렇게 명단이 작성되어 스페인 각지의 형벌 기관으로 보내지면 "교도관들이 감옥의 중앙 통로에서 판결문을 읽었다. 일부 교도관들은 호세나 후안과 같이 흔한 이름이 나오면 동명의 사람들이 두려움에 떨도록, 이름을 부른 뒤 한참 뜸을 들인 다음에 성을 부르는 비열한 짓도 했다. 북부 바스크 지방의 아모레비에타 여자 교도소에서는 교도관 역할을 한 수녀들 중 한 명이 판결문을 읽었다."

프란시스코 프랑코는 히틀러, 무솔리니, 스탈린의 통치 기간보다도 긴, 36년 넘게 스페인을 통치한 뒤 치매기를 보이다 82세를 일기로 숨졌다. 그도 종국에는 교회를 오갈 때는 왕의 권위를 상징하는 캐노피 밑으로 다니고, 외국 대사도 높은 단 위에서 접견하며, 자기 초상이 들어간 주화를 주조하는 등 스페인 왕의 특권을 나타내는 몇몇 상징들을 채용했다. 예전의 왕들이 하듯 내전 때 함께 활동한 장군들을 포함해 일부 총신들에게 백작, 후작, 공작과 같은 작위를 만들어 수여하기도 했다. 심지어 이들 신흥귀족 몇 명에게는 가톨릭 성인들을 왜곡되게 연상시키는 행위로 작위를 추서하기까지 했다.

프랑코의 통치는 일찍이 조지 오웰이 쓴 글의 표현을 빌리면, "파시즘을 강요하려는 기도였다기보다는 봉건주의를 복원하려는 기도"[33]에 가까웠다. 그의 통치기 내내 가톨릭이 막강한 힘을 보유한 것이나, 히틀러의 독일보다도 여성의 지위가 매우 열악했던 것이야말로 그것을 보여주는 증거였다. 여자는 법적으로 아버지나 남편의 종속자로 간주돼, 은행계좌를 틀 때나 재산을 보유할 때, 소송을 하거나 직장을 구할 때, 집을 떠나 여행을 할 때면 그들의 허락을 받아야 했다. 간통 현장을 목격한 남편에게도 아내를 죽일 권리가 주어졌다. 다만 통치 말년에는 프랑코도 잔혹성과 억압성이 다소 약화된 모습을 보였다. 스페인도 나중에는 경제발전을 이루었으며, 여성과 문화적 표현에 가해지던 억압에도 조금 숨통이 트였다. 그래도 프랑코 정권은 여전히 고문이 일상화된 경찰국가였고, 독재자 프랑코가 죽기 1년 전인 1974년까지는 교수형구로 죄수를 처형한 나라였다.

22. 자명종이 울렸는데 왜 일어나지 않은 거야?

1938년 12월 15일 미국 의용병 148명이 정기선 파리호를 타고 뉴욕항에 도착했다. 그러나 링컨 대대 지휘관 밀턴 울프의 말을 빌리면 부두에 나와 있는 사람들은 "일반인보다 오히려 경관이 더 많아"[1] 보였다. 일반 경찰과 기마경찰이 뉴욕의 웨스트 48번가에 설치된 선박의 잔교에서 의용병들을 지지하는 군중을 멀찌감치 떨어뜨려놓았다. 이 일이 끝나기 무섭게 그 다음에는 또 앞으로 수십 년간 미국 정부가 링컨 대대 퇴역병들을 다루는 방식이 될, 적개심의 징후가 나타났다. 1, 2년 전 앙드레 마르티에게 미국 여권을 몰수당한 병사들이 이번에는 고국의 부둣가에서 유럽의 미국 영사관들이 마지못해 발급해준 새 여권을 다시 몰수당한 것이다. 한 의용병이 여권을 언제 돌려줄 것이냐고 묻자 경관은 "영원히 돌려주지 않았으면 하는 바람이야"라고 대꾸했다.

폴리스 라인 뒤에서는 겨울 외투를 입은 일단의 가족과 친척들이, 불과 몇 주 전 의용병들이 행진하는 도로변에 늘어서 흐느껴 울고 갈채를 보낸 수십만 바르셀로나인들을 희미하게 떠올리는 행동을 했다. 브라이턴 비치 커뮤니티 센터의 드럼 앤드 뷰글 코어 군악대도 이들 틈에 섞여 있었다. 필 샤흐터처럼 실종되었거나 행방불명된 의용병의 친척도 소식을 듣기 위해 부두에 나와 있었으며, 사라진 병사들의 이름이나 사진을 부착해 손수 만든 푯말을 들고 선 사람들도 있었다.

퇴역병들은 예전 생활로 쉽게 돌아가지 못했다. 대다수 미국인들은 이해하지 못하는 대의를 위해 전우들이 죽거나 팔다리가 잘리는 것을 곁에서 지켜보았으니 그럴 만도 했을 것이다. 일부 퇴역병들은 나중에 미국-스페인 전쟁(1898: 아메리카 대륙에서 스페인의 식민통치를 종식시킨 전쟁—옮긴이) 퇴역병으로 보기에는 지나치게 어리다는 말까지 들었다. 프랑코가 승리함으로써 그들이 속했던 편이 패자가 된 것도 내전에 대한 미국 대중의 관심이 빠르게 식는 요인이 되었다. 문단과 긴밀한 관계를 맺고 있던 제임스 네우가스마저도 스페인 내전 기간에 쓴 일기를 출판하겠다고 나서는 업자를 만나지 못했다.

일부 생존자들은 변하지 않은 본국의 어떤 면과도 신속히 마주쳤다. 제임스 예이츠만 해도 뉴욕항에 도착한 뒤 생존 의용병들을 위해 링컨 대대 지지자들이 예약해둔 호텔에 가서 황당한 일을 당했다. "접수계원은 몇몇 다른 일행에게는 방을 주면서도 내 차례가 되자 얼굴도 쳐다보려 하지 않고, '미안하지만 빈 방이 없네요'라고 말했다."[2] 예이츠가 흑인이어서 벌어진 일이었다. 그나마 백인 동료들이 그와의 의리를 과시하며 다른 호텔로 함께 옮겨준 것이 약간의 위로가 되었으나, 그래도 그는 "총탄을 맞았을 때 느꼈을 법한 깊이의 아픔을 느꼈다." 그가 스페인에서 맛본 평등을 미국에서 누리려면 앞으로 몇십 년을 더 기다려야 했다. 예이츠와 마찬가지로 역시 흑인이었던 링컨 대대의 동료 퇴역병도 그에게 "스페인은 내가 처음으로 자유민임을 느낀 곳이었다"고 말했다.

한편 링컨 대대 의용병들이 떠나온 대륙은 전쟁을 향해 질주하고 있었다. 헤밍웨이도 돌아온 의용병들을 염두에 두고 "(뮌헨에서 화해가 이루어지지 않는 한) 선한 남자들은 본국에 오래 머물러있지 못할 것이다"[3]라고 그에 대해 시사하는 말을 했다. 1939년 8월 23일에는 동유럽 전역을 독일과 소련의 세력권으로 분할하는 내용의 저 악명 높은 독-소 불가침 조약이 체결되었다. 나치는 조약이 체결되자 기다렸다는 듯 콘도르 군단의 전 지휘관 볼프람 폰 리히트호펜이 지휘하는 전격 공습에 이어 폴란드를 침공, 서부 지역을 점령했다. 리히트호펜은 폭격을 한 뒤 소형 관측기를 몰고 파괴 현장을 직접 둘러보기까지 했다. 소련도 독일이 하듯 폴란드의 동부 지역을 점령하고 발트 3국, 루마니아의 일부 지역, 그리고 치열한 교전 끝에 핀란드의 일부 지역도 차지했다. 그러자 영국과 프랑스가 독일에 선전포고를 하여 2차 세계대전이 시작되었다. 1941년 6월에는 히틀러가 소련을 침공함으로써 독-소 불가침조약이 폐기되었다. 그 여섯 달 뒤에는 일본이 진주만을 공격해 미국도 2차 세계대전에 참전했다.

프랑코도 공식적으로는 추축국에 가담하지 않았지만(히틀러가 프랑스의 일부 지역과 아프리카의 많은 영토를 원하는 그의 요구를 들어주지 않은 탓이었다) 주요 해군기지를 제공해 독일 U-보트들의 활동 범위를 크게 늘려주는 방식으로 히틀러에게 긴밀하게 협조했다. 텍사코의 유조선들이 자주 이용하던 스페인 북서부 갈리시아 지방의 항구도시 비고만 해도, 북대서양을 오가는 연합국의 호위함들을 공격한 나치 잠수함 21척의 연료 저장고 역할을 했다. 스페인령 모로코와 카나리아 제도도 독일 잠수함들의 연료 보급창이 되었다. 프랑코는 전차의 장갑과 장갑을 꿰뚫는 포탄을 강화하는 데 이용되는 텅스텐 같은 금속, 무선 감청 기지, 정찰기 기지, 해상교통을 관측할 수 있는 지브롤터 해협의 전전기지도 독일에 제공했다. 나치가 소련을 침공한 뒤에는 자국민들에게 육군의 "푸른 사단"과 공군의 "푸른 편대"에 의용병으로 들어가, 소련의 독일군에 합세해 싸울 것을 독려했다. 그리하여 레닌그라드 포위공격과 러시아의 다른 전투들에 참가해, 종국에는 재앙으로 끝나게 될 히틀러의 전쟁에 참가한 스페인 병사가 무려 4만 5천 명이었다(이들 중 포로가 된 사람들은 편집광적인 스탈린의 눈 밖에 나 쫓겨난 스페인 공화파 인사들과 굴라크의 같은 구역에서 지냈다).

그러나 스페인은 이미 나치에 가장 큰 원조를 제공했었다. 다시 말해 독일 비행기 조종사들과 다른 군인들로 하여금 3년여에 걸친 내전 기간 동안 풍부한 전투 경험을 쌓게 해준 것이었다. 나치 비행기만 해도 27개 기종들이 스페인 상공에서 시험 비행을 했으니 말이다. 나치 공군 총사령관 헤르만 괴링도 훗날 뉘른베르크 전범 재판 때 스페인 내전이 "초기 루프트바페(독일 공군)를 시험할 수 있는"[4] 기회가 되었다고 하면서 "먼저 보낸 사람들은 불러들이고 신참을 계속해서 보내는 방식으로 … 조종사들에게 경험을 쌓게 했다"고 말했다.

독일인들은 부품을 전달하는 보급로가 길 때는 차량의 종류를 최소화할 것, 폭격기에는 전투기 호위를 붙일 것, 조종사에게 악천후와 야간 항공에 대비한 추가 훈련을 시킬 것, 소련 전차와 대결하기 위해서는 전차 개량이 필요하다는 것 등, 스페인 내전을 겪음으로써 여러 가지 중요한 교훈을 터득했다. 콘도르 군단의 조종사들도 대규모 폭격을 할 때마다 항공사진을 촬영하고 상이한 전술들을 연구하여 상세 보고서를 작성한 다음 본국으로 보냈다. 진격하는 과정에서 고립된 지역을 일부러 공격하고는 점령되는 즉시 지상 대기팀으로 하여금 폭격의 유효성을 평가하게한 적도 있었다. 1938년에도 지독한 폭격에서 살아남은 발렌시아 부근의마을 네 곳 주민들이 공화파 군대의 집결지도 아니고, 공장이나 군 기지들이 있는 것도 아닌데 그들 마을이 왜 공격의 표적이 되었는지 의아해한적이 있었다. 그 까닭은 그로부터 수십 년 뒤 독일의 한 공문서 보관소에서 그 마을들에 대한 공격 전, 공격 도중, 공격 후에 찍은 사진 65장이 포함된 50쪽짜리 보고서가 발견됨으로써 밝혀졌다.[5] 콘도르 군단이 슈투카(급강하 폭격기)의 신 기종을 시험하느라 폭탄 500킬로그램(1,100파운드)을 투하한 것이었다.

미국이 2차 세계대전에 참전한 뒤에는 링컨 대대 퇴역병들도 미군에서 복무했다. 육군에서 복무한 퇴역병도 425명이 넘었고, 상선단에서도100여 명이 복무했다. 독일 상공, 러시아로 가는 무르만스크 보급로, 남태평양의 섬들, 필리핀의 일본군 전선 배후, 그 밖의 지역에서 사망한 퇴역병도 최소한 21명이었다. 다른 나라 국제여단의 퇴역병 수천 명도 연합국편에서 싸웠다. 미국으로 이주해 훗날 예일대학교 고전학 교수가 된 영국인 버나드 녹스도 미 육군에 의해, 이탈리아의 반 나치 파르티잔들의 연락관으로 파견되었다. 그래서인지 처음에는 그도 "절반쯤 잊은 스페인어와 새로 습득 중이던 이탈리아어를 곧잘 혼용했다. … 그런데 그런 식으로 또 한 차례 말을 더듬자 지휘관이 갑자기 자리에서 일어나더니 웃음띤 얼굴로 내게 다가와 어깨를 툭 치면서 '자네 스페인에 있지 않았어?'라고 묻는 것이었다."[6] 그제야 녹스는 마드리드 공방전 때 인접한 부대들에서 두 사람이 함께 싸운 사실을 기억해냈다. "그때부터는 파르티잔과의 관계가 원활해졌다."

스페인 내전은 1939년에 끝이 났다. 하지만 문필가들 사이에서는 그 시대와 관련된 또 다른 전쟁이 그 후로도 계속 뜨겁게 이어졌다. 만일 내전이 스페인 공화국의 승리로 끝났다면 어떻게 되었을까가 그들의 주된 논제였다.

우익 인사들의 다수는 만일 그렇게 되었다면 공화국도 그보다 십년 뒤의 헝가리나 불가리아처럼 소련의 위성국이 되었을 것이라고 주장했다. 반면에 몇몇 인사들은 공화국의 비밀경찰과 군부에 미친 소련 장교들의 영향력으로 볼 때, 공화국은 그때부터 사실상 소련 위성국이었다는 주장을 폈다. 언론인 겸 역사가 샘 타넨하우스(1955~)는 링컨 대대도 "1930년대의 대숙청 때 죽은 수백만 소련 시민들과 마찬가지로 소모되기 위해 징집된 스탈린의 군대"[7]라고 이야기했다. 그와 또 다른 인사들은 소련 붕괴 뒤에 공개된 당대의 기록물에, 스페인의 소련 첩자들이 자신들 또는 스페인 공산주의자들이 가진 영향력에 우쭐해하거나, 혹은 스페인 좌파에게 경쟁자들을 "제거"하도록 부추기는 내용이 들어있다는 점도 지적했다.[8]

소련이 공화파 스페인에서 강력한 존재감을 드러낸 것은 사실이었다. 라 파시오나리아가 국제여단의 고별 열병식에서 감동적인 연설을 할 때도, 연단 위에는 다른 대형 초상화들과 함께 스탈린의 초상화가 걸려있었다. 그러나 설령 공화파가 승리했다 해도, 그리고 소련의 야망이 무엇이었든, 크렘린이 스페인 정부를 통제했을 개연성은 극히 희박했다. 속국을 유지할 수 있느냐의 여부는 거의 전적으로 점령군의 위력을 보여주는 것에 달려있었기 때문이다. 미국이 20세기의 많은 기간 동안 중앙아메리카와 카리브해를 통제할 수 있었던 것도 해병대를 그곳에 되풀이해서 파견했기에 가능했다. 같은 맥락에서 소련도 1945년 이후에는 수십만 명의 병력을 주둔시키고, 1956년 헝가리 혁명이 일어났을 때나 1968년 프라하의 봄으로 불리는 체코 사태가 일어났을 때처럼, 독자적 행보를 보일 조짐을 보이는 나라에 무력시위를 했기에 동유럽을 지배할 수 있었다. 그러니 소련이 대규모 점령군을 주둔시키지 않고는 유럽의 반대편에 위치한 스페인을 그들 마음대로 통제하기란 사실상 불가능했다.

반면에 공화파를 지지하는 사람들 중에는 공화파가 승리했다면 유럽의 역사가 좋은 방향으로 급변했을 것이라는 주장을 펴는 사람들이 많았다. 빌리 브란트도 "스페인 내전의 결과가 달랐다면 히틀러와 무솔리니의 위치가 약화되었을 것이고, 어쩌면 2차 세계대전도 미연에 방지할 수 있었을 것이다"[9]라고 말했다.

그러나 그 주장도 설득력이 없기는 마찬가지다. 히틀러가 비록 프랑코를 원조해주었을망정 그에게 스페인은 곁다리에 지나지 않았다. 히틀러를 추진시킨 동력이었던 과대망상은 동쪽 방향으로의 세력 팽창, 다시 말해 우크라이나의 비옥한 농지, 러시아 남부 지역, 발칸반도와 카스피해 유전으로 독일의 세력을 팽창시키는 것에 초점이 맞춰져 있었다. 그러니 공화파가 승리한다고 해서 그 꿈이 사라질 리 만무했다. 반면에 만일 민주주의 국가들이 공화파가 승리하도록 도왔다면, 그 뒤 대규모 전쟁이 일어났을 때 철, 구리, 수은, 텅스텐, 황철광 류의 전략적 원자재와, 주요 잠수함 기지, 4만 5천 명의 푸른 사단 병력이 나치로 흘러드는 것은 막을 수 있었을 것이다.

이렇게 보면 전 유럽의 운명이 스페인 내전에 걸려있던 것이 아니라 스페인의 운명이 유럽에 걸려있었던 것이 된다. 공화파가 승리했다면 스페인은 36년에 걸친 프랑코의 무자비한 독재에도 시달리지 않았을 것이기 때문이다. 아닌 게 아니라 서구 민주주의 국가들이 공화파에 등 돌린 것을 뒤늦게, 그러나 너무 늦게 후회한 사람이 있기는 했다. 1939년 1월 27일 루스벨트 대통령이 각료회의에서, 지금 생각하니 스페인에 취한 무기 금수조치가 "중대한 실책"[10]이었던 것 같다는 발언을 한 것이다.

살아 돌아오지 못할 것이 걱정돼 자신이 죽으면 재혼하라고 한 로버트의 권유대로, 메리언 메리먼은 스페인에서 돌아온 지 2년 후에는 재혼을 했다. 하지만 몇십 년 뒤 한 기자에게 털어놓은 바에 따르면, 재혼 초에는 로버트가 스페인에서 돌아와 두 남편 사이에서 양자택일을 해야 하는 악몽에 시달렸다고 한다. 메리언은 새 남편과의 사이에 아들 셋을 두고 스탠퍼드대학교의 행정 직원으로 일하며 살았다. 하지만 그렇게 사는 와중에도, 여전히 공산당원인지, 공산당과 결별했는지, 반공주의자로 돌아섰는지 여부와 관계없이 대다수 다른 의용병 출신 사람들과 마찬가지로 FBI 요원들의 주기적인 방문을 받았다. 지독하게 의심이 많았던 존 에드거 후버 FBI 국장은 생존자뿐 아니라 심지어 죽은 사람들에게도 감시의 손길을 뻗쳤다. 아이젠하워 대통령의 특별보좌관을 지내고 공화당 후보로 시카고 시장에도 출마한 로버트 E. 미리엄도 이름이 유사한 로버트 메리먼으로 착각해 조사를 벌인 적이 있었다.

메리언은 내전이 끝나고 몇십 년 후에는 재혼한 남편과도 스페인을 찾고, 남편이 죽은 뒤에는 링컨 대대 퇴역병들과 두 차례 더 스페인을 찾아, 로버트가 실종된 정확한 위치를 알아내려고 했다. 하지만 실망스럽게도 확실한 정보는 하나도 얻지 못했다. 1938년 봄의 그 필사적이고 혼란스러웠던 퇴각에 관련된 기록물도 단편적으로만 남아있었고, 세월이 많이 흘러 생존한 사람들도 별로 없었기 때문이다. 로버트와의 결혼 50주년이 지난 직후에는 메리언이 "그 시대는 어디로 간 걸까요?"라며 알바 베시에게 자신의 헛헛한 마음을 글로 적어 보냈다.[11]

메리언은 밀리 베넷과도 계속 친구로 지냈다. 베넷은 그 무렵까지도 그녀 스스로는 공산주의의 진정한 신봉자가 아닌 것에 만족해하면서도, 그런 사람들에게 둘러싸여 지내는 것에 편안함을 느끼는 듯했다.[12] 어느 땐가는 메리언의 집에서도 그들과 논쟁을 벌이고 싶어 한다는 점을 자랑스럽게 밝히기도 했다. 하지만 그러면서도 "그녀의 소중한 친구들을 집에 데려갈 수는 없지. … 나는 그들과 싸울 것이거든!"이라고 말했다.[13] 그 무렵 베넷은 혁명의 소용돌이에 있던 1920년대의 중국에서 기자로 활동한 경험을 자서전으로 쓴, 그러나 아직 1부만을 완성했을 뿐인 『리브 하드, 다이 하드Live Hard, Die Hard』를 발간해줄 출판사를 찾고 있었다.[14] 하지만 거부 답장만 쌓이자 러시아와 스페인에서 지낸 경험담을 쓰는 것도 포기했다. 1949년에는 링컨 대대의 사령관을 지낸 남편 한스 암리가 산업재해로 숨지고, 그 십년 뒤에는 그녀도 암에 걸렸다. 메리언은 밀리가 죽기 전 몇 달 동안은 옆에서 병간호를 해주다가 1960년 그녀가 죽을 때는 곁에 머물러있기도 했다.

토비 젠스키와 팻 거니의 결혼은 유지되지 못했다. 젠스키가 뉴욕으로 돌아온 뒤에도 거니는 런던에 계속 남아있었고, 게다가 머지않아서는 2차 세계대전이 터져 민간인들이 두 나라를 오갈 수 있는 길도 거의 막혔기 때문이다. 이들의 불안정한 부부 관계는 스페인에서 미국 의료팀 수간 호원 겸 행정관으로 일했고, 두 사람과도 각별하게 친구로 지낸 프레데리카 마르틴에게 두 사람이 보낸 각각의 편지를 통해 알아볼 수 있다. 젠스키는 1941년 마틴에게, 거니가 그랬듯 그녀가 좋아한 것보다는 그녀에게 더 많이 빠져든 새 남자 친구가 생겼다고 하면서, "팻에 대한 감정은 … 그가 이곳에서 나와 함께 지냈으면 좋겠는지 아닌지 잘 모르겠어요"라는 말을 덧붙인 편지를 보냈다.[15] 1949년에는 거니가 마틴에게, 여전히 젠스키와 합치기를 바란다고 하면서 "토비를 생각하면 비참해지지만, 어떻게 해야 될지 모르겠어요. 인생이 초라해지네요"라고 쓴 편지를 보냈다. 거니와 젠스키는 잠시 뉴욕에서 함께 살려는 시도를 해보기도 했다. 하지만 마음이 오락가락한 젠스키가 옛 사랑의 불씨를 되살리지 못해 두 사람은 결국 이혼했다. 그 몇 년 뒤 젠스키는 자신을 면담한 사람에게 "불행한 가정에서 자란" 탓에 그 누구하고도 결혼하고 싶지 않았다고 털어놓았다. 젠스키의 조카에 따르면 가족이 예전의 로맨스를 궁금해하며 물었을 때도 "젠스키는 그 문제에 관해서는 말하기를 거부했다"고 한다. 젠스키는 간호사 생활을 계속하다가 1995년 독신으로 죽었다.

거니는 스페인에서 손에 총상을 입은 뒤 조각을 할 수 없게 되자 그림으로 진로를 바꿨다. 그 외에도 그는 홍해와 아덴만에서 고기잡이와 진주 채취를 하고, 그에 대한 책을 쓰며, 그리스, 터키, 포르투갈에서 영어도 가르쳤다. 재혼도 했으나 스페인 회고록이 출간되기 직전 예순두 살의 나이에 심장마비로 숨졌다.

2차 세계대전 중에 파시즘에 맞서 싸운 미국인은 1,500만 명이 넘었다. 그런데도 그 이전에 파시즘에 맞서 싸울 결의를 다진 사람들은 계속 의심의 눈초리를 받으며 살았다. 빨갱이, 노조원, 미국 이민자들을 공격하는 행위로 정치 이력을 쌓은, 얼굴이 붉고 체격이 뒤룩뒤룩했던 하원 비미非美 활동위원회(HUAC) 초대 위원장 마틴 다이스만 해도 "1941년 12월 7일 이전에 히틀러와 무솔리니에 맞서는 행동을 한 사람은 설익은 반파시스트"[16]라고 일축했다고 다른 의원이 밝혔다. 사정이 이렇다 보니 많은 퇴역병들이 반파시스트 호칭을 자랑스럽게 받아들이는 상황 속에서도, 일부 퇴역병들은 의회 위원회들에 불려 다니고, 고용주가 FBI의 방문을 받은 회사에서는 해고를 당하는 일이 속출했다.

미국의 원자폭탄 기술을 빼내려 한 소련의 스파이 활동, 냉전, 매카시 선풍(매카시즘: 1950년대에 미 전역을 반공산주의 열풍에 몰아넣은 운동—옮긴이)이 불어닥친 것도 공적 편집증을 심화시켰다. 그리고 그 희생양이 된 대표적 인물이 바로 스페인에서 의료 봉사를 하다 돌아온 에드워드 바스키 박사였다. 바스키는 미국으로 돌아온 뒤에도 프랑코에 반대하는 로비를 벌이고, 반파시스트 난민 합동위원회 의장이 되어 스페인에서 탈출한 사람들을 도왔다. 그런데 하원 비미 활동위원회가 바스키와 그의 동료들을 소환해, 위원회의 도움을 받은 사람들의 이름을 대라고 요구하자 이들은 그럴 경우 스페인인들이 위험에 처할 것을 알고 활동위원회의 요구를 거부했다. 1950년 바스키는 결국 의회 모독죄로 6개월 징역형을 선고받고 연방교도소에 수감되었다. 그런데 출옥을 하고 보니 그의 뉴욕주 의사 면허도 6개월 간 정지돼 있었다. 그리하여 그는 다시 면허 정지 무효 처분 소송을 벌여 대법원까지 올라갔으나 이번에도 패소했다. 윌리엄 O. 더글러스 연방 대법관만이 유일하게 이런 소수의견(반대의견)을 냈다. "한 의사가 스페인의 프랑코에 반대한다는 이유로 미국인들의 생명을 구하는 일을 하지 못한다면, 우리도 가던 길을 멈추고 우리가 사로잡힌 노이로제를 심각하게 되돌아보아야 할 것이다."[17]

분위기가 이렇다보니 다수의 링컨 대대 퇴역병들도 체포를 두려워했다. 알바 베시와 함께 밤중에 국가주의자군 야영지에 모르고 불쑥 발을 들여놓은 병사들 가운데 한 명이던 기관총 사수 하이 탭도 미국에 돌아와 《뉴욕 타임스》의 식자공 겸 교정원으로 일하며 살아가던 중, 주 의회 조사위원회의 소환을 당한 뒤의 어느 날 주말, 별장에 가서 포스터들 묶음을 포함해 스페인 내전을 떠올리게 하는 기록물을 모조리 불태웠다. 테루엘 전투 때 저격수 분대를 지휘했고 귀국해서는 플로리다대학교의 영문과 교수가 된 앨라배마 출신의 잭 펜로드도 "어느 땐가 수색영장을 가진 경찰이 실제로 들이닥칠지 모른다는 생각이" 들어, 그동안 써두었던 회고록을 몽땅 파기했다.[18]

스페인에서 돌아온 뒤에는 결혼하여 두 아이의 아버지가 된 제임스 네우가스도 스페인에 있을 때 그가 공화파 편에서 싸운 것을 알게 된 뉴욕의 집주인에 의해 가족과 함께 쫓겨날 처지에 몰렸다. FBI의 수사 기록물에 따르면, 집주인은 네우가스에게 우편물을 보낸 사람의 인적사항을 알려주고 "조사 대상자의 직장이 어딘지는 모르겠으나 아무튼 타이프를 많이 하는 것으로 보아 책을 집필하는 것 같다"[19]는 말도 해주는 등 FBI 수사에도 매우 협조적이었다. 그러나 1949년에 출간된 그 책은 사실 뉴올리언스와 뉴욕에서 보낸 네우가스의 어린 시절과 청년 시절을 토대로 한 소설이었다. 책표지에 적힌 네우가스의 약력에 스페인에 대한 언급이 없는 것이 그 책에서 찾을 수 있는 그 시대의 유일한 흔적이었다. 소설에 나오는 내전도 미국 남북전쟁이 유일했다. 네우가스는 심지어 허벅지에 난 유산탄 흉터도 스키 사고 때 얻은 것이라고 큰아들에게 둘러댔다.

네우가스는 책이 출간되고 나서 불과 몇 주 후, 그리니치빌리지 지하철역을 떠나다가 심장마비를 일으켜 마흔네 살의 나이에 숨졌다. 좀도둑이 지갑을 훔쳐가 그의 시신은 신원확인도 안 된 채 며칠간 방치돼 있었다. 미친 듯 남편을 찾아다니던 그의 아내도 나흘이 지나서야 사건의 전말을 알게 되었다. 네우가스가 죽은 지 몇 년 뒤에는 심한 폭풍우가 몰아쳐 집의 지하실이 물에 잠겼고, 그래서 그녀도 남편의 미발표 원고가 모두 소실된 것으로 여기고 있었다.[20] 그런데 그로부터 50년도 더 지나 버몬트주에 있는 한 중고서점의 원고 수집물 속에서 타이프라이터로 친 일기 한 권이 발견되었다. 네우가스가 죽을 무렵 고작 한 살 반이었고 그와 이름이 같았던 네우가스의 작은 아들은 일기가 발견되자 출간을 주선해준 편집자들에게 이렇게 말했다. "원고가 발견된 것은 지금까지 제 인생에서 가장 중요한 일입니다. 그 전까지 이 사람은 제게 유령에 지나지 않았거든요."[21] 네우가스의 작은 아들은 새로 발견된 일기를 길잡이 삼아 스페인에 가서, 아버지가 구급차를 운전하며 다닌 도로와 마을들도 두루 살펴보았다.

토킬드 리버는 프랑코에게 결정적 도움을 제공한 것에 대한 질문을 받을 때면 언제나 자신은 애국하는 미국인일 뿐이고, 미국이 내전에 개입했다면 텍사코의 최고 경영자 자리를 내놓고 배의 선장으로 돌아가 나라에 봉사했을 것이라고 말했다.[22] 하지만 이랬던 그가 스페인 내전이 끝난 바로 이듬해에 사람들을 어리둥절하게 만드는 일을 했다. 2차 세계대전이 시작된 1939년 9월부터 그 2년 뒤 미국이 참전하기까지의 황혼기 동안 히틀러에 노골적으로 열광하는 태도를 보인 것이다. 리버는 독일 총통에 대해, 누구라도 비즈니스를 함께 할 수 있는 강력한 반공산주의 지도자의 유형이라고 이야기했다. 그러고는 그 말대로 나치에 텍사코 석유를 팔고, 함부르크 조선소에서 건조된 유조선을 구매하며, 나치가 전격전 전술로 폴란드를 침공한 뒤에는 독일에 가서 루프트바페 총사령관 헤르만 괴링의 안내를 받아 비행기를 타고 주요 산업지대들도 시찰했다. 리버가, 오래지 않아 유럽 전역에서 약탈한 미술품들로 호화롭게 장식될 괴링의 별장 카린할에서 주말을 보낸 것도 이 방문 때였다.

"선장" 리버의 소금기 밴 뱃사람 기질은 뉴욕 사교계에서도 잘 통했던 듯, 그 무렵의 그는 상류층의 폐쇄적 사교모임인 캘리포니아의 보헤미안 그로브 모임, 워싱턴의 중견 언론인 모임인 그리다이언 클럽과 같은 사교 행사의 단골손님인 것에 그치지 않고, 뉴욕 센트럴파크 남쪽 경계지에 위치한 35층의 우아한 햄프셔 하우스에도 거주하는 몸이 되었다. 그곳에 거주한 또 다른 유명인으로는 〈오즈의 마법사〉에서 허수아비 역을 맡은 배우 레이 볼거가 있었다.

리버는 괴링에게 여러 가지 중요한 호의를 베풀었다. 그중에는 로비스트 겸 첩보원이었던 유력한 독일인 게르하르트 알로이스 베스트리크의 미국 내 활동을 돕기도 했다. 텍사코 본사에 그의 사무실을 마련해주는가 하면, 뷰익 자동차도 제공해주고, 뉴욕주 웨스트체스터 군의 스카스데일에 위치한 텍사코 변호사의 저택을 빌려주어 미국 기업인들을 접대할 때 사용할 수 있게도 해주었다. 프랑스가 나치 독일에 항복한 직후인 1940년 6월에는 베스트리크와 함께 뉴욕의 최고급 호텔인 월도프 애스토리아 호텔의 프라이빗 다이닝룸에서 개최된 미국 유수 기업들의 만찬에도 참석해 포드, 제너럴모터스, 이스트먼 코닥 등의 회사 중역들과 머지않아 유럽을 지배할 것이 확실시되던 나치 정권과 미국의 협력 전망에 대한 이야기도 나누었다. 이 자리에서 베스트리크는 독일에 빌려주는 돈은 신용 상태가 좋아 회수 가능하겠지만, 영국은 그렇지 못하므로 미국이 지금처럼 영국에 무기를 계속 파는 어리석은 짓은 그만두어야 할 것이라고 말했다.

리버는 나치 동조자를 채용하는 데도 거리낌이 없었다. 그러자 이후 텍사코의 독일 대리인에게는 특허 청구에 관련된 것으로 보이는 텍사코 뉴욕 사무소 전문이 뻔질나게 도착했다. 하지만 알고 보니 그 전문들에는 뉴욕에서 영국으로 향하는 배들과 배에 실린 화물에 관한 정보가 담겨있던 것으로 밝혀졌다. 그 외에도 텍사코의 나치 동조자들이 전문이나 혹은 평범한 업무용 서신으로 위장하기도 하여 독일에 전달한 정보에는 미국의 석유산업 및 항공산업에 관련된 내용도 포함돼 있었다. 하지만 기민한 영국 첩보요원들이 이 정보의 일부를 입수해《뉴욕 헤럴드 트리뷴》에 넘겨줌으로써 독일의 스파이 행위는 만천하에 드러나게 되었다. 그리하여 베스트리크는 미국에서 추방되고, 텍사코는 망신을 당했으며, 리버는 사임 압력을 받았다. 리버도 거액의 퇴직금을 주자 순순히 물러났다. 이후 텍사코는 실추된 회사의 명예를 회복하는 일에 재빨리 착수했다. 메트로폴리탄 공연의 주간 라디오 방송 후원을 시작해 이후 수십 년 간 그 관계가 유지되도록 한 것도 그 일들 가운데 하나였다.

리버도 텍사코에서는 쫓겨났지만 그의 은혜를 입은 프랑코 덕에 시련을 어렵지 않게 극복했다. 스페인 국영 석유업체의 미국 석유 구매 총책이 된 것이었다. 이후에도 그는 석유업체, 조선, 그 밖의 기업들에서 보수가 높은 중역 자리를 연달아 꿰차며 승승장구했다. 1960년 독일의 조선소에서 만든 유조선을 구매하는 일을 마무리 짓기 위한 출장을 마치고 돌아오는 길에는 파리에 있는 호텔 리츠의 한 층을 통째로 빌려 수행단의 숙소로 제공하는 위세를 부렸다. 감기가 들어 수행단을 밖으로 데리고 나가 고급 레스토랑에서 저녁 식사를 하지 못하게 된 어느 날에는 리버와는 대립되는 정치관을 지녔고, 훗날 《하퍼스 매거진》의 편집자로 오랫동안 일하게 될 젊은 저널리스트로 수행단 중의 한 명이던 루이스 라팜에게 자신을 대신해 만찬의 주빈이 되어줄 것을 요청했다. "그가 리츠 호텔의 자기 방으로 불러 '루이스, 오늘 저녁은 자네가 내 역할을 해주어야겠네. 팁 주는 법은 아는가?'라고 묻기에, '글쎄요, 잘 모르겠는데요'라고 했더니, 그는 '많이 주어야 해'라고 하면서 백 프랑 지폐를 한 움큼 꺼내들고는, 통 크게 선심을 쓰라고 말하는 것이었다."[23]

리버도 나이가 들어서는 더부룩한 머리가 백발로 변했다. 그러나 강단 있고 정력적인 모습, 돈 버는 재주, 권위주의적 지도자들을 좋아하는 습성은 그대로였다. 냉동 화차를 이용해 국경 너머로 무기를 밀수출해 멕시코의 군사 쿠데타 세력을 지원하고, 세계은행의 의뢰를 받아 이란 국영 석유산업의 실태를 조사해주며, 프랑코 딸 부부가 미국을 방문했을 때는 그들의 접대를 맡아 자신의 자가용 비행기에 태워 미국 구경도 시켜주었다. 그들을 데리고 다닌 곳만 해도 나이아가라 폭포, 뉴멕시코주의 인디언 보호구역, 회원제 고급 클럽인 휴스턴의 바이유 클럽 연회, 할리우드의 파라마운트 스튜디오 등 여러 곳이었다. 파라마운트 스튜디오에 가서는 영화배우 밥 호프, 캐리 그랜트, 영화감독 알프레드 히치콕을 만나고,

영화감독 겸 제작자 세실 B. 드밀과는 오찬도 함께 했다. 리버는 1968년 여든세 살에 여전히 거부인 채로 숨졌다.

　버지니아 콜스는 2차 세계대전이 발발하기 직전 런던에 정착해 살고 있었다. 그러다 전쟁이 시작되자 미국에 와서 미국의 참전을 촉구하기 위한 순회강연에 나섰다. 미국이 참전한 뒤에는 한동안 영국 주재 미국대사관에서 일했고, 그 다음에는 종군 특파원이 되어 전장에 다시 복귀했다. 종전 뒤에는 영국에서 결혼을 하고, 역사 전기물 작가로도 성공적인 이력을 쌓았다. 그녀는 73세에 말기 폐기종 진단을 받고 3주 시한부 인생을 선고받았다. 그러자 남편에게 내전 때 그녀가 공화파와 국가주의자 양쪽에서 전투를 취재했던 마드리드 북서쪽의 산악지방인 시에라 데 과다라마까지 운전을 해달라고 부탁하여 스페인에 갔다가 돌아오는 도중 프랑스에서 자동차 사고를 당해 그녀는 죽고 남편은 중상을 입었다.

　스페인 내전이 탄생시킨 환상의 커플 어니스트 헤밍웨이와 마사 겔혼도 1940년에 결혼했다. 헤밍웨이는 그보다 젊은 여성들에게 종종 그러듯 아홉 살 아래인 겔혼도 "딸"이라고 불렀다. 겔혼은 헤밍웨이와 함께 지낸 초기 몇 달 동안은 그에게 흠뻑 빠지다 못해, 편지를 쓸 때도 부지불식간에 헤밍웨이 산문 특유의 독특한 낱말과 리듬을 흉내냈다. 이런 식이었다. "우리가 아는 것을 전혀 이해하지 못하는 사람들이 사는 뉴욕에서 내가 무엇을 할 수 있겠어요? 과다라마야말로 정녕 아름다운 곳, 순수한 사람들이 사는 곳 아닌가요. 산후안 구릉을 우리가 함께 오를 때도 참 좋았지요. … 그곳에 누워 우리는 아래쪽 도로에서 기관총이 발사되고 포탄이 터지는 소리를 들었죠."[24]

그러나 헤밍웨이가 만일 이 세련되고 젊은 금발의 여성이 단순히 자신의 트로피 와이프가 될 것으로 기대했다면 머지않아 실망을 금치 못했을 것이다. 오래지 않아 겔혼이 남편의 그늘 밑에서만 살지 않고 글을 계속 쓰려는 의지를 분명히 드러내 보였으니 말이다. 두 사람은 2차 세계대전도 같이 취재했다. 하지만 병원선을 타고 밀항하여 디데이(연합군이 노르망디에 상륙한 날—옮긴이) 이튿날 오마하 해변(노르망디 상륙 지역의 5개 해변 가운데 하나로 연합군의 암호명이었다—옮긴이)에 도달함으로써 특종을 터뜨린 것은 겔혼이었다. 헤밍웨이는 그로부터 한참이 지나서야 해변에 상륙해서는 공연히 화를 내며 씩씩거렸다. 결국 두 사람은 1946년에 이혼했다. 하지만 이혼 후에도 겔혼은 더 많은 전쟁들을 취재하고, 소설을 써서 호평도 받았다. 헤밍웨이에 대한 질문을 받으면 그 즉시 인터뷰를 끝냈다고도 알려진 그녀는 여든아홉 살까지 살다가 죽었다.

헤밍웨이가 그동안 구상 중이던 『누구를 위하여 종은 울리나』의 집필을 시작한 것은 전쟁 중인 스페인을 마지막으로 방문하고 돌아온 뒤였다. 그리하여 1940년 이 소설이 출간되자 그는 "지금까지 내가 쓴 것 중 최고의 작품"[25]이 될 것임을 감지했다. 물론 다른 견해를 가진 사람들도 있었다. 그러나 결점이 무엇이든 그가 이 소설에서 내전 중 전선에서 쓴 기사나, 〈스페인의 대지〉의 내레이터 대본보다 스페인 내전에 대한 정치적 인식의 폭이 넓어졌음을 보여준 것은 사실이었다. 끔찍한 폭력은 국가주의자뿐만 아니라 공화파에 의해서도 자행되었다고 본 것이나, 절벽에서 뛰어내리라는 강요를 받기도 한 것을 포함해 우파의 학살을 군중심리라는 예리한 감각으로 파악한 것만 해도 그랬다. 심정적으로는 공화파에 기울어져 있었으면서도, 국가주의자군의 일부 병사들을 선한 인간으로 묘사하고, 소련 관리들을 가혹하게 그리며, 국제여단 통제위원들 중 한 명이던 앙드레 마르티를 통렬하게 비난한 것도 마찬가지였다. 심지어 소설의 한 대목에는 앙드레 마르티가 중요한 문서를 소지한 공화파군 전령들을 목적지인 사령부로 보내지 않고, 반역자들에 대한 비난을 퍼부으며 그들(전령들)을 체포하는 장면도 나온다.

링컨 대대 퇴역병들의 일부는 책의 내용에 충격을 받았다. 알바 베시도 헤밍웨이가 소련의 대 스페인 원조의 중요성을 가볍게 본 것과, (비록 스페인에서 쓴 일기에서는 그도 마르티를 "선동가에 맥없는 늙은이"로 칭하기는 했지만) 마르티에 대한 "악의적이고 … 개인적인 공격을 퍼부은" 것에 대해 비난했다.[26] 그는 헤밍웨이의 소설을 "코스모폴리탄적 러브 스토리"로 폄하했다. 다른 의용병들의 비난도 잇따랐다. 그러나 아이러니하게도 베시보다 공산당 내 서열이 훨씬 위였던 링컨 대대의 전 통제위원 스티브 넬슨은 다수의 독자들과 마찬가지로 이 소설의 서스펜스 넘치는 묘사에 매혹되었다. 얼마나 매혹되었으면 『누구를 위하여 종은 울리나』를 "미국 문단의 기념비적 작품"이라고까지 평할 정도였다. 그러나 공산당 전국위원회의 철회 요구를 받자, 기존 입장을 바꿔 "헤밍웨이는 진실을 말하지 않았다"고 하면서 "이 책이 부르주아지의 문학 살롱에서 환호받은 것도 우연은 아니다"는 말을 덧붙여 썼다.

공산당은 많은 기대를 모은 헤밍웨이의 소설이 어깨를 서로 맞대고 파시즘에 맞서 싸운 세계 여러 나라 노동자 계급 사람들에게 불멸성을 부여해주는 작품이 되기를 바랐다. 그러나 소설의 주인공 로버트 조던은 노동자가 아닌 대학의 스페인어과 강사 출신으로 후방의 철교를 폭파한 고독한 파괴 공작원이었다. 헤밍웨이는 내전 때 안토니 흐로스트의 게릴라단에 들어가 테루엘까지 뻗어나간 철교를 밤새 폭파하는 일에 가담했던 경험에서 이 에피소드를 착상해냈다. 그런데 역설적인 것은 헤밍웨이 소설에 나오는 모든 영웅들이 그렇듯 조직화된 신념을 믿지 않는 로버트 조던이 얼마간 바탕을 두고 있는 실존 인물은 그런 것을 믿었다는 사실이다. 자신의 신념을 위해 죽은, 큰 키에 금발을 지닌 미국 서부 출신의 이 용감한 대학 강사에게서는 명백히 로버트 메리먼의 기미가 느껴진다.

스페인 내전을 다룬 논픽션으로 가장 유명한 작품은 역사를 독특하게 체험하게 만드는 조지 오웰의 『카탈루냐 찬가』가 있다. 그러나 1938년 봄 영국에서 이 책이 처음 출간되었을 때는 우파 사람들은 프랑코에 맞서 싸운 인물의 작품이라며 거들떠보지 않았고, 대다수 좌파 사람들 또한 (반 스탈린 색채가 짙은) POUM 당원들을 추적해 투옥한, 공산당에 장악된 공화파 경찰을 오웰이 비난한 것을 꼬투리 잡아 기피했다. 그 결과 1950년 오웰이 죽기 전까지 10여 년간 이 책의 판매부수는 고작 800부에 그쳤으나, 이후 냉전기 때 평론가들이 소련의 배신행위를 보여줄 수 있는 초기 사례를 앞다투어 지적하기 시작하면서 수백만 부가 팔려나갔다.

스페인에 있을 때 친구들이 투옥당하고 자신도 아슬아슬하게 체포를 면한 경험이 있었던 오웰이 책을 쓰면서 공화파의 POUM 박해에 분노하는 감정을 갖게 된 것은 당연했다. 그것을 별개로 치면 『카탈루냐 찬가』의 한 가지 덕목은 겸양에 있었다. 오웰은 책에서 이렇게 썼다. "자기 눈으로 직접 본 것 외에는 어느 것도 확실하다고 단정 짓기 어렵다. … 사건의 일면만을 봄으로써 필연적으로 유발되는 왜곡을 경계해야 한다."[27] 오웰은 책이 출간된 뒤에도 필요하면 일부 내용을 과감하게 수정했다. 발간 6개월이 지난 1938년 말에도 한 친구에게 쓴 편지에서, 혁명에 매몰된 POUM을 억압하는 것과 관련된 문제를 책에서 "너무 호들갑스럽게 다루었다"는 지적은 파시즘에 맞서 싸우는 투쟁의 규모가 커져가는 상황에서 볼 때, 전적으로 옳다는 견해를 나타냈다. 그 5년 뒤에 쓴 수필 「스페인 내전을 돌이켜 보다」에서도 오웰은 『카탈루냐 찬가』에서 드러냈던 관점을 은연중에 부인하는 듯한 태도를 보였다. "혁명이 방해받지 않았다면 내전은 공화국의 승리로 끝날 수도 있었을 것"이고 "파시스트가 승리한 것은 그들이 강하고 현대적 무기를 보유한 반면, 공화파는 그렇지 못했기 때문이다"는 믿음도 "어쩌면 잘못된 생각일 수 있다"는 점에 확신을 갖게 된 것이다.

오웰은 1943년에 쓴 에세이에서도 "스페인 내전의 결과는 런던, 파리, 로마, 베를린에서 결정되었다"[28]고 하면서, 내전의 결정적 역할을 한 것은 외부 세력이었다고 단언했다(여기에 워싱턴을 포함시켰다면 판단이 더 정확했을 것이다). 죽기 몇 달 전에는 『카탈루냐 찬가』도 그에 맞게 내용을 수정해줄 것을 요청했다. 내용의 삭제가 아니라 공화국의 내분을 다룬 두 개의 긴 단원을 부록으로 옮겨달라는 요청이었다. 그러나 영국과 미국 출판사들 모두 오웰이 죽은 지 수십 년이 지나서야 그 요청을 들어주었다.

스페인에 대한 오웰의 관점은, 작가라고 해서 누군가의 대의에 해가 될 수 있는 정보를 그대로 노출해도 되는가에 대한 문제를 제기하게 만든다. 공화국을 열렬하게 지지한 것으로 치면 헤밍웨이도 오웰 못지않았다. 하지만 정보를 누설해도 되는지의 문제에 대한 두 사람의 해법은 달랐다. 오웰의 경우, 『카탈루냐 찬가』가 스페인 내전이 진행 중일 때 출간되었는데도 공화국 정부가 세계에 제시하고 싶어 하는 것과는 거리가 멀게, 공화파를 피비린내 나는 시가전으로 고통받고 내분에 시달리는 모습으로 묘사했다. 반면 헤밍웨이는 특파원으로 내전을 취재할 때 공화국의 영웅적 이미지에 해가 될 만한 기사는 쓰지 않았다. 앙드레 마르티, 무능한 지휘관들, 무자비한 공산당 비밀경찰 간부들, 탈영병을 처형하는 행위에 대한 신랄한 묘사는 모두 내전 뒤에 출간될 장편 소설과 압도적인 단편 「산마루 아래서Under the Ridge」(어니스트 헤밍웨이의 단편 전집 『The complete short stories of Ernest Hemingway』에 수록된 단편-옮긴이)를 위해 아껴두었다.

「산마루 아래서」에도 불충분한 병력으로 가망 없는 공격을 하도록 명령받은 공화파군의 한 장군에게 "기사는 어떻게 쓸까요?"라고 저널리스트 화자가 묻자, 장군은 "공식 발표가 아닌 것은 아무것도 써서는 안 된다"고 하면서 다만, "전투가 끝난 뒤에는 원하는 것을 써도 무방하다"는 말을 덧붙였다는 내용이 나온다.[29] 헤밍웨이는 자신의 편집자 맥스웰 퍼킨스에게 보낸 편지에서도, "나는 무기를 들고 있을 때는 충실한 지지자가 되고, 전투가 끝나면 작가가 됩니다"라고 말하여 이와 동일한 견해를 나타냈다.

중요성 여부를 떠나, 하나의 대의를 놓고 성실한 작가도 되고 "무기를 드는" 군인도 되는 목적의 지향점은 물론 다를 것이다. 때로는 한 사람이 두 가지 역할을 맡는 것이 불가능하기도 하다. 전통적으로는 오웰의 태도를 높이 평가해 『카탈루냐 찬가』를 용기 있게 진실을 말한 작품의 전형으로 꼽는 것이 일반적이었다. 반면에 이 관점은 독자로 하여금 어떤 대의의 정당성이 폭넓게 유포된 상황에서, 자기 검열을 어느 정도나 수용할지에 대해서도 끊임없이 생각하게 만든다. "좋은 전쟁"으로 간주되는 2차 세계대전만 하더라도 여러 가지 면에서 결코 좋은 전쟁이 아니었다.

연합국이 1945년을 기점으로 동유럽 각지에 퍼져 사는 독일인 천여만 명을 강제추방하고, 그 과정에서 50만 명 아니 그 이상의 사람들을 죽게 만든 것이야말로 2차 세계대전이 좋은 전쟁이 아니었음을 보여준 단적인 사례였다. 다수의 서구 언론인들도 그 내막을 알았지만 대개는 입을 다물었다(1945년 초 폴란드 거주 독일인들을 강제추방하는 일은 "끔찍한 범죄"[30]가 될 것이라고 말한 조지 오웰이 드문 예외였다). 서구 저널리즘에서는 2차 세계대전이 좀처럼 수치스런 장章으로 간주되지 않았다.

헤밍웨이도 스페인 내전이 끝난 지 15년 뒤에는 "『카탈루냐 찬가』를 최고의 책"[31]으로 극찬했고, 오웰도 『누구를 위하여 종은 울리나』에 대해 같은 느낌을 가졌다.[32] 그렇다면 자기 검열에 대한 생각이 달랐던 것에 대해서는 두 사람이 어떤 말을 할 수 있었을까? 실제로 두 사람은, 둘 다 종군기자로 활약하던 1945년 파리의 한 호텔에서 우연히 마주친 적이 있었다. 그러나 두 사람이 스페인에 대한 말을 나누었는지에 대해서는 알려진 것이 없다.

찰스와 로이스 오르 부부는 스페인을 떠난 뒤 파리에서 살다가 미국으로 돌아왔다. 찰스는 다시 경제학을 가르쳤고, 로이스는 조합 조직자로 일했다. 하지만 스페인에서 불거져 나온 기질적 차이를 극복하지 못해 두 사람은 결국 아이 하나를 낳은 뒤 이혼했다. 찰스가 이혼 뒤에도 국제 노동경제학자로서 오랜 경력을 이어간 반면, 로이스는 재혼해 아이도 여럿 더 낳고, 종교도 퀘이커교로 바꿨으며, 발도로프 학교 운동도 펼치다가 예순여덟 살을 일기로 숨졌다. 하지만 이렇게 변화무쌍한 삶을 살았음에도 로이스에게 인생의 정점은 언제나 스페인 혁명의 진원지 바르셀로나에서 신혼을 보낸 아홉 달 반이었다. 그리하여 35년이 넘는 긴 세월 동안 그 시대와 관련된 원고를 쓰고 또 썼으나 출판사를 구하지 못해 결국 책으로는 내지 못했다. 그녀가 스페인에 있을 때 본국으로 보낸 편지들도 사망하고 오랜 세월이 지나서야 빛을 보았다.

스페인 내전에 영향을 받은 다른 미국인들도 이후 각양각색의 길을 걸었다. 링컨 대대 퇴역병 단체는 모스크바의 정치 노선이 바뀌면 그것에 충실히 따라가면서, 내전이 끝난 뒤에도 오랫동안 공산당의 지배 아래 있었다. 하지만 공산당원이었던 많은 링컨 대대 퇴역병들은 오래지 않아 당을 떠났다.[33] 그러자 떠난 자들과 남은 자들이 서로를 격렬히 비난하면서 스페인에서 함께 싸운 사람들끼리 절교를 하는가 하면, 1939년 독-소 불가침조약이 체결되었을 때는 그에 대한 노골적 불만의 표시로 대규모 탈당 사태가 빚어졌다. 1956년 소련 공산당 서기장 니키타 흐루쇼프가 제20차 당 대회에서, 대숙청 때 스탈린이 대량 검거 및 강제노동수용소 감금과 같은 엄청난 범죄행위를 저질렀고, 비 공산주의자들이 수년간 주장했던 내용을 확인시켜주는 역사적 연설을 한 뒤에는 그보다 더 큰 규모의 탈당 사태가 빚어졌다. 흐루쇼프의 이 연설은 교황이 프로테스탄트들은 처음부터 옳았다고 선언한 것이나 다름없었다. 미국 공산당 전국위원회와, 링컨 대대 퇴역병들도 일부 포함된 다른 공산당 관리들 모임에서는 심지어 흐루쇼프의 연설 전문이 낭독되자 남녀 당원들이 평생 믿었던 자신들의 신념이 와르르 무너지는 것을 느끼며 흐느껴 울기까지 했다.

흐루쇼프의 연설에 신념이 흔들린 사람들 중에는 에브로강을 함께 헤엄쳐 건넌 존 게이츠와 조지 와트도 있었다. 와트는 "내 인생의 가장 충격적인 일"[34]이라고 말하며 공산당을 떠났다. 두 사람 모두 말년에는 일부 퇴역병들도 자신들과 같은 생각일 거라고 느끼며, 젊은 시절의 순진함을 엄격하게 자아비판적으로 되돌아보는 글을 썼다. 하지만 게이츠는 그러면서도 그동안 해오던 노동운동 일은 계속했다. 두 사람 모두 이념적으로는 민주사회주의자를 자임했다. 게이츠와 와트는 사는 동안 연락도 계속 주고받고 만남도 이어갔다. 어느 추운 겨울날 새벽 에브로강을 건넌 시점에서 50년도 더 지나, 플로리다에서 심장병으로 죽어가는 게이츠를 와트가 본 것이 두 사람의 마지막 만남이었다.

와트와 게이츠도 비록 정치적으로는 다른 노선을 걸었지만, 이 책에 소개된 거의 모든 의용병들과 마찬가지로 스페인 내전에 참가한 것에 대해서는 자부심을 가졌다. 그의 세대 사람들 중에서는 가장 유명한 반공산주의자의 일인이 된 루이스 피셔도 스페인 공화국을 지지한 행위는 후회하지 않았다. 피셔는 1939년 초에는 엘리너 루스벨트가 소련에 몸소 로비를 벌여준 덕에, 소련에 있던 처자식들을 미국으로 데려오는 데도 성공했다. 그렇게 안전을 확보한 뒤에야 그는 오랫동안 혼자만 느껴온 공산주의에 대한 환멸을 공개적으로 토로했다. 1949년에는 광범위하게 유포된 당대의 대표적 공산주의 비판서 『실패한 신The God That Failed』의 여섯 저자들 중 한 사람으로 이름을 올리기도 했다. 피셔는 또 언젠가 "내면에 신념을 가질 수 있는 나 자신이야말로 고결한 존재고 그것이 없는 삶은 상상할 수"[35]조차 없다고 쓴 것에 부합되게, 소련을 버린 뒤에는 마하트마 간디로 신념의 대상을 바꾸고 그에 대한 책도 여러 권 집필했다. 소련 아내와는 결국 틀어졌으나 탈 없이 이혼하고 뉴저지주 프린스턴에 정착해 살았다. 하지만 주변에 여자들이 꼬여드는 것은 여전하여, 그의 거대한 문서 보관함 곳곳에는 최소한 3개 국어로 된 연서들이 꽂혀있었다. 그에게 마지막으로 접근한 여자들 중에는 공산주의와 결별한 또 다른 유명인이었던 이오시프 스탈린의 딸 스베틀라나 알릴루예바도 있었다. 한번은 그녀가 연적들과 얼마나 심하게 악다구니를 벌였는지 프린스턴 경찰이 출동하기도 했다.

2016년에는 링컨 대대의 마지막 의용병이 사망함으로써 스페인 내전에 참가한 미국인 2,800명은 모두 사라졌다. 그들 대부분이 살아있을 때는 또 다른 대의를 위해 싸우는 운동가로 활약했다. 제임스 네우가스 및 토비 젠스키와 함께 근무하던 야전병원이 폭격당해 중상을 입었던 헬렌 프리먼은 캘리포니아 농장의 이주 노동자 가족들을 위한 의료 활동을 펼치다 여든세 살에 은퇴했다. 비야 파스와 테루엘 전장에서 미국 의료팀을 이끌었던 에드워드 바스키 박사 또한 의사와 간호사들 단체를 조직해, 미시시피주 흑인들의 유권자 등록을 추진하기 위해 전개된 1964년의 "자유의 여름Freedom Summer" 민권운동에 참여했다. 내전 때 부상을 당한 목수 출신의 아브라함 오셔로프도 같은 해 흑인 공동체 구축을 돕기 위해 미시시피주로 갔다가, 백인우월주의 단체가 설치한 다이너마이트에 자동차가 폭파되는 사고를 당했다. 스페인에서 1년 반 동안 간호사로 일했던 힐다 벨 로버츠도 내전이 일어나고 나서 거의 70년 후 미국의 아프가니스탄 침략 전쟁에 반대하는 시위를 벌일 정도로 장수를 했다. 링컨 대대가 싸운 거의 모든 전선들에서 무선전화 기술자로 일한 통신병 해리 피셔도 2003년 조지 W. 부시의 이라크 침략에 반대하는 시위를 벌이던 도중 심장마비로 숨졌다. 그런가 하면 스물세 살의 하이먼 카츠가 테루엘에서 퇴각하다가 전사하기 일곱 달 전 어머니에게 쓴 편지는 아마도 모든 의용병들에게 최고의 비문碑文이 되었을 것이다. 편지에는 스페인에 오지 않았다면 그 뒤로 언제까지나 "자명종이 울렸는데 왜 일어나지 않은 거야?" (의역하면, 왜 도움의 손길을 뿌리친 거야?)[36]라고 자문했을 거라는 내용이 적혀있었다.

　프란시스코 프랑코는 스스로에게 부여한 칭호들 외에 사후에도 자신의 독재정을 유지하기 위한 방편으로 스페인을 군주국으로 만들어 종신 섭정 자리에도 올랐다. 그러고는 스페인 마지막 왕의 손자인 후안 카를로스 왕자를 자신의 권력을 계승할 후계자로 키웠다. 하지만 1975년 프랑코가 죽은 뒤 즉위한 후안 카를로스는 프랑코의 독재체제를 유지할 것으로 예상한 사람들을 놀라게 하면서, 민주정으로 복귀하고 싶어 하는 대다수 국민의 여망에 따라 40여 년 만에 처음으로 총선거를 실시했다. 그 6년 뒤 프랑코 체제로의 복귀를 노리고 우익 세력이 군사 쿠데타를 벌이려고 기도했을 때도 그는 정부와 손잡고 신속히 그것을 막아냈다. 그리하여 스페인은 비록 경제적으로는 부침을 겪었지만, 의회 민주주의 국가로서의 미래는 보장받는 듯했다.

　국제여단 퇴역병들도 프랑코가 집권할 동안에는 옛 스페인 동지들과 은밀하게만 연락을 주고받을 수 있었다. 내전의 끝 무렵, 전사하거나 부상당한 미국인과 캐나다인의 대체 병력으로 다수의 스페인인들을 받아들인 매켄지-파피노 대대의 의용병 존 맥엘리곳도 그런 사람이었다. 선원이었던 그는 1947년 자신이 탄 배가 바르셀로나항에 입항하자 외출하여 거리를 거닐 던 중 내전 때 그의 지휘관이던 사람이 구두닦이로 일하고 있는 것을 보고 화들짝 놀랐다. 그리하여 구두를 닦는 척하고 자리에 앉았으나 보는 눈이 많아 아는 체를 못하고 머뭇거렸더니, 스페인인 구두

닭이가 쪽지에 뭔가를 적어 그의 바짓가랑이 속으로 슬쩍 집어넣는 것이었다. 쪽지에는 주소가 적혀있었다. 그래서 그날 저녁 주소지로 찾아갔더니 국제여단의 스페인 퇴역병 10명이 그를 기다리고 있었다. 맥엘리곳은 그 모습에 "눈물이 뺨으로 흘러내렸다"[37]고 말했다.

프랑코가 죽은 뒤에는 물론 그렇게 숨어서 만날 필요가 없었다. 스페인 내전 발발 60주년이었던 1996년에는 스페인 의회가 국제여단의 모든 생존한 퇴역병들에게 명예 시민권을 부여하기로 의결해,[38] 미국인 68명을 포함한 퇴역병 380여 명이 가족과 함께 옛 전역들—그 무렵 하라마의 한 전장으로는 간선고속도로가 관통하고 있었다—을 둘러보기 위해 마드리드를 찾았다. 바르셀로나에서도 군중 수천 명이 기차역에 나와 그들을 환영해주었다. 군중들을 제어선 밖으로 밀어내야 했을 만큼 많은 인파가 몰렸다. 개중에는 휠체어를 타거나 보행기에 의지한 사람들도 있었던 80대의 노병들은 그들 시대와는 격세지감이 느껴지는 젊은이들이 꽃다발을 걸어주자 감격에 겨워 눈물을 흘렸다. 그로써 모든 것이 마무리되는 것 같았기 때문일 것이다.

메리언도 그와는 다른 방식으로 삶의 마무리를 지었다. 1987년 로버트의 모교인 캘리포니아 버클리대학교에 "총장" 앞이라고만 표시된 편지가 도착했다.

관계자분들께 드립니다,

저는 지나간 시대, 제가 젊었을 때 … 링컨 여단의 링컨-워싱턴 대대에서 복무한 구닥다리 스페인인이올시다.

그때 저는 프랑코의 기병대에 포로로 잡히고, 같은 날 로버트 메리먼은 대대원들이 보는 앞에서 죽었습니다. 1938년 4월 2일 간데사에서, 제 곁에서 일어난 일입니다. …

　…메리언 메리먼 여사의 우편 주소를 보내주시면 고맙겠습니다.[39]

　편지 말미에는 "파우스토 비야르"라는 서명과 함께 "영어가 서투른 점 양해해주십시오"라는 추신이 덧붙여져 있었다.

　이후 비야르와 메리언 그리고 링컨 대대의 생존한 퇴역병들 사이에서는 영어와 스페인어 그리고 두 언어로 된 편지가 수도 없이 오갔다. 이어진 비야르의 편지들에는, 당시 그와 함께 복무했던 링컨 대대 미국인들의 이름도 나열돼 있었고, "메리먼이 나의 곁에서" 어떻게 죽어 넘어졌는지에 대한 내용도 상술돼 있었다.[40]

　발렌시아 출신의 가구 제작자 비야르가 링컨 대대에서 복무한 기간은 약 6개월이었다. 영어도 워싱턴주에서 삼림 감시원으로 일한 미국 의용병에게 그때 상업용 언어로 배웠다고 했다. 그가 메리언에게 보낸 편지와 미출간 스페인어 회고록에는, 그들에게는 마지막이 된 날의 이른 아침 로버트 메리먼이 어떻게 일군의 스페인과 미국 병사들에게 "감정이 북받쳐 떨리는 목소리로"[41] 그들이 포위되었다는 것과, 적의 "포위망을 뚫"고 공화파가 점유한 에브로강의 먼 강둑까지 도달할 동안 그가 그들을 이끌어갈 것임을 말한 내용이 자세히 적혀있었다.

　그리하여 그날 아침 잎사귀 하나 없는 포도원을 가로질러 도망치던 중 국가주의자군 기관총 사수들의 총에 맞아 몇몇 병사들이 쓰러졌는데, 비야르에게서 몇 발자국밖에 떨어져 있지 않던 로버트도 그 안에 포함돼 있었다는 것이다. 비야르는 이어 이렇게 썼다. 그것을 보고 "메리먼을 소리쳐 불렀어요. 한 번, 두 번, 세 번, 몇 번인지도 모르게 계속 불렀습니다. 하지만 대답이 없었어요. … '제발, 메리먼! 제발!'"

비야르는 결국 로버트가 죽었다고 확신하고 소수의 지쳐빠진 병사들과 함께 포도원을 가로질러 헛간에 숨어있다가, 그날 저녁 생포돼 강제수용소와 노동대대에 2년 간 갇혀있었다. 하지만 풀려난 뒤에도 수십 년간 독재정권이 지속되어 침묵할 수밖에 없었다는 것이다. 또 다양한 정치관을 가진 다수의 사람들—골수 공산당원들, 헤밍웨이, 미 대사관 무관 스티븐 퓨콰, 반공산주의자 샌도 보로스—이 그랬듯, 무정부의자 가정 출신의 비야르 또한 로버트에게는 카리스마를 느껴 그를 "지극히 존경했다"고도 말했다.[42]

그러나 50년 세월이 흐르면 누구라도 기억이 흐릿해질 수 있는 법, 다른 사람들이 기억하는 그날은 비야르의 기억과 차이가 있었다. 그렇다고 로버트가 마지막 순간을 맞을 때 같이 있었다고 주장하는 생존자는 없었지만, 로버트의 지휘를 받아 에브로강 쪽으로 향해가던 링컨 대대원들 중에는 그날 해질녘까지도 로버트가 자신들과 함께 있었다고 말하는 사람들이 있었다. 이 책의 앞부분에도 나왔듯 밤중에 "빨갱이! … 손들어!"라고 소리치는 것을 듣고, 로버트와 다른 대원들이 생포되었을 것으로 짐작한 병사도 이들 가운데 한 사람이었다.[43] 근래에는 스페인 현지의 한 역사가가 그 지역의 연로한 주민들을 면담해, 도망치던 일군의 국제여단 병사들이 국가주의자군에 사로잡혀 밤새 억류돼 있다가 둘씩 짝지어 총살되었다는 말을 들었다는 말도 했다. 게다가 그들 중 한 노인은 처형된 포로들 가운데 "키가 매우 크고 갈색 머리털을 가진"[44] 사람의 무덤을 파도록 강요받은 것을 생각해내기도 했다는 것이다.

그러나 진실이 무엇이든 메리언은 비야르가 전해준 소식만으로도 마음의 평화를 얻은 듯했다. 1938년의 그 필사적인 퇴각 때 살아남은 링컨 대대 퇴역병 루크 힌먼에게도 그녀는 이렇게 썼다. "밥의 죽음에 대해서는 다년간 수많은 사람들에게 수없이 많은 편지를 썼습니다. 그래서 그가 죽었다는 것은 일찌감치 알고 있었어요. 그런데도 한밤중이면 그의 목소리가 들리는 것 같았죠. 샌프란시스코에서 지낼 때는 몇 년 동안이나 그의 모습이 보여 붙잡으려고 뛰어간 것도 여러 차례였어요. 하지만 그럴 때마다 그는 매번 사람들 속으로 사라졌어요. …

시신을 본 사람이 없고, 죽을 때 곁에 있었던 사람도 없다 보니 자꾸만 미련이 남았어요. 죽었다는 것을 인정하면서도 그 사실을 받아들이지는 못했죠. 수많은 전쟁의 수많은 과부들에게도 같은 일이 발생했겠죠."[45] 메리언은 비야르에 대해서는 이렇게 썼다. "밥이 죽는 것을 보았다고 말한 것은 그가 처음이었어요. … 그것으로 모든 것은 마무리됐습니다. 거짓말 같았죠! 친구 팻도 파우스토가 언급한 이름들을 보더니 다 맞다고 했어요. 날짜도 정확하다고 했고요!"

메리언은 파우스토 비야르의 첫 편지를 받고 나서 4년 후, 여든두 살에 자다가 숨졌다.

청명한 하늘과 따뜻한 여름 태양 아래의 에브로강은 놀랍도록 평화로워 보였다. 봄철이면 나는 홍수도 지나가 물결도 잔잔했다. 존 게이츠와 조지 와트가 목숨을 걸고 헤엄쳤던 곳 가까운 강기슭에서는 케이블 페리의 운전자가 배 라운지의 갑판 의자에 멍하니 앉아 선객들을 기다리고 있었다.

스페인 내전이 끝난 지 75여 년이 흘렀는데도 그 험준한 지역에는 여전히 총알 자국이 난 석벽, 제15국제여단 보급부대(INTENDENCIA XV BRIGADA)라는 글씨가 희미하게 새겨진 건물의 문, 현지의 미술관 관리가 금속 탐지기와 굴착기를 이용해 내전 때의 참호를 발굴 중인 언덕 꼭대기 등, 전투의 흔적이 곳곳에 남아있었다. 미술관 관리는 그날 오후에 발굴한 이탈리아제 탄알과 기관단총 탄창을 자랑스럽게 손에 들어 보였다. 국제여단 병사들의 기념물이 될 만한 것은 프랑코 통치 기간에 스페인 정부가 모조리 파괴했는데도, 마르샤 마을 외곽의 관목 수풀 속에는 주민들이 남몰래 보살펴준 덕에 미국인 의용병의 유일한 묘석도 세워져 있었다. 위스콘신대학교의 물리학과 조교수였고 전선에서는 단파수신기를 만들기도 했던 링컨 대대의 통신장교 존 쿡슨의 묘석이었다. 당시 스물다섯 살이었던 쿡슨은 국제여단 병사들이 철수하기 불과 며칠 전 에브로강 전투 때 가슴에 유산탄 파편을 맞는 치명상을 입고 전사했다. 그런데 감리교도 농부 가정 출신인 쿡슨의 수수한 묘석 위에는 생뚱맞게도 조그만 돌멩이들이 얹어져 있었다. 근래에 유대인들이 다녀간 표시였다. 뿐만 아니라 전나무 그늘이 진, 1938년에 전사한 쿡슨의 묘석 곁에는 같은 전나무 아래에 보다 최근에 세워진, '클래런스 케일린, 1914-2009'라고 적힌 묘석도 있었다. 쿡슨과 함께 입대해 스페인에도 같은 배를 타고 와 하라마 전투부터 에브로강 전투까지 내전의 모든 전투를 섭렵한 쿡슨의 고등학교 동창 케일린의 묘석이었다. 친구가 얼마나 그리웠으면 그는 아들의 이름도 쿡슨을 따라 존으로 짓고 내전이 끝난 뒤에는 친구의 무덤을 보려고 스페인도 여러 차례 다시 찾았으며, 죽으면 친구의 무덤 곁에 묻어달라는 부탁까지 했다.

좁고 구불구불한 도로를 반시간 정도 운전하니 카탈루냐어로 언덕 Els Tossals으로만 간단히 알려진, 옆으로 길쭉하게 뻗어나간 오르막이 나타났다. 남동쪽으로 그림 같은 경관이 내려다보이고 상록수들과 아몬드 과수원에 둘러싸인 그 언덕배기가 바로 1938년 4월 2일 로버트 메리먼과 최소한 50명의 국제여단 병사들이 도착한 곳이었다.[46] 때는 새벽, 미국인, 스페인인, 그 밖의 몇몇 다른 나라 사람들이 더해진 국제여단 병사들은 모든 군장을 어깨에 짊어진 채 달빛도 없는 험한 길을 밤새 지치도록 행군한 뒤 그곳에 막 도착한 참이었다. 소나무 향내 나는 언덕의 아래쪽에는 언덕배기보다 더 많은 아몬드 과수원들과 푸른 초원, 그리고 계단식 포도원들이 융단을 펼쳐놓은 듯, 완만하게 기복을 이루며 목가적이고 널찍한 골짜기를 향해 쭉 뻗어나가 있었다. 골짜기 바닥에서 몇 킬로미터 떨어진 곳에는 코르도바와 간데사의 마을들, 그리고 붉은 기와지붕을 얹은 돌집들이 마치 폴 세잔의 풍경화를 옮겨놓은 듯 그림같이 펼쳐져 있었다. 간데사에는 오래된 교회 탑도 있었다. 도시들 너머로는 낭떠러지들이 줄무늬를 이룬, 삼림 무성한 산악 지대가 놓여있었고, 반대편에는 에브로 강이 흘렀다. 로버트와 링컨 대대의 병사들은 바로 그 강의 먼 둑에만 도달하면 안전할 것으로 믿었다.

하지만 그날 아침 병사들이 자세히 살펴보니 그곳에는 위험이 충만해 있었다. 적군은 그들 뒤를 밟고 있었을 뿐 아니라, 그들이 가로질러야 하는 골짜기에도 있었다. 골짜기를 관통하는 도로 위에서도 한쪽에서는 국가주의자군 병력을 태운 트럭이 다가오고, 다른 쪽에서는 무솔리니의 의용군 군단이 탄 차량들이 전진해오고 있었다. 국가주의자군의 탱크와 대포들도 보였으며, 상공에는 국가주의자군의 관측기들이 선회하고 있었다.

자신들이 포위되었음을 알게 된 링컨 대대 병사들은 소규모로 무리 지어 탈출을 시도했다. 그들이 절체절명의 그 순간 최상의 탈출 방법에 대해 여러 나라 언어로 무슨 대화를 나누었을지는 오직 추측만 할 수 있을 따름이다. 일부 병사들은 아마도 국가주의자군이 그들 앞에서 위치를 잡을 수 있도록 시간만 벌어줄 뿐인 것을 뻔히 알면서도, 야음을 탈 수 있을 때까지 기다리는 편을 택했을 것이다. 반면에 로버트는 벌건 대낮에 일단의 병사들을 이끌고 골짜기를 넘을 각오를 다졌음이 분명하다. 그 몇 달 전 부상당하기 직전에 그가 "그동안 삶이 충만했던 것은 내가 그렇게 되도록 만들었기 때문이다. 바라건대 다른 사람들도 내가 시작한 삶을 살고, 내가 계획한 것보다 더욱 충만한 삶을 살 수 있기를"[47]이라고 일기에 써놓은 것도 그렇게 짐작할 수 있는 근거가 된다. 그리하여 로버트가 만일 비야르가 주장한 것처럼 포도원에서 죽었다면 그곳은 언덕의 내리막이었을 것이다. 반면에 다른 사람들이 말한 것처럼 그가 만일 날이 저문 뒤 생포되었다가 나중에 총살되었다면, 그곳은 지금은 여름의 햇살 아래 너무도 평화롭고 아름답게 보이는, 붉은 기와지붕 돌집들이 세워진 두 마을들 사이에 난 도로 인근이거나 혹은 그 너머였을 것이다.[48]

내전의 또 다른 전역이었던 브루네테에도 1937년 7월 미국인과 다른 나라 의용병들이 적군의 맹렬한 공격을 받는 와중에, 필사적으로 메마른 돌투성이 땅을 파 만든 참호들의 흔적이 있었다. 브루네테 전투 중에 실종된 필 샤흐터에 대해서는 그의 가족이 여러 해 동안 관계 당국에 수차례 탄원을 했는데도 아무것도 밝혀지지 않았다. 때문에 필의 형 해리는 죽을 때까지도 상실감과 비탄으로 괴로워했으며, 공산주의에 대한 환멸까지 생겨 그의 괴로움은 더욱 깊어만 갔다. 오죽했으면 내전이 일어나고 나서 50년도 더 지난 뒤까지 필과 알고 지낸 링컨 대대의 한 퇴역병에게 이런 편지를 썼을까. "해가 갈수록 필의 스페인행을 함께 모의한 저 자신에 대한 죄책감과 후회도 늘어만 갑니다. 그때 필은 고작 스물한 살이었어요. 아버지가 흐느껴 우시는 소리가 지금도 들리는 듯합니다."[49]

필이 죽은 뒤에 태어나, 지금은 매사추세츠주의 한 도시에서 트라우마를 가진 사람들을 돌보는 정신 요법 의사로 일하고 있는 해리의 딸 레베카 샤흐터도 한 잡지에 기고한 글에서 이렇게 썼다. "우리 가족은 필 삼촌에 대해 속 시원히 슬퍼할 수 있는 방법을 결코 알지 못했다. 아버지는 필 삼촌 이야기만 나오면, 할아버지가 삼촌의 사망 소식을 들었던 때를 떠올리며 눈물을 흘리셨다."[50]

2012년에는 레베카 샤흐터가 플라멩코 무용을 공부하는 열다섯 살된 딸을 따라 처음으로 스페인을 찾았다. 그리하여 여행의 목적이던 플라멩코 페스티벌 일정이 끝나자 그녀는 필의 편지들을 가방에 챙겨 넣고 브루네테로 향했다. 그곳에 가서 전투가 치열하게 전개된, 상처 자국을 가진 산등성이 꼭대기에 오르니 "남은 것이라고는 폭격당한 벽돌 건물 한 채뿐이었다. … 나는 그곳에 무릎 꿇고 앉아 손으로 땅을 만져보았다. 그러자 필 삼촌이 마치 내 곁에 있는 듯이 느껴져, 삼촌은 결코 잊히지 않았다고 말해주었다. … 그의 선량함과 이상주의를 존경한다고도 말하고, 세계도 당시의 삼촌이 알았을 법한 것보다는 정치적으로 매우 복잡한 곳이 되었다고도 말해주었다."

"나는 삼촌이 에이브러햄 링컨 연대와 함께 스페인에 와서, 자신이 믿는 모든 것을 주고자 하는 의지를 펼침으로써 세상이 더욱 공평해지고 자유로워졌다고도 말했다. 또한 그런 봉사 정신과 희망이 가득 찬 정신이야말로 심오한 영감의 원천이라는 말도 해주었다. 그러고 나서 잠시 숨을 고른 뒤 나는 아들이자 형제이자 삼촌인 그를 위해 카디시(유대교에서 예배 때 하느님을 찬송하는 시―옮긴이)를 암송했다. 그러자 울컥 감정이 복받쳐 올랐다. 이 일은 비단 나 혼자 혹은 내 가족만 겪는 비애가 아니라, 전 유럽과 전 세계를 뒤덮은 트라우마와 비극의 단초, 암흑시대에 스페인에서 일어난 인간 투쟁에 대한 보편적 비애로 느껴졌기 때문이다. 브루네테를 떠나기 전 나는 집에서 가져온 돌멩이 몇 개를 벽돌 건물의 창가 벽 위에 올려놓았다."

감사의 말

　　이 책도 여느 다른 역사서와 마찬가지로 다른 저자들의 노고를 기반으로 집필되었다. 일부나마 그런 분들의 면면이 밝혀졌으면 하는 바람에서 책 뒤에 참고문헌을 실어놓았다. 그분들 외에도 물론 사의를 표해야 될 분들은 많다. 집필을 도와준 분들이 실수하거나 견해를 표명한 것에 대해서는 전적으로 저자에게 책임이 있다고 말하는 것도 늘 그렇듯 상투적 표현에 지나지 않는다. 근래의 역사에서 스페인 내전만큼 치열한 논쟁을 야기한 사건이 별로 없었고, 아래에 언급된 몇몇 분들이 그 시대에 대해 나와는 다소 다른 견해를 견지한다는 점에서 보면 특히 그렇다. 그래서 더더욱 도움을 주신 그 분들이 관대하게 느껴진다.

　　첫 번째로 고개 숙여 감사드리고 싶은 분들은 내가 알아왔고, 이제는 모두 우리 곁을 떠난 링컨 대대 퇴역병들이다. 수십 년간 나와 친구로 지낸 행크 루빈과 빌 세넷, 오래 전《샌프란시스코 크로니클》에서 나와 함께 기자 생활을 했던 짐 베넷과 조지 드레이퍼, 우연히 짧게 마주친 적이 더 많았고 그래서 충분히 물어보지 못한 것이 내내 아쉬움으로 남는 루크 힌먼과 조지 케이에게 감사드린다.

　대개는 직접 도와주고 가끔은 장거리를 통해서도 도와주며, 때로는 부탁할 엄두도 내지 못한 귀중한 문서들을 찾는 데도 도움을 준 국내외 학회 15곳의 사서와 기록보관인들에게도 고마움을 전한다. 뉴욕대학교 태미먼트 도서관의 직원들에게는 특히 내가 링컨 대대의 기록보관소에서 여러 날을 보낼 때, 그분들의 도움 덕분에 놀랍도록 편리하게 그곳 시설을 이용할 수 있었다는 점을 꼭 말해주고 싶다. 보스턴대학교의 하워드 고틀리브 기록연구소의 비타 팔라디노와 스탠퍼드대학교 후버 연구소의 데이비드 제이콥스도, 로이스 오르와 미출간된 그녀의 원고가 존재하는 것을 내게 처음으로 알려준 고마운 분들이다.

　독일어 문서를 영어로 번역해준 헤르만 하츠펠트, 스페인어 문서를 영어로 번역해준 안드레아 발렌시아, 번역도 해주고 스페인 자료를 이용해 다른 방식으로도 나를 도와준 바네사 랑카뇨에게도 감사드리고, 스페인을 여행할 때 내게 많은 깨우침을 준 앨런 워런과 닉 로이드에게도 감사의 마음을 전한다.

　매우 다양한 분야에 종사하는 분들도 필요하면 본인의 비망록이나 미출간 작품 혹은 다른 자료들을 제시하면서까지 나의 전화나 이메일에 꼬박꼬박 응대해주는 친절을 베풀어주었다. 스페인 내전을 연구하는 학자들도 있고 나보다 더 오랫동안 스페인 내전에 관한 문제에 매달린 사람들도 있는 분들은 다음과 같다. 마그달레나 보가카-로데, 고든 보커, 제임스 홉킨스, 피터 후버, 조 라바니, 워런 레루드, 아나 마르티, 앙헬 비냐스, 윌리엄 브라슈 왓슨, 로버트 윌리, 글레니스 영. 그런가 하면 조지 에센와인은 집필 중에는 내 질문에 답을 해주고 집필을 거의 마쳤을 무렵에는 원고를 읽어주는 친절함을 베풀었다. 닉 타운젠드도 스페인 내전과 관련된 다수의 책을 빌려 주었으며, 토니 그라이너와 리카드 요르겐센도 유용한 조언을 아끼지 않았다. 마사 겔혼의 유저遺著 관리인인 샌디 매슈스 또한 겔혼의 기록물을 인용할 수 있게 해주는 친절을 베풀었으며, 제프 왁텔도 그의 어머니인 메리언 메리먼 왁텔의 기록물을 인용할 수 있게 해주었다. 프랭크 솔러도 지금은 셰브런 기록보관소에 들어가 있는 텍사코 파일을 뒤져 토킬드 리버의 행적을 조사해주었다.

국제여단 퇴역병 가족들인 엘런 그룬블랏, 주디스 거니, 루시아 제이콥스, 버니스 젠스키, 루시 맥디아미드, 제임스 네우가스, 레베카 샤흐터, 데이비드 셴킨, 루시 샐리그먼 슈나이더, 에릭 탭, 앤드루 유세라, 루하마 벨트포트, 조시 넬슨 유렉도 내게 서류를 제공하고 기억을 더듬는 방식이나 혹은 그 밖의 방식으로 내게 도움을 준 사람들이다. 링컨 대대 의용병들의 자손인 제인 라자르와 데이비드 웰먼도 이 책의 원고를 읽고 본인들의 견해를 말해주었다. 내전 때 스페인에 있었던 사람들과 이런저런 인연을 가진 분들도 집필에 도움을 주었다. 모니카 오르와 로라 오르, 이 책의 원고를 읽어준 로이스 오르의 딸인 엘리자베스 쿠식, 역시 원고를 읽어준 버지니아 콜스의 딸인 헤리엇 크롤리, 토킬드 리버와 알고 지낸 루이스 라팜, 조지 오웰이 총에 맞을 때 옆에 서있었던 헨리 밀턴의 아들인 데이비드 밀턴의 도움을 받았다.

역사가 피터 N. 캐럴도 지난 몇 년 동안 원고를 읽어주는 데 그치지 않고 문서들도 나와 공유하며, 조언을 해주고, 헤아릴 수 없이 많은 질문들에 대한 답도 해주었다. 스페인에 관심 있는 미국인들치고 그가 저술하고 편집하고 공동 편집한 작품들 혹은 링컨 대대 퇴역병들이 창간하고 그가 오랫동안 편집을 맡은 간행물《의용병》을 통해 그의 혜택을 보지 않은 사람이 없을 정도로 그는 이 분야의 탁월한 전문가다. 스페인에서는 기엠 마르티네스 몰리노스가 석유 사업과 관련된 자신의 지식과, 방대한 양의 텍사코 서류들을 얼굴 한 번 본 적 없는 이 미국인에게 기꺼이 제공해주었다. 때가 되었을 때는 원고를 읽어주고, 오류를 바로 잡아주며, 내용도 덧붙여주었다.

앞에 언급된 사람들과 마찬가지로 책의 원고를 읽어주고, 그에 대한 반응을 보여주며, 오류나 생략된 부분도 끄집어내줌으로써 작가에게 최고의 선물을 안겨준 분들에게도 특별한 사의를 표하고자 한다. 서배스천 파버 교수와 크리스토퍼 브룩스 교수는 스페인 내전과 관련된 전문지식을 제공해주었고, 내 친구들인 헤리엇 발로, 엘리자베스 판스워스, 더글러스 포스터, 엘리너 랭어, 마이클 마이어, 재커리 쇼어 또한 자신들의 집필 경험을 통해 어렵사리 터득한 지혜로, 내가 이야기하고자 하는 방향과 그것을 효과적으로 전달할 수 있는 방법을 깨우쳐주었다.

은혜를 입는 것이 이번이 처음이 아닌 사람들도 있다. 그들 가운데 한 명인 내 저작권 대리인 조르주 보르하르트는 30년 동안이나 나의 길잡이가 돼 준 고마운 사람이다. 호턴 미플린 하커트와, 특히 브루스 니컬스, 벤 하이먼, 메건 윌슨, 그리고 훌륭한 교정자인 래리 쿠퍼 등 이 책을 낸 출판사 직원 분들께도 고마운 마음을 전한다. 비길 데 없이 훌륭한 프리랜서 편집자인 톰 엥겔하르트에게도 감사함을 전한다. 그와 손발을 맞춘 것이 이번으로 벌써 다섯 번째다. 그와 같이 일해본 사람이 아니면 단순한 편집과 톰다운 편집의 차이를 도저히 이해하지 못한다. 2차원적 세계와 3차원적 세계를 보는 것 사이의 차이라고나 할까. 끝으로 내가 침울해할 때는 용기를 북돋워주고, 기분이 좋을 때는 함께 즐거워해주며, 두 차례나 초고를 읽어주는 등, 지난 4년의 집필 기간 동안 나와 희로애락을 함께 해준 아내 앨리에게도 고마운 마음을 전한다. 앨리도 저술가여서 따로 탐방할 지역들이 있었기 때문에 우리 두 사람은 스페인의 몇몇 전역들을 탐방지 목록에 포함시켜 필요에 따라 번갈아가며 함께 다녔다. 그녀의 책을 위해서는 루이지애나주의 오순절 교회들과 샌프란시스코에 있는 수금자들의 바에 가고, 내 책을 위해서는 옛 굴라크 터와 1차 세계대전의 잔해를 찾아다니는 식이었다. 게다가 이 책은 우리의 결혼 50주년 기념일에 인쇄를 시작했으니 나보다 더 운 좋은 사나이는 이 세상에 없었으리라.

애덤 호크실드

옮긴이의 말

　　　　　　　서유럽에 속해 있으면서도 서유럽이 아닌 듯
다소 이질감이 느껴지는 나라가 있다. 바로 스페인이다. 이질감의 근원을
따지고 들어가자면 복잡하지만 무엇보다 서로마 제국 멸망 후에 수립된
스페인의 서고트 왕국이 711년 이슬람인들에게 정복되어 근 8세기 동안
이나 무슬림의 지배를 받은 것이 그것과 관련이 크다. 서로마 제국이 붕
괴된 뒤 서유럽에는 게르만족에 의해 여러 왕국들이 건설되었다. 하지만
이들 중 (앵글로색슨족의 잉글랜드를 별개로 치면) 끝까지 살아남은 것은 프
랑크 왕국뿐이었다. 프랑크 왕국만이 9세기까지 존속해 있으면서 서유럽
기독교 문화의 모태를 이루고 프랑스, 독일, 이탈리아라는 근대국가의 초
석을 놓았다. 세계사적인 면에서 특히 결정적인 사건은 이슬람의 북진을
막아 서유럽의 이슬람화를 막은 것이었다. 프랑크족이 만일 투르-푸아
티에 전투(732년)에서 이슬람군에 패했다면, 유럽사와 세계사는 지금과
는 판이하게 전개되었을 것이다. 그런데 스페인만 유독 무어인들에게 정
복되어 서유럽의 예외적 국가가 된 것이고, 이후 기독교 군주들이 상실한

국토를 회복하는 데는 장장 770년이 걸렸다. 아라곤과 카스티야의 연합 왕국이 1492년 스페인에 마지막 남은 이슬람 왕국 그라나다를 함락하고 기나긴 레콩키스타(재정복)를 완결지었을 무렵에는 스페인의 사회, 문화 전반에 이미 이슬람 정복의 흔적이 돌이킬 수 없도록 깊이 뿌리박혀 있었다. 페르난도 2세와 이사벨 1세가 레콩키스타 이후 로마 가톨릭의 수호자를 자처하며 무어인과 유대인들을 대거 추방하는 조치를 취한 것도 결과적으로는 가톨릭 신앙이 편협해져 종교재판소가 악명을 떨치고, 가톨릭의 기형적 득세만을 불러왔을 뿐이다. 그밖에 이슬람의 스페인 정복은 스페인이 서유럽의 다른 국가들처럼, 봉건시대에서 계몽주의 시대로 순조롭게 발전하지 못하는 걸림돌로도 작용했다. 그러다 잠시 신대륙 발견으로 아메리카 대륙에 거대한 식민지를 건설함으로써 16, 17세기에 강력한 세계 제국을 경영하기도 했지만 이어진 왕위 계승 전쟁으로 경제적 침체를 겪고 1898년에는 미국-스페인 전쟁에 패해 식민 제국의 마지막 잔재마저 상실하는 수모를 겪었다. 이런 롤러코스터 같은 부침도 어찌 보면 다른 유럽 국가들의 번영과 진보의 토대가 되었던 계몽주의의 지적 · 과학적 사상을 자연스레 흡수하지 못한 결과일 수 있다.

스페인 내전은 중세의 레콩키스타에서 축적돼온 그런 문제점들이 1차 세계대전 이후에 싹튼 여러 이념들과 뒤섞이는 과정에서 스페인 국내 정치가 양극화해 벌어진 사건이었다. 표면적으로는 개혁을 추진하려 한 공화파 세력(중산층과 노동자들)과 전통적 질서를 수호하려 한 국가주의자 세력(교회, 지주, 군부, 자본가)간의 단순한 정권 다툼처럼 보였지만, 내막을 살펴보면 자유민주주의(공산주의자와 무정부의자 등 여러 파벌이 난립

했지만)와 파시즘 간의 이념 투쟁이었다. 그렇기에 스페인이 국내적 분란을 넘어 국제적 이념의 전쟁터가 된 것이다. 그러자 유럽의 열강은 이해 득실을 따지는 주판알 튕기기에 분주했다. 영국과 프랑스는 스페인 내전이 대규모 전쟁으로 확대될 수 있다는 우려 속에 내전을 국지전으로 묶어 두기 위해 불간섭 정책을 취했다. 반면에 무솔리니와 히틀러는 영국과 프랑스가 주도한 국제연맹의 불간섭 조약을 승인하고도 프랑코의 요청을 받아들여 병력과 무기, 양면으로 반란군을 적극 지원했다. 히틀러는 스페인 내전을 자국의 신무기와 전략을 시험하기 위한 기회로 이용하려는 속셈도 가지고 있었다. 한편 스탈린은 양쪽의 눈치를 살피다 파시즘이 강화되면 소련에 위협이 될 것으로 보고, 공화파 지원에 나섰다. 그러나 소련의 지원은 대부분 군수물자에 그쳤기 때문에 공화파가 받은 외국의 병력 지원은 사실상 제3인터내셔널(코민테른)이 스페인 공산당의 요청에 따라 조직한 국제여단이 유일했다. 때는 세계가 1차 세계대전 뒤 절망에 빠지고 대공황으로 경제도 휘청거릴 때였다. 따라서 젊은이들로서는 공산주의가 충분히 희망의 빛으로 보일 만했다.

이 책은 그 국제여단의 각국 부대들 중에서도 특히 미국 의용병 부대였던 에이브러햄 링컨 대대의 활약상과 그들의 관점으로 바라본 스페인 내전 그리고 내전에 따른 여파를 일부 의용병들이 남긴 기록물과 일기를 중심으로 집필한 작품이다. 학생, 의사, 간호사, 일반인 등 의용병들의 출신성분은 다양했다. 사회주의, 스탈린주의, 트로츠키주의, 무정부주의 등 그들이 가진 이념도 제각각이었다. 하지만 사회정의에 관심을 갖고 세계를 전보다 더욱 정의롭고 자유로운 곳으로 만들기 위해 모든 것을 던질

각오를 지녔다는 점에서는 모두 생각이 일치했다. 스페인 내전은 그런 무명의 보통 사람들 외에 다수의 유명인들도 끌어당겼다. 종군기자로 들어왔으나 취재보다는 공화파 대의에 헌신하는 일에 더 열중하고 나중에는 스페인 내전을 배경으로 한 소설 『누구를 위하여 종은 울리나』를 집필한 잃어버린 세대의 대표 작가 어니스트 헤밍웨이, 그 무렵에는 아직 무명 작가였지만 역시 공화파를 지지해 민병대 소속으로 전투에 참여하고 귀국한 뒤에는 그 경험을 『카탈루냐 찬가』라는 생생한 회고록으로 남긴 조지 오웰, 비행대대를 조직해 공화파를 지원한 프랑스의 행동주의 작가 앙드레 말로, 특파원으로 들어와 내전을 취재한 생텍쥐페리가 대표적인 예다. 내전을 장삿속으로 이용한 기업인도 있었다. 석유회사 텍사코의 최고 경영자 토킬드 리버가 루스벨트 대통령의 중립 정책을 교묘히 피해가면서 프랑코를 물심양면으로 돕고 히틀러를 지지한 내용은 특히 이 책에서 충격적이고 흥미로운 대목이다. 또 저널리스트라고 모두 공화파를 지지한 것은 아니어서 《뉴욕 타임스》의 두 기자만 해도 공화파와 국가주의자 양편에서 경쟁적으로 취재하면서 신문지상을 통해 그들만의 내전을 벌였다. 이런 유, 무명인들의 개인적 일화, 경험담, 기사에 기존 역사를 접목시킨 것도 이 작품이 지닌 색다른 특징이다.

지금은 스페인 내전이 사람들의 기억 속에서 대체로 사라졌다. 벌써 80년이나 지난 일인데다 그 뒤 곧바로 이어진 2차 세계대전의 그늘에 가려졌기 때문이다. 그러다 보니 스페인 내전은 현대사에서도 중요성이 간과되기 일쑤였다. 『레오폴 왕의 유령』으로 국내에도 일찍이 소개된 바 있는 베테랑 저널리스트이자 각종 저술상 수상에 빛나는 애덤 호크실드가 스페인 내전을 오래된 벽장 속에서 다시 끄집어내 세인들의 주의를 환기시킨 것은 그 점에서도 의미가 깊다. 그 이야기를 이름 없는 사람들의 목소리로 들려주는 방식을 취한 것 또한 내전의 승패가 결정된 곳은 늘 그렇듯 전장이 아닌 열강의 회의장이었는데도, 착각 혹은 순수한 이상에 따라 이역만리 타국 땅에서 젊음과 용기를 불태운 당대의 의용병들을 기린다는 면에서 또 다른 의미를 갖는다. 오늘날 우리가 투우, 플라멩코, 축구의 나라 정도로 인식하고 있는 현대 스페인 역사의 이면에는 이렇게 민간인과 전투원들의 엄청난 희생이 수반된 피비린내 나는 내전과 이후 36년에 걸친 프랑코 독재의 어두운 내막이 숨어있었다. 카탈루냐 분리 독립 문제로 시끄러운 요즘, 스페인 내전을 기존의 역사서와는 다른 관점으로 조명한 애덤 호크실드의 이 책을 이 시점에 우리가 다시금 되새겨볼 이유와 가치가 있는 것도 그래서이다.

2017년 겨울
이순호

주

들어가는 말: 우리는 모두 마음속에 스페인을 품고 있다

1. Preston I, p.223.

2. Watt, p.107.

3. Gates, pp. 59–60.

4. Watt, pp. 107-108; Gates, p. 60. 이때의 만남에 대해 네 사람이 회상한 내용에는 중요하지는 않지만 약간의 차이가 있다. 이에 대한 좀 더 상세한 설명은 18장의 주 23을 참조할 것. 헤밍웨이가 1938년 4월 4일 NANA에 송고한 기사, 그 다음날 《뉴욕 타임스》에 실린 매슈스의 기사, John Gerassi Papers, ALBA 018, Box 7, Folder 6, p. 56에 나오는 와트와의 인터뷰 기록도 함께 살펴볼 것. Gerassi의 책 *The Premature Antifascists: North American Volunteers in the Spanish Civil War, 1936-39, An Oral History* (New York: Praeger, 1986)은 몇몇 의용병들이 자신들이 말한 것이 왜곡되었다고 주장하며 비판한 점을 고려해 이 책에는 인용하지 않았다. 그러나 의용병들의 말을 빠짐없이 그대로 옮겨 적고—몇몇 경우에는 의용병들이 편집하고 수정을 가하기도 한—ALBA 018에 수록된 Gerassi가 행한 인터뷰 기록물은 주요 사료로써 가치가 있다. 그것이야말로 링컨 대대 의용병들과의 인터뷰 내용을 그대로 옮겨 적은, 공개적으로 이용할 수 있는 최대의 인터뷰 기록집이기 때문이다.

5. 이 수치에는 의료 지원병들도 포함돼 있다. 크리스토퍼 브룩스가 관리하는 ALBA 데이터베이스에는 미국인 의용병이 2,644명, 사망자가 734명으로 데이터가 정리돼 있다. 그러나 브룩스도 그렇고, 링컨 대대를 연구하는 다른 학자들은 실제로는 의용병과 사망자 수가 그보다 많았을 것으로 믿고 있다. 이 책의 본문 175쪽에도 언급되었듯, 링컨 대대와 관련된 일부 초기 기록물들이 트럭 두 대와 함께 사라진 것이 숫자의 정확성을 기하기 어려

운 이유 중 하나다. 1938년 3월과 4월의 혼란스러웠던 퇴각 때처럼, 다른 때에는 그보다 더 많은 기록물이 분실되었을 개연성이 있다.

6. Matthews I, p. 67.

7. 《뉴욕 헤럴드 트리뷴》의 빈센트 쉬안 기자가 전문을 보낸 부분은 Voros, pp. 430-431을 참조할 것. 매슈스는 "전투기 200대를 즉시 보내지 않으면 모든 것은 끝난다"고 말하는 전문을 여러 매개인을 통해 루스벨트 대통령에게 보냈다. James Roosevelt papers, Box62 에 나타난 것처럼 《시카고 트리뷴》의 제이 앨런 기자도 루스벨트 대통령의 장남 제임스 루스벨트에게 전문을 보냈다.

8. Chapman, pp. 226-227.

9. 교육부 기자 제임스 베넷도 《샌프란시스코 크로니클》에서 일한 또 다른 링컨 대대의 퇴역병이었다.

10. *L'Espagne libre*(Paris: Calmann-Lévy, 1946), p. 9.

11. Adam Hochschild, *The Unquiet Ghost: Russians Remember Stalin* (Boston: Houghton Mifflin, 2003), p. 56. 이 문제에 관련해 유용한 자료를 제공해준 링컨 대대 퇴역병의 아들 에릭 탭에게 감사드린다. 270여명이라는 수치는 *Luiza Iordache, Republicanos españoles en elgulag, 1939-1956*(Barcelona: Institut de Ciéncies Polítiques I Socials, 2008), p. 136, quoted in Young, p. 2에서 나왔다.

1부 새 하늘과 새 땅

1. 모스크바로 떠난 미국인 부부

1. Watkins, p. 13.

2. 여기 인용된 편지들은 모두 ALBA 191, Box 1, Folder 1의 Robert Hale Merriman Papers 에서 발췌한 것이다. 아마도 나중에 부기한 것으로 보이는, 날짜와 물음표 표시가 된 것 도 간혹 있기는 하지만 편지들에는 대개 날짜가 표시되어 있지 않다.

3. John Kenneth Galbraith to Warren Lerude, 31 December 1985. 이 편지의 사본을 보내 준 레루드 교수께 감사드린다.

4. Lerude and Merriman, p. 21.

5. Manny Harriman Video Oral History Collection, ALBA Video 048, Box 11, Container 2,

interview with Marion Marriman Wachtel; Lerude and Merriman, p. 21; Widen, p. 236.

6. "Soviet Espionage in America: An Oft-Told tale," *Reviews in American History* 38(2), June 2010, p. 359.

7. Fisher, p. 2.

8. To Frances Scott Fitzgerald, 15 March 1940, in *The Crack-Up*, ed. Edmund Wilson (New York: New Directions, 1956), p. 290.

9. "Socialists' Chief Arrested in Spain," *New York Times*, 14 October 1934.

10. 11 October 1931. George Benard Show, *A Little Talk on America* (London: Friends of the Soviet Union, 1932), quoted in Tzouliadis, p. 11.

11. Galbraith, p. 23.

2. 오늘은 우리 차례지만, 내일은 당신들 차례다

1. Fischer 1, p. 47.

2. Fischer I, pp. 208, 189.

3. Fischer I, pp. 90-91.

4. *Chronicles of Wasted Time*, vol. I (London: Collins, 1972), p. 246.

5. 7 February 1936, Fischer Papers, Box 12, Folder 9; "Moscow Honors Writers," *New York Times*, 28 September 1932; *Washington Post*, 7 April 1935.

6. Fischer 1, p. 376.

7. Fischer 2, pp. 106, 99.

8. Fischer 1, p. 403.

9. Records of the Department of State, Central Files: Spain, Elbridge Durbrow to the Secretary of State, 13 May 1937, file 852.2221, Record Group 59, National Archives, courtesy of Peter N. Carroll.

10. "Soviet Collective Farms," 22 July 1935.

11. in the San Francisco *Daily News*

12. Lerude and Merriman, pp. 40-41.

13. To "Loo," 22 December 1932, Milly Bennett papers, Box 2, Folder 1.

14. Morton Sontheimer, *Newspaperman, a Book about the Business* (New York: Whittlesey,

1941), p. 227.

15. To "Esther," 3 October 1934, Milly Bennett Papers, Box 2, Folder 2.

16. Lerude and Merriman, pp. 53-55.

17. To "Florence," 27 January 193?, Milly Bennett Papers, Box 2, Folder 1.

18. Brendon, p. 302.

19. Pierre Berton, *The Great Depression: 1929-1939* (Toronto: Anchor, 2001), p. 468.

20. 26 February 1936, p. 234.

21. Fischer 1, p. 326.

22. Fischer 1, pp. 328-328.

23. An Ethiopian estimate for the period January 1, 1935, to May 31, 1936, cited by Angelo Del Boca, *The Ethiopian War, 1935-1941* (Chicago: University of Chicago press, 1969), p. 206n. 그러나 충분히 예상할 수 있듯이 이탈리아가 추정한 사망자 수는 이보다 훨씬 적다.

3. 우리와 생각이 다르다면 총살하라

1. Preston 1, pp. 102-103.

2. Francisco Franco Bahamonde, *Palabras del Caudillo, 19 abril 1937-31 diciembre 1938* (Barcelona: Ediciones FE, 1939), quoted in Sebastian Balfour, "Colonial War and Civil War: The Spanish Army of Africa," in Baumeister and Schüler-Springorum, p. 185.

3. José Sanjurio, quoted in Preston 3, p. 21.

4. Preston 1, p. 103.

5. Howson, p. 12.

6. Preston 3, p. 312.

7. Fischer 3, p. 1.

8. Fischer I, pp. 363, 370

9. Fischer 1, p. 366; "On Madrid's Front Line," *Nation*, 24 October 1936.

10. Whitaker 1, pp. 111-113.

11. *Chicago Daily Tribune*, 18 August 1936.

12. "Slaughter of 4,000 at Badajoz, 'City of Horrors,' Is Told by Tribune Man," *Chicago*

Daily Tribune, 30 August 1936.

13. Whitaker 1, pp. 113, 108.

14. Beevor, p. 77.

15. Preston,1, p. 206.

16. Whitaker1, p. 114.

17. Noel Monks, *Eyewitness* (London: Frederick Muller, 1955), pp.78-79, quoted in Preston 3, p. 333.

18. Whitaker 2, pp. 106-107.

19. Voelckers to von Weizsäcker, 16 October 1936, *Documents on German Foreign Policy, 1918-1945, from the Archives of the German Foreign Ministry*, Series D (1937-1945), vol. 3, *Germany and the Spanish Civil War 1936-1939* (Washington, DC: Government Printing Office, 1950), p. 112

20. Baxell, p. 44.

21. Hull: Little, p. 26; FDR: speech at Chautauqua, 3 August 1936.

22. Fischer 1, p.254; Roosevelt to Bowers, 16 September 1936, Franklin D. Roosevelt Papers as President: the President's Secretary's file, Box 50.

23. Stalin, Molotov, and Voroshilov to Largo Caballero, 21 December 1936, quoted in Bolloten, p. 166.

24. Beevor, p. 133.

25. Viñas 1, pp. 359-363.

26. 이곳과 이 책의 다른 부분에서 내가 역사적 화폐의 변환 기준으로 삼은 것은 구매력이다. 노동가치라든가 GDP(국내총생산) 백분율같은 다른 기준을 사용해 1930년대의 화폐를 지금의 달러로 환산하면 그보다 금액이 훨씬 높게 나온다. 비냐스 교수와 교신하면서 화폐 변환의 정확성을 기하기가 얼마나 어려운지 깨달을 수 있었다.

4. 새 하늘과 새 땅, 카탈루냐의 사회혁명

1. Cusick 1, pp. 1-5.

2. "The Spanish Revolution—as I saw it in Catalonia," ms., Charles A. Orr Papers, p. 5.

3. Thomas, p. 520.

4. *Solidaridad Obrera*, 24 July 1936, quoted in Esenwein and Shubert, p. 124.

5. Miguel de Cervantes, *Don Quixote*, trans. Edith Grossman (New York; HarperCollins, 2003), p. 76.

6. Cusick 1, pp. 13-14; "The Spanish Revolution—as I saw it in Catalonia," ms., Charles A. orr Papers, p. 15.

7. Undated letter fragment, October? 1936, Orr, pp. 82-83.

8. Encyclopedia Britannica, "Anarchism," accessed online, 27 February 2015. 다른 자료에는 저자의 정치 성향에 따라 기복을 보이기도 하면서, 이보다 숫자가 높거나 낮게 표시돼 있다. 또 CNT가 비관료적 구조를 지닌 조직이다 보니 정확한 숫자라는 것이 존재하지 않는다.

9. *Tierra y Liberatad*, 15 September 1933, quoted in Bolloten, p. 194.

10. "The Spanish Revolution—as I saw it in Catalonia,", ms., Charles A. Orr Papers, p. 7.

11. Beevor, p. 69.

12. Cusick 2, p. 14.

13. 4 February 1937, Orr, p. 48; 7 March 1937, Orr, p. 48.

14. Cusick 1, p. 164.

15. Lois Orr to Mary De Vries, 24 November 1936, Orr, p. 93.

16. 같은 시기 뉴욕의 무정부주의 동조자들도 동명의 신문을 발행했으나, 이것은 그것과 다르다.

17. Cusick 1, p. 89; "The Spanish Revolution—as I saw it in Catalonia," ms., Charles A. Orr Papers, p. 15.

18. Lois and Charles to Charles's sister Dorothy, 5 March 1937, Orr, p. 140.

19. Cusick 1, p. 16.

20. Seidman 2, p. 167.

21. 30 September 1936, Orr, p. 72; 2 November 1936, Orr, p. 83.

22. 몇 년 전 무정부주의 열풍이 불어닥쳤을 때 게재된 기사다. Isaac Puente in *Tierra y Liberatad* supplement, August 1932, quoted in Bolloten, p. 66.

23. Beevor, p. 113.

24. Gaston Leval in *Cahiers de l'humanisme libertaire*, March 1968, quoted in Bolloten, p. 69.

25. To Mary De Vries, 24 November 1936, Orr, p. 94.

26. CNT, Madrid, 31 July 1936, quoted in Preston 3, p. 262; "The Spanish Revolution—as I saw it in Catalonia," ms. Charles A. Orr Papers, p. 14.

27. "The Spanish Revolution—as I saw it in Catalonia," ms., Charles A. Orr Papers, p. 16; Lawrence A. Fernsworth, "Catalonia Fights 'Ganster' Terror," *New York Times*, 17 January 1937.

28. Preston 3, p. 235.

29. Preston 3, pp. xi, xvi. 스페인 역사가 훌리안 카사노바는 이와는 조금 다른 수치를 제시했다. 내전 기간 동안 국가주의자군에게 죽은 사람이 "10만 명 가까이" 되고, 내전이 끝난 뒤에도 5만 명이 더 죽었으며, 내전 기간에 공화파 지역에서 죽은 사람이 "6만 명 이상" 된다는 것이다. 내전이 끝날 무렵에는 50만 명이 국가주의자 감옥이나 강제수용소에서 죽었다고 말했다. 이에 대한 내용은 Casanova의 "The Spanish Civil War: History and Memory" in Jump, p. 201 참조할 것.

30. "Homage to Orwell--As I Knew Him in Catalonia," Orr, pp. 177-178.

31. 이 영국인은 POUM의 자매당이라 할 수 있는 영국 독립노동당의 스페인 지부 대표 존 맥네어였다. 맥네어와(in an unpublished M.A. thesis, *George Orwell: The man I knew*, University of newcastle, 1965) 오르 모두 영국인이 도착한 것과, 오웰을 POUM 민병대에 들어가도록 설득한 경비병에 대해서는 언급했으나, 상대방에 대해서는 말하지 않았다. 그러나 오르와 맥네어가 같은 건물에서 일한 점으로 보면 두 사람은 그날 그곳에 있었고, 오웰과도 함께 대화를 나누었음이 분명하다. 맥네어의 『스페인에서의 일기』에는 또 오웰이 민병대원이 말한 것과 달리 약간의 스페인어를 구사한 것으로 나오고, 다른 증거들도 이 사실을 암시한다.

32. "Homage to Orwell--As I Knew Him in Catalonia," Orr, p. 179.

33. Orwell, pp. 32-33. 이 글은 『카탈루냐 찬가Homage te Catalonia』, 모든 편지들, 기사, 오웰이 쓴 스페인에 관련된 비평들이 망라된 Orwell in Spain에서 발췌한 것이다. 별도 표시 없이 주석에 "Orwell"로만 표시된 인용문은 『카탈루냐 찬가』에서 발췌한 것이다.

34. Cusick 1, p. 274.

35. 27-30 September 1936, Orr, pp. 72-73.

5. 마르크스주의자들에게 내주느니 마드리드를 파괴하겠다

1. "Military Dictatorship Will Follow Rebel Success in Spain, Gen. Franco Declares," *Chicago Daily Tribune*, 29 July 1936을 참고할 수 있다.

2. Frank Joseph, *Mussolini's War: Fascist Italy's Military Struggles from Africa and Western Europe to the Mediterranean Soviet Uniion, 1935-45* (Solihull, West midlands, UK: Helion, 2010), p. 50.

3. preston 3, p. 511.

4. "On Madrid's Front Line," *Nation* 24 October 1936.

5. Patricia Cockburn, *The Years of the Week* (London: Comedia, 1968), pp. 209-210.

6. Fischer 1, p. 393.

7. Vernon, p. 180; 10 October 1936, quoted in Hopkins, p. 383, n. 67; Preston 6, p. 44.

8. Preston 6, p. 44.

9. *My Last Sigh: The Autobiography of Luis Buñuel* (New York: Vintage, 2013), p. 152.

10. Fischer 1, p. 382.

11. Knoblaugh, p. 107.

12. Beevor, p. 181.

13. "Under Fire in Madrid", *Nation*, 12 December 1936.

14. Fischer 1, p. 384.

15. Carroll 2, p. 30.

16. Fischer 1, pp. 386-387.

17. Volunteer for Liberty, 7 march 1938, p. 2.

18. Fischer 1, pp. 390-391.

19. Cusick 1, p. 203.

20. 이 에피소드가 폭넓게 다루어진 최근작 Paul Preston, *The Last Stalinist: The Life of Santiago Carillo* (London: William Collins, 2014), pp. 78-78에는, Preston 3의 내용도 부연 설명돼 있다.

21. Preston 3, pp. 232-233, 285-286, 370-371, 377.

22. "Under Fire in Madrid", *Nation*, 12 December 1936.

23. Richard Crossman, ed., *The God That Failed: Six Studies in Communism* (London: Hamish Hamilton, 1950), p. 218.

24. Adam Hochschild, *The Unquiet Ghost: Russians Remember Stalin* (Boston: Houghton Mifflin, 2003), pp. 84-92에는 50년 뒤 카메네프의 아들과 인터뷰한 내용이 실려 있다.

25. Wyden, p. 192n.

26. Esenwein and Shubert, p. 159.

27. Fischer 1, p. 403.

28. To Freda Kirchwey, 16 December 1936, quoted in Preston 2, p. 239.

29. Fischer 1, pp. 442-443.

30. Lerude and Merriman, p. 71.

31. Lerude and Merriman, pp. 73-74.

32. Lerude and Merriman, p. 79.

33. Untitled, undated fragment, Milly Bennett Papers, Box 9, Folder 5.

34. Merriman Diary, 11 January 1937. 메리먼의 일기에 표기된 날짜는 실제보다 며칠 늦을 때도 있고 며칠 빠를 때도 있지만 여기서는 일기장에 쓰인 날짜를 기준으로 삼았다.

2부 아버지, 전 스페인으로 갑니다

6. 저를 말리지 마세요

1. Gurney, pp. 18, 31, 22, 35. 거니의 회고록이 대다수 다른 링컨 대대 의용병들이 쓴 것에 비해 신중하게 집필되기는 했으나, 그래도 몇십 년 뒤에 쓴 글이다 보니 이름, 날짜, 그 밖의 내용에 왜곡이나 오류가 간혹 나타난다.

2. Gurney, pp. 20, 30, 23, 24, 18.

3. Gurney, pp. 47, 49.

4. Gurney, pp. 46-47.

5. Gurney, pp. 51-55.

6. Gurney, pp. 58-60.

7. Gurney, p. 65.

8. Gurney, p. 87.

9. 이 부분에 대한 통계치는 작성된 시기에 따라 다르다. RGASPI 545/3/455만 해도 72퍼센트가 공산당원으로 나오는 반면, RGASPI 545/6/5에는 79퍼센트가 공산당원으로 나

온다.

10. 이 숫자는 부정확하다. 의용병들의 다수가 여권을 신청할 때 뉴욕 주소들을 썼기 때문이다.

11. John Gerassi, *The Premature Antifascists: North American Volunteers in the Spanish Civil War, 1936-39, An Oral History* (New York: Praeger, 1986), p. 48.

12. Carroll 1, pp. 65-66.

13. Eby, p. 18.

14. "on the road to Spain", Robert Gladnick Papers.

15. Eby, pp. 12; U.S. Department of State, *Foreign Relations of the United States, Diplomatic Papers, 1937, General*, pp. 469, 474; Perkins to Hull, 8, 18, 21 January 1937. 이 자료에는 그 순간에 대한 묘사도 되어 있다.

16. Martin Hourihan, quoted in Eby, p. 24.

17. Joseph Selligman Jr. to his parents, n.d., Frank Aydelotte papers, Box 62, Folder 909; 12 December 1936; 21 December 1936. 나중의 두 문서와, 별도의 언급이 없는 한, 셀리그먼 가족의 다른 자료는 셀리그먼의 조카인 루시 맥디아미드와 그의 누이인 루시 슈나이더를 통해 얻을 수 있었다. 그때 이후로는 이 문서들이 셀리그먼 가족들에 의해 뉴욕대학교 태미먼트 도서관에 기증되어, Sellingman Family Papers, ALBA 296 목록으로 보관돼 있다. 대다수 셀리그먼 자료의 사본들은 Frank Aydelotte Papers에 포함돼 있다(셀리그먼의 어머니가 아들에게 온 편지나 혹은 아들과 관련된 많은 편지의 사본들을 스와스모어대학교의 총장인 프랭크 에이드롯트에게 보냈기 때문이다).

18. To his Parents, 7 February 1937.

19. 19 December 1936, Frank Aydelotte Papers, Box 62, Folder 909; 22 December 1936.

20. *Observer*, 22, June 1986, quoted in Hopkins, p. 189.

21. Gurney, p. 101.

22. Gurney, p. 108.

23. Judith Cook, *Apprentices of Freedom* (London: Quartet, 1979), p. 4, quoted in Hopkins, p. 189.

24. Gurney, pp. 113-114.

25. 12 March 1937, Records of the Department of State, Central files: Spain, file 852.2221, record Group 59, National Archives microfilm.

26. 2 April 1937, Frank Aydelotte Papers, Box 62, Folder 909.

27. Cordell Hull to Joseph Selligman (Sr.), 5 April 1937; Thruston to State Dept., 3 April 1937. Both in Records of the Department of State, Central files: Spain, file 852.2221, Record Group 59, National archives microfilm

28. Una Wilson, 25 February 1937, in Fyrth, p. 110.

29. Gurney, pp. 126-127.

30. RGASPI 545/6/947.

31. Voros, pp. 338, 344.

32. Voros, p. 322.

33. Harry Meloff to Mim Sigel, 6 May 1937, in Nelson and Hendricks, p. 145; Voros, p. 437.

34. Unpublished memoir, p. 60, Vaughn Love Papers, ALBA 243.

35. 16-17 February 1937.

36. Merriman Diary, 19 February 1937.

37. Frank Ryan, *The Book of the XV Brigade* (Madrid: Commissariat of War, 1938), p. 74.

38. Lerude and Merriman, p. 52.

39. Lerude and Merriman, p. 75.

7. 1860년대의 소총과 오합지졸들

1. 2 November 1936, quoted in Howson, p. 127.

2. Sommerfield, pp. 185-186.

3. Howson, p. 251n.

4. Bolloten, pp. 149-150.

5. Wyden, p. 150.

6. tierney, p. 22.

7. Viñas 1, pp. 118-119.

8. Manny Harriman Video Oral History Collection, ALBA Video 048, Box11, Container 2, interview with Marion Merriman Wachtel.

9. Lerude and Merriman, p. 75.

10. Mangan, p. 350.

11. Lerude and Merriman, p. 76.

12. 20-21 March 1937.

13. "Article Three", Milly Bennett Papers, Box 9, Folder 5.

14. Lerude and Merriman, p. 77.

15. RGASPI 545/6/947, pp. 38-39, and 545/2/164.

16. Thomas, p. 578. Eby, p. 78, n. 12에서 다른 추정치를 비교해볼 수 있다.

17. 1 March 1937.

18. Basky, p. 26.

19. de Vries, p. 207.

20. Harry Wilkes to Evelyn Ahrend, 12 April 1937, quoted in Carroll 1, p. 104.

21. Barsky, p. 5.

22. Anne Traft to "T", 16 July 1937, Anne Taft Muldavin Papers, ALBA 077, Box 1, Folder 8; de Vries, p. 207.

23. Carroll 1, p. 114.

24. Kemp 2, p. 6.

25. Kemp 1, pp. 76, 80, 91.

26. Stefanie Schüler-Springorum, "War as Adventure: The Experience of the Conder Legion in Spain", in Baumeister and Schüler-Springorum, p. 209. 이전에 발표된 추정 치보다는 조금 높게 나온 이 수치는 2009년에 발간된 저자의 콘도르 군단에 대한 포괄적 책에 근거한 것이다.

27. Viñas 1, pp. 78-79, 82, 91.

28. Orwell, pp. 42-43.

29. John O'Donovan to Ian Angus, April 1967, quoted in Shelden, p. 308.

30. Orwell, pp. 48-50.

31. 가령 Bolloten, pp. 256-258을 참고할 만하다.

32. Orwell, pp. 92, 60.

33. Orwell, pp. 77, 79.

34. Orwell, pp. 83-84.

35. Lerude and Merriman, p. 78.

8. 피레네 산맥을 넘어

1. Felsen, pp. 38-39.

2. Voros, pp. 291-294.

3. Carroll 1, p. 125, citing the international nonintervention authorities.

4. Fisher, p. 30. 그러나 피셔는 같은 책의 p. 44에서는 신참 의용병들이 장교로부터 들은 사상자 수를 사망자 5명, 부상자 17명으로 기록했다. 그러나 앞의 것이든 뒤의 것이든 참상의 규모가 실제보다 터무니없이 적게 제시되기는 마찬가지다.

5. 6 May 1937.

6. Barsky, pp. 93-94.

7. Neugass, 7 December 1937, p. 29.

8. Neugass, 7 December 1937, p. 18.

9. Fyrth, pp. 151-152.

10. Paul burns to Steve Nelson, 28 September 1977, Steve Nelson Papers, ALBA 008, Box 9, Folder 52; Fredericka Martin Papers, ALBA 001, Box 18, Folder 41.

11. Gurney, pp. 134-135.

12. Thane Summers to Sophie and Art Krause, 26 August 1937, in Nelson and Hendricks, p. 254.

13. "Pingpong Enlivens Spanish War Lull", *New York Times*, 24 May 1937.

14. Gurney, pp. 139-141.

15. 10 March 1937, quoted in Eby, p. 102.

16. Gurney, pp. 145-146.

17. Ted Allan, quoted in Wyden, p. 321.

18. Gurney, p. 145.

19. "Homage to Hemingway", *New Republic*, 10 November 1936.

20. Matthew Josephson, *Infidel in the Temple: A Memoir of the Thirties* (New York: Knopf, 1967); Herbst, p. 136.

21. "some Impressions of Hemingway", by William Pike, Benjamin Iceland Paper, ALBA 054, Box 2, Folder 11.

22. Hemingway to the Pfeiffer family, 9 February 1937, in Hemingway 1, p. 458.

23. Orwell, p. 94.

24. "Homage to Orwell--As I Knew Him in Catalonia", Orr, pp. 179-180; Elisaveta Fen, "George Orwell's First Wife", *Twentieth Century*, August 1960, pp. 115-116.

25. Orwell, pp. 95-99.

26. To Anne, 6-22 January 1937, Orr, p. 124.

27. Cusick 1, p. 229.

28. "The Spanish Revolution—as I saw it in Catalonia", ms., Charles A. Orr papers, pp. 17, 22.

29. "The Spanish revolution—as I saw it in Catalonia", ms., Charles A. Orr Papers, p. 13.

30. Cusick 1, p. 12.

31. To her parents, 11-12 April 1937, Orr, p. 155.

32. "Homage to orwell—As I Knew Him in Catalonia", Orr, pp. 179-180.

33. Cusick 2, p. 186; Orwell, p. 101.

34. Ralph Bates, "Castilian Drama: An Army is born", New Republic, 20 October 1937, p. 287; Orwello, p. 102.

35. Regler, p. 306.

36. NANA dispatch 4, 22 March 1937.

37. NANA dispatch 5, 26 March 1937.

9. 뉴욕 타임스가 바라본 스페인 내전

1.《뉴욕 타임스》는 공화국에 대한 매슈스의 지지 감정을 함께 나눈 바르셀로나 주재 특파원 로렌스 펜스워스의 기사도 실었다.

2. Gurney, p. 145.

3. RGASPI 545/6/849. 그 조치가 병사들을 얼마나 좌절시켰는지에 대해서는 의용병 랜디스도 언급했다. Landis, p. 618, n. 3.

4. Matthews 3, p. 16; Matthews 1, p. 28; Matthews 4, p. 304; "Science of War Rewritten by Italy", New York Times, 10 May 1936; "Future of Ethiopian Populace Presents a Problem for Italy", New York Times, 5 May 1936.

5. Matthews 3, pp. 186, 185; Matthews 1, p. 67.

6. Matthews 2, p. 20.

7. "Franco Hems in Madrid after Malaga Capture",   14 February 1937.

8. "Madrid is Warned of Its Great Peril," 13 February 1937.

9. Matthews 2, p. 26.

10. 신문은 이탈리아군을 여러 차례 언급한 매슈스의 과달라하라 전투 기사를 싣기도 했고, 때로는 그 기사가 헤드라인을 차지하기도 했다. 과달라하라 전투 기간이 포함된 1937년 의 첫 세달 동안《뉴욕 타임스》는 매슈스의 이름이 들어간 기사를 카니의 이름이 들어간 기사보다 두 배 넘게 게재했다.

11. "Regime of Terror is Denied by Llano", 23 March 1937.

12. Bowers to Roosevelt, 31 March 1937; Bowers to Hull, 18 May 1937, both in Franklin D. Roosevelt Papers as President: the president's Secretary's file, Box 50; "Madrid Situation Revealed; Uncensored Story of Siege", *New York Times*, 7 December 1936.

13. "Cowles, Virginia", in *Current Biography*, accessed online, 28 February 2012.

14. Aidan Crawley, *Leap Before You Look: A Memoir* (London: Collins, 1988), p. 207. Crawley. 크롤리는 1945년 콜스와 결혼했다; Cowles, p. 285.

15. Cowles, p. 4.

16. 이 여행의 산물로 콜스는 유치하고 허황된 여행기를 한 편 쓰기도 했으나, 이것이 출간 된 1938년 무렵에는 그녀가 이미 스페인과 여타 지역에서 기자로서 두각을 나타내고 있 었고, 낸시 스위프트라는 필명으로 Men are So Friendly라는 제목의 책도 저술한 상태였 다.

17. Cowles, pp. 15-16.

18. Mangan, pp. 413-414.

19. Sefton Delmer to Carlos Baker, n.d., quoted in Preston 2, p. 62.

20. Herbst, p. 158.

21. Delmer, p. 318.

22. Cowles, p. 31.

23. Delmer, pp. 328-329.

24. Cowles, pp. 33-34.

25. Cowles, p. 35.

26. Cowles, p. 35.

27. Cowles, p. 38.

28. Cowles, p. 30.

28. Herbst, pp. 170-171.

30. "Spain's Life Goes on", *New York Times*, 10 April 1938.

31. Cowles, p. 55.

10. 독재자들을 좋아한 남자

1. Martínez Molinos 1, p. 84.

2. author's interview with Lewis Lapham, 14 November 2014.

3. Thorndike, p. 57; "Captain & Concession" 4 May 1936.

4. Anthony Sampson, *The Seven Sisters: The Great Oil Companies and the World They Shaped* (New York; Viking, 1973), p. 196.

5. Farago, p. 400; author's interview with Lewis Lapham, 14 November 2014.

6. Álvarez Alonso, p. 8. 리버는 텍사코 유조선 5척에 공해 상에서 해수면이 상승할 때 국가주의자 영역 쪽으로 진로를 바꾸라는 지시를 내렸다는 암시를 ≪라이프≫의 톰다이크에게 넌지시 흘렸고, 일부 학자들도 리버의 이 허장성세를 되풀이해 사실인 것처럼 이야기했다. 그러나 기옘 마르티네스 몰리노스가 그 당시 스페인의 국영 석유회사였던 CAMPSA(Compañía Arrendataria del Monopolio de Petroleos, S. A.)의 기록물을 분석한 바에 따르면, 리버가 프랑코에게 열광한 것은 맞지만 그 주장은 사실이 아니었다.

7. Manuel Aznar, "Ilustre Historia de un español ejemplar" ABC (Madrid), 14 July 1973.

8. Álvarez Alonso, pp. 5-6.

9. Sánchez Asiaín, pp. 194-195.

10. 보다 상세한 내용은 Martínez Molinos 1 and 2 참조할 것.

11. Tierney, p. 92.

12. Valaik, p. 81.

13. "America Neutral in Spanish Crisis", *Los Angeles Times*, 14 February 1937.

14. Preston 2, pp. 315-316.

15. Howson, p. 183.

16. James w. Cortada, *Historical Dictionary of the Spanish Civil War, 1936-1939* (Wesport, CT: Greenwood, 1982), p. 140: "Most of the Nationalsists' petroleum was supplied by

the Texas Oil Company." Martínez Molinos 1에는 이 내용을 뒷받침할 수 있는 확증적 내용이 담겨 있다.

17. Tierney, p. 68.

18. Tierney, p. 68.

19. Álvarez Alonso, p. 9.

20. Brien McMahon to Commings, 7 August 1937, Attorney General Personal File—Texas Company Oil Ships, 1937 aug., Homers. Cummings Papers, Box 159.

21. Martínez Molinos 1, p. 94.

22. Brien McMahon to Cummings, 7 August 1937, Attorney General Personal File—Texas Company Oil Ships, 1937 Aug., Homer S. Cummings Papers, Box 159.

23. Ickes, p. 194. 각료회의는 1937년 8월 13일에 열렸다.

24. Cummings to McMahon, 13 August 1937, Attorney General Personal File—Texas company Oil Ships, 1937 Aug., Box 159, Homer S. Cummings Papers.

11. 게르니카 폭격과 오웰의 시가전

1. Fraser, p. 406.

2. Preston 3, pp. 431, 440.

3. 지난 수년 간 학자들은 사상자 수를 이보다 훨씬 높게 보았다. 하지만 이 책에는 저자인 역사가가 공화국에 매우 우호적인데도 사상자 수를 그보다 낮게 잡고 근거를 제시하기도 한 Preston 5를 인용했다.

4. Estes and Kowalsky, p. 87; quoted in Beevor, p. 233.

5. "Inquirer Doubtful on guernica Fire; No Evidence is Found That Basque Town Was Set Aflame by Bombs from Plane" *New York Times*, 5 May 1937.

6. Drew Pearson's syndicated "Washington Merry-go-round" column 6 November 1955 and 19 December 1959.

7. Lerude and Merriman, p. 126; Merriman Diary, 18 July 1937.

8. Lerude and Merriman, p. 143; Marion Merriman manuscript, Robert Hale Merriman Papers, ALBA 191, Box 2, Folder 1. 당의 충성심에 호소한 구애자는 샌도 보로스였다.

9. "Madrid's Foreign Defenders", *Nation*, 4 September 1937; Merriman Diary, 9 July

1937.

10. Gurney, p. 56.

11. Voros, p. 328.

12. Gurney, pp. 139, 151.

13. "PingPong Enlivens Spanish War Lull", 24 May 1937; Cowles, p. 43.

14. Gurney, pp. 143, 161-162.

15. William Herrick가 드문 예외였다. 22장 주 33을 참조할 것.

16. Gurney, p. 151.

17. 3 May 1937, Dallet, p. 35; Cusick 2, p. 273.

18. Cusick 1. p. 294.

19. Orwell, p. 183.

20. Walter Tapsell, "Report on the English Section of the P.O.U.M.", International Brigade Collection, Box C 13/7, Marx memorial Library, London. 바르셀로나의 정치적 분위기에 대한 내용은 보커의 스페인 단원을 참조할 것. 스트레일링도 같은 내용을 다루고 있다. 다만 마크 윌데미어시의 *George Orwell's Commander in Spain: The Enigma of Georges Kopp* (London: Thames River Press, 2013)에는, 콥이 블레어 부부의 동향을 공산주의자들에게 보고한 듯한 암시를 준 스트래들링의 글을 논박하는 내용이 담겨있다.

21. Orwell, pp. 103-104, 111, 112, 119.

22. Charles to his mother, 8 May 1937, Orr, p. 161.

23. Povedano, p. 799ff.

24. 15 May 1937, Orr, p. 162; Cusick 1, p. 303.

25. 11 June 1937, Orr, pp. 171-172.

26. Thomas, p. 649.

27. Cusick 1, p. 304.

28. RGASPI 545/6/958.

29. Huber conference paper. 이 문서와 다른 문서들을 제공해준 후버 박사께 감사드린다.

30. Lois Orr, "The May Days and My Arrest", Orr, pp. 191-193.

31. Cusick 1, p. 309

32. Bolloten, pp. 500-501에는, 합동통신사인 기자에게 그것이 어떻게 전달될 수 있었는지 내용이 담겨 있다. Times of London, "Valencia Alleges Spy Plot", 19 June 1937; 이 신

문의 특파원 로렌스 펜스워스도 기사의 말미에 이르러서야 "POUM이 당의 신문을 통해, 적과 결탁할 것이라는, 자신들에 대한 음해 음모가 진행 중이라는 경고를 되풀이했다는 것을 언급하는 것이 POUM에는 공평한 처사일 것이다"라고 말하여, 취재원들의 주장에 의혹을 제기하는 듯한 암시를 했다. *Manchester Guardian*, "200 Arrests in Madrid", 19 June 1937. *New York Times*, "Anti-Loyalist Plot Uncovered in Spain: 200 Arrested in Madrid and in Barcelona, Including Army Men and POUM Memers", 19 June 1937; 이 기사에는 작성자 이름이 없지만 매슈스가 쓴 것이고, 그가 송고한 원본 기사는 Box 20 of the Herbert L. Matthews Papers에 보관돼 있다.

33. Matthews 3, p. 288.

34. Faupel to German Foreign Ministry, 11 May 1937, quoted in Beevor, pp. 268-269.

35. Cusick 1, p. 308.

36. Orwell, p. 128.

37. Orwell, pp. 131-132.

38. Orwell, pp. 136-137.

39. Orwell, p. 144.

40. Orwell, 208.

41. RGASPI 545/6/136, Part 2. 이 비난은 POUM 민병대원이었던 영국인 프랭크 프랭크포드가 한 것인데, 짐작컨대 교회 혹은 박물관에서 그림 몇 점을 약탈한 죄로 징역형을 받게 된 그가, 징역형을 면제받으려면 이 비난과 또 따른 비난을 하라는 POUM의 협박을 받아 행한 일이었던 것 같다.

42. Orwell, p. 146.

43. RGASPI 545/6/107, pp. 22-26. 같은 자료 p. 25에는 부부가 "명백한 트로츠키주의자"로 낙인찍힌 내용이 나온다. 따라서 그들이 체포의 대상일 수 있다고 두려워한 것은 옳은 판단이었다.

44. Orwell, p. 169.

3부 전쟁 속 미국인들

12. 나라면 그 이야기는 쓰지 않겠어요

1. Cowles, pp. 56, 58.

2. Cowles, pp. 65, 69-70.

3. Cowles, p. 66.

4. Cowles, pp. 62, 64.

5. Cowles, p. 67; "Behind the Fighting Fronts: In the Two Clashing Spains", *New York Times*, 9 January 1938; Cowles, p. 67.

6. Cowles, p. 68.

7. Cowles, p. 75; Cowles, p. 76; statistics: Preston 3, p. 438.

8. Cowles, pp. 74-76.

9. "Realities of War in Spain", 17 October 1937. Lloyd George's speech was on 28 October.

10. Cowles, p. 107.

11. 1937년 6월 8일 공화국의 첩보부가 가로채 스페인 대사를 통해 루스벨트 대통령에게 전달해준, 텍사코 중역이 프랑코의 석유 담당 관리에게 보낸 전문에는 "지난 주 대통령이 리버를 워싱턴으로 불러" 국가주의자에게 석유를 외상 공급하는 일을 더는 하지 말도록 주의를 주었다는 내용도 들어있었다. Brewster to Arvilla, 23 April 1937, Franklin d. Roosevelt Papers as President: the President's Secretary's file, Box 50.

12. Interview with Martha Gellhorn, 20 February 1980, p. 20, Eleanor Roosevelt Oral History Project, Eleanor Roosevelt Papers, Box 2.

13. "My Day" column, 28 May 1937; 1 June 1937, Martha Gellhorn Papers, Box 4, Folder 121.

14. 17 June 1937, Martha Gellhorn Papers, not boxed.

15. June 1937, Martha Gellhorn Papers, Box 4, Folder 122. 이 편지는 Gellhorn, p. 52에도 수록돼 있다.

16. Gurney, pp. 164, 166, 168-170.

17. Gurney, pp. 171-173.

18. Fredericka Martin to Peter wYDEN, 21 December 1984, and a separate note by Martin, both in Fredericka Martin Papers, ALBA 001, Box 18, Folder 41.

19. Gurney, p. 176.

20. Vaill, p. 176에는 그렇게 암시돼 있다.

21. Herbst, pp. 154, 150.

22. "The Spanish Prisoner", *New Yorker*, 31 October 2005, p. 85. 로블레스 사건은 두 유명 작가의 사이를 틀어지게 했던 만큼 다수의 다른 작가들에게 글의 소재가 되었다. 그 사건을 온전한 한 권의 책으로 구성한 코치와 마르티네즈 데 피손이 대표적인 예인데, 이들이 쓴 두 책 중에서도 코치의 책은 특히 여러 문제점들 가운데서도 회고록이라는가 일지, 그리고 사건의 참가자들이 쓴 그 사건과 관련된 소설 속의 허구적 이야기를 구분 없이 사용했다는 점에서 실망스럽기 그지없다. 그에 반해 Preston 2의 "The Lost Generation Divided: Hemingway, Dos Passos, and the Disapperance of José robles."는 분량은 짧아도 내용은 훌륭하다.

23. Schwartz, p. 115. Alba and Schwartz, p. 232에 나오는 추정치 "최소한 50명이 죽었다"를 낮게 고친 숫자로 보인다. 그러나 바르셀로나에서만 40명이 처형된 "것으로 보인다"고 말한 Thomas, p. 786에서 보듯 몇몇 자료에는 죽은 사람들의 수가 그보다 높게 제시돼 있다.

24. Orwell, p. 128.

25. 이 말을 한 사람은 이탈리아 공산당 지도자 팔미로 톨리아티다. *Escritos sobre la Guerra de España* (Barcelona: Critica, 1980), p. 232, quoted in Payne 2, p. 231.

26. "The May Days and My Arrest", Orr, p. 196.

27. Estes and Kowalsky, p. 267.

28. Cusick 2, pp. 245-6; Orwell, pp. 188-189.

29. Balfour, pp. 278, 312.

30. Herbst, p. 138; "Night Before Battle", Hemingway 2, p. 449.

31. Hemingway to Benjamin Glazer?, n.d., a newly discovered letter. "Hemingway, Your Letter Has Arrived", *New York Times*, 10 February 2008.

32. "A Conversation with Claud Cockburn", The Review 11-12, p. 51, quoted in Alex Zwerdling, *Orwell and the Left* (New Haven: Yale University Press, 1974), p. 8.

33. 3 February 1939, Martha Gellhorn Papers, Box 4, Folder 122.

34. "Behind the Fighting Fronts: In the two Clashing Spains", New York Times, 9 January 1938.

35. 오스트리아 사회학자 프란츠 보르케나우도 다수의 그런 기업체들을 방문함으로써 막연하게나마 그것에 근접하는 글을 쓴 소수의 외국인들 가운데 한 사람이다. 오웰도 그가

쓴 The Spanish Cockpit에 대해 극찬을 했다. 반면에 또 다른 외국인 H.-E. 카민스키가 쓴 Ceux de Barcelone (Paris: Edition Denoël, 1937)은 비실제적인 면이 강하고 판단력 은 결여된 작품이다. 물론 일이 이렇게 된 데는 그 당시의 공화국이 강력한 선전 조직을 가동하면서 검열관들로 하여금 외국 기자들이 쓴 기사들 가운데 혁명적 사건을 다룬 내 용은 삭제하게 만든 이유도 있었을 것이다. 하지만 그렇다고 그것이 그 문제를 보도하지 않는 것에 대한 이유는 될 수 없다. 전시에는 검열에 구멍이 많았고 따라서 기자들도 마 음만 먹으면 검열을 얼마든지 피해갈 수 있었기 때문이다. 허버트 매슈스만 해도, "도청 하는 스페인 검열관이 저녁 식사 하러 나가는 때"를 유념해두었다가, 파리 지국과 그 시 간에만 통화하면 문제없다는 사실을 알아냈으니 말이다. (Matthews I, p. 119).

36. Cusick 2, p. 193.

13. 전쟁 속에서 피어난 로맨스

1. To Ida and Max Schachter, 12 May 1937 and 27 June 1937, Toby Jensky and Philip schachter Papers, ALBA 055, Folder 1.

2. Gurney, pp. 177-178.

3. 17 July 1937, Toby Jensky and Philip Schachter Papers, ALBA 055, Folder 1.

4. Gurney, pp. 180-181.

5. To Ida and Max Schachter, 17 July 1937 and 2 May 1937. Toby Jensky and Philip Schachter Papers, ALBA 055, Folder 1.

6. To Ida and Max Schachter, 17 July 1937 and 2 August 1937, Toby Jensky and Philip Schachter Papers, ALBA 055, Folder 2. 이 편지들에 대한 사려 깊은 글은 라바니의 글을 참조할 것. 젠스키에 관련된 기사의 토대가 된 장문의 에세이를 나에게 공유해준 라바니 교수께 감사드린다.

7. 2 May 1937, Toby Jensky and Philip Schachter Papers, ALBA 055, Folder 15.

8. 28 April 1937, Toby Jensky and Philip Schachter Papers, ALBA 055, Folder 15.

9. 5 June 1937 and 19 June 1937, Toby Jensky and   Philip Schachter Papers,LABA 055, Folder 16.

10. 24 June 1937 and 3 July 1937, Toby Jensky and Philip Schachter Papers, ALBA 055, Folder 16.

11. Carroll 1, p. 141.

12. Fischer 1, p. 425.

13. Beevor, pp. 282-283.

14. 4 April 1937, Notes, War in Spain, 1937-38, Martha Gellhorn Papers, Box 1, Folder 7.

15. 올리버 로가 죽자 공산당은 그를 국내외에서 정의를 위해 싸운 영웅적 전사로 부각시키는 일에 골몰했고, 가수 폴 로브슨도 그를 주제로 한 영화가 만들어지기를 바랐다. 올리버 로가 시카고 경찰에 구타당한 일에 대해서는 흑인 예이츠와 통제위원 넬슨도 언급했으나, 다만 지나가는 말로 간단히 언급하는 데 그쳤다.

16. Eslanda Goode Robeson Diary, 31 January 1938, quoted in Fyrth, p. 305.

17. Gurney, p. 136. 로에 대한 부정적 견해는 D. P. Stephens, *A Memoir of the Spanish Civil War: An Armenian-Canadian in the Lincoln Battalion* (St. John's, Newfoundland: Canadian Committee on Labour History, 2000), pp. 46-48 참조할 것.

18. Herrick, pp. 179-180에는 로가 아군 병사가 쏜 총을 등에 맞은 것으로 나와 있으나, 이는 2차 사료를 근거로 제기된 주장이다. 반면에 Carroll 1, pp. 138-139에는 다수의 1차 사료에 근거해 로가 적군의 총탄에 부상당한 내용이 설명돼 있다. 캐럴은 헤릭의 사료원으로 인용된 사람들 가운데 두 명이 그런 말을 한 적이 없다고 했다는 점 또한 지적했다.

19. Fred copeman, *Reason in Revolt* (London: Blanford, 1948), p. 133.

20. Diary transcript, pp. 14-15, in Hamilton A. Tyler Papers, Box 3, Folder 27.

21. Review of *The Spanish Cockpit* by Franz Borkenau and *Volunteer in Spain* by John Sommerfield, Time and Tide, 31 July 1937, Orwell, 231.

22. 15 July 1937, Toby Jensky and Philip Schachter Papers, ALBA 055, Folder 16.

23. 국제여단의 유세라 관련 자료는 RGASPI 545/6/1004에 보관돼 있다. 그의 미군 복무 기록은 정보 공개법에 의거해 입수했다.

24. "Casino Theatre Plays for 1934 Announced", Newport Mercury, 15 June 1934; *Oral History Transcript, Lieutenant General James P. Berkeley, U.S. Marine Corps (Retired)* (Washington, DC: History and Museums Division, Headquaters, U.S. Marine Corps, 1973), pp. 26-27.

25. Records of the War Department General and Special Staffs, Maj. A. L. Hamblen, HQ Sixth Corps Area, Chicago, to Asst. Chief of Staff, G-2, War Department, Washington, 7 December 1937, file 10110.2666-179, Record Group 165, National Archives

microfilm. 링컨 대대의 지원병 모집에 관련된 이런 류의 초기 기록은 files 10110.2666-143, 10110.2666-155, and 10110-2662-298, Record Group 165에서 찾아볼 수 있다.

26. Nelson, p. 153.

27. Stradling, p. 655.

28. Records of the War Department General and Special Staffs, Report #38512, 25 January 1937, from Lieutenant Colonel Raymond E. Lee in London, file 2657-S144-88, Record Group 165, National Archives, College Park, MD; Vincent Usera, "Some Lessons of the Spanish War", *Field Artillery Journal*, September-October 1939, p. 406, reprinted from *United States Naval Institute Proceedings*, July 1939.

29. Fischer 1, pp. 430, 432, 438, 440.

30. Gallo to Fischer, 20 September 1937, RGASPI 545/1/11.

31. "Keeping America Out of War", *Nation*, 27 March 1937.

14. 미국 석유회사 텍사코의 은밀한 지원

1. Abe Osheroff, in Bessie and Prago, pp. 84-85.

2. Liversedge, p. 54.

3. 15 October 1937, Notes, War in Spain, 1937-38, Martha Gellhorn Papers, Box 1, Folder 7; Hemingway to Mrs. Paul Pfeiffer, 2 August 1937, Hemingway 1, p. 460; Ivens, p. 131.

4. Hemingway to Mrs. Paul Pfeiffer, 2 August 1937, Hemingway 1, p. 460; Moorehead, p. 132.

5. "My Day", 10 July 1937.

6. 8 July 1937, Martha Gellhorn Papers, Box 4, Folder 122. 이 편지는 Gellhorn, p. 55에도 나타나 있다.

7. Merriman diary, 29 September 1937; Hemingway to Rolfe, January 1940, Edwin Rolfe Papers, University of Illinois, Box-Folder R1-089; Merriman Diary, 18 August 1937.

8. 26 August 1937.

9. Geiser, p. 259.

10. 26 August 1937.

11. Nelson, Barrett, and Ruck, p. 228.

12. Landis, p. 289.

13. Merriman Diary, 5 September 1937.

14. Merriman Diary, 8 September 1937.

15. Lerude and Merriman, pp. 172-173.

16. "Belchite Victory Cheers Loyalists", 19 September 1937.

17. "Men Without Medals", *Collier's*, 15 January 1938.

18. NANA dispatch 13, 13 September 1937.

19. 19 September 1937.

20. 29 August 1937, Robert Hale Merriman Papers, ALBA 191, Box 1, Folder 2.

21. Lerude and Merriman, p. 151.

22. "Two Americans in Spain Managed to Wed by a Ruse", *New York World-Telegram*, 25 January 1938.

23. 7 September 1937, Toby Jensky and Philip Schachter Papers, ALBA 055, Folder 2.

24. To Ida Schachter, 8 October 1938 and 11 November 1937, Toby Jensky and Philip Schachter Papers, ALBA 055, Folder 2.

25. Merriman Diary, 27 October 1937. 퓨과에 대한 더욱 유용한 정보는 Burdick 참고할 것.

26. Records of the War Department General and Special Staffs, Report No. 6711, from Valencia, 1 November 1937, file 2657-S-144-294, Record Group 165, National Archives, College Park, MD.

27. Carroll 1, p. 149.

28. "Oil for Lisbon Goes to Franco Let's Stop it!" *Industrial Worker*, 22, May 1937. 참고문헌에 소개된 노엄 촘스키의 글이 나로 하여금 이것을 언급하게 만들었다.

29. Brewster to Arvilla, 19 March 1937, CAMPSA (Compañía Arrendataria del Monopolio de Petroleos, S.A.) archives, Madrid, courtesy of Guilleum Martínez Molinos.

30. Martínez Molinos 1, p. 94; Martínez Molinos 2, p. 681. 내가 알기로 다른 학자들은 이 놀라운 사실을 인지하지 못했다.

31. CAMPSA archives, Madrid, courtesy of guillem Martínez Molinos.

32. Fernando Moreno de Alborá y de Reyna and Salvador Moreno de Alborán y de reyna, *La guerra silenciosa y silenciada: historia de la compaña naval durante la Guerra de 1936-39*, vol 2 (Madrid: F. Moreno de Alborán y de reyna, 1938), pp. 1165-1166.

33. "Un Bateau Gouvernemental Disparait à Bordeaux", *Journal du Loiret* (Orléans, France), 9 July 1937; "Rebels Take Oil Tanker as Loyalists Go to Dance", *New York Times*, 9 July 1937.

15. 헤밍웨이, 게릴라 작전에 참여하다

1. 이 인용문은 모두 Szurek, pp. 144-148에 수록된 1967년 흐로스트와 행한 인터뷰 기록에서 발췌한 것이다. Watson 2, 3, 4에도 헤밍웨이를 전문으로 연구하는 교수 윌리엄 브라슈 왓슨이, 처음에는 알람브라, 그 다음에는 후방으로 헤밍웨이가 갔다고 여겨지는 곳들을 다시 밟아가며 조사를 한 뒤 기록한 글이 게재돼 있다. 헤밍웨이가 국가주의자 영토로 들어갔음을 직접적으로 입증해줄 수 있는 문서는 없고, 그때도 아마 없었을 것이다. 왓슨도 지적했듯 게릴라 작전 참가를 승인해주는 허가증은, 만에 하나 그것을 소지한 사람이 잡혔을 경우 사형집행 영장이 될 수 있었기 때문이다. 반면에 두 육군 사령부가 각각 별개로 승인해준 이례적으로 격이 높은 안전 통행증을 받았다는 사실과, 마드리드에서 출발한 장거리 자동차 여행을 했다는 것 외에는 알려진 것이 없는 여행을 헤밍웨이가 했음을 보여주는 일련의 계산서와 영수증을 왓슨이 찾아냈다. 흐로스트가 그를 게릴라 작전에 동행시켰다고 말한 대략적 날짜들에 대한 설명이 될 수 있다. 왓슨은 국제여단 게릴라군이 알람브라를 중심으로 움직인 것과, 헤밍웨이가 마드리드에서 공화파의 게릴라군 지휘관을 만난 사실도 확인했다. 물론 이것은 직접적 증거가 아닌 정황적 증거지만, 그렇다고 흐로스트의 말이 틀렸음을 논박할 만한 다른 증거가 있는 것도 아니며, 그러므로 나의 견해나 Alex Vernon in *Hemingway's Second War*, pp. 169-170에 나온 내용과 다를 바 없이 그의 판단도 사실로 간주될 수 있다.

2. To Ida Schachter, 7 September 1937, Toby Jensky and Philip Schachter Paper, ALBA 055, Folder 2.

3. To William Lawrence, 16 October 1937, RGASPI 545/6/981.

4. 2 September 1937, Toby Jensky and Philip Schachter Papers, ALBA 055, Folder 13.

5. Mangan, pp. 431-433.

6. Lerude and Merriman, pp. 143, 180.

7. Manny Harriman Video Oral History Collection, ALBA Video 048, Box 11, Container 2, interview with Marian Merriman Wachtel.

8. Lerude and Merriman, p. 188.

9. Manny Harriman Video Oral History Collection, ALBA Video 048, Box 11, Container 2, interview with Marion Merriman Wachtel.

10. Lerude and Merriman, p. 192.

11. Preston 3, pp. 451-453.

12. NANA dispatch 17, 19 December 1937.

13. "Spanish Loyalists Drive into Teruel after Big Air Raid", *New York Times*, 20 December 1937; Matthews 2, p. 29; "Spanish Loyalists Drive into Teruel after Big Air Raid", New York Times, 20 December 1937.

14. NANA dispatch 18, 21 December 1937; to Hadley Mowrer, 31 January 1938, Hemingway 1, p. 462.

15. NANA dispatch 17, 19 December 1937; "Behind the Fighting Fronts: In the two Clashing Spains" *New York Times*, 9 January 1938.

16. "Victory at Teruel is Hailed with Joy in Insurgent Spain", 2 January 1938. 이 기사는 작성자 이름 없이 발신지는 사라고사, 송고 날짜는 12월 31일로 되어 있다.

17. To Hadley Mowrer, 31 January 1938, Hemingway 1, p. 462.

18. 5 January 1938. 매슈스는 자신의 회고록에서도 (Matthews 2, p. 29), 카니가 "테루엘 주민들이 반군에게 파시스트식 경례를 하면서, 그들을 열렬히 맞아준 장면을 생생하게 묘사했다"고 주장하면서, 그의 과실을 침소봉대하여 말했다. 그러나 카니는 그런 묘사를 한 적이 없었다.

19. 9 December 1937 (added to on 12 December) and 23 December 1937, Toby Jensky and Philip Schachter Papers, ALBA 055, Folder 3.

4부 희망이 보이지 않는 어둠

16. 진정한 전장은 워싱턴, 런던, 파리다

1. Neugass, 13 January 1938, p. 126.

2. "Poet James Neugass, M.A., Teruel", *Daily Worker*, 15 November 1938.

3. "To the Trade", Jack salzman and Leo Zanderer, eds., *Social Poetry of the 1930s: A Selection* (New York: burt Franklin, 1978), p. 175.

4. Neugass, 5 December 1937, pp. 7-8, 10.

5. Neugass, 3 and 4 January 1938, pp. 103, 106.

6. Neugass, 5 December 1937, 11.

7. Neugass, 19? December 1937, pp. 52-53.

8. Neugass, 7 December 1937, p. 22, and 22 and 24 December 1937, p. 77.

9. Neugass, 19? December 1937, p. 60, and 24 December 1937, p. 78.

10. Neugass, 12 December 1937, p. 47.

11. Neugass, 31 December 1937, p. 92; Barsky, pp. 111, 125.

12. Neugass, 1 January 1938, p. 97.

13. Neugass, 5 January 1938, p. 108.

14. 8 January 1938, Toby Jensky and Philip Schachter Papers, ALBA 055, folder 3.

15. Neugass, 6 January 1938, p. 109.

16. From Julia Newman's film *Into the Fire: American Women in the Spanish Civil War.*

17. Interview with Fredericka Martin, Fredericka Martin Papers, ALBA 001, Box 9, Folder 25.

18. Neugass, 4 February 1938, p. 192, and 25 January 1938, p. 171.

19. Neugass, 14 January 1938, pp. 128-129.

20. Neugass, 15? January 1938, pp. 138-139; 22 or 23 January 1938, p. 158; and 14 January 1938, p. 135.

21. Neugass, 14 January 1938, p. 128; 15? January 1938, p. 137; 2 February 1938, p. 187.

22. Neugass, 4 February 1938, pp. 194-195, and 16 January 1938, p. 147.

23. Neugass, 28? January 1938, pp. 183, 180.

24. Neugass, 24 January 1938, p. 167, and 13 February 1938, pp. 212-213.

25. Neugass, 17 February 1938, pp. 223, 226

26. Neugass, 15? January 1938, p. 146.

27. 24 January 1938, Martha Gellhorn Papers, Box 4, Folder 122.

28. Louis Fischer, "Letters from Mrs. Roosevelt", *Journal of Historical Studies* 1(1), Autumn 1967; "The Road to Peace", *Nation*, 26 February 1938.

29. Neugass, 22 February 1938, p. 245, and 24 February 1938, pp. 246-247.

17. 광란의 도주

1. Matthews 1, p. 122.

2. "German Vessel Sails with Big Bomb Cargo", *New York Times*, 9 May 1938.

3. 좌파 지역에 대한 폭격 부분은 Laia Balcells, "Death is in the air: Bombings in Catalonia, 1936-1939", Reis 136, October-December 2011을, 공장들에 대한 폭격 부분은 Fraser, p. 441 참조할 것.

4. Quoted in Beevor, p. 333.

5. Matthews 1, p. 124; quoted in Thomas, p. 785; Matthews 1, p. 124.

6. ? March 1938, Martha Gellhorn papers, Box 4, Folder 122. Gellhorn, p. 59에도 전문은 아니지만 이 편지의 대부분이 수록돼 있다.

7. 24? or 25? April 1938, Martha Gellhorn Papers, Box 4, Folder 122. Gellhorn, p. 59에도 이 편지가 수록돼 있다.

8. Moorehead, p. 145. 겔혼이 쓴 이 시기의 바르셀로나에 대한 기사, "The Third Winter", 는 몇십 년 뒤 그녀의 작품집 The Face of War (New York: Simon & Schuster, 1959)에 실렸다. 그러나 이 책의 저작권 페이지에 표시된 문구에도 불구하고 ≪콜리어스≫에는 결코 게재되지 않았다.

9. 28 March 1938, Lerude and Merriman, p. 208.

10. Neugass, 25 February 1938, pp. 248-249; 1 March 1938, p. 251; 9 March 1938, p. 256, and 10 March 1938, p. 262.

11. Barsky, pp. 158-172.

12. Fischer, pp. 102-103.

13. 29 September 1937 and 17 February 1937.

14. Orwell, pp. 286-287, "Notes on the Spanish Militias"; Jeseph North, *No Men Are Strangers* (New York: International Publishers, 1976), p. 170.

15. Eby, p. 290; anonymous soldier quoted in Rolfe, p. 192.

16. Kemp 2, p. 76.

17. Kemp 1, pp. 164-165.

18. Neugass, 10 March 1938, p. 264; 11 March 1938, p. 265; and 11 March 1938, p. 266.

19. Neugass, 1 March 1938, p. 268; 12 March 1938, p. 275; and 12 March 1938, p. 276.

20. Neugass, p. 283.

21. Neugass, p. 296.

22. Neugass, p. 297.

23. Neugass, pp. 289-290, 256.

18. 삶과 죽음의 경계, 에브로강

1. Kemp 1, pp. 162, 170-172.

2. Bessie 1, P. 182; Bessie 2, p. 2.

3. Bessie 1, pp. 44.

4. Bessie 1, p. 67.

5. Bessie1, pp. 82-83.

6. Bessie 1, pp. 82-86.

7. Bessie 1, pp. 89-90, 93.

8. Bessie 1, p. 94; Bessie 2. p. 23.

9. Bessie 1, p. 108; Bessie 2, p. 21.

10. Dr. Leo Eloesser to the Medical Bureau to Aid Spanish Democracy, 10 April 1938, in Nelson and Hendricks, pp. 273-274.

11. Neugass, 12 March 1938 (그러나 이것은 필시 나중에 쓴 글이었을 것이다.), p. 277

12. Neugass, 22 March 1938, p. 300.

13. Bowers to Hull, 2 April 1938, U.S. Department of State, Foreign Relations of the United States, 1938, vol. 1, p. 279; Edward Barsky, quoted in Landis, p. 496.

14. NANA Dispatch 19, 3 April 1938.

15. Bessie 1, pp. 116-124.

16. Bessie 1, p. 140.

17. Bessie 1, p. 131.

18. Voros, pp. 413-424.

19. Author's interview with David Wellman, 18 November 2013; Bessie 2, p. 63.

20. "Shattering of American Battalion is Described to Writer by Straggling Men", *New York Times*, 5 April. 1938.

21. Bessie 1, pp. 135-136.

22. 7 April 1938, Matthews 2, p. 34.

23. Bessie 1, pp. 137-138. 그날 두 특파원(헤밍웨이와 매슈스)이 미국인 생존자들을 만난 것은 두 차례였던 것으로 보인다. 하나는, 와트와 게이츠 모두 자신들의 책을 통해, 그리고 John Gerassi Papers, ALBA 018, Box 7, Folder 6에 나오는 와트의 인터뷰를 통해 밝힌 것처럼, 두 사람은 에브로강을 헤엄쳐 나온 직후 힘이 쭉 빠진 채로 담요만 걸친 벌거숭이 차림으로 헤밍웨이와 매슈스에게 발견되었다. Bessie 1과, 헤밍웨이와 매슈스가 송고한 기사에 나오는 그보다 긴 대화 내용은 필시 그날 늦게 벌어진 일, 다시 말해 여섯 명의 미국인 생존자가 음식을 제공받고, 강을 헤엄친 사람들(와트, 게이츠, 그들의 동지 한 명)이 옷가지를 얻어 입은 뒤에 오간 대화였을 것이다. 여섯 명이 대화를 나눈 곳 또한 에브로강 동안 변이 아니라 그곳에서 남쪽으로 수마일 떨어진 또 다른 장소, 라스케라였다. Bessie 1, p. 135에 영국인과 캐나다인 생존자 수백 명이 모여있던 "언덕 중턱"이 언급된 것도 그 점을 시사한다.

24. "Shattering of American Battalion is Described to Writer by Straggling Men", 5 April 1938.

25. Lerude and Merriman, p. 219.

26. "Americans to Fight to End for Spain", *Oakland Tribune*, 10 April 1938.

19. 프랑스군이 오지 않으면 우리는 망합니다

1. "Vinaroz Captured", 16 April 1938.

2. "Spain Won't Surrender", Nation, 30 April 1938.

3. Bessie 1, p. 133.

4. Cowles, p. 147.

5. Cowles, pp. 117-118.

6. Lerude and Merriman, p. 226.

7. "Yankee Hero's Widow tells Story 50 Years after the Spanish Civil War", *Los angles Times*, 25 April 1986.

8. 크룩은 1963년 Hugh Thomas에게 웰스와 헐을 언급했고(Thomas, p. 803n), 1957년에는 제임스 레글랜드에게 이커스에 대해 이야기했다 (Tierney, pp. 99–100).

9. 12 May 1938, Ickes, p. 389.

10. Kanawada, pp. 61-64.

11. Tierney, p. 100; Ickes, p. 390; interview with Martha Gellhorn, 20 February 1980, p. 20, Eleanor Roosevelt Oral History Project, Eleanor Roosevelt Papers, Box 2.

12. Ickes, p. 380.

13. To Ida and Max Schchter, 20 March 1938 and 23 April 1938, Toby Jensky and Philip Schachter Papers, ALBA 055, Folder 3.

14. Nathaniel P. Davis to Max Schachter, 13 July 1938, Toby Jensky and Philip Schachter Papers, ALBA 055, Folder 10.

20. 국제여단의 마지막 공격

1. Fischer 1, pp. 494-500.

2. Sheean, pp. 195-196.

3. Álvarez Alonso, p. 11.

4. Rieber to Arvilla, 15 February 1938, CAMPSA archives, Madrid, courtesy of Guillem Martínez Molinos.

5. Brewster to Arvilla, 22 March 1937, CAMPSA archives, Madrid, courtesy of Guillem Martínez Molinos;

6. "British Crew Bars Voyage", *New York Times*, 2 September 1937; Brester to Arvilla, 19 November 1937, CAMPSA archives, Madrid, courtesy of Guillem Martínez Molinoz.

7. Angela jackson, p. 45, interview with Milton Wolff, Bessie 1, p. 195.

8. Bessie, 1, p. 205.

9. Preston 1, p. 137.

10. Eby, p. 393n.

11. Bessie 2, p. 70.

12. Bessie 1, p. 219.

13. Fischer 1, pp. 541-550.

14. Bessie 1, p. 215; William c. Beeching, *Canadian Volunteers: Spain*, 1936-1939 (Regina, SK: Canadian Plains Research Center,   1989), p. 152; Bessie 1, pp. 221, 176.

15. Eby, p. 405.

16. Bessie 1, pp. 243,293.

17. Bessie 1, p. 268.

18. Bessie 1, p. 337.

19. Preston 3, p. 313.

20. Cowles, pp. 155, 171.

21. *Socialist Call*, 10 December 1938.

5부 전쟁이 남긴 흔적

21. 1938년 10월 28일, 바르셀로나의 눈물

1. Beevor, p. 366.

2. "Volunteers in Spain", *Times* of London, 29 October 1938. Katz, p. 60에는 그보다 적은 2천 명으로 제시돼 있다.

3. Payne 1, p. 186.

4. Matthews 1, p. 141; Herbert L. Matthews Papers, Box 21, Folder 4.

5. Katz, pp. 61-62; Volunteer, December 2008, p. 6.

6. Thomas, p. 830-831.

7. "Barcelona's Farewell to Volunteers", *Hull Daily Mail*, 29 October 1938; Gates p. 67.

8. Bernice Kert, *The Hemingway Women* (New York: Norton, 1999), p. 299; Moorehead, p. 153. Vaill, pp. 330-331에는 통설과 겔혼이 쓴 글의 구절에 암시된 내용과 달리, 의용병 들이 고별 열병식을 할 때 두 사람은 파리에 머물러있었음을 알 수 있는 내용이 실려 있 다.

9. 스페인 내전을 연구하는 가장 명망 있는 역사가 세 명이 제시하는 사망자 수는 차이가 매 우 크다. Pres 1, 291에는 7,150명으로 제시돼 있고, Thomas, p. 833에는 1만 명~1만 5천

명으로 제시돼 있으며, Beevor, p. 358에는 3만 명으로 나타나 있다.

10. Thomas, p. 852.

11. 15 November 1938, Martha Gellhorn Papers, Box 4, Folder　121.

12. Preston 3, p. 423.

13. Howson, pp. 242-243. 일부 역사가들은 1938년 11월 말 공화파 공군 사령관 이그나시오 히달고 데 시스네로스 장군 부부가 모스크바를 방문하고, 그 절망적인 순간 스탈린이 원조해주겠다고 제의한 것에 감격한 내용을 다룬 기록에 근거해, 소련이 보낸 무기의 양을 부풀려 이야기했다. 그러나 하우슨이 소련 기록물을 가지고 연구한 결과에는 소련이 보낸 무기의 양이 실제로도 적었고, 프랑스의 운송 방해로 스페인에 도착한 양은 그보다도 더 적었던 것으로 나타나 있다.

14. "Planes Raid Barcelona at Night", 1 January 1939; "Retreat orderly Despite Bombings", 14 January 1939; "Loyalist Defense Held Still Strong", 17 January 1939; "Barcelona's Plans Upset by Apathy", 26 January 1939.

15. Teresa Pàmies, *Quan érem capitans: memòries d'aquella guerra* (Barcelona: DOPESA, 1974), quoted in Beevor, p. 378.

16. 3 February 1939, Martha Gellhorn Papers, box 4, Folder 122; Beevor, p. 378.

17. Thomas, pp. 900-901.

18. Beevor, p. 397.

19. Martínez Molinos 1, p. 95. Traina, p. 166에는 그 거래의 중심인물인 리버의 동료 윌리엄 M. 브루스터가 "텍사코는 1939년 3월에 '이미 국가주의자로부터 2,000만 달러를 현금으로' 수령했다"고 언급한 인용문이 실려있다. 텍사코가 만일 그 시점에 국가주의자에게 석유를 외상으로 더 공급해주었다면 석유 판매 대금은 그보다 더 올라갈 것이다. 그런가 하면 역사가들은 또 종종 조지프 손다이크 주니어가 리버를 인터뷰해 ≪라이프≫에 제공한, 윤색된 리버의 프로필에 근거해 석유의 외상 공급가를 2,000만 달러보다 낮은 600만 달러로 제시하기도 한다. 하지만 손다이크 주니어가 리버를 인터뷰했을 때는 2차 세계대전이 시작된 때였고, 따라서 파시즘에 대한 미국의 적대감이 높아지는 시점이어서 리버로서도 프랑코와의 거래를 경시하여 말할 이유가 충분했다. 텍사코의 석유 판매 대금을 지금의 달러로 환산한 내용은 3장의 주 26을 참조할 것.

20. Sánchez Asiaín, p. 399, n. 58.

21. CAMPSA annual report, 1936-37 (published in 1940); José Maria Doussinague in

Charles Foltz, *The Masquerade in Spain* (Boston: Houghton Mifflin, 1948), p. 52.

22. Preston 3, p. 505.

23. Beevor, p. 385.

24. Enrique Suñer, *Los intelectuales y la tragedia española*, 2nd edition (San Sebastián: editorial Española, 1938), pp. 166-167, quoted in Preston 3, pp. 505-506.

25. Graham, pp. 114, 204.

26. Bessie and Prago, p. 337.

27. Preston 3, p. 503.

28. Preston 3, p. xi. 이 수치는 다수의 다른 통계들과 마찬가지로, 가장 최근에 집필되고 또 폭넓게 집계가 이루어지기도 한 프레스턴의 걸작 『The Spanish Holocaust』에 의거한 것이다. 반면 스탠리 페인은 내전 뒤 국가주의자에게 처형된 공화파 사람은 2만 명보다 높은 2만 8천 명으로 제시(Payne 1, pp. 104 and 100)하고, 내전 중에 국가주의자군에 살해된 공화파 사람은 프레스턴보다 낮게 제시("at least 70,000 (and possibly more)"), Payne 1, p. 110) 했다. 그런가 하면 Beevor, p. 405에는, 내전 중과 내전 뒤에 자행된 "프랑코의 테러"를 합산해 프레스턴과 유사하게 27만 명("the total figure 270,000")의 수치가 제시돼 있기도 하다.

29. Beevor, p. 405.

30. Preston 3, p. 509.

31. Preston 3, pp. 509-510; Beevor, p. 404.

32. Beevor, p. 406.

33. Orwell, p. 171.

22. 자명종이 울렸는데 왜 일어나지 않은 거야?

1. Carroll 1, p. 211; Eby, p. 417.

2. Yates, pp. 160, 164.

3. Ernest Hemingway, "Milton Wolff", in Jo Davidson, *Spanish Portraits* (New York: Georgian Press, 1938) quoted in Carroll 2, p. 80.

4. Preston 1, pp. 153-154.

5. Beevor, p. 426. 스페인인들도 비버의 책을 읽고, 독일 공문서 보관서에 보관된 보고서 내

용을 알게 되었다. 2012~2013년 동안에는 스페인에서 "마에스트라초에서 행한 콘도르 군단의 폭격 실험: Experiments de la Legió Còndor a l'Alt Maestrat, 1938"의 명칭으로, 보고서의 사진이 포함된 이동 전시회도 개최되었다. 이 점을 내게 일깨워준 기엠 마르티네즈 몰리노스께 감사드린다.

6. "Premature Anti-Fascist", *Antioch Review* 57(2), Spring 1999, p. 148.

7. Tanenhaus, p. 301.

8. Radosh et al에는 이 방대한 당대의 소련 기록물이 영문으로 실려있다.

9. From *My Road to Berlin* (New York: Doubleday, 1960), reprinted in Klaus Harpprecht, *Willy Brandt: Portrait and Self-Portrait* (Los Angeles: nash, 1971), p. 89.

10. Ickes, p. 569.

11. 18 May 1982, Robert Hale Merriman Papers, ALBA 191, Box 1, Folder 13.

12. 베넷은 스페인에 있을 때 아마도 프리랜서 기자라는 어정쩡했던 자신의 위치를 벗어나게 해줄 수단이 될 수도 있으리라 생각했는지 공산당 입당을 신청하기도 했다. 그 부분은 RGASPI 545/6/862 참조할 것. 하지만 그녀의 입당 신청이 받아들여졌는지 아니면, 소련을 시끄럽게 비판하기 좋아한 잘 알려진 그녀의 취향 때문에 입당이 거부되었는지는 알 수 없다.

13. To Hans Amlie, n.d., Milly Bennett Papers, Box 2, Folder 3.

14. 이 중 중국과 관련된 원고는 그녀가 죽은 뒤 30년도 더 지나서 다른 제목으로 출간되어 여러 사람들의 호평을 받았다. 책 뒤의 참고문헌을 참고할 것.

15. Jensky to Martin and Samuel Berenberg, 14 September 1941, and Gurney to Martin, 1949, both Fredericka Martin Papers, ALBA 001, Box 9, Folder 21; interview with Jensky, research materials for *Into the fire: American Women in the Spanish Civil War*, a film by Julia Newman, ALBA 266; author's interview with Bernice Jensky, 13, October 2013.

16. 이 발언을 한 또 다른 의원은 워싱턴주의 휴 드 레이시 의원이었다. "U.S. Has 1,500 Atom Bombs Store, Representative De Lacy Says Here", *New York Times*, 31 March 1946.

17. Carroll 1, p. 286.

18. John Gerassi Papers, ALBA 018, Box 6, Folder 3.

19. FBI file NY 100-90413, p. 2. 아버지와 관련된 이 문서와 다른 문서들을 나와 공유해준,

아들 제임스 네우가스에게 감사드린다.

20. Myra Neugass to Fredericka Martin, 23 July 1968, Fredericka Martin Papers, ALBA 001, Box 10, Folder 18.

21. Neugass, p. xviii, introduction by Peter N. Carroll and Peter Glazer. 이 책이 빛을 보게 된 데는 이 두 역사가의 공이 컸다.

22. 가령 Thorndike, p. 57을 참조해볼 만하다.

23. Author's interview with Lewis Lepham, 14 November 2014.

24. N.d., early 1937, Martha Gellhorn Papers, not boxed.

25. Hemingway to Clara Spiegel, 23 August 1940, Hemingway 1, p. 511.

26. Bessie, "Hemingway's 'For whom the Bell Tolls'", New Masses, 5 November 1940, pp. 27-29; Bessie 2, p. 130; *People's World*, 30 October 1940 and 12 February 1941, quoted in Carroll 1, pp. 239-240.

27. Orwell, p. 168; Orwell to Frank Jellinek, 20 December 1938, Orwell, p. 320; Orwell, p. 358, "Looking Back on the Spanish War."

28. Orwell, p. 357, "Looking Back on the Spanish War."

29. 이 단편은 Hemingway 2, pp. 460-469의 서문에 나타난 날짜와 달리 1939년도의 *Cosmopolitan* 10월호에 처음 게재되었다. Hemingway to Perkins, c. 15 January 1940, quoted in Watson 1, p. 114.

30. "As I Please" column, Tribune, 2 February 1945.

31. Hemingway to Harvey Breit, April or May 1952, quoted in Rodden and Rossi, p. 61;

32. "Wartime Britain has produced nothing of the caliber of 'For Whom the Bell Tolls' or 'Darkness at Noon'", review of *Robert Cain*, by William Russell, *Manchester Evening News*, 15 June 1944, in Orwell, *I Have Tried to Tell the Truth: Complete Works*, Volume XVI, edited by Peter Davison, assisted by Ian Angus and Sheila Davison (London: Secker & Warburg, 1998, p. 256).

33. 다만 스페인 내전 중에 겪은 일 때문에 당을 떠난 사람은 극소수였던 것으로 보인다. 윌리엄 헤릭만 해도 비록 나중에 당시를 회상할 때는 스페인 내전 중에 보았던 광경에 대해 씁쓸한 기분을 토로했지만, 당을 떠난 것은 독-소 불가침조약이 체결된 뒤였다. 흥미진진하지만 신뢰감은 다소 떨어지는 그의 회고록(pp. 201-202)에도 무정부주의자 혹은 POUM 당원으로 보이는 죄수 세 명을 공산주의자 관리가 총살하는 장면을 강요에 따

라 억지로 보았던 일이 묘사돼 있기는 하다. 그러나 서로를 죽고 죽이는 좌파 세력 간의 그런 분열상이 역겹기는 해도, 켄 로치 감독의 영화 〈랜드 앤 프리덤〉에 생생하게 묘사된 내용과 달리 다른 국제여단 병사들 또한 그 일에 직접 연루되는 일은 드물었다.

34. Carroll 1, pp. 376-377.

35. Fischer, 1, p. 208.

36. Hyman Katz, 25 November 1937, in Nelson and Hendricks, p. 32.

37. Petrou, p. 182.

38. 처음에는 다른 나라 국적을 포기해야만 완전한 시민권을 얻을 수 있었다. 하지만 10년 뒤에는 그 조건이 폐기되었고, 그리하여 그때까지 생존해 있던 소수의 링컨 대대 퇴역병들 가운데 일부도 스페인 여권을 발급받았다.

39. 6 March 1937. Robert Hale Merriman Papers, Bancroft Library, University of California, Berkeley.

40. Fausto Villar to Luke Hinman, 22 January 1987. Robert Hale Merriman Papers, Bancroft Library, University of California, Berkeley.

41. Villar Esteban ms., pp. 75-76. *Volunteer*, Spring 1998에 실린 비야르의 편지에는, 그 일이 일어난 때가 오전 10시, 로버트와 떨어져 있던 거리는 "2미터 정도"였던 것으로 기록돼 있다.

42. Villar Esteban to Marion Merriman, 8 April 1987, included in Villar Esteban ms., p. 10.

43. John R. Gerlach, "Behind Fascist Lines", in Bessie and Prago, p. 242. 게흘라흐가 이글을 쓴 것은 몇 년 뒤였다. 그러나 1938년 4월 4일 헤밍웨이와 매슈스가 그를 인터뷰할 때 이야기했던 내용과는 일치한다. John Gerassi Papers, ALBA 018, Box 4, Folder 2에 수록된 레너드 램이 했던 말도 그것과 내용이 유사하고, Box 4, Folder 13에 수록된 클레먼트 마커트가 했던 말 또한 그와 같다. 따라서 만일 이 두 사람의 기억이 정확하고 비야르의 기억도 정확하다면, 비야르가 소리쳐 부를 때 로버트는 살아있었고, 그런데도 국가주의 자군 저격병들에게 자신의 위치를 노출시키지 않으려고 침묵을 지켰으리라는 추정을 해볼 수 있다. 그런가 하면 스위스 의용병 콘라드 슈밋은 로버트와 그의 부관이 구릉 꼭대기에서 내려 올 때 국가주의자군의 기관총 사격을 피할 수 있는 오두막으로 뛰어 들어가는 것을 보았고, "나중에는 그가 그 오두막에서 체포되었다는 것도 알게 되었다"고 하면서(Schmidt, p. 289), 로버트의 운명에 대한 또 다른 해석을 내놓았다. 하지만 그날 자신

이 행한 일을 적은 비야르의 기록으로 보면, 슈밋이 대피하는 것을 보았다고 말한 두 사람은 아마도 로버트와 그의 부관이 아니라 비야르와 또 다른 병사였을 개연성이 있다.

44. Martí, p. 15.

45. 28 July 1987. Robert Hale Merriman Papers, Bancroft Library, University of California, Berkeley.

46. 언덕배기에 오른 병사가 몇 명이었는지에 대해서는 말하는 사람들 간에 차이가 많다. 이는 사람들이 한꺼번에 오르지 않았음을 나타내는 것일 수 있다. 가령 John R. Gerlach, in "Behand Fascist Lines", in Bessie and Prago에는 50명으로 나타나 있는 반면, John Gerassi Papers, Papers, ALBA 018, Box 4, Folder 19에는, 머지않아 생포된 링컨 대대의 기관총 사수 마틴 마키가 "100명 이상"이었다고 말한 내용이 수록돼 있는 것이다. Schmidt, p. 289에는 또 언덕배기에 오른 병사가 700명으로 나와 있다.

47. 17 February 1937. 그러나 이 글이 쓰인 실제 날짜는 2월 27일이었다.

48. 게흘라흐의 회고록에는 그들이 도로를 가로지른 것으로 나와 있는데, 이는 그("이반이라는 시카고인")가 자료원으로 등장하는, 1939년에 집필된 Rolfe, pp. 212-213의 내용과도 일치한다. 그러나 2013년 2월 27일에 발간된 Volunteer의 『An Unpublished Memoir』에서 알빈 래그너가 로버트의 위치를 간데사 동쪽 8, 9마일 지점으로 말한 것은 과장이었다. 그래도 어쨌거나 도로 너머였던 것은 확인이 된다.

49. Harry Schachter to Carl Geiser, 15 December 1992, courtesy of Rebecca Schachter.

50. "Honoring My Uncle Phil Schachter", Volunteer, 2 July 2012.

참고문헌

기록 자료 혹은 미출간 자료

Abraham Lincoln Brigade Archives (ALBA), Tamiment Library, New York University: 주석의 자료 인용부분에서는, 번호 순서대로 개별 정리된 이 보관서의 기록물을 분리 표시했다.

로버트 메리먼의 일기 원본은 Robert Hale Merriman Papers, ALBA 191, Box, Folder 3에 보관돼 있다. 그러나 태미먼트 도서관은 전자 스캔 서비스도 제공하고 있기 때문에 신청만 하면 확대된 크기로 한층 수월하게 일기를 읽어볼 수 있다. www.merrimandiary.com 에는 스캔과 복사는 물론 주석까지 상세하게 달린 온라인판 일기가 제공되어 접근이 더욱 용이하다.

미국 의용병들에 대한 인물 데이터베이스도 Abraham Lincoln Brigade Archives 웹사이트에서 찾아볼 수 있다.

Frank Aydelotte Papers, Friends Historical Library, Swarthmore College, Swarthmore, PA.

Barsky, Dr. Edward K., with Elizabeth Waugh. *The Surgeon Goes to War.* Unpublished ms., courtesy of Peter N. Carroll. Edward K. Barsky Papers, ALBA 125, Box 5, Folders 4–1 에서도 만나볼 수 있다.

Milly Bennett Papers, Hoover Institution Archives, Stanford University.

Homer S. Cummings Papers, Special Collections, University of Virginia Library

Cusick, Lois [Orr].

  1. "Anarchist Millennium: Memories of the Spanish Revolution of 1936–7." 1979. Unpublished ms., courtesy of Elizabeth Cusick; a copy is at the Hoover Institution Library, Stanford University.

2. "Spain, 1936–937." 1961. An earlier draft of "Anarchist Millennium," courtesy of Elizabeth Cusick; a copy is at the Labadie Collection, University of Michigan Library.

Louis Fischer Papers, Seeley G. Mudd Manuscript Library, Princeton University.

Martha Gellhorn Papers, Howard Gotlieb Archival Research Center, Boston University.

Robert Gladnick Papers, Hoover Institution Archives, Stanford University.

Huber, Peter. "Surveillance et repression dans les Brigades Internationales (1936–1938)", conference paper, Université de Lausanne, 18–0 December 1997.

Mangan, Kate (sometimes referred to as Kate Mangan Kurzke). "The Good Comrade", unpublished ms., Jan Kurzke Papers, International Institute of Social History, Amsterdam, Netherlands.

Herbert L. Matthews Papers, Rare Book and Manuscript Library, Columbia University.

Robert Hale Merriman Papers, Bancroft Library, University of California, Berkeley.

Charles A. Orr Papers, Hoover Institution Archives, Stanford University.

Torkild Rieber interview, Oral History of the Texas Oil Industry, Box 3K22, Briscoe Center for American History, University of Texas at Austin. At this writing, available online.

RGASPI. Russian State Archive of Social-Political History, Moscow. 뉴욕대학교의 태미먼트 도서관에는 이 파일의 몇몇 마이크로필름이 "archive", "list", "file"로 각각 번역될 수 있는 *fond, opis, delo*로 정리, 보관돼 있다. 국제여단에 관련된 모든 자료는 Comintern 기록물의 *Fond* 545로 분류돼 있고, 그러므로 RGASPI 545/3/46에서 보듯 이 책의 주석에도 *fond*에 이어 *opis*와 *delo* 순으로 번호가 표시돼 있다.

Eleanor Roosevelt Papers, Franklin D. Roosevelt Presidential Library, Hyde Park, NY.

Franklin D. Roosevelt Papers, Franklin D. Roosevelt Presidential Library, Hyde Park, NY.

James Roosevelt Papers, Franklin D. Roosevelt Presidential Library, Hyde Park, NY.

Hamilton A. Tyler Papers, Bancroft Library, University of California, Berkeley.

Villar Esteban, Fausto. "A Little Valencian in the Lincoln Brigade: An Anti-War and Anti-Heroic Symphony." Trans. Paul Sharkey. Special Collections, University of Michigan Library.

Young, Glennys. "Fashioning Spanish Culture in the Gulag and Its International

Significance: The Case of the Karaganda Spaniards." Conference paper, University of Cambridge, 29 June 2012.

논문

Althaus, Dudley Quentin. *A Correspondent's Commitment: Herbert L. Matthews' Coverage of the Spanish Civil War, 1936–939*. M.A., University of Texas, 1984.

Bogacka-Rode, Magdalena. *Straight Record and the Paper Trail: From Depression Reporters to Foreign Correspondents*. Ph.D., City University of New York, 2014.

Cooper, Sarah. *Reporting the Spanish Civil War from the Loyalist Side: The Professional and Personal Challenge for American Correspondents*. M.A., University of Wisconsin, 1973.

Johnson, Ashley. *Healing the Wounds of Fascism: The American Medical Brigade and the Spanish Civil War*. B.A., Mount Holyoke College, 2007.

책과 기사

Alba, Victor, and Stephen Schwartz. *Spanish Marxism versus Soviet Communism: A History of the P.O.U.M.* New Brunswick, NJ: Transaction, 1988.

Alpert, Michael. *A New International History of the Spanish Civil War*. New York: St. Martin's, 1994.

Alvarez Alonso, *Jose Antonio. Notas sobre el suministro de petroleo a la Espana nacional en la guerra civil (1936–939)*. Madrid: Graficas Onofre Alonso, 1970.

Anderson, Peter, and Miguel Angel del Arco Blanco. *Mass Killings and Violence in Spain, 1936–952: Grappling with the Past*. New York: Routledge, 2015.

Balfour, Sebastian. *Deadly Embrace: Morocco and the Road to the Spanish Civil War*. Oxford: Oxford University Press, 2002.

Baumeister, Martin, and Stefanie Schuler-Springorum, eds. *"If You Tolerate This . . .": The Spanish Civil War in the Age of Total War*. Frankfurt: Campus, 2008.

Baxell, Richard. *Unlikely Warriors: The British in the Spanish Civil War and the Struggle Against Fascism*. London: Aurum, 2012.

Beevor, Antony. *The Battle for Spain: The Spanish Civil War, 1936–939*. New York: Penguin, 2006.

Bennett, Milly. *On Her Own: Journalistic Adventures from San Francisco to the Chinese Revolution, 1917–927*. Ed. A. Tom Grunfeld. Armonk, NY: M. E. Sharpe, 1993.

Bessie, Alvah.

    1. *Men in Battle: A Story of Americans in Spain*. New York: Scribner's, 1939.

    2. *Alvah Bessie's Spanish Civil War Notebooks*. Ed. Dan Bessie. Lexington, KY: University Press of Kentucky, 2002.

Bessie, Alvah, and Albert Prago, eds. *Our Fight: Writings by Veterans of the Abraham Lincoln Brigade, Spain, 1936–939*. New York: Monthly Review Press, 1987.

Bolloten, Burnett. *The Spanish Civil War: Revolution and Counterrevolution*. Chapel Hill, NC: University of North Carolina Press, 1991.

Borkenau, Franz. *The Spanish Cockpit: An Eye-Witness Account of the Political and Social Conflicts of the Spanish Civil War*. Ann Arbor: University of Michigan Press, 1963.

Bowker, Gordon. *Inside George Orwell*. New York: Palgrave Macmillan, 2003.

Brea, Juan, and Mary Low. *Red Spanish Notebook: The First Six Months of the Revolution and the Civil War*. San Francisco: City Lights, 1979.

Brendon, Piers. *The Dark Valley: A Panorama of the 1930s*. London: Cape, 2000.

Buchanan, Tom. "Three Lives of *Homage to Catalonia*", *Library Transactions* 3(3), 2002.

Burdick, Charles B. "The American Military Attaches in the Spanish Civil War, 1936–939," *Militärgeschichtliche Mitteilungen* 46(2), December 1989.

Carroll, Peter N.

    1. *The Odyssey of the Abraham Lincoln Brigade*. Stanford, CA: Stanford University Press, 1994.

    2. *From Guernica to Human Rights: Essays on the Spanish Civil War*. Kent, OH: Kent State University Press, 2015.

Carroll, Peter N., and James D. Fernandez. *Facing Fascism: New York and the Spanish Civil War*. New York: Museum of the City of New York, 2007.

Chapman, Michael E. *Arguing Americanism: Franco Lobbyists, Roosevelt's Foreign Policy, and the Spanish Civil War*. Kent, OH: Kent State University Press, 2011.

Chomsky, Noam. "Objectivity and Liberal Scholarship," in *American Power and the New Mandarins*. New York: New Press, 2002.

Cowles, Virginia. *Looking for Trouble*. New York: Harper & Brothers, 1941.

Crowl, James William. *Angels in Stalin's Paradise: Western Reporters in Soviet Russia, 1917 to 1937, a Case Study of Louis Fischer and Walter Duranty*. Washington, DC: University Press of America, 1982.

Dallet, Joe. *Letters from Spain*. New York: Workers Library, 1938.

Delmer, Sefton. *Trail Sinister: An Autobiography*, vol. 1. London: Secker & Warburg, 1961.

de Vries, Lini. *Up from the Cellar*. Minneapolis: Vanilla Press, 1979.

Dolgoff, Sam, ed. *The Anarchist Collectives: Workers' Self-Management in the Spanish Revolution, 1936–1939*. New York: Free Life Editions, 1974.

Eby, Cecil D. *Comrades and Commissars: The Lincoln Battalion in the Spanish Civil War*. University Park, PA : Pennsylvania State University Press, 2007.

Esenwein, George, and Adrian Shubert. *Spain at War: The Spanish Civil War in Context, 1931–1939*. New York: Longman, 1995.

Estes, Kenneth W., and Daniel Kowalsky. *The Spanish Civil War*. Detroit: St. James, 2005.

Farago, Ladislas. *Game of the Foxes: The Untold Story of German Espionage in the United States and Great Britain during the Second World War*. New York: David McKay, 1971.

Felsen, Milt. *The Anti-Warrior*. Iowa City: University of Iowa Press, 1989.

Fischer, Louis.

　1. *Men and Politics: An Autobiography*. New York: Duell, Sloan and Pearce, 1941.

　2. *Soviet Journey*. New York: H. Smith and R. Hass, 1935.

　3. "Spanish Diary Sep 18–ct 16, 1936." Fischer Papers, Box 25, Folder 2.

Fisher, Harry. *Comrades: Tales of a Brigadista in the Spanish Civil War*. Lincoln: University of Nebraska Press, 1998.

Fleming, John V. "The Travails of a Fellow-Traveler", *Princeton University Library Chronicle* 71(2), Winter 2010.

Frank, Willard C., Jr. "The Spanish Civil War and the Coming of the Second World War", *International History Review* 9(3), August 1987.

Fraser, Ronald. *Blood of Spain: An Oral History of the Spanish Civil War*. New York: Pantheon, 1979.

Fyrth, Jim, ed., with Sally Alexander. *Women's Voices from the Spanish Civil War*. London: Lawrence & Wishart, 1991.

Galbraith, John Kenneth. *A Life in Our Times*. Boston: Houghton Mifflin, 1981.

Gates, John. *The Story of an American Communist*. New York: Thomas Nelson & Sons, 1958.

Geiser, Carl. *Prisoners of the Good Fight: The Spanish Civil War, 1936–1939*. Westport, CT: Lawrence Hill, 1986.

Gellhorn, Martha. *Selected Letters of Martha Gellhorn*. Ed. Caroline Moorehead. New York: Holt, 2006.

Graham, Helen. *The War and Its Shadow: Spain's Civil War in Europe's Long Twentieth Century*. Brighton, UK: Sussex Academic Press, 2012.

Gurney, Jason. *Crusade in Spain*. London: Faber and Faber, 1974.

Halstead, Charles R. "A 'Somewhat Machiavellian' Face: Colonel Juan Beigbeder as High Commissioner in Spanish Morocco, 1937–939", *Historian* 37(1), 1 November 1974.

Hemingway, Ernest.

1. *Selected Letters, 1917–1961*. Ed. Carlos Baker. New York: Scribner's, 1981.

2. *The Complete Short Stories of Ernest Hemingway*. New York: Scribner's, 1987.

Citations to Hemingway's North American Newspaper Alliance (NANA) reports from Spain follow their texts as edited by William Braasch Watson and reproduced as "Hemingway's Spanish Civil War Dispatches", *Hemingway Review* 7(2), Spring 1988.

Herbst, Josephine. *The Starched Blue Sky of Spain and Other Memoirs*. New York: HarperPerennial, 1992.

Herrick, William. *Jumping the Line: The Adventures and Misadventures of an American Radical*. Madison: University of Wisconsin Press, 1998.

Hopkins, James K. *Into the Heart of the Fire: The British in the Spanish Civil War*. Stanford, CA: Stanford University Press, 1998.

Howson, Gerald. *Arms for Spain: The Untold Story of the Spanish Civil War*. New York: St. Martin's, 1998.

Ickes, Harold L. *The Secret Diary of Harold L. Ickes: Volume II, The Inside Struggle, 1936–1939*. New York: Simon & Schuster, 1954.

Ivens, Joris. *The Camera and I*. New York: International Publishers, 1969.

Jackson, Angela. *At the Margins of Mayhem: Prologue and Epilogue to the Last Great Battle of the Spanish Civil War*. Torfaen, Wales: Warren & Pell, 2008.

Jackson, Gabriel.

　1. *The Spanish Republic and the Civil War, 1931–1939*. Princeton, NJ: Princeton University Press, 1965.

　2. *Juan Negrin: Spanish Republican Wartime Leader*. Eastbourne, UK: Sussex Academic Press, 2010.

　3. "Collectivist Experiences in the Spanish Civil War", *Mediterranean Studies* 2(1990).

Jacobs, John Kedzie. *The Stranger in the Attic: Finding a Lost Brother in His Letters Home*. Privately printed, 2013.

Jump, Jim, ed. *Looking Back at the Spanish Civil War: The International Brigade Memorial Trust's Len Crome Memorial Lectures, 2002–2010*. London: Lawrence & Wishart, 2010.

Kanawada, Leo V., Jr. *Franklin D. Roosevelt's Diplomacy and American Catholics, Italians, and Jews*. Ann Arbor, MI: UMI Research Press, 1982.

Katz, William. *The Lincoln Brigade: A Picture History*. New York: Atheneum, 1989.

Keene, Judith. *Fighting for Franco: International Volunteers in Nationalist Spain during the Spanish Civil War, 1936–39*. London: Hambledon Continuum, 2007.

Kemp, Peter.

　1. *Mine Were of Trouble*. London: Cassell, 1957.

　2. *The Thorns of Memory: Memoirs*. London: Sinclair-Stevenson, 1990.

Knightley, Phillip. *The First Casualty: From the Crimea to Vietnam: The War Correspondent as Hero, Propagandist, and Myth Maker*. New York: Harcourt Brace Jovanovich, 1975.

Knoblaugh, H. Edward. *Correspondent in Spain*. London: Sheed & Ward, 1937.

Koch, Stephen. *The Breaking Point: Hemingway, Dos Passos, and the Murder of José Robles*. New York: Counterpoint, 2005.

Kowalsky, Daniel. *Stalin and the Spanish Civil War*. New York: Columbia University Press,

2008.

Labanyi, Jo. "Finding Emotions in the Archives", *Volunteer*, June 2007.

Landis, Arthur H. *The Abraham Lincoln Brigade*. New York: Citadel, 1967.

Lash, Joseph P. *Eleanor and Franklin: The Story of Their Relationship, Based on Eleanor Roosevelt's Private Papers*. New York: Norton, 1971.

Lear, Walter J. "American Medical Support for Spanish Democracy, 1936–1938", in Anne-Emanuelle Birn and Theodore M. Brown, eds., *Comrades in Health: U.S. Health Internationalists, Abroad and at Home*. New Brunswick, NJ: Rutgers University Press, 2013.

Lerude, Warren, and Marion Merriman. *American Commander in Spain: Robert Hale Merriman and the Abraham Lincoln Brigade*. Reno: University of Nevada Press, 1986.

Little, Douglas. "Antibolshevism and Appeasement: Great Britain, the United States, and the Spanish Civil War", in David F. Schmitz and Richard D. Chal-lener, eds., *Appeasement in Europe: A Reassessment of U.S. Policies*. New York: Greenwood Press, 1990.

Liversedge, Ronald. *Mac-Pap: Memoir of a Canadian in the Spanish Civil War*. Vancouver: New Star, 2013.

Madariaga, María Rosa de. "The Intervention of Moroccan Troops in the Spanish Civil War: A Reconsideration", *European History Quarterly* 22 (1992).

Martí, Anna. "In the Footsteps of the Lincolns", *Volunteer*, September 2012.

Martínez de Pisón, Ignacio. *To Bury the Dead*. Cardigan, Wales: Carnival/Parthian, 2009.

Martínez Molinos, Guillem.

  1. "El suministro de petroleo", in *La Guerra Civil 16: La economia de guerra*. Madrid: Historia 16, 1986.

  2. "Ríos de Petróleo. El abastecimiento de esencias y grasas durante la guerra civil," in Francisco Comin Comín and Enrique Fuentes Quintana, eds., *Economía y economistas españoles en la guerra civil I: El contexto politico e internacional*. Barcelona: Real Academia de Ciencias Morales y Políticas, 2008.

Matthews, Herbert L.

  1. *The Education of a Correspondent*. New York: Harcourt Brace, 1946.

2. *A World in Revolution: A Newspaperman's Memoir.* New York: Scribner's, 1971.

3. *Two Wars and More to Come.* New York: Carrick & Evans, 1938.

4. *Eyewitness in Abyssinia: With Marshal Badoglio's Forces to Addis Ababa.* London: Martin Secker & Warburg, 1937.

Moorehead, Caroline. *Gellhorn: A Twentieth-Century Life.* New York: Henry Holt, 2003.

Nelson, Cary, and Jefferson Hendricks. *Madrid 1937: Letters of the Abraham Lincoln Brigade from the Spanish Civil War.* New York: Routledge, 1996.

Nelson, Steve. *The Volunteers.* New York: Masses & Mainstream, 1953.

Nelson, Steve, James R. Barrett, and Rob Ruck. *Steve Nelson: American Radical.* Pittsburgh: University of Pittsburgh Press, 1981.

Neugass, James. *War Is Beautiful: An American Ambulance Driver in the Spanish Civil War.* Ed. Peter N. Carroll and Peter Glazer. New York: New Press, 2008.

Orr, Lois. *Letters from Barcelona: An American Woman in Revolution and Civil War.* With some material by Charles Orr. Ed. Gerd-Rainer Horn. Basingstoke, Hampshire, UK: Palgrave Macmillan, 2009.

Orwell, George. *Orwell in Spain: The Full Text of Homage to Catalonia with Associated Articles, Reviews, and Letters from* The Complete Works of George Orwell. Ed. Peter Davison. London: Penguin, 2001.

Othen, Christopher. *Franco's International Brigades: Adventurers, Fascists, and Christian Crusaders in the Spanish Civil War.* New York: Columbia University Press, 2013.

Patai, Frances. "Heroines of the Good Fight: Testimonies of U.S. Volunteer Nurses in the Spanish Civil War, 1936–939", *Nursing History Review* 3 (1995), pp.79–04.

Payne, Stanley.

1. *The Spanish Civil War.* New York: Cambridge University Press, 2012.

2. *The Spanish Civil War, the Soviet Union, and Communism.* New Haven: Yale University Press, 2004.

Petrou, Michael. *Renegades: Canadians in the Spanish Civil War.* Vancouver: University of British Columbia Press, 2008.

Povedano, Manuel Aguilera. "Los hechos de mayo de 1937: Efectivos y bajas de cada bando," *Hispania* 73(245), September–ecember 2013.

Preston, Paul.

1. *The Spanish Civil War: Reaction, Revolution, and Revenge.* New York: Norton, 2006.

2. *We Saw Spain Die: Foreign Correspondents in the Spanish Civil War.* New York: Skyhorse, 2009.

3. *The Spanish Holocaust: Inquisition and Extermination in Twentieth-Century Spain.* New York: Norton, 2012.

4. *Franco: A Biography.* New York: Basic Books, 1994.

5. *The Destruction of Guernica.* London: Harper Press, 2012.

6. "The Psychopathology of an Assassin: General Gonzalo Queipo de Llano", in Anderson and Arco Blanco.

Puzzo, Dante A. *Spain and the Great Powers, 1936–1941.* New York: Columbia University Press, 1962.

Radosh, Ronald, Mary R. Habeck, and Grigory Sevostianov. *Spain Betrayed: The Soviet Union in the Spanish Civil War.* New Haven: Yale University Press, 2001.

Raguer, Hilari. *Gunpowder and Incense: The Catholic Church and the Spanish Civil War.* London: Routledge, 2007.

Regler, Gustav. *The Owl of Minerva: The Autobiography of Gustav Regler.* Trans. Norman Denny. New York: Farrar, Straus, 1959.

Reynolds, Michael. *Hemingway: The 1930s.* New York: Norton, 1997.

Rhodes, Richard. *Hell and Good Company: The Spanish Civil War and the World It Made.* New York: Simon & Schuster, 2015.

Richardson, R. Dan. *Comintern Army: The International Brigades and the Spanish Civil War.* Lexington: University Press of Kentucky, 1982.

Rodden, John, and John Rossi. "The Mysterious (Un)meeting of George Orwell and Ernest Hemingway," *Kenyon Review* 31(4), Fall 2009.

Rolfe, Edwin. *The Lincoln Battalion: The Story of the Americans Who Fought in Spain in the International Brigades.* New York: Random House, 1939.

Romerstein, Herbert. *Heroic Victims: Stalin's Foreign Legion in the Spanish Civil War.* Washington, DC: Council for the Defense of Freedom, 1994.

Rosenstone, Robert A. *Crusade of the Left: The Lincoln Battalion in the Spanish Civil War.*

New York: Pegasus, 1969.

Rubin, Hank. *Spain's Cause Was Mine: A Memoir of an American Medic in the Spanish Civil War*. Carbondale: Southern Illinois University Press, 1997.

Ruiz, Julius. *The "Red Terror" and the Spanish Civil War: Revolutionary Violence in Madrid*. New York: Cambridge University Press, 2014.

Sánchez Asiaín, José Ángel. *La financiación de la guerra civil española: Una aproximación histórica*. Barcelona: Crítica, 2012.

Schmidt, Konrad. "In Francos Kriegsgefangenschaft", in Max Wullschleger, ed., *Schweizer kampfen in Spanien*. Zürich: Buchhandlung Stauffacher, 1939.

Schwartz, Stephen. "Reading the Runes: New Perspectives on the Spanish Civil War", *Arena* 2, February 2011.

Sebba, Anne. *Battling for News: The Rise of the Woman Reporter*. London: Hodder & Stoughton, 1994.

Seidman, Michael.

  1. *Republic of Egos: A Social History of the Spanish Civil War*. Madison: University of Wisconsin Press, 2002.

  2. "The Unorwellian Barcelona", *European History Quarterly* 20, April 1990.

Sheean, Vincent. *Not Peace but a Sword*. New York: Doubleday, Doran, 1939.

Shelden, Michael. *Orwell: The Authorized Biography*. New York: HarperCollins, 1992.

Smith, Page. *Redeeming the Time: A People's History of the 1920s and the New Deal*. New York: McGraw-Hill, 1987.

Sommerfield, John. *Volunteer in Spain*. London: Lawrence & Wishart, 1937.

Stansky, Peter, and William Abrahams.

  1. *Orwell: The Transformation*. New York: Knopf, 1980.

  2. *Journey to the Frontier: Julian Bell and John Cornford: Their Lives and the 1930s*. London: Constable, 1966.

Stradling, Rob. "The Spies Who Loved Them: The Blairs in Barcelona, 1937", *Intelligence and National Security* 25(5), October 2010.

Szurek, Alexander. *The Shattered Dream*. Boulder, CO: East European Monographs, 1989.

Tanenhaus, Sam. "Innocents Abroad", *Vanity Fair*, September 2001.

Taylor, D. J. *Orwell: The Life*. New York: Holt, 2003.

Thomas, Hugh. *The Spanish Civil War. Revised edition*. New York: Random House, 2001.

Thorndike, Joseph J., Jr. " 'Cap' Rieber: He Came Off a Tanker to Build an Oil Empire and Prove That Industrial Daring Is Not Dead", *Life*, 1 July 1940.

Tierney, Dominic. *FDR and the Spanish Civil War: Neutrality and Commitment in the Struggle That Divided America*. Durham, NC: Duke University Press, 2007.

Tisa, John. *Recalling the Good Fight: An Autobiography of the Spanish Civil War*. South Hadley, MA: Bergin & Garvey, 1985.

Traina, Richard P. *American Diplomacy and the Spanish Civil War*. Bloomington: Indiana University Press, 1968.

Tzouliadis, Tim. *The Forsaken: From the Great Depression to the Gulags: Hope and Betrayal in Stalin's Russia*. London: Little, Brown, 2008.

Vaill, Amanda. *Hotel Florida: Truth, Love, and Death in the Spanish Civil War*. New York: Farrar, Straus and Giroux, 2014.

Valaik, J. David. "Catholics, Neutrality, and the Spanish Embargo, 1937–1939", *Journal of American History* 54(1), June 1967.

Vernon, Alex. *Hemingway's Second War: Bearing Witness to the Spanish Civil War*. Iowa City: University of Iowa Press, 2011.

Viñas, Ángel.

   1. *Las armas y el oro: Palancas de la guerra, mitos del franquismo*. Barcelona: Pasado & Presente, 2013.

   2. "September 1936: Stalin's Decision to Support the Spanish Republic", in Jump.

Voros, Sandor. *American Commissar*. Philadelphia: Chilton, 1961.

Watkins, T. H. *The Great Depression: America in the 1930s*. Boston: Little, Brown, 1993.

Watson, William Braasch.

   1. "Hemingway's Attacks on the Soviets and the Communists in *For Whom the Bell Tolls*", *North Dakota Quarterly* 60(2), Spring 1992.

   2. "Investigating Hemingway", *North Dakota Quarterly* 59(1), Winter 1991.

   3. "Investigating Hemingway: The Trip", *North Dakota Quarterly* 59(3), Summer 1991.

4. "Investigating Hemingway: The Scene", *North Dakota Quarterly* 62(2), Spring 1994–1995.

Watt, George. *The Comet Connection: Escape from Hitler's Europe*. Lexington: University Press of Kentucky, 1990.

Whealey, Robert H.

1. *Hitler and Spain: The Nazi Role in the Spanish Civil War 1936–1939*. Lexington: University Press of Kentucky, 1989.

2. "How Franco Financed His War —R econsidered," *Journal of Contemporary History* 12(1), January 1977.

3. "Economic Influence of the Great Powers in the Spanish Civil War: From the Popular Front to the Second World War", *International History Review* 5(2), May 1983.

Whitaker, John T.

1. *We Cannot Escape History*. New York: Macmillan, 1943.

2. "Prelude to World War", *Foreign Affairs* 21(1), October 1942.

Wintringham, Tom. *English Captain*. London: Faber and Faber, 1939.

Wyden, Peter. *The Passionate War: The Narrative History of the Spanish Civil War*. New York: Simon & Schuster, 1983.

Yates, James. *From Mississippi to Madrid: Memoir of a Black American in the Abraham Lincoln Brigade*. Greensboro, NC: Open Hand, 1989.

사진 출처

사진의 저작권 보유자를 찾기 위해 가능한 모든 노력을 기울였다. 그래도 실수로 빠뜨린 분이 있다면 사과드린다. 바로잡을 부분도 알려주시면 앞으로 인쇄할 때 고치도록 하겠다.

농부 W. Eugene Smith/The LIFE Picture Collection/Getty Images; 귀족들 Regine Relan/ullstein bild/Getty Images; 성직자들 Album/Oronoz/Newscom; 대학 건물 방어 *Le Patriote Illustré*; 메리먼 부부와 데이브 도란 Harry Randall Fifteenth International Brigade Films and Photographs Collection, Courtesy of the Tamiment Library, New York University; 무어인 부대 akg-images/ullstein bild; 루시 셀리그먼 슈나이더와 애덤 호크실드 Lucy McDiarmid; 로이스 오르 Courtesy of Elizabeth Cusick; 토킬드 리버 Courtesy of DeGolyer Library, Southern Methodist University, Robert Yarnall Richie Photograph Collection; 바르셀로나 바리케이드 Universal History Archive/UIG/Getty Images; 결혼식 akg-images/Newscom; 장갑차에 올라선 민병대원들 Hulton-Deutsch Collection/Corbis; 조지 와트 International Brigades Archive, Moscow, Selected Images, Courtesy of the Tamiment Library, New York University; 존 게이츠 Records of the International Brigades, RGASPI, Moscow, Courtesy of the Tamiment Library, New York University; 루이스 피셔 Library of Congress, Prints and Photographs Division, NYWT&S Collection, LCUSZ62-132337; 국제여단 고별 행진 Robert Capa [The International Brigade, Barcelona, Spain], October 28, 1938; © International Center of Photography, New York; 토비 젠스키 Courtesy of Bernice Jensky and the Tamiment Library, New York University; 팻 거니 Courtesy of Judith Gurney, Bernice Jensky and the Tamiment Library, New York

University; 게르니카의 폭탄 구멍 ullstein bild/Getty Images; 죄수들 akg-images/ullstein bild; 히틀러와 프랑코 Bettmann/Corbis; 루스벨트 부부 Bettmann/Corbis ; 머리를 깎는 지원병 Harry Randall Fifteenth International Brigade Films and Photographs Collection, Courtesy of the Tamiment Library, New York University; 빈센트 유세라 Courtesy of David Wellman; 마드리드 폭격 akg-images/Newscom; 테루엘의 혹한 International Brigades Archive, Moscow, Selected Images, Courtesy of the Tamiment Library, New York University; 맬컴 던바, 허버트 매슈스, 어니스트 헤밍웨이 그리고 엔리케 리스테르 장군 Robert Capa [*New York Times* journalist Herbart Matthews (second from left) and Ernest Hemingway(center), Teruel, Spain], late December 1937; ⓒ International Center of Photography, New York; 조지 오웰과 아일린 오쇼네시 블레어 Hoover Institution Archives, Harry Milton Papers, Box 1; 제임스 네우가스 Courtesy of James Neugass; 알바 베시 Harry Randall Fifteenth International Brigade Films and Photographs Collection, Courtesy of the Tamiment Library, New York University; 공화파 난민 Album/Oronoz/Newscom

지도 제공: Mapping Specialists, Ltd., Fitchburg, Wisconsin(위스콘신주 피치버그의 지도 제작 서비스).

찾아보기(인명)

스페인 내전, 우리가 그곳에 있었다

1판 1쇄 발행 2017년 12월 22일
1판 2쇄 발행 2018년 5월 17일

지은이 애덤 호크실드 | 옮긴이 이순호
기획 임병삼 | 편집 백진희 김혜원 | 표지 디자인 가필드

펴낸이 김경수 | 펴낸곳 갈라파고스
등록 2002년 10월 29일 제2003-000147호
주소 121-897 서울시 마포구 토정로 13-1(합정동) 국제빌딩 5층
전화 02-3142-3797 | 전송 02-3142-2408
전자우편 galapagos@chol.com

ISBN 979-11-87038-25-2 (03920)

이 도서의 국립중앙도서관 출판예정도서목록(CIP)은 서지정보유통지원시스템 홈페이지
(http://seoji.nl.go.kr)와 국가자료공동목록시스템(http://www.nl.go.kr/kolisnet)에서 이용하
실 수 있습니다.(CIP제어번호: CIP2017031148)

갈라파고스 자연과 인간, 인간과 인간의 공존을 희망하며, 함께 읽으면 좋은 책들을 만듭니다.